中國特色話語：

——陳安論國際經濟法學　第一卷（修訂版）　下冊

陳安　著

作者
簡介

　　陳安，廈門大學法學教授、博士生導師，國際知名的中國學者。一九八一至一九八三 年應邀在哈佛大學研修，兼部分講學；其後多次應邀赴歐洲、美洲、大洋洲、亞洲十幾個國家參加國際學術會議或講學。主要學術兼職：中國國際經濟法學會會長（1993-2011 年）、榮譽會長（2012 年迄今）中國政府依據《華盛頓公約》三度遴選向「解決投資爭端國際中心」（CSID）指派的國際仲裁員（1993-2016 年）等。二〇一二 年獲「全國傑出資深法學家」榮譽稱號。近四十年來，陳安立足於中國國情和國際弱勢群體即廣大發展中國家的共同立場，致力於探索和開拓具有中國特色的國際經濟法學這一新興邊緣學科。撰寫的主要著作有《國際經濟法學芻言》《陳安論國際經濟法學》、*The Voice from China: An CHEN on International Economic Law*（《中國的吶喊：陳安論國際經濟法》，德國 Springer 出版社 2013 年版）；主編和參撰的合著四十餘種，獨撰中、英雙語專題論文數十篇，合計約二千五百餘萬字。其學術論著先後獲得國家級、省部級科研優秀成果一等獎十八項、二等獎十一項，多種著作被廣泛採用為全國高校本科生、研究生法學教材或教學參考書。《人民日報》《光

明日報》《法制日報》等報刊以及國務院學位委員會刊物《學位與研究生教育》多次報導他的學術觀點和有關事蹟。美國、英國多種「國際名人錄」均列有陳安的個人小傳。

在法律實務方面，陳安是兼職資深國際商務律師，跨國公司法律顧問；中國國際經濟貿易仲裁委員會（CIETAC）仲裁員；國際商會中國國家委員會專家（ICCCEX）；國際商會中國國家委員會律師團成員；國際商會（ICC）國際仲裁案件仲裁員；法國國際仲裁協會（IAI）仲裁員；美國國際仲裁員名冊（RIA）仲裁員；科倫坡國際仲裁中心（KLRCA）仲裁員。

內容
提要

　　本書是我國著名國際經濟法學家陳安教授在中國實行改革開放基本國策四十年來，潛心研究國際經濟法學這一新興邊緣學科的主要成果的第四次匯總、精選、融合、提煉，全書共二百九十餘萬字，分列四卷七編，即國際經濟法基本理論（一），國際經濟法基本理論（二），國際投資法，國際貿易法，國際經濟法熱點學術問題長、短評，有關陳安學術論著和學術觀點的書評等，有關陳安學術活動的報導、函件等。全書各編專論均立足於中國國情，從當代國際社會弱勢群體即第三世界的視角，探討和論證當代國際經濟法學科領域的基本理論以及熱點、難點實踐問題。作者致力於實行「拿來主義」和「消化主義」相結合，在積極學習和引進西方有關國際經濟法學新鮮知識的基礎上，站在中國和國際弱勢群體即發展中國家的共同立場，認真加以咀嚼消化，取其精華，棄其糟粕，逐步創立起以馬克思主義為指導的，具有中國特色的國際經濟法學科體系和理論體系，努力為國際社會弱勢群體「依法仗義執言」，為維護其應有平等權益而鍛造和提供必備的法學理論武器。作者認為，完成此等大業，需要幾代中國學人的持續刻苦鑽研和共同努力開拓。這是貫穿本書始終的學術理

念和學術追求，也是本書的基本學術主張和論述主線。

　　學界評議認為，陳安教授的諸多論著凝聚了作者四十年來潛心研究國際經濟法學這一新興邊緣學科獨到的心得體會，乃是構建中國特色國際經濟法學的奠基之作和扛鼎之作，堪稱「一劍淬礪四十年」。這些論著「對海外讀者全面了解中國國際經濟法學者較有代表性的學術觀點和主流思想具有重要意義。內容結構自成一體，觀點新穎，具有中國風格和中國氣派，闡釋了不同於西方發達國家學者的創新學術理念和創新學術追求，致力於初步創立起以馬克思主義為指導的具有中國特色的國際經濟法理論體系，為國際社會弱勢群體爭取公平權益鍛造了法學理論武器」。其中，批判當代國際霸權主義和強權政治、反擊當前甚囂塵上的美國霸權版「中國威脅」讕言的犀利剖析和獨到論證，尤其顯得旗幟鮮明，史論結合，說理透闢，雄辯滔滔，令人信服。

鳴謝

本書出版，獲得廈門大學哲學社會科學繁榮計劃專項資金、廈門大學法學院法學教育發展資金的資助。此前，各項專題研究曾相繼獲得國家社會科學基金、國家教委博士點專項基金等的資助。謹此致謝。

承全國人民代表大會常務委員會副委員長曹建明教授發來專函惠予鼓勵、鞭策；北京大學校領導吳志攀教授親自為本書撰寫序言；廈門大學黨委書記張彥教授惠予關懷、鼓勵；北京大學出版社黨委書記金娟萍編審、社長王明舟編審、總編輯張黎明編審、副總編輯楊立范編審、總編室陳健主任和諸位領導精心統籌安排，大力支持本書的出版；負責全稿終審的李昭時編審，負責全稿覆審的王業龍副編審，擔任各卷責編的劉秀芹老師、徐音老師、尹璐老師、朱梅全老師，通力分工協作，嚴謹審閱，精心加工，一絲不苟，付出大量辛勞；廈門大學社科處處長陳武元教授和張隨剛老師長期關注學術，多方惠予鼎助；青年學友王海浪博士、陳欣博士、李慶靈博士、楊帆博士、蔣圍博士、谷婀娜博士、翟雨萌博士生、張金矜博士生等，大力襄助作者整理和校對數百萬字書稿，認真細緻，不憚其煩，並且分別參與了七篇專論

的合作撰寫。對於上述諸位領導、老師和學友，均此謹致謝忱。

陳安

二〇一八年十二月十二日

簡目

▌第 一 卷▌

目錄

▌第一卷▌

第一編　國際經濟法基本理論（一）

第十六章
論馬克思列寧主義對弱小民族國家主權學説的重大貢獻〔1〕

 內容提要

本篇專論回顧和探討國際共產主義運動史上有關「民族自決」問題的長期論戰，研究國際公法上有關弱小民族國家主權學説的爭鳴辯難，側重論述殖民地、半殖民地弱小民族國家主權——民族自決權問題在國際共運隊伍中的論戰過程及其發展歷史。

在近現代歷史上，資產階級國際法學者視西方發達國家的主權問題如神物，論述不少；反之，視殖民地、半殖民地弱小民族國家主權問題如草芥，論證不多。即使有，也極盡歪曲貶抑之能事。第二次世界大戰後，聯合國在新形勢下把尊重弱小民族國家主權——民族自決權作為組織宗旨和重大原則列入憲章；特別是嗣後數十年以來，亞非拉大量殖民地在長期鬥爭後紛紛宣告獨立，成為新的主權國家，並繼續為爭得徹底、完整的獨立主權而鬥爭；聯合國大會也一再討論和通過有關尊重和維護弱小民族國家主權的各種具體決議。因此，現在連最保守的西方資產階級國際法學者，也不得不重視從歷史與現狀的結合上，對國際法中弱小民族國家主權這一重大課題進行認真的研究。這是問題的一方面。

問題的另一方面是：在帝國主義時代，列寧把馬克思主義推進到列寧主義階段。在一八九五年恩格斯去世後約三十年的長時期中，列寧反覆多次論及殖民地、半殖民地弱小民族的自決權——國家主權問題，對於無產階級的國際法理論，特別是國際法上的國家主權學說作出了傑出的貢獻。

本篇專論把一八九五至一九二四年列寧在弱小民族國家主權這個重大歷史課題上的分散論述加以系統整理和綜合研究，探討其學說體系的發展過程；同時，收集、整理與列寧同時代的各種機會主義流派在同一問題上的著作和觀點，進行比較分析和評論批判，冀能以史為師，明辨是非。因此，本篇專論對於總結國際共運中的民族殖民地學說，研究國際公法中的弱小民族國家主權學說，對於探討當代眾多發展中國家（第三世界）的歷史來由、現實地位和發展趨向，均略具索引作用和參考價值。

↘ 目次

一、近代民族殖民地問題的產生，馬克思、恩格斯關於民族殖民地問題的基本理論

（一）近代殖民主義者的侵略活動和殖民地、半殖民地人民的反抗鬥爭

黃金——「上帝」和「咒語」

迢迢萬里，遠涉重洋，到異國異地實行殖民掠奪，這種活

動，肇端於十五世紀。它是作為西歐各國資本原始積累的一項主要因素而出現在人類歷史上，也作為西歐各國剝削階級的罪行錄而載於史冊。

「掠奪是一切資產階級的生存原則」[2]也是一切剝削階級的共同聖經。慾壑最難填！他們不滿足於對本國人民的壓榨，在拚命吸吮本國勞動者脂膏的同時，又把貪婪的眼光盯著國外。在十五世紀時，西歐各國的商業資本已經相當活躍，一批又一批地輸入西歐的綾羅綢緞、珠寶首飾、香料珍饈等東方各色奢侈商品和名貴特產，絢麗多姿，琳瑯滿目，招惹得西歐上層社會的剝削者們眼花撩亂，大大刺激了他們的無盡貪慾，使他們更加垂涎東方的財富。

隨著當時歐洲商品貨幣經濟的日益發達，黃金已經成為一切**「物質財富的物質代表」**[3]變成了一切「商品的上帝」！[4]因此，不擇手段地極力搜求黃金，就成為西歐一切剝削者的共同狂熱。無論是銅臭熏天的豪商巨賈、式微沒落的封建貴族，還是位居至尊的專制君主，都毫無例外地匍匐在黃金面前，成為黃金拜物教的虔誠信徒。他們像蒼蠅逐臭一樣，拚命地追尋黃金。

當時西歐在《馬可·波羅遊記》的影響下，盛傳東方諸國是遍地黃金寶石的「仙境」：黃金之多，難以計數；黃金之賤，有如磚石；而當地居民之「蠢」，竟又達到對黃金「不知何用」的地步。[5]但是，通往東方的陸上道路自十五世紀下半期以來已被崛起於西亞和地中海東部一帶的奧斯曼土耳其帝國所遮斷。於是，由封建君主封官許願、豪商巨賈出錢資助、冒險家和亡命之徒出力賣命，飄泊遠洋去尋找新航路的活動盛極一時。正如恩格

斯所指出的：「葡萄牙人在非洲海岸、印度和整個遠東尋找的是黃金；黃金一詞是驅使西班牙人橫渡大西洋到美洲去的咒語；黃金是白人剛踏上一個新發現的海岸時所要的第一件東西。」[6]

對於這類活動的掠奪目的和掠奪性質，早期的殖民主義者們幾乎是直言不諱的。例如，在哥倫布和麥哲倫先後同西班牙君主簽訂的書面協定中，除了由國王把他們預封為新發現土地的欽差和總督，並允許他們把這些官銜和權力傳諸子孫之外，還逐項列出希望從大洋彼岸撈到的主要財富：「珍珠或寶石、黃金或白銀、香料以及其他物品」；特別是還明文規定了立約雙方對於未來掠奪搜刮所得財物的分贓比例。真可謂「未見鹿蹤，先議分肥」！而哥倫布在他給西班牙君主的海外來書中，除了極言發現黃金之多和盛讚「黃金甚至可以使靈魂升入天堂」之外，還向國王夫婦保證：要想方設法，使當地「所有的黃金……萬無一失地源源流進陛下的財庫之中」。至於非洲西部一帶曾經被長期命名為「胡椒海岸」「象牙海岸」「黃金海岸」「奴隸海岸」，南美洲北部沿岸曾被稱呼為「珍珠海岸」，亞洲南部的馬魯古群島曾被標為「香料群島」，所有這些名稱，正是早期歐洲殖民主義者從事掠奪活動的坦白自供狀，也是殖民活動之掠奪本質的歷史見證！

為了發橫財，早在十五世紀之初，葡萄牙的殖民主義者就於一四一五年占領了非洲西北的休達地區。隨後又繼續南下，在非洲西岸進行殖民掠奪和強占土地。到了十五世紀末十六世紀初，一四九二至一五〇二年哥倫布先後四次向西橫渡大西洋，陸續發現了美洲的島嶼和大陸；一四九七至一四九八年達·伽馬向南繞

過非洲的好望角抵達亞洲的印度；一五一九至一五二二年麥哲倫及其同伴向西南穿越了美洲南端的海峽，進一步航經太平洋、印度洋，最後回到歐洲，首次完成了環球航行（麥哲倫本人於1521年航抵菲律賓時因進行侵略活動被當地居民擊斃）。這些「地理大發現」，為進一步開展全世界大規模的殖民掠奪開闢了前所未有的廣闊場所。自此以後，歐洲各國的殖民主義者依仗其堅船利炮，在全球各地肆行掠奪和占領，從十六世紀至十九世紀九〇年代初這數百年間，就使亞洲、非洲、美洲億萬平方公里的大好河山相繼淪為殖民地和半殖民地，使這些地區的億萬人民紛紛罹遭喪權辱國甚至亡族滅種的慘禍。

在這幾百年中，葡萄牙、西班牙、荷蘭、英吉利、法蘭西、德意志等國，既互相爭奪，又互相勾結，先後或同時橫行諸大洋，肆虐全世界。到了十九世紀九〇年代初期，這些殖民強國所分別霸占的殖民地面積，相當於各自本土的幾倍、十幾倍、幾十倍乃至於一百多倍。例如，葡萄牙的殖民地達二百四十多萬平方公里，約為本土的二十七倍；荷蘭的殖民地達兩百萬平方公里，約為本土的五十倍；殖民地遍及全球、號稱「日不落帝國」的英吉利，其本土只不過二十四萬多平方公里，而霸占的殖民地卻多達三千零五十多萬平方公裡，兩者相比，其殖民地面積竟為本土的一百二十五倍之多！怪誕故事中所虛構的「蛇吞象」[7] 竟然成為當時國際關係的真實寫照，成為活生生的歷史事實！截至一八九五年，歐洲列強侵占殖民地的大體情況如表 1-16-1 所示：

表 1-16-1　1895 年列強殖民地面積概況[8]　　（面積單位：萬平方公里）

國名	殖民地面積	宗主國本土面積	殖民地面積相當於宗主國本土的倍數
英國	3051.9	24.4	125.0
俄國	1740.0	540.0	3.2
法國	839.7	55.1	15.2
德國	265.7	35.6	7.5
葡萄牙	242.5	8.9	27.2
比利時	235.5	3.0	78.5
荷蘭	202.0	4.1	49.3
西班牙	31.5	50.4	0.6

　　在當時國際殖民主義者中，其貪婪凶惡絲毫不亞於英國的，首推沙俄。沙俄這個本土面積五百多萬平方公里的歐洲國家，到了十九世紀七〇年代，竟已霸占和侵吞了一千七百多萬平方公里的殖民地，[9]與英國並列而成為全世界兩大殖民霸主。

　　如所周知，沙俄原是東歐內陸的一個國家。但好幾代的沙皇卻都夢寐以求地企圖「建立一個從易北河到中國、從亞得利亞海到北冰洋的偉大的斯拉夫帝國」[10]。為了實現稱霸世界的狼子野心，這個缺乏出海口因而一時無法倣傚西歐諸國揚帆遠征的內陸國家，便採取了「與眾不同」的、臭名遠颺的「大陸膨脹政策」，對緊貼著它的四周弱國、小國，豪奪巧取，擇肥而噬。自十七世紀末葉的彼得一世（1682-1725 年）以來，歷代沙皇精心炮製和拚命推行一項北取、西攻、南犯、東侵的擴張稱霸計劃，發動了一系列的侵略戰爭。通過窮兵黷武和蠶食鯨吞，到了十九世紀八〇年代初，沙俄竟從東歐內陸一個不大的國家迅速「膨脹」成為一個地跨歐、亞兩洲的龐大殖民帝國，成為一座迫害、奴役、掠奪、剝削一百三十多個弱小民族的龐大監獄，從而「打

破了民族壓迫的世界紀錄」[11]！

殖民十惡

目的的卑鄙決定了手段的卑鄙。利慾薰心決定了無惡不作。西方殖民主義者對弱小民族實行掠奪的手段，在資本原始積累時期、「自由」資本主義時期以及後來的壟斷資本主義時期，雖然有不同的表現形式、不同的側重方面，但是，總的說來，十五世紀以來的數百年間，歐洲列強在亞、非、美廣大地區實行殖民掠奪的歷史，是一部火與劍的歷史，也是一部血和淚的歷史。殖民主義者為了發財致富，欠下了亞、非、美人民一筆又一筆的血債，正如馬克思所揭露的，他們「只有用人頭做酒杯才能喝下甜美的酒漿」[12] 其掠奪手段之殘暴無恥，達到前所未有的地步。下面所列舉的十個方面，只是其中的一斑：

欺矇詐騙，以賤易貴　早在十五世紀末，哥倫布在他的航海日記中就記載，他的同伙們用玻璃碎片、碎碗破盆之類的廢物換取美洲印第安人手中的小金塊和珍珠。[13] 達・伽馬於首航亞洲，闖到印度之後，也是採取以賤易貴的騙術，滿載兩大船的香料和象牙回歐，牟取暴利達百分之六千！[14] 至於後來的英國殖民魁首謝西爾・羅得斯的詐騙手腕，則更加駭人聽聞：一八八八年，他竟以一千支舊步槍、一艘破汽艇和每月一百英鎊津貼作為代價，與南非馬達別列酋長洛本古拉訂立所謂「友好」條約，騙取了津巴布韋全境近四十萬平方公里廣闊地區（相當於英國本土一倍半或十個荷蘭）富饒金礦的開採權，同時殘暴鎮壓馬達別列人民的反抗。兩年之後他就戴上了英國開普殖民地「總理」的烏

紗帽，還用他的名字強把津巴布韋這片土地命名為羅得西亞。

　　明火執仗，殺人越貨　歐洲的殖民者當然不滿足於區區的「巧取」，主要還是靠殘暴的豪奪。例如，一五三二年十一月，以畢薩羅為首的一夥西班牙殖民主義者在一場突然襲擊中殺害了數以萬計的祕魯印卡族的印第安人，綁架了印卡國王阿塔華爾巴，勒索巨額贖金：強迫印卡人用黃金填滿監禁印卡國王的二十二英尺長十七英尺寬的一間牢房，用白銀填滿較小的另外兩間房子。等到收齊了這批價值數千萬美元的金銀之後，為了斬草除根，卻又殺了這個國王。[15] 就是通過諸如此類的凶殘手段，從一五二一年到一五六〇年這四十年中，西班牙殖民者就從美洲掠奪了黃金十五點七萬公斤，白銀四百六十七萬公斤；從十五世紀末到十六世紀末這一百年中，葡萄牙殖民者就從非洲搶劫了黃金二十七點六萬公斤。

　　殖民強盜們在非洲、亞洲的所作所為，和在美洲如出一轍。據當年目擊者的記載，一八三二年法國殖民軍在阿爾及利亞的一場屠殺中所搶到的「戰利品」裡面，竟然有許多「女人戴的鐲子還戴在被砍下來的手腕上，耳環還掛在一塊一塊的耳肉上」[16]。在印度，英國殖民侵略者每於攻陷城堡進行血腥屠殺的同時，打開國庫，搶個精光。「軍官和士兵進城的時候是窮光蛋或者負債纍纍，而出城的時候都突然變成了富豪」[17]。他們在殺人越貨之後，還要哼哼地大發議論，論證自己十分「克制」和「寬仁」就是那個一七五七年血洗孟加拉的罪魁羅伯特·克萊武，在獨吞盜贓二十萬英鎊和無數珍寶之後，竟恬不知恥地在英國議會自吹：「富裕的城市在我腳下，壯麗的國家在我手中，滿貯金銀珍

寶的財寶庫在我眼前。我統共只拿了二十萬鎊。直到現在，我還奇怪那時為什麼那樣留情。」

與克萊武可以「媲美」的，是沙皇俄國的侵華急先鋒哈巴羅夫。這個大劊子手曾率領一股沙俄殖民匪徒竄入中國的黑龍江流域，對達斡爾人等沿江各族人民大肆燒殺擄掠。他在一六五二年八月的一份報「功」呈文中寫道：

在包圍了中國境內的一個大寨堡之後，我命令翻譯喊話，說我們的國家是偉大的，我們的全俄沙皇亞歷克賽‧米海伊洛維奇大公是威震四方的統治者，不許抵抗，快繳械投降，要向我們的皇上繳納你們力所能及的實物貢品……

我們靠上帝保佑和托皇上的福，把俘虜來的達斡爾人全部砍下頭來，……殺死了大人和小孩六百六十一人，……托皇上的福，我們奪下了這個寨堡，……抓到的婦女俘虜，年老的、年輕的以及小姑娘共計二百四十三名，俘虜小孩一百一十八名；我們從達斡爾人那裡奪得馬匹，大小共計二百三十七匹，還奪得牛羊牲畜一百一十三頭。[18]

在歷史的審判臺前，當年這份報「功」呈文如今已成為自供狀和自繪像，它活畫出殖民匪徒的狂妄、無賴和絕滅人性。根據史料的記載，沙俄的波雅科夫和哈巴羅夫之流甚至還把活生生地被殺害的中國人的屍體當作美味食物，還用孩子的父母做炙架來燒烤兒童。[19]自詡「文明」的沙俄殖民者，原來是一群衣冠野獸！[20]

踐踏主權，霸占領土 這是殖民強盜們使掠奪穩定化、經常化、長期化的必要手段和必然趨勢。亞、非、美的廣闊疆土，往往是在所謂「先占」的「原則」下一大片又一大片地淪為歐洲列強的殖民地的。凡是社會經濟發展比較遲緩落後、處在原始社會末期和奴隸社會初期的地區，概被誣稱為「野番地域」，視同「無主地」，誰能最早發現，捷足先登，搶先占領，便歸誰所有。[21] 按照此種強盜邏輯，受僱於英國王室的殖民先驅卡博特自稱曾在一四九六年的大西洋航行中從船上遠遠地隱約望見北美大陸的影子，英國居然可以堂而皇之地以此作為「理由」，主張享有北美大陸的領土權。一五〇〇年葡萄牙的海軍將領加布拉爾在非洲沿岸的航行中被暴風颳到了南美洲的巴西海岸，於死裡逃生之餘，也居然可以在國際上宣稱：在亞馬孫河以南的一切土地，全歸葡萄牙領有。

「先占」原則的孿生兄弟便是所謂「腹地主義」（或譯「背後地主義」）：殖民者只要在海岸上搶占幾個據點，升起國旗，就可以公開宣布對這些地區以及海岸背後的大片內陸腹地實行「保護」或直接領有。直到一八七六年，歐美的殖民主義者所侵占的海岸地區只占非洲總面積的百分之十。從地圖上看，星星點點零零落落，有如叮在人體上吮血的若干螞蟥和臭蟲。然而，在「腹地主義」的國際協定下，再加上實力占領，短短數十年間，便將餘下的百分之九十的非洲土地，鯨吞瓜分殆盡。

尤其荒謬的是：別人的神聖疆土，居然也可以作為「嫁妝」來贈送或索取。例如，一六六二年，葡萄牙公主凱瑟琳與英國國王查理二世結婚時，原屬印度的葡占孟買島竟以「嫁妝」名義隨

她「陪嫁」給了英國[22]；一八八四年，德國漢堡的一個殖民商人拐走了桑給巴爾國王的妹妹，私奔成婚之後，竟由德國帝國政府出面，派出巡洋艦，強索「嫁妝」，迫使桑給巴爾國王簽約割地方罷。

像這一類的匪徒行徑和強盜信條，竟被西方殖民主義者正式定為國際慣例或國際法規，而亞、非、美億萬人民祖祖輩輩數千年來勞動於斯、生息於斯的錦繡河山，也就是在這一類的國際準則下變成了「無主地」，成為西方盜匪們的刀下魚和俎上肉，被肆意宰割。

橫徵暴斂，搾取脂膏　西方殖民主義者搜刮聚斂的經常來源，是以暴力為後盾，強徵名目繁多的苛捐雜稅。

據史料記載，沙俄殖民匪徒自從爬過烏拉爾山在西伯利亞建立若干據點之後，便四出強徵各種實物稅。在十七世紀中葉，僅向西伯利亞各族土著強徵的黑貂稅一項，即占整個俄國國庫收入的三分之一。[23] 當地人民稍有違逆反抗，接踵而來的便是上述哈巴羅夫式的血腥大屠殺。

比利時在剛果的殖民當局向當地居民勒索珍貴的象牙和橡膠，限期交納，對逾期未交者即派兵持刀割下耳朵，砍下手足，甚至砍下腦袋，作為「證物」送交當局查驗。逼稅暴行層出不窮，據目擊者斯坦利的記述，「每一公斤象牙的價值等於一個男子、婦女或小孩的生命；常常為五公斤象牙就燒掉一個住所，為一對象牙就消滅一個村莊，為二十隻象牙就毀掉整整一個省，並連同所有的居民、村莊和種植園也一起毀掉」[24]。

英國殖民當局在印度課徵的土地稅，比印度歷代封建主苛重

得多、殘酷得多，往往是三倍四倍地猛增。他們「希望從印度居民的血液中搾取黃金」[25]，因此，為了逼稅經常濫施各種酷刑，而殖民當局的土地稅收入就在皮鞭刑棍的揮舞呼嘯聲和當地人民的慘叫哀號聲中直線上升。沉重的盤剝，造成頻仍的饑荒。單一七七〇年的一次大饑荒，就餓死了一千萬人，真是哀鴻遍野，殍屍盈壑！面對這種慘象，孟加拉省督哈斯丁斯卻無恥地向上司報「功」說：「儘管本省居民至少餓死了三分之一，耕地面積也隨之減少，然而一七七一年土地稅純收入甚至超過了一七六八年的數額」；由於採取了暴烈措施，使它得以趕上原先的水平」。[26]而一七八九年印度總督康華禮在總結其同夥武力侵占孟加拉近三十年來的殖民「德政」時，則被迫供認：原先極其富饒的孟加拉廣闊地區，「現在已是一片只有野獸棲居的荒漠之地」[27]了。

　　強制勞役，敲骨吸髓　在採礦、築路、挖河、墾殖等需要大量勞動力的部門，西方的殖民掠奪者長期地廣泛推行強制勞役，迫使亞、非、美人民從事極其繁重的無償勞動和半無償勞動，導致大量人員死亡。

　　在墨西哥、祕魯、玻利維亞等地，被強迫在金銀礦山服勞役的印第安人，每五人中就有四個在第一年裡含恨死去，以致一旦被強徵，就形同被宣判了死刑：被征者的親人和家族會預先為他們舉行送葬儀式，以示訣別和哀悼。[28]

　　在赤道非洲，被迫在熱帶密林和沼澤泥淖中披荊斬棘、築路鋪軌的當地群眾，因不堪勞累折磨而紛紛倒斃，每修一公里鐵路就要付出約二百條生命的代價，幾乎每一根枕木就是一具屍骸轉化而成。在埃及，一八五九至一八六九年用變相的奴隸勞動開鑿

成的蘇伊士運河，兩岸荒塚纍纍，草草掩埋著十二萬名因過勞、飢餓和疫癘而相繼喪生的挖河民工，浩浩河水，混和著無數孤兒寡婦的血淚。

在熱帶和亞熱帶地區的種植園中，殖民惡霸用皮鞭和刑棍逼迫奴隸們每天勞動十八至十九小時，即使最健壯的青年，也經受不了如此殘酷的蹂躪壓榨，短期內便精疲力竭而死，眾多勞工入園後的平均壽命不過六七年。「種植園主認為使壯年的奴隸勞動致死，比維持衰老的奴隸更為有利」[29]；而奴隸們一般經過「七年的殘酷役使後，就比一頭老牛還不如，一具牲畜似的屍體就被丟棄在奴隸區的廢物堆中」[30]，能夠活到老年的奴隸竟成為「罕見之物」！

獵取活人，販賣奴隸　獵奴和販奴，是役奴的繼續和延長。在美洲，長期的屠殺和虐殺，使印第安族土著居民人口銳減。礦山種植園數量的不斷增加和規模的不斷擴大同奴隸來源的日益衰竭，形成了尖銳的矛盾。為了解決這個矛盾，西方殖民者廣泛採取毒辣的辦法，以非洲人「獵取」非洲人：由西方殖民者出槍出彈，唆使非洲沿岸部落酋長發動「獵奴戰爭」，虜掠內陸活人，交給殖民者，以換取廉價商品和新的槍支彈藥。販奴商人在換得這些「獵獲物」後，便把這些會說話的「黑色牛馬」鎖上腳鐐，像裝填牲口一樣把他們塞進運奴船的貨艙販給美洲的礦主和園主，牟取百分之幾百到百分之一千的暴利。[31]在海運中，常因船上疫癘流行或缺糧缺水，船主便下令把大批還活著的奴隸拋到海裡餵鯊魚，甚致使販奴航線上的大群鯊魚養成了尾追運奴船隻尋食活人的習慣。

據大略統計，從十六世紀至十九世紀的三百多年間，萬惡的奴隸貿易使非洲總人口共約損失了一萬萬人，長期獵奴戰爭和大量販奴虐殺所造成的經濟力、人力上的嚴重破壞，是整個非洲大陸長期落後的主要原因之一。殖民者用非洲億萬黑人的堆堆白骨，為歐美「先進文明」的大廈填築了牢實的基礎。

役奴、獵奴、販奴的妖風也刮到了亞洲。在印尼，荷蘭殖民者曾在蘇拉威西島實行盜人制。為此目的還專門訓練了大批盜人的匪徒，把盜劫到手的「人贓」投入孟加錫等地的祕密監獄，待機啟運。[32] 在舊中國，西方殖民者也連騙帶劫，弄走了數以百萬計的「契約華工」，當作「豬仔」轉賣給海外各地的礦、園主，用黃種奴隸來擴充棕種奴隸和黑種奴隸的行列，迫使中華兒女成千累萬地慘死異土！[33]

壟斷貿易，單一經濟　著名的資產階級代言人孟德斯鳩曾公開宣揚：殖民之宗旨，在於取得最優惠之貿易條件。……吾人規定在殖民地區宗主國獨攬貿易權利，此事道理甚明。」[34] 長期以來，西方殖民者就是按這個「宗旨」和「規定」行事的。在嚴刑峻法[35]的限制下，殖民地幾乎只能向宗主國出口自己的主要產品，也只能從宗主國進口自己所需要的主要產品，而商品價格和關稅比率，卻由宗主國片面規定。在這一出一進、賤賣貴買過程中，殖民地人民受到了雙重的盤剝，這樣的「貿易」實際上是一種變相的搶劫。

壟斷的魔掌不但控制了貿易，也控制了生產，其中的突出表現之一，是以同樣的嚴刑峻法強迫殖民地人民集中人力、物力實行農、牧業的單一種植或單一經營，以適應宗主國在世界市場上

牟取暴利的需要。這就嚴重阻撓和破壞了這些地區國民經濟的正常健康發展，使它形同頭大身小、缺手斷足的畸形怪胎。大片良田沃土被霸占去闢為種植園或牧場，使千千萬萬的農民流離失所，淪為雇工奴隸；工業嚴重落後，日用必需品完全依賴宗主國進口，宗主國則耍弄殺價收購農產品和抬價賣出工業品的慣伎[36]，把殖民地人民推進更加貧窮痛苦的深淵。

種毒販毒，戕民攫利　以科學文明自詡的西方殖民者，深知鴉片是一種麻醉性毒品，吸食成癮，會嚴重戕害健康，縮短壽命。然而，剝削者的行動哲學歷來就是「只要我能多撈一把，哪管它寸草不生」。他們用武裝走私和買通各地貪官污吏的辦法，向東方特別是向中國，大量拋售鴉片，大發橫財。

從十八世紀末葉起，英國殖民主義者就在印度強迫孟加拉地區的農民大量種植罌粟製造鴉片，低價收購，高價出賣。以一八一三年為例，當時印度上等鴉片每箱銷售價格是二千四百二十八盧比，而成本費用則只有二百三十七盧比，還不到賣價的十分之一，其贏利部分，就由當地英國殖民政府和殖民商人瓜分。運銷中國，又可再大撈一筆，從而使販毒撈錢成為英國殖民者「自己財政系統的不可分割的部分」[37]。

殺人不見血的毒品源源不斷地輸進中國，「換」走的卻是中國人民血汗凝成的茶葉、蠶絲和巨量白銀。十八、九世紀來中國「經商」的俄國人，有許多便是以毒品「換」茶葉的鴉片販子。[38]

由於銀源日益枯涸，加以鴉片流毒全國，嚴重戕害民族健康，連清朝統治階層中的一些有識之士也驚呼，這樣下去，「是

使數十年後，中原幾無可以禦敵之兵，且無可以充餉之銀。興思及此，能無股慄？！」〔39〕當清朝政府迫於人民群眾的強烈要求，對西方鴉片販子採取嚴禁措施時，殖民主義者竟發動侵略戰爭，於燒殺劫掠之餘，還要收取殺人放火的「手續費」：以「水陸軍費」為名勒索巨額「賠款」。單單一八四〇至一八四二年的第一次鴉片戰爭，就勒索了「賠款」二千一百萬銀元，相當於當時清朝政府全年財政總收入的三分之一。真是蠻橫之極，無恥之尤！

西方殖民主義者所強加的鴉片貿易和鴉片戰爭，在幅員遼闊、人口幾乎占當時全世界三分之一的中國土地上演出了一場極其慘痛的歷史悲劇，「甚至詩人的幻想也永遠不敢創造出這種離奇的悲劇題材」〔40〕！對於由這場歷史悲劇開始帶來的深重民族災難與種種惡果，中國人民是記憶猶新、永不忘懷的！

毀滅文化，精神侵略 早在西方殖民者的祖先們還處在矇昧、野蠻的時代，亞洲、非洲、美洲的勞動人民就已經創造了許多燦爛的古文化，積累了許多古代文明寶藏。但在殖民侵略者的鐵蹄下，這些古文化、古文明卻紛紛慘遭摧殘和毀滅。一五三二年，歐洲殖民主義者在「征服」祕魯的過程中，像大群餓狼，撲向各地金碧輝煌的古代神廟，把歷代能工巧匠精心製作的各種金銀壁飾等古代藝術珍品洗劫一空。「所有這些華麗的物品，對西班牙人來說，只不過是些金屬礦藏」〔41〕！美洲古國文明的一大精華，就此蕩然無存。

一八六〇年，英法侵略軍闖進了北京的圓明園，對清朝皇帝搜刮全國民財慘澹經營了一百五十多年的豪華別宮，於恣意劫掠

破壞之後，又付之一炬，大火三日不熄，使這座收藏著數千年歷史奇珍和文物典籍因而舉世聞名、罕有其匹的宏偉寶庫和園林藝術典範，化為一片灰燼和瓦礫！在殖民掠奪史上，這一類文化浩劫，古今中外，不知凡幾，它給全世界人類文化造成的慘重損失是無法估量的。

　　既毀其精華，又塞以糟粕。殖民者通過傳宗教、辦學校、出書報等精神侵略活動，推銷各種精神鴉片，力圖摧毀殖民地、半殖民地人民的民族意識，磨滅其愛國心和革命性，把一副又一副的精神枷鎖套在他們身上；同時，千方百計地培植一小撮親洋崇洋、奴顏媚骨的知識分子以及為虎作倀、認賊作父的民族敗類，充當他們鞏固殖民統治、擴大殖民掠奪的工具和幫兇。

　　對於精神侵略和奴化教育的巨大「妙用」，當年的「中國通」、美國伊利諾伊大學校長詹姆士是深知其中「三昧」的。他曾向美國總統獻策力陳：只要大力對年青一代的中國人施加奴化「教育」，就「一定能夠使用最圓滿和最巧妙的方式控制中國的發展」；「為了擴張精神上的影響而花一些錢，即使只從物質意義上說，也能夠比用別的方法收穫得更多。商業追隨精神上的支配，是比追隨軍旗更為可靠的」。西方殖民者從事精神侵略所造成的纍纍惡果，至今還使亞、非、拉人民的革命和建設事業深受其害，有待繼續肅清。

　　血腥屠殺，種族滅絕　在殖民掠奪和霸占土地的過程中，殖民盜匪們對於稍敢反抗或留戀鄉土不願遷徙的土著居民，往往採取極端殘暴的種族滅絕政策。據十六世紀曾直接參與過殖民侵略活動的西班牙人拉薩・卡薩斯的記述，西方殖民者就是如此駭人

聽聞地血腥屠殺起義的印第安人的：「他們闖進村鎮，不放過小孩、老人、婦女、產婦，把所有的人都殺光，……他們互相打賭能否一刀把人劈成兩半，能否一斧把頭砍下或把臟腑剖開，他們奪下母親懷裡的嬰兒，把腦袋往石頭上撞……或是把母親和嬰兒背靠背綁在一起丟到河裡」[42]。為了把印第安人斬盡殺絕，那些「虔誠」地信奉基督教、以「仁慈、博愛」自我標榜的西方殖民者，竟公然懸賞殺人：一七〇三年，北美新英格蘭地區的殖民者在立法會議上決定，每剝得一張印第安人的頭蓋皮給賞金四十鎊；一七二〇年，這種頭蓋皮竟然「漲價」每張給賞金一百鎊。[43]這一類慘絕人寰的反動法令，自一六四一年起竟然在整個美洲大力推行達一百七十多年！

直到十九世紀中葉，西方殖民者仍在美洲以外推行類似的懸賞制度。一八八六年，在「剿滅」新西蘭土著居民毛利人的戰爭中，英國《惠靈頓獨立報》公開鼓吹：應該規定斬首「獎酬」據新西蘭作家史考特的記載，當時有個以凶悍聞名的殖民匪徒湯姆·亞當遜，一發現毛利人，就拚命搶先砍下頭顱，把這種「戰利品」裝入麻袋，「當這些裝滿人頭的麻袋搬到懷摩特爾上校的營帳裡時，人頭撒滿在地，滾到行軍床下，辦公桌下，上校的腳邊，亞當遜便有了充分的理由請求獎賞」[44]。至於法國將軍佩利西埃在一八四五年鎮壓阿爾及利亞起義時，竟將一千多名藏在山洞裡的土著婦孺全部用烈火毒煙活活燒死熏死，這一絕滅人性的暴行當時曾轟動全球，但他事後卻因諸如此類的軍「功」而青雲直上，晉陞為元帥，其所得的「獎賞」和「榮譽」，更遠非亞當遜可比！

　　為了更大量更迅速地滅絕土著居民，西方殖民者還採取了令人髮指的手段：傳播瘟疫！他們抓住土著小孩，強行注射烈性傳染病細菌，然後放回去發作傳病。用諸如此類的狠毒辦法往往在極短的時間內就使幾十個、幾百個部落徹底毀滅，斷種絕根，大片大片的土地斷了人煙。然後，這裡就成為殖民者們最理想的新種植園和新牧羊場！〔45〕

　　總之，西方殖民匪徒們的種種暴行和血債，是罄竹難書、擢髮難數的。以上所粗略列舉的十個方面，只不過是殖民掠奪這一股歷史濁流中的一涓一滴。

　　數百年來，殖民掠奪者的辯護士們費盡心機，力圖遮掩和美化這些罪惡的歷史，然而墨寫的謊言終究蓋不住血寫的事實。漫漫數百年，一部殖民史，在「仁義道德」的字裡行間，實際上滿本都寫著兩個字：吃人！

哪裡有侵略壓迫，哪裡就有抗暴戰鬥

　　一部殖民掠奪史，同時又是一部反殖民鬥爭史。數百年間，既是那些披著人皮的殖民虎狼們吃人的過程，也是殖民地、半殖民地人民成百次成千次地抗擊和嚴懲這些虎狼的過程。這種反殖民、反侵略、反掠奪、反奴役、反剝削、反壓迫的鬥爭，前赴後繼，此伏彼起，連綿不斷，遍及全球！可以說，幾個世紀以來未有一日止息！

　　單就近代而言，僅在十七世紀中葉至十九世紀九〇年代初這段期間裡，這種反抗鬥爭中規模較大、影響深遠的有：一六四九至一六五二年愛爾蘭人民的反英起義；一六五九年與一六七三至

一六七七年南非霍屯督人的兩次抗荷戰爭；一六六一至一六六二年中國人民驅逐荷蘭侵略者、收復臺灣的戰爭；一六七四至一六七九年與一六八五至一七〇六年印尼人民的反荷起義；一六七五至一六七六年北美印第安人反對英國殖民者的戰爭；一七三九年北美南卡羅來納黑人奴隸的暴動；一七六七至一七九九年南印度邁索爾人民堅持了三十二年之久的反英保衛戰；一七七九年開始、堅持了百年之久的南非人民抗擊西方殖民者的自衛戰爭——「卡弗爾戰爭」；一七八〇至一七八一年祕魯印第安人的大起義；一七九一至一八〇三年海地黑人奴隸的獨立解放戰爭；一七九八年和一八〇〇年埃及開羅人民打擊法國侵略軍的兩次英勇起義；一八〇五年開始、持續了一百年的西非阿散蒂人的抗英戰爭；一八一〇至一八二六年西班牙美洲殖民地的獨立解放戰爭；一八一七年以後葡屬巴西爭取獨立解放的起義鬥爭；一八二五至一八三〇年印尼爪哇人民的抗荷大起義；一八三〇至一八三一年波蘭人民反抗沙俄殖民統治的民族起義；一八三八至一八四二年阿富汗人民的抗英戰爭；一八四〇至一八四二年中國人民抗擊英國侵略軍的第一次鴉片戰爭；一八四八年和一八六七年愛爾蘭人民反抗英國殖民統治的兩度武裝起義；一八四八年羅馬尼亞人民抗擊沙俄反革命殖民侵略軍的英勇戰鬥；一八四八至一八五二年波斯（伊朗）巴布教徒反對本國封建王朝和沙俄等外國殖民掠奪者的起義；一八四九年匈牙利人民抗擊沙俄和奧國反動軍隊的民族解放戰爭；一八五一至一八六四年舉世矚目的、中國人民反對殖民主義侵略者及其走狗清王朝的太平天國革命；一八五六至一八六〇年中國人民抗擊英法侵略聯軍的第二次鴉片戰爭；一八五七至

一八五九年聲勢浩大的印度民族大起義；一八六三年震撼全歐的波蘭人民反抗沙俄異族統治、爭取民族獨立的再次大規模起義；一八六七至一八六八年埃塞俄比亞人民的抗英鬥爭；一八六八至一八七八年古巴人民反對西班牙殖民統治的解放戰爭；一八七一年阿爾及利亞人民的反法起義；一八七二年菲律賓人民的反西班牙起義；一八七九年南非祖魯人的抗英戰爭；一八八一至一八八五年蘇丹人民痛懲英國殖民者、威震非洲大陸的全民大起義；一八八二年埃及人民的抗英戰爭；一八八二至一八八五年東非馬達加斯加入民的抗法戰爭；一八八七年埃塞俄比亞人民的抗意戰爭；一八八九至一八九四年西非達荷美人民的抗法戰爭；一八九一年開始的西非幾內亞人民的抗法戰爭；一八九三年南非馬達別列人民的抗英戰爭，等等。

在千百次反擊殖民侵略者的武裝鬥爭中，殖民地、半殖民地的人民面對擁有巨艦利炮、武裝到牙齒的凶惡敵人，不畏強暴，拿起大刀、長矛、弓箭乃至棍棒、石頭之類的原始武器，迎頭痛擊入侵之敵，嚴厲地懲罰了為非作歹的殖民侵略者。他們敢於鬥爭，也善於鬥爭，往往以一當十，出奇制勝，打得殖民侵略者抱頭鼠竄，甚至全軍覆沒，大長弱小民族的志氣，大滅殖民強盜的威風！

讓我們簡略回顧若干史例，以窺一斑。

美洲　據史料記載，早在一五一一至一五一二年，印第安酋長阿多歐先後在瓜哈巴島（即今戈納夫島）和古巴島上率眾開展游擊戰，奇襲西班牙殖民者，使他們死傷纍纍，一度龜縮寨堡之中幾達三個月之久，日夜提心吊膽。「自從到新大陸以來，西班

牙人第一次知道恐懼是怎麼一回事。」後來阿多歐因叛徒告密被俘，臨刑前，西班牙隨軍神父惺惺作態，假仁假義地要他「受洗」「懺悔」，皈依基督，以便靈魂「升天」。他橫眉冷對，嗤之以鼻，凜然宣稱：寧願下地獄，也決不同凶殘屠殺印第安人的殖民匪徒們一起進天堂，表現了與殖民匪徒誓不兩立、不共戴天的英雄氣節。[46]

在智利中部和南部，阿拉烏干族印第安人長期堅持抗擊歐洲殖民者的鬥爭，一五五三年在圖卡佩爾的一次戰役中，奮力全殲侵略軍，生擒智利的第一任殖民「總督」瓦爾迪維亞。據傳說，當時阿拉烏干人對這個殺人如麻的匪首採取了意味深長的懲罰方式：在處決之前，阿族首領勞塔羅對他說：「你此來是為了撈到金子，現在我特地滿足你的願望。」說罷，命人用熾熱的黃金溶液灌進他的咽喉肚腸，充分「滿足」了這位殖民盜魁熾烈的黃金饞欲。此後，智利人民繼續長期抗戰，終於迫使西班牙殖民者於一六○二年同意簽訂條約，承認瓢瓢河以南的廣大地區歸屬阿拉烏干族統轄。直到十九世紀八○年代末，阿拉烏干人在艱苦鬥爭中卓有成效地保衛了自己的神聖疆土，長達二三百年。[47]

同印第安人的頑強鬥爭互相支持、互相輝映的，是美洲黑人奴隸對殖民統治者的英勇反抗。其中聲勢最浩大、影響最深遠的，首推一七九一至一八○三年聖多明各島上海地黑人奴隸的獨立解放戰爭。當時全島各地數十萬黑奴紛紛揭竿而起，島上到處火光沖天，把長期折磨黑奴的許多「活地獄」和吸血魔鬼——一千四百多個規模巨大的咖啡、甘蔗種植園，連同那些作惡多端的種植園奴隸主，通通燒成灰燼。在傑出的黑人領袖杜桑·盧維杜

爾率領下，起義軍在戰鬥中迅速鍛鍊成長，所向披靡，聲威大振。在整整十二年的堅苦卓絕的鬥爭中，武裝力量始終沒有超過二萬人的海地黑奴，先後粉碎了法國、西班牙和英國龐大殖民軍隊的四次軍事鎮壓和武裝侵略，使這些一向稱王稱霸的殖民強國損兵折將十幾萬人[48]而又一無所得，先後被迫承認海地獨立。海地黑人以自己的頑強戰鬥，砸爛了民族的和階級的雙重枷鎖，建立了拉美第一個擺脫殖民統治和廢除奴隸制度的新國家，並在一八○三年十一月的獨立宣言中鄭重宣告：「我們恢復了我們原有的尊嚴，維護了我們的權利，我們宣誓：永遠不把我們的權利委棄給任何強國！」這一偉大勝利，樹立了奴隸們自己解放自己的光輝榜樣，為整個拉美殖民制度和奴隸制度的崩潰敲響了第一聲喪鐘，有力地鼓舞和推動了後來遍及拉美各地的民族獨立解放鬥爭。

非洲　非洲各族人民開始抗擊殖民侵略者，和拉美人民差不多一樣早。早在一五一○年，葡萄牙駐印度首任總督阿爾美達曾在歸途中率領六十餘名殖民者登上南非陸地實行侵略掠奪，被當地群起自衛的霍屯督人一舉全殲，從而使歐洲殖民者侵占南非的時間推遲了一百四十二年，直到一六五二年荷蘭人才得以在開普建立南非的第一個殖民據點。

歷史上著名的「卡弗爾戰」從一七七九年開始，迄一八七九年，前後持續竟達百年之久，南非人民不屈不撓，多次嚴懲了殖民侵略者。其中單單伊汕德爾瓦納一役，就把驕橫一世的英國殖民軍當場擊斃一千三百多人，遺屍遍野，潰不成軍。恩格斯曾經盛讚南非人民在反殖民反侵略戰爭中表現出罕見的勇猛頑強，他

說：「卡弗爾人祖魯人……做出了任何歐洲軍隊都不能做的事情。他們沒有槍炮，僅僅用長矛和投槍武裝起來，在英國步兵——在密集隊形戰鬥上被公認為世界第一——的後裝槍的彈雨之下，竟然一直向前衝到刺刀跟前，不止一次打散英軍隊伍，甚致使英軍潰退……英國人訴苦說，卡弗爾人比馬走得還快，一晝夜比馬走得還遠，這就可以證明這種野蠻人（按：指處于氏族社會的民族）的能力和毅力。」[49]

在東非，埃塞俄比亞人民於一八八七年迎頭痛擊入侵的義大利殖民侵略軍，徹底干淨地加以消滅。後來在一八九五至一八九六年的自衛戰爭中，再度打得一萬七千多名義大利侵略者全軍覆沒，迫令義大利在戰敗的和約上簽字，無條件承認埃塞俄比亞獨立。意軍的兩番慘敗，給殖民主義大國、強國提供了怵目驚心的「前車之鑒」，也使非洲弱小民族大大增強了以小勝大、以弱勝強的決心和鬥志。

非洲人民反殖鬥爭史上規模最大的一次武裝鬥爭，是一八八一年爆發於北非蘇丹的馬赫迪起義。短短一年間，義軍隊伍就從原先的三百多人迅速擴展至十五萬人，勢如燎原烈火。一八八三年十一月在烏拜伊德以南的希甘一役，起義軍出奇制勝，僅僅經過一個上午的伏擊激戰，就把前來鎮壓的一萬一千多名英國遠征軍分割聚殲，英軍魁首希克斯及其手下軍官全部命喪黃沙，萬餘侵略軍中只有兩百多人僥倖死裡逃生，「報喪」去了。英國反動政府改派戈登為駐蘇丹總督，率軍對付起義。此人當年在中國曾因指揮屠殺太平天國革命軍有「功」而被清政府授以「提督」高官，賞以「穿黃緞馬褂、頂戴花翎」殊榮。後來又因其多年凶殘

險詐的殖民生涯而深獲英國反動政府賞識，認為「光憑他的名字就具有魔力」。然而，面對英雄的蘇丹人民，戈登赴任不到一年，就黔驢技窮，被重重圍困在喀土穆城，在一八八四年底的日記和家信中發出了絕望的哀鳴：「我們忍受著一連串的悲苦和焦慮」，「這或許是我寫給你的最後一封信。……我們的末日快要到了！」在這一點上，他倒確有一點「先見之明」一八八五年一月，起義軍破城而入，犁庭掃穴、全殲困獸之際，一桿凝聚著民族大恨的長矛刺穿了戈登的胸膛，使這個血債纍纍、怙惡不悛的劊子手登時喪命，為蘇丹人民，也為中國太平軍的英烈們報了深仇！此後不久，蘇丹全境基本解放。蘇丹便以獨立國家的雄姿屹立在非洲大陸達十四年。這一場全民反殖武裝鬥爭的輝煌勝利影響深遠。它令人信服地證明：弱小民族只要敢於鬥爭，善於鬥爭，任何強大的殖民侵略者，包括當時號稱世界頭等強國的英國，都是可以打敗的。

　　亞洲　在亞洲近代史上，也出現過弱小民族屢挫強敵從而在相當長時期內保衛了民族獨立的光輝事例。一八三八年，英軍大舉侵入阿富汗並攻陷首都喀布爾。堅貞不屈的阿富汗首都人民於一八四一年十一月率先發動了聲勢浩大的武裝起義，嚴懲侵略占領軍。許多為非作歹的英國軍官連同侵略者總頭目麥克諾登先後斃命。在紛起響應的全國各地起義人民的沉重打擊下，侵略者被迫撤軍，倉皇逃竄，沿途又遭到阿富汗愛國游擊隊的截擊，非死即傷，一敗塗地。關於當時英軍的狼狽凄涼相，在馬克思的筆記中曾經留下這樣的實錄：「一八四二年一月十三日，賈拉爾阿巴德（在夏賈汗浦爾附近）城牆上的哨兵們眺望到一個穿英國軍服

的人，襤褸不堪，騎在一匹瘦馬上，馬和騎者都受重傷；這人就是布萊敦醫生，是三個星期以前從喀布爾退出的一萬五千人當中的唯一倖存者。他因飢餓而瀕於死亡。」[50]三十多年以後，阿富汗人民在一八七九至一八八〇年又奮起抗擊進犯的數萬英國侵略軍，他們不顧本國反動統治者的妥協投降，堅持抗戰，終於再度驅敵出境，粉碎了殖民侵略者完全吞併阿富汗的狼子野心。阿富汗人民不可侮！！

在南亞次大陸，一八五七至一八五九年的印度民族大起義也在世界人民反殖鬥爭史上留下了璀璨的一頁。密拉特第一支義軍舉事不到六天，就解放了政治中心德里，威震全國，引起各地連鎖反應，使英國殖民者聞風喪膽。義軍號召印度所有愛國志士，「在一個旗幟下戰鬥，用鮮血的洪流把印度斯坦土地上的英國名字沖洗乾淨」。在堅持三個月的德里保衛戰中，印度人民給圍城敵軍以嚴重殺傷。一名英國軍官裡德少校在日記中私下供認：再沒有任何人比起義軍戰鬥得更勇敢了……我曾一度想到我們要完蛋了。」即使在城牆被英軍重炮轟毀後，起義者仍堅持巷戰，從每棟房子的屋頂、窗戶和陽臺紛紛射出復仇的彈雨，戰況慘烈，六天之內就打死英軍五千餘人，擊斃兩名英軍司令。德里以及其他起義中心的保衛戰、游擊戰中的許多壯烈事蹟，共同構成了印度民族的一大歷史驕傲。[51]歷時兩年多的這場反英大起義，從政治、軍事、財政等各個方面，嚴重地削弱了殖民侵略者的實力和元氣，「使英國的統治從印度的一端到另一端發生動搖」[52]。

在東亞，朝鮮人民抗擊殖民侵略者的光榮革命傳統是源遠流長、著稱於世的。早在十九世紀三〇年代至六〇年代，英、法、

美等國曾先後多次對朝鮮推行「砲艦政策」進行侵略活動，均因遭到朝鮮人民堅決抵抗而失敗。一八七一年五月，不甘失敗的美國殖民者捲土重來，再次大舉進犯。面對來勢洶洶的強敵，朝鮮軍民毫無懼色，奮起浴血苦戰。侵略軍首領鏤斐亞眼看不能得逞，無可奈何地向美國政府報告：「朝鮮人決心殊死戰鬥，他們的勇敢世所罕見，從來沒有一個民族能夠超過他們！」侵略者遭到迎頭痛擊之後，傷亡狼藉，來犯的五艘巨艦中三艘遭重創，最後只好夾著尾巴逃竄回國去了。在抗擊侵略者期間，漢城等城市街道上都矗立石碑，上刻：「洋夷侵犯，非戰則和。主和賣國！戒我萬年子孫！」〔53〕這一流芳百世的「斥和誓詞」，反映了朝鮮人民傳統的、崇高的愛國情操，表達了他們誓死戰鬥絕不降敵的堅強決心！

至於中國人民反對殖民主義的鬥爭，整個說來，它是從一八四〇年鴉片戰爭以來的中國人民民主革命的一個重要組成部分。這方面的專著很多，這裡就不羅列了。

儘管在當時的歷史條件下，美、非、亞各洲人民的反殖鬥爭，由於沒有先進的工人階級及其政黨的領導，由於敵我力量對比的懸殊，而經受了無數次暫時的失敗和挫折，但是，他們在抗爭過程中寧死不屈，「把獨立視為珍寶、把對外族統治的仇恨置於生命之上」〔54〕的革命精神，以及無數可歌可泣的英雄業跡，卻永垂青史，千秋萬代，閃耀著不可磨滅的光輝，鼓舞著後繼者的鬥志。所有這一切，都為後來全世界被壓迫民族和被壓迫人民進一步開展反殖、反帝、反霸的鬥爭，樹立了良好的榜樣，積累了豐富的經驗，初步開闢了走向勝利的道路！

（二）馬克思、恩格斯在民族殖民地問題上的基本觀點

作為無產階級革命學說的偉大創始者和奠基人，馬克思和恩格斯當年在全面研究資本主義基本矛盾，制定革命理論和路線的過程中，對於同無產階級社會主義革命事業息息相關的民族殖民地問題，也進行了深入的探討，並在綜觀無產階級世界革命全局的基礎上，「提供了關於民族殖民地問題的基本的主要的思想」〔55〕。

馬克思、恩格斯關於民族殖民地問題的基本思想，是整個馬克思主義無產階級革命學說的重要組成部分，是全世界無產者和被壓迫民族實行革命鬥爭的指南。茲擇其大要，分四個方面簡述如下：

深刻揭示民族殖民地問題產生的社會階級根源

馬克思、恩格斯深刻地揭示了民族殖民地問題產生的客觀歷史過程和社會階級根源，科學地闡明了民族壓迫和殖民掠奪現象同資本主義制度之間的內在有機聯系，憤怒聲討西方資產階級的種種殖民暴行，特別著重揭露當時兩個最龐大的殖民帝國——英國和沙俄——反動統治者的貪婪、偽善與凶殘，藉以教育和動員全世界無產者和被壓迫民族為反對一切殖民主義，特別為反對兩大殖民首惡而團結戰鬥。

「田園詩」與血淚史　幾百年以來，殖民掠奪者的反革命事業儘管每天都在做，但是在剝削階級御用文人的筆下，在機會主義者的口中，那些從事殖民活動的冒險家、亡命徒、傳教士、巨腹賈，往往都成了傳奇式的英雄人物，他們所從事的反革命事

業，往往被描繪成傳播文明、施恩賜福，充滿了「詩情畫意」，而且「在溫和的政治經濟學中，從來就是田園詩占統治地位」〔56〕。他們所竭力宣揚的一整套，概括起來，無非就是侵略有「功」，掠奪有「理」，反抗有「罪」。因此，廓清這些迷霧和煙幕，讓人們明白事情的真相，就成為馬克思、恩格斯有關民族殖民地問題著作中的一項重要內容。

　　馬克思考察分析了大量的歷史事實，發現歐洲各國的資產階級之所以能夠從無到有、從小到大地不斷發展起來，主要就是靠對歐洲大陸以外的廣大地區實行凶殘的殖民掠奪而積累了大量原始的資本。馬克思指出：在美洲，金銀產地的發現，土著居民的被剿滅、被奴役和被埋葬於礦井，在亞洲，對印度進行征服和劫掠，在非洲，把黑人當作野獸來捕獵和販賣，所有這些，都是歐洲資產階級實行資本原始積累的主要因素。「在歐洲以外直接靠掠奪、奴役和殺人越貨而奪得的財寶，源源流入宗主國，在這裡轉化為資本」〔57〕。可見，由亞洲、非洲、美洲人民的鮮血和脂膏轉化而成的一筆又一筆的橫財，乃是歐洲資本家們暴發致富的源泉。

　　一般地說，資本家為了攫取利潤，總得先墊支一些本錢，叫做「以本求利」，但是在殖民掠奪活動中，資本的原始積累卻往往是「在不預付一個先令的情況下進行」〔58〕的。傳說中的煉金術士能夠「煉鐵成金」甚至「點石成金」，而殖民主義者往往比他們更為「高明」竟能「從無中生出金來」〔59〕煉金術士歷來無一不是騙子歹徒，而以「勤儉起家」這類謊言自我標榜的殖民主義者比這些騙子歹徒更加荒唐無稽、更加厚顏無恥！為了恢復歷

史的本來面目，馬克思列舉了大量的事實，雄辯地揭示：整個殖民制度，「是以最殘酷的暴力為基礎」的。[60]「當我們把自己的目光從資產階級文明的故鄉轉向殖民地的時候，資產階級文的極端偽善和它的野蠻本性就赤裸裸地呈現在我們面前，因為它在故鄉還裝出一副很有體面的樣子，而一到殖民地它就絲毫不加掩飾了」。「難道資產階級做過更多的事情嗎？難道它不使個人和整個民族遭受流血與污穢、窮困與屈辱就達到過什麼進步嗎？」[61]由此可見，西方資產階級的暴發史是用血和火的文字寫成的，以殖民掠奪作為主要因素的資本「原始積累的方法決不是田園詩式的東西」[62]，「資本來到世間，從頭到腳，每個毛孔都滴著血和骯髒的東西」[63]！

「約翰牛」和「俄國熊」　在馬克思和恩格斯所處的時代裡，英國和沙皇俄國是實行殖民侵略掠奪最為瘋狂的兩個大國，成為當時國際上的兩大惡霸。馬克思、恩格斯極端憎惡和鄙夷地稱之為「約翰牛」和「俄國熊」，多次以犀利的筆鋒，無情地戳穿和剖開這一野牛、一惡熊身上披著的美麗畫皮。

馬克思和恩格斯不止一次地指出，英國的殖民者及其政客紳士們實際上就是一伙海盜。「慣於吹噓自己道德高尚的約翰牛，卻寧願用海盜式的藉口經常向中國勒索軍事賠款」[64]。那些貌似正人君子、「裝出一副基督教的偽善面孔」的達官顯宦和社會名流，其所作所為，充分說明他們大量地保留了他們歷代「祖先所特有的古老的海盜式掠奪精神」[65]。殺人越貨、謀財害命、敲詐勒索、坐地分贓等等，都是他們的祖傳慣伎。在對待弱國的外交活動中，他們的拿手好戲是捏造罪名、恫嚇訛詐；兩面三

刀、挑撥離間；收買內奸、組織叛亂；甚至不惜竄改和偽造外交文件，顛倒黑白，欺世惑眾，煽動戰爭歇斯底里。對於這些陰謀詭計和卑劣手段，馬克思和恩格斯都援引確鑿可靠的事實、史料和文件，一一揭穿內幕，剝奪其招搖撞騙的資本，暴露其醜惡無恥的嘴臉。同時，也嚴正地警告這些唯利是圖的殖民者：他們侵略掠奪活動所獲得的「純利」，只不過是在廣大被壓迫民族中給自己招來仇恨，終將導致他們的徹底覆滅。[66]

對於「俄國熊」貪婪凶殘的本性、稱霸世界的野心、狡詐狠毒的手腕、陰險偽善的面具以及腐朽虛弱的本質，馬克思和恩格斯反覆進行了全面的、深刻的揭露。

他們指出，沙皇俄國對外政策的主旨，就是要征服全世界，實現世界霸權。它可以不斷變換手法，但稱霸全球的主旨和目的，卻從來不會改變。[67]沙俄御用詩人捷爾沙文在頌揚葉卡特林娜二世的侵略「戰果」時曾寫道：「俄羅斯啊，……邁步前進，全世界就是你的。」恩格斯認為，這句詩概括地表達了沙皇的自負和狂妄。馬克思還根據史實，開列清單，揭示俄國自彼得大帝以來向四鄰弱國鯨吞大片領土的概況，其中單單向南就「邁步前進」了約一千英里，而僅在十八世紀末以後的短短六十年間，其所侵奪的領土面積以及這些領土的重要性，就等於俄羅斯帝國在此以前的整個歐洲部分。[68]

為了實現稱霸世界的既定目的，沙俄政府歷來就是不擇手段的。馬克思和恩格斯多次指出，在對外交往中，「俄熊無疑也是什麼事都能做」[69]，它慣於把虛構的口實和藻飾的威逼湊合起來，也慣於把狂妄的野心、狡猾的伎倆和十足的野蠻糅在一起；

它不惜背信棄義，陰謀顛覆，謀刺暗殺，也不惜卑躬屈節，重金賄買；它「頭在聖彼得堡而在歐洲各國內閣裡有其爪牙」[70]它「為了用毒藥和匕首等等除掉妨礙它的人能幹出什麼事情來，巴爾幹半島近百年的歷史可以提供足夠的實例」[71]。一言以蔽之，它「有多大本領就能幹出多大的傷天害理的事情」[72]！

壞事做絕，好話說盡，幹得卑鄙齷齪，講得冠冕堂皇──這是沙俄實行殖民擴張的一大特色。恩格斯根據大量史實對這個特色作了總結。他指出，沙皇政府每次掠奪領土，都是拿「開明」「自由主義」「解放」各族人民作為幌子。它拚命鼓吹要建立「斯拉夫民族大家庭」，甚至打著「援助斯拉夫兄弟」的旗號發動戰爭，但受「援」的小「兄弟」總是在事後「飽嘗了沙皇式解放的滋味」，[73]在那個「大家庭」中橫遭專制家長的統治和蹂躪，吃盡苦頭，受夠奴役。

在列強瓜分中國的罪惡勾當中，沙皇俄國突出地扮演了一個翻雲覆雨、左右逢源、口蜜腹劍、陰險狠毒的角色。單以英法聯合侵華的第二次鴉片戰爭為例，如恩格斯所揭露的，當時沙俄一方面「挺身出來」把自己偽裝成「中國的秉公無私的保護人」，並在締結和約時「儼然以調停者自居」，另一方面卻乘人之危，「正好在這個時候從中國奪取了一塊大小等於法德兩國面積的領土和一條同多瑙河一樣長的河流」。恩格斯還英明地預見到：沙俄決不會滿足於這一點，就此罷手。它還必將通過「確定邊界」之類的鬼蜮慣伎，繼續把中國領土「一塊一塊地割去」，而且「俄國軍隊不論哪一天都能夠向北京進發」！[74]

歐洲一切反動勢力的主要堡壘　在歐洲的國際政治生活中，

沙俄帝國總是極力支持歐洲的一切反動勢力，甚至多次公開出兵入侵別國，鎮壓和絞殺當地的革命運動，並趁機「開疆拓土」，攫取各種反動權益。長期以來，它在歐洲國際社會中扮演著「世界憲兵」的可恥角色，驕橫跋扈，成為「歐洲一切反動勢力的堡壘」[75]。

恩格斯認為，馬克思的一個功勞就在於，他第一個在一八四八年指出，並從那時起不止一次地強調，由於沙俄帝國是歐洲反動勢力的主要堡壘，由於這個帝國一貫抱著統治全歐的野心，其目的在於使歐洲無產階級的勝利成為不可能，因此，「西歐的工人政黨不得不與俄國沙皇政府作殊死戰」[76]。馬克思和恩格斯直到他們的晚年，經常把是否堅決反抗當時沙俄帝國的侵略政策，作為劃分歐洲政治力量以及區別歐洲民族運動是否應當受到國際無產階級贊助的一個界線。在這個問題上，馬克思、恩格斯正是基於對當時歐洲各國錯綜複雜的民族矛盾和階級矛盾進行全面的觀察和科學的分析，找出歐洲國際工人運動和被壓迫民族最凶惡最危險的主要敵人，提醒全歐以工人階級為首的被壓迫人民和被壓迫民族，必須集中目標，針鋒相對，認真對付，奮力抗擊。

當年沙俄帝國的侵略擴張政策不僅直接蹂躪了歐洲各弱小民族，而且還直接威脅著歐洲一些發達國家的民族獨立。因此，無產階級革命導師一方面始終堅決反對這些國家的機會主義者利用「保衛祖國」的口號來掩蓋自己對於無產階級國際主義的背叛；另一方面，也教導這些國家的無產階級應當在一定條件下高舉民族獨立的旗幟，為反對沙俄帝國的侵略威脅站在鬥爭的最前列。

例如，一八九一年沙俄帝國曾經積極準備發動侵德戰爭，旨在取消德意志民族的獨立，把德國從一個業已實現統一的國家拉回到分裂、割據的狀態。就在沙俄侵德戰爭迫在眉睫之際，恩格斯明確指出，沙俄帝國是西方各民族的敵人，如果它打敗並征服了當時工人運動比較發達的德國，他們帶來的不是自由而是奴役，不是進步而是野蠻，整個「歐洲的社會主義運動就要停滯二十年」[77]；「沙皇取得勝利就等於歐洲被奴役」[78]。正是在這種情況下，恩格斯教導說：如果當時的德國政府接受工人政黨提出的條件，那麼，德國工人政黨可以向政府表示準備支持它反抗外敵。恩格斯認為，這樣做將有利於德國乃至全歐革命形勢的發展。

　　鑒於沙俄帝國全面地、嚴重地危害著歐洲許多弱小民族甚至一些發達國家的獨立生存，恩格斯強調說，「推翻沙皇政府，消滅這個威脅著整個歐洲的禍害，——我認為，這是解放中歐和東歐各民族的首要條件」[79]。

　　就在「俄國熊」張牙舞爪、稱王稱霸的時候，馬克思和恩格斯卻敏銳地洞察了它外強中乾和腐朽虛弱的本質。他們指出，沙俄以其傳統的詭計可以把歐洲的宮廷——昏庸的上層統治者捉進自己的圈套，但是它在對付革命人民的時候卻是完全無能為力的。同時，由於其經濟政治制度的極端反動腐朽，「沙皇帝國內部具有在大力促使它滅亡的因素」[80]。在這樣的內外條件下，全世界人民一定會「在看到我們大家最大的敵人——俄國沙皇制度的驕橫一世之後，再看到它的（已經開始了的）衰落和徹底垮臺」[81]！無產階級革命導師代表歷史對沙皇羅曼諾夫王朝作出

第一編・國際經濟法基本理論（一）

這一嚴正的死刑判決，果然在一九一七年被人民鐵面無私地執行了。

以上所述，是馬克思、恩格斯關於民族殖民地問題基本思想的第一個方面。

雄辯論證無產階級國際主義，尖銳批判資產階級反動民族主義

馬克思、恩格斯雄辯地論證了無產階級國際主義的基本原則，教導全世界的無產者必須抵制資產階級反動民族主義的思想毒害，實行國際性的階級團結，為反對資本主義、殖民主義實行聯合的鬥爭。他們尤其致力於揭露強國的地主資產階級通過對外實行民族壓迫和殖民掠奪，藉以在國內鞏固反動統治和加強階級壓迫這一毒辣手腕，啟發宗主國的無產者認識到支持殖民地人民爭得民族解放乃是他們自己爭得階級解放的首要條件。此外，他們還提醒無產者要善於識別民族虛無主義的「左」傾空談，看穿它在「國際主義」偽裝下為大國強族的併吞暴行張目的反動實質。

分散的努力會遭到共同的失敗　在對外侵略擴張和殖民掠奪中，歐美的地主資產階級及其在工人運動中的代理人經常鼓吹大國沙文主義、狹隘民族主義和「種族優越」等謬論，用以分裂各國工人階級和其他勞動者，驅使他們為本國剝削者的利益而互相為敵，骨肉相殘，或者為本國剝削者的利益去征服和殘害弱國弱族的階級兄弟。

針對地主資產階級的這種惡毒用心和無恥騙局，馬克思和恩格斯不懈地進行揭露和鬥爭。從馬克思主義誕生的第一天起，他

們就諄諄教導說：「工人沒有祖國」，響亮地提出「全世界無產者，聯合起來」[82] 的戰鬥口號。

他們反覆啟發各國無產者一定要識破本國剝削者關於祖國、民族的偽善說教，摒除狹隘的偏見，超越國家和民族的界限，實現國際主義的階級團結，在反壓迫反剝削的鬥爭中採取聯合的行動。這樣做，不但是完全可能的，而且是絕對必要的，它是「無產階級獲得解放的首要條件之一」[83]。

馬克思、恩格斯指出：現代的資本壓迫，無論在英國或法國，無論在美國或德國，都是一樣的。不同國家不同民族的無產者，其基本的階級地位和階級命運並無本質的差別，從這個意義上說來，無產者已經「失去了任何民族性」[84]。而不同國家不同民族的資產者，儘管他們之間存在著各種矛盾和爭鬥，但在對付無產者這一點上卻總是沆瀣一氣，往往實行國際性的勾結。因此，無產者「應當以各民族的工人兄弟聯盟來對抗各民族的資產階級兄弟聯盟」[85]，才能獲得鬥爭的勝利和階級的解放。反之，各國各族的無產者如果受騙上當，自相分裂殘殺，或者忽視了國家間的階級團結，忽視了「在解放鬥爭中堅定地並肩作戰」，那就勢必會使他們自己「受到懲罰，——使他們分散的努力遭到共同的失敗」[86]。

奴役其他民族的民族是在為自身鍛造鐐銬　為了全人類的徹底解放，也為了自身的徹底解放，大國、強國、宗主國的無產階級必須全力支持殖民地、半殖民地的民族解放鬥爭。因為，殖民掠奪和殖民統治不僅給殖民地、半殖民地的人民造成災難，而且也給大國、強國、宗主國的人民造成災難。馬克思和恩格斯多次

告誡說：「奴役其他民族的民族是在為自身鍛造鐐銬」[87]，「壓迫其他民族的民族是不能獲得解放的」[88]。

馬克思就英國對愛爾蘭的殖民統治作了精闢的分析。他回顧了自己對這個問題認識不斷深化的過程：原先，他曾長期認為可以藉助英國工人階級運動的高漲來推翻統治愛爾蘭的殖民制度；但是，經過多年更深入的考察研究之後，他卻得出了相反的信念，認為只要英國工人階級沒有擺脫愛爾蘭，那就毫無辦法。因為，對愛爾蘭實行殖民奴役，正是英國本土反動統治者物質力量和精神力量的重大源泉，也是英國工人階級意識深受毒害和英國社會革命受阻的首要根因。

當時英國的地主資產階級一方面對愛爾蘭的勞動人民進行殘酷的盤剝和掠奪，攫得了巨量財富，從而增強了在英國本土的統治實力；另一方面又強迫愛爾蘭貧民作為廉價勞動力大量遷入英國本土，利用英國工人與愛爾蘭移民工人在民族、宗教、社會地位上的差異以及就業機會上的競爭，在兩者之間進行挑撥和煽動，竭力製造對立和分裂，使他們互相敵視，以便分而治之。特別是竭力在英國工人中培養民族優越感，使他們覺得自己是統治民族的一分子[89]，充當了英國地主資產階級對付愛爾蘭人民的工具，這就大大麻痺和削弱了英國工人對本民族剝削者的階級鬥爭，從而客觀上延長和加強了本族地主資本家的統治，歸根結底，使英國工人自身繼續披戴著僱傭奴隸的沉重枷鎖和鐐銬。

基於以上分析，馬克思斷定：第一，「**不是在英國**，而只有**在愛爾蘭**才能給英國統治階級以決定性的打擊」。槓桿一定要安放在愛爾蘭。為了加速英國的社會革命，唯一的辦法就是使愛爾

蘭獨立。因此，第二，英國工人階級的直接的絕對的利益，是要英國斷絕現在同愛爾蘭的關係。應當喚醒英國工人階級，使他們意識到：「**愛爾蘭的民族解放對他們來說並不是一個抽象的正義或博愛的問題，而是他們自己的社會解放的首要條件**」[90]。

　　馬克思關於愛爾蘭問題的論述，提出了一個在國際共產主義運動中具有普遍意義的、極為重要的原理：資本主義先進宗主國本土缺乏革命形勢，往往在很大程度上是由擁有殖民地和肆行殖民掠奪所造成的；在這種情況下，殖民地人民爭取民族獨立的革命鬥爭便成為打擊宗主國反動統治者和促進無產階級革命的決定性力量。因此，宗主國無產者要擺脫自身遭受的階級奴役，就非大力支持殖民地擺脫民族奴役不可！

　　民族虛無主義與「俄國佬精神」　為了支持被壓迫民族的解放鬥爭，不但必須批判公開的、赤裸裸的大國沙文主義，而且必須批判隱蔽的、帶保護色的大國沙文主義，其中包括披著「國際主義」美麗外衣的民族虛無主義。

　　在第一國際成立初期，來自法國的蒲魯東主義者極力鼓吹他們那種以小資產階級空想為基礎的「社會革命」，對任何民族問題都持全盤否定的態度。他們要求第一國際把全部注意力集中在他們所設計的「社會革命」（實則是改良主義的海市蜃樓）上，根本不必過問同無產者「無關」的民族問題。他們硬說民族特性是「無稽之談」，一切民族特性和民族本身都是「陳腐的偏見」，工人階級犯不著為此分心。他們特別反對把聲援波蘭人民抗擊沙俄殖民統治和抵抗俄國佬對整個歐洲的威脅，作為全歐工人階級共同的戰鬥任務，列入第一國際代表大會的議事日程，並且信口

雌黃，誣衊提出這種議案的馬克思主義者「抄襲了」波拿巴主義的反動的民族原則。[91] 針對這類極端荒謬的觀點，馬克思、恩格斯進行了尖銳的揭露和堅決的反擊。馬克思指出，這種民族虛無主義觀點實質上就是提倡由「模範的」強大民族來吞併各個弱小民族。在波蘭問題上持這種觀點，那就是被「俄國佬精神束縛住了」，客觀上充當了俄國佬「最新的同盟者」[92]，即成為沙俄推行霸權主義政策、肆意奴役掠奪弱小民族的可恥幫兇。恩格斯強調：對於弱小民族的工農大眾說來，民族壓迫是他們前進道路上的第一個障礙，排除民族壓迫是一切健康和自由的發展的基本條件。無產階級的國際運動，無論如何只有在獨立民族的範圍內才有可能，國際合作只有在平等者之間才有可能，因此，從國際觀點來看，民族獨立絕不是很次要的事情，恰恰相反，「民族獨立是一切國際合作的基礎」[93]。

蒲魯東分子所鼓吹的民族虛無主義，乍看起來似乎也是主張打破民族狹隘眼界、超越於民族界限之上的，因而與馬克思所倡導的無產階級國際主義略有幾分「相似」，但是，取消民族主權獨立觀念，無視民族壓迫，非難民族解放運動，這就意味著要求弱小民族安於被壓迫被奴役的現狀。所以，它實際上既是對無產階級國際主義的嚴重歪曲，又是對無產階級愛國主義的徹底背離。有鑒於此，恩格斯無情地揭露說，如果屬於統治民族的第一國際會員竟然要求被征服的和繼續受壓迫的民族忘掉自己的民族性和喪權辱國的民族處境，高唱什麼「拋開民族分歧」等等，那麼，「這就不是國際主義，而只不過宣揚向壓迫屈服，是企圖在國際主義的掩蓋下替征服者的統治辯護，並使這種統治永世長

存」〔94〕。

以上所述，是馬克思和恩格斯關於民族殖民地問題基本思想的第二個方面。

嚴格區分革命的民族運動和反動的民族運動

馬克思和恩格斯堅定地站在被壓迫弱小民族這一邊，熱情讚揚和崇高評價它們反抗殖民奴役爭取民族解放的革命鬥爭，認定殖民地、半殖民地人民的革命鬥爭必將對宗主國的革命發生巨大的積極影響和促進作用；在反對歐洲資產階級反動統治的革命鬥爭中，殖民地、半殖民地的被壓迫民族是宗主國無產階級最好的同盟軍；而眾多被壓迫民族在反抗侵略者的過程中互相聲援，加強鬥爭，必將衝破殖民統治的重重黑暗，迎來民族解放的無限光明。從無產階級的革命利益出發，馬克思和恩格斯十分注意嚴格區分革命的民族運動和反動的民族運動，對前者加以堅決支持，對後者加以無情揭露。

歷史的「報應」種蒺藜者必得刺　馬克思和恩格斯滿腔熱情地歌頌弱小民族爭取獨立解放的正義鬥爭，並對它寄以厚望；同時，又義正詞嚴地痛斥殖民主義者對這種鬥爭的惡毒誣衊和無恥誹謗。

在論及印度人民反抗鬥爭的一系列著作裡，馬克思指出，「他們看來好像天生疲沓，但他們的勇敢卻使英國的軍官們大為吃驚」；「無論如何我們都可以滿懷信心地期待……這個巨大而誘人的國家將復興起來」〔95〕。在一八五七年印度民族大起義期間，英國殖民者通過御用報刊一方面為自己塗脂抹粉，開脫罪

責；另一方面又血口噴人，反誣起義者對待英國人十分「暴虐」。對此，馬克思懷著極大的無產階級義憤，就英國殖民者長期對印度人民濫施酷刑和血腥屠殺的情況作了專題調查研究，並援引英國官方「藍皮書」中的確鑿材料以及英國駐印文武官員來信中的自供言詞，逐樁曆數其殘酷暴行，嚴正指出：印度的英國統治者，絕不像他們想在世人面前裝扮的那樣，是印度人民的非常溫和的和無可責難的「恩人」，是「至仁至善」的體現者。印度人民企圖趕走擅權肆虐的外國侵略者和征服者，這是天然合理的。英國殖民者在印度的所作所為是如此殘酷無情和絕滅人性，印度人民忍無可忍，給予必要的懲罰，那也是殖民者罪有應得，無可厚非！同時，「就算起義的印度人在起義和鬥爭的狂怒中犯下了硬說是他們犯下的那些罪行和暴虐，又有什麼奇怪呢？」[96]馬克思辛辣地譏諷說：「人類歷史上存在著某種類似報應的東西，按照歷史上報應的規律，製造報應的工具的，並不是被壓迫者，而是壓迫者本身」[97]！

英國政客們對中國人民的抗英義舉也曾反咬一口，誣衊中國人為「野蠻人」「不道德」等等。對此類無恥讕言，馬克思也痛加誅伐，以正視聽。他尖銳揭露英國人向中國大量販毒（鴉片）牟取暴利，就是「年年靠摧殘人命和敗壞道德來充實英國國庫」[98]。一旦中國人被迫採取措施禁毒，英國殖民者就發動侵略戰爭，這難道不是「半野蠻人維護道德原則，而文明人卻以發財的原則來對抗」[99]？可見，在荒謬離奇的強盜邏輯中，「野蠻」與「文明」完全被顛倒了！馬克思列舉「英國軍官親筆記載下來的暴行」[100]——濫燒、濫殺、狂搶、強姦等巨量事實，憤怒地

指出：中國人針對著英國人提出的每一件控訴，至少可以提出九十九件控訴！」[101]

恩格斯對中國人民採取暴動、夜襲、投毒、鋤奸等游擊戰的方法懲罰侵略者的英勇行為，也給予充分肯定和讚揚。他指出：中國人民找到了自己獨特的、行之有效的抵抗方法，這種方法如能徹底實行，就會使殖民侵略者大吃苦頭，步步敗北。因此，一切外國人切「不要像騎士般的英國報紙那樣去斥責中國人可怕的殘暴行為，最好承認這是為了保衛社稷和家園的戰爭，這是為了保存中華民族的人民戰爭」；為了抗擊侵略者，「既然只有這種方法能生效，那麼中國人管得著這些嗎？」[102]

最好的同盟軍　馬克思和恩格斯對殖民地、半殖民地人民的民族解放運動和革命鬥爭給予崇高的評價，認為它是宗主國無產階級革命的催化劑、引爆器、同盟軍。

在論及中國的太平天國革命時，馬克思指出，推動這次大爆炸的毫無疑問是英國的大砲，英國的對華侵略掠奪引起了中國的革命，而這場革命又必將反過來對英國並通過英國對整個歐洲發生巨大的影響。中國人民革命鬥爭的高漲，沉重地打擊了殖民侵略者的各種掠奪活動，使資本主義市場急遽縮小，英國對華貿易陷於癱瘓，勢必導致其國內工業衰落、金融恐慌，加速經濟危機和政治危機的到來。馬克思斷言：「中國革命將把火星拋到現代工業體系的即將爆炸的地雷上，使醞釀已久的普遍危機爆發，這個普遍危機一旦擴展到國外，直接隨之而來的將是歐洲大陸的政治革命」。[103]

在論及印度一八五七年的民族大起義時，鑒於它大量地吸住

和成批地痛殲英國反動軍隊，嚴重地削弱了英國的統治階級，大大有利於英國本土工人階級的解放鬥爭，馬克思高興地指出：「印度使英國不斷消耗人力和財力，現在是我們最好的同盟軍」〔104〕。

在論及十九世紀波蘭人民的多次抗俄起義時，馬克思和恩格斯認為，處在殖民地地位的「波蘭是實現俄國對世界霸權的貪慾的最重要的工具」〔105〕，對波蘭實行軍事占領和殖民統治，既是沙皇藉以進一步覬覦、威脅全歐的強固據點和前進基地，又是沙皇藉以煽起沙文主義狂熱，斷送和扼殺國內革命運動，鞏固本土反動統治的重要手段。所以，「波蘭的獨立和俄國的革命是互為條件的」，只要沙皇俄國的大批反動軍隊還侵占著波蘭，俄國人民就既不能獲得政治解放，也不能獲得社會解放；而「一旦俄國失去波蘭，俄國國內的運動就會壯大到足以推翻現存秩序的地步」。〔106〕正因為如此，馬克思、恩格斯再三號召全歐的工人階級務必大力聲援和支持波蘭人民抗擊沙俄殖民統治、爭取民族獨立解放的正義鬥爭，強調用革命方法解決波蘭問題是摧毀歐洲反動堡壘——沙皇制度的基本前提。〔107〕

馬克思和恩格斯認為，全世界各被壓迫民族爭取獨立解放的正義鬥爭都是互相支持的。這些鬥爭可以削弱共同的敵人，往往使殖民主義者顧此失彼，疲於奔命，窮於應付。

一八五七年前後數年間，中國、波斯（伊朗）、印度幾乎同時或相繼開展抗英武裝鬥爭，匯合成亞洲民族解放鬥爭史上的一次重大高潮。馬克思和恩格斯敏銳地看出這些鬥爭彼此間在客觀上互相支援的關係。馬克思指出，正是在英國對波斯的戰爭幾乎

把原駐印度孟加拉管區的歐洲兵全部抽光了的時候，印度的民族大起義就立刻爆發了；起義使英國殖民當局驚惶失措，手忙腳亂，被迫立即從波斯調回侵略軍，同時「命令正在前往中國途中的額爾金勛爵和阿希伯納姆將軍的部隊停止前進」，中途截回侵華兵力。可見，波、中人民的抗英鬥爭吸引和牽制了大量英軍，客觀上為印度人民的起義創造了極其有利的條件，而印度人民的起義又反過來給波、中人民的抗英鬥爭提供了有力的支援。[108]同時，中、波、印的這些抗爭打擊了殖民主義者的凶焰，削弱了他們的實力，打亂了他們的侵略部署，又進一步鼓舞和推動了亞洲其他國家的反殖戰鬥。面對這種大好形勢，馬克思充滿喜悅地斷定：「英印軍隊中的起義與亞洲各大國對英國統治的普遍不滿同時發生，因為在孟加拉軍內的起義無疑與波斯戰爭和中國戰爭有密切的聯繫，──所有這些，都是過去從未有過的事情」[109]。

反對反動的民族運動 馬克思和恩格斯從來不把民族運動本身看成孤立自在和至高無上的運動，不加區別地一概予以支持。作為無產階級的革命導師，他們總是對一切民族運動進行具體的歷史的分析，判斷它們是否有利於無產階級開展革命鬥爭，是否有利於推動社會歷史前進，並以此作為準繩，決定是否予以支持贊助。

在一定的歷史條件下，有一些小民族所開展的民族運動是直接為某個反動大國的侵略擴張和霸權主義效勞的，對於這種逆歷史潮流而動的民族運動，馬克思、恩格斯歷來是加以無情揭露和堅決反對的。他們在十九世紀中後期對待捷克人和南方斯拉夫人的民族運動所持的態度，就是這方面的範例。

　　一八四八年歐洲大陸革命風暴正盛之際，長期在奧匈帝國奴役下的捷克人和南方斯拉夫人（均為斯拉夫族的分支）掀起了民族解放運動的新高潮，提出了一系列強烈的革命民主主義要求，甚至在布拉格發動了武裝起義。對於他們這種爭取擺脫異族反動統治的義舉，馬克思、恩格斯曾予以熱情的關注和支持。但是，從這次起義被鎮壓以後，這些小民族中的地主資產階級反動分子全盤把持了民族運動的領導權，大肆鼓吹和推行「泛斯拉夫主義」，使民族運動的內容、性質和客觀作用朝著反動的方向發生了根本變化。馬克思、恩格斯敏銳地、及時地覺察了這一點，並理所當然地對它進行毫不留情的譴責和批判。

　　當年喧囂一時的「泛斯拉夫主義」，是俄國沙皇政府為推行侵略擴張政策而製造的一種反動民族主義「理論」；它以純屬虛構的所謂全體斯拉夫人具有同一「民族特性」作為幌子，鼓吹要使居住在歐亞兩洲的一切斯拉夫人合併溶化成為一個以俄羅斯人為中心的強大統一的「民族」，建立一個空前龐大的「斯拉夫帝國」。對此，馬克思、恩格斯一針見血地揭露說：「泛斯拉夫主義是聖彼得堡內閣的發明，它的目的無非是要把俄國的歐洲疆界向西面和南面推進」[110]；「想把整個歐洲變成斯拉夫種族、尤其是這個種族的唯一強有力的部分即俄羅斯人的領土」[111]。簡言之，它是沙俄政府用以吞併弱國弱族和「爭奪世界霸權的騙人計劃」[112]。這個計劃一旦得逞，俄國式的封建農奴制就勢必推行於全歐，全歐就勢必出現嚴重的歷史大倒退。

　　在這樣的歷史條件下，捷克等一些曾經受到異族壓迫的小民族把實現「泛斯拉夫主義的統一」當作開展民族運動的宗旨，那

就是「自覺或不自覺地直接為俄國的利益服務」〔113〕，勢必成為「俄國的鞭子」〔114〕；而在實踐上他們果然成了沙俄用以鎮壓匈牙利革命的幫兇和打手。

鑒於捷克等小民族中那些混入革命隊伍的反動分子業已把本民族的解放運動引向邪途，納入直接為沙俄霸權主義效勞的軌道，從而使整個民族運動變了質；鑒於這些反動分子及其追隨者實際上已經成為部署在歐洲的「俄國前哨部隊」，〔115〕為俄國侵略者充當馬前卒，因此，恩格斯憤怒地指出，他們所從事的乃是一場「荒唐的、反歷史的運動」，他們的所作所為表明：「他們為了一個獨立民族的幻影而出賣了革命事業」，按此發展下去，這個獨立民族的命運「至多也不過同俄國統治下的波蘭民族的命運一樣」！〔116〕

以上所述，是馬克思、恩格斯關於民族殖民地問題基本思想的第三個方面。

正確指明徹底解決民族殖民地問題的根本道路

馬克思、恩格斯在深入揭露民族殖民地問題產生根源的基礎上，在深刻揭示民族壓迫與階級壓迫、殖民掠奪現象與資本主義制度之間必然聯繫的基礎上，為民族殖民地問題的徹底解決指明了唯一正確的根本道路：推進無產階級社會主義世界革命，在全球範圍內消滅一切剝削制度和一切剝削階級。

早在馬克思主義誕生初期，早在資產階級還處於上升、全盛、絕對統治的階段，早在殖民主義勢力橫行肆虐全球、氣焰絕頂囂張的時代，馬克思和恩格斯就滿懷信心地斷言全世界的資本

主義殖民體系終將沒落崩潰和徹底覆滅。他們指出：資本主義社會「現存的所有制關係是造成一些民族剝削另一些民族的原因」，為了從根本上徹底解決民族殖民地問題，徹底根除民族壓迫和殖民統治，使全球一切民族能在平等基礎上真誠地團結互助，就必須在全世界實行無產階級社會主義革命，徹底消滅現存的所有制關係，消滅資本主義和一切剝削制度。因此，「無產階級對資產階級的勝利同時就是一切被壓迫民族獲得解放的信號」〔117〕。基於對人類歷史發展規律，特別是對資本主義社會發展規律進行深刻的科學分析，馬克思和恩格斯代表全世界無產者莊嚴、豪邁地宣布：「資產階級的滅亡和無產階級的勝利是同樣不可避免的！」「民族內部的階級對立一消失，民族之間的敵對關係就會隨之消失」；「人對人的剝削一消滅，民族對民族的剝削就會隨之消滅」！〔118〕

　　以上所述，是馬克思、恩格斯關於民族殖民地問題基本思想的第四個方面。

　　馬克思和恩格斯的上述基本觀點，為無產階級關於民族殖民地問題的革命理論奠定了堅實的基礎。

　　這些基本觀點，是列寧在帝國主義時代在民族殖民地問題上開展反修鬥爭的理論根據。在反對國際帝國主義和國際修正主義的偉大鬥爭中，列寧全面地繼承、捍衛和發展了馬克思主義，把馬克思主義提高到一個新的階段，其中也包括把馬克思、恩格斯關於民族殖民地問題的革命學說，推向一個新的高峰。

二、第二國際後期，列寧在民族殖民地問題上反對修正主義的鬥爭

（一）帝國主義時代基本矛盾的激化和修正主義路線的出現

巴黎公社革命失敗以後，在十九世紀的最後三十年中，「自由」資本主義逐步向壟斷資本主義過渡。十九世紀末二十世紀初，世界資本主義終於發展成為帝國主義。「帝國主義作為資本主義的最高階段，到一八九八至一九一四年間先在歐美然後在亞洲最終形成了」〔119〕。

帝國主義是壟斷的、腐朽的、垂死的資本主義。壟斷資本的統治是帝國主義最基本的特徵。在帝國主義時代，資本主義所固有的各種矛盾日益激化。

三大基本矛盾空前尖銳

在帝國主義時代，資本主義國家內部無產階級同資產階級的矛盾空前尖銳。一小撮壟斷資本家為了攫取高額的壟斷利潤，在經濟上對工農大眾實行更加殘酷的剝削。除了千方百計延長勞動時間和壓低實際工資的故伎外，資本家還「發明」和採用了加緊搾取工人血汗的各種「科學」制度，通過什麼「泰羅制」「福特製」「赫爾斯制」「羅文制」「康脫制」，拚命加強工人的勞動強度，「無情地絞盡他所有的力量，以三倍於原先的速度搾取僱傭奴隸一點一滴的神經和筋肉的能力」〔120〕。每逢經濟危機，資本家就向勞動者轉嫁危機損失，不但把千千萬萬的勞動者拋進本來就已十分龐大的失業隊伍，而且實行通貨膨脹，造成物價飛騰，

使勞動者備受雙重的熬煎。燈紅酒綠、一擲萬金與啼飢號寒、暴屍街頭，兩種現象同時並存，社會更加分裂為對立的兩極：「一方面是一小撮卑鄙齷齪的沉溺於奢侈生活的億萬富翁，另一方面是千百萬永遠在飢餓線上掙扎的勞苦大眾」〔121〕。

在政治上，西方資產階級日益走向全面反動。他們拚命擴大和強化軍事官僚國家機器，進一步縮小和取消人民僅存的一點民主權利，對國內人民群眾實行更加殘暴的反動統治。同時，在列強徵服和爭奪殖民地的過程中，連年征戰，不斷擴軍，賦稅激增，人民群眾不僅要負擔浩繁的戰費，而且要充當賣命的炮灰。侵略戰爭給他們帶來了無窮災難。

凡此種種，把資本主義國家中的廣大群眾更加推進水深火熱之中。到二十世紀初，勞動與資本的衝突已經達到新的頂點，在歐美各主要國家裡，數十萬乃至成百萬工人一齊發動的聲勢浩大的罷工鬥爭和示威遊行彼伏此起，接二連三。在許多地方，工人們與前來鎮壓的反動軍警展開了流血搏鬥，甚至還築起街壘，開展了巷戰。其中尤以一九〇五年爆發的俄國革命影響最大，標誌著自從巴黎公社失敗以來長達三十餘年的國際資本主義「和平」發展時期業已終結。形勢表明：無產階級革命運動在歐美各國發展的程度雖不平衡，形式也不盡相同，但是總的說來，國際社會主義運動已經向前邁進了一大步，無產者大軍已經在一系列階級衝突中大大提高了覺悟性和組織性，無產階級同資產階級的決定性鬥爭也愈來愈近；而在階級鬥爭特別尖銳激烈的某些國家裡，「財產私有者和勞動者之間的決鬥已經一天比一天臨近了」，廣大無產者長期蘊積心頭的階級仇恨一旦迸發，「『和平的』議會

鬥爭局面就要被真正的內戰場面所代替」[122]。

殿民地、半殖民地人民的死敵——帝國主義壟斷資產階級在國內面臨「山雨欲來風滿樓」的險境，這在客觀上為被壓迫民族的解放鬥爭提供了有利的條件。

在帝國主義時代，帝國主義國家之間的矛盾空前尖銳。

各國壟斷組織的出現，不僅沒有消弭競爭，反而促使競爭在更廣闊的範圍、更巨大的規模、更激烈的程度上繼續進行。「帝國主義的一個重要的特點，是幾個大國都想爭奪霸權，即爭奪領土」[123]。

在十九世紀的最後二十五年中，各大國壟斷集團為了爭奪銷貨市場、原料地和投資場所，展開了搶先占領勢力範圍和瓜分世界的空前猛烈的惡鬥。到了十九世紀末二十世紀初，整個世界業已被瓜分完畢。由於資本主義發展的不平衡性，帝國主義列強實力對比不斷發生變化，經濟疾速發展的後起國家來到資本主義的吃人筵席時，座位都已占滿了，它們不但要求「入席」，而且要求「首座」，要求按照實力的新對比重新瓜分世界，因而在帝國主義各國之間，充滿了從別人手上奪取殖民地、重新分配勢力範圍、重新排列世界霸主座次的矛盾衝突。這些矛盾衝突導致了一八九八年的美西戰爭、一八九九至一九〇二年的英布戰爭、一九〇四至一九〇五年的日俄戰爭，而且愈演愈烈，後來終於釀成了一九一四至一九一八年的第一次世界大戰。

帝國主義列強之間的矛盾衝突和彼此撕拼，使它們的力量互相削弱，這在客觀上又為被壓迫民族的解放鬥爭提供了另一項有利的條件。

在帝國主義時代，被壓迫民族同帝國主義的矛盾空前尖銳。

由於壟斷組織的形成大大激化了世界範圍的競爭，由於「只有占領殖民地，才能充分保障壟斷組織獲得勝利」[124]，在十九世紀的最後二十五年和二十世紀初，帝國主義列強以前所未有的速度和瘋狂性，加緊侵略擴張和加強殖民掠奪。以非洲為例，在一八七六年殖民國家布魯塞爾國際會議之前，列強在非洲侵奪的殖民地只占該洲全部面積的十分之一，到了二十世紀初，列強已將這個面積達三千萬平方公里的富饒大陸宰割瓜分殆盡，滅亡了幾十個國家，幾乎所有的非洲國家和地區全都淪為殖民地和保護國，只剩下埃塞俄比亞和利比里亞兩國表面上勉強保持一定程度的獨立。在瓜分世界的過程中，英、俄、法、德、美、日六個最大的帝國主義國家在第一次世界大戰以前搶占的殖民地面積竟達六千五百萬平方公里，約等於它們本國面積總和的四倍[125]，相當於六個半歐洲。

在這六個國家中，沙俄帝國主義又具有自己的「特色」：同其他帝國主義國家相比，沙俄的資本帝國主義較薄弱，而軍事封建帝國主義卻是比較強大的，因此在對外侵略擴張中顯得特別窮兵黷武、暴虐野蠻。同時，它的四鄰多是幅員遼闊的弱國，而且沒有大海阻隔，因此它在對外侵略擴張中又顯得特別肆無忌憚、就近吞噬。簡言之，它在「軍事力量上的壟斷權，對極廣大領土或掠奪異族如中國等的極便利地位的壟斷權，部分地補充和代替了現代最新金融資本的壟斷權」[126]。

十九世紀末二十世紀初，沙俄這條國際社會中的凶惡巨蟒雖已吞噬了比它自身大三倍多、面積接近於兩個歐洲大陸[127]的四

鄰疆土，仍然毫不饜足，繼續把血盆大口張向四鄰。特別是當時既富饒又積弱的中國，在它眼中「**不過是一塊肥肉**」[128]。它在一八五八至一八八四年短短二十多年中強行割奪中國疆土一百五十多萬平方公里之後，還得隴望蜀，拚命要「在中國割取一塊更肥的肉」[129]。它擬訂了霸占中國東北各省闢為「黃俄羅斯」的罪惡計劃，並逐步予以實施；它在一八九八年元旦致德國的一份備忘錄中公然宣稱：「中國北部各省，包括全部滿洲、直隸及新疆在內，是我們獨占的行動範圍」。沙皇尼古拉二世的陸軍大臣庫羅巴特金在一九〇三年二月十六日的日記中供認：我們皇上的腦袋中有宏大的計劃：為俄國奪取滿洲，把朝鮮併入俄國。還想把西藏併入本國。要奪取波斯；不僅要占博斯普魯斯，還要占達達尼爾……」[130] 後來，此人又在呈給尼古拉二世的祕密奏摺中叫囂，改變中國和俄國的邊界是非常緊急的事，並提出從中國新疆西陲天山的汗騰格里峰到海參崴之間劃一直線作為邊界，使西起伊犁、中經外蒙和內蒙、東迄滿洲，即中國西北、華北、東北的半壁江山，盡行囊括進沙俄帝國的版圖。[131]

總之，正如列寧所總結的：在帝國主義列強瓜分中國的罪惡活動中，沙皇俄國「是最先伸出魔掌的」[132]；在列強大肆殖民擴張、爭奪世界霸權的過程中，「數百年來，沙皇政府比任何專制魔王更厲害地掠奪和壓迫其他民族，……使大俄羅斯人腐化墮落，成為屠殺其他民族的劊子手」[133]，它是「歐洲和亞洲的野蠻、殘暴、反動的主要堡壘」[134]。

在帝國主義時代，列強對亞、非、拉弱小民族的侵略擴張和殖民掠奪進入了空前瘋狂的新階段。包括沙俄在內的帝國主義列

強，在它們所攫取或控制的亞、非、拉廣大地區，確立和加強了一整套極端野蠻、極端殘暴的殖民統治秩序。它們除了繼續襲用從賤買貴賣到殺人越貨那一系列老譜之外，還大量採取資本輸出的新手法，利用亞、非、拉地區地價賤、工資低、原料廉的條件，舉辦各種企業，把資本的吸血管伸進一切領域，簡直是無孔不入，無所不包，使吸吮殖民地、半殖民地人民膏血的罪惡勾當更加擴大化、經常化、制度化。它們到處霸占礦山油田，壟斷鐵路交通，獨攬河海航運，把持對外貿易，包辦關稅郵電，專賣煙酒食鹽，摧殘和扼殺當地民族工業的嫩芽……從而完全控制了弱小民族國民經濟的全部命脈，搾取了天文數字般的巨額壟斷利潤；它們廣設銀行，濫發紙鈔，聚斂資金，高利盤剝，操縱金融，左右財政；它們巧立名目，濫定苛捐雜稅，肆意橫徵暴斂，搞得弱小民族國窮財盡，民不聊生；它們暴戾恣睢，草菅人命，於更加大量地劫奪財富的同時，更加大量地製造死亡；[135] 它們扶植和勾結亞、非、拉當地最反動腐朽的政治勢力和民族敗類，以「太上皇」自居，實行白色恐怖統治；它們對膽敢實行反抗的弱小國家和民族，動輒大舉興兵，炮轟火焚，廬舍為墟，血雨腥風，濫施屠戮，殘害婦孺，洗劫城鄉。之後，還要勒索駭人聽聞的巨額「賠款」實行竭澤而漁、殺雞取卵式的搜刮敲剝。[136]

壓迫愈重，反抗愈猛

　　帝國主義強盜變本加厲的瘋狂掠奪和暴虐統治把殖民地、半殖民地人民推進了苦難深淵的最底層，與日俱增的民族災難和亡國滅種的慘痛經歷從反面深刻地教育了他們，大大促進了民族意

識的覺醒。現實生活迫使被壓迫民族以更大的決心，在更大的規模上用革命的暴力反對反革命的暴力，拿起武器，前仆後繼地投入抗擊帝國主義、維護國家獨立、爭取民族解放的艱苦鬥爭。從十九世紀最後五六年至二十世紀初，短短十幾年間，亞、非、拉廣大地區被壓迫民族反侵略、反掠奪、反壓迫、反奴役的起義和戰鬥，如風雷四起，震盪全球。其中比較突出的，如：自一八九一年開始一直堅持到一八九八年西非幾內亞人民的抗法戰爭；一八九四至一八九五年朝鮮人民「逐滅倭夷」滅盡權貴」的抗日革命戰爭；一八九四至一八九五年中國人民的抗日戰爭；一八九四至一八九六年東非馬達加斯加入民的抗法戰爭；一八九五至一八九六年埃塞俄比亞人民大敗義大利侵略軍的戰爭；一八九五至一八九八年拉美古巴人民反對西班牙殖民統治的獨立解放戰爭；一八九六年南非馬達別列人民的反英起義；一八九六至一九〇二年菲律賓人民先後反抗西班牙和美國的民族獨立戰爭；一八九八至一九〇〇年蘇丹人民的抗英戰爭；一八九九至一九〇〇年中非乍得人民的抗法戰爭；一九〇〇至一九〇一年中國人民抗擊「八國聯軍」的鬥爭；一九〇〇年西非阿散蒂（加納）人民的第八次抗英戰爭；一九〇一至一九二〇年東非索馬里人民的抗英鬥爭；一九〇四至一九〇七年西南非霍屯督人民和赫列羅人民的抗德戰爭；一九〇六年南非祖魯人民的反英起義；一九〇七至一九一一年朝鮮人民的抗日遊擊戰爭；一九〇九年和一九一一年伊朗人民兩度抗擊沙俄和英國反革命干涉軍的戰鬥；一九一一年北非摩洛哥人民的反法起義；一九一一至一九一二年北非的黎波里（利比亞）人民的抗意戰爭；一九一一至一九一六中國人民抗擊沙俄侵

略中國北部和西北部邊疆的鬥爭；一九一四年墨西哥人民抗擊美國反革命干涉軍的戰鬥。在亞、非、拉地區以外，歐洲的被壓迫民族也多次掀起反帝、反殖的武裝鬥爭。其中較突出的，如一九一〇至一九一二年阿爾巴尼亞人民反抗土耳其殖民統治、爭取民族獨立的勝利起義等。

特別重要的是：歷史已經前進到了十九世紀末二十世紀初，就時代尺度而言，無產階級革命已經成為直接實踐的問題，資本帝國主義國內人民的革命鬥爭同殖民地、半殖民地人民的反帝鬥爭聯成共同戰線，互相呼應，互相推動，使得帝國主義壟斷資產階級陷入「後院熊熊火起，前庭烈焰衝天」的重圍。形勢說明：帝國主義給自己準備了滅亡的條件。正是帝國主義對全世界的殘酷壓迫剝削，驅使殖民地、半殖民地的人民大眾和帝國主義自己國家內的人民大眾共同走上了消滅帝國主義的偉大鬥爭道路。

群丑跳樑和反修鬥爭

在這種情況下，富有反動政治經驗、善於要弄反革命兩手的帝國主義壟斷資產階級深知：要挽救自己的滅亡，不但需要自己直接出面對國內外起來造反的奴隸們實行血腥的屠殺和甜蜜的欺騙，而且需要從奴隸陣營中物色和豢養一批叛徒來充當自己的代理人，讓他們出面來維護資產階級，這「比資產者親自出馬還好」[137]。

當時，由於資產階級的收買，歐美列強的工人隊伍中業已形成了工人貴族階層。對於他們說來，「有奶便是娘」，因而他們的最高行動準則就是盡力保住國內外的資本主義、殖民主義、帝

國主義吃人制度，反對任何革命鬥爭。再加上當時大量小資產階級「同路人」湧入工人隊伍及其先鋒隊，帶進了資產階級、小資產階級的世界觀和思想影響。工人貴族和他們一起，成為第二國際內部機會主義日益抬頭的社會基礎。只是由於馬克思的親密戰友、在國際共產主義運動中具有崇高威望的恩格斯仍然健在，他以無產階級革命導師所特有的銳利眼光和堅定原則，對國際工人運動中的一切機會主義思潮，在它們剛剛露頭的時候，就及時識別，並率領國際無產階級革命派予以迎頭痛擊，才使其當時未能氾濫成災。

一八九五年恩格斯逝世後，各國機會主義分子認為時機已到，開始興風作浪，猖狂跳梁。他們竊踞第二國際的領導地位，把馬克思主義的基本原則誣為過時的「教條」，明目張膽地群起圍攻和全面竄改馬克思主義的革命學說，系統地提出了一整套修正主義的理論、綱領和路線，鬧得烏煙瘴氣，把整個國際共產主義運動引向危險的邪途。

當時，由馬克思和恩格斯所親手培育的德國社會民主黨在國際共產主義運動中素來享有傳統的威信，因而這個黨的某些領導人在竄改和背叛馬克思主義的過程中，尤其起著欺世惑眾和罪魁禍首的作用。誠如列寧所憤怒揭露的，他們「首先要負玷污社會主義的責任」[138]；「以前，德國社會民主黨曾是權威，而現在**它已經是個無惡不作的榜樣了！**」[139]

面對國際修正主義者所掀起的排天濁浪，無產階級革命導師列寧以大無畏的反潮流精神，挺身而出，團結和領導各國無產階級革命左派，對第二國際那些享有「權威」的「大人物」們實行

堅決的反擊，針鋒相對地揭露和批判他們所鼓吹的修正主義謬論和修正主義路線，堅定不移地繼承和捍衛了馬克思主義的革命原則。在這個鬥爭過程中，列寧在馬克思恩格斯革命學說的基礎上，根據帝國主義時代新的歷史條件和新的革命實踐，全面分析了帝國主義的各種矛盾，揭示了帝國主義的發展規律，進一步闡明了關於無產階級革命和無產階級專政的理論和路線，創造性地解決了帝國主義時代無產階級革命和無產階級專政的一系列重大問題，從而極大地豐富和發展了馬克思主義，把馬克思主義推進到列寧主義階段。「列寧主義是帝國主義和無產階級革命時代的馬克思主義」[140]。

列寧斷言，帝國主義是壟斷的、腐朽的、垂死的資本主義，是資本主義發展的最高階段和最後階段。帝國主義是無產階級革命的前夜。

列寧提醒人們注意：帝國主義的一個重要特點就是幾個大國都想爭奪霸權；帝國主義戰爭是帝國主義政策的必然繼續，因此，帝國主義是戰爭的根源。為了維護世界和平，必須對帝國主義開展堅決的鬥爭。

列寧指出，帝國主義不僅剝削本國無產階級和其他勞動人民，而且壓迫和掠奪全世界弱小民族。他強調，要實現無產階級和被壓迫民族的解放，決不能走改良主義的道路，而只能走革命的道路；先進資本主義國家的無產階級解放運動應當同殖民地、半殖民地的民族解放運動結成革命的聯盟。帝國主義必然將在國際無產階級和被壓迫民族的聯合鬥爭中滅亡。

在深入研究資本主義發展不平衡規律的基礎上，列寧得出結

論：社會主義將首先在一個或幾個國家中獲得勝利，而不能在一切國家中同時獲得勝利。相應地，國際上社會主義和資本帝國主義的長期鬥爭，將包括一整個歷史時代，社會主義國家應當高度警惕和全力防止帝國主義進行顛覆和侵略的危險。

對於披著「社會主義」外衣的帝國主義者即社會帝國主義者的偽善和危險，列寧作了尖銳無情的揭露。

一切革命的根本問題是國家政權問題。列寧詳盡透徹地論述了無產階級革命的根本問題，即無產階級專政問題。他指出，通過暴力革命打碎資產階級國家機器之後建立起來的無產階級專政，是無產階級同農民和其他一切勞動者的特種形式的階級聯盟。無產階級專政不是階級鬥爭的結束，而是階級鬥爭在新形式中的繼續，是奪得政權的無產階級為鎮壓剝削階級的復辟和抵抗外來的侵略，為反對舊社會的黑暗勢力和反動傳統而進行的頑強鬥爭，即流血的與不流血的、暴力的與和平的、軍事的與經濟的、教育的與行政的鬥爭。列寧論證了無產階級專政國家在資本主義包圍條件下能夠一國建成完全的社會主義社會，並且為建設社會主義擬定了一整套切實可行的基本方針和方法。列寧極力強調必須廣泛採用當代先進技術進行社會主義經濟建設，並以簡明易懂的生動語言提出了一個著名的公式：共產主義就是蘇維埃政權加全國電氣化。

無產階級在革命鬥爭中必須堅持自己的獨立性和領導權。列寧把馬克思、恩格斯關於無產階級領導權的基本思想要點，擴展成為關於無產階級領導權的系統學說。

列寧認為，要實現無產階級革命，建立和鞏固無產階級專

政，頭等重要的是無產階級要建立一個用馬克思主義武裝起來的、真正革命的、同機會主義徹底決裂的政黨，即共產黨。這個政黨是無產階級階級組織的最高形式，是無產階級政權的領導力量。列寧為無產階級制定了完善的建黨學說和建黨原則。

在帝國主義和無產階級革命時代，列寧主義的完整思想體系，是指引全世界無產者和被壓迫民族的革命解放鬥爭不斷走向勝利的明亮燈塔，隨著時間的推移，它愈來愈廣泛地放射出燦爛的光輝！

鬥爭焦點之一：如何對待民族解放運動

在帝國主義和無產階級革命時代，民族殖民地問題是無產階級革命總問題的一個重要部分。帝國主義三大矛盾的激化及其解決，無一不是與民族殖民地問題直接牽連和息息相關的。所以，第二國際修正主義分子在全面竄改、「修正」馬克思主義的過程中，適應著帝國主義資產階級的需要，在民族殖民地問題上也散播了種種謬論，製造思想混亂，力圖麻痺、瓦解和破壞殖民地、半殖民地的民族解放運動。因此，第二國際後期在民族殖民地問題上進行反修鬥爭，就成為國際馬克思主義者反對國際修正主義者這一總鬥爭中的重要組成部分。

在民族殖民地問題上所展開的鬥爭和論戰，焦點在於應當怎樣估價和對待殖民地、半殖民地的民族解放運動。是歌頌、聲援、支持、促進，還是誣衊、拆臺、破壞、鎮壓？圍繞這個問題展開的鬥爭和論戰，對無產階級世界革命事業有著極其重要的意義。

如所周知，殖民地是帝國主義的生命線。歐美各國的殖民主義者、帝國主義者向來就把殖民地、半殖民地人民的血液和脂膏，作為餵肥自己的營養品，也作為維持國內階級「和平」、抑制國內階級鬥爭的麻醉劑。資產階級對外實行民族壓迫和殖民掠奪，正是歐美各國內部反資本主義決戰長期遷延的主要原因之一。從這個意義上說，長期以來，占有並統治著廣闊的殖民地、半殖民地，是帝國主義資產階級最巨大的後備力量，它對於歐美發達國家的無產階級革命說來，原是一個嚴重的消極因素。生活本身愈來愈雄辯地證明，馬克思關於「奴役其他民族的民族是在為自身鍛造鐐銬」的論斷確是顛撲不破的真理。

　　殖民地、半殖民地民族解放運動的不斷加強，是一個化消極因素為積極因素、化反革命後備力量為革命後備力量的劇變過程。殖民地、半殖民地人民的革命鬥爭，是砍斷帝國主義生命線的巨斧，是猛摧國際帝國主義危廈的「極大的世界風暴」[141]。所以，它是世界無產階級革命的偉大同盟軍，也是制止不義戰爭、保衛世界和平的強大力量。

　　因此，殖民地、半殖民地的民族解放運動和反帝革命鬥爭，它所牽涉到的，不僅是亞、非、拉廣大地區億萬人民的解放問題，而且是歐美發達國家無產階級和其他勞苦大眾的解放問題。換句話說，它對於全人類解放事業說來，不是一個戰術性問題，而是一個戰略性問題；不是一個局部性問題，而是一個全局性問題。它作為一條極其重要的戰線，關係著、影響著、在一定意義上甚至決定著整個國際無產階級世界革命事業的成敗。

　　由此可見，自第二國際後期以來，國際共產主義運動內部在

民族殖民地問題上所展開的論戰，不是孤立存在的。它實質上是在無產階級世界革命總問題上馬克思主義總路線同修正主義總路線之間對立鬥爭的一個有機組成部分；它在一個極其重要的領域，從一個極其重要的角度，反映了國際共產主義運動隊伍中世界革命促進派與世界革命取消派之間的勢不兩立。

在這場嚴峻鬥爭中，列寧始終是一個偉大的旗手。他在全面地繼承、捍衛和發展馬克思主義的過程中，也在民族殖民地問題上繼承和捍衛了馬克思主義的基本原則，反擊了修正主義者對它的竄改、歪曲和閹割，並且在反修鬥爭中，創造性地豐富和發展了馬克思主義關於民族殖民地問題的理論。

列寧主義民族觀的嚴整體系逐步確立

如前所述，馬克思和恩格斯當年在分析愛爾蘭、印度、中國、中歐各國、波蘭、匈牙利等國的事件時，已經提供了關於民族殖民地問題的基本的、主要的思想。列寧在自己的著作中論述同一問題時，就是以馬克思和恩格斯的這些思想為基礎，同時又作了一系列新的、重大的添加。斯大林將列寧在民族殖民地問題上對馬克思主義的重大發展作了簡扼總結和概括，認為：「列寧在這方面的新貢獻在於：（甲）他把這些思想集合成為一個關於帝國主義時代民族殖民地革命學說的嚴整體系；（乙）他把民族殖民地問題和推翻帝國主義的問題聯繫起來；（丙）他宣布民族殖民地問題是總的國際無產階級革命問題的一個組成部分」[142]。

有鬥爭，才能發展。真理是在同謬誤作鬥爭中間發展起來的。列寧關於帝國主義時代民族殖民地革命學說的嚴整體系，是

在馬克思主義民族觀同機會主義民族觀反覆多次的激烈交鋒中，是在全面批判第二國際修正主義者關於民族殖民地問題各種謬論的長期過程中，逐步形成、確立和完善起來的。

第二國際修正主義分子從帝國主義資產階級的反動立場出發，向來總是狹隘地、孤立地看待民族問題，因而在他們關於民族問題的各種謬論中，貫穿著三個方面的割裂：

第一，把民族問題和殖民地問題割裂開來。他們考察和談論民族問題，通常總是把它侷限在主要和「文明」民族有關問題的狹小範圍以內，只是對歐洲某些沒有充分主權的民族的命運表示「關懷」，而對於歐洲以外的眾多「不文明」民族，對亞、非、拉那些遭受最殘酷民族壓迫的億萬人民，則根本不放在眼裡，極力迴避這些殖民地、半殖民地大量被壓迫民族的徹底解放問題，藉以維護帝國主義列強對亞、非、拉廣大地區的殖民統治。

第二，把民族殖民地問題和推翻帝國主義的問題割裂開來。他們把民族壓迫看成是與資本壓迫、與整個資本帝國主義制度無關的問題，鼓吹在保存資本帝國主義制度的前提下，對殖民政策實行這樣那樣的「改變」或「改良」，似乎就可以消除民族壓迫，解決民族殖民地問題。他們極力掩蓋資本帝國主義制度與民族壓迫現象之間的必然因果關聯，隱瞞產生民族壓迫的真正根源，在被壓迫民族中散布幻想，藉以轉移反帝鬥爭的視線，從而瓦解和取消民族解放運動。

第三，把民族殖民地問題和國際無產階級世界革命總問題割裂開來。他們把被壓迫民族的解放鬥爭看成是與國際無產玠級世界革命互不相干的兩碼事。一方面，被壓迫民族的解放問題似乎

可以離開無產階級革命的大道，可以不必進行艱苦的反帝革命鬥爭，就能平平靜靜、安安穩穩地得到解決；另一方面，歐美無產階級革命似乎更可以不必同殖民地、半殖民地的民族解放運動直接結成聯盟，就能取得勝利，因而歐美無產者及其政黨無須大力支持和切實援助亞非拉廣大地區被壓迫民族的反帝革命鬥爭。他們極力貶低甚至抹殺殖民地、半殖民地的民族解放運動在國際無產階級世界革命中的地位和作用，阻撓全世界無產者和全世界被壓迫民族的聯合鬥爭，以便對世界反帝革命力量實行分化瓦解和各個擊破，徹底葬送整個國際無產階級世界革命事業。

第二國際修正主義分子在民族殖民地問題上所搞的這三大割裂，從根本上背離了馬克思、恩格斯關於民族殖民地問題的基本思想原則，也是對帝國主義時代民族殖民地問題客觀現實的熟視無睹和嚴重歪曲。

列寧在批判修正主義謬論的過程中，從新時代的客觀現實出發，創造性地運用馬克思、恩格斯關於民族殖民問題的基本思想原則，為當代民族解放運動解決了一系列根本性的問題，從而把民族殖民地問題革命理論推進到一個新的階段。

列寧明確地把民族問題和殖民地問題緊密地聯繫起來。他從世界範圍內觀察民族關係的全貌，對新歷史階段與日俱增的大量事實加以高度概括，提出了關於帝國主義時代全世界已經分裂成為壓迫民族和被壓迫民族兩大對立營壘的著名論斷，強調指出：在當前這個時代，民族壓迫以及由此產生的兩大民族營壘的矛盾對抗，已經發展成為世界性的現象。因此，民族問題已從局部的問題變成了全局的問題，也就是說，它早已越出了局部地區一國

數國的範圍，變成為遍及全球各大洲的殖民地、半殖民地被壓迫民族擺脫國際帝國主義枷鎖的世界性問題。列寧對整個世界作這樣的劃分，準確地反映了帝國主義時代民族關係、國際關係中最基本最重要的現實，成為國際無產階級和世界革命人民考察和分析民族殖民地問題的基本出發點，成為帝國主義時代民族殖民地革命學說嚴整體系的一個立論基礎。

列寧明確地把民族殖民地問題和推翻帝國主義的問題緊密地聯繫起來。他深刻地論證了帝國主義的經濟實質和政治實質，令人信服地指出當代殖民掠奪、民族壓迫和暴力兼併之所以變本加厲和全面加強，民族壓迫現象之所以遍及全球，其源蓋出於資本帝國主義制度。帝國主義是一切民族壓迫現象的總禍根，是殖民地、半殖民地一切被壓迫民族的死敵。被壓迫民族同帝國主義之間的矛盾對抗是不可調和的，而帝國主義的本性又是不可能改變的。因此，如果對帝國主義抱幻想、等恩賜，如果滿足於點點滴滴的「改良」，而不全力開展反帝革命鬥爭，不從根本上推翻帝國主義，那麼，被壓迫民族就不可能獲得徹底解放，民族殖民地問題就無從解決。列寧關於帝國主義實質和本性的科學分析，關於務必根本推翻帝國主義的革命教導，為全世界無產者和被壓迫民族規定了唯一正確的鬥爭大方向，成為帝國主義時代民族殖民地革命學說嚴整體系的主導思想。

列寧明確地把民族殖民地問題和國際無產階級世界革命總問題緊密地聯繫起來。他第一次把被壓迫民族反對帝國主義的鬥爭看作世界無產階級社會主義運動的一個組成部分，即第一次明確認定民族殖民地問題是國際無產階級世界革命總問題的一個組成

部分。他反覆闡明：民族殖民地問題只有和無產階級革命相聯繫並在無產階級革命的基礎上才能得到徹底解決；而先進國家的無產階級革命也必須同殖民地、半殖民地的反帝解放運動結成革命聯盟才能取得勝利。他創造性地提出了「全世界無產者和被壓迫民族聯合起來」的戰略方針，號召這兩大革命力量在全球範圍內結成國際反帝統一戰線，共同發動革命進攻，以擊敗和埋葬國際帝國主義。在第二國際修正主義思潮氾濫、歐美先進國家工人革命運動受到嚴重腐蝕破壞的情況下，列寧對占世界人口絕大多數的殖民地、半殖民地人民的反帝革命鬥爭特別寄以厚望，斷定它必將反轉來影響先進國家，促使這些國家工人階級革命化，給長期處於停滯狀態的歐美無產階級社會主義革命運動以有力的推動。因此，列寧極力強調：先進國家的無產階級及其政黨對於殖民地、半殖民地的反帝革命鬥爭和民族解放運動，務必言行一致地、切切實實地予以全力支持和直接援助。列寧關於民族殖民地問題是國際無產階級世界革命總問題一部分的光輝論述，關於全世界無產者與被壓迫民族聯合起來的戰鬥號召，成為帝國主義時代民族殖民地革命學說嚴整體系的核心內容。

　　列寧深入分析了被壓迫民族的地主資產階級在反帝革命鬥爭中的兩面性，提出了在民族解放運動中無產階級必須堅持革命領導權的光輝思想。他批判了風行一時的所謂「民族文化自治」的修正主義民族綱領，科學地解釋和深入地闡發了民族自決權的基本原則，極力強調遭受帝國主義殖民統治壓迫的弱小民族必須為真正的、徹底的獨立自主而鬥爭，它們理應有權在政治上從殖民帝國中分離出來，組建本民族獨立自主的國家。列寧雄辯地論證

在帝國主義時代民族解放戰爭不僅是可能的，而且是不可避免的、進步的、革命的，從而為全世界殖民地、半殖民地被壓迫民族徹底掙脫帝國主義鎖鏈、徹底實現獨立解放指明了正確的途徑，等等。列寧的這一系列關鍵性的具體教導，使帝國主義時代民族殖民地革命學說的嚴整體系成為更加切實可行的實踐指南。

列寧在批判第二國際修正主義分子的過程中所逐步創立的關於帝國主義時代民族殖民地革命學說的嚴整體系，作為民族殖民地問題革命理論發展的新階段，在國際共產主義運動的歷史上，在全世界被壓迫民族爭取自由解放的鬥爭中，具有極其深遠的指導意義。

（二）列寧對伯恩施坦、萬科爾之流在民族殖民地問題上謬論的鬥爭

恩格斯逝世以後，在國際共產主義運動內部首先就民族殖民地問題挑起論戰的，不是別人，正是臭名昭著的修正主義鼻祖伯恩施坦（1850-1932）。他明目張膽地為帝國主義的殖民掠奪政策曲為辯護，洗刷罪惡。在這個問題上同伯恩施坦唱和最密、最力的，是荷蘭籍的修正主義頭目萬-科爾（1852-1925）。此人曾竊踞第二國際社會黨執行局委員要職，屢屢以殖民地問題「理論專家」的姿態在國際代表大會上做報告，起草決議，幾乎「壟斷」了有關這個問題的主要發言權。這一「狼」一「狽」在民族殖民地問題上所極力鼓吹的種種謬論，在當時各國的社會沙文主義分子中具有典型性和代表性，並且已經逐漸形成一股國際性的反動思潮。其內容大體如下：

所謂「利益有關」和「資源人類共有」

一八九九年，伯恩施坦在他所寫的《社會主義的前提和社會民主黨的任務》一書中，十分露骨地表述了他對民族殖民地問題所持的帝國主義態度。正像他在無產階級革命的其他一切基本問題上都徹底背叛馬克思主義一樣，他在民族殖民地問題上也徹底地拋棄了無產階級國際主義，拚命宣揚大國沙文主義和民族利己主義。

在伯恩施坦嘴裡，德國國內的階級對立不見了，剩下的只是「國家」和「民族」。他援引當時帝國主義國家中的統治階級被迫承認勞動者享有點滴政治權利和經濟權利的「新事實」，證明無產階級已經在自己的「祖國」享受到了不少的「福利」，因而他們「對於民族利益不能漠不關心」，並由此得出結論說，馬克思當年在《共產黨宣言》中諄諄教導的「工人沒有祖國」這句話，已經「喪失了它的大部分真理性」；「國際主義在今天還過於遙遠，看來它是屬於未來時代的東西」，順應著這種「新條件」，德國社會民主黨必須成為一個能夠堅決「保衛德國利益」的「民族的政黨」〔143〕。

伯恩施坦把德國容克資產階級狹隘卑鄙的階級私利冒充為整個「國家」和「民族」的利益，聲嘶力竭地叫囂：為德國奪取殖民地和實行殖民掠奪，是「事關民族的重大利害」，決不能「怯懦地讓步」〔144〕。他恬不知恥地論證說，德國每年要從屬於其他國家的殖民地輸入大量熱帶產品，既然「享受熱帶植物的產品是無可非難的」，那麼，盡力想方設法去占有和擴大屬於德國的殖

民地，以便「自己栽培這些植物」，「從自己的殖民地取得這些產品的一部分」，「也就能夠是無可非難的了」。〔145〕

就是根據諸如此類的強盜邏輯，伯恩施坦公然抨擊馬克思主義創始人所一再強調的「壓迫其他民族的民族是不能獲得解放的」這一著名論斷，胡說什麼「認為殖民地的擴展將推遲社會主義實現的這一觀念，歸根到底是以……完全過時的思想為基礎的」，因此，「德國社會民主黨對於德意志帝國的殖民政策根本沒有什麼可以害怕的」「沒有理由把取得殖民地看成是從根本上應當予以譴責的事」〔146〕。

伯恩施坦的大國沙文主義和民族利己主義立場，在「膠州灣事件」上暴露得更為徹底。一八九七至一八九八年，德國的社會主義報刊曾嚴詞譴責本國帝國主義者派兵霸占中國膠州灣的強盜行徑。伯恩施坦卻氣急敗壞地稱：對於這種嚴厲譴責「我是完全不能贊同的」。他信口雌黃說，奪取膠州灣「對德國人民有很大利害關係」，所以德國「社會民主黨不應當在原則上反對這件事」。他厚顏無恥地鼓吹，在列強瓜分中國的骯髒勾當中，德國應當捷足先登，以免坐失時機，說「即使德國不取得膠州灣，俄國也會繼續實行它的包圍政策，並且一有機會就占據滿洲的港灣」，因比德國決不能「袖手旁觀」而「應當確保一個地盤，使自己……也能以此為基礎……對中國的事情的進展發生影響，而不致不得不滿足於事後提出抗議」。根據這種「先下手為強」的強盜哲學，伯恩施坦得出了一個純帝國主義式的結論：「只要租借（按：在帝國主義者的字典裡，『租借』只是霸占的諱稱）膠州灣……只是為了使德國在中國的將來利益獲得保障，那麼在這

一限度內社會民主黨也就可以對此表示贊同」〔147〕。

以上就是伯恩施坦的「利益有關」論。伯恩施坦狂妄地宣稱，他的這種理論是德國社會民主黨在確立對待殖民政策的態度時應當遵循的、「起決定作用的基本觀點」〔148〕。

其次，伯恩施坦鼓吹說：「任何部落、任何民族和任何種族都不能說對任何一塊居住著的土地有一種絕對的權利。地球不歸屬於任何塵世之人，它是全體人類的財富和財產」〔149〕。乍一聽，冠冕堂皇，無以復加，伯恩施坦似乎是個十足的「共產」主義者！莫非他主張把德意志民族居住著的土地以及地皮下蘊藏的煤、鐵、鉀鹽等富饒資源無償地貢獻給「全體人類」？當然不是！他的真意，原來是：「承認野蠻人對於被他們占有的土地的權利也只能是有條件的。歸根到底，較高的文明在這裡也有更大的權利」〔150〕。據此，世世代代在亞、非、拉勞動生息的「不文明」的當地人民，對本國土地和資源的神聖主權，只能是「有條件」、有限制的，而遠在千里萬里之外的「不野蠻」的歐美資產階級，對亞、非、拉的廣闊土地和富饒資源，卻理應享有無條件、無限制的「更大的權利」了！以「文明人」和「社會主義者」自詡的伯恩施坦，就是以如此蠻橫無賴的口吻「論證」問題的。

伯恩施坦的謬論出籠後受到國際馬克思主義者的嚴厲批判，而殖民地問題「理論家」萬科爾卻狡猾地為這個同夥吶喊助威。他在一九〇四年第二國際的阿姆斯特丹代麥大會上做了有關殖民地問題的冗長報告，集中地、全面地論述了社會沙文主義者在民族殖民地問題上的反動路線。他在報告中大耍兩面派手法：開頭裝模作樣地對殖民暴行作了一番「譴責」，並且發誓賭咒「要毫

不容情地向資本主義的殖民政策宣戰」！在虛晃一槍之後，他話鋒一轉，就請出了馬爾薩斯的亡靈，閃爍其詞地胡說什麼列強對外實行殖民掠奪是由於歐洲「舊大陸上過分擁擠」「人口過剩」和「文明國家感到無法滿足本國居民的需要」引起的。他無恥地歪曲馬克思主義關於生產資料社會化的主張，用偷換概念的卑鄙手法，胡謅什麼在民族和國家仍然存在的情況下地球上的一切土地和資源都是「全人類的財產」，應當「屬於所有的人」；並以此作為「理論根據」，進而誣衊亞、非、拉人民「還處在未成熟時期」，「沒有能力開發地下富饒資源和我們星球上最肥沃的地方」，只會「毫無意義地用原始方法去毀壞集體財富」。為了「搶救」人類的「集體財富」，歐洲的文明國家「應當為了全人類的利益而加以干預」使這些土地和資源「向世界全體居民提供生活資料」！[151]

　　由此，萬科爾推導出這樣的結論：殖民地不僅目前存在，而且在以後許多世紀裡還將存在；殖民地將密不可分地列入人類歷史」。因為，在目前，「人類團結的時代是很遙遠的事。在社會主義時代沒有到來以前，為了等待這種制度而不去擴大殖民地，那是一種空想」；在將來，即使社會主義時代到來了，但由於「現代國家已無法脫離能夠給工業和人類生活需要提供某些原材料和熱帶產品的地區」，因此「殖民地甚至在未來的社會主義制度下也是必要的」於是，萬-科爾大聲疾呼：不應當不分場合，「不分時間和地點地對任何殖民統治都進行譴責」。[152]

　　不言而喻，萬科爾所作的喋喋論證，全是為了竭力掩蓋殖民掠奪之真正的社會經濟根源和階級根源，用各種「自然因素」為

殖民主義者、帝國主義者開脫罪責；似乎是「事出無奈，情有可原」。在他的心目中，亞、非、拉的億萬人民命裡注定應當「為了全人類的利益」而千秋萬代永當奴隸。實際上，萬科爾想喊而未喊的口號是：「殖民掠奪萬歲！」

資產階級化的無產階級和社會帝國主義者

伯恩施坦和萬科爾都是當年一度享有國際「聲望」的頭面人物。他們頭上戴的是「社會主義者」的桂冠，口中說的卻是帝國主義者的讕言。為什麼會出現這種怪誕現象？他們公然歌頌帝國主義殖民掠奪暴行的荒謬「理論」，竟然能夠在黨內外都擁有相當數量的信徒和追隨者，乃至於形成一股社會思潮，這又當如何理解？對於這類謬論讕言，應當從什麼角度深揭猛批，方能擊中要害，肅清流毒？——凡此，都是當時亟待科學地加以解答的問題。

伯恩施坦和萬科爾之流的這類「理論」同他們所具有的社會民主黨人的身分是如此毫不相容，這類「理論」的荒謬性和反動性是如此彰明昭著，以致以列寧為首的國際馬克思主義者沒有必要花費過多的精力對其「論據」一一詳予駁斥，而只是著重於無情揭露這些謬論的階級實質和社會根源。

列寧認為，在工人運動和社會主義政黨內部出現這種公然為殖民掠奪張目的社會思潮，同工人貴族這一社會階層的形成有著直接的因果關聯。他反覆多次系統地回顧了馬克思和恩格斯當年對工人貴族的論述，並根據帝國主義時代出現的新情況作了更加全面、更加深入的剖析。

眾所周知，工人貴族最早出現於英國，這是英國特定的歷史條件所決定的。從十九世紀中葉起，英國就具備了帝國主義的兩大特徵：擁有大量的殖民地領土；在世界市場上占壟斷地位，因而擁有巨額的壟斷利潤。老奸巨猾的英國資產階級為了鞏固國內老巢的資本主義統治，在使用反革命暴力鎮壓工人運動的同時，還憑藉上述「有利」條件，不惜以攫自殖民地的超額利潤的一小部分，對成批的工人階級上層分子進行多種形式的收買和腐蝕，藉以分化工人隊伍，瓦解工人階級的革命鬥爭。

早在十九世紀五〇年代末，恩格斯就已敏銳地覺察到英國資產階級這種陰險收買政策所造成的嚴重惡果。他尖銳地指出：在英國這個「剝削全世界的民族」裡，無產階級實際上日益資產階級化了，看來事情終將導致這樣的地步，即除了資產階級之外，還要有一個「資產階級化的無產階級」[153]，即「工人階級中的貴族」[154]。他們依靠資產者的「恩賜」，即依靠資本家吃人筵席上扔下來的骨渣和滴下來的油水，日子過得頗為「美滿」，在生活方式上日益向資產階級靠攏，因而在思想方式上和政治立場上，也日益向資產階級靠攏，和資產者有著愈來愈多的共同語言。儘管他們身為工人或者「代表」工人，但是，資產階級式的「體面」觀念卻已經深深地滲入他們的肺腑，因而他們並不重視在本階級群眾中獲得信任和享有聲望，卻以能夠得到「上流社會」那些闊佬大亨、紅衣主教、行政長官等資產階級頭面人物的垂青和器重引為殊榮，受寵若驚。甚至連曾被恩格斯稱為當時英國工運中最優秀人物的湯姆‧曼，也向別人津津樂道他「將同市長大人共進早餐」以炫耀自己身分不凡！[155]

　　總的說來，這些工人貴族和他們的資產階級僱主之間的關係簡直是「情投意合」的：不但僱主非常滿意他們，而且他們也非常滿意僱主」〔156〕。他們深知自己的優裕生活仰仗於僱主們所從事的殖民事業，出於切身的利害得失，就不能不毫無保留地、同資產者完全一樣地支持和贊助本國反動政府的殖民政策，以便「十分安然地」和資產階級「共享英國的殖民地壟斷權和英國在世界市場上的壟斷權」〔157〕。

　　列寧一再強調：馬克思和恩格斯關於英國工人貴族的論述「極能說明問題」，「是值得細細玩味的」，必須「**全面**加以研究」，並且應當把它「當作最好的武器來運用」。〔158〕顯然，這些言論之所以必須加以充分重視和認真研究，首先是因為它對於列寧所處的時代說來，具有普遍的典型意義和迫切的現實意義。

　　列寧指出，到了二十世紀初，帝國主義列強已經完成了對整個世界的分割，其中每個國家都剝削著全世界的一部分，都在相當程度上占有世界市場的壟斷地位和擁有殖民地的壟斷權，地球上七千五百萬平方公里的全部殖民地中，有六千五百萬平方公里，即百分之八十六集中在六大強國手裡。就全球範圍來說，帝國主義已經從當年的萌芽狀態成長為世界性的統治體系。隨著資本主義在帝國主義時期的發展和成長，隨著歐美所有資本主義大國先後都侵奪霸占了大量的殖民地，於是，當年只是在英國一國出現的用殖民掠奪巨額收入的一部分收買豢養大批工人貴族的獨特現象，也就逐漸擴展成為所有這些大國廣泛出現的普遍現象。〔159〕簡言之，到了二十世紀初，原先那種英國式的收買和變節，已經在國際上氾濫成災，成為一大「時代特色」！

根據列寧的分析，可以看出：進入帝國主義時代以後，各大強國壟斷資產階級對工人階級上層分子的收買還具有以下幾個特點[160]：第一，用於收買的經費十分龐大。它雖然只不過是殖民掠奪超額利潤的一個「零頭」，其相對數字，即它在利潤總數中所占比例是很小的，但其絕對數字則相當驚人。據列寧統計，在第一次世界大戰以前僅英、法、德這三個從殖民地掠奪財富最多的國家，其他收入不算，單單資本輸出一項，每年就可榨取利潤八十億到一百億法郎。資產階級完全可以從中拿出五億法郎來施捨給工人上層分子，進行收買。這五億，只不過是百中抽五抽六，但它本身卻是一筆天文數字！由於經費如此「充裕」，所以，第二，進行收買的形式十分多樣，範圍十分廣泛：或巧立名目，為工人議員、工會首領、合作社領導人、工人報刊編輯記者們設置各種「肥缺」「美差」，授以高官厚祿，並於高額「薪俸」之外，另給各種「津貼」和「外快」；或舉辦各種經濟文化「福利」，規定各種社會政治特權，專供工人上層分子享用；或對某部門某行業的熟練技工發放優厚工資和酬金，等等。通過諸如此類的手法，千方百計地對工人上層分子實行直接的和間接的、公開的和隱蔽的、有形的和無形的廣泛收買。基於以上兩點，又導致了第三點，即被收買的人數眾多。他們在整個工人隊伍中只居極少數，同千百萬中、下層工人群眾對比起來，他們只不過是一小撮，但就他們本身的數量而言，則不是數以百計、千計，而是達到了數以萬計的程度，從而在帝國主義列強國內各自形成一個比較廣泛、比較穩定的社會階層。

　　存在決定意識。在資產階級的收買和豢養下，工人貴族階層

享有安穩富足、高人一等的生活，他們全然擺脫了貧苦大眾的災難和痛苦，也徹底喪失了貧苦大眾的革命情緒。概括地說，他們的「生活方式、工資數額和整個世界觀」都已經「完全市儈化」和「資產階級化」，他們精神面貌上的特徵是：極端狹隘自私，但求利己，不顧他人死活；貪得無厭，形同市儈；特別是具有強烈的「帝國主義情緒」和「最濃厚的狹隘的行會習氣以及小市民的和帝國主義的偏見」。〔161〕因此，他們理所當然地成為帝國主義壟斷資產階級及其奴僕第二國際機會主義者的主要社會支柱。

工人貴族這種強烈的帝國主義情緒和濃厚的帝國主義偏見，在對待殖民地解放問題上，表現得尤其突出、尤其明顯。他們是帝國主義殖民掠奪政策和殖民擴張政策的狂熱的支持者和擁護者，成為猖獗的社會沙文主義思潮的社會階級基礎。

正是緊緊抓住這個關鍵問題，列寧對於在工運隊伍中出現社會沙文主義思潮同壟斷資產階級實行殖民掠奪這兩者之間的內在必然聯繫，作了極其深刻的揭露。他指出，歐洲許多國家由於廣泛推行殖民政策的結果，使本國的「無產者在一定程度上陷入了這樣的境地：養活全社會的，不是他們的勞動，而幾乎是被掠奪的殖民地人民的勞動」〔162〕。特別是一小撮「大」國對殖民地的剝削，使「文明」世界愈來愈變成叮在數萬萬「不文明」的民族身上的寄生蟲，而「帝國主義國家的無產階級中的特權階層，部分地也依靠數萬萬不文明的民族過活」〔163〕。正因為如此，對於那些嘗到了殖民掠奪的「甜頭」、分享了「『大塊蛋糕』的一點碎屑」的工人貴族們說來，失去了殖民地就意味著喪失了高官厚祿和美衣玉食的主要源泉；反之，保住和擴大本國的殖民版圖，

則意味著能夠繼續享用「大塊蛋糕」的一份和更大一份碎屑，即繼續保住和進一步擴大自身享有的各種經濟特權和政治特權。在這種情況下，就「形成了使無產階級沾染上殖民沙文主義的物質經濟基礎」，帝國主義的意識形態也滲透到工人階級裡面去了。由於受到這種意識形態的長期腐蝕和嚴重毒害，以致在某些國家裡，甚至「連無產階級也有些熱衷於侵略」[164]。

於是乎就在各國工人隊伍和社會主義運動內部發生了國際性的嚴重分裂[165]：一方面，飽受殘酷壓迫剝削的廣大無產者要求推翻資本帝國主義，實現社會主義；另一方面，長期養尊處優的工人貴族則力求保住資本帝國主義，力求把本民族變成永遠叮在他人身上的寄生蟲，靠剝削掠奪殖民地人民來坐享「清福」。這種嚴重分裂，在思想路線上反映為國際馬克思主義同國際機會主義的根本對立：「國際馬克思主義是反對帝國主義，而國際機會主義則是擁護帝國主義的」[166]。

顯而易見，伯恩施坦和萬科爾之流在民族殖民地問題上極力鼓吹「利益有關」論和「資源人類共有」論等等，明目張膽地擁護帝國主義實行殖民掠奪，這十分直截了當地反映了那些從殖民掠奪中分享了一杯人肉羹湯因而與本國壟斷資產階級一個鼻孔出氣的工人貴族特權階層的情緒和利益。

作為一個社會主義者，作為無產階級政黨的一個領導成員，竟然墮落到公開為殖民掠奪政策唱頌歌，對此，列寧一針見血地指出：「這就是直接採取了資產階級的觀點。這就是為了使無產階級服從……目前特別囂張的資產階級帝國主義，而跨出的決定性的一步」；這就是直接「退向資產階級的世界觀，替殖民戰爭

及野蠻行為辯護」。[167]

　　這些無產階級叛徒的世界觀、立場、觀點同帝國主義壟斷資產階級實際上毫無二致，所不同的僅僅在於他們暫時還混跡於國際共運隊伍之中，身上還披著社會主義者的外衣。因此，列寧恰如其分地把伯恩施坦、萬科爾這一類修正主義分子稱為「社會帝國主義者」，即口頭上的社會主義者，實際上的帝國主義者。[168]他們和帝國主義資產階級有著「共同奮鬥的目標」，即「依靠剝削亞非兩洲來建立一個帝國主義的歐洲」；他們的基本社會作用，就是為帝國主義資產階級充當「資本主義的**看門狗**」[169]。對於社會沙文主義、社會帝國主義在歐洲猖蹶氾濫的現象，列寧後來總結說：收買就是整個問題的癥結所在」[170]！

　　社會帝國主義者鼓吹「利益有關」論，大力宣揚民族利己主義。同他們針鋒相對，列寧從開始革命活動的初期起，就始終不懈地大力宣傳天下勞苦大眾是一家的無產階級國際主義思想。早在一八九五年底到一八九六年夏，列寧在沙皇政府所設的彼得堡監獄中為尚在醞釀籌建階段的俄國工人革命政黨草擬黨綱草案[171]時，就已明確指出：從根本上說來，「全世界工人的利益和目的是完全共同一致的」，應當「把各個民族和各個國家的工人階級團結成一支工人大軍」。[172]列寧強調：資本是一種國際勢力；統治工人的資本家階級並不限於在一個國家內進行自己的統治。隨著資本主義、帝國主義經濟的發展，資本家的剝削活動日益加速地越出民族和國家的界限，資本家的國際協會出現了，國際性勾結大大加強了，資本的統治愈來愈成為國際性的了。面對這種強大的國際性的階級敵人，「只有工人進行反對國際資本的

共同鬥爭，各國工人爭取解放的鬥爭才會有所成就」[173]。因此，在反對國際資本家階級的共同鬥爭中，對於任何一國一族的無產者說來，即使是屬於異國異族的無產者，也是自己的戰友和同志；反之，即使是同屬本國本族的資本家，也是自己的革命對象或階級敵人。

在後來的一系列著作中，列寧反覆多次闡述了上述思想原則。它是全世界無產者（特別是強國大族的無產者）擺脫民族利己主義的狹隘自私眼界，聯合戰鬥，共謀解放的根本指南。

所謂殖民地人民「愚昧、低能」和殖民者的「道義責任」

在前述一九〇四年阿姆斯特丹代表大會上的那次長篇報告中，萬科爾還以貴族老爺的傲慢姿態，惡毒誹謗亞洲、非洲和美洲廣大地區的勞動者，抹殺殖民地、半殖民地人民的巨大革命潛力，悍然反對無條件地讓一切被壓迫民族獲得徹底的獨立解放。

據他說，在這些地區，「真正的無產階級的形成過程將是相當困難的」，由於天生的「種族」的影響和「歷史」的影響，「土著居民很少有可能在某一時期內……形成有覺悟的無產階級」。他誣衊殖民地的廣大無產者只是「一大批沒有任何堅強活動能力的、因貧困而道德敗壞的、體力衰退和精神空虛的退化了的奴隸」，他們「不能依靠自己的力量」來進行反對資本主義、殖民主義的鬥爭，不能依靠自己的鬥爭來解放自己。萬科爾還惡毒攻擊：由於殖民地人民「在政治上根本沒有自治的習慣」，「一旦長期的託管有所放鬆，就會陷於無政府狀態和貧困」，所以歐洲的文明國家決「不應當簡單地放棄舊殖民地」，就像決不能「把

一個身體衰弱或沒有獨立意識因而非有我們幫助不可的孩子完全撒開不管」一樣！否則，就簡直是「毫無惻隱之心」了！[174]

那麼，該怎麼「管」呢？萬科爾播布了這樣的「福音」有朝一日，死死啃住殖民地不放的歐洲宗主國的老爺們，會突然自願改變其吞噬殖民地人民的豺狼本性，在繼續保持殖民統治的前提下，「履行神聖的道義的責任」，「使這個孩子長大成人」；「盡到自己的榮譽的責任，支持弱者，扶持被壓迫者，使那塊被它弄得貧困不堪的地區繁榮起來」保證「備受壓迫的人們能夠獲得美好的未來」。[175] 其具體辦法，就是通過宗主國的「國家」出面「干預」，在殖民地實行一些「社會改革」，諸如「舉辦公益事業、實行衛生措施、創辦學校」[176]、減輕負擔、反對高利貸等等，來「防止土著居民的極端貧困化」（「稍微」貧困化一點是理所應當的！）.甚至連如何適當「改善」殖民地的監獄制度，也赫然列入了萬科爾仁慈的「改革」計劃（而殖民地造反者坐坐牢房也是理所應當的！）。據說，經過宗主國文明老爺們這麼一番施恩賜福、慈航普度，災難深重的芸芸眾生，似乎就能統統跳出殖民掠奪的苦海，進入極樂世界——「獲得美好的未來」！

十分明顯，萬-科爾的上述誹謗，旨在敗壞殖民地、半殖民地人民掌握自己命運的信心；而萬-科爾的上述「福音」則旨在散布對帝國主義者的幻想，從而麻痺殖民地、半殖民地人民的反帝決心，瓦解他們的反帝鬥志。

在萬-科爾及其同夥的把持下，一九〇四年第二國際阿姆斯特丹代表大會所通過的關於殖民政策的決議，充滿了濃重的機會主義色彩。它公然背棄了八年前倫敦代表大會所提出的關於殖民

地人民徹底實行民族自決的要求，而代之以帝國主義者可以任意解釋因而可以完全接受的提法：「按照土著居民的發展程度，給予他們儘可能廣泛的自由和自治」。按決議的規定，帝國主義宗主國社會民主黨人的任務，並不是無條件地從精神上和物質上全力支援殖民地人民爭取民族獨立的反帝革命鬥爭，而只是通過社會民主黨的「議會黨團」，「力求把對外政策置於議會的有效的監督之下」，通過宗主國議會來自我「約束」一下殖民主義者所使用的殘暴手段；並採取萬科爾式的上述諸般「社會改革」和「公益事業」來略微「改善」殖民地土著居民的處境。[177] 這樣，就萬事大吉了！

仇恨引導奴隸們去建立最偉大的歷史功勳

對於伯恩施坦、萬科爾之流西方貴族老爺們所宣揚的殖民地人民「愚昧、低能」論，列寧根據事實，痛加駁斥。

列寧列舉了二十世紀初期在波斯、土耳其、印度、中國、印度尼西亞等地如火如荼地開展的革命鬥爭，高度評價和熱情讚揚殖民地、半殖民地人民的革命造反精神和巨大革命潛力。他把這些革命鬥爭稱為「世界政治中的引火物」，充滿喜悅地指出：烈火這樣明顯地蔓延燃燒到昨天還在沉眠不醒的大多數亞洲國家去，這說明殖民地、半殖民地民族革命的日益尖銳化是絕對不可避免的。殖民主義者、帝國主義者及其走狗們殘酷的壓迫剝削，使得殖民地、半殖民地那些「閉塞的、遲鈍的、無知無識的奴隸」們，在心胸中長期積藏了強烈的仇恨，革命鬥爭的實踐正在日益「把現代奴隸群眾中的仇恨集中起來」，而「奴隸們一旦意

識到自己的可恥的奴隸地位，這種仇恨就會引導他們去建立最偉大的歷史功勛」。[178]

在總結大量歷史事實的基礎上，列寧一貫極力強調：「世界上沒有一個地方的群眾擺脫壓迫和專橫的真正解放，不是這些群眾自己進行獨立、英勇、自覺鬥爭的結果」[179]。這條寶貴的歷史經驗，顯然是放之四海而皆準的普遍真理，它當然也完全適用於亞洲、非洲和美洲廣大地區被壓迫民族擺脫殖民奴役的抗爭。換句話說，被壓迫民族絕對不能把取得真正解放的希望寄託在西方殖民老爺們身上。如果放棄鬥爭，期待他們會接受其本國「議會監督」從而履行「道義責任」，恩賜解放，那不但是緣木求魚，而且無異於與虎謀皮！

因此，一切馬克思主義者的責任，在於進一步喚醒和激發殖民地、半殖民地被壓迫民族中億萬「現代奴隸群眾」對於殖民統治者的階級深仇和民族大恨，全力支持他們開展的鬥爭。列寧指出，像萬科爾那樣，既不從根本上反對殖民掠奪政策，又十分蔑視殖民地的人民群眾，根本「不談在群眾中進行反對殖民地掠奪的宣傳和喚起殖民地被壓迫群眾的反擊和抵抗的精神，卻只注意列舉現行制度下殖民地生活的可能的『改革』」，那麼，貫穿在這種主張中的，決「不是無階級的階級鬥爭精神，而是十足的小資產階級的，甚至更壞些，簡直是官僚的改良主義的精神」。[180]而混跡於國際共產主義運動中的改良主義者，如所周知，歷來就是社會庸醫[181]：面對社會制度的沉痾險症，他拿出幾片阿司匹林，幾錢薄荷甘草，拍著胸發誓：保證藥到病除！

列寧的這些論述，從本質上拆穿了萬科爾之流所設置的騙

局，並且為全世界殖民地、半殖民地被壓迫民族的真正解放指明
了唯一正確的道路：依靠自己的力量，通過自己的鬥爭，掌握自
己的命運。

「落後的歐洲和先進的亞洲」

當時，在國際無產階級革命隊伍中，有些人眼看整個歐洲的
反資本主義決戰長期遷延下去，十分悲觀失望。列寧認為，這種
情緒是十分近視、十分懦弱的。他指出，在一向被視為文明先進
的歐洲，當權的資產階級已經「衰老」和「活活地腐朽」，他們
維護一切落後、衰敗、垂死的制度，支持一切黑暗、反動的勢
力；而一向被視為愚昧落後的亞洲，被壓迫民族的數萬萬人民卻
正在覺醒起來，追求光明和自由，蓬蓬勃勃，一派革命生機。正
是在這個意義上，列寧作出了關於「落後的歐洲和先進的亞洲」
這一著名論斷，發蒙震聵，使人耳目一新。他提醒人們應當從這
個「似乎是不合情理的」論斷中去認識「一種辛辣的真理」[182]；
教導人們應當從殖民地、半殖民地億萬人民正在投入鬥爭的大量
事實和大好形勢中看到希望，倍添勇氣。一方面，他強調說，歐
洲列強長期的殖民掠奪和壓迫奴役，正在亞洲煉出幾百萬、幾千
萬的無產者，「歐洲的覺悟的工人已經有了亞洲的同志，而且人
數將不是與日俱增，而是與時俱增」[183]；另一方面，他指出：
極大的世界風暴的新泉源已在亞洲湧現出來了。……我們現在正
處在這些風暴盛行及其『反轉來影響』歐洲的時代」[184]。顯然，
這首先是因為亞洲殖民地、半殖民地人民的反帝革命鬥爭必將嚴
重削弱歐洲無產階級所沾染的「殖民沙文主義的物質經濟基礎」

〔185〕，從而有力地促使歐洲無產者進一步革命化。

　　鑒於被壓迫民族的革命潛能發揮出愈來愈巨大的威力，鑒於殖民地、半殖民地人民的反帝革命鬥爭在整個無產階級世界革命中占有極其重要的地位，列寧把亞洲人民奮起反帝反封建同歐洲無產階級的革命戰鬥並列，作為劃分世界歷史時代的首要標誌。他高興地指出：「亞洲的覺醒和歐洲先進無產階級奪取政權的鬥爭的展開，標誌著二十世紀初所揭開的全世界歷史的一個新的階段」〔186〕，標誌著「無產階級的國際鬥爭已經走上一個新的、比從前高得無可比擬的階段」〔187〕。

　　大家知道，西方許多資產階級史學家數百年來一貫信奉和拚命鼓吹「歐洲中心」論，把歐洲說成是人類文明和世界歷史發展的唯一主軸，世界的一切都圍繞著歐洲運轉，歐洲決定世界的一切。在這種階級偏見和地域偏見影響下所形成的社會觀念，不是鄙視亞、非、拉，就是漠視亞、非、拉；不是認為亞、非、拉人民理應屈從殖民老爺，就是認為亞、非、拉人民的革命鬥爭無足輕重。而列寧卻敢於力排眾議，早在二十世紀初就教育人們要衝破這種傳統偏見的束縛。他放眼世界，全球在胸，把一向被殖民老爺們視為「落後、低能、愚不可及」的殖民地、半殖民地人民的覺醒，擺在世界歷史發展全局中如此重要的地位上加以考察和作出評價，這充分顯示了無產階級革命導師所獨具的偉大襟懷和高瞻遠矚。

　　同時，從列寧的這些論述中可以看出兩點極其重要的思想：第一，殖民地、半殖民地的民族民主革命鬥爭和歐洲無產階級奪取政權的社會主義革命鬥爭是緊密相連、互相影響、互相促進

的。列寧此時雖還未直接指明被壓迫民族的反帝革命鬥爭是無產階級社會主義世界革命的一個組成部分，但這種思想觀點顯然正在形成和日益成熟。第二，在歐洲各先進資本主義國家革命形勢的發展處在停滯狀態、反資本主義決戰長期遷延的情況下，革命者應當更加充分重視被壓迫民族反帝革命鬥爭的新風暴，支持和促進它以更大的聲勢「反轉來影響」暫時停滯的歐洲，從而推動整個無產階級世界革命事業的發展。

對於地域遼闊、人口眾多、災難深重的中國人民的反帝革命鬥爭，列寧尤其寄以厚望。他指出，長期以來，在帝國主義列強眼裡「中國不過是一塊肥肉」，俄、日、英、德等帝國主義強盜紛紛都來「爭嘗這塊肥肉」二十世紀初，積弱的中國終於開始走向新生，「地球上四分之一的人口已經從酣睡中清醒，走向光明、運動和鬥爭了」[188]！盡管當時中國人民的革命鬥爭還不是社會主義性質的，但已引起列寧的高度重視。一九一二年一月，即在中國辛亥革命爆發後不久，列寧就在歷史上著名的、使布爾什維克形成為一個獨立政黨的「布拉格會議」上，親自執筆草擬了《關於中國革命》的決議，揭露和聲討當時俄國國內反動勢力所掀起的反華叫囂以及妄圖趁中國發生革命動亂的時機占領中國北部幾個省份的狼子野心，並且以整個代表會議的名義，向推翻了帝國主義走狗清封建王朝反動統治的中國革命人民，表達了俄國無產階級的衷心祝賀。決議中明確指出：「中國人民的革命鬥爭具有世界意義，因為它將給亞洲帶來解放、使歐洲資產階級的統治遭到破壞」[189]。

列寧的這些光輝論述，對亞、非、拉革命人民說來，是武裝

頭腦的強大武器，也是操在手中的鋒利剖刀。它既鼓舞亞、非、拉人民敢於鬥爭、敢於勝利，也教育他們善於剖開那些自稱「社會主義者」和「馬克思主義者」而又誣衊亞、非、拉人民「愚昧低能」，貶低中國革命偉大世界意義的西方救世主們的美麗畫皮，看清其軀殼中所隱藏的背叛無產階級、敵視世界革命的骯髒內腑。此外，對於那些至今頭腦中還存留著「歐洲中心」論流毒，至今還漠視和輕視亞、非、拉第三世界民族解放運動巨大歷史意義的人們說來，他們理應從列寧早在二十世紀初就作出的明確教導中獲得教益。

「傳播文明」的「讚歌」

如果說，「利益有關」論、「資源人類共有」論以及殖民地人民「愚昧、落後」論之類，論證的是掠奪有「理」；那麼，「傳播文明論」論證的則是侵略有「功」！

在論證帝國主義列強對亞洲和美洲實行殖民侵略的彪炳「功勛」方面，萬科爾和伯恩施坦也是沆瀣一氣，引吭合唱的。例如，伯恩施坦的讚歌是：許多殖民地也都深深「受到歐洲文明的殖民侵人的恩惠」[190]！而萬科爾的頌曲則是：在殖民地「白人帶來的不是毀滅而是建設」[191]！

萬-科爾早在一九〇四年的阿姆斯特丹代表大會上，就搬弄一些貌似「馬克思主義」的辭句，居然企圖運用「社會發展規律」來論證殖民掠奪的「進步」作用。他力圖掩蓋西方殖民匪徒們在亞洲、非洲和美洲殺人越貨、敲骨吸髓、造成種種嚴重後果的滔天罪行，卻百般歌頌這些盜匪是「企圖把工業資本主義移植

到這些熱帶國家裡來」，而這就意味著「開化」，意味著「傳播文明」！萬-科爾再次耍弄偷換概念的詭辯慣伎，把殖民主義等同於資本主義，然後以「歷史唯物主義者」的神氣論證說，對殖民地，「我們的責任不是阻止資本主義（按：實指殖民主義，下同）的發展——這是人類歷史上的一個必經環節；我們甚至應當……促使資本主義的誕生」，因為「資本主義是經濟進化的不可避免的階段……即使必須犧牲舊的所有制形式也在所不惜」。萬-科爾給亞、非、拉人民「算命」說：「原始民族只有經過這個各各他〔192〕，才能走向文明」！〔193〕

　　繼阿姆斯特丹代表大會之後，萬科爾在一九〇七年的斯圖加特代表大會上，再次兜售他的上述破爛貨。所不同的是，這一次，他說得更加露骨了，並且由於得到當時在國際共產主義運動中享有權威地位的德國社會民主黨的絕大多數代表的支持，氣焰也更加囂張了！在他所主持起草的關於殖民地問題的議案中，鼓吹各國社會黨的議員應當分別向本國政府建議締結一項國際條約，共同規定一套「保護土著居民權利」的「殖民公法」，互相「保證」，共同遵守。〔194〕這實質上是企圖通過國際立法手續，把殘暴的殖民制度本身肯定下來，鞏固起來，使國際帝國主義者可以「依法」剝削和掠奪殖民地人民。

　　尤其猖狂的是，萬科爾在伯恩施坦和大衛等人的共同策劃和積極支持下，竟然明目張膽地要求整個代表大會通過決議，共同肯定：「大會並不在原則上和在任何時候都譴責一切的殖民政策，殖民政策在社會主義制度下可以起傳播文明的作用」〔195〕。這種要求，遭到與會馬克思主義者的堅決反對，萬科爾卻頑固地

堅持說：「只要人類存在一天，殖民地便存在一天」。他氣勢洶洶地向當時堅持馬克思主義立場的代表們發出連珠炮式的責問：難道……想要中斷殖民地向現代社會制度提供那些必不可缺的原料嗎？難道……想要放棄殖民地的不可估量的財富嗎？」那些反對殖民制度的「代表們難道願意對於簡單地廢除目前的殖民制度承擔全部責任嗎？……難道……作為社會民主黨人竟想逃避為使落後民族獲得較高的教育和提高水平而不懈工作的義務嗎？」這一連串的「難道」，以搶劫犯的坦率自供始，卻又以鱷魚的慈悲眼淚終，多少還夾雜著不應「逃避義務」云云的「仁義」之詞。可是，萬科爾在最後解釋他自己的「創造性」發明——未來的「社會主義的殖民政策」時，竟乾脆把臉一抹，現出本相，殺氣騰騰地叫囂：這種政策，也同資本主義的殖民政策一樣，在開頭也必須以武力征服殖民地作為起點。他說，有人認為「我們應當把機器和工具帶到非洲去，這是書呆子的迂腐理論！……如果我們把機器帶給中非的野蠻人，他們會用它幹啥？他們也許會圍著它跳舞，也許他們所崇拜的許多偶像又會增加一個。……如果我們歐洲人帶著機器和工具到那兒去，我們就會成為土著居民的毫無自衛能力的犧牲品。因此，我們務必手持武器前往那裡，即使……把這種做法稱為帝國主義，那也無傷大雅」〔196〕！——流著眼淚的鱷魚終於張開了血盆大口，露出了滿嘴獠牙！

　　另一條更大的鱷魚——伯恩施坦為了給同夥撐腰壯膽，也在大會上張牙舞爪，宣揚弱肉理應強食。他把歐美殖民強國一概美化為「文明」民族，把殖民地、半殖民地人民一概蔑稱為「非文明」民族，並公然叫囂：「文明民族對非文明民族的一定的監護

是必要的，這是社會主義者應該承認的。……文化發達的民族完全有理由在不同的情況下使不發達的民族屈從自己」[197]！據此，凡是不承認亞洲、非洲、美洲人民理應「屈從」西方殖民主義者這一「天經地義」的人，就一律沒有資格當「社會主義者」！

還有一個德國的修正主義分子、經濟學家」大衛[198]，力圖在「殖民政策」和「社會主義」之間拉線搭橋，替烏鴉和夜鶯敘家譜攀親戚。他「論證」說：「社會主義力求使人類有可能利用全世界的生產力，力求引導一切種族和民族的人民走向更高的文明，……殖民思想按其本質說來，乃是社會主義運動總的文明化目標的一個組成部分」[199]！

比利時的泰爾瓦格和奧地利的佩內多菲等人也在會上為萬科爾的提案搖旗鼓噪。

在這次國際代表大會上，馬克思主義者和修正主義者「兩派正好勢均力敵，於是鬥爭空前激烈地展開了」[200]。

經過反覆交鋒，代表大會終於以微弱多數票通過了革命派提出的修正案，尖銳地譴責了殖民政策，萬科爾的提案以一百二十八票對一百零八票（另10票棄權）而被否決。「社會黨內的機會主義在這裡暴露了自己的真面目」[201]，這是國際馬克思主義者的一項重大勝利！可是，一項內容如此反動、用語如此離奇古怪的提案，起先竟能在大會專設的殖民問題委員會中獲得多數委員的通過，繼而又能在全體代表大會上獲得接近半數代表（多來自占有大量殖民地的帝國主義強國）的贊同，這就鮮明地顯示出：社會沙文主義的思潮，業已在世界共產主義運動中形成一股國際性的危險逆流；整個第二國際內部的沙文主義、修正主義病

症，已經開始進入膏肓！

「傳播文明」！這是一切帝國主義者及其奴僕在美化殖民政策時最常用的一次遮羞布。馬克思主義者對於這種蠱惑人心的彌天大謊，一貫是大力予以揭露和痛斥的。

第二國際在恩格斯逝世後一年（當時在國際內部機會主義分子尚未占上風）召開的倫敦代表大會就曾通過一項決議，明確指出：「殖民政策無論以宗教為藉口或以傳播文明為藉口，它的實質都只是為了資本家階級的特殊利益而擴大資本主義的剝削範圍。」[202]後來，如上所述，第二國際的修正主義分子伯恩施坦和萬科爾之流徹底背棄了這項決議。

同他們相反，以列寧為首的國際馬克思主義者則始終堅持和發揚了這一決議的思想。

早在第二國際斯圖加特代表大會以前，列寧就已無情地揭露了帝國主義者及其奴僕們「傳播文明」論的欺騙性和反動性。他在許多光輝論著中，一貫以極其強烈的無產階級義憤，多次譴責帝國主義者在這一偽善幌子下對殖民地、半殖民地人民欠下了纍纍血債。

在一九〇七年第二國際斯圖加特代表大會上以及代表大會以後，列寧對反動透頂的「傳播文明」論作了進一步的揭露和鬥爭。

列寧是以俄國社會民主工黨代表的身分參加斯圖加特代表大會的。大會就各項議程設立了幾個專門的委員會，委託它們預先討論有關專題，並擬定決議草案提交大會進一步討論表決。當時在第二國際中影響最大、勢力最強的德國社會民主黨的右派代表

們，如蔡特金所說，「在大多數委員會和在大多數問題上都成了機會主義的首領」，在殖民問題委員會內部也不例外。

列寧當時主要是在關於軍國主義問題的委員會中工作，沒有直接參加殖民問題委員會，但他卻自始至終極其關注和直接指導了殖民問題委員會中國際馬克思主義者的反修鬥爭。在大會全體會議開始討論殖民地問題之前，列寧又成功地領導了布爾什維克和波蘭、德國左派社會民主黨人的聯席會議，商定了國際馬克思主義者在這個問題上的一致態度。此外，列寧還進行了細緻的工作，團結和組織了那些沒有實行殖民政策或深受殖民政策折磨的小國的代表，終於在大會全體會議上否決了萬科爾所提出的、得到德國代表伯恩施坦和大衛等人極力支持的關於殖民地問題的反動提案。

斯圖加特代表大會閉幕以後，列寧立即撰文嚴厲地駁斥了伯恩施坦和萬科爾之流所鼓吹的、據說「可以起傳播文明作用」的「社會主義殖民政策」。列寧以歷史上和現狀中不容狡賴的巨量事實作為依據，嚴正指出，殖民政策「是以直接奴役未開化的民族為基礎的，資產階級實際上是在殖民地實行奴隸制度，使當地人遭受聞所未聞的侮辱和壓迫，用提倡酗酒、散播梅毒向當地人『傳播文明』」。以奴役弱小民族為基礎的殖民政策，同社會主義顯然是水火不能相容的，因此，所謂「『社會主義殖民政策』這個概念本身就是荒謬絕倫的」。[203]

後來，列寧在《世界政治中的引火物》《巴爾幹和波斯的事變》《意土戰爭的結局》《文明的歐洲人和野蠻的亞洲人》《落後的歐洲和先進的亞洲》等一系列論著中，又多次嚴詞聲討了以

「文明」自詡的殖民主義者的種種獸行，並進一步揭露了以「傳播文明」為幌子的殖民政策在落後地區歷史發展過程中所起的極端反動的作用。

列寧指出，在帝國主義時代，歐洲所謂「文明國家」的當權者——壟斷資產階級為了維護垂死的資本主義奴隸制度和野蠻的殖民統治，總是極力「支持一切落後的、垂死的、中世紀的東西」[204]，他們一方面「為對付文明程度最低卻最渴望民主的亞洲國家」而組成「文明國家」的「**反革命聯盟**」；[205] 另一方面又與殖民地、半殖民地的一切反動勢力、歷史渣滓、野心家、賣國賊狼狽勾結，殘暴鎮壓和共同扼殺一切民族民主革命運動，劫奪當地資源，摧殘民族經濟，千方百計地阻撓和破壞殖民地、半殖民地正常的社會歷史發展進程，使這些地區在經濟上、政治上、文化上陷於全面的、長期的停滯和落後，使當地的千百萬群眾在死亡線上呻吟掙扎。而一旦殖民地、半殖民地人民覺醒起來造反，「那時『先進的』歐洲就會大喊什麼『文明』、『秩序』、『文化』和『祖國』而「出動**大砲**」了；[206] 一旦被壓迫民族奮起同反動的殖民制度與國內外反動派作鬥爭，那些平日裝模作樣「虔誠地信仰基督教的俄國軍人」，那些最「文明」的歐洲政客，就會立即「充當國際劊子手的角色」，露骨地顯示出他們自己「竟變成了什麼樣的**野獸**」。[207]

在這方面，沙俄帝國主義者幹得特別「出色」遠的姑且不談，單就二十世紀初期而論，幾乎所有同俄國相鄰的弱小國家的民族民主革命運動，都一無例外地要遭到來自聖彼得堡和莫斯科的反革命干涉和鎮壓。前述一九〇〇年沙俄反革命侵略軍在「傳

播文明」旗號下勾結列強殘酷扼殺中國義和團起義，只不過是其中一例。列寧指出，在一九〇七至一九〇八年波斯爆發革命期間，剽悍野蠻的沙俄「哥薩克⋯⋯就在波斯建立鎮壓革命的功勳」血腥屠殺波斯革命人民，「熱心地替反革命效勞」[208]，力圖「扼殺波斯革命」[209]；一九〇八年爆發的土耳其革命，「一下子就碰上了以俄國為首的列強們的反革命聯盟」[210]；而巴爾幹半島諸國的民族民主革命運動，則更是一向得到「仁慈」沙皇的親切「關懷」，可是，「俄國黑幫分子對『斯拉夫兄弟』的關懷是再反動不過的了。這種『關懷』掩蓋著早已使俄國在巴爾幹聲名狼藉的那些最卑鄙無恥的陰謀。這種『關懷』一向就是要摧殘某些巴爾幹國家的**真正的民主**」[211]。一句話，支持反動和鎮壓革命，充當世界憲兵和國際劊子手，素來就是俄國沙皇的祖傳本能和世襲職業。而所有這些，又素來都是在所謂「傳播文明」「開明」「進步」「解放各族人民」之類的金字招牌下幹出來的。

　　沙皇俄國之所以如此敵視四鄰弱國的民族民主革命運動，必欲置之死地而後快，是出於它對外爭奪世界霸權、對內維持反動統治的絕對需要。列寧指出，這些弱國人民爭取民族獨立、爭取民主權利的鬥爭日益加強和取得勝利，這就是「在漫長的俄國國境線上建立起自由制度，從而為阻難黑幫沙皇政府的政策和促進俄國的革命高漲創造新的條件」，而這種情況的出現，恰恰是沙皇政府所最害怕、最禁忌、最諱言的。因此，列寧號召俄國的革命者，務必揭穿沙俄反動政府及其外交家們的偽善辭令，撕下「偽君子的假面具」[212]，「向人民說明事情的真相」[213]，全力聲援弱國的革命運動。

　　總之，列寧在上述充滿戰鬥精神的光輝論著中不容置辯地揭示出：包括沙俄在內的帝國主義列強及其奴僕們的所謂「傳播文明」，實際上是傳播了文明的反面，即野蠻和反動；他們的所謂「促進繁榮」，實際上是促進了繁榮的死敵，即凋敝和赤貧！同時，針對所謂擁護「社會主義的殖民政策」這一欺世惑眾的口號，針對沙俄等帝國主義者及其奴僕們在鼓吹殖民政策時善於花樣翻新、變換手法和裝腔作勢地反對殖民掠奪政策的一種形式而「主張同一政策的另外一種形式」，列寧提出了一個毫不含糊的戰鬥口號：我們要打倒任何形式的殖民政策」[214]！這個口號極其鮮明地體現了國際馬克思主義者同任何形式任何變種的殖民掠奪主義勢不兩立、徹底決裂的堅定立場。

「毫無私心」地伸出魔掌

　　尤其值全世界人民衷心敬仰的是：作為國際無產階級革命導師，列寧對於本國的帝國主義——沙皇政府打著「傳播文明」旗號恣意侵略掠奪弱小民族的滔天罪行，歷來是大義凜然，毫不留情地進行尖銳的揭露和憤怒的聲討，從而為全世界的無產階級及其政黨，特別是為擁有殖民地的大國強國的無產階級及其政黨，樹立了一個光輝的楷模！列寧是當之無愧的偉大的無產階級國際主義者。

　　一九〇〇年，沙皇政府夥同其他七個帝國主義國家發動侵華戰爭，共同鎮壓義和團的反帝愛國運動，血腥屠殺中國人民。沙俄陸軍大臣庫羅巴特金命令俄國侵略軍在殘害中國人民和進犯中國首都北京的過程中，「皆應首先著鞭，居於主要地位」；同時，

沙俄又單獨傾巢出動十幾萬大軍，大舉入侵中國東北三省，鐵蹄所到之處，焚燒劫殺，暴行纍纍，慘絕人寰，令人髮指！沙皇的御用文人和俄國的社會沙文主義分子則緊密配合反革命軍事侵略，在國內大造反革命輿論，他們顛倒黑白，硬說侵華戰爭是出於「中國人仇視歐洲文化和文明引起的」；他們惡毒誣衊中國「黃種人野蠻，仇視文明」，無恥叫囂「俄國負有開導使命」，入侵中國是旨在「傳播文明」「毫無私心」等等；在侵華俄軍製造重重災難把中國人民推進血泊之後，他們更是興高采烈，歡呼「歐洲文化擊敗了中國野蠻」，歡呼俄羅斯「文明傳播者」完成了「使命」，建樹了「殊勳」！

「在這一片歡呼聲中，只是聽不到千百萬勞動人民的先進代表——覺悟工人的聲音」[215]。

面對彌天的毒霧妖氛，列寧在俄國革命工人的第一份報紙——《火星報》的創刊號上發表專文，義憤填膺地揭穿了事情的真相。他指出，在此次侵華戰爭的前幾年，沙俄帝國政府就已「毫無私心」地霸占了中國的旅順口，現在又「毫無私心」地侵占中國的東北三省，而且「毫無私心」地每天只付給被迫修築鐵路的中國工人十個戈比的生活費，以致「不得不引起以溫順出名的中國人的憤怒」。這些「毫無私心」的行徑，證明沙俄政府在帝國主義列強掠奪中國和瓜分中國的罪惡勾當中，「是最先伸出魔掌的」。

列寧指出，沙俄勾結列強瓜分中國，開頭是「像賊那樣偷偷摸摸進行的」，一旦中國人民起而反抗，沙俄帝國主義者「就像野獸一樣猛撲到」中國人民身上，「殺人放火，把村莊燒光，把

老百姓驅入黑龍江中活活淹死，槍殺和刺死手無寸鐵的居民和他們的妻子兒女」[216]，他們「不惜殘殺婦孺，更不用說搶劫皇宮、住宅和商店了」[217]。

特別重要的是，列寧無情揭露了沙皇如此「毫無私心」地在中國「傳播文明」的本質和根源。他指出，「沙皇政府在中國的政策是一種犯罪的政策」，這種政策，僅僅對俄國一小撮資本家大亨、「對一小撮身居軍政要職的貴族有利」，它不僅給中國人民造成嚴重禍害，而且也給俄國人民帶來更殘酷的壓迫剝削：俄國工農被迫賣命當炮灰，軍費激增而引起捐稅負擔加重，田園荒蕪，家庭破產，資本家加緊壓榨，「工人的狀況惡化，農民的死亡有增無減，西伯利亞大鬧饑荒──這就是對中國的戰爭能夠帶來而且已經帶來的災難」。

列寧還深刻揭露了俄國反動統治者發動反華叫囂的卑鄙目的和險惡用心：「竭力毒害人民群眾的政治意識」，轉移鬥爭視線，以保持國內的反動統治。他指出：「凡是只靠刺刀才能維持的政府……都早就懂得一個真理：人民的不滿是無法消除的，必須設法把這種對政府的不滿轉移到別人身上去」，必須「挑撥民族仇恨和使勞動人民的注意力離開其真正的敵人」。

因此，列寧號召俄國革命人民奮起對沙皇政府開展針鋒相對的鬥爭，粉碎他們用大俄羅斯沙文主義毒害群眾政治意識的罪惡陰謀，「打碎戰爭強加在勞動人民身上的新的枷鎖」，打倒本國反動統治者，「結束政府的專制統治」。

（三）列寧對愛爾威之流在民族殖民地問題上謬論的鬥爭

馬克思主義關於民族殖民地問題的革命理論，不僅遭到右傾機會主義的攻擊和閹割，而且遭到左傾機會主義的歪曲和竄改。在後一種場合，法國的社會民主黨人古斯達夫·愛爾威是一個代表人物。

祖國「無所謂」論

古斯達夫·愛爾威（1871-1944）的職業是新聞工作者和律師，原先接近法國的無政府主義者，後來加入法國社會民主黨。

在二十世紀的最初幾年中，帝國主義列強重新瓜分世界、爭奪世界霸權的矛盾衝突愈演愈烈，各國的反動統治者一方面瘋狂擴軍備戰，加速軍國主義化的步伐，另一方面在國內拚命煽起沙文主義狂熱，以「保衛祖國」為名，力圖驅使本國勞動者為他們火中取栗，賣命當炮灰。針對這種情況，各國馬克思主義者大力開展鬥爭，反對軍國主義化，揭露帝國主義戰爭的罪惡本質，藉以戳穿「衛國」騙局，提醒勞動者切勿上當。而偽馬克思主義者愛爾威也獨樹一幟，在他自己主辦的《社會戰爭報》上，在法國社會黨內，在第二國際的會議上，經常以極左面目出現，宣傳他那獨特的反對軍國主義的鬥爭綱領和策略，曾經轟動一時。

愛爾威歪曲了無產階級國際主義思想，對「民族」「祖國」這一類概念採取了極端虛無主義的立場。他對於任何維護祖國主權和民族獨立的言論和行動，都一概扣上「民族主義」的帽子，加以絕對的否定。在一九〇七年第二國際斯圖加特代表大會上，愛爾威鼓吹說，「任何祖國都只是資本家的奶牛」；「祖國是統治

階級的祖國，與無產階級無關」。對無產階級說來，無論生活在哪一個祖國都無所謂，生活在君主制的德國，或共和制的法國，或專制的土耳其，反正都一樣；無論是德國受法國統治還是法國受德國統治，對無產階級也都無所謂。由於無產階級橫豎都要遭受資本家的剝削，所以「資本家在什麼樣的民族和什麼樣的政府的標幟之下進行剝削，對於無產階級說來是無關緊要的」。因此，愛爾威強調：「祖國對於所有無產者來說都只是幻想，說真的，他們犯不著為了幻想而拼得頭破血流」。

基於這種觀點，愛爾威蔑視任何有關民族獨立和國家主權的觀念，表示堅決反對任何涉及「祖國」和「民族」問題的戰爭。據他說，這是「馬克思主義」的思想觀點，因為馬克思本人就說過：「工人沒有祖國」。

在大力鼓吹這些奇談怪論的基礎上，愛爾威進一步要求以代表大會的名義，宣布反對一切戰爭，並號召全世界無產者用「罷戰」和起義來對付任何性質的戰爭。愛爾威的計劃「很簡單」：任何戰爭一旦爆發，在宣戰那一天，社會黨的現役士兵統統開小差，後備兵則宣布罷戰，統統坐在家裡不出來；同時，工人階級很快就會轉入公開的反抗，即舉行起義。愛爾威斷定：這時「由於作戰的軍隊駐在國境上，起義勝利的機會就更大了」[218]。

不能拒絕在民族戰爭中保衛祖國

在當時，愛爾威的真實面目尚未充分暴露，列寧對愛爾威的主張作了一分為二的、馬克思主義的具體分析。一方面，他肯定愛爾威的思想從一定意義上說包含有「一線靈活的東西」，包含

有「一個實際上正確的內容」：它企圖說明當時修正主義者、社會沙文主義者所宣揚的資產階級愛國主義的欺騙性，強調工人階級國際團結的重要性；同時鼓吹無產者為了對付戰爭，必須採取革命的行動手段，而不應當僅僅侷限於修正主義者所崇拜的溫良恭儉讓的議會鬥爭。但是，另一方面，列寧又十分嚴厲地指出，就整體而言，愛爾威所宣揚的只是一種「半無政府主義的謬論」。列寧從鬥爭的手段、鬥爭的目的以及否定革命戰爭（包括民族解放戰爭）、否定任何民族和祖國觀念等方面，尖銳地揭露了愛爾威及其信徒們這種輕率浮誇的言論的反動性。

就其鬥爭手段而言，愛爾威及其信徒們的主張實際上是一種盲動冒險主義。他們不對鬥爭的具體環境進行正確的形勢估量和階級估量，而像無政府主義者那樣，「盲目相信一切直接行動的神奇力量，把這種『直接行動』從整個社會政治局勢中抽了出來」，用簡單機械、千篇一律的策略來對付千變萬化的鬥爭局勢，其實踐結果就必然是作繭自縛，「剝奪無產階級選擇決戰時機的權利，而把這種權利交給敵人」，從而導致革命力量的無謂損失。因此，愛爾威開出的萬應「策略藥方」實際上是一種「英勇的愚蠢」！[219]

就其鬥爭目的而言，愛爾威及其信徒們擺在首位的，是「和平」而不是革命，為了反對戰爭、為了反對軍國主義而忘記社會主義」[220]。他們只強調以和平代替戰爭，而並不強調以社會主義代替資本主義，不強調利用戰爭所產生的危機加速推翻資產階級。他們不可原諒地「忘記了戰爭同資本主義的因果關係」，如果按照這種主張去做，就等於「一方面把一切戰鬥準備（要知

道，這裡說的是起義）都用來同結果（戰爭）作鬥爭，另一方面卻讓原因（資本主義）繼續存在」[221]。可見，愛爾威及其信徒們的反戰綱領充其量只是揚湯止沸而不去釜底抽薪；而其客觀意義則是在資本主義條件下保持「和平」的穩定性，維持資本主義式的「和平」秩序，使革命人民永遠遭受剝削壓迫，永遠遭受掠奪戰爭的磨難。

就其不分青紅皂白地反對一切戰爭、否定任何有關祖國和民族的思想觀點而言，愛爾威及其信徒們的主張尤其具有極大的反動性。它實際上是在極左的偽裝下為極右的資產階級沙文主義和世界主義張目。

列寧指出，「戰爭是資本主義的必然產物，無產階級不能拒絕參加革命戰爭」[222]。列寧特別強調：祖國這個政治的、文化的和社會的環境，是無產階級進行階級鬥爭過程中最強有力的因素，所以，「無產階級不能對自己為之進行鬥爭的政治、社會和文化的條件採取無所謂的、漠不關心的態度，因而，他們對本國的命運也不能抱無所謂的態度」[223]。列寧嚴厲駁斥了對馬克思所說的「工人沒有祖國」一語的曲解。他屢屢援引馬克思本人當年在第一國際內部嘲笑和駁斥法國蒲魯東主義者歪曲無產階級國際主義思想的事例，說明民族虛無主義與大國沙文主義之間的「血緣關係」[224]，說明那種不分青紅皂白地否定一切民族、祖國的思想言論，實際上是全盤否定一切弱小民族爭取民族解放、維護民族尊嚴、捍衛祖國獨立的神聖權利，從而為覬覦他國領土主權的侵略者提供了最好的「理論根據」，助長了帝國主義者、擴張主義者的氣焰。

一九一四年八月，在第一次世界大戰爆發後的最初幾天裡，就是這個善於譁眾取寵、一向極力鼓吹民族虛無主義的愛爾威，竟猛然搖身一變，變成了一個極端的社會沙文主義分子，並自告奮勇地作為參戰志願兵去報到了。後來，他又和歷來公開鼓吹社會沙文主義的桑巴、托馬以及蓋德等人加入了法國資產階級的「全民族的」戰爭政府。[225] 這件事當然只不過是當時整個國際機會主義逆流中的一個小水泡，然而這個具有強烈諷刺意義的小水泡，卻十分具體、十分生動地顯示了民族虛無主義與大國沙文主義作為孿生兄弟的血緣關係，從一個小小的側面證實了馬克思和列寧上述見解的無比正確。「河水的流動就是泡沫在上面，深流在下面。然而就連泡沫也是本質的表現！」[226]

在革命洪流的沖刷下，愛爾威這個曾經名噪一時的小丑迅速沉沒、銷聲匿跡了。但是，愛爾威之流從法國普魯東分子那裡繼承得來並廣為兜售的民族虛無主義觀點與祖國「無所謂」論，卻由於具有極左的、「革命」詞句的裝潢，仍在繼續擴散。其流毒所及，甚致使當時國際革命左派隊伍中的一些人也深受影響，在不同的時期和不同的歷史條件下出現了種種糊塗觀念。總的說來，他們致力於揭露和反對資產階級文痞和修正主義分子所鼓吹的在業已爆發的帝國主義戰爭中「保衛祖國」的騙局，這是完全正確的。但其中有些人卻從真理再往前「多走了一步」，進而懷疑和否定在帝國主義時代所發生的一切保衛祖國獨立或爭取民族解放的戰爭；也有些人醉心於反對被壓迫民族中的資產階級狹隘民族主義，卻忽略甚至忘記了比它更危險、更凶惡多倍的壓迫民族中的資產階級大國沙文主義，有如列寧所諷喻的：「貓是老鼠

心目中最凶的野獸」〔227〕。

為了進一步肅清愛爾威之流的思想流毒，澄清關於「祖國」和「民族」問題上的糊涂觀念，列寧在第一次世界大戰爆發、第二國際破產之後迄十月革命勝利之初，又反復地就這個問題作了一系列的闡釋和論述。

列寧並不限於就事論事，而是從方法論入手，對認識模糊的同志進行耐心的啟發。他指出，馬克思主義的全部精神和整個體系要求人們在領會每一個革命原理時，必須做到三點：第一，歷史地看問題；第二，同其他原理聯繫起來，全面地理解；第三，同具體的歷史經驗聯繫起來加以考察。如果違反了這三點要求，竟然脫離具體的歷史條件和具體的歷史實踐經驗，靜止地、孤立地、片面地抓住馬克思、恩格斯說過的隻言片語，把它從馬克思主義的整個科學體系中割裂出來，當作「一般原則」和「一般的死板的公式硬套」到「五花八門、形形色色、錯綜複雜」的事物上去，那就是「陷入了抽象議論和反歷史觀點的泥坑」，〔228〕就會得出完全錯誤甚至荒謬可笑的結論，就會給革命事業造成嚴重的危害。

根據馬克思主義的歷史觀點和科學精神，列寧首先對「工人沒有祖國」一語作了經典性的解釋。他指出，馬克思、恩格斯這句話的原意只是說，各國無產者的經濟狀況是國際性的，他們的階級敵人和解放條件也是國際性的，因此他們的國際團結比民族團結**更為重要**。〔229〕也就是說，全世界的無產者，不論屬於哪個國家哪個民族，都是同命運、共呼吸的階級兄弟；由於他們有著共同的階級遭遇、共同的階級敵人和共同的奮鬥目標，而且只有

通過聯合的鬥爭才能獲得共同的解放，因此，他們應當不問國家、民族的差別，實現國際性的階級團結，進行國際性的階級搏鬥。在這個意義上，不妨說，馬克思、恩格斯所教導的「工人沒有祖國」，和他們所號召的「全世界無產者聯合起來」，實際上是同一思想觀點的不同表述。可見，「工人沒有祖國」一語的原意，與祖國「無所謂」論以及任何其他民族虛無主義觀點，都是風馬牛不相及的。

其次，列寧強調，為了準確地理解和掌握「工人沒有祖國」這一原理的真諦，務必把它同馬克思、恩格斯的其他教導聯繫起來加以考察。他提醒人們注意：不是別人，而正是「同一個馬克思曾經不止一次地**號召**進行**民族**戰爭」[230]；而恩格斯也曾在一八五九年和一八九一年先後兩度直接激發德國人的**民族**感情，直接號召德國人民奮起進行民族戰爭，抗擊侵略者，保衛祖國。

一方面講工人沒有祖國，另一方面又號召保衛祖國，從表面上看來，似乎「馬克思和恩格斯今天說東，明天說西，是他們頭腦不清楚嗎」？針對這個問題，列寧斬釘截鐵地回答說：「不是的！」

列寧進一步明確指出，「祖國是個歷史的概念。……關於祖國和保衛祖國的原理**不可能**在一切條件下都是同樣適用的」[231]。無產階級對「祖國」和「民族」，在不同的歷史條件下應當採取不同的態度。他反覆強調這樣的思想：在帝國主義戰爭中，「保衛祖國」當然是一種騙局，由於這種戰爭從雙方來說都是掠奪性的，因而無產階級對它的態度應當遵循這樣的原則：「二賊相爭，兩敗俱傷」。但是，在民族解放戰爭中，就完全是

另一回事了。「受民族壓迫的國家為反對實行民族壓迫的國家而『保衛祖國』這不是欺騙，社會主義者也**決不反對**在**這樣**的戰爭中保衛祖國」〔232〕；「依我看，在民族戰爭中承認『保衛祖國』是**完全**符合馬克思主義的」，因此，無產階級「不能拒絕在民族戰爭中保衛祖國」，否則，就將犯「天大的錯誤」！〔233〕

我們是社會主義祖國的護國主義者

十月革命勝利以後，列寧又針對那些否定一切「保衛祖國」、對社會主義祖國的國防抱輕率態度的錯誤思想作尖銳的批判。

列寧指出，承認保衛祖國，就是承認戰爭的正當性和正義性。要衡量和判斷任何戰爭是否正當、正義，只能從它歸根到底是否有利於爭取無產階級解放這一標準和觀點出發，其他標準、其他觀點，我們是不承認的。根據這條根本原則，凡是剝削階級為了鞏固自己的反動統治而進行的戰爭，就是罪惡的戰爭，在這種戰爭中的「護國主義」就是卑鄙行為，就是背叛社會主義；而凡是已經取得政權的無產階級為了保衛社會主義勝利果實，為了鞏固和發展社會主義而被迫進行的戰爭，則是完全正當的和神聖的。因此，列寧莊嚴地宣告：我們是一九一七年十月二十五日以後的護國派」，「**必須保衛社會主義祖國**」。「誰要是對無產階級已經獲得勝利的國家的國防採取輕率的態度，他就是在破壞同國際社會主義的聯繫。……當我們已成為開始組織社會主義的統治階級的代表時，我們就要求一切人**嚴肅地**對待國防」〔234〕。「我們是社會主義祖國的護國主義者」〔235〕。

當年，正是在列寧上述思想的指導和武裝下，俄國工農大眾第一次以國家主人的身分，奮起抗擊外國侵略者，進行了「真正的衛國戰爭」[236]。

十月革命勝利後不久，帝國主義列強以進行反革命叛亂的俄國白衛分子為內應，對剛剛誕生因而還十分幼弱的社會主義國家發動武裝進攻。他們互相勾結，憑借其強大的反革命武力，先後在烏克蘭、高加索、西伯利亞和伏爾加流域等廣闊地區，顛覆了初建的蘇維埃政權，實現了反革命復辟，對千千萬萬工農群眾實行反攻倒算和血腥屠殺。

戰爭是政治的繼續。帝國主義侵略者當時追求的目的，不僅在於扶植俄國地主資本家白衛勢力實行反革命復辟，藉以從中撈取巨額報償和各種特權；也不僅在於直接占領和掠奪社會主義國家的土地和資源，對俄國勞動人民實行直接的盤剝；而且還在於企圖撲滅已經在這裡燃燒起來並且將蔓延到全世界去的社會主義革命的火焰。帝國主義列強對第一個社會主義國家發動侵略戰爭的政治目的決定了戰爭的性質：這是一場非正義的、反革命的、罪惡的戰爭。

在當時蘇維埃俄國方面，俄國人民在布爾什維克黨領導下奮起抗擊帝國主義侵略者及其走狗，則是一場完全正義的、革命的、神聖的戰爭。這場衛國戰爭的正義性，不僅體現在它是為了保衛革命俄國的主權的獨立和領土的完整；也不僅體現在它是為了保衛俄國工農群眾已經獲得的社會主義革命勝利成果，解除重新強加在他們身上的階級災難和階級枷鎖，從而有利於俄國勞動人民爭取徹底的階級解放；而且還體現在它是為了保衛社會主義

世界革命的第一塊基地、根據地，是為了「在波濤洶湧的帝國主義大海中保持住蘇維埃政權這一全世界工人和勞動人民所矚目的孤島」〔237〕，牽制和削弱國際帝國主義的力量，從而有利於推進世界革命，有利於全世界勞動人民爭取徹底的階級解放。正是在這個意義上，列寧認為當時俄國人民為抗擊國際帝國主義侵略者及其白衛走狗們所進行的衛國戰爭，「不僅是在拯救俄國革命，而且是在拯救國際革命」〔238〕；「每一個上前線的人都懂得，他不僅是為俄國革命的命運而鬥爭，而且是為整個國際革命的命運而鬥爭」〔239〕。

由此可見，社會主義祖國的護國主義既是無產階級愛國主義的一種體現，也是無產階級國際主義的一種體現。它是無產階級國際主義與無產階級愛國主義的高度統一。它的立足點，是極其鮮明的全世界無產階級的階級利益觀念和階級解放觀念，因而迥異於地主資產階級所慣常鼓吹的狹隘的、抽象的「民族」觀念或「民族尊嚴」觀念。

列寧在解釋社會主義祖國的護國主義時，強調指出：「我們保衛祖國不受帝國主義者的侵犯，我們在保衛祖國，⋯⋯我們維護的不是大國主義（俄國遺留下來的除了大俄羅斯以外，沒有任何其他東西），不是民族利益，我們肯定地說，社會主義的利益，世界社會主義的利益高於民族的利益，高於國家的利益」〔240〕。在這裡，列寧顯然是把社會主義祖國的護國主義同大國沙文主義、狹隘民族主義嚴格地劃清了界限，絕對不容混淆。

面對當時大片國土淪於敵手和千百萬勞動者慘遭塗炭的嚴酷現實，列寧所領導的蘇維埃政府發出了「**社會主義祖國在危急**

中」的警報。

布爾什維克黨和政府動員全民以各種形式積極參加抗戰。

俄國人民在列寧為首的布爾什維克黨的領導下，上下一心，全力以赴，經過艱苦卓絕的鬥爭，終於扭轉了瀕於危亡的險境，沉重地打擊了氣焰極其囂張的帝國主義侵略者，把他們驅出國境，鎮壓了猖獗一時的白衛反革命叛亂，取得了保衛社會主義祖國戰爭的偉大勝利。

同時，正由於這是一場保衛社會主義世界革命基地的正義戰爭，因此，它就理所當然地獲得了全世界無產階級和革命人民的同情和支持。

當時，有大批居住在俄國的外國工人（其中包括大量中國工人）紛紛參加紅軍隊伍，有的還組成了國際團和國際旅，直接為俄國革命人民的衛國戰爭付出了鮮血和生命。

許多資本主義國家的工人以罷工等形式阻撓運送武器和軍需品給帝國主義侵略軍及其白衛走狗，並在「不許侵犯俄國」的口號下成立各種「行動委員會」，積極開展反對反革命武裝干涉的鬥爭，從各個方面給幼弱的蘇維埃俄國及其衛國戰爭以有力的支持和聲援。

列寧在總結這一點時，形象地指出：「只要國際資產階級向我們舉起拳頭來，他們的手就會被本國工人抓住」[241]。他強調：正是這種全世界工農勞動群眾、甚至最敵視我們的強國的工農勞動群眾對我們的支持和同情，成了最根本最有決定性的因素，使敵人對我們的一切侵犯歸於失敗」[242]。

列寧的上述理論教導以及當年俄國人民衛國戰爭的革命實

踐，給我們以極其有益的啟示：當問題涉及反對民族壓迫、爭取民族解放的時候，特別是當問題涉及保衛社會主義祖國領土和主權的完整，對帝國主義及其走狗的侵略進攻實行自衛反擊的時候，如果像當年法國的蒲魯東分子或愛爾威分子那樣，在「國際主義」的美麗幌子下販賣民族虛無主義的私貨，胡謅什麼「國境線從哪裡通過對我們共產黨人來說不是主要問題」，把正義的衛國行動誣衊為「狹隘民族主義」或「大國沙文主義」，那麼，這就是根本忘記了當年俄國革命人民曾經在列寧領導下為抗擊帝國主義侵略者而進行過衛國戰爭的光榮鬥爭史，根本忘記了全世界革命人民對當年幼弱的革命俄國的衛國戰爭提供過巨大的支援；這也就是根本背叛了無產階級國際主義，根本背叛了馬克思列寧主義。這種人，要麼是侵略者的幫兇，要麼是侵略者的後臺，要麼本身就是窮凶極惡的侵略者，三者必居其一，甚至一身而二三任焉。

（四）列寧對鮑威爾之流在民族殖民地問題上謬論的鬥爭

十九世紀六〇年代，馬克思在論述波蘭和愛爾蘭問題時，曾經提出民族自決權的原則。[243] 根據這個原則，一切民族都有權按照自己的意志決定自己的命運，遭受殖民統治的被壓迫民族有權在政治上同壓迫民族自由分離，建立自主獨立的民族國家。

一八九六年第二國際倫敦代表大會通過決議，重申了馬克思關於民族自決權的正確主張，明確宣告：「大會主張一切民族都有完全的自決權」；同時號召一切被壓迫民族的工人「參加全世界覺悟工人的隊伍，和他們一起為戰勝國際資本主義而奮鬥」

〔244〕。這個決議高舉無產階級國際主義旗幟，把反對大國沙文主義和反對狹隘民族主義緊密地、有機地結合起來，「能夠給無產階級在民族問題上的階級政策提供唯一正確的指示」〔245〕，因而成為當年資本主義先進國家各個無產階級政黨制定民族綱領時所理應共同遵守的基本原則。一九〇三年，在俄國社會民主工黨第二次代表大會上，正是由於列寧的堅持，承認民族自決權的原則被正式明文載入俄國黨的黨綱。

第二國際的修正主義分子為了維護帝國主義資產階級的利益，拚命歪曲、竄改和攻擊關於民族自決的思想原則，極力鼓吹「民族文化自治」論，因而引起國際馬克思主義者的堅決回擊。當時，關於民族自決和「民族文化自治」的論戰，體現了馬克思主義民族綱領與修正主義民族綱領的根本對立。

所謂「民族文化自治」

對「民族文化自治」這一修正主義民族綱領加以全面系統論證的主要「理論家」，是奧地利社會民主黨的鮑威爾〔246〕和倫納〔247〕。鮑威爾所寫的《民族問題和社會民主黨》以及倫納所寫的《民族問題》是第二國際修正主義分子鼓吹「民族文化自治」謬論的代表作。

鮑威爾、倫納之流在考察民族問題時，漠視甚至抹殺階級分析和階級鬥爭觀點，把民族標準放在首要的甚至唯一的地位。他們認為，「民族是自治的個人聯盟」，是「由一群現代人組成的、和『地域』無關的文化共同體」；〔248〕「民族就是那些在共同命運的基礎上形成了共同性格的人們的全部總和」〔249〕。換言之，在

他們看來，人群之所以構成為民族，其基礎就是他們具有共同的「性格」和「文化」，而這種共同「性格」和「文化」的形成，卻和他們的共同經濟生活、共同居住地域等物質條件沒有任何本質上的聯繫，甚至純然「無關」。

從這種唯心主義的民族觀出發，他們極力主張工人政黨解決民族問題的首要措施就是應當想方設法去「組成民族」，即把散處全國各地的具有「共同性格」和「共同文化」的個人，不問其是否具有共同經濟生活和共同居住地域，一律根據自報民族歸屬逐個登記，「編制民族名冊」，以便「共同組成」一個包括各個對立階級的民族，構成一個法定的整體，選出「民族委員會」和本民族的「大臣」，規定民族權利義務，掌管本民族的文化教育事業。據說，按此辦理，不但可以「消除民族糾紛」，解決民族問題，而且還可以成為未來的社會主義社會的一種雛形。因為，據他們說，「社會主義的社會制度……將把人類分成一些以民族為界限的團體」在社會主義時代，「人類將分成一些民族自治團體」[250]，云云。

鮑威爾、倫納之流在論述民族權利問題時，漠視甚至抹殺被壓迫民族的政治、經濟權利，把文化權利放在首要的甚至唯一的地位。他們認為，各民族在文化權利上的不平等，是產生民族糾紛的關鍵所在，因此必須從「文化自治」著眼來「解決」民族問題。按照他們的上述設計建立起來的民族組織及其中央機關也只管「文化」問題，不管「政治」問題。由民族全體成員選舉產生的「民族委員會就是民族文化議會，它有權規定原則並批准經費，藉以照管民族學校事宜，照管民族文學、藝術和科學，借以

建立學院、博物館、美術陳列館、劇院」[251]等等。鮑威爾之流斷言：通過這種「唯一可能的辦法」，就可以使民族文化成為「全體人民的財富」，並且把包括一切對抗階級的民族全體成員「團結」成為一個同命運、共呼吸的「民族文化共同體」。[252]於是乎民族壓迫就此煙消云散，弱小民族也就此心滿意足了。

　　鮑威爾、倫納之流在論述民族權利平等的實現手段時，漠視甚至抹殺一切革命途徑，把改良主義途徑放在首要的甚至唯一的地位。他們鼓吹：只能經歷「緩慢而痛苦的過程」，「逐步走向民族自治」；民族自治和民族自由決不是「靠大膽的堅決行動就可以實現的」。他們避而不談遭受殖民統治的被壓迫民族的政治自決和分離自由，硬把保持現狀、維護反動奧匈帝國的「完整」作為爭取民族平權的前提，公開揚言：「我們的出發點是假定奧國各民族將仍然留在他們現時居住的國家聯盟以內」，即只准在強加給他們的現有帝國國界之內，在這個民族壓迫的大牢籠之中，來調整「各民族相互間的關係和他們全體對於國家的關係」。[253]

　　「民族文化自治」這一修正主義的民族綱領，經過鮑威爾、倫納之流的系統「論證」，披上了「社會主義的鐵甲」，在當時帶有很大的欺騙性。它博得了地主資產階級的喝采，因而也就成為第二國際其他各國修正主義分子抄襲、仿傚的「範本」，流毒甚廣。在歐洲一些多民族國家中，他們紛紛根據「民族文化自治」的謬論，對民族自決權這一馬克思主義的民族綱領大舉猖狂進攻。就俄國而言，國內各派修正主義分子在這個問題上所製造的思想混亂已經「達到破壞黨綱的地步」[254]。他們惡毒地攻擊

列寧提出的關於把俄國各族工人團結和融合在統一的階級組織之中的正確主張，誣蔑它是所謂「同化的陳詞濫調」，妄圖使俄國工人及其統一的階級組織按照民族的標準劃分開來，陷於四分五裂。

是民族自決，還是「民族文化自治」？在這場關於兩種根本對立的民族綱領的爭論過程中，當時國際上有一些左派社會民主黨人也一度有過糊塗思想。

他們一方面表示堅決反對一切民族壓迫，承認一切民族權利平等，另一方面卻又認為：承認民族自決權，即承認遭受殖民統治的被壓迫民族有權在政治上同壓迫民族自由分離，另行組織獨立自主的民族國家，這就等於支持和助長被壓迫民族的資產階級民族主義，不利於各族無產階級的團結鬥爭。他們根據歐洲個別被壓迫民族[255]在特定歷史條件下暫時不宜提出分離獨立口號的局部情況，推導出一般性、全局性的結論，要求一般地、普遍地否定民族自決權，作為處理全歐洲乃至全世界民族問題的基本綱領、原則。他們發表了一些文章，提出了自己的錯誤見解，指摘和反對俄國的馬克思主義者在自己的黨綱中承認民族自決權。

左派犯錯誤，右派利用，歷來如此。「民族文化自治」論形形色色的鼓吹者們「抓住了」這些左派同志的錯誤論點和論據，在一九一三年前後一段時期中更加猖獗地抨擊馬克思主義者關於實行民族自決的主張，一時罵聲四起，來勢洶洶，有如進行「十二個民族的侵犯」[256]。

在這種情況下，列寧不能不以相當大的注意力，對鮑威爾之流及其俄國應聲蟲們所鼓噪的「民族文化自治」論進行全面的、

深刻的揭露和批判，科學地解釋和深入地闡發了馬克思主義關於民族自決權的光輝思想原則。在論戰、鬥爭過程中，列寧對某些左派革命同志的糊塗思想，本著政治上熱情愛護的精神，進行了嚴肅認真的批評，幫助他們糾正錯誤，團結對敵。可以說，當列寧發表文章嚴肅批評某些左派同志的糊塗思想和錯誤論據時，實質上是為了要剝奪那些修正主義右派分子手中的理論「武器」粉碎他們身上的理論「裝甲」把他們揪出來示眾。[257]

民族問題上的兩種世界觀

觀察和分析民族問題，當然不能完全離開民族的標準，這是無可置疑的。馬克思主義者在看待和處理民族問題時，從來就堅決反對民族虛無主義，從來就對民族標準、民族感情等因素給以應有的、足夠的重視，這也是眾所周知的。但是，馬克思主義者從來就認為：在階級社會中，民族問題並不是孤立自在的。就革命鬥爭的全局而言，「民族問題和『工人問題』比較起來，只有從屬的意義」[258]。因此，無產階級及其政黨對待有關民族的一切問題，都必須從無產階級的階級利益出發，「從無產階級爭取實現社會主義的階級鬥爭的觀點來看」[259]。也就是說，觀察和處理民族問題，必須把無產階級的階級標準放在首要地位；對於階級標準說來，民族標準只是第二位的東西，民族標準必須服從階級標準。

其所以然，是由於任何民族從來就分裂為彼此對抗的階級。列寧指出：在「每一個現代民族中，都有兩個民族」[260]。在股份公司裡，各不同民族的資本家都是坐在一起的，共同進行剝

削；在工廠裡，各不同民族的工人都在一起勞動，汗水流在一起，共同遭受剝削。由於階級命運、階級利益的一致，因此，每當階級矛盾激化、階級利害衝突十分尖銳的時候，各種政治力量的組合總是衝破民族的界限和壁壘，人群集團都是按階級而不是按民族劃分的。〔261〕

面對民族內部階級對抗的現實，資產者和無產者從各自的階級利益出發，採取了截然相反的態度。

作為剝削者，而且在民族人口中處於極少數地位，資產階級總是力圖掩蓋和粉飾階級對抗現實，以保持現狀和擴大既得利益。為此目的而採取的手段之一，就是把民族標準放在首要的甚至唯一的地位，拚命鼓吹資產階級民族主義，把本階級的狹隘私利一概冒充為全民族的共同要求，極力突出和強調民族的「共同性」，千方百計地模糊無產者的階級意識：對內，提倡民族內部的階級調和；對外，破壞不同民族的無產者之間的階級團結，藉以轉移鬥爭視線，削弱和瓦解無產階級反對資本主義壓迫、剝削的階級鬥爭。

換言之，鼓吹資產階級民族主義，既可以無限誇大民族「共同性」從而否定本民族內部的階級對抗性，又可以無限誇大民族間的「對抗性」從而否定不同民族無產者的階級共同性；既可以欺騙無產者去同本族資產者無條件地實行「階級合作」，又可以煽動無產者去同外族的階級兄弟實行骨肉相殘。用心可謂極毒。列寧對這種情況作了總結，明確指出：「猖狂的資產階級民族主義在鈍化、愚弄和分化工人，使工人聽任資產階級擺布──這就是當代的基本事實」〔262〕。

作為被剝削者，而且在民族人口中處於多數地位，無產階級總是敢於正視民族內部階級對抗的現實，並且務必立足於這種現實，始終保持著清醒的階級意識，從無產階級的階級利益出發，來審查和鑑別資產階級以「全民族」名義提出的一切要求，以決定給予支持還是加以反對。

早在馬克思主義奠立之初，在論及無產階級政黨應當支持具有歷史進步意義的民族民主運動時，馬克思和恩格斯就強調：「共產黨一分鐘也不忽略教育工人盡可能明確地意識到資產階級和無產階級的敵對的對立」[263]。

對於這一條基本原則，列寧在新的歷史條件下作了進一步的闡發。他指出：馬克思主義同民族主義是不能調和的。誠然，民族原則在資產階級社會中具有歷史的必然性，因此，在估計這個社會時，馬克思主義者完全承認民族運動的歷史合理性。然而，要使這種承認不至於變成替民族主義辯護，就應該極嚴格地只限於承認這些運動中的進步的東西，即「應該使這種承認不致使無產階級的意識受到資產階級思想的朦蔽」[264]。這種無產階級的階級意識理所當然地要求各族無產者：既要同本族的資產者嚴格劃清階級界限，又要同外族的無產者全力加強階級團結；堅決反對資產階級反動民族主義，始終堅持無產階級國際主義。

對於這方面的思想，列寧作了精闢的概括，明確指出：「資產階級的民族主義和無產階級的國際主義——這是兩個不可調和的敵對的口號，它們同整個資本主義世界的兩大階級營壘相適應，代表著民族問題上的**兩種**政策（也是兩種世界觀）。」[265]

在兩大階級營壘、兩種民族問題世界觀的根本對立中，所謂

「民族文化自治」的理論和綱領及其鼓吹者究竟是屬於哪一邊的呢？列寧尖銳地揭露說：「這個綱領主要的、根本的罪過，就在於它想要實現最精緻的和最絕對最徹底的民族主義」〔266〕；而「民族文化自治」論的鼓吹者們事實上就是要把資產階級反動民族主義思想灌輸到工人中間去。

民族文化與國際文化

「民族文化自治」論的鼓吹者鮑威爾、倫納及其俄國信徒們極力主張嚴格按照民族標準「劃分」社會全體成員，硬要用人為的辦法將業已散居全國各地的同族成員勉強收攏起來，箍在一起，「組成」一個民族。這種主張是和社會發展進程背道而馳的，也是和階級鬥爭進程根本牴觸的。

列寧全面地考察了資本主義發展過程中民族關係的發展規律，發現「在民族問題上有兩個歷史趨向。第一個趨向是民族生活和民族運動的覺醒，反對一切民族壓迫的鬥爭，民族國家的建立。第二個趨向是民族之間各種聯繫的發展和日益頻繁，民族壁壘的破壞，資本、一般經濟生活、政治、科學等的國際統一的形成」〔267〕。列寧說，馬克思主義的民族綱領正是充分考慮到這兩個客觀趨向，因而首先是堅持民族平等，反對任何民族特權，堅持民族自決權；其次是堅持國際主義原則，毫不妥協地反對用任何形式的資產階級反動民族主義思想毒害無產階級。他反覆教導全世界無產者，既要反對大國沙文主義，也要反對狹隘民族主義；既要反對民族壓迫，也要反對盲目排外。

歷史表明：資本主義經濟的不斷發展，日益改變了民族閉關

自守的局面。不同民族之間的經濟往來，政治聯繫、文化交流、易地遷居以及異族通婚，特別是各族工人在共同鬥爭中形成的階級團結等，日益加強著打破民族壁壘、消除民族差別、促使民族同化的趨勢。列寧認為，這種趨勢是促使資本主義轉變為社會主義的最大動力之一，它本身就標誌著資本主義已經成熟，正在向社會主義社會轉變。從人類社會發展進程看，這種民族同化融合的趨勢，只要不是採取暴力兼併和強食弱肉的手段而是建立在完全自願和真正平等的基礎之上，它就包含著極大的歷史進步作用，這是不容置疑的。

因此，無產階級歷來反對任何鞏固民族主義、隔離一切民族的做法，「相反地，它贊同一切幫助消除民族差別、打破民族壁壘的東西，贊同一切促使各民族之間的聯系日益緊密和促使各民族融合的東西」[268]。

「民族文化自治」論的鼓吹者們把民族標準放在首位，認為在任何情況下，都是民族壁壘愈高愈好，民族鴻溝愈深愈好，民族孤立性和民族狹隘性愈強愈好，並且惡毒攻擊馬克思主義的民族同化融合觀點，這只能證明他們是逆歷史潮流而動，妄想「扭轉歷史的車輪，……想讓歷史倒過來走」[269]。

對於鮑威爾之流所最為津津樂道的「民族文化」本身，列寧堅持唯物史觀，進行了深入的階級分析。

列寧認為不能離開經濟和政治來空談文化。在任何資本主義社會中，真正的階級鬥爭都首先是在經濟和政治的領域內進行的。經濟、政治和文化之間，有著本與末、決定與被決定的緊密聯繫。撇開經濟權利、政治權利而侈談文化權利，硬要把文化教

育問題同經濟、政治領域分離、割裂和隔絕開來，這不但是本末倒置和捨本逐末，而且是一種根本不可能實現的荒謬空想。

就文化領域而言，由於民族內部的階級分裂和對抗，相應地，「每一種民族文化中，都有兩種民族文化」[270]：一種是屬於本族被剝削被壓迫勞動人民的進步的、革命的文化，即民主主義的和社會主義的思想體系，它是維護勞動者利益的；另一種是屬於本族剝削者壓迫者即地主資產階級的落後的、反動的文化，它是維護剝削者利益的。在資本主義社會中，前一種文化一般都還不太發達，後一種文化則在本民族中占有統治地位，因此，所謂「民族文化」一般說來就是這個民族的地主資產階級的文化。這就是「民族文化」的階級底細。

但是，「資產者的全部利益要求散布超階級的民族文化的信仰」[271]。他們為了保持和擴大既得利益，總是費盡心機地把「民族文化」當作一個整體描繪成為「超階級」的東西：一方面鼓吹對本族「民族文化」的絕對迷信，以便用「民族文化」的口號作為大旗，來掩蓋本階級的階級意圖和階級私利；另一方面煽動對外族進步文化、革命文化的盲目排斥，以便用「民族文化」的口號作為鴻溝，來分裂不同民族的工人階級。凡屬本族所「固有」的，哪怕是糟粕和癰疽，也應視同珍寶和神物；凡屬外族所傳來的，即使是精華和靈藥，也應看作洪水和猛獸。通過這種惡毒的反動宣傳，藉以加強地主資產階級思想體系對勞動人民的腐蝕和毒害，阻撓他們在外來進步文化和革命文化的熏染啟迪下加速階級覺醒，破壞各族工人的階級團結。

根據這些事實，列寧嚴肅地指出：「民族文化的口號是資產

階級的（而且常常是黑幫教權派的）騙人工具」〔272〕；「宣傳『民族文化自治』就是宣傳把**民族分開**，……並且實際上是使一個民族的工人同**該民族**的資產階級接近」〔273〕；「民族文化自治」論的思想基礎和核心內容，就是要鞏固和確立資產階級反動民族主義，藉助於特別的國家機關牢固地長久地「隔離一切民族」〔274〕。因此，「誰擁護民族文化的口號，誰就只能站在民族主義市儈的行列裡，不能站在馬克思主義者的行列裡」〔275〕。

同民族主義市儈們相反，馬克思主義者既已弄清了所謂「民族文化」的階級底細，當然就理應對任何「民族文化」（包括本族的和外族的）都採取一分為二的態度：支持和發揚其中進步的革命的成分，揭露和批判其中落後的反動的成分。因此，馬克思主義者堅決反對鮑威爾之流鼓吹的「民族文化」口號，積極提倡「民主主義的和全世界工人運動的國際文化」〔276〕這一口號，即無產階級國際主義文化的口號。

列寧解釋說：國際文化現在已經由各國無產階級系統地建立起來，它不是把「民族文化」（不論是哪一個民族集體的）全盤接受下來，而是「**只吸取每個**民族文化中徹底民主的和社會主義的因素」〔277〕。我們提倡這個口號，只是為了從每個民族的文化中取出民主主義的和社會主義的成分，以便同每個民族的剝削者壓迫者階級的反動文化、同資產階級反動民族主義對抗；同時，積極鼓勵各族工人打破民族界限，互相交流和互相學習進步的、革命的被剝削者被壓迫者階級的文化，以利於共同提高覺悟，加強團結鬥爭。

如果不這樣對待「民族文化」問題，如果強大民族中的馬克

思主義者不認真尊重和學習弱小民族中的進步文化和革命文化，稍微漠視遭受殖民統治的弱小民族關於完全平等和民族自決的正義要求，那麼，他就會滾到資產階級反動民族主義泥潭中去；同理，如果弱小民族中的馬克思主義者把對強大民族中壓迫者的合理仇恨，擴大為對強大民族中的無產階級文化和無產階級事業也採取疏遠或仇恨態度，那他就同樣會滾到資產階級反動民族主義泥潭中去。

由此可見：把任何一種民族文化看成鐵板一塊，加以絕對肯定或絕對否定，都是錯誤的；把任何兩種民族文化，互相當作整體，把它們對立起來，也是錯誤的。資產者的利益要求按照民族標準分裂工人隊伍，予以各個擊破；無產者的利益則要求按照階級標準團結各族工人，共同進行勝利的戰鬥。因此，「任何鼓吹把這一民族的工人同那一民族的工人分離的論調，任何攻擊馬克思主義的『同化思想』的言論，任何在談論有關無產階級問題時把一個民族文化當作整體來同另一個似乎是整體的民族文化對立起來的行為，都是**資產階級**民族主義思想的表現，都應該堅決反對」。[278]

因此，列寧站在極其鮮明的無產階級國際主義立場，明確宣布：「以工人階級為首的真正的民主派舉起了各民族完全平等的旗幟，發出了各民族工人在他們的階級鬥爭中融合起來的號召。我們就是持著這種觀點反對所謂『民族文化』自治的」[279]。

民族自決與各民族工人融合

作為資產階級在民族問題上的世界觀，資產階級民族主義在

不同條件下有不同的表現形式。在壓迫民族中，它一般主要表現為大國沙文主義；在被壓迫民族中，它一般主要表現為狹隘民族主義。可以說，這是屢見不鮮的。

「民族文化自治」論，就其人為地高築民族壁壘，加深民族鴻溝，力圖隔離一切民族，反對民族自然融合而言，特別是就其反對各族工人團結同化而言，它是一種狹隘民族主義思潮。這是問題的一個方面。就其在帝國主義殖民統治和民族壓迫十分殘暴的條件下只談「文化自治」而不談政治自決而言，就其只允許在保持殖民帝國所謂「國家完整」（即保持強族絕對殖民統治的現狀）這一前提下，實行若干微小改良以「解決」民族問題而言，它又是和大國沙文主義思潮直接相通的。這是問題的另一個方面。

正由於「民族文化自治」論同時具有這兩個方面的內容，無怪乎它既能博得被壓迫民族地主資產階級的喝采，又能獲得壓迫民族地主資產階級的贊同；無怪乎在它的鼓吹者隊伍中既有被壓迫民族的修正主義分子，同時又有壓迫民族的修正主義分子；也無怪乎它的鼓吹者中有不少人可以從今天的狹隘民族主義者一下子就變成明天的大國沙文主義者和社會帝國主義者，或者在這兩者之間轉來轉去。

與「民族文化自治」這一修正主義、改良主義綱領完全相反，馬克思主義者所提出的「民族自決」這一革命綱領，首先是堅決反對資本帝國主義壓迫民族中地主資產階級的大國沙文主義，同時也是堅決反對被壓迫民族中地主資產階級的狹隘民族主義的。

列寧明確指出：「所謂民族自決，就是民族脫離異族集體的國家分離，就是成立獨立的民族國家」[280]；「從十九世紀中葉以來，民族自決始終都正是被了解為政治自決，即組織獨立民族國家的權利」[281]。在異族殖民統治下，被壓迫民族要求分離獨立的傾向，反映了他們擺脫民族壓迫的強烈願望。馬克思主義者堅決主張遭受殖民統治的一切被壓迫民族享有政治自決權即分離獨立權，這種要求，正是反對一切民族壓迫的徹底表現，[282]也就是反對壓迫民族中的大國沙文主義的徹底表現。這個道理是不說自明的。

那麼，承認殖民帝國中被壓迫民族享有自決權即自由分離權，會不會「助長」被壓迫民族中的狹隘民族主義？對於這個問題，列寧也作了令人信服的分析。

列寧強調：任何民族的無產階級只要稍微擁護本民族資產階級的特權，都必然會引起另一民族的無產階級對它的不信任，都會削弱工人的國際階級團結，都會分散工人而使資產階級稱快。十分明顯，壓迫民族中的無產階級如果否認遭受本族殖民統治的被壓迫民族享有自決權即自由分離權，實際上就必然是擁護本民族資產階級對弱小異族實行壓迫的特權，從而給被壓迫民族中的資產階級以最好的口實和把柄，藉以擴大宣傳狹隘民族主義，煽動本族工人盲目仇視外族工人，盲目追隨本族資產階級。

如果壓迫民族中的無產階級旗幟鮮明地堅決承認遭受本族殖民統治的被壓迫民族享有自決權，實際上就必然是反對本民族資產階級對弱小異族實行壓迫的特權，這就勢必會大大增強被壓迫民族中無產階級對壓迫民族中無產階級的信任，引以為階級兄弟

和革命同志，從而大大縮減被壓迫民族中資產階級兜售狹隘民族主義的市場，使他們煽動盲目排外仇外情緒、破壞各族工人的階級團結、擴大資本家階級私利的如意算盤全然落空。

列寧援引一九〇五年挪威從瑞典王國中分離獨立的史例，高度讚揚當時瑞典無產階級所持的國際主義立場，使得挪威無產階級深信瑞典無產階級沒有沾染上瑞典地主資產階級的大國沙文主義。他指出：「瑞典工人這樣承認挪威人的分離權，結果**促進了挪威和瑞典兩國工人的緊密聯合，促進了**他們同志般的充分的階級團結。」〔283〕

可見，承認遭受殖民統治的弱小民族享有民族自決權，不僅大有助於在壓迫民族的無產者中增強階級意識，清除大國沙文主義的思想毒害，而且大有助於在被壓迫民族的無產者中提高階級覺悟，抵制狹隘民族主義的腐蝕影響。不妨說，這就是承認民族自決權和反對狹隘民族主義之間的辯證關係。列寧嘲笑道，只有頭腦簡單到極點的人，才會認為馬克思主義者既主張承認民族自決權又反對狹隘民族主義的立場是「自相矛盾」的。〔284〕

總之，工人階級的階級利益要求各民族的工人達到完全的團結和最緊密的統一，以便在階級對階級的鬥爭中，共同奮鬥，戰勝共同的階級敵人。因此，馬克思主義政黨在民族政策上的任務就應當是兩個方面的：一方面，堅決反對一切反動的民族主義，首先是反對大國沙文主義；必須堅持一切民族完全平等，承認一切遭受殖民統治的民族都有自決權，即民族分離權。另一方面，正是為了同一切民族中的各種反動民族主義勝利地進行鬥爭，必須堅持無產階級鬥爭和無產階級組織的統一和團結，使它們不顧

資產階級的民族隔絕的傾向而極緊密地融合為一個國際整體。列寧簡要地總結說：「各民族完全平等，各民族有自決權，各民族工人融合起來，——這就是馬克思主義教導給工人的民族問題綱領。」〔285〕

決不縱容被壓迫民族要求特權的趨向

前面提到，有人提出責難，說是承認民族自決權就等於支持被壓迫民族的資產階級民族主義。針對此種論調，列寧尖銳地指出：這是幼稚的胡說。「因為承認這種**權利**，既毫不排斥**反對**分離的鼓動和宣傳，也毫不排斥對資產階級民族主義的揭露」〔286〕。

怎樣理解這兩個「毫不排斥」？

就第一個「毫不排斥」而言，既承認民族自決權即自由分離權，又不排斥宣傳反對分離，在「頭腦簡單」的形而上學者看來，這豈不是「自相矛盾」？

否！

列寧一貫強調：無產階級在民族問題上的政策與資產階級根本不同。無產階級始終把階級和階級鬥爭的標準放在第一位，「把各民族無產者之間的聯合看得高於一切，提得高於一切，而**從**工人的階級鬥爭**著眼**來估計一切民族要求，一切民族的分離」〔287〕。無產階級認為民族要求應當服從無產階級鬥爭的利益；無產階級只是為了獲得民族間的和平與平等權利，獲得最好的階級鬥爭環境，才支持資產階級提出的民族要求。

因此，決不能把民族自決權即政治分離權的問題同某一民族實行分離是否適當的問題混淆起來。無產階級政黨在堅決反對帝

國主義兼併融合、堅持一切民族都享有擺脫異族殖民統治的自由分離權的前提下，對於某一民族在某個時期實行分離是否適當的問題，應當在各個不同的場合，根據整個社會發展的利益和無產階級爭取社會主義的階級鬥爭的利益，分別地加以解決。[288]如果在當時當地的具體條件下實行分離有利於促進整個社會發展，有利於無產階級開展爭取社會主義的階級鬥爭，就應進行贊同分離的宣傳鼓動；反之，就應進行反對分離的宣傳鼓動。

列寧以俄國為例，指出：全俄馬克思主義者，首先是大俄羅斯族馬克思主義者承認民族自決權，決不排斥某個被壓迫民族的馬克思主義者去宣傳反對分離，「正像承認離婚權並不排斥宣傳反對某個離婚案件一樣」[289]。簡言之，「自決權是一回事，而某個民族在某種情況下**是不是適合**實行自決即分離——這又是另外一回事」[290]。

就第二個「毫不排斥」而言，由於在民族運動中被壓迫民族的資產階級總是力圖用民族標準來取代和抹煞階級標準，總是把本階級的一切要求都冒充為全民族的利益所在，「號召無產階級無條件地支持它的要求」[291]，因此，無產階級當然應該保持清醒的頭腦，善於識別，切忌盲從，並對其中的某些要求進行必要的揭露和鬥爭。

列寧對於被壓迫民族的資產階級進行了極其深刻的階級解剖：在民族問題上，被壓迫民族的資產階級一方面具有反對民族壓迫的進步趨向，每個被壓迫民族的資產階級民族主義，都含有反對壓迫的一般民主主義內容；另一方面，他們又具有同壓迫民族的資產階級一樣的階級劣根性，即都害怕和敵視無產階級，

「都打算使本民族取得特權，或者使本民族獲得特殊利益」〔292〕。

由此，就往往出現這樣的情況：第一，被壓迫民族的資產階級「同其他民族的資產階級勾結起來損害無產階級利益」〔293〕，在一定條件下，甚至可以同壓迫民族的資產階級狼狽為奸，共同反對本國勞動人民。第二，他們往往只求「保證**自己的**利益，不管其他民族的處境如何（不管它們受到什麼損害）」〔294〕。即但求利己，不惜損人！他們自身屬於遭受帝國主義大國欺壓的弱小民族，而對於比他們更加弱小的民族或國家，則又擺出大國大族的臭架子，盡力之所能及，肆行欺壓。例如，當年波蘭資產者之欺壓猶太人等等。

因此，列寧十分強調：在民族運動中，無產階級只是在一定的方向上支持資產階級，始終只是有條件地支持資產階級，「應該極嚴格地只限於承認這些運動中的進步的東西」〔295〕。對被壓迫民族的資產階級所提出的一切要求，無產階級政黨「必須**在原則上劃清兩種趨勢**」〔296〕，區別對待：當被壓迫民族的資產階級反對民族壓迫，開展反帝反封建鬥爭的時候，我們比任何人都更堅決更大膽地給予支持；而當被壓迫民族的資產階級從其階級劣根性出發，鼓吹盲目排外，破壞各族工人的階級團結和共同鬥爭的時候，當他們勾結外族資產階級狼狽為奸的時候，特別是當他們要求本民族特權，甚至欺壓和侵略其他更為弱小的民族的時候，我們就應當毫不留情地加以揭露，開展最堅決的鬥爭。

一句話，「我們反對壓迫民族的特權和暴力，同時絲毫也不縱容被壓迫民族要求特權的趨向」〔297〕，堅決「不向任何一個民族答應提供**損害**其他民族利益的**任何東西**」〔298〕！

如果公然不顧這項馬克思主義的起碼原則，支持某一被壓迫民族中資產階級的反動民族主義，支持他們擴張主義的罪惡行動，諸如對其他更加弱小的被壓迫民族大動干戈，侵犯邊疆、肢解國家、顛覆吞併等等，那麼，這種行徑和這種人，就顯然是徹底背叛了無產階級國際主義，徹底背叛了馬克思列寧主義！

三、第二國際破產以後十月革命勝利以前，列寧在民族殖民地問題上進一步反對修正主義的鬥爭

（一）第一次世界大戰爆發，民族殖民地問題進一步尖銳化

帝國主義列強之間重新瓜分殖民地、爭奪世界霸權的矛盾鬥爭，在二十世紀開初的十幾年中愈演愈烈，日益激化。國際危機、軍事衝突和局部戰爭此起彼伏，頻仍不斷。

列強各打如意算盤，各懷巨測鬼胎，都想挖對方牆腳，從對方口中搶肉吃。這國的殖民者和那國的殖民者，不是在這裡劍拔弩張，怒目相向；就是在那裡大動干戈，互相砍殺。在這過程中，各國壟斷資產階級為了壯大自己，孤立對方，又都本著各自的利害關係，在國家間加緊進行反革命勾結。經過多年縱橫捭闔，多番分化改組，圍繞著英、德兩霸這一對主要矛盾，英、俄、法、德、奧、意等國逐漸分別形成了「協約國」和「同盟國」兩大帝國主義集團。這兩大敵對集團的形成促使列強爭奪世界霸權的鬥爭更加白熱化，終於以奧匈帝國皇太子斐迪南遇刺事件作為導火線，在一九一四年七月底八月初爆發了以歐洲大陸為主要戰場的帝國主義大戰。後來，隨著日本和美國的參戰，隨著

兩大帝國主義集團把殖民地和半殖民地也強行拖進戰爭的漩渦，戰火就進一步蔓延到亞洲、非洲以及大西洋、太平洋等廣大地區，發展成為人類歷史上規模空前的世界大戰。

戰爭是政治的繼續，帝國主義戰爭是帝國主義政治的繼續。「一九一四至一九一八年的戰爭，從雙方來說，都是帝國主義的（即侵略的、掠奪的、強盜的）戰爭，都是為了瓜分世界，為了分割和重新分割殖民地、金融資本的『勢力範圍』等等而進行的戰爭」〔299〕。更具體地說，這次「戰爭的真正實質，就是英、法、德三國之間為瓜分殖民地和掠奪競爭國而進行鬥爭，就是俄國沙皇政府和統治階級圖謀奪取波斯、蒙古、亞細亞土耳其、君士坦丁堡、加里西亞等地」〔300〕。

第二國際死亡了

大戰的炮聲一響，第二國際的修正主義群丑們聞聲起舞，演出了一幕又一幕徹底背叛無產階級的醜劇。他們把歷次國際代表大會通過的關於反對帝國主義戰爭的莊嚴決議，全都拋到九霄云外，紛紛打起「保衛祖國」的旗號，狂熱地支持本國反動統治者進行帝國主義戰爭，煽動各國工人互相殘殺。

在這方面，戰前已經在修正主義道路上走得很遠的德國社會民主黨右派領導人，又一次起了「帶頭」的作用。戰爭剛爆發，這個黨的議會黨團就發表聲明：「我們不能在這危險關頭把祖國置諸不顧」，「敵人的入侵正在威脅著我們……必須保障我國的文明與獨立」〔301〕，並以「黨紀」約束全黨議員一致投票贊成反動政府的軍事撥款，往侵略戰火上添油。接著，這個黨的中央委

員會和議會黨團又聯名發表《告各地黨組織書》，公然拾取威廉皇帝的牙慧，無恥宣稱：「為了保障德國人民的自由發展，我們要求：門戶開放，也就是說，德國有在一切殖民地從事經濟活動的平等權利。」〔302〕這些話，充分表述了這些社會帝國主義者的卑鄙意願：通過戰爭，擴大德國的殖民掠奪範圍，從本國資產者手中分嘗一杯人肉羹湯！

同時，這個黨的工賊頭目們把持工會，下令禁止工人群眾罷工，以確保戰爭機器正常運轉，還煽惑和誘騙工人上沙場去為資本家的錢包「捐軀」。這個黨的中央機關報《前進報》甚至向反動軍事當局保證：在今後的宣傳中，決不再涉及「階級鬥爭和階級仇恨」問題；還指派專人到前線去「激勵士氣」。這個黨的右派首腦謝德曼、列金等人則由反動政府面授機宜，出差到許多中立國家去搖唇鼓舌，遊說同黨，爭取支持。

德國社會民主黨修正主義頭目們的這些醜惡表演，深得容克資產階級主子的歡心，一九一四年九月，他們通過其御用文人漢斯‧德爾布呂克立即表示「嘉許」「原來德國工人所追求的也不過是要和全國同胞站在一起，當祖國召喚時，就去廝殺！……社會民主黨人把他們的黨綱束之高閣，而站在民族的旗幟下來和大家一道進軍，這是值得道謝的！」〔303〕

一吠領先，百吠齊起。歐洲各交戰國的社會民主黨在當權的右派的把持下，爭先恐後，紛紛傚尤德國社會民主黨，發表同類叛變聲明，進行同類叛變活動。法國黨狂叫：「法國各階層的神聖同盟萬歲！」「祖國萬歲！」同時在一項宣言中大聲疾呼：「現在問題關係到民族的未來和法國的生存，因而黨再沒有什麼可以

考慮的了」；「不僅要為祖國的生存和法蘭西的尊嚴而戰，並且要為共和國的自由和文明而戰」！〔304〕除了議會黨團投票贊成軍事撥款外，該黨還通過決議「委派」蓋得、桑巴、托馬等人參加帝國主義戰爭內閣，分別擔任不管部部長、勞動部部長和軍械部部長；後來托馬又當上「法國特使」，銜命前往俄國鼓吹把大戰打到底，僕僕風塵，足跡遍及後方和前線，為主子宣勞，可謂備極「辛勤」！

　　此外，長期竊踞第二國際「執行局主席」要職的王德威爾德，居然也脫下革命外衣，戴上大臣烏紗，回到比利時粉墨登場，為「祖國」的反動統治者效忠去了。奧地利社會民主工黨在大戰爆發當天就發表「呼籲書」，既向上前線廝殺的士兵們「致敬」，又警告全體黨員在戰爭的「非常時期」中「必須認真遵守政府法令」，甚至必須「避免任何不慎言論」循規蹈矩，服服帖帖；〔305〕接著又通過其中央機關報發出了沙文主義的狂吼。俄國的孟什維克以及英、意等國社會黨和工黨的許多頭面人物，也都本著「階級合作」的宗旨，表忠的表忠，入閣的入閣，一個個、一批批地投進了本國壟斷資產階級的懷抱。

　　至於第二國際各黨的「中派」，素來以「正統的」馬克思主義和「不偏不倚」自吹，到了這個關鍵時刻，也露出了麒麟皮下的馬腳：在表決軍事撥款時，他們礙於睽睽眾目，不敢公然投票贊成，於是極力主張棄權，即在這個大是大非問題上用曖昧默許的狡猾手法，從實際上支持了右派；同時，又在理論上為右派的叛變行為辯解，鼓吹在列強爭奪世界霸權的不義戰爭中，「無產階級也應該拿出自己的一切力量來使國土的獨立和完整不受侵

犯」，「一切國家的社會民主黨人都有同等的權利或者同等的義務參加這種保衛」〔306〕，等等。這些言行說明：「所謂『中派』事實上已經……向機會主義者投降了」〔307〕，即同右派完全同流合污了。後來的事實也日益表明：「中派」實際上只是一度暗藏的右派！

當時，除俄國的布爾什維克外，各國社會黨內雖有少數革命左派堅持無產階級革命立場，反對帝國主義戰爭，但還未能提出徹底革命的口號，同機會主義者徹底決裂，力量也還很單薄，無法挽回第二國際的整個頹局。

在這種局面下，整個第二國際終於四分五裂，成為各自追隨本國反動政府互相廝殺的社會沙文主義、社會帝國主義集團。「第二國際死亡了，它已被機會主義征服了」〔308〕。

第二國際的死亡，是各國社會黨在恩格斯逝世後長期推行反革命修正主義路線的必然結果。這個慘痛教訓從反面啟示革命人民：在路線問題上的機會主義錯誤會給無產階級革命事業帶來何等嚴重的、致命的危害。正如列寧所總結的：「大戰造成的危機……割破了早已潰爛的膿瘡，表明了機會主義所扮演的真正角色就是資產階級的同盟者」〔309〕；「第二國際的破產，就是機會主義的破產」〔310〕。

禍根與火種

第一次世界大戰的爆發和第二國際的破產，使民族殖民地問題更加突出，更加尖銳化。

這場歷時四年三個月（1914 年 8 月 1918 年 11 月）的帝國

主義大戰，給世界人民，特別是給殖民地、半殖民地人民帶來了空前浩劫。當時戰火席捲歐、亞、非三大洲以及大西、太平兩大洋。參戰和被強迫拉人戰爭的國家達十三個，戰禍波及的人口達十五億以上，約占當時世界總人口的百分之七十五。雙方動員的兵力共約七千四百萬人，在戰場上喪生的達一千萬人，受傷的達二千二百萬人，其中一千萬人成為終身殘廢。由戰爭造成的飢餓和災害導致無辜平民的死亡，更是不可勝數。據不完全統計，戰爭所直接造成的經濟損失高達二千七百億美元。所有這些災難，主要是落在殖民地、半殖民地人民頭上。

列強的「資產階級從殖民地、落後國家以及那些最偏僻的地方抽兵來參加這場帝國主義戰爭」[311]。數以百萬、千萬計的殖民地、半殖民地的「壯丁」，在所謂「保衛大不列顛」「保衛大俄羅斯」「保衛大法蘭西」「保衛大德意志」之類的旗幟下，被驅趕到屠場。據統計，在這次大戰期間，英國從所屬殖民地共徵集四百五十萬軍隊，其中單從印度一地就強徵一百五十萬人。印兵無謂喪生殆半：陣亡者竟達七十萬人之多。法國從所屬殖民地共徵集了一百四十萬人。其中從熱帶地區被強拉人伍的非洲土人，除了大量死於槍炮之外，還因被服窳劣，無法適應歐洲冬日氣候而死於風雪嚴寒。例如，一支塞內加爾土著部隊於一九一七年二月被法國將軍強行派往歐洲，總數一萬一千人中竟有七千五百餘人被活活凍死。

德國僅從土耳其一地單在一九一六年就強行徵調十二萬名精壯士兵，以「供應」歐洲戰場屠戮「急需」。德軍總參謀長法爾肯漢事後在回憶錄中無恥宣稱：「對我來說，下述事實是用不著

證明的：⋯⋯兩萬五千名土耳其人代替兩萬五千名德國人在加里西亞流血犧牲，那對我們來說是非常重要的」[312]。法爾肯漢的自供，道出了那些強迫殖民地人民代為火中取栗的帝國主義盜匪們的共同心聲。此外，列強還從殖民地征發了數百萬民工，驅使他們上前線挖戰壕或到後方當苦力。當時人口不到一千萬的埃及就被強徵去五十萬人。中國被逼誘「參戰」後，有大批勞動人民被劫運到歐洲從事繁重勞役，因不堪折磨而巨量死亡。

大戰期間，帝國主義列強空前瘋狂地加緊搾取殖民地、半殖民地的物力財力，勒索了巨額的戰費、糧食和各種戰略物資。德國在土耳其專設「中央採購委員會」，實際上是「採」而不購，拚命搜刮，搞得土耳其民窮財盡，經濟徹底破產，致使飢餓和疾病僅在小亞細亞地區就奪去了二百五十萬人的生命。法國向所屬殖民地攤派的強迫性「借款」多達十一億法郎，並掠奪了多達二百五十萬噸以上的糧食和原料。至於英國，單單每年從殖民地搜刮去的各種產品就值一點二億英鎊，超過戰前十倍以上；戰爭期間，除日常的苛捐雜稅激增外，僅從印度一地就又勒索了「自願贈禮」一點四億英鎊，充當戰費；此外，還搶走了大量糧食，後來，由此所造成的饑荒和疫癘竟吞噬了一千二百萬印度人民。[313] 單單這個數字，就比整個大戰期間世界各國在前線陣亡人數的總和還要多。

大戰期間，帝國主義列強既把殖民地、半殖民地視為爭奪的對象，又按歷來的「傳統」[314]，把這些地區當作火並廝殺的屠場。在那幾年裡，沙俄先後從高加索侵入土耳其國境，強占伊朗的阿塞拜疆（1914 年）又與英法進行骯髒交易，讓它們同意沙

俄「有權」兼併伊斯坦布爾、博斯普魯斯和達達尼爾海峽以及馬爾馬拉海整個西岸（1915 年）接著這三家強盜達成瓜分亞洲阿拉伯諸國的《薩依克斯皮柯協定》[315]，互相承認「有權」分別加以占領的殖民地和勢力範圍（1916 年）。英國軍隊在亞洲占領波斯灣，攻人美索不達米亞，侵占巴格達，進兵巴勒斯坦、敘利亞和阿拉伯等地，排擠了德國勢力（1914-1918 年）在非洲則夥同法軍先後瓜分了德國殖民地多哥和喀麥隆（1914、1916 年），又獨力奪取德屬西南非（1915 年），還在坦噶尼喀一帶與德軍進行長期的拉鋸戰，並最終奪取了德國在東非的殖民地（1918 年）；此外，早在大戰初期就公然宣布埃及脫離土耳其成為英屬「保護國」（1914 年）。日本帝國主義則利用歐洲列強暫時無暇東顧的「良機」，在亞洲大逞淫威，從德國手中攫奪中國領土青島（1914 年），又悍然提出滅亡中國的「二十一條」（1915 年），妄圖獨吞整個中國；繼而又與美國簽訂《蘭辛石井協定》[316]，共同宰割中國（1917 年）此外還奪取了德屬太平洋馬利亞納等群島（1914 年）。美國也乘機出兵侵占了拉丁美洲的海地和多米尼加（1915、1916 年）。在上述這些過程中，亞、非、拉許多地區的人民飽受了群盜惡鬥、盧舍為墟、虎去狼來、拒狼進虎以及「新盜入門三把火」的無窮苦難。

　　總之，這次帝國主義大戰對各國壟斷資產階級說來，是「大砲一響，黃金萬兩」；但對全世界人民（特別是殖民地、半殖民地人民）說來，卻是大砲一響，抓丁派款，糧食搶光，田園拋荒，妻離子散，家破人亡！

　　在新的沉重災難中，不能不迸發出新的復仇怒火。大戰四

年，在歷史的長河中只是短暫的一瞬，就在這短暫期間裡，被壓迫民族反帝反殖的鬥爭烈焰，在世界範圍內四處衝天而起，其「密度」和「頻率」，在歷史上是罕見的。

在亞洲，伊朗人民的抗俄鬥爭是名垂史冊的。大戰期間，被俄英瓜分占領的伊朗全國各省幾乎全都出現了以農民為主體的游擊隊，開展反帝戰鬥，其中尤以北部吉蘭省一帶的「森林軍」最為活躍，聲威最盛。他們以茂密的森林作為掩護和屏障，神出鬼沒地給沙俄占領軍以沉重打擊和嚴厲懲罰。剽悍凶殘的沙俄哥薩克騎兵面對荊棘叢生的茂林，無所施其縱馬砍殺的慣伎，只好「望林興嘆」，處處被動挨打。許多游擊戰士蓄髮以明志，立誓：「不到民族獨立之日，決不剃頭」，表示了誓與沙俄帝國主義侵略者血戰到底的決心。在伊朗南部，也爆發了桂西加部落的反英起義。

德國侵略者在土耳其的日子也很不好過。甚至在戒備森嚴的首都伊斯坦布爾，德國軍官也常遭狙擊而喪命；許多城市的飢民群眾蔑視德、土反動當局的戒嚴令，紛起暴動；被強徵入伍的壯丁和士兵成群結隊地攜械開小差逃跑，轉移到山區和密林與當地農民相結合，開闢根據地，抗擊前來「討伐」的德、土反動軍隊；土屬漢志、巴勒斯坦、敘利亞等地的阿拉伯民族也先後起義和開展游擊戰反對德、土的殖民統治。[317]

南亞次大陸也遠非風平浪靜。一九一六至一九一八年，印度孟買工人先後掀起了三次大罷工的洶湧浪潮，反抗殖民當局及英印資本家加強經濟盤剝和政治壓迫。大戰後期，農民抗租稅、反強徵的革命風潮遍及信德、聯合省、比哈爾和旁遮普各地。英印

軍隊中被強迫去賣命的印度士兵頻頻嘩變，一九一六年甚至有一整旅的印軍在新加坡公開起義，在旁遮普的錫克教徒隊伍也發生暴動。印度人民群眾的這些革命行動都直接地衝擊和削弱著英國的殖民「秩序」，使英帝國主義殖民統治者經常處在心驚肉跳的境地。

日本帝國主義新的侵華暴行在中國激起了聲勢浩大的反日巨瀾。一九一五至一九一六年，規模空前的抵制日貨運動和示威遊行風起雲湧，席捲全國，迫使日貨進口銳減；日資企業工人紛起罷工，日本商店挨炸，凶橫跋扈的日本侵略者受到痛懲。這些，都嚴重地摧挫了日帝的凶焰。懾於民憤極大，中日反動派拍板成交的「二十一條」未能生效實施。直接負責對日事務的外交次長曹汝霖成了過街老鼠，在震撼全國的「誅曹汝霖以謝天下」的怒吼聲中被迫通電辭職下臺。隨後不久，帝國主義的頭號走狗、竊國大盜袁世凱也在舉國聲討、眾叛親離的困境中一命嗚呼，被掃進了歷史的垃圾堆。

在大戰期間，非洲人民反帝反殖的烽火也到處衝破漫漫夜空，遍照這個「黑暗大陸」的東西南北。法屬阿爾及利亞、摩洛哥、突尼斯、塞內加爾、毛裡塔尼亞、尼日爾、乍得、達荷美、馬達加斯加，英屬埃及、蘇丹、尼日利亞、黃金海岸（即加納）、尼亞薩蘭（即馬拉維），意屬利比亞，葡屬安哥拉以及比屬剛果等地，或同時，或先後，連連爆發武裝起義，開展游擊戰爭，反抗各宗主國橫徵暴斂、加緊搜刮、強抓壯丁和濫派民伕等殖民暴政。其中如摩洛哥的抗法戰爭和尼亞薩蘭的奇倫布韋暴動，都曾轟動一時。

摩洛哥山區部落在大戰期間高舉獨立義旗，建立起「國中之國」，狠狠打擊法國殖民「討伐」軍。單單一九一四年十一月在黑尼夫臘附近一役，就一舉擊斃法軍司令官拉韋爾杜爾上校及其手下六百餘名侵略者。

　　一九一五年，尼亞薩蘭人民起義抗英。義軍首領奇倫布韋出身寒微，當過木匠和雜役。他憤怒控訴殖民主義者實行殘暴掠奪壓迫，強徵非洲壯叮噹炮灰白白送命，致使非洲「留下無數孤兒寡婦挨餓受苦」；他提出：「讓那些富翁、銀行家、顯貴、商人、種植園主和地主們自己去打仗去送死吧」；他號召人民奮起反抗殖民暴政，奪回被霸占的土地家園。他身先士卒，率領義軍攻陷殖民者的莊園，嚴懲凶殘的莊園主，焚燬為虎作倀的教會教堂，圍攻白人殖民者的城堡據點和軍械庫，一時聲威遠播。後來，起義遭到殘酷鎮壓，奇倫布韋本人壯烈犧牲，但當地人民卻長期不肯相信他確已戰死沙場，認為他不久將重新露面，繼續率軍為解放祖國而衝鋒陷陣。這反映了革命群眾對民族英雄的高度崇敬和深切懷念。

　　史家認為：奇倫布韋暴動之所以意義重大，不僅在於它已有了一個初具雛形的革命綱領，採用了武裝鬥爭的革命手段，而且主要在於參加這次起義的廣大農民和農場勞工，並不是在部落血緣和部落團結的基礎上由部落酋長領導起義，而是作為一定的被剝削階級，從自己的隊伍和自發的鬥爭中產生了自己的革命領袖，它標誌著非洲勞動人民新的階級覺醒。許多現代非洲人把這次起義看作是本大陸勞動人民比較自覺地為爭取民族自決而開展反帝鬥爭的第一炮。

在非洲大陸以西的大西洋彼岸，拉丁美洲墨西哥人民的抗美鬥爭取得了重大勝利。一九一六年，墨西哥農民革命軍迎擊入侵的美帝反革命武裝干涉軍，打得十分英勇頑強，屢挫強敵，全國各愛國階層也敵愾同仇，越來越多地投入聲勢浩大的抗美鬥爭，並且認真準備長期抗戰。面對墨西哥人民不畏強暴的果敢行動，美帝侵略軍終於被迫於翌年初撤退。在這場鬥爭中，雇工出身的農民革命軍首領弗朗西斯科‧比利亞起了重大作用。他痛斥國內上層人物的妥協投降傾向，堅持抗戰到底。在一九一六年十月發表的告全國人民書中，比利亞義正辭嚴地表達了墨西哥人民捍衛民族獨立的堅強意志：「要曉得，美國佬應當在很大程度上為我們的民族災難負責」；「在這民族獨立遭到危險的真正考驗關頭，任何拒絕參加鬥爭的墨西哥人均應被宣布為叛徒」；「外國資本家的財產應當收歸（墨西哥）國有」。宣言末句莊嚴宣布：「墨西哥是墨西哥人民的！」

大戰期間，除了亞、非、拉人民的反帝鬥爭外，在歐洲也爆發了殖民地起義，即著名的「都柏林暴動」一九一六年，愛爾蘭人民在本民族革命組織的領導下舉義抗英，占領了首府都柏林的部分地區，宣布成立獨立的愛爾蘭共和國。這次起義雖然旋即遭到殘暴鎮壓，但由於它發生在帝國主義的心臟地區，而且就在當時號稱世界頭號強國的英國老巢左近，因而引起舉世矚目，也使帝國主義者感到十分震驚！

總之，正是帝國主義大戰造成的新災難，激起了大戰期間全世界被壓迫民族反帝鬥爭的新高潮，同時也為此後更大規模的反帝鬥爭播下了新火種。

災有源，禍有根。

早在戰前，以列寧為首的國際無產階級革命派就在第二國際的多次代表大會上以及大量論著中反覆強調：帝國主義戰爭的禍根，就在於萬惡的殖民主義、資本主義、帝國主義制度本身。大戰爆發後，列寧橫眉冷對第二國際叛徒們掀起的社會沙文主義狂潮，有如中流砥柱，巍然屹立，更加堅定頑強地反覆闡揚這條真理。大戰剛一打響，列寧就旗幟鮮明地提出「變現時的帝國主義戰爭為國內戰爭」[318]，以革命制止戰爭的正確路線，號召世界人民奮起鬥爭，徹底推翻整個資本帝國主義制度。在大戰過程中，列寧所制定的這條革命路線為愈來愈多的革命群眾所接受、所掌握，在他的教育和鼓舞下，帝國主義列強國內的反戰革命鬥爭日益波瀾壯闊。事實表明：列強國內的革命群眾逐步看清了禍根所在，並開始著手加以剷除。後來，在俄國爆發的偉大的十月社會主義革命，就是以革命制止戰爭和堅決剷除禍根的突出範例。這是問題的一個方面。

另一方面，大戰期間殖民地、半殖民地的反帝起義爆發得如此廣泛和頻繁，這同樣既是開始找到禍根的一種表現，又是開始剷除禍根的一種利鋤。換句話說，這麼廣泛頻繁的反帝起義標誌著愈來愈多的被壓迫民族日益覺醒：逐漸看清民族苦難的根源所在，逐步認識到只有採取暴烈的革命手段，加強反帝革命鬥爭，徹底推翻帝國主義的殖民統治，才能擺脫民族苦難，實現民族獨立；同時大戰短短數年間在廣大殖民地、半殖民地平添了許多反帝革命鬥爭的新火種，它又和宗主國列強內部的無產階級革命鬥爭互相配合，日益彙集成為徹底剷除上述禍根的強大力量。

0715

在這種形勢下，是向世界人民進一步揭示苦難的老根，進一步撥旺反帝革命的火和，以革命的烈火燒燬禍根，還是向世界人民遮掩禍根之所在，竭力撲滅反帝革命的火種，使禍根得以長存，從而使被壓迫民族和被壓迫人民繼續忍受重重苦難？——這就是第一次大戰期間馬克思主義者與修正主義者在民族殖民地問題上進一步展開激烈論戰的重點。

（二）列寧對考茨基之流在民族殖民地問題上謬論的鬥爭

卡爾·考茨基（1854-1938）是德國社會民主黨和第二國際的機會主義首領之一，是前述「中派」的代表人物。此人見過馬克思，並曾在恩格斯的指導和幫助下，寫過一些宣傳和解釋馬克思主義的著作，長期主編德國黨的理論刊物《新時代》，在傳播馬克思主義方面起過一定的積極作用，因此曾被看作是一個馬克思主義理論家、「社會主義的權威人士」。然而，「考茨基雖然有過大功勞，但他從來不是一個在嚴重危機時期能立刻站到戰鬥的馬克思主義立場上來的人」[319]。他在早年給馬克思和恩格斯留下的印象，就是「一個天生的學究和搞煩瑣哲學的人」[320]。後來，隨著考茨基在政治上的蛻變墮落，上述那些早年經歷，卻成為他用以招搖撞騙的「政治資本」。恩格斯去世以後，考茨基以最大的「理論權威」自居，極其狂妄地自吹是一個「原始的馬克思主義者」，是「最後一個莫希干人」[321]。

第一次世界大戰期間，考茨基的真實嘴臉日益明顯暴露。他所鼓吹的修正主義謬論，其中包括在民族殖民地問題上的謬論，曾對世界無產階級革命事業起過嚴重的腐蝕破壞作用，他成為

「頭號偽君子和糟蹋馬克思主義的能手」。「在政治上和科學上很有威望的卡爾・考茨基，已經用自己的行為和可憐的遁詞把自己給埋葬了」[322]。十月革命以後，他極端仇視和惡毒攻擊無產階級革命和無產階級專政，還沐猴而冠，當上了德國反革命政府的外交部副部長，徹底完成了從機會主義者到社會帝國主義者的演變，成為無產階級的叛徒和最凶惡的敵人。

在民族殖民地問題上，考茨基的謬論具有一定的「特色」：如果說，伯恩施坦和萬科爾之流在這個問題上主要是顛倒黑白，鼓吹殖民主義和兼併政策的「正當性」，公然要求永遠保存殖民制度，那麼，考茨基則主要是在「反對」殖民主義和兼併政策的幌子下，散播幻想，論證在資本主義條件下也可能根本消除殖民主義和兼併政策；如果說，伯恩施坦和萬科爾之流主要是為帝國主義者使用暴力實行殖民掠奪的罪行多方辯解，那麼，考茨基則主要是向帝國主義者獻策，「規勸」他們用「和平」的亦即更狡猾的辦法實行殖民掠奪，並且致力於欺騙被壓迫民族，即帝國主義者會自動放棄暴力政策，甚至自動放棄殖民地；如果說，伯恩施坦和萬科爾之流的沙文主義理論都還比較粗糙和笨拙，那麼，考茨基的沙文主義理論卻是「花言巧語的」和「最精密最巧妙地以科學性和國際性偽裝起來的」[323]。

所謂「超帝國主義」與「和平新紀元」

考茨基所杜撰的「超帝國主義」論，是他全面背離馬克思主義的那一整套思想體系的基礎。在他看來，帝國主義只是現代資本主義所可以採取也可以不採取的一種政策。推行這種政策，似

乎只是統治者的一時迷誤，它和現階段資本主義生產方式之間並沒有內在的聯繫。用考茨基自己的話來說，「帝國主義就是每個工業資本主義民族力圖征服和吞併愈來愈多的農業地區」，「資本主義工業民族在力求不斷擴展與其有貿易關係的農業地區時，也可能採用各種不同的形式。……帝國主義就是實現這種擴展要求的一種特殊的形式」〔324〕。因此，帝國主義「不是資本主義進一步發展所不可缺少的」，「它對資本主義統治下的工業生產繼續進行來說不是必然的」；「帝國主義只是獲得超額利潤的手段之一，而不是唯一的手段。堵死了資本的這條道路，它會為自己尋找別的道路」〔325〕。考茨基的明確結論是：我也不把帝國主義看成某種不可改變的東西，我認為通過金融資本本身的另一種政策它就可能改變」〔326〕。

考茨基所鼓吹的「別的道路」或「另一種政策」，就是所謂「超帝國主義的政策」。他認為，帝國主義列強為了爭奪殖民地而相互廝殺的戰爭政策，有必要也有可能代之以另一種「和平」政策。由於互相爭奪殖民地勢必會將列強「捲入無窮無盡的、耗盡人力財力的戰爭」，從而「把國家整個經濟生活導向破產的道路」；〔327〕由於「資本主義經濟受到資本主義國家對立的最嚴重的威脅」，因此，據考茨基說，帝國主義者們幡然悔悟、不再好戰嗜殺了，都想化干戈為玉帛了，「任何一個有遠見的資本家今天都要向他的夥伴們大聲疾呼：全世界資產者，聯合起來！」於是乎世界資本主義就「可能」進入一個「把卡特爾政策應用到對外政策上的超帝國主義的階段」。〔328〕在這個階段，「現在的帝國主義政策」就會「被一種新的超帝國主義政策所排除，這種新的

超帝國主義的政策，將以實行國際聯合的金融資本共同剝削世界，來代替各國金融資本的相互鬥爭」〔329〕。換言之，考茨基所設計的這第一座「仙山瓊閣」是：列強合作，共宰世界。即由帝國主義列強達成協議，締結「和平」條約，建立一個超於帝國主義各國之上的金融資本國際聯合，來「和平」地共享殖民掠奪之「樂」！據說，這麼一來，爭奪殖民地的戰爭就自行消失了，「持久和平」就自行來到了，於是就會「在資本主義內部造成新希望和新期待的紀元」〔330〕。

　　考茨基所設計的這座「仙山瓊閣」，是以列強「自願裁軍」作為基石的。大戰爆發之前，他就竭力散布虛幻的和平安全感，胡說什麼帝國主義各國統治階級「誰都害怕擔負煽起現代戰爭的可怕恐怖的責任」，都自願「要求裁軍」。〔331〕他尤其強調：只要當時爭奪世界霸權的兩大主角英國和德國能帶頭裁軍，則「至少能夠帶動歐洲的其他一切國家……參加裁軍」〔332〕。而一旦實現了普遍裁軍，「無限的經濟資源將會解放出來——全世界一年有二百億。單憑這一大筆款項，社會變革就能夠多麼迅速地進行，它就可以多麼沒有痛苦地實現啊！」〔333〕因此，社會民主黨「必須不惜任何代價為爭取自願停止軍備競賽而努力」〔334〕。

　　考茨基唱起這支迷魂曲，力圖使世界革命人民喪失警惕，昏然入睡，藉以掩護帝國主義者瘋狂擴軍備戰的活動，而曲聲未罷，大戰就轟然爆發了。於是他又適應人們痛惡帝國主義戰爭的情緒，布下新的迷霧，詭稱「戰爭是軍備競賽的產物」，只要列強「自願就裁軍問題達成協議」，就「消除了最嚴重的戰爭根源」，因此，力爭實現裁軍應當成為「國際社會主義的和平綱領」

的核心。[335]——按此辦理，為裁軍而奮鬥就壓倒了甚至取代了一切反帝革命鬥爭。

　　鑑於素以「正統」馬克思主義者自居的考茨基是第二國際最有「權威」的代表人物，鑑於他最善於「用娓娓動聽的謊話代替了厚顏無恥的謊話」[336]，無產階級革命導師列寧不能不以很大的精力，對考茨基的上述謬論進行毫不調和的揭露和鬥爭。他先後在《第二國際的破產》《論歐洲聯邦口號》《論和平綱領》《帝國主義是資本主義的最高階段》《帝國主義和社會主義運動中的分裂》等一系列論著中，針鋒相對地、幾乎是逐句逐段地痛斥了考茨基的「超帝國主義」論及其附屬物。

　　為了深入探索現代資本主義的規律，列寧進行了艱巨的勞動，他對於《資本論》出版後半個世紀以來資本主義的發展過程，對於帝國主義時代的各種經濟現象和政治現象進行了全面的、系統的研究，作出了科學的總結，從而深刻地揭示了帝國主義的本質。他根據馬克思主義政治經濟學的基本原理，分析了大量的事實，雄辯地論證：帝國主義並不是資本所可以採取也可以不採取的一種政策。帝國主義是壟斷的、腐朽的、垂死的資本主義，是資本主義發展的一整個特殊的、必然的歷史階段。在這個階段裡，「少數富強國家……把壟斷擴展到無比廣闊的範圍，攫取著數萬萬以至數十萬萬**超額**利潤，讓別國數萬萬人民『馱著走』，為瓜分極豐富、極肥美、極穩當的贓物而互相搏鬥著。帝國主義的經濟實質和政治實質就在於此」[337]。因此，在資本主義發展的這個階段裡，各國壟斷資產階級所推行的一切對內對外的基本政策，都深深地植根於壟斷資本主義這一經濟基礎之中，

都是帝國主義的上述實質所決定的，都具有深刻的、內在的必然性。在壟斷資本主義徹底消滅以前，帝國主義列強的殖民兼併政策和戰爭政策絕不可能自行泯滅，絕不可能自行「改變」成為非暴力、非兼併、非掠奪、非戰爭的「另一種政策」。

列寧援引大量確鑿的事實，深刻地論證了產生殖民兼併政策的社會經濟根源。他指出，從殖民地搾取天文數字般的巨額利潤，「這就是帝國主義壓迫和剝削世界上大多數民族和國家的堅實基礎，這就是極少數最富國家的資本主義寄生性的堅實基礎」〔338〕；而利用殖民掠奪來緩和國內階級矛盾，則更是帝國主義資產階級用以「避免在國內發生爆炸」的不可缺少的手段〔339〕。所以，「殖民政策和帝國主義並不是資本主義的一種病態的可以糾正的偏差（並不像包括考茨基在內的庸人們所想像的那樣），而是資本主義基礎發展的必然結果」〔340〕。

列寧指出，考茨基所提出的關於帝國主義的定義，是極端荒謬的。就經濟方面說，帝國主義的特點恰恰不是如考茨基所說的「工業資本」，而是金融資本；正是金融資本的迅速發展迫使列強特別加緊推行殖民兼併政策；同時，帝國主義的特點恰恰不只是如考茨基所說的力圖兼併農業地區，而且還力圖兼併工業極發達的地區。就政治方面說，考茨基固然一般地談到了帝國主義就是力圖兼併，但是卻諱言和掩飾帝國主義在政治方面總是力圖施用暴力和實行反動這一極端突出的特點。

列寧一語道破了考茨基所鼓吹的帝國主義本性「可能改變」論的荒謬關鍵。他指出，「關鍵在於考茨基把帝國主義的政策同它的經濟割裂開了」〔341〕，「把帝國主義的政治同它的經濟**割裂**

第一編・國際經濟法基本理論（一）

開了，把政治上的壟斷制和經濟上的壟斷制割裂開了」〔342〕。考茨基把猖獗於全世界的帝國主義暴力兼併行徑解釋為只是金融資本所「情願採取」的一種政策，極力宣傳在同樣的金融資本的基礎上似乎也可能產生另外一種並非帝國主義的資產階級政策，鼓吹可以用後者來取代前者。「照這樣說來，經濟上的壟斷是可以同政治上的非壟斷、非暴力、非掠奪的行動方式相容的。照這樣說來，世界領土的分割……也是可以同非帝國主義的政策相容的」〔343〕。顯然，如此理解政治與經濟之間的關係，那就根本違背了馬克思主義政治經濟學的起碼常識。以馬克思主義「權威」自居的考茨基竟然違背馬克思主義的常識，這當然不是出於無知，而是妄圖一手遮天，向飽嘗殖民掠奪和帝國主義戰爭苦難的被壓迫民族和被壓迫人民，隱瞞產生殖民兼併政策與戰爭政策的真正基礎和禍根所在，從而轉移他們的鬥爭視線，以保存資本帝國主義制度於萬古千秋。對此，列寧一針見血地指出，考茨基同那些公開跪在帝國主義面前歌功頌德的機會主義者比起來，是「更巧妙更隱蔽地（因此是更危險地）宣傳同帝國主義調和」〔344〕。

「賒賬的馬克思主義」──「超等廢話」

掠奪殖民地既然是帝國主義列強的共同需要，那麼，是否有朝一日會出現考茨基所設計和鼓吹的那種美妙局面，即列強合作，共宰世界，從而「在資本主義內部」出現一個「持久和平」的「新紀元」？

列寧深入地探索了帝國主義階段經濟和政治的奧秘，發現經

濟和政治發展的不平衡是資本主義的絕對規律。他根據大量無可爭辯的材料，明確指出：金融資本和托拉斯的出現並不是削減了而是大大增加了世界經濟各個部分在發展速度上的差異。占有殖民地較少的、後起的帝國主義國家往往在經濟發展的速度上和水平上，迅速趕上和超過占有大量殖民地的老牌帝國主義國家，它們要求按照新的實力對比來分配殖民地和勢力範圍。可是，到了帝國主義時代，整個地球早已瓜分完畢，從爭霸的雙方來說，既得利益者力求保住既得，後來居上者力求重新分配，這就不能不經常發生飽狗餓狗老狗新狗之間的激烈撕咬。「**新興的**帝國主義國家不用暴力手段來重新瓜分殖民地，就不能得到比較老的（**又比較弱的**）帝國主義列強現在享有的那些特權」〔345〕。「試問，**在資本主義基礎上**，要消除生產力發展和資本積累同金融資本對殖民地和『勢力範圍』的分割這兩者之間不相適應的狀況，除了用戰爭以外，還能有什麼其他辦法呢？」〔346〕

因此，在帝國主義時代，儘管整個資本主義經濟正在朝著一個囊括一切企業和一切國家的世界性托拉斯的方向發展，但是，這種囊括一切的世界性托拉斯終究是不可能實現的幻想。因為，出於上述絕對規律的支配，在朝著這個方向發展進程中，列強之間充滿了空前尖銳的矛盾衝突和空前猛烈的社會動盪，以致在還沒有出現一個囊括一切帝國主義強國（特別是互相爭奪全球霸權的頭等強國）的全世界性托拉斯，即各民族金融資本「超帝國主義的」全世界聯盟以前，帝國主義就必然要崩潰，資本主義一定會變成自己的對立物。〔347〕

當然，帝國主義列強在爭奪殖民地和勢力範圍的過程中，並

不是不間斷地處在戰爭狀態中的。在一定條件下，為了一定的目的，它們之間（甚至兩大爭霸死敵之間）可以互相勾結，達成這樣那樣的「和平」協議，結成這樣那樣的國際聯盟。但是，列寧指出，這只不過是爭霸雙方鬥爭的**形式**暫時發生變化，而雙方鬥爭的**實質**、鬥爭的**內容**——瓜分世界和爭奪世界霸權，只要還存在帝國主義壟斷資產階級，就始終**不會**改變。這樣的鬥爭內容，在雙方實力對比發生新變化的時候，就勢必重新採取戰爭的形式表現出來，雙方再次兵戎相見，一決**雌雄**。可見，「『國際帝國主義的』或『超帝國主義的』聯盟，不管形式如何，不管是一個帝國主義聯盟去反對另一個帝國主義聯盟，還是**一切**帝國主義強國結成一個總聯盟，都**不可**避免地只會是前後兩次戰爭之間的『暫時休戰』」〔348〕。

因此，列寧強調：「我們的『和平綱領』應當說明帝國主義列強和帝國主義資產階級不可能給予民主的和平。」〔349〕要爭得持久和平和永久和平，就必須通過世界無產階級社會主義革命，打倒和消滅一切壟斷資產階級，徹底埋葬帝國主義制度。

考茨基利用世界人民渴望和平的善良願望進行政治投機，鼓吹「超帝國主義」與「和平新紀元」論，侈談帝國主義條件下的「和平」。列寧一針見血地指出這類謬論實際上是「一個充滿了甜蜜語句、小改良、小讓步等的大騙局」，是妄圖「用修補資本主義的方法來鞏固資本主義的統治」。〔350〕它的客觀的社會意義只有一個：就是拿資本主義制度下可能達到永久和平的希望，使飽受帝國主義戰禍折磨的群眾想入非非，「不去注意現代的尖銳矛盾和尖銳問題，而去注意某種所謂新的將來的『超帝國主義』

的虛假前途」[351]。也就是說，用空言約許即將出現美好的未來，用虛無縹緲的仙山瓊閣和海市蜃樓，誘騙群眾逃避現實，放棄鬥爭，在幻景和麻醉中苟且偷生，靜坐恭候那「持久和平」的「新紀元」也許某天清晨會翩然降臨人間。因此，儘管考茨基素來自命為馬克思主義理論「權威」，然而他那種「和平新紀元」的臆想和說教，卻根本「沒有一點馬克思主義的氣味」，它只不過是「賒賬的馬克思主義，許願的馬克思主義」[352]；整個「超帝國主義」論，只不過是一套荒謬絕倫的「超等廢話」[353]！

對於考茨基在裁軍問題上所散播的謬論和謊言，列寧也作了無情的揭露。列寧援引英國大資產階級權威喉舌——《經濟學人》雜誌上所供認的數字，指出：屬於不同國籍，甚至分別屬於敵對陣營的帝國主義壟斷資產階級，既互相爭奪，又互相勾結，他們正在擴張軍備和戰爭方面幹著得意的買賣，軍火公司的利潤正在逐年猛增，直線上升，而考茨基卻睜著眼睛說瞎話，胡謅什麼帝國主義列強統治階級都已產生「裁軍的要求「，出現裁軍的「趨勢」，這表明「他想在天真的市儈言談和幻想的掩護下迴避那些同矛盾和緩論絲毫不能相容的確鑿事實」。[354]列寧揭露說，所有帝國主義資產階級及其政府關於「和平」與「裁軍」的空談，無非是想「竭力愚弄人民，進行徹頭徹尾的欺騙」無非是想「藉以掩飾帝國主義和平的醜惡面目，掩飾分贓」。[355]這位革命導師諄諄告誡世界人民切勿受騙上當，務必清醒地認識到：「沒有無產階級的革命行動，就談不上民主的和平與裁減軍備。」[356]

所謂「友善關係」和「裁軍節餘援助開發」

同「列強合作、共宰世界」並列，考茨基所設計的第二座「仙山瓊閣」是：虎狼行善、施恩賜福。他絞盡腦汁，竭力論證帝國主義的虎狼性是可以改變的，帝國主義列強有必要也有可能自覺自願地同殖民地、半殖民地弱小民族建立「和平」的、「友善」的、「以富濟貧」的關係，因而後者無須庸人自擾，去開展堅苦卓絕的反帝革命鬥爭，以求根本推翻殖民統治。

眾所周知，進入帝國主義時代以來，帝國主義殖民體系在一個相當長的歷史時期裡囊括並統治著整個世界。寥寥幾個帝國主義強國依仗龐大的反革命暴力，操縱著全球弱國弱族的經濟命脈和軍政大權，對喪失了獨立主權的廣大殖民地、半殖民地人民進行著隨心所欲的掠奪、奴役和宰割。殖民地、半殖民地的弱小民族雖然在不同時期不同地區掀起不同規模的民族解放運動和反帝革命鬥爭，對帝國主義進行了一定的打擊，但是，總的說來，當時他們的力量仍然還相當幼弱；還缺乏正確、有力的領導；各地區眾多弱小民族之間也還不能聲氣互通，自覺地組織起來，聯合戰鬥。相形之下，帝國主義列強在實力對比上則仍然占有巨大的、壓倒的優勢，能夠較為容易地對付和鎮壓弱小民族的解放運動和反帝鬥爭。因此，對於帝國主義列強說來，武力征服、軍事占領和暴力鎮壓就成為它們維護殖民統治和擴大殖民地盤的最「拿手」、最「便宜」、最「有效」的手段。相應地，反革命的武力政策也就成為帝國主義列強用以對付殖民地、半殖民地的經常的、基本的和主導的國策。這一點，已被進入帝國主義時代以來

的無數史實所反覆驗證，成為當年有目共睹、無可辯駁的現實。

然而，適應著帝國主義壟斷資產階級麻痺、瓦解被壓迫民族反帝鬥志的需要，考茨基卻有意規避當年的無情現實，力圖抹殺眾所周知的事實，千方百計地把弱小民族的視線和注意力從帝國主義者正在極力推行的反革命武力政策上引向別處，藉以削弱和破壞殖民地、半殖民地人民為根本推翻殖民統治而進行的以牙還牙、針鋒相對的反帝革命戰鬥。考茨基就十八世紀北美洲的英國殖民地通過武裝鬥爭脫離英國宣告獨立一事，為資產階級總結了歷史的「教訓」：不要簡單地用老一套的暴力鎮壓手段去對付殖民地的民族解放運動，以免使這種「革命運動發展到極端尖銳」。各國資產階級都應當向吸取了歷史「教訓」的英國資產階級學習，要「善於用及時作出讓步的辦法挫斷革命運動的鋒芒」；善於「通過讓步的辦法收買和腐化運動，或者使運動不採取暴力的方法」。〔357〕

據考茨基說，在實行殖民擴張中，「帝國主義的武力政策，對於資本主義經濟發展來說遠遠不是必不可缺的」，在各種擴張方法中，武力政策是「最費錢和最危險的，但決不是最有效的」，應當而且可能改而「採取經濟意義大得多的其他方法」。〔358〕他列舉了一大堆「數字」，運用形而上學的、詭辯的手法，進一步證明「擴展國家疆域決不是擴大商品輸出或資本輸出的唯一手段或最重要手段」；證明為了要同落後地區「進行貿易」（按：這是「實行掠奪」的別稱），並不需要「把它們作為殖民地加以占領」；證明「不用武力占領」而「單靠經濟因素的作用」並不會使「貿易」增長得慢些。因此，考茨基獻策說：向落後地

區實行擴張的願望，「最好不用帝國主義的暴力方法，而用和平民主的方法來實現」。[359]

　　考茨基所說的「單靠經濟因素的作用」與「和平民主的方法」，究竟指什麼呢？那就是在廣大落後地區被壓迫弱小民族並未擺脫帝國主義者直接、間接的殖民統治或軍事占領的條件下，亦即在這些民族政治上完全喪失獨立自主權利、經濟命脈完全操在外國壟斷資本家手中這種極不自由極不平等的條件下，讓宗主國和殖民地、半殖民地之間「簽訂一種儘可能近似自由貿易的貿易協定」，雙方「平等地」撤除關稅壁壘或盡量降低關稅，建立「友善的關係」，實行「最頻繁的交流」，「這種關係既便於向農業地區輸出商品和資本，又同樣便於從這些地區取得各種原料」。如所周知，考茨基所極力鼓吹的這種我騎著你、你駄著我的「友善關係」與「經濟合作」，絲毫不是什麼新鮮貨色，它實質上依然還是宗主國強加於殖民地、半殖民地的不等價交換，即依然還是殖民主義者、帝國主義者們早已行之多年的掠奪方法之一，而且多年的歷史事實證明，這種掠奪辦法又恰恰是以武力征服作為基礎或後盾的。可是在考茨基所設計的這第二座「仙山瓊閣」裡，這種保持殖民統治現狀並在「友善關係」和「自由貿易」幌子下進行的殖民掠奪方法，卻突然同帝國主義的武力政策徹底「絕緣」，毫不相幹了；同時，考茨基胡吹，這種建立在帝國主義者繼續實行殖民統治基礎之上的「友善關係」和「自由貿易」簡直是美不可言：它不但「是促進經濟發展的最好辦法，同時也是實現和保障世界和平的最有效手段」，而且還能使勞動群眾的苦難和犧牲減輕到「最少」程度。[360]——按照考茨基的如

意算盤，這樣做，既可以同樣收到吸吮殖民地人民膏血的實惠，又可以避免在殖民地激起暴烈的反帝革命運動，這對於歐美列強說來，豈不一舉兩得？！

考茨基胡謅，對於殖民地、半殖民地被壓迫民族說來，似乎大可不必首先進行激烈的艱苦的反帝鬥爭以擺脫殖民壓迫取得獨立自主，從而在平等、互利的基礎上同歐美列強進行必要的經濟交往，而只要在不根本觸動殖民統治秩序的基礎上同歐美列強建立上述那種「友善關係」，實行「自由貿易」，便可以一舉三、四得；它意味著列強對殖民地、半殖民地「不是選擇擴張殖民帝國的手段」了，即不再實行武力征服和軍事占領了；列強向殖民地、半殖民地大量輸出資本，意味著「極迅速地發展各農業國家的生產力」，修築鐵路，建造灌溉工程；意味著發展工業，把農業國「努力變成工業國」以取得「繁榮」和「獨立」。[361]此外，考茨基還公然撒謊，說是帝國主義列強業已出現「裁減軍備的趨勢」，它們會把裁軍節省下來的錢用以援助殖民地、半殖民地進行開發，據稱，「西歐的軍備負擔越少，就會有更多的資金可以用來在中國、波斯、土耳其、南美洲等地修築鐵路」從而「更為有效得多」地「促進工業發展」[362]云云。一句話，考茨基極力宣揚的是：殖民地、半殖民地人民完全可以指靠和坐等帝國主義者的「慷慨援助」，以臻於富強康樂！

為了防止被壓迫民族和被壓迫人民起來造反，考茨基在甜蜜的哄騙之外，又兼施隱約的恫嚇。他極力渲染帝國主義者手中現代化殺人武器如何「厲害」，說是「在現今條件下，沒有一次戰爭對各民族（特別是對無產階級）不是一種不幸，我們討論的

是，我們用什麼手段能夠防止有爆發危險的戰爭，而不是討論哪些戰爭有益，哪些戰爭有害」[363]。他打出的旗號是「反對」一切戰爭，而其實質則在於反對包括民族解放戰爭在內的一切革命戰爭，妄圖使被壓迫民族和被壓迫人民在帝國主義反革命暴力下永遠服服帖帖——借維護世界「和平」之名，行壓制世界革命之實。

往強盜頭上灑聖水與從一牛身上剝兩皮

考茨基所設計的這第二座「仙山瓊閣」——虎狼行善、施恩賜福，同第一座一樣，也是「上窮碧落下黃泉，兩處茫茫皆不見」的。對於這又一騙局，列寧也在深刻分析帝國主義本性的基礎上，徹底加以戳穿。

列寧指出，帝國主義在政治上的特點是全面的反動，是民族壓迫的加強。在帝國主義時代，民族壓迫和暴力兼併的趨向即破壞民族獨立的趨向，不是比以前減弱了，而是變本加厲了。[364]因為，列強對世界各地弱小民族實行搾取和支配，儘管採取了這樣那樣的不同形式，但是，總的說來，在當時的歷史條件下，「對於金融資本最『方便』最有利的當然是使從屬的國家和民族喪失政治上的獨立**這樣的**支配」，「只有占領殖民地，能充分保障壟斷組織獲得勝利，戰勝同競爭者鬥爭中的各種意外事件」[365]；因為，對弱小民族實行暴力兼併，實行直接統治，才能使經濟掠奪「更方便，更便宜，更如意，更穩妥」[366]；因為，「兼併就是在政治上保證『投入』被兼併國家的千萬個企業的億萬資本獲得利潤」[367]。這就決定了帝國主義者必然要使用反革命暴

力來征服和鎮壓那些不願意喪失民族獨立、不願意「和平」地忍受宰割的殖民地、半殖民地人民。

列寧還進一步揭示說，為了保障對殖民地、半殖民地的掠奪和搾取，有百萬富翁們的全國委員會即所謂政府專門為之服務，這些政府把億萬富翁們的子弟「安置」在殖民地和半殖民地，充當什麼總督、大使、領事、各種官員和牧師之類的吸血蟲；另外，這些政府又擁有龐大的反革命暴力——陸軍和海軍，作為防止和鎮壓殖民地、半殖民地人民造反的工具。列寧強調說，在帝國主義時代，少數強國掠奪廣大殖民地、半殖民地人民的罪惡行徑，就是這樣組織起來的，在資本主義制度下，也只能這樣組織。因此，期待帝國主義者會自動放棄殖民地和勢力範圍，自動不再使用反革命暴力鎮壓殖民地、半殖民地人民的革命要求，那就無異於痴人說夢，與虎謀皮。[368]

當然，帝國主義者對殖民地和勢力範圍的控制和統治，並不是在任何條件下都只有赤裸裸的武裝占領這一手。列寧多次指出，在某些場合，帝國主義者出於被迫，或者為了欺騙，可以承認某些落後國家保留形式上的政治獨立，但卻對這些國家的經濟、財政、政治、軍事和外交，牢牢地掌握著掠奪權和控制權。然而，這決不是意味著不經過堅苦卓絕的反抗鬥爭，帝國主義者會像考茨基所宣揚的那樣，自動賜予殖民地哪怕只是形式上的政治獨立，更不是意味著帝國主義者會甘願允許被壓迫民族獲得真正的、徹底的政治獨立。恰恰相反，一旦被壓迫民族的獨立要求從根本上觸動了殖民統治，帝國主義者就必然撕下一切偽裝，圖窮匕見，揮舞屠刀！所以，一切形式的殖民主義，不論是老殖民

主義，還是新殖民主義，都一無例外地是以反革命的暴力征服和暴力鎮壓作為基礎、前提和後盾的。[369]

　　因此，列寧指出，像考茨基那樣，不是向群眾揭露真相，說明不推翻帝國主義資產階級及其政府就不能制止暴力兼併和各種殖民壓迫，特別是不向群眾揭露本國帝國主義肆行暴力兼併和殖民壓迫的真相，卻只空口說什麼「一切國家必須毫不含糊地打消兼併別國領土以及使某國人民屈從的念頭」，這種極端含糊其辭的善良詞句，「其客觀意義完全等於在加冕的資本主義強盜頭上灑基督聖水」，特別是等於為本國最富有侵略性、最凶惡的帝國主義者「塗脂抹粉」。[370]

　　在嚴厲批判考茨基謬論的過程中，列寧一再提醒世界革命人民，對於帝國主義者和社會帝國主義者在對外關係上所經常使用的偽善辭令和「莊嚴」聲明，切切不可輕聽輕信。他揭露說：「難道我們不是經常看到，所有帝國主義列強的外交都是以極其善良的『一般的』詞句和『民主的』聲明自我標榜，藉以掩飾對弱小民族的掠奪、欺凌和壓迫嗎？」[371]因此，如果我們陷入基督教式的冥想默念，沉湎於一般善良詞句的善心好意，而不揭穿這種詞句的實際的政治意義，那我們就不再是馬克思主義者，也根本不再是社會主義者了。列寧問道：「一個成年人能不能只注意人們自己對自己的看法而不去檢查他們的行為呢？一個馬克思主義者能不能把願望、聲明同客觀事實不區別開來呢？」回答是斬釘截鐵的：不，不能！」[372]

　　至於考茨基這個「中派」頭子吹得天花亂墜的「以富濟貧」「援助開發」論，究其實質，無非是前述第二國際右派頭目們所

鼓吹的「傳播文明」論的變種。這個五彩繽紛的肥皂泡，在事實面前，也是不戳自破的。

列寧以考茨基之流所備加頌揚推崇的列強競相在那些喪失了政治獨立和經濟自主權的落後地區修築鐵路一事為例，指出：在那些資產階級御用教授和小資產階級庸人看來，修築鐵路似乎是一種傳播文明的事業，可是在資本主義生產資料私有制的條件下，帝國主義者實際上是「把這種建築事業變成對**十億**人民（殖民地加半殖民地），即占世界人口半數以上的附屬國人民，以及對『文明』國家資本的僱傭奴隸進行壓迫的工具」[373]。

根據大量事實，列寧還進一步剖析了帝國主義列強在十分苛刻的政治、經濟條件下對殖民地、半殖民地那些失去政治和經濟獨立自主權的弱小民族提供經濟「援助」和「貸款」的實質，指出它實際上是一種資本輸出，是為帝國主義國內大量的「過剩資本」尋找出路，利用這些落後地區資本少、地價賤、工資低、原料廉的條件，攫取在其本國無法攫得的巨額暴利。它所追求的，決不是考茨基之流所胡吹的「促進」這些地區的「繁榮」與「獨立」，而是貪得無厭地搾取這些地區人民的脂膏，「要從一條牛身上剝下兩張皮來」[374]：第一張皮是從「貸款」盤剝高利，第二張皮是作為借債條件，迫使債務國用這批「貸款」購買債權國的過剩產品，從中牟取又一筆暴利。此外，帝國主義債主們還力圖利用這些落後國家由此產生的經濟上的依賴性，達到破壞其國家主權，從政治、軍事、外交上加以全面控制的凶惡目的。[375]考茨基之流把凶惡的強盜描繪成仁慈的救世主，這就證明他們是強盜的同夥。

應當區分壓迫民族和被壓迫民族，反對「僧侶主義」

飽遭帝國主義者踐躪、吞噬的殖民地、半殖民地弱小民族，既然不可能也不應當期待虎狼行善、施恩賜福，那麼，怎樣才能不當奴隸當主人？

鑒於帝國主義者一貫極其頑固地憑藉龐大的反革命暴力維護殖民統治，列寧不止一次地強調被壓迫民族必須用革命的暴力對付反革命的暴力。他指出：「偉大的歷史問題一定要由群眾直接用暴力建立新制度來解決，而不能締結一個保持腐朽的垂死的舊制度的協定來了結」〔376〕；在資本主義制度下，不經過多次革命，不「付出一系列革命和起義的代價」，被壓迫民族就根本不可能獲得真正的獨立解放。〔377〕他嚴詞駁斥了那種否定正義戰爭（包括否定民族解放戰爭），向被壓迫者宣傳「廢除武裝」「取消軍備」的反動口號，告誡被壓迫者如果不努力學會掌握武器，獲得武器，並堅決拿起武器，那就只配被人當作奴隸使喚！〔378〕

列寧指出，帝國主義對殖民地、半殖民地弱小民族的殘暴掠奪壓迫，必然促使反對民族壓迫、爭取民族解放的鬥爭擴大化和尖銳化；而弱小民族被迫進行反帝的民族解放戰爭，又必然是它們的爭取民族解放這種政治的繼續。因此，在帝國主義時代，在亞、非、拉廣大不發達地區，「殖民地和半殖民地的民族戰爭不僅是可能的，而且是**不可避免的**」〔379〕。

不但如此，即使在經濟發達的歐洲地區，也仍然可能發生被壓迫弱小民族抗擊帝國主義侵略者的民族戰爭。由於帝國主義歷來就是強食弱肉和貪得無厭的，它在力圖兼併農業區域的同時，

還力圖兼併工業極發達的區域，因此，「即使在歐洲也不能認為民族戰爭在帝國主義時代不可能發生」[380]。本著對具體情況進行具體分析的一貫原則，一九一六年列寧在反對第二國際機會主義者擁護帝國主義戰爭中任何一方的同時，強調指出：恩格斯在一八九一年德國受到沙俄侵略的嚴重威脅時號召德國人民奮起為保衛民族獨立而戰的基本精神，是完全正確的，它仍然同樣適用於當代歐洲那些被兼併的或受民族壓迫的弱小國家反對帝國主義強國的民族戰爭。[381]列寧公開聲明：「如果在戰爭時期說的是保衛民主或反對壓迫民族的壓迫，那我是決不反對這種戰爭的，只要是屬於這類性質的戰爭或起義，我也就不害怕『保衛祖國』這四個字。」[382]

總之，在帝國主義時代，「反對帝國主義列強的民族戰爭不僅是可能的和可以設想的，而且是不可避免的、**進步的、革命的**」[383]。

列寧的這些論述教導我們，不論是發達國家或者不發達國家，只要受到帝國主義強國的兼併和侵占，它們所進行的反兼併、反侵占的民族戰爭，就是正義的戰爭，就理應得到國際無產階級的擁護和支持。

對於被壓迫民族爭取民族解放的鬥爭在推翻國際帝國主義總鬥爭中的重大革命作用，列寧作了充分的估計。他認為，「弱小民族是反帝鬥爭中的一個**獨立**因素，是幫助反帝的**真正力量**即社會主義無產階級登上舞臺的一種酵母、黴菌」[384]。正因為如此，列寧著重指出：作為社會主義者，不但應當要求無條件地無代價地立即解放殖民地，而且還應當最堅決地支持這些國家的民

族解放運動中最革命的分子，幫助他們舉行起義和進行革命戰爭，反對壓迫他們的帝國主義列強。[385] 而「如果我們拒絕支持被兼併地區的起義，那在客觀上我們就是兼併者」，就是「背叛社會主義」。[386]

列寧深入考察了帝國主義時代在民族關係領域中日益變本加厲的強食弱肉現象，敏銳地看到帝國主義列強同弱小民族之間利害得失的根本對立與不可調和。他對當代民族關係的現實進行了深刻的階級分析，三番五次地強調，就民族問題而言，「在社會民主黨的綱領中，中心問題應該是把民族區分為壓迫民族和被壓迫民族。這種區分是由帝國主義的本質決定的」[387]；「社會民主黨黨綱應當指出帝國主義時代基本的、極其重要的和必然發生的現象：民族已經分成壓迫民族和被壓迫民族」[388]。他反覆指出：從反對帝國主義的革命鬥爭的觀點看來，正視這種現實，強調這種區分，是非常緊要的。

列寧的這一光輝思想和精闢論斷，是列寧主義關於民族殖民地問題革命學說的主要立論基礎之一。它的含義十分豐富、十分深刻，值得我們認真探討和深入領會。

第一，它揭示了帝國主義時代民族關係中新出現的、世界性的嚴重分裂和對抗。民族壓迫現象，並非自當代始。它在人類歷史上已經存在過好幾個世紀，但在相當長期內，它還只是局部性的現象，在全世界的民族關係中，並不占主導的地位。到了帝國主義時代，由於一小撮帝國主義強國把整個世界全部瓜分完畢，許多原先獨立的國家和民族，紛紛淪為殖民地、半殖民地，世界人口中的絕大多數都受著殘酷的殖民掠奪和民族壓迫，因而民族

關係上的全面分裂和全面對抗，就成為帝國主義時代世界中基本的（而不是附次的）、極其重要的（而不是無足輕重的）、必然發生的（而不是偶然出現的）、遍及全世界的（而不是局部地區的）現象。這種分裂和對抗是如此普遍、如此嚴重，不能不引起全世界革命人民的最大關注。

第二，它確證了被壓迫民族革命抗爭的正義性。有壓迫就有反抗，壓迫越重則反抗越烈，這是題中應有之義。毫不含糊地指明全世界一切弱小民族的被壓迫地位，這不但意味著對壓迫者的嚴正控訴和對被壓迫者的深切同情，而且意味著雄辯地論證了被壓迫民族的一切抗爭，包括以革命暴力反擊反革命暴力，直到實行民族解放戰爭，都是絕對正義、無可指摘的。

第三，它挖出了帝國主義時代世界性民族壓迫現象的總根源。既然已經科學地斷定：全世界民族之所以區分為壓迫民族和被壓迫民族「是由帝國主義的本質決定的」，那麼，民族壓迫的迅速擴大和變本加厲，世界民族關係中的全面分裂和嚴重對抗，歸根到底，就是由帝國主義所造成的。毫不含糊地揭示了這一點，就等於是在誰敵誰友這個革命的根本問題上作出了明確無誤的判斷：帝國主義是被壓迫民族的死敵。

第四，它指明了被壓迫民族解放鬥爭的總方向和根本道路。既然帝國主義是造成全球性民族壓迫的總禍根，那麼，被壓迫民族只有把鬥爭矛頭集中地指向帝國主義及其走狗，推翻帝國主義的統治，才能掙脫鎖鏈，取得解放。既然帝國主義壓迫者和弱小民族被壓迫者之間的利害得失是根本對立、不可調和的，而帝國主義的本質和本性又是不會改變的，那麼，只有如實地強調民族

關係中被壓迫者同壓迫者之間的嚴格區分和勢不兩立，才能啟迪和激發被壓迫民族的覺醒，使他們對帝國主義壓迫者不抱幻想，不圖僥倖，不等恩賜，而切切實實地依靠自己實行長期艱苦的反帝革命鬥爭，以改變自己的奴隸處境，掌握自己的民族命運。

第五，它蘊含著「全世界無產者和被壓迫民族聯合起來」的偉大戰略思想。民族關係是以階級關係為基礎的，民族壓迫是階級壓迫的延長和擴大。揭露了遍及全球的民族壓迫是由帝國主義的本質所決定、所造成的，實際上也就是揭露帝國主義壟斷資產階級是國際無產階級和一切被壓迫民族的共同敵人，號召對共同的敵人進行聯合的鬥爭。一九一六年夏秋之間，在談到國際無產階級革命運動和被壓迫民族革命運動的關係時，列寧認為從世界範圍來看，弱小民族的民主要求，包括實行民族自決爭取民族解放在內，原先是世界一般民主主義運動的一部分，現在則已成為世界一般社會主義運動的一部分；並且明確指出：「社會革命只能在各先進國無產階級為反對資產階級而進行的國內戰爭已經同不發達的、落後的和被壓迫的民族所掀起的**一系列**民主革命運動（其中包括民族解放運動）聯合起來的時代中進行」[389]。後來，到了第三國際成立初期（1920 年間），列寧關於世界革命的這一偉大戰略思想又進一步具體化為簡明有力的戰鬥口號：全世界無產者和被壓迫民族聯合起來！」[390]正是列寧，第一次把被壓迫民族的反帝革命鬥爭看作是世界無產階級社會主義革命的一個組成部分，提出了實行聯合鬥爭的偉大戰略方針。

列寧如此強調壓迫民族和被壓迫民族的原則區分，這就同考茨基之流的修正主義謬論嚴格劃清了界限。列寧痛斥考茨基之流

故意迴避上述「中心問題」，故意模糊甚至抹殺民族關係上壓迫者與被壓迫者的根本區分和勢不兩立。這伙叛徒，正如他們在國內階級關係問題上，竭力掩蓋無產階級同資產階級之間的對抗性矛盾，鼓吹階級「協調」、階級「合作」一樣，他們在國際民族關係問題上，竭力掩蓋被壓迫民族同帝國主義之間的對抗性矛盾，挖空心思地「論證」似乎不必徹底摧毀資本帝國主義也可以解決這個矛盾，欺騙被壓迫民族去同自己不共戴天的敵人「協調」「合作」──永當奴隸馬牛，而永遠保存資本帝國主義的統治秩序。可見，考茨基之流對帝國主義的全部荒謬看法，「都浸透了一種同馬克思主義絕不相容的、掩飾和緩和最根本矛盾的精神」，「不管你怎樣把考茨基的論斷翻來覆去地看，這裡面除了反動性和資產階級改良主義以外，沒有任何別的東西」。〔391〕而混在國際共產主義運動隊伍中的資產階級改良主義者是何許人呢？列寧說，他們「照例都是一些走狗」〔392〕！

列寧痛斥考茨基在政治上的墮落和破產，揭露他恬不知恥地甘為帝國主義盜匪們充當神父牧師的卑鄙角色。因為，考茨基一方面對民族關係上的壓迫者──嗜血成性的帝國主義盜匪，進行布道式的勸說〔393〕，力圖造成屠夫可以立地成佛的假象和錯覺；另一方面，又對民族關係上的被壓迫者──苦難深重的殖民地、半殖民地人民，進行麻醉性的安慰，絞盡腦汁妄想證明資本帝國主義不要殖民地，不用暴力征服和掠奪弱小民族，不搞擴張軍備，不發動侵略戰爭，也是「可能」存在的，證明「和平」是最好的東西。用這些「理論」來美化資本帝國主義吃人制度，來「安慰被壓迫者，給他們描繪一幅在保存階級統治的條件下減少

痛苦和犧牲的遠景……從而使他們忍受這種統治，使他們放棄革命行動，打消他們的革命熱情，破壞他們的革命決心」。這些，意味著什麼呢？列寧指出，勸告無產階級放棄革命行動，就是「直接背叛無產階級」因為沒有革命行動，一切諾言、一切美好的遠景都只是空中樓閣而已。〔394〕

　　列寧揭露說，所有一切壓迫階級，為了維持自己的統治，都需要有兩種社會職能：一種是劊子手的職能，另一種是牧師的職能。劊子手專管血腥鎮壓，牧師專搞安慰欺騙。列寧引述了費爾巴哈用以揭穿宗教安慰反動性的名言；即「誰要是安慰奴隸，而不去發動他們起來反對奴隸制，誰就是奴隸主的幫兇」，尖銳地指出：考茨基竭力用歌頌帝國主義「和平」的靡靡之音來安慰和麻醉怨氣衝天的被壓迫民族和被壓迫人民，這就表明「考茨基把馬克思主義糟蹋到了駭人聽聞的地步」，「把馬克思主義歪曲成了最惡劣最笨拙的反革命理論，歪曲成了最齷齪的僧侶主義」，而考茨基本人也就相應地在實際上墮落成為一個「不折不扣的牧師」和貨真價實的叛徒！〔395〕

賊喊「捉賊」的沙文主義騙局

　　在民族自決這一具體綱領問題上，考茨基也採取了比較隱蔽因而更有欺騙性的沙文主義立場。在第一次世界大戰期間，第二國際右派那些露骨的社會沙文主義者公開地贊成兼併，反對把民族自決的主張列入黨的綱領。作為「中派」頭子的考茨基則和他們略有「不同」。他口頭上也承認和擁護民族自決，甚至還冠冕堂皇地主張社會民主黨「要全面地和無條件地重視和堅持民族的

獨立」。但是，他為了討好帝國主義殖民統治者，卻無恥地閹割了民族自決權的核心內容，叫嚷什麼，殖民帝國中的被壓迫民族要求政治分離自由是「過分的」；遭受帝國主義者殖民統治的弱小民族要求「國家獨立」未免要求得「太過分了」，[396] 等等。他鼓吹不應當「把民族獨立和民族主權混為一談」，在多民族的殖民帝國裡，被壓迫民族享有民族自治權就夠了，不一定要替他們要求獲得政治獨立的平等權利。[397]

但是，如果人們以為考茨基在任何情況下都反對被壓迫民族有政治分離權，那是不「公道」的。因為，在若干具體場合，考茨基也很「勇敢地」打出政治自決的旗號，贊成在同德國爭霸的其他帝國主義強國統治之下的被壓迫民族有分離的自由。例如，他鼓吹說，不能證明「波蘭人必須隸屬於俄國」，應當承認波蘭有從俄國分離出去的自由；他還斥責法國的社會黨人不該背棄國際主義，因為他們竟想用戰爭來取得亞爾薩斯洛林的自由。考茨基的同夥們則連篇累牘地發表文章，大談特談受到英國壓迫的民族理應取得獨立的問題；對於在印度不斷高漲的反英民族解放運動，他們更是津津樂道，深表「同情」，等等。在「論證」過程中，考茨基及其同夥給自己的主張「披上各種華麗的辭藻外衣，什麼辭藻都有，什麼話都講，甚至扯到國際主義上面去」[398]，一副道貌，儼然是這些被壓迫民族的「天然盟友」！

然而，奇妙的是：考茨基及其同夥萬分「同情民族的『民族自決』，只是不同情本民族……所附屬的那些民族的民族自決」[399]！他們對於處在德國帝國主義即考茨基分子自己的「祖國」統治下的那部分波蘭人，絕不談他們有從德國分離出去的自由；

同樣，對於亞爾薩斯洛林應當有從德國分離出去的自由問題，特別是對於當時德國在非洲和亞洲霸占的廣大殖民地有權脫離德國取得徹底獨立的問題，考茨基及其同伙更是三緘其口，不置一辭。[400]

除此之外，考茨基還極力贊同和美化第二國際右派在第一次大戰期間所玩弄的一套欺世惑眾和沽名釣譽的把戲：當時以英、法、俄等國的社會沙文主義者為一方，以德國和奧匈帝國的社會沙文主義者為另一方，曾分別在倫敦和維也納開會，又是慷慨陳詞，又是通過決議，爭先打起了「維護」受對方蹂躪的弱小民族的「民族獨立」和「民族自決」的堂皇旗號，來遮掩他們各自的沙文主義立場。[401]對於如此明顯的騙局，以「馬克思主義」理論權威自居的考茨基不但不加以揭露，反而讚不絕口，備加推崇，胡說什麼「所有過去在第二國際範圍內擬定的和平綱領，如哥本哈根、倫敦、維也納等綱領，都要求承認民族獨立，這是十分公正的。這種要求應當成為我們在當前戰爭中的指南針」[402]。在他看來，這些分屬兩大敵對集團的露骨社會沙文主義者在互揭對方爛瘡疤藉以把自己打扮成「反兼併」英雄時所表現的完全一致，在竭力欺騙工人時所表現的完全一致，就是第二國際各黨在要求和平問題上和贊助民族自決問題上意見「完全一致」的明證。就這樣，「民族獨立」「民族自決」等這些本來反對帝國主義的革命口號，竟在第二國際右派那些社會沙文主義者的「一致」同意下，竟在「中派」社會沙文主義者考茨基進行「理論加工」的神奇咒語下，搖身一變，變成為捍衛帝國主義的反動口號了。

在民族自決問題上，考茨基在俄國的無產階級叛徒隊伍中找到了不少同道。「大名鼎鼎」的馬爾托夫、托洛茨基等人在第一次世界大戰期間，都「師承」考茨基的狡詐手法，為沙皇帝國主義政府的兼併政策和爭霸政策張目。列寧恰如其分地把這伙叛徒稱為「俄國的考茨基分子」。[403]

專供「輸出」的「國際主義」第一千零一種的偽善

除了逐一批判考茨基在民族殖民地問題上的一般「理論」之外，列寧還無情揭露了考茨基在民族自決這一具體綱領上所採取的隱蔽的沙文主義立場。

如前所述，在當時的歷史條件下，帝國主義者對弱小民族實行掠奪和剝削，其最「方便」、最「便宜」、最「如意」、最「穩妥」的方式，就是使這些民族喪失政治獨立，對它們實行直接統治。反過來，弱小民族為了擺脫帝國主義者的壓迫、剝削和掠奪，其首要前提就是要爭得政治上真正的獨立自主。因此，馬克思主義者從國際無產階級的利益出發，在反對帝國主義侵略擴張、殖民統治的鬥爭中，把反對政治兼併、實行民族自決列入自己的鬥爭綱領。

為了澄清糊塗思想和糾正概念上的混亂，列寧在大戰以前就已明確指出，「從歷史的和經濟的觀點看來，馬克思主義者的綱領上所談的『民族自決』，除了政治自決，即國家獨立、建立民族國家以外，不能有什麼別的意義」，「只能把自決權了解為國家分離權，而不能了解為任何別的東西」。[404] 大戰期間，列寧一再重申：遭受帝國主義殖民統治的「被壓迫民族的自決權，也

就是政治上的自由分離權」；民族自決權「只是一種獨立權，即在政治上同壓迫民族自由分離的權利」。[405]

考茨基口頭上也承認民族自決，但又主張不應當為遭受帝國主義殖民統治的被壓迫民族提出政治分離自由的「過分」要求，把民族自決歪曲為民族「自治」。列寧尖銳地揭露說，這是為了討好帝國主義資產階級而把馬克思主義民族綱領中最本質的東西一筆勾銷，這是「以改良主義的方式而不是以革命的方式來表述社會民主黨的民族綱領」。因為，對於帝國主義資產階級說來，只要能把弱小民族強迫留在殖民大帝國的版圖之內，那就無論什麼樣的「民族自治」都是可以答應的。它無礙於帝國主義者繼續實行殘酷的掠奪。由於考茨基這種曲意逢迎帝國主義者的主張偏偏又是在「擁護」民族自決的幌子下提出來的，所以「考茨基的社會沙文主義謊言說得最漂亮，因而對於無產階級也最危險」！[406]

在反對帝國主義兼併政策的鬥爭中，要判斷一個人究竟是真心實意地反對民族壓迫，還是假仁假義地反對民族壓迫，究竟是真正的國際主義者，還是冒牌的國際主義者，不但要看他是否一般地承認遭受殖民統治的弱小民族享有政治上的分離自由和獨立自主權利，尤其要看他是否具體地承認受他「祖國」殖民統治的弱小民族享有政治上的分離自由和獨立自主權利。列寧明確指出：「只有**每個**民族的社會主義者都要求被自己民族壓迫的民族有分離的自由，才是真心誠意地反對兼併，**也就是說**，才是真心誠意地承認自決」[407]，「不這樣，無產階級的國際主義就仍然是一句空話」[408]！

因為，在一定的條件下，甚至最凶惡、最貪婪的帝國主義者也可以把民族自決的口號接過去，表示「贊同」甚至「聲援」在爭霸敵手統治下的弱小民族實行政治分離。他們的如意算盤是一箭三雕：既藉以削弱敵手，「從而改善自己的軍事地位」，增強自己的爭霸實力；又藉以欺騙怨聲載道的本國人民，「轉移他們的視線，從國內轉向國外」[409]；此外，還便於對這些弱小民族插手染指，直至伺機實行新的吞併，把這些地區收入自己的帝國版圖或占為自己的勢力範圍。

　　列寧指出，當時德國的帝國主義資產階級正是出於這樣的險惡用心而大談特談受英國壓迫的弱小民族的獨立問題，而考茨基及其同夥在大戰期間津津樂道「協約國」一方被壓迫民族的分離自由，卻絕口不談「同盟國」一方被壓迫民族的分離自由，這完全是迎合德國帝國主義資產階級爭奪世界霸權政策的需要，是為了向德國的反動皇帝威廉第二「效犬馬之勞」。[410] 然而，「不幸的是，這班德國資產階級的代理人竟是所謂德國『社會民主』黨的黨員」[411]。這一群帝國主義鷹犬，身披「社會主義」的漂亮外衣，口說「國際主義」的華麗辭藻，而這種「國際主義」又是專供「輸出」，在本國則被棄若敝屣，與本國「無緣」的。列寧憤怒地揭露說：「一句話，這是第一千零一種的偽善！」[412] 他強調：斷定一個人，不是根據他的言論，而是根據他的行動」[413]，提醒全世界被壓迫民族和被壓迫人民，定要擦亮眼睛，明辨真偽！

　　此外，列寧還痛斥考茨基美化倫敦和維也納會議，竭力把第二國際兩大右派集團互向敵方「輸出」的「國際主義」敝屣加以

「理論」裝潢的詐騙行徑。

顯而易見，當時在倫敦和維也納分別上演的這兩場鬧劇的實質，有如餓虎發誓賭咒要為豺狼血口中的小羊「伸張正義」，加以「拯救」，藉以掩飾「從對方口中挖肉吃」的真正目的。而考茨基對此所作的歌頌性「劇評」，其要害就在於故意抹殺社會沙文主義的兼併爭霸政策同馬克思主義的民族解放政策之間的根本對立和根本界限，把水攪渾，以假亂真，混淆視聽。針對這一點，列寧明確指出：從當時交戰的**雙方**來說，都只是為了爭相奴役其他弱小民族，而決不是為了這些民族的獨立。因此，倫敦和維也納這兩幫互相火並撕咬的好漢們所宣稱的「反對兼併」「承認民族獨立」等等，全都「是令人髮指的謊言，是最無恥的偽善」。考茨基在這個問題上的新罪惡就在於：他們的這種偽善本來是一國的、笨拙的、顯而易見的、觸目的、工人看得清清楚楚的，現在考茨基卻把它變成國際性的、巧妙的、隱蔽的、迷糊工人眼睛的偽善了。因此，對世界無產階級說來，考茨基的詐騙手法比那些笨拙的社會帝國主義分子「更有害百倍、危險百倍，考茨基的偽善也更惡劣百倍」[414]。

作為全世界無產階級的革命導師，作為偉大的國際主義者，列寧不僅狠揭狠批了德國籍的考茨基，而且猛烈抨擊了俄國籍的「考茨基們」，無情揭穿他們那種身在賊窩卻手指遠方、高喊捉賊的卑鄙狡詐手法。列寧指出，俄國的考茨基分子馬爾托夫、托洛茨基之流，口頭上擁護民族自決，而實際上卻絲毫「沒有觸及主要的根本的、本質的、接近實際的問題，即對於受『我的』民族壓迫的民族應持什麼態度的問題」。在民族自決問題上，他們

舞文弄墨，連篇累牘地發表文章，用「國際主義」的華麗辭藻高談闊論，譁眾取寵，可是偏偏就「迴避了主要的問題：俄國**即使在和平時期**，在更加野蠻的、中世紀的、經濟落後的、軍事官僚式的帝國主義基礎上也打破了民族壓迫的世界紀錄」。因此，他們和當時已經在政治上嚴重墮落的普列漢諾夫之流一樣，「**實際上就是帝國主義者和沙皇的走狗**」。[415]

為了在更多的俄國革命群眾面前揭穿沙皇及其走狗們的真實面目，並用無產階級國際主義思想武裝廣大的俄國革命人民，列寧還巧妙地使用「伊索寓言式的語言」，用暗示的方法，在沙皇政府書報檢查機關認為「合法」的著作中，進一步闡述了上述觀點。他舉了一個簡明易懂的例子：假定日本人指責美國人兼併菲律賓，試問會不會有很多人相信這是因為它根本反對兼併，而不是因為它自己想要兼併菲律賓呢？是不是應該承認，只有日本人起來反對日本兼併朝鮮，要求朝鮮有從日本分離的自由，才能認為這種反對兼併的鬥爭是真摯的，政治上是誠實的呢？

在沙皇政府被推翻之後，列寧親自對這段隱晦語言的真實含義作了專門的說明：為了通得過反動的書報檢查，「我不得不拿……日本作例子！細心的讀者不難用俄國來代替日本，用芬蘭、波蘭、庫爾蘭、烏克蘭、希瓦、布哈拉、愛斯蘭和其他非大俄羅斯人居住的地區來代替朝鮮」[416]。十分明顯，列寧在這裡所著重揭露的，不是別的，而正是俄國沙皇及其各色走狗們的「第一千零一種的偽善」：在爭奪世界霸權的過程中，他們經常打出「支持民族解放」的大纛，扛起「社會主義」的招牌，唱著「國際主義」的高調，藉以挖爭霸勁敵的牆腳，力圖取代其霸主

地位，接收其殖民掠奪特權；他們對於爭霸勁敵蹂躪弱小民族，可以佯作「義憤」填膺之狀，力主民族「自決」，而對於自己鐵蹄下弱小民族極其強烈的自決呼聲，卻一貫裝聾作啞，置若罔聞，噤若寒蟬；他們自稱是殖民地、半殖民地一切弱小民族的「天然盟友」，卻又以殖民地或半殖民地的形式把一批又一批的弱小民族強行禁錮在大俄羅斯帝國的黑暗監獄裡。

（三）列寧對庫諾夫、謝姆柯夫斯基之流在民族殖民地問題上謬論的鬥爭

第一次世界大戰前夕和大戰期間，社會沙文主義者在民族自決問題上有兩種主要色彩：一種就是上述考茨基、馬爾托夫式的偽善，另一種則是下述庫諾夫、謝姆柯夫斯基式的無恥。前者（「中派」）主要體現為甜蜜的哄騙，後者（右派）則主要體現為蠻橫的叫囂。

暴力「融合」的吹鼓手

當時，德國是後起的、野心勃勃的帝國主義國家，它在爭奪世界霸權、吞併弱小民族方面，顯得特別貪婪、瘋狂。適應著德國容克壟斷資產階級的需要，在德國社會民主黨內部出現了庫諾夫[417]、連施[418]、帕爾烏斯[419]等狂熱的社會帝國主義分子。他們公開地「跪在帝國主義面前歌功頌德」[420]，藉口民族之間聯繫的加強以及經濟與政治的集中具有歷史進步作用，大力讚揚帝國主義的暴力兼併政策，鼓吹在強食弱肉、民族不平等的基礎上實行民族的「聯合」或「融合」，明目張膽地反對被壓迫民族

實行反暴力兼併、反帝國主義的革命鬥爭；同時，把馬克思主義者關於實行民族政治自決即被兼併的弱小民族有權組織獨立自主的民族國家的主張，誣衊為所謂「過了時的理想」「沒有科學根據」「小資產階級的反動空想」「鼓吹歷史倒退」等等。

至於德國黨內的老右派大頭目伯恩施坦，他早先曾因明目張膽地鼓吹侵略有「理」、殖民有「功」而受到多年批判。此際，他學得更「乖巧」和狡詐些了。為了騙取群眾信任，他在大戰期間提交德國黨中央的一份決議草案中[421]，略為改變了此前赤裸裸讚揚殖民掠奪的腔調，轉而採取兩面手法。一方面，他偽善地聲稱「決不承認任何一個民族有征服其他民族的權利」；另一方面，他在所擬定的具體方案裡從實質上根本否定了這一漂亮詞句。他避而不談被壓迫民族擺脫帝國主義的統治，從政治上分離出來成立獨立國家的問題，卻含糊其辭地提倡什麼「國家自治的權利」。另外，按他的方案，被壓迫民族要獲得這種自治權利，還必須具備一系列的條件：第一，必須是居住在歐洲地區的民族；第二，必須「具有歐洲文化」；第三，這些民族所居住的地區必須「在面積上足以使他們能夠作為各民族國際聯盟的一員而獨立地發展」；第四，被壓迫民族的人民只能以「公民投票」的方式表達自己的意願，而不得訴諸武力，雖然它們喪失獨立正是帝國主義者實行暴力兼併的結果。至於居住在歐洲以外的亞洲、非洲、美洲廣闊地區的被壓迫民族的獨立解放問題，在伯恩施坦的心目中，是根本不存在的。存在的只是「在保證當地居民在法律地位和物質生活上不致惡化的條件下」，可以對殖民地作一些「國際變動」，即可以將原來隸屬於某一帝國主義國家的殖民地

「變動」為隸屬於另一帝國主義國家。在這裡，伯恩施坦所慷慨地給予亞洲、非洲、美洲殖民地人民的唯一權利，就是可以在帝國主義列強之間「易主而事」——更換一個主人來奴役自己。這種方案，對於在爭奪殖民地的「事業」中來遲了一步因而急欲重分世界的德國容克資產階級說來，當然是最最愜意不過的了！

伯恩施坦的這種觀點，是和當時流行於德國的兼併融合「進步」論緊密配合的，也可以說，這是一種改頭換面的兼併融合「進步」論。

在「各族人民的監獄」——沙皇俄國，臭名遠颺的保皇黨大頭目普利什凱維奇和資產階級沙文主義者科科什金之流大叫大嚷：贊成弱小民族的政治自決，就是「不顧一切的冒險主義」，就是「政治的盲動」；就是「鼓勵分裂」，就會促使「統一完整」的國家陷於「瓦解」——這簡直是「罪該萬死」的大叛大逆！像列寧所揭露的，他們「甚至把分離的念頭也當作罪惡」[422]。

俄國的社會沙文主義者謝姆柯夫斯基[423]、李普曼[424]、尤爾凱維奇[425]等人，充當了沙皇黑幫和資產階級沙文主義者的應聲蟲，並且和庫諾夫之流一個鼻孔出氣，極力反對實行民族自決。為了招搖撞騙，他們使用了一些頗為「馬克思主義」的詞句，給馬克思主義者亂扣帽子，攻擊民族自決的主張是什麼「提倡民族閉關自守」「鬧分散主義」、阻礙和反對「同俄國整個無產階級共同進行鬥爭」「助長資產階級民族主義」等等。

簡言之，這些社會帝國主義分子妄圖用他們罵街的唾沫，在人們面前布起一層迷眼的毒霧：在處理民族關係問題上，似乎正是反對帝國主義暴力兼併、主張民族自決權的國際馬克思主義者

「違背」歷史發展規律,「阻礙」歷史正常進程,「拋棄」了無產階級國際主義;而歌頌帝國主義暴力兼併、反對民族自決權的他們,才是「順應」歷史發展規律,「促進」歷史正常進程,「堅持」了無產階級國際主義。

國際右派的新進攻,挑起了關於民族自決問題的新論戰。第一次世界大戰期間的這場新論戰,實際上是戰前在同一問題上長期論戰的延續,但又不是簡單的「舊話重提」。在新的歷史條件下,這場論戰具有比戰前更加迫切的現實意義,論戰的範圍具有更加廣泛的國際性,交鋒的主題內容也更加全面深入。

在國際無產階級左派隊伍中,那些原先對民族自決問題抱有糊塗思想的人在大戰業已爆發、帝國主義暴力兼併行為變本加厲的新條件下,儘管能為反對帝國主義戰爭而奔走呼號,不遺餘力,但仍然未能從自己的錯誤認識中解脫出來,反而對原有的想法作了一些新的錯誤「論證」。

例如,波蘭某些左派社會民主黨人在一九一六年發表了一份《關於帝國主義和民族壓迫的提綱》,嚴正聲明反對任何暴力兼併,在這點上,他們似乎是同公開頌揚暴力兼併政策的社會帝國主義分子庫諾夫之流嚴格劃清了界限。但是,他們卻在這份提綱中籠統含糊地肯定,在「帝國主義車輪碾壓」下形成的政治集中和經濟集中可以「為社會主義準備條件」,因而聲稱「決不主張在歐洲樹立新的國界標誌,恢復被帝國主義拆除的國界標誌」,即反對被帝國主義暴力吞併的弱小民族實行政治自決恢復國家獨立。

另外,左派隊伍中還有一些人受到歐洲「文明」人傳統觀念

和狹隘眼界的束縛，沒有注意到或不認真考慮把民族自決原則推廣運用於歐洲以外的亞洲、非洲和美洲殖民地、半殖民地的眾多被壓迫民族，「理由」是這些地區「沒有無產階級」，不適用工人政黨提出的民族自決口號。

諸如此類的新「論證」，在邏輯上顯然是自相矛盾的，在實踐上則起了替帝國主義暴力兼併政策文過飾非和吶喊助威的作用，成為庫諾夫和謝姆柯夫斯基之流用以詆毀和抨擊民族自決原則的新的「理論砲彈」，從而「不由自主地為社會帝國主義者效了勞」。[426]

在國際社會帝國主義分子的一片叫罵聲中，以列寧為首的國際馬克思主義者堅定不移地捍衛民族自決這一革命的民族綱領，從理論上給社會帝國主義分子以迎頭痛擊；同時，對某些左派社會民主黨人的有害觀點，則在「進行同志般的討論」[427] 中加以既尖銳嚴厲又令人信服的說理批評，幫助他們回到馬克思主義的革命路線上來。

務必同尼古拉二世的「融合」主張嚴格劃清界限

前面說過，列寧在第一次世界大戰以前批判「民族文化自治」論的過程中，曾經科學地論述了關於民族分離獨立和民族同化融合這兩種歷史趨向及其相互關係，教導世界無產階級應當自覺掌握歷史發展的客觀規律，按規律辦事，既要堅持民族平權和民族自決，反對大國沙文主義，又要堅持各族無產階級的國際主義團結，反對狹隘民族主義。

大戰以前，列寧曾經明確表示：「總的說來，我們是反對分

離的。但我們擁護分離權，因為黑幫的大俄羅斯民族主義大大損害了民族共居的事業，有時在自由分離以後，反而可以獲得更多的聯繫！！」[428] 一九一四年四月間，列寧又在一篇題為《關於民族政策問題》、準備由布爾什維克代表在國家杜馬中正式宣讀的發言稿中，嚴正聲明：「我們只重視自願的聯繫，決不贊成強制性的聯繫。」[429] 他還曾以俄國為例，具體剖析了強制融合的嚴重惡果，指出沙皇黑幫所推行的暴力兼併、民族壓迫的政策，就是民族分裂的政策。他們通過維護大俄羅斯民族的壓迫特權，製造民族對立，挑動民族殘殺，煽起民族仇恨，以破壞各族工人之間的階級團結，使統一的工人階級隊伍按民族標準陷於四分五裂，從而達到分而治之的險惡目的。[430] 因此，只有取消民族壓迫特權，「取消強制性的、封建的和軍事的聯繫，建立自願的聯繫，才能夠贏得各民族工人階級的團結一致」[431]。而馬克思主義者大力宣傳和維護被壓迫民族擺脫殖民統治的自決權，即政治上的分離權、獨立權、自主權，就是為了不承認強制性的聯繫，通過反對任何民族特權，堅持民族平等，藉以培養各族工人的階級團結、階級友愛精神，反對共同的階級敵人。

從列寧在戰前的有關論述中可以看出，馬克思主義者在民族融合問題上的基本態度是：第一，贊同加強民族之間的聯繫和融合；但是，第二，這種聯繫和融合，必須以平等、自願作為基礎和前提。

大戰期間，在關於民族自決問題的新論戰中，為了批判兼併融合「進步」論，列寧進一步對上述基本態度作了更加鮮明也更加深刻的闡述。

列寧反覆多次闡明：馬克思主義者是各種狹隘民族主義的敵人，是民主**集中制**的擁護者，是反對分立主義的。馬克思主義者深信：**在其他條件相同的情況下，由各民族共同組成大國家的好處是不容置疑的**。在一個按照民主集中制原則組織起來的統一的大國裡，更便於不同民族在各方面直接地互通有無，取長補短，互助合作，共謀繁榮；也更便於不同民族的工農大眾直接地加強聯繫，緊密團結，同心協力，共謀解放。因此，總的說來，大國比小國更有利於解決發展經濟的任務，也更有利於無產階級對資產階級開展鬥爭。

如果進一步從人類社會歷史發展的全過程著眼，那麼，中央集權制的大國是從中世紀的分散狀態走向將來全世界社會主義的統一體的一個巨大歷史步驟；同時，民族本身只是一個歷史範疇，它和階級一樣，只是人類歷史發展到一定階段的產物，並非自古就有的，也非永世長存的。從長遠說，社會主義、共產主義的目的不只是要消滅人類劃分為階級的現象，而且要消滅人類劃分為許多小國的現象，要消滅各民族間的任何隔離狀態；不只是要使各民族互相親近，而且要使各民族互相融合，成為一體。〔432〕

但是，在如何實現這些目的的問題上，馬克思主義者的路線同修正主義者、社會帝國主義者卻是根本對立、形同水火的。

在馬克思主義者看來，由於帝國主義到處實行暴力兼併和殖民統治，世界各地不同民族之間在平等自願的基礎上互相接近和互相融合的正常進程，受到了極其嚴重的阻撓和破壞，代之而來的是遍及全球的弱肉強食和民族壓迫。以暴力兼並為基礎的強迫

聯繫和強迫融合，不但給眾多的弱小民族帶來了種種社會災難，而且也給強國大族的勞動者加固了沉重的階級枷鎖，歸根到底，造成了全球性的民族對抗和民族分裂。這種現象，對於各族無產階級的國際主義團結，對於無產階級社會主義革命事業的進展，對於全人類的解放和共產主義目標的實現，危害至深，破壞極大！

正是針對這種由帝國主義暴力兼併和民族壓迫造成的世界性社會病象，馬克思主義者力主被壓迫弱小民族應當有權從帝國主義殖民帝國整體中分離出來，藉以徹底擺脫民族壓迫，實現獨立自主，即應當享有民族自決權。對於此種主張，列寧再次明確解釋說：我們把分離權的問題和我們是不是提倡分離的問題區別開來」[433]；「民族自決權從政治意義上來講，只是一種獨立權，即在政治上同壓迫民族自由分離的權利」；「這種要求並不等於分離、分散、成立小國家的要求，它只是反對一切民族壓迫的徹底表現」[434]。

換句話說，馬克思主義者提倡民族自決原則決不是意味著提倡一切民族通通分離單幹，各自組建小國，更不是意味著提倡一切民族各自局處一隅，閉關自守，互相隔絕，而僅僅是意味著對一切民族壓迫現象的深惡痛絕，意味著對民族壓迫所造成的民族對抗、民族分裂現象的痛心疾首；反過來，同時也就是意味著對世界各族人民在民族平等基礎上實現民族親近、民族融合的強烈願望！因為，承認、宣傳、維護民族自決權，就無異於承認、宣傳、維護弱小民族的平等獨立地位和當家作主權利，這就有利於他們徹底擺脫帝國主義的暴力兼併和民族壓迫，有利於消除由民

族壓迫所造成的民族對抗和民族分裂，有利於廓清民族之間的猜疑、憎恨或仇視，增強不同民族工農大眾的階級團結。而所有這些，都歸結到一點：有利於不同民族在完全平等、自願的基礎上實現親近和融合。

可見，提倡遭受異族殖民統治的弱小民族享有分離獨立權與實現各民族親近融合，兩者之間，貌似相反，實則相成。對於兩者之間的這種關係，列寧作了出色的概括。他指出：馬克思主義者是主張民族融合的，但是，在帝國主義對弱小民族肆意實行暴力兼併、殖民統治和民族壓迫的現實條件下，沒有分離自由，便不能從強制的融合、從兼併過渡到自願的融合。「正如人類只有經過被壓迫階級專政的過渡時期才能達到階級的消滅一樣，人類只有經過一切被壓迫民族完全解放的過渡時期，即他們有分離自由的過渡時期，才能達到各民族的必然融合」〔435〕。

列寧還以最簡明的語言，突出地強調了馬克思主義者堅持民族自決權的根本用意。他總結說，我們宣傳和維護民族自決權，「決不是為了『提倡』實行分離，相反地，是為了促進和加速各民族的民主的親近和融合」；我們之所以要求給遭受帝國主義暴力兼併和殖民統治的一切被壓迫民族以分離自由，「只是因為我們主張自由的、自願的親近和融合，不主張強制的親近和融合。如此而已！」〔436〕

由此可見，在馬克思主義者看來，在存在著帝國主義殖民統治的條件下，承認民族分離權與促進各民族親近融合，這兩者之間，是手段與目的關係，是途徑與終點的關係。承認民族分離權本身並不是目的或終點，而僅僅是反帝革命鬥爭、促進民族自願

親近融合的有效手段和有效途徑。

　　正由於堅持遭受殖民統治的弱小民族享有分離自由權僅僅是一種手段，它同促進反帝革命鬥爭、促進各族自願親近融合這一目的比較起來，只是相對的、第二性的、被決定的東西，因此馬克思主義在有關民族自決權即分離自由權的宣傳鼓動和具體運用上，就不應當把它絕對化、僵死化，不應當把它看成是獨立自在或一成不變的。恰恰相反，必須視其是否能最有效地服從於和服務於上述目的，在宣傳和運用上保持必要的靈活性。

　　在這方面，列寧的有關論述中有兩項要點是特別值得注意的：

　　第一，僅僅贊助有利於反帝的革命的分離運動，堅決反對不利於反帝的反動的分離運動。列寧在戰前有關論述的基礎上，再一次重申：「決不允許把民族有權自由分離的問題和某一民族在某個時期實行分離是否適當的問題混為一談」〔437〕。他認為對於後一問題，馬克思主義者應當在各個不同的場合，從當時當地的實際情況出發，根據整個社會發展的利益和無產階級爭取社會主義的階級鬥爭的利益，全面地權衡利弊，分別地加以解決，即分別地表示贊成分離或反對分離。

　　列寧明確指出，民族自決的要求，並不是什麼絕對的東西，而只是世界整個社會主義革命運動的一小部分。「在個別的具體情況下，部分可能和總體相矛盾，那時就必須拋棄這一部分」〔438〕。他還特地引述馬克思和恩格斯當年堅決反對在歐洲為沙俄霸權擴張充當馬前卒的某些小民族所掀起的反動民族運動，作為光輝的策略範例，教育革命人民應當從中吸取有益於將來的極其

寶貴的教訓。〔439〕

　　列寧的這些教導啟示我們：必須嚴格區分革命的和反動的民族分離運動，以便決定予以贊助還是加以反對；而判斷某一民族分離運動之是非，則必須以它在反帝反霸鬥爭總結中的實際結果作為標準，看它對帝國主義、霸權主義是起了削弱和瓦解的作用，還是起了鞏固和加強的作用。〔440〕當民族分離的要求不是有利於促進反帝革命鬥爭、促進各民族平等自願的親近和融合，反而是被帝國主義、霸權主義所利用，從而加劇民族對抗和民族分裂或者損害各族工農大眾共同的、整體的革命利益時，馬克思主義者就應當對這類要求斷然加以否定和反對，對它開展必要的鬥爭。

　　第二，制定民族綱領，務必切合本國國情，以利於各族自願融合，共同推進革命。列寧在大戰前數月發表的一篇專論民族自決權的長文中強調：在分析任何一個社會問題時，馬克思主義理論的絕對要求，就是要把問題提到一定的歷史範圍之內。如果談到某一國家的具體的民族綱領，那就一定要估計到在同一歷史時代這個國家不同於其他各國的具體特點，而決不能生搬硬套。〔441〕在大戰期間，列寧寫了另一長篇專文批駁對民族自決原則的曲解和攻擊，文中再次強調：「一切民族都將走到社會主義，這是不可避免的，但是一切民族的走法卻不完全一樣」，在國家類型、政治體制、民主形式上，「每個民族都會有自己的特點」〔442〕，一定會表現出多樣性、豐富多彩。因此，決不能「一律用淺灰色」去描繪這方面的未來，否則就頂多只能作出蹩腳可笑的圖畫。

十月革命勝利之後，列寧更是多次重申這樣的思想：當每個國家採取具體的途徑來解決統一的國際任務，向著社會主義、共產主義的共同革命目標邁進時，無論如何也不能在鬥爭策略規則上要求千篇一律、死板劃一、彼此雷同，以致作繭自縛，貽害革命。恰恰相反，各國的馬克思主義者都必須認真考察研究、探索、揣摩和把握本民族的特點，在具體運用共產主義基本原則時，把它在細節上正確地加以改變，使它正確地適應於民族的和民族國家的差別。[443]

列寧的這一光輝指導思想，當然也完全適用於各國民族綱領的正確制定和民族問題的妥善解決。他無疑是要求各國共產黨人在各自的全部革命實踐中，其中也包括在民族綱領的制定和民族問題的解決方面，務必從本國的實際情況出發，勇於探索，善於創新，多辟新徑，殊途同歸。

從列寧的以上論述中，我們顯然可以看出：鑑別和判斷任何民族綱領和民族政策之是否正確，其首要標準就在於看這種綱領和政策是否最切合於本國國情，從而最有利於促進反帝革命鬥爭，最有利於促進各民族平等自願的親近融合和團結合作，歸根到底，是否最有利於共同推進無產階級社會主義、共產主義的革命事業。

為了促進各民族在平等自願基礎上的親近融合，馬克思主義政黨應當對一切民族的工農群眾進行無產階級國際主義教育。列寧指出，這種教育工作的具體內容在實行帝國主義壓迫的大民族和遭受帝國主義壓迫的弱小民族中，顯然不應完全相同，而應當有不同的側重點。

在壓迫民族中，國際主義教育的重心必須是大力宣傳並且要工人堅持遭受殖民統治的被壓迫民族有分離的自由，對於某一弱小民族的分合去留問題，應當按照該弱小民族自己的意願去解決；不應當專為本民族著想，而應當把一切民族的利益、一切民族的普遍自由和平等置於本民族之上。

而在被壓迫民族中，國際主義教育的重心則應當放在各民族「自願**聯合**」這末尾兩個字上，圍繞這個中心開展宣傳鼓動工作，教育群眾在任何場合都應當反對小民族的狹隘觀點、閉關自守和各自為政，時刻注意把各族無產者的國際主義階級團結以及各族工農共同的革命事業放在第一位，積極提倡顧全整體和大局，局部利益服從總體利益；在完全平等、自願的基礎上，通過各種形式，同其他民族親近融合，以便和外族的工農群眾齊心協力，共同為無產階級的革命事業努力奮鬥！[444]

然而，就世界的全局而論，馬克思主義者對於反對大國沙文主義的鬥爭和反對狹隘民族主義的鬥爭，又並不是等量齊觀，平均使用力量的。

列寧教導說，由於我們這個時代的帝國主義使一些大國對其他民族的壓迫成了一種普遍現象，一小撮大國的民族正在壓迫世界上大多數民族和大多數居民，並且當時為了鞏固對其他民族的壓迫而正在進行著帝國主義戰爭，因此，「正是同大國民族的社會沙文主義進行鬥爭的觀點，應該成為社會民主黨民族綱領中決定性的、主要的、基本的觀點」[445]。

從這一適應於客觀現實和反映了時代特色的基本觀點出發，馬克思主義者在全世界範圍內理所當然地應以更大的努力，來宣

傳和維護遭受帝國主義殖民統治的弱小民族享有自決權即自由分離權的思想原則，為被壓迫弱小民族從帝國主義大國大族的暴力兼併和殖民統治下實行政治分離、另組獨立國家的自由權利而大聲疾呼，堅決鬥爭！

可是，當時身為社會民主黨人的庫諾夫、連施和謝姆柯夫斯基之流，不唯不嚴格遵循上述主要的、基本的觀點，反而藉口經濟集中、政治集中和民族融合的歷史進步作用，贊成和頌揚帝國主義對弱小民族實行暴力兼併，恣意攻擊和惡毒誹謗馬克思主義者關於民族自決權的正確主張，反對弱小民族享有擺脫帝國主義殖民統治、組建獨立國家的自由分離權。列寧尖銳揭露說，這只能說明他們是「相當露骨的資產階級奴僕」[446]，是「露骨的社會帝國主義者」[447]。

列寧反覆強調：同他們根本相反，馬克思主義者決不能按帝國主義者的理解來堅持經濟集中和政治集中的進步性。要使各民族互相接近乃至進一步融合，達到這個目的的方法決不應當是暴力，也決不應當是其他任何形式的強制，而應當「僅僅是各民族工人和勞動群眾的自由的和兄弟般的聯合」[448]，即僅僅是「使各民族在真正民主和真正國際主義的基礎上相互接近乃至相互融合」[449]。

有鑒於國際共產主義運動中在民族融合問題上存在著暴力吞併融合和平等自願融合這兩條水火不相容的路線，列寧諄諄教導各國人民要善於進行階級分析，「研究社會**各階級**對這個問題的態度」[450]，以便通過比較，進行鑑別，識破那些假馬克思主義者、假國際主義者的真貌。他說：「如果壓迫的、兼併的大民族

中的社會民主黨人僅僅一般地鼓吹民族融合，而忘記了，哪怕是一分鐘忘記了『他的』尼古拉二世、『他的』威廉、喬治、彭加勒等**也主張**和小民族**融合**（用兼併手段）……那麼，這樣的社會民主黨人在理論上是可笑的學理主義者，在實踐上是帝國主義的**幫兇**！」〔451〕

當今世界上存在著大國霸權主義者。他們多年來拚命鼓吹在強食弱肉和民族不平等的基礎上實行民族融合，實行經濟集中和政治集中，實行「經濟一體化」和「政治一體化」。大國霸權主義者們究竟如何對待當年尼古拉二世的主張？他們記住了什麼，「忘記」了什麼？——這是值得人們深思的！

在揭批兼併融合「進步」論的過程中，列寧還針對那種形「左」實右的荒謬觀點，即誇誇其談地用「革命」詞句唱高調、輕視民族解放運動偉大革命意義的觀點，作了辛辣的嘲諷。〔452〕

列寧認為，如果把帝國主義時代的社會革命看成是「純粹」由國際無產階級進行的革命，那就是一種「迂腐可笑的觀點」。這種人實際上是把社會革命設想成這樣：大概，有一支隊伍在這一邊排好隊，喊道：「我們贊成社會主義」，而另一支隊伍在那一邊排好隊，喊道：「我們贊成帝國主義」，這就是社會革命吧！

列寧指出：「誰要是等待『純粹的』社會革命，誰就**永遠**要落空，誰就是不懂得真正革命的口頭革命家」因為，歷史表明：像俄國一九〇五年那樣的民主革命，就是「由人民中**一切**具有不滿情緒的階級、團體和分子的一系列的戰鬥構成的」；而就社會主義革命而言，它也「**不能不**是一切被壓迫者和不滿者的群眾鬥爭的爆發」，而絕不僅限於無產階級覺悟分子的參加。面對這五

光十色的群眾鬥爭，只要「**客觀上**他們是向**資本**進攻的」，先進的無產階級就應當和能夠「統一和指導這個鬥爭」，藉以實現自己的革命目的。

如果在無產階級爭取社會主義的偉大解放鬥爭中，輕視被壓迫弱小民族的反帝革命運動，「不善於利用反對帝國主義**個別**災難的**一切**人民運動來加劇和擴大危機，那我們就不是好的革命家」。當時有人藉口民族解放運動參加者的社會成分不「純」而無視運動所產生的客觀效果，把歐洲一次具有廣泛群眾基礎的弱小民族的起義蔑稱為小資產階級的「盲動」。對此，列寧嚴肅地指出：第一，這是一種「教條式和書呆子式的奇怪評價」；第二，也是更重要的，這種評價竟同當時俄國的帝國主義分子對同一運動所作的反動評價「『偶然』吻合一致」，在這種情況下，「眼睛總該睜開了吧！！」

離婚自由不等於「家庭瓦解」

為了更有力地反擊社會沙文主義、社會帝國主義者的上述誣衊，揭露其謬論的實質，為了使更廣大的群眾理解和接受馬克思主義關於民族自決的主張，列寧還對民族之間分離與融合、分散與集中的關係，作了一個十分通俗、十分恰切的譬喻。

他指出，在婚姻家庭關係上，反動分子反對離婚自由，叫嚷什麼允許離婚自由就是促使「家庭瓦解」，實際上他們是想維護男性對女性欺凌肆虐的特權。其實，第一，「承認婦女有離婚**自由**，並不等於**號召**所有的妻子都來鬧離婚」〔453〕；第二，把離婚自由賦予家庭關係上的被壓迫者，勢必使家庭關係上的壓迫者有

所忌憚，不能肆逞淫威，因此，這不但不會使家庭關係「瓦解」，而且相反地會使這種關係在家庭民主這一更加牢實的基礎上鞏固起來。同理，把擁護民族自決權即擁護弱小民族享有擺脫帝國主義殖民統治的政治分離權和獨立自主權的人，誣衊為「鬧分散主義」「鼓勵分裂」「促使國家瓦解」「破壞工人國際主義團結」等等，這「正像責備擁護離婚自由的人是在鼓勵破壞家庭關係一樣愚蠢，一樣虛偽」[454]。因為，進行這種誣衊的人，醉翁之意不在酒，其實際目的無非是妄圖極力保住帝國主義壓迫民族的大國沙文主義特權，就像非難離婚自由的人實際上是力圖保住「大男子」的壓迫特權一樣。

在這方面，列寧特別憤怒地譴責和聲討沙皇黑幫一貫對俄羅斯帝國「大家庭」中的許多弱小民族實行封建家長式的暴虐統治。

列寧認為，歐洲的波蘭、芬蘭、烏克蘭以及亞洲的蒙古、土爾克斯坦等等，都是俄國沙皇和資本家的占領地或殖民地，「對俄國說來，試圖在被壓迫民族和殖民地之間找出某種重大的差別，那是特別荒謬的」[455]。在俄國，半數以上，幾乎是五分之三的居民遭受著「打破世界紀錄」的民族壓迫，遭受著沙皇黑幫和大俄羅斯民族地主資本家的殘酷掠奪和暴虐摧殘。這些吸血鬼拚命鼓吹大俄羅斯民族主義，「有多次血腥鎮壓民族運動的傳統」[456]。而對弱小民族的壓迫，轉移了鬥爭視線，分裂了革命隊伍，又反過來成為大俄羅斯民族本身解放事業的莫大障礙，它「是一根有兩頭的棍子」[457]，這棍子一頭打擊弱小的「異族人」，另一頭打擊俄羅斯民族的工友，起著鞏固沙皇專制統治的

作用。

　　針對這種情況，列寧一方面號召各族被壓迫人民共同奮起徹底摧毀沙皇反動政權，同時又堅決主張各被壓迫弱小民族應當享有從俄羅斯帝國的「大家庭」中分離出去的自由權利。因為只有這樣，才能更有效地反對民族壓迫，從而團結和發動各族人民，更有力地打擊沙皇專制統治，加速它的徹底覆滅！列寧強調說：「俄國社會民主黨絕對必須承認受沙皇制度壓迫的民族有同俄國自由分離的權利」[458]，「要無條件地反對統治民族……對於在國家關係上願意分離的民族用任何形式施用任何暴力」[459]，如果自稱「社會主義者」而又不按此行事，那就必然是「沾滿了血污的帝國主義君主派和帝國主義資產階級的走狗」[460]。

　　一九一七年二月革命以後，沙皇政府剛被推翻不久，在兩個政權並存的局面下，列寧再一次強調說，無產階級政黨應當立即宣布和實行：「一切受沙皇制度壓迫、被強迫合併或強迫劃入版圖的民族，即被兼併的民族，都享有同俄國分離的完全自由」[461]。他指出：民族壓迫政策是沙皇專制制度的可恥「遺產」，「我們俄國的工人和農民決不用強力扣留任何一塊非大俄羅斯的土地或殖民地」[462]；「否認自由分離權，就是直接繼續沙皇政府的政策」，「就等於擁護侵略政策或兼併政策」[463]。

民族自決口號新的革命內容

　　在關於民族自決問題的新的論戰中，列寧對民族自決這一口號的歷史演變過程作了簡要的回顧，並精闢地闡明了新的歷史時代賦予這個口號以嶄新的、更加豐富充實的革命內容。

列寧指出，關於民族自決這個要求，早在十七和十八世紀就已經由小資產階級提出來了。從整個世界歷史發展進程來看，民族運動的產生是同資本主義上升時代，即資本主義徹底戰勝封建主義的時代聯繫在一起的。這種運動的經濟基礎就是：弱小民族的新興資產階級為了發展資本主義商品生產，贏得更多的利潤，就必須盡力奪得和全面控制本民族本地區的商品銷售市場。要實現這一目的，就必須使操著同一種語言的人群所居住的地域用國家形式統一起來，建立最能滿足資本主義發展要求的獨立的民族國家。為了建立獨立的民族國家，就不能不努力反抗強大異族封建勢力的專制統治和民族壓迫，實現本民族的政治自決，從異族集體中脫離、分離出來。

所以，民族自決本來就是作為一種反對封建專制主義的鬥爭口號，即資產階級民主主義的鬥爭口號而提出來的。

但是，歷史發展到十九世紀末二十世紀初，出現了許多重大的新情況、新因素。資本主義已發展到它的最後階段即帝國主義階段，帝國主義列強變本加厲地推行暴力兼併政策，把整個世界瓜分完畢，使民族壓迫成為全球性的普遍現象。「帝國主義造成新的基礎上的民族壓迫」，所以，「帝國主義是在**新的**歷史基礎上的民族壓迫的時代」。

在這個新的時代裡，由於民族壓迫的加強和擴大，被壓迫民族的反抗鬥爭也相應地加強和擴大，使民族自決大大增加了「問題的迫切性」，民族自決口號的呼聲遍及全球，「帝國主義使這一陳舊的口號更新了」。[464] 在新的歷史條件下，這個老口號獲得了新活力，增添了新革命內容。

民族自決口號的更新，粗略地說，主要體現在以下幾個方面：

第一，民族自決的口號不再僅僅適用於歐洲，而且廣泛適用於全世界。

如所周知，在世界歷史上，西歐是資本主義的搖籃；作為資本主義發展的伴生現象，民族運動也最早出現在西歐，並相繼產生於歐洲其他地區和北美。依據民族自決原則而組建的許多獨立「民族國家對於整個西歐，甚至對於整個文明世界，都是資本主義時期**典型**的正常的國家形式」[465]。因此，長期以來在歐洲「文明」人的傳統觀念和一般心目中，剩下的只是那些居住在歐洲、「文化水平」頗高、同樣屬於「文明」人而又尚未建立獨立國家的弱小民族該不該實行民族自決和如何實行民族自決的問題了。

適應著新時代的新要求，列寧果敢地同這種傳統觀念實行徹底的決裂，嚴厲批駁了那種硬說民族自決口號早已「過時」和不適用於亞洲、非洲和美洲廣闊地區的荒謬觀點。

列寧就民族自決問題把當時世界上的主要國家分成三類。第一類是西歐的先進資本主義國家和美國：在這些地區，總的說來資產階級進步的民族運動早已結束。但是，對於迄未掙脫殖民枷鎖的愛爾蘭人說來，對於在帝國主義大戰中遭到暴力兼並因而喪失民族獨立的弱國弱族說來，實行民族自決仍然是一個十分現實、毫不過時的問題。對於這些地區壓迫民族中的無產階級說來，則大力贊助受本族帝國主義資產階級壓迫的弱小民族實行民族自決，更是責無旁貸的義務，也不存在「過時」問題。

第二類是歐洲東部的國家：奧地利、巴爾幹國家，尤其是俄

國。在這些地區，資產階級民族民主運動當時正在迅猛發展，民族壓迫與反民族壓迫的鬥爭十分尖銳。這些國家的無產階級如果不堅持遭受殖民統治的弱小民族享有民族自決權，就不可能完成民主革命和促進社會主義革命。民族自決的口號在這裡不但沒有過時，反而具有十分迫切的現實意義。

第三類是中國、波斯、土耳其等半殖民地國家和一切殖民地：在這些地區，人口共達十億，約占當時世界總人口的百分之六十。這裡的資產階級民族民主運動，一部分剛剛開始，一部分方興未艾，遠未結束。在這個幅員最廣、人口最多、受民族壓迫最殘酷的地區裡，實行民族自決、徹底擺脫帝國主義殖民統治，更是當務之急，刻不容緩！因為，全世界的社會主義者都「應當要求無條件地、無代價地立即解放殖民地，──這個要求在政治上的表現只能是承認自決權」〔466〕。「所謂解放殖民地，就是實行民族自決」〔467〕。

可見，「過時」論是對世界客觀現實的嚴重歪曲和根本背離，是純主觀的反動玄想。

列寧揭露了「過時」論的癥結和要害，指出，持「過時」論者的眼光只注視著英、法、意、德等民族解放運動已成為過去的那些國家，而沒有注視到東方，沒有注視到亞洲，沒有注視到民族解放運動正在發生和將要發生的殖民地、半殖民地。可謂一葉障目，不見泰山！但是，作為一個馬克思主義者，就「必須承認一切民族均有自決權」，民族自決的原則和要求應當適用於遭受帝國主義統治和壓迫的一切民族和一切殖民地，特別是應當適用於「歐洲以外的一切被壓迫民族，即一切殖民地」。〔468〕「歐洲人

常常忘記殖民地人民**也是**民族，誰容忍這種『健忘精神』，誰就是容忍沙文主義」[469]；倘如果認為只有歐洲某些「文明」民族才配享有民族自決權，而歐洲以外其他眾多遭受帝國主義殖民統治的「不文明」民族則不配享有同等權利，進而贊成採用兼併手段對這種權利加以破壞，那他就墮落成為社會帝國主義者而決不是馬克思主義者了。

列寧進一步強調：在馬克思主義者看來，即使對於那些沒有工人而只有奴隸主和奴隸等的殖民地國家，提出「自決」也不僅不是荒唐的，而且是絕對必須的。這首先是因為他們所遭受的民族壓迫最為沉重和殘酷，提出民族自決即自由分離正是他們反抗帝國主義殖民統治和民族壓迫的正確方向；同時也因為馬克思主義者、工人政黨的口號從來就不僅僅是向工人提出的，民族自決的口號，和工人政黨黨綱中的其他各種民主要求一起，歷來就是作為共同的鬥爭綱領向全體勞動者、向全體人民提出來的；更何況，絕大多數的殖民地、半殖民地早就誕生了無產階級並且正在成長壯大之中！由此可見，所謂歐洲以外的殖民地地區「沒有無產階級」因而不適用工人政黨提出的民族自決口號云云，是極端荒謬的瞎說。

列寧的這些論述，如此徹底地衝破了歐洲「文明」人傳統的狹隘眼界，如此明確地把民族問題和殖民地問題緊密地聯結在一起，從而把民族關係上的壓迫與反壓迫鬥爭當作全球性的突出現象加以全盤深入的考察和分析，特別是如此鄭重地把廣大殖民地、半殖民地的徹底解放當作世界性的緊迫現實問題，提到全世界革命人民議事日程上來，這在馬克思主義的發展史上還是第一

次。

第二，民族自決的口號不再僅僅是反對封建專制主義的鬥爭口號，而且主要成為反對資本帝國主義的鬥爭口號。

列寧指出：民族自決也就是爭取民族徹底解放、爭取徹底獨立和反對兼併的鬥爭。可是，「在帝國主義時代，資本主義已由反封建主義鬥爭中的民族解放者，變為各民族的最大壓迫者」[470]。遍及全球的民族壓迫現象既然是帝國主義造成的，實現民族自決就是力爭徹底擺脫帝國主義的統治和奴役，因此，在新的歷史條件下，民族自決這一口號的鬥爭矛頭理所當然地是徑直指向帝國主義的。所以，列寧教導說，「民族自決的口號同樣必須同資本主義的帝國主義時代**聯繫**起來」，「我們主張進行革命鬥爭反對帝國主義」[471]，而決不贊成保持帝國主義對弱小民族肆意宰割的現狀，也決不贊成那對既想改變現狀又想逃避大規模反帝革命戰爭的庸俗的空想。

一方面，不立足於堅持被壓迫民族有自決權即自由分離權，就不可能同帝國主義進行真正徹底的鬥爭；另一方面，不進行最堅決的反帝鬥爭，包括必要時進行暴烈的民族解放戰爭，民族自決就成為騙人的空話。因此，只有堅持民族自決原則並把實現民族自決同最堅決最徹底的反帝鬥爭緊密地聯繫起來，「才能在我們這個時代對民族問題作出無產階級的而不是小市民的提法」[472]，才能同那種市儈式的、企望不經過酷烈反帝鬥爭便能實現民族解放的右傾機會主義虛幻空想嚴格劃清界限。

第三，民族自決的口號不再僅僅與民主革命相聯繫，而且緊密地與社會主義革命相聯繫。

民族問題是「民主問題之一」〔473〕，而民族自決則是「政治民主要求之一」〔474〕。在歷史上，爭取民族自決向來和其他各種民主主義要求一樣，都是同資產階級民主革命聯繫在一起的。

進入帝國主義和無產階級革命時代以後，儘管就民族自決這一要求本身而言，它仍然是民主主義性質的，但是，由於這時無產階級社會主義革命已經成為直接實踐的問題，革命的對象是帝國主義壟斷資產階級，而爭取民族自決，作為馬克思主義政黨在民族問題上的革命綱領，其鬥爭矛頭也是直指帝國主義壟斷資產階級的，因此，在新的歷史條件下，實現民族自決的革命鬥爭同實現社會主義的革命鬥爭，兩者所面臨的敵人是共同的：從革命的陣線上說來，實現民族自決的鬥爭起著打擊和削弱社會主義革命的敵人、支持和援助社會主義革命力量的作用。同時，對於被壓迫民族的無產階級說來，反對帝國主義殖民統治、爭取民族自決鬥爭的徹底勝利，乃是進一步實行社會主義革命的必要前提和直接準備；而要取得民族自決鬥爭的徹底勝利，也離不開正在開展社會主義革命鬥爭的、壓迫民族中無產階級的支持和聲援，以擊敗共同的敵人。

正因為如此，列寧在一九一五年明確指示：我們應當**把**爭取社會主義的革命鬥爭同民族問題的革命綱領**聯繫起來**」〔475〕。一九一六年，列寧在《關於自決問題的爭論總結》一文中更加明確地強調說，對於當代被壓迫民族的各種民主要求，都不應當孤立地來看，而應當**從世界範圍**來看：在新的歷史條件下，被壓迫民族關於實行民族自決的要求已經成為整個無產階級社會主義革命運動的一個組成部分。〔476〕

總之，列寧關於民族自決口號內容更新的光輝創見和雄辯論述，準確地反映了新時代的新現實和新要求。這些創見和論述是對馬克思主義民族殖民地革命學說的重大發展，並且作為一項威力巨大的新思想武器，對馬克思主義的總理論武庫作了十分重要的添加。

兩類民族在自決問題上的不同重點

在第一次世界大戰爆發以前，列寧就要求人們注意：民族問題上的機會主義在壓迫民族中和在被壓迫民族中有著各不相同的表現。[477]

大戰爆發之後，在論述民族自決口號內容更新的過程中，列寧再三提醒壓迫民族的無產者和被壓迫民族的無產者，在民族自決問題上開展反對機會主義鬥爭中應當特別加以注意的重點是各不相同的。這些教導，比較完整集中地體現在一九一六年先後發表的《社會主義革命和民族自決權》《關於自決問題的爭論總結》等綱領性和總結性的光輝論著之中。

就帝國主義壓迫民族的無產階級而言，對待民族自決問題，首先必須切忌談遠不談近、談虛不談實：只用籠統抽象的泛泛空談去反對兼併和贊成一般的民族平等，而對於深受本族帝國主義壓迫、被強制扣留在本國疆界以內的弱小民族的政治自決問題，則態度曖昧，默不作聲。對於這個具體的要害問題，壓迫民族的帝國主義資產階級歷來是最為忌諱、最感到「不愉快的」，無產階級則必須針鋒相對，反其道而行之，敢於直接觸及和戳破這個「膿瘡」，旗幟鮮明地要求受本族帝國主義壓迫的一切弱小民族

和殖民地享有自決權即享有政治分離的充分自由，並為此而開展鬥爭。如果不敢或不肯這樣做，那麼，無論說得多麼動聽，無產階級國際主義就仍然是口惠而實不至，形同畫餅。

其次，必須切忌把義務當恩賜，視自救為救人：要求讓受本族帝國主義壓迫的一切弱小民族和殖民地享有自決權，支持其獲得民族解放，這不但是壓迫民族中無產階級應盡的國際主義義務，而且是後者自身獲得社會解放的首要條件。列寧多次援引馬克思對愛爾蘭民族自決問題的精闢分析，反覆重申和詳盡闡明馬克思和恩格斯提出的關於「奴役其他民族的民族是在為自身鍛造鐐銬」「壓迫其他民族的民族是不能獲得解放的」著名論斷，指出：馬克思在一八六九年之所以要求英國工人支持愛爾蘭脫離英國而獨立，「正是從英國工人的革命鬥爭著想」[478]；他提出這個要求，並不是要「替愛爾蘭主持公道」，「而是從**壓迫民族即英國民族**的無產階級反對資本主義的革命鬥爭的利益出發的。這個民族對其他民族的壓迫限制了和損害了**這個民族**的自由」[479]。

列寧強調，馬克思和恩格斯當年在愛爾蘭問題上的原則立場為全世界各個壓迫民族的無產階級提供了應當怎樣對待民族自決和民族解放運動的偉大範例，這個範例在民族壓迫遍及全球的帝國主義時代，尤其「具有巨大的實際意義」[480]。他分析道：馬克思和恩格斯沒有活到帝國主義時代，現在全世界已經形成了一個由寥寥五六個帝國主義殖民大強國組成的體系，其中每個大強國都正在殘暴地壓迫其他民族，「而這種壓迫是人為地延緩資本主義崩潰的辦法之一，是人為地支持那些統治世界的帝國主義民族的機會主義和社會沙文主義的辦法之一」[481]。換句話說，帝

國主義列強對廣大殖民地、半殖民地的殘酷壓迫剝削，正是造成
這些強國內部修正主義思潮氾濫成災的一項主要條件，也是使這
些國家內部革命工人運動受到嚴重阻礙、反資本主義決戰長期遷
延的一個主要原因。

　　列寧的這些分析，為帝國主義壓迫民族的無產者找到了他們
自身長期處在僱傭奴隸地位的病根，教育他們必須領悟到「救人
實乃自救」的辨證道理，把全力支持受本國本族壓迫的殖民地、
半殖民地人民實現民族自決，看作他們自身爭取自我階級解放的
必經途徑和必要手段。只有這樣，才能認真擺脫帝國主義資產階
級的蠱惑煽動和修正主義思潮的腐蝕毒害，促使自身思想革命
化，加速社會主義革命的到來，取得無產階級自身和全人類的徹
底解放。

　　以上，是帝國主義壓迫民族中的無產階級在民族自決問題上
應當特別注意的兩大要害。

　　另外，就被壓迫民族中的無產階級而言，他們在對待民族自
決問題上應當特別注意些什麼呢？

　　首先，爭取民族自決必須不損害階級團結。列寧教導說：
「被壓迫民族的社會黨人必須特別堅持和實現被壓迫民族的工人
和壓迫民族的工人的完全的無條件的（包括組織上的）團結」
〔482〕。否則，就不能同本民族資產階級所鼓吹的狹隘民族主義嚴
格劃清界限，就不能保持和捍衛無產階級在民族解放運動中的獨
立性，即保持和捍衛無產階級在反帝革命鬥爭中的領導權。

　　其次，爭取本民族的自決的同時，切切不要去破壞他民族的
自決。既要謹防本民族資產階級去同壓迫民族的資產階級實行反

動的妥協，尤須嚴杜本民族資產階級把民族解放的口號變成欺騙工人的手段，在對外政策上「竭力同相互競爭的帝國主義強國之一相勾結，來實現自己的掠奪目的」[483]，肆意欺凌比本民族更加弱小的他國他族，破壞他國他族的獨立和主權。

最後，爭取民族自決必須切忌弄成虎去熊來，易主而事。列寧告誡說：「爭取民族自由、反對一個帝國主義強國的鬥爭，在某種情況下可能被另一『大』國利用來達到它的同樣的帝國主義的目的」[484]。顯然，要避免出現這種名為「自決」實是「他決」的可悲局面，被壓迫民族的無產者和革命人民務必加倍提高警惕，既要及時識破這「另一大國」的假仁假義、口蜜腹劍，又要堅決揭露本國本族反動勢力開門揖新盜的背叛行徑，為本民族真正徹底的解放而鬥爭。

列寧的這些教導，是對歷史上民族解放運動經驗教訓的科學總結，也是對帝國主義時代客觀現實的深入解剖。它對於全世界被壓迫民族被壓迫人民正確分析正確對待錯綜複雜的國際階級鬥爭和民族鬥爭，具有極其重要的現實指導意義。

四、十月革命以後第三國際初期，列寧在民族殖民地問題上清除修正主義流毒的鬥爭

（一）一九一七年底至一九二四年初民族殖民地問題面臨的新形勢

第一次世界規模的帝國主義大戰給苦難深重的各國被壓迫人民增添了無窮的新災難，逼使人民群眾更快地走上根本推翻資本

帝國主義制度的革命道路；同時，大戰使帝國主義列強嚴重地互相削弱，十分有利於革命人民從最薄弱的一個環節上衝破世界資本帝國主義體系的鎖鏈，而它果然被衝破了！

在以列寧為首的布爾什維克黨的領導下，俄國的工農群眾通過一九一七年的二月民主革命，摧毀了萬惡的沙皇制度，埋葬了長達三百年的羅曼諾夫王朝；緊接著，又在同年俄歷十月二十五日（公曆 11 月 7 日），通過武裝起義，一舉推翻了帝國主義資產階級的臨時政府，建立了世界上第一個無產階級專政的社會主義國家。

偉大的轉折和嶄新的時期

十月社會主義革命的偉大勝利，是人類歷史的偉大轉折。它「改變了整個世界歷史的方向，劃分了整個世界歷史的時代」[485]，「給世界人民解放事業開闢了廣大的可能性和現實的道路」[486]。它破天荒第一次打破了世界資本帝國主義體系的堅冰，開通了駛向社會主義的航路，指明了通往共產主義的航向，從而使人類歷史邁進一個嶄新的紀元。

十月革命以後，在世界政治中出現了一系列前所未有的重大因素，使全世界被壓迫民族反帝革命鬥爭的局面煥然改觀，從而使全世界殖民地、半殖民地的民族解放運動也進入了一個嶄新的時期。

十月革命使原先無所不包的、一統的世界資本帝國主義體系，在全球六分之一的土地上崩潰，嚴重地削弱了國際帝國主義勢力。沙皇俄國這個擁有殖民地一千七百多萬平方公里的龐大殖

民帝國的瓦解覆滅，不能不給整個世界殖民體系以極其沉重的打擊。這就大大地改變了全世界壓迫民族和被壓迫民族兩大敵對營壘之間的力量對比，十分有利於被壓迫民族的解放事業。

十月革命以後，在列寧和斯大林的正確領導下，俄國從歐亞兩洲反動勢力的主要堡壘，一變而為國際無產階級公開的革命基地；從被壓迫小民族的死敵，一變而為殖民地、半殖民地民族解放運動的後盾。在十月革命的重大影響和直接推動下，許多先進資本主義國家內部的無產階級革命運動獲得新的重大進展，有力地支持了殖民地、半殖民地的民族解放運動。反過來殖民地、半殖民地蓬勃開展的民族解放運動，直接打擊和嚴重削弱了國際帝國主義勢力，也極其有力地支持了第一個無產階級專政的社會主義國家，聲援了資本帝國主義國家無產階級的革命鬥爭。面對共同的敵人，這種互相支持、互相聲援的關係，在社會主義國家、資本主義宗主國無產階級社會主義革命和殖民地、半殖民地民族民主革命之間架起了一道橋樑，使它們緊密地聯結成為一條反對世界帝國主義的國際統一戰線。從此以後，殖民地、半殖民地的民族民主革命就不再是舊的資產階級和資本主義的世界革命的一部分，而是新的世界革命的一部分，即無產階級社會主義世界革命的一部分，成為無產階級社會主義世界革命的偉大的同盟軍。

十月革命一聲炮響，給殖民地、半殖民地人民送來了馬克思列寧主義，它和當地的工人運動相結合，在一些國家和地區相繼產生了共產黨。其中有些國家和地區的無產階級，通過自己的馬克思列寧主義革命政黨，開始逐步掌握民族民主革命運動的領導權，使長期以來在黑暗中摸索、尋求革命真理的人民，從此能夠

得到思想上政治上正確的領導。正是由於十月革命以後馬克思列寧主義在全世界的廣泛傳播，大大地幫助了被壓迫民族的先進分子和革命組織，促使他們開始用無產階級的宇宙觀作為觀察國家民族命運的工具，重新考慮自己所面臨的迫切問題，作出新的結論。他們對帝國主義壓迫的認識，終於從感性階段上升到理性階段；他們的鬥爭，終於從缺乏明確、徹底的反帝革命綱領上升到堅定地確立徹底的反帝革命綱領，大大提高了覺悟水平和鬥爭水平，從而使這些國家的民族民主運動能夠提高到一個嶄新的階段。

　　十月革命後，中國革命成為無產階級社會主義世界革命的一部分。在占世界人口總數四分之一、占弱小民族人口總數將近一半的中國，一九一九年爆發了反帝反封建的五四運動，在「外爭國權、內懲國賊」等戰鬥口號下，以無產階級為首的全國人民開展了聲勢浩大的反對帝國主義及其走狗反動軍閥的革命鬥爭，大大促進了馬克思列寧主義同中國工人運動的結合。一九二一年，偉大的中國共產黨誕生了，從此以後，中國人民的革命鬥爭以嶄新的面貌出現在世界上。隨著時間的推移，中國革命日益發展成為無產階級社會主義世界革命的「偉大的一部分」，[487] 在愈來愈大的程度上打擊著和摧毀著國際帝國主義反動統治的根基。以毛澤東同志為首的中國共產黨所領導的中國人民革命的勝利，改變了東方和世界的形勢，為被壓迫民族和被壓迫人民的解放事業開闢了新的道路。

「二賊相爭，兩敗俱傷」

十月社會主義革命的勝利，嚴重地打擊了世界帝國主義戰爭勢力。列寧領導的蘇維埃政權在初建後的第二天就頒布了著名的《和平法令》，提議各交戰國立即締結和約，實現「不割地（即不侵占別國領土，不強迫合併別的民族）不賠款的和平」[488]，並且挫敗了國內外戰爭勢力的種種阻撓和破壞，在一九一八年三月與德國簽訂了《布列斯特—立托夫斯克和約》，使蘇維埃俄國完全擺脫了帝國主義戰爭。

在十月革命的強大影響下，在俄國榜樣的有力啟迪下，歐洲許多國家飽遭戰禍的革命人民紛紛把槍口轉向本國反動政府，奮起以革命制止戰爭。保加利亞王國、奧匈帝國、德意志帝國內部先後爆發了聲勢浩大的反戰起義和暴力革命，保、土、奧、德四國政府先後被迫宣布投降。第一次世界大戰終於在一九一八年十一月正式結束。

兩大帝國主義集團這一場歷時四年多的大火並，在一定程度上造成了列寧所預期的局面：「二賊相爭，兩敗俱傷」[489]。大戰使俄、德、奧三大帝國陷於土崩瓦解。英、法、意等帝國主義雖是所謂「戰勝國」，也打得精疲力竭，元氣大傷，實力銳減，有的走向衰落，有的負債纍纍。在大戰末期和戰後初期財政危機、經濟危機的衝擊下，深受十月革命影響和鼓舞的無產階級和革命群眾在帝國主義各國內部一再掀起波瀾壯闊的罷工和騷動的浪潮，往往在短短的一年之中，單單一個國家參加罷工或騷動的人數就多達幾百萬乃至上千萬（如 1918 年夏秋在日本爆發轟動

全球的「米騷動」，在三個月中參加暴動鬥爭的革命群眾就多達千萬人以上）。其中，義大利的二百多萬罷工工人在一九二〇年甚至奪取了本國北部所有的大工廠，主持生產和分配，南意的貧苦農民也展開了奪取地主土地的運動，使反動階級的統治一度搖搖欲墜。德國工人在新建的德國共產黨的領導下，於一九一九年四月間舉行武裝起義，一度建立了巴伐利亞蘇維埃共和國；一九二三年十月，在薩克森和圖林根兩個地區一度建立了工人政府，還在漢堡地區舉行武裝起義，把反動警察繳了械，同數量上占絕對優勢的政府軍激烈搏鬥了三天。

在這同時，各國工人和革命士兵還積極開展保衛剛剛誕生的、革命的蘇維埃俄國的運動，在「不許侵犯俄國」的口號下，以拒絕裝運殺人武器和軍需物資、拒絕作戰等實際行動，努力制止對俄國的反革命武裝干涉，有效地支持和保衛了無產階級世界革命的第一個公開基地。

「阿芙樂爾」號炮聲的餘震未已，一九一九年三月又在匈牙利爆發了社會主義革命，長期遭受沉重民族壓迫和階級壓迫的匈牙利人民，繼俄國十月革命之後，從又一個薄弱環節再度衝破了世界資本帝國主義體系的鎖鏈。儘管這又一個無產階級專政的國家只存在一百三十三天，但它是對國際帝國主義勢力的又一重大打擊，同時也是對世界被壓迫民族被壓迫人民的又一重大鼓舞。

上面這些情況，都促使國際帝國主義勢力在十月革命後六七年間進一步遭到削弱，從而為世界被壓迫民族的解放鬥爭造成了十分有利的國際環境。

然而，帝國主義列強決不會因為國內的動亂而改變其吞噬殖

民地、半殖民地人民的虎狼本性。相反，為了緩和國內的經濟危機和政治危機，它們在新的條件下向被壓迫弱小民族加緊展開了新的進攻。

新的分贓和新的抗爭

第一次世界大戰結束後，帝國主義列強按照新的實力對比，在一九一九年一月開場的「巴黎和會」上，對殖民地和勢力範圍實行了新的分贓，展開了新的爭奪。戰場上的火並廝殺暫時轉化為會場上的勾心鬥角，而會場上的爾虞我詐又孕育著下一次戰場上的大砲轟鳴。

經過五個月又十天的互相攻訐和激烈爭吵，列強勉強達成暫時妥協，於一九一九年六月末簽訂了對德和約，即《凡爾賽條約》。隨後又相繼簽訂了對奧、對保、對土等一系列和約。根據這些和約的有關規定，德國在非洲、亞洲、大洋洲所有的殖民地全部由幾個主要的帝國主義「戰勝國」以接受「委任」代行統治的美名加以瓜分，德屬東非的大部分（坦噶尼喀）劃歸英國，德屬西非的多哥和喀麥隆由英法分割，德屬西南非改由英國自治領南非聯邦統治，德屬薩摩亞歸英國自治領新西蘭接管，德屬新幾內亞以及太平洋赤道以南諸島（除薩摩亞和瑙魯以外）改隸於英國自治領澳大利亞，太平洋赤道以北德屬諸島則為日本所得；土耳其在西亞和北非的所有屬國全由英、法、意宰割瓜分；連歐洲一些弱小民族的疆土，也竟如一盤豆腐，任憑列強橫切豎割，支離破碎，東歸西並。此外，《凡爾賽條約》竟不顧當時中國也是個「戰勝國」，公然規定把德國在我山東省攫取的一切非法特權

和膠州灣租借地轉讓給日本。〔490〕荒唐悖謬，無以復加！

　　為了進一步從組織上鞏固這種新的分贓局面和新的殖民「秩序」，巴黎和會還制定了《國際聯盟盟約》，列為《凡爾賽條約》的第一部分，並於一九二〇年一月正式宣告成立「國際聯盟」。這個擁有四十多個會員國的國際組織，打出的旗號是「促進國際合作」，「維護國際和平與安全」，實際上卻是三五個帝國主義大國用以共同宰割世界、奴役弱小民族、鎮壓民族解放運動的得力工具。例如，在《國際聯盟盟約》（它被吹捧為「國聯」的「憲法」——根本大法）中，公然誣衊許多弱小民族「尚不能自立」，需要「先進國」加以「監護（保佐）」，並以此作為藉口，公然以弱小民族的「太上皇」自居，定出了一整套「委任統治」的規章制度，建立了「委任統治委員會」的常設機構，而且堂而皇之地以「國聯」名義向殖民盜匪頒發一張又一張的「委任狀」；「授權」他們對這些弱小民族實行直接統治。〔491〕——時至二十世紀二〇年代，居然還如此行事，這倒是完全符合十五世紀末西班牙國王把哥倫布「預封」為海外殖民總督的歷史「傳統」！

　　作為巴黎和會與《凡爾賽條約》的繼續與延長，列強又在一九二一年十一月至一九二二年二月搞了個「華盛頓會議」，簽訂了條約，保證「互相尊重」在太平洋地區的殖民「權益」，並共同確定了列強在中國的「門戶開放、機會均等」原則，實質上等於公開宣布對中國實行「國際共管」，從而使中國成為帝國主義諸大國共同宰割的對象。〔492〕

　　就這樣，通過這種臭名昭著的「凡爾賽—華盛頓體系」，戰後帝國主義盜匪們完成了對整個地球的重新分贓，確定了世界帝

國主義殖民統治的新「秩序」，結成了共同對付和鎮壓民族解放運動的新的反革命同盟；並且在這些新條件下，對殖民地、半殖民地人民實行更殘暴、更瘋狂的壓迫和掠奪。

但是，殖民地、半殖民地的人民在大戰期間被迫付出了幾千萬人的生命代價，難道是為了易主而事，更換一夥新的老爺來奴役自己？帝國主義者在戰時和戰後給他們製造巨大的新災難的同時，也製造了同樣巨大的新仇恨和新覺醒，舊恨加新仇促使弱小民族同帝國主義者的矛盾空前激化。而大戰期間數以千萬計的殖民地、半殖民地人民被帝國主義資產階級驅趕到戰場上參與了現代化的戰爭，被驅趕到歐洲工廠中接觸了革命的無產者，其中有些人還親自經歷或親自參加了俄國十月革命和歐洲無產者的革命鬥爭，凡此，都使他們經了風雨，見了世面，受了薰陶，提高了政治覺悟，掌握了軍事技術，學會了使用新式武器的本領（列寧說過：「這是一種非常有用的本領，我們為此要向資產階級深深地致謝」[493]）。他們當中的許多人回到祖國之後就成為反帝革命鬥爭的政治、軍事骨幹。同時，在大戰期間，在帝國主義列強忙於互相廝殺的間隙，殖民地、半殖民地一些國家和地區的民族資本主義經濟有了較大的發展。相應地，這些國家工人階級的隊伍也較為迅速地成長壯大，階級覺悟和民族意識不斷提高，開始作為一支引人注目的獨立的社會階級力量登上了政治舞臺。

由於各種革命因素和革命力量日益增長，特別是在十月革命的影響和鼓舞下，在馬克思列寧主義的傳播和武裝下，在無產階級革命政黨的正確領導下，亞洲、非洲和美洲廣大地區以工人階級為首的人民群眾的反帝革命鬥爭和民族解放運動就以空前迅速

猛烈和空前廣泛深入的態勢，蓬勃發展起來了。「擁有十億以上人口、受盡壓迫的殖民地各國人民的反抗……一年比一年、一月比一月、甚至一星期比一星期更加劇烈」[494]，「連最『有威力的』列強也阻擋不住他們了」[495]！

單在十月革命以後短短六七年間，亞非拉到處都燃起反帝革命鬥爭的怒火。

在亞洲，中國人民於一九一九年掀起了反帝反封建的革命狂瀾；全球矚目的五四運動，在中國人民和世界人民的反帝鬥爭史上寫下了光輝的嶄新篇章。朝鮮人民於一九一九年舉行了全國性的武裝起義，全國二百一十八個府郡中，爆發示威和起義的多達二百一十一個，參加鬥爭的群眾達二百萬人以上，嚴懲了日本侵略者和親日地主，空前沉重地打擊了日本的殖民統治。印度人民於一九一八年至一九二二年連續地舉行大規模的罷工示威和武裝暴動，到處襲擊英國的殖民統治機構和親英地主的莊園，抵制和焚燒英貨，武裝抗租抗稅。其中，馬德拉斯省馬拉巴爾地區起義的貧苦農民甚至還宣布成立「哈裡發共和國」，在農村中建立了自己的政權機構，堅持了五個月之久，在印度現代史上開創了一個良好的範例。阿富汗人民於一九一九年全力支援本國僅有的五萬軍隊，奮勇抗擊在數量上和裝備上都占絕對優勢的三十四萬英國殖民侵略軍，終於迫使英帝國主義者同意簽訂協定，承認阿富汗的主權和獨立。伊朗人民於一九二〇年掀起了反英武裝起義，一度在阿塞拜疆省建立了反帝反封建的民族政府，並在吉蘭省建立了吉蘭共和國，打擊了英帝國主義及其走狗的反動統治。土耳其人民於一九二〇年至一九二二年進行了艱苦的民族解放戰爭，

並在列寧領導的蘇維埃俄國的國際主義援助下，擊敗了英法等國的侵略占領軍，推翻了帝國主義走狗的封建王朝，建立了共和國。

在非洲，埃及人民於一九一九年發動了驅逐英國侵略者的大規模武裝起義，工人和學生在城市同英國占領軍逐街逐巷展開激烈血戰，農民則在鄉村廣泛開展游擊戰打擊殖民強盜，廣大埃及婦女也毅然衝破了「閨閣」制度的傳統約束，拿起武器同侵略者英勇搏鬥。經過反覆較量，終於迫使英帝國主義者在一九二二年承認埃及獨立，擺脫了「保護國」的屈辱地位。摩洛哥里夫族人民於一九二一年以原始武器勇敢頑強地抗擊裝備精良的西班牙殖民侵略軍，取得了全殲兩萬名強敵的輝煌勝利，建立了「里夫共和國」接著又先後在一九二四年和一九二五年進一步粉碎了西班牙十萬殖民軍的反撲，挫敗了法國殖民軍的進犯，一度使整個西屬摩洛哥國土幾乎全部光復，並嚴重震撼了法屬摩洛哥的殖民統治。

在拉丁美洲，阿根廷人民於一九一八年至一九二四年開展了反對帝國主義走狗反動獨裁統治的鬥爭，罷工示威一浪高過一浪，武裝起義也在城鄉各地頻頻爆發，到處打擊和懲罰反動軍警，使伊裡戈延反動政權一度瀕於垮臺！此外，在墨西哥、巴西、智利、祕魯等其他拉美國家，一九一八年至一九二〇年廣大人民群眾反美帝、反獨裁的革命鬥爭也有如風起雲湧，遍及各地，而且在不少國家發展成為革命的武裝暴動。其中，墨西哥部分地區的工人和農民甚至占領礦場自行管理生產，奪取大莊園主的土地加以平分；某些城市和州還曾傚倣俄國一度宣布成立蘇維

埃，由此可見十月革命影響深刻廣泛之一斑。

總之，十月革命以後數年間，亞非拉廣大地區漫天而起的反帝烽火和革命風暴，以其新的氣勢和新的聲威，空前有力地同歐美先進國家的無產階級革命運動互相呼應和互相促進，攪得國際帝國主義資產階級驚恐萬狀。加強血腥鎮壓，是他們的看家本領；繼續朦蔽欺騙，也是他們的拿手慣伎。主人揮手，走狗出籠：大戰爆發後業已四分五裂的第二國際的餘孽們，戰後又重新嘯聚糾集，在無產階級革命和無產階級專政的一系列基本問題上，其中包括在民族殖民地問題上，繼續大放其毒。或老調重彈，或陳腔新唱，一時猖猖之聲，又復此落彼起了。

沉滓泛起，殭屍還魂

正當帝國主義主子們在巴黎折衝樽俎、縱橫捭闔之際，他們的奴才──分屬兩大敵對陣營的第二國際餘孽們，經過四年之久的相對齜牙咆哮之後，也在伯爾尼聚首一堂，握手言歡，共商反革命大計。一九一九年二月的伯爾尼會議選出了社會黨「國際」（史稱「伯爾尼國際」）的常設委員會和執行委員會，老牌的第二國際右派頭子布蘭亭得意洋洋地宣告：「國際又復活了。」這次會議所通過的一系列反革命修正主義的決議表明：巴黎的帝國主義頭子們和伯爾尼的社會帝國主義頭子們之間，是心心相印、緊密唱和、大演政治雙簧的。國際馬克思主義者恰如其分地指出：伯爾尼國際是「第二國際的殭屍還魂」[496]，是「巴黎和會的從屬機構和國際聯盟的輔助機關」，是「國際帝國主義代理人的組織」，是「黃色的、背叛的、變節的國際」。[497]

一方面是沉滓的泛起，另一方面則是精華的聚集：在大戰期間反帝、反修的共同鬥爭過程中，愈來愈多的國際馬克思主義者逐步團結在列寧周圍，於一九一五年開始組成了齊美爾瓦爾得左派集團，設立了自己的常務局，進一步開展活動，加強鬥爭。從此以後，特別是在偉大的十月革命以後，國際左派隊伍更加迅速擴展壯大。一九一九年三月，在列寧親自領導和主持下，三十個國家的共產黨和左派社會黨組織的代表參加了共產國際的成立大會，正式組成了共產國際——第三國際。在國際共運史上，這是一件影響深遠的大事。大家知道，自從恩格斯逝世以後，第二國際修正主義分子在國際共產主義運動隊伍中造成了長達二十餘年之久的思想混亂和組織瓦解狀態，現在，終於由第三國際在世界範圍內豎起了一面鮮紅的革命大旗，號召全世界一切被壓迫階級和被壓迫民族集合在這面旗幟之下，這就使全世界革命者為之耳目一新，倍感振奮！第三國際成立之初，就遵循馬克思列寧主義的革命原則，制定了大力促進無產階級世界革命事業的基本路線和行動綱領。

在民族殖民地問題上，第三國際憤怒譴責帝國主義列強戰後變本加厲地推行殖民掠奪政策，尖銳揭露伯爾尼社會黨國際「奴顏婢膝地為威爾遜國際聯盟效勞」；同時嚴正聲明：「與黃色的社會黨國際相反，共產主義無產階級的國際將支援被剝削的殖民地人民反對帝國主義的鬥爭，以便促使世界帝國主義體系最後崩潰。」[498]

列寧領導下的第三國際的革命路線和鬥爭實踐，代表了國際無產階級和被壓迫民族被壓迫人民的根本利益和共同願望，它在

世界革命人民中享有崇高的威望。

有鑒於此，第二國際的「中派」餘孽們為了撈取政治資本，以便在工人群眾中繼續招搖撞騙，紛紛厚著臉皮申請加入第三國際。但是，他們又拒不接受第三國際的革命綱領和革命章程，這樣的申請理所當然地碰了壁。於是，他們別立門戶，獨樹一幟，一九二一年二月在維也納組成了「社會黨國際工人聯合會」（史稱「維也納國際」或「第二半國際」），藉以顯示自己頗有異於「伯爾尼國際」那些聲名狼藉的右派餘孽，並非後者的同類。然而，維也納國際的一切言行卻處處表明其在思想政治路線的大是大非問題上，同伯爾尼國際是亦步亦趨、並無二致的。「第二半國際的先生們很想自稱為革命家，但實際上一到緊要關頭就變成了反革命分子」[499]。在一九二三年五月的漢堡代表大會上，兩派餘孽乾脆進一步實現了組織上的合併，定名為「社會主義工人國際」。本出一丘而暫分兩窟的黃貉和灰貉終於又同歸一穴、抱成一團了。

沉滓再度泛起，本相越加分明。在暫時分家終又合穴的過程中，兩派餘孽共同的基本立場是：繼續鼓吹階級調和、階級「合作」、議會道路與「和平」過渡。其中不少死心塌地的資產階級走狗相繼入閣當官，甚至擔任資產階級反動政府的首腦，竊據軍政要職，一遇奴隸造反，便下令把革命推入血泊，「為資產階級執行劊子手職務」，成為「一群卑鄙的殺人犯」。[500]

他們繼續「發揚」大戰期間社會沙文主義的「傳統」，在「國際」會議等各種場合，各自為本國主子效力，攻訐對方，推卸戰爭罪責，力求攫得更多的割地賠款，爭得更大的霸權。

他們緊密合作，互相唱和，共同惡毒攻擊無產階級專政，積極支持帝國主義列強對初生的社會主義國家實行反革命武裝干涉和各種顛覆活動，力圖把它扼殺在搖籃之中。

他們擁護和支持本國壟斷資產階級的殖民掠奪和侵略擴張政策，百般美化國際帝國主義鞏固殖民統治的最新工具——國際聯盟，並且對日益覺醒、起來造反的世界弱小民族，極盡欺騙、恐嚇、誣衊、挑撥之能事，妄圖穩住日趨崩潰的帝國主義殖民體系的陣腳。

（二）列寧對第二國際餘孽們在民族殖民地問題上謬論的鬥爭

為國聯唱頌歌

如前所述，戰後各國帝國主義者通過締結一系列國際條約，從法律上確定了對整個地球的重新分贓，又通過成立國際聯盟，力圖進一步從組織上鞏固新的分贓局面和新的殖民「秩序」。對於這個由殖民主義者全盤操縱，高舉著「白色的反革命的大旗」「號召全世界一切反革命分子集合於其旗幟之下」的反動機構，[501] 第二國際的餘孽們卻頂禮膜拜，推崇備至。他們公然作出決議，把這個世界性的反革命組織同他們夢寐以求的「社會主義理想」扯在一起，把帝國主義政客們關於成立國際聯盟的主張，說成是「非社會主義的政治活動家們」如今已被迫「承認實現這個社會主義理想成立國際聯合會（聯盟）是當務之急」。[502]

他們利用全世界被壓迫民族被壓迫人民痛恨帝國主義戰爭和殖民掠奪政策的心理，渲染戰爭恐怖，散布「和平」幻想，胡謅

什麼「下一次戰爭就會把世界完全毀滅掉。……這種災難只有成立國際聯盟才能防止」而被壓迫民族則應當安分守己，靜待殖民主義者所操縱的國際聯盟來「確認各族人民的權利不容侵犯」，由國際聯盟來「制定法律」，妥加「保護」，「為最迅速地提高土著居民創造條件」，於是乎結社自由、出版自由、集會自由、地方自治自由乃至「國家自決的自由」都會從天而降！〔503〕這些空頭支票，集中到一點，就是在新的歷史條件下再次要弄考茨基之流的故伎：竭力模糊和抹殺壓迫民族和被壓迫民族的根本對立。

餘孽們當然也知道國際聯盟的現狀是不得人心的，於是在多次的決議中反覆向國際聯盟的未來抹上一層層濃重的金色油彩，冀能增強它的欺騙性。這種騙術集中表現在「使國際聯盟民主化」的口號上。所謂「民主化」的具體辦法就是把參加國際聯盟執行機構——理事會的入選成員，由原先各國政府指定的代表，更換為各國議會諸黨派選出的代表，從而把國際聯盟逐步改組為社會黨人（即社會帝國主義者）占優勢的國際性代表機關。同時，分別由各國工人對本國代表在國際聯盟的活動「實行直接監督」。據說，經過如此這般的一番「充實和改善」之後，國際聯盟就會「真正地成為捍衛各國人民的和平與權利的機構」，成為「正義與持久和平的自然的工具」，「公正地」處理一切國際糾紛。因此，各國無產階級理應「全力支持」國際聯盟，好讓它順利地完成它所擔負的「偉大任務」。〔504〕——第二國際的餘孽們把他們自己所耽迷的「議會道路」從國內延伸到國際，誘騙被壓迫民族沿著這條死胡同去求得「解放」，這是他們的又一「創造性」發明！

一方面是對國際聯盟的頂禮膜拜，另一方面則是對弱小民族的鄙夷蔑視。這是第二國際餘孽們作為國際資產階級走狗的本質所決定的。

第二國際的餘孽們假仁假義地自稱讚同民族自決，同時卻直接搬用了帝國主義殖民老爺們的語言，惡毒誣衊亞洲、非洲和美洲許多弱小民族「還沒有達到自決的水平」，將殖民地、半殖民地億萬人民的自決權一筆勾銷。在伯爾尼黑會上，他們公然通過決議，[505] 鼓吹「還沒有達到自決水平的民族，應該由國際聯盟加以保護並且由國際聯盟促進它們的發展」——為虎狼頒發了「保護」羔羊的最新「許可證」！[506]

在這份蓋有「社會主義」印章的「許可證」上赫然寫著：國際聯盟的一項「重要任務」，就是在國際上推行「貿易自由」，「開放殖民地門戶」。如果有哪個弱小民族不願敞開國門，引狼入室，而打算實行或保留關稅制度，則必須「交國際聯盟討論」，「經國際聯盟批准」。——如果國際「太上皇」們不批准，弱小民族就理應平毀關稅壁壘，聽憑帝國主義列強「自由」地占領本國市場，「自由」地傾銷舶來商品，「自由」地摧殘民族經濟。[507]

這份「許可證」上還赫然寫著：「應當授權國際聯盟，使它能擴大成為一個調節重要物資和原料的生產和分配的機關」。這段溫文爾雅的外交辭令，其真實含義是：全世界各地的一切重要原料和自然資源，統統應當由三五個強國的殖民盜幫打起國際聯盟的新旗號加以統一占有、統一控制，並統一「分配」到他們的私囊中去。可是據餘孽們說，此項「授權」純粹是為了「把世界

產量增加到最高限度」[508]，而絲毫不意味著你的就是我的。伯恩施坦和萬-科爾早年鼓吹的「資源人類共有論」本來只是個別人物的邪說，此時竟正式上升為「國際」的「莊嚴」決議。

「保護」云云，原來如此！

除此之外，第二國際餘孽們目睹戰後亞非拉民族解放運動來勢空前迅猛，銳不可當，便進一步施展故伎，利用世界各國人民飽嘗帝國主義戰禍後渴望世界和平的善良願望，居心險惡地把爭取民族解放的鬥爭同維護世界和平的鬥爭對立起來，妄圖孤立和破壞民族解放運動。

他們詭稱支持弱小民族的「真正解放」，卻又以維護國際「和平」為名，不許被壓迫民族使用革命的暴力抗擊壓迫民族的反革命暴力。按照他們規定的清規戒律，被壓迫民族縱然世代橫遭帝國主義的武力征服、軍事占領和殘暴的殖民統治，也不許以牙還牙，動刀動槍，藉以改變喪權辱國和疆土淪亡的現狀，而只能溫良恭儉讓地請求一小撮殖民惡霸所操縱控制的國際聯盟來主持「公道」，通過「國際協商」「國際仲裁法庭」「公民投票」等「和平手段」，「以民主方式解決民族問題」，「而且最好在國際聯盟範圍內解決」。[509] 餘孽們甚至還極力鼓吹殖民地「解放」的範圍尺寸，不得超出直屬宗主國所設置的牢籠欄柵。例如，臭名昭著的社會帝國主義分子海德門[510]在談論英屬殖民地民族解放運動時，就以老爺式的傲慢口吻宣稱：「英國渴望的是，新的發展和解放應該在英國指導下，和平地進行」[511]。一句話，他們妄圖用「和平」的繩索，綁住被壓迫民族革命造反的手腳，用「和平」的刀斧，削盡被壓迫民族反帝鬥爭的鋒芒，藉以保持既

定的殖民「秩序」。

如果有誰敢於蔑視他們的「和平」戒律、「和平」牢籠以及「和平」繩斧，敢於倡導反帝革命，鼓吹以革命暴力回敬反革命暴力，這些社會帝國主義戰爭販子們便把自己裝扮成「和平衛士」，大聲咆哮，信口雌黃地咒罵別人「好戰」「危害世界和平」。在這方面，第二國際、第二半國際的頭子鮑威爾跳得很高。這個「出色的社會主義叛徒」不可救藥的有學問的混蛋」[512]，肆意歪曲國際馬克思主義者關於支持民族解放鬥爭、促進世界革命和以革命制止戰爭的一貫主張，惡毒誣蠛以列寧為首的國際無產階級革命派是在提倡什麼「為了完成世界革命必須進行新的世界戰爭」，指責共產國際不該支援殖民地、半殖民地反帝革命鬥爭，以致「產生了新的世界戰爭的極大危險」[513]。餘孽們通過諸如此類的造謠中傷，在全世界人民中進行挑撥離間，妄圖把國際無產階級革命派從渴望世界和平的群眾中孤立起來。

另外一位同鮑威爾「聲名」不相上下的「理論家」希法亭[514]，深知要瓦解民族解放運動和敗壞無產階級世界革命事業，單靠極右的手法是「效果」有限的，於是便以形「左」實右的言詞欺世惑眾。他誹謗殖民地、半殖民地人民（主要是貧苦農民）過於「落後」，革命性「太差」，進而詆毀馬克思主義者關於先進國家無產階級與被壓迫民族結成反帝同盟的正確主張是所謂「機會主義」路線，鼓吹等待「純粹的」工業無產階級在全世界實行「純粹的」社會主義革命。他用這類極端「革命」的漂亮空話，極力回避和無限期拖延無產階級所面臨的迫切革命任務，為自己及同夥臨陣脫逃、變節投敵的罪行遮羞蓋醜，開脫罪責；並

妄圖藉以破壞國際反帝革命統一戰線，分裂世界反帝革命大軍，予以各個擊破。

十月革命勝利和第一次世界大戰結束以後，第二國際餘孽們在民族殖民地問題上的上述新「理論」，實際上大多是這夥叛徒在戰前和大戰期間同類謬論的舊詞新譜、濫調新唱。由於國際馬克思主義者多年來的揭露批判，由於這幫社會帝國主義者醜惡面目的日益暴露，由於被壓迫民族被壓迫人民的日益覺醒，戰後這類謬論的市場也相應地逐步縮小。但是，其流毒所及，仍然對無產階級世界革命事業發生重大的消極影響和破壞作用。為了進一步清除這種消極影響和破壞作用，以列寧為首的國際馬克思主義者在新的條件下開展了新的鬥爭。

熊未打死就為分熊皮而廝咬

十月革命勝利後，列寧所領導的布爾什維克黨在一個幅員遼闊、人口眾多的國土上執掌了政權，建立了世界上第一個無產階級專政的社會主義國家。革命勝利的事實雄辯地證明了列寧主義路線的無比正確，以列寧為首的國際無產階級革命派的威望空前提高。

一九一九年共產國際的成立，使國際無產階級革命派在思想政治路線上、組織上和行動上加強了統一和團結。

在這些有利條件下，列寧率領國際馬克思主義者為肅清修正主義流毒，其中包括在民族殖民地問題上的修正主義流毒，開展了更加廣泛深入、更加卓有成效的鬥爭。

究竟應當怎樣看待戰後成立的國際聯盟？這是當時國際馬克

思主義者同國際修正主義者論戰的焦點之一。

第二國際的餘孽們把國際聯盟吹捧為維護國際和平的衛士、弱小民族的救星，在世界被壓迫民族和被壓迫人民中散播新的博愛「福音」。對於這場花樣翻新的政治騙局，列寧本著一貫的原則精神，無情地加以戳穿。

列寧尖銳地指出：所謂在資本主義制度下各民族能夠和平共居和一律平等的說教，只不過是「市儈的民族幻想」[515]。第二國際餘孽們把國際聯盟與他們的「社會主義理想」扯在一起，可是，現實無情：由幾個帝國主義大國全盤控制的國際聯盟卻是建立在資本主義私有制的基礎之上的。列寧說，私有制就是掠奪，以私有製為基礎的帝國主義國家就是強盜的國家，而強盜為了分贓就不免要互相廝殺。他們之間的老規矩歷來是「熊還沒有打死，甚至還沒有動手打，就要分熊皮，並且為這只熊鬧起糾紛來了」[516]。國際聯盟成立伊始，帝國主義列強為了根據新的實力對比重新分割世界，爭奪世界霸權，不是在這個組織內部舌劍唇槍，激烈爭吵，就是在這個組織外部刀拔弩張，一觸即發。因此，帝國主義列強之間的國際聯盟縱能在短暫的期間內造成國際「和平」的錯覺，但是事實很快就證明：「這臭名遠颺的聯盟原來是個肥皂泡，馬上就破滅了」[517]；它只是「紙上的聯盟」[518]，更形像些說，它只是「瘋狗聯盟，他們在搶肉骨頭」[519]。

出於利慾薰心，強者對於強者向來是不講和平的，而強者對於弱者則尤其不講和平。大戰結束後，凡爾賽「和約」的締結和國際聯盟的成立，不但不能使帝國主義列強對弱小民族的殖民壓迫和殖民掠奪有所減輕，反而使這種壓迫和掠奪達到了前所未有

的廣度和深度。對於這種局面，列寧作了十分精闢的科學分析。

列寧對全世界人口的分布情況作了統計，指出：大戰爆發前夕，大約十億人口被置於殖民地、半殖民地的屈辱地位；戰後，帝國主義列強通過簽訂《凡爾賽條約》和成立國際聯盟之類的倒行逆施，使遭受殖民壓迫和殖民掠奪的人口驟然增至十二點五億人以上，並且使這些人口的「貧困、破產達到了空前未有的程度」[520]。更為重要的是：如果說，戰前列強對殖民地、半殖民地的分贓和掠奪在國際社會上還是比較「名不正言不順」的，那麼，戰後一系列國際會議、國際條約、國際聯盟卻使這種分贓和掠奪「合法化」了，「有史以來破天荒第一次把十二億五千萬人遭受掠奪、奴役、貧困、飢餓和屈居附屬地位的事實，用法律形式固定下來了」[521]。簡言之，殖民掠奪的範圍擴大了，殖民掠奪的程度加深了，殖民掠奪的秩序「法定」了，這就是戰後國際聯盟的三大最新「德政」。

列寧還進一步揭露了國際聯盟的反動本質，指出它實際上是一個「企圖瓜分管理各國家的權利，企圖分割世界」[522]的反革命機構；《國際聯盟盟約》所明文規定的「委任統治」制度，則更是空前明目張膽的強盜立法，「人們所謂分配殖民地委任統治權，就是分配被委託去盜竊和搶劫的權利」[523]。對於這樣一個助紂為虐、擇弱而噬的反動組織，第二國際餘孽們竟把它美化為在國際上主持公道、扶弱抑強的救命菩薩，力圖誘騙世界被壓迫民族和被壓迫人民去膜拜它，「支持」它，「保衛」它，這和這伙叛徒在大戰期間鼓吹「保衛祖國」一樣，實際上等於保衛本國資產階級吸血鬼的利益，都是「不可容許的叛賣性妥協的最主要

表現」〔524〕。

不切實援助弱小民族的反帝革命，「國際主義」就成為一塊假招牌

關於如何看待國際聯盟的論戰，實質上牽涉到被壓迫民族的解放應當走什麼道路的問題：是走改良主義的道路，還是走革命造反的道路？是寄希望於帝國主義貴族老爺們，想入非非，等待恩賜，還是喚醒和依靠奴隸們自身，丟掉幻想，奮起戰鬥？換句話說，大戰後有關國際聯盟問題的爭論，實質上是大戰前和大戰期間關於民族解放道路問題論戰的繼續和發展，是在新形勢下就老問題展開了新的論戰。

第二國際餘孽們把國際聯盟視如神物，並指望把它「充實和改善」成為各國議會的國際性代表機構──「國際議會」，這是完全符合他們的一貫「傳統」的。正如列寧所揭露的，這些社會帝國主義者所習慣地認為「正常的」，是要殖民地、半殖民地億萬人民甘願忍受曠古未聞的剝削和明目張膽的掠奪，忍受飢餓、暴力和侮辱，好讓「文明」人能夠「自由地」「民主地」「議會式地」決定他們的命運，任意擺布和宰割他們。〔525〕正是從這種「正常的」帝國主義立場出發，他們就「理所當然」地把弱小民族的反帝革命造反義舉統統看作「越軌行動」，把堅決支持這種義舉的國際馬克思主義者統統誣為「好戰」和「危害和平」。

列寧痛斥了第二國際餘孽這種假維護國際「和平」之名，行維護帝國主義殖民秩序之實的反革命言行。他一針見血地揭露說：這些社會帝國主義者的慣用伎倆是口頭上偽善地承認國際主義，而事實上卻「用市儈民族主義與和平主義偷換國際主義」

〔526〕；口頭上詭稱贊助民族自決，事實上卻反對本著革命的精神進行工作，反對切切實實地援助殖民地、半殖民地被壓迫民族的反帝鬥爭。因此，他們的所謂「國際主義」云云，只不過是狗肉攤上的羊頭，只不過是「一塊假招牌」〔527〕。！

同第二國際餘孽的這種反革命立場針鋒相對，列寧號召參加第三國際的「各國共產黨必須直接幫助附屬的或沒有平等權利的民族……和殖民地的革命運動」〔528〕；並且鮮明地提出：第三國際在民族殖民地問題上的全部政策，主要應該是使各民族和各國的無產者和勞動群眾聯合起來，共同進行革命鬥爭，戰勝資本主義。「如果沒有這一勝利，便不能消滅民族壓迫和不平等的現象」〔529〕。他強調：除了用革命推翻資本主義之外，任何國際仲裁法庭、任何關於裁減軍備的談論、任何對於國際聯盟的『民主』改組，都不能使人類擺脫新的帝國主義戰爭」〔530〕，擺脫帝國主義的殖民掠奪。在列寧的建議和主持下，第三國際作出決定：凡是願意加入第三國際的黨，不僅要揭露公開的社會沙文主義的窮凶極惡，而且要揭露社會和平主義的假仁假義。反之，不做到這一點，就意味著沒有同第二國際餘孽們嚴格劃清界限，因而就沒有資格參加堅持世界革命的第三國際。

正確認識帝國主義時代的分裂和對抗

列寧諄諄教導世界革命人民務必十分清醒地認識到帝國主義時代世界性的分裂和對抗。一九一九年，他提醒說：勞動者不應當忘記，資本主義把民族分成少數的壓迫民族，即大國的（帝國主義的）、享有充分權利和特權的民族，以及占大多數的被壓迫

民族，即附屬或半附屬的、沒有平等權利的民族」〔531〕由於前者
對後者長期實行壓迫、剝削、掠奪、奴役，後者對前者的不滿和
不信任已經積累了好幾百年。第一次帝國主義世界大戰以及戰後
帝國主義列強種種新的倒行逆施，促使這兩者之間的分裂和對抗
進一步加深了，惡感和仇恨也進一步加劇了。

　　一九二〇年，列寧在分析國際形勢的一項報告中，把當時總
計擁有十七點五億人口的世界各國劃分為三類：一類是在大戰中
和大戰後大發橫財和擴大了掠奪地盤的寥寥幾個國家，總人口還
不到二十五億，而其中又只有一小撮上層分子才能享受殖民掠奪
的利益；另一類是戰後基本保持原來地位的發達國家，總人口不
超過二十五億，這些國家因實力削弱而在經濟上或軍事上依賴於
帝國主義新霸主；還有一類是擁有十億人口、始終處在被壓迫地
位的廣大殖民地、半殖民地，以及擁有二十五億人口、戰後淪於
殖民地地位的國家，其中包括同樣被帝國主義戰爭「置於同殖民
地毫無差別的境地」〔532〕的第一個社會主義國家——蘇維埃俄
國。這就是說，戰後遭受民族壓迫和殖民掠奪的人口已從戰前的
十億人激增到十二點五億人，實際上就是使「十二億五千萬人
附於一小撮富翁，處於無法生存的境地」〔533〕。一句話，民族壓
迫的範圍空前擴大了，被壓迫民族同壓迫民族之間的矛盾也空前
激化了。

　　列寧認為，從世界全局來說，「所有導致革命的資本主義基
本矛盾、帝國主義基本矛盾，所有引起了對第二國際作激烈鬥爭
的工人運動中的基本矛盾，都是同世界人口的這種劃分聯繫著
的」〔534〕。「十二億五千萬人決不會讓『先進的』文明的資本主

義任意奴役下去，要知道，他們占世界人口百分之七十！」[535]在全世界兩大民族營壘矛盾空前激化的情況下，被壓迫民族的反帝革命怒火燃遍全球，就成為歷史的必然！

對於世界人口的這種劃分以及由此引起的矛盾對抗的空前激化，第二國際餘孽們歷來不是正視它、揭露它，而是千方百計地迴避它、掩飾它。他們的慣伎之一，就是使用資產階級民主派的偽善辭令，「只限於空洞地、形式地、純粹宣言式地承認民族平等，在實踐上卻不負任何責任」[536]並借此把寥寥幾個帝國主義大國殘酷壓迫全世界弱小民族的現實遮蓋起來，妄圖平息世界性的反帝革命風暴，阻撓和破壞世界革命的正常進程。

針對第二國際餘孽們的這種慣伎，列寧號召參加第三國際的各國共產黨一定要「揭露其虛假和偽善」[537]揭露帝國主義資產階級經常破壞民族平等的種種事實。他教導說，在觀察和處理一切民族殖民地問題時，不要從修正主義者所津津樂道的資產階級「民主」「平等」之類的抽象原則出發，而要從具體的現實的各種現象出發，對帝國主義時代具體的歷史情況，首先是經濟情況，作出準確的估計，而「帝國主義的特點就是現在全世界已經劃分為兩部分，一部分是人數眾多的被壓迫民族，另一部分是人數甚少的、擁有巨量財富和強大軍事實力的壓迫民族」[538]帝國主義時代所特有的現象，就是「為數無幾的最富強的先進資本主義國家對世界絕大多數人實行殖民奴役和金融奴役」[539]。

正是從這種最基本、最主要的客觀現實出發，列寧親自為第三國際的第二次代表大會起草了一份著名的有關民族殖民地問題的綱領性文件，而且一再提醒代表們注意貫穿於整個提綱的基本

思想，極其鮮明地指出：「我們的提綱中最重要最基本的思想是什麼呢？就是被壓迫民族和壓迫民族之間的區別。同第二國際和資產階級民主派相反，我們強調這種區別」〔540〕。

在這裡，值得注意的是：列寧在把當時屬於資本主義世界的多種國家分別劃歸上述三類的同時，把社會主義的蘇維埃俄國同殖民地、半殖民地被壓迫民族列在同一類裡。列寧這樣劃分，難道是忘記了或忽視了社會主義同資本主義之間的原則界限嗎？不是的，絕對不是！因為：

第一，眾所周知，資本帝國主義存在著固有的三大基本矛盾，即資本主義國家內部無產階級同資產階級的矛盾；帝國主義列強之間的矛盾；帝國主義同殖民地、半殖民地人民之間的矛盾。〔541〕隨著十月革命的勝利，從世界範圍來看，又開始出現了另一項基本矛盾，即帝國主義國家同社會主義國家之間的矛盾。在地球上出現了第一個社會主義國家之後，不是別人，而正是列寧本人在論述資產階級和無產階級兩種外交方式的時候，明確指出：現在地球上有兩個世界，一個是資本主義的舊世界，一個是正在成長的新世界。〔542〕顯而易見，列寧在此處對於資本主義世界和社會主義世界這兩種社會制度的原則界限，是劃分得清清楚楚、十分嚴格，毫不曖昧含糊的。

當然，同時也要看到，列寧在另外一些場合卻對世界政治力量按照另外一些標準作了別種劃分。例如，按照世界各民族間最本質的相互關係，劃分為壓迫民族和被壓迫民族兩大營壘。我們認為，在學習列寧的這些論述時，不但要把上述不同的劃分聯繫起來，作為一個整體加以全面理解，而且要把這些劃分同帝國主

義和無產階級革命時代世界上存在的諸項基本矛盾聯繫起來，加以綜合領會。

如果說，列寧關於資本主義舊世界和社會主義新世界的「兩分法」，主要是如實地反映了帝國主義和無產階級革命時代世界中帝國主義國家同社會主義國家之間的矛盾；如果說，列寧關於壓迫民族和被壓迫民族的「兩分法」，主要是如實地反映了帝國主義和無產階級革命時代世界中帝國主義同殖民地、半殖民地廣大人民的矛盾，那麼，列寧關於世界人口和國家的上述「三分法」，就主要是如實地、綜合地反映了同一時代世界中帝國主義同殖民地、半殖民地廣大人民的矛盾，帝國主義國家同社會主義國家之間的矛盾，帝國主義國家同帝國主義國家之間的矛盾以及這些矛盾之間的相互關係。例如，劃入遭受帝國主義強國殘酷壓迫和殖民掠奪這一類型的十二點五億人口中，既有原先的殖民地、半殖民地國家，體現了帝國主義同殖民地、半殖民地人民之間的矛盾；也有初生的第一個社會主義國家，體現了帝國主義國家同社會主義國家之間的矛盾；還有當時的帝國主義戰敗國，體現了帝國主義國家同帝國主義國家之間的矛盾。此外，當時世界總人口中的其餘五億人，雖同屬資本主義國家，但也分為戰後實力擴張和實力削弱兩類，則又從另一領域體現了帝國主義列強之間的矛盾。

簡言之，這種「三分法」，和上述兩種「兩分法」一樣，都是列寧對帝國主義和無產階級革命時代世界政治力量的基本劃分，這三種劃分，無疑都是完全正確的。它們的區別，只是在於革命導師分析問題時的著眼點有所不同：在不同的場合，從不同

的角度，分別地對帝國主義和無產階級革命時代世界的某一種基本矛盾進行單獨的考察，或者全面地對帝國主義和無產階級革命時代世界的多種基本矛盾進行綜合的考察。

第二，在帝國主義和無產階級革命時代，世界的任何一種基本矛盾都不是孤立自在的。各種基本矛盾之間，是互相聯繫、互相滲透和互相影響的。帝國主義國家同社會主義國家之間的對立，帝國主義同殖民地、半殖民地廣大人民的對立，這兩種基本矛盾之間的關係也不能例外。列寧把全世界人口和國家劃分為三類，並且把蘇維埃俄國同殖民地、半殖民地被壓迫民族列為同類，這顯然是著眼於和強調了業已取得革命勝利和掌握國家政權的無產階級，應當更加堅定地同殖民地、半殖民地的被壓迫民族站在一起，在反對國際帝國主義的共同鬥爭中，同命運，共呼吸，互相支持，互相援助，協同進擊，合力挫敗共同的敵人。這是社會主義革命在一國立足生根和鞏固發展的絕對需要，也是社會主義革命在全世界逐步推進的絕對需要。可見，列寧在劃分國際政治陣線時這樣做，絲毫不是忘記了或忽視了當時的蘇維埃俄國已經是社會主義國家，絲毫不是動搖了蘇維埃俄國的社會主義發展方向，恰恰相反，列寧的這一立場，不但真正堅持了蘇維埃俄國的社會主義發展方向，而且完全符合於國際無產階級革命事業的利益。它為國際無產階級爭取社會主義世界革命的勝利作出了極其正確的戰略規定，也為後來的一切社會主義國家樹立了光輝的榜樣。

被壓迫民族要參與決定世界命運

列寧不但啟迪被壓迫民族要充分認識帝國主義的殘暴本性，意識到同帝國主義的根本對立，從而下定反帝革命鬥爭的決心，而且鼓勵被壓迫民族要徹底看透帝國主義的虛弱本質，估量到奴隸們自身的強大力量，從而樹立反帝革命必勝的信心。他一貫教導被壓迫民族，既要不存幻想，又要不畏強暴。

第二國際那些社會帝國主義分子視世界弱小民族如草芥。他們以西方殖民老爺們祖傳的倨傲態度，或者誣衊許多弱小民族「還沒有達到自決水平」，或者詆毀他們過於「落後」和革命性「太差」，或者恫嚇他們不得拿起武器以暴抗暴，以免被「完全毀滅」。

列寧嚴厲駁斥了諸如此類的流氓惡霸哲學，並且以無產階級革命家的遠見卓識，充分估計和熱情歌頌殖民地、半殖民地人民所蘊藏的巨大革命威力和所能發揮的巨大革命作用。

他總結了被壓迫民族奮起抗擊國際帝國主義的勝利實踐，滿懷信心地指出：儘管這些民族非常弱小，儘管歐洲壓迫者在鬥爭中運用了最優良的武器和戰術，似乎擁有不可戰勝的力量，但是被壓迫民族所進行的革命戰爭一旦把千百萬被剝削勞動者真正喚醒，就會激發出創造奇蹟的毅力和才能，就完全能夠擊敗帝國主義侵略者，爭得民族的解放。[543] 列寧的這一科學總結，充滿了對被壓迫落後民族勞苦大眾的無限信賴，它教育和鼓舞殖民地、半殖民地人民要從根本上藐視貌似不可戰勝的帝國主義者，敢於鬥爭，敢於勝利！

前面說過，早在第一次世界大戰以前，列寧在通盤考察「全球各地和各種形式的世界解放運動」[544]時，就高度評價亞洲眾多被壓迫民族掀起的反帝革命義舉，並且把亞洲被壓迫民族的覺醒與歐洲無產階級開展奪取政權的戰鬥並列，作為二十世紀初世界歷史開始邁進新階段的主要標誌。十月革命勝利和第一次世界大戰結束以後，列寧看到世界被壓迫民族特別是東方各弱小民族反帝革命鬥爭的浪潮空前高漲，看到他們「最終卷人了全世界革命運動的總漩渦」[545]，他十分高興地作了個今昔對比：長期以來，西方殖民強盜們一向用東方億萬人民「給資本主義文化和文明當肥料」，強迫他們「僅僅充當別人發財的對象」，而今，繼東方覺醒時期之後，一個新的時期到來了：擁有七億多人口的「印度和中國在咆哮著」，東方眾多弱小民族紛紛挺身奮起，不當「肥料」，要當家作主了，他們要求掌握自己的命運，要求「參與決定世界命運」「參與決定全人類命運」[546]了。根據此類情況，列寧判斷說，占全世界人口絕大多數的殖民地、半殖民地勞動群眾業已發生了「根本的變化」[547]，在國際政治舞臺上，他們「現在已經作為獨立的、積極的革命因素出現了」[548]。

面對這種大好形勢，列寧科學地綜合概括了世界革命的新鮮經驗，其中也包括世界被壓迫民族被壓迫人民大力支援第一個社會主義國家抗擊國際帝國主義的勝利經驗，他明確地指出：各先進國家的勞動人民反對帝國主義者和剝削者的國內戰爭正開始同反對國際帝國主義的民族戰爭結合起來。因此，今後世界社會主義革命不會僅僅是或主要是每一個國家的革命無產者反對本國資產階級的鬥爭。不會的。「這個革命將是受帝國主義壓迫的一切

殖民地和國家、一切附屬國反對國際帝國主義的鬥爭」〔549〕。

列寧再三提醒人們注意被壓迫民族占世界人口絕大多數並且蘊藏著巨大革命潛力這兩大特點，他科學地斷定：十月革命以後，殖民地、半殖民地的億萬人民群眾已經成為用革命行動徹底摧毀國際帝國主義這一偉大事業中的重大力量，他們的反帝革命運動起初是為爭取民族的解放，將來一定會轉而反對資本主義，即必將從民族民主革命進一步發展為社會主義革命，「在未來的世界革命的決戰中……它所起的革命作用，也許比我們所希望的要大得多」；「他們一定會在世界革命的下一個階段中起非常巨大的革命作用」〔550〕。

無產階級同被壓迫民族結成聯盟

正因為殖民地、半殖民地人民在摧毀國際帝國主義的鬥爭中所具有的巨大潛能是如此之不容忽視，他們在未來世界革命的決戰中所能起的革命作用是如此之舉足輕重，所以，列寧在為無產階級社會主義世界革命確立戰略思想、制定戰略路線的時候，極其強調全世界無產階級必須同全世界被壓迫民族聯結成強大的國際反帝革命統一戰線，實現盡可能緊密的聯盟，以戰勝共同的壓迫者——國際壟斷資產階級。

大家知道，由於資本主義發展不平衡，社會主義革命不可能在一切先進國家同時獲得勝利。同樣由於資本主義發展不平衡，當代世界中除了高度發展的資本主義民族之外，還有許多很弱小和經濟十分不發達的民族，它們在覺醒之後有著強烈的革命要求，但這種革命要求卻不可能在一開始就是社會主義性質的。基

於對這些客觀現實進行深入的研究分析，列寧早在大戰期間就斷定：未來世界範圍內的社會革命，只能在各先進國家無產階級的社會主義革命同落後地區被壓迫民族所掀起的一系列民族民主革命互相聯合起來的時代中進行。[551]

大戰以後，根據這種正確判斷，列寧在一九二○年提交共產國際第二次代表大會討論的一項綱領性文件中，明確地制定了一條根本指導原則：「共產國際在民族和殖民地問題上的全部政策，主要應該是使各民族和各國的無產者和勞動群眾為共同進行革命鬥爭、打倒地主和資產階級而彼此接近起來」[552]。因為只有這種接近和聯盟，才能保證最終戰勝資本主義，從而消滅一切階級壓迫和民族壓迫，實現全人類的解放。

列寧的這一戰略思想包含著以下兩個主要方面：

一方面，列寧早就指出：殖民地、半殖民地人民在爭取民族解放的革命鬥爭中，「有各文明國家裡的無產階級做他們的可靠的同盟者」[553]。特別是殖民地、半殖民地人民可以利用宗主國無產階級掀起推翻本國反動統治者的革命鬥爭和國內戰爭所造成的大好時機，來發動民族起義，爭得本民族的獨立解放。十月革命以後，列寧又強調：被壓迫民族的解放鬥爭只有同國際無產階級反對國際帝國主義的革命鬥爭直接聯繫起來，才能順利地發展，才能有所成就。對於弱小民族中的億萬被剝削勞動群眾說來，他們獲得徹底解放的唯一希望是國際革命的勝利，國際無產階級是他們的「唯一同盟者」。[554]

基於這種思想，列寧多次教導被壓迫民族的無產階級政黨必須堅持無產階級在民族解放運動中的領導權，用無產階級國際主

義精神教育本民族的工農群眾，嚴防本民族的資產階級用反動的民族主義毒害工農的階級意識，分裂和破壞勞動者的國際團結，分裂和破壞國際反帝革命統一戰線。

另一方面，列寧尤其著重強調：先進國家的無產者在爭取階級解放的革命鬥爭中，必須取得殖民地、半殖民地各被壓迫民族勞動群眾的援助，首先是東方各民族勞動群眾的援助。如果沒有這種援助，他們是不能取得勝利的。[555]因此，「如果歐美工人的反資本鬥爭不把被資本壓迫的千百萬『殖民地』奴隸最緊密地全部團結起來，那麼先進國家的革命運動事實上只不過是一場騙局」[556]！

在這裡，列寧顯然是把歐美先進國家無產階級同亞洲、非洲和美洲廣大落後地區被壓迫民族勞苦大眾的緊密團結和聯合鬥爭，把後者對前者的援助，看成是歐美先進國家無產階級爭得自身解放的必要前提。

可以說，這是列寧在十月革命之後新的歷史條件下，把自己歷來一貫堅持的思想原則，提到新的高度上再次加以極力強調。而其所以必須如此強調，顯然是從歐美先進國家社會主義革命的動力、對象以及十月革命後新舊兩個世界的力量對比進行綜合考察和深思熟慮的結果。

首先，從歐美先進國家社會主義革命的動力來說，既然實行殖民掠奪是這些國家無產階級深受腐蝕毒害、革命工人運動遭到嚴重阻礙破壞、反資本主義決戰長期遷延的一個主要原因，[557]那麼，沒有殖民地、半殖民地眾多弱小民族奮起開展反帝革命鬥爭以推翻殖民統治，就無法促使歐美先進國家無產階級思想革命

化，也就無法促進歐美社會主義革命的到來。

其次，從歐美先進國家社會主義革命的對象來說，既然實行殖民掠奪是歐美壟斷資產階級物質力量和精神力量的一個主要源泉，是他們人為地延長資本主義壽命推遲資本主義崩潰的一項主要辦法，[558]那麼，沒有殖民地、半殖民地眾多弱小民族奮起開展反帝革命鬥爭以推翻殖民統治，就無法嚴重削弱歐美壟斷資產階級，也就無法大大促進歐美社會主義革命的勝利。

再次，從十月革命後社會主義新世界同資本主義世界的力量對比來說，由於資本主義發展不平衡的規律導致革命發展不平衡，社會主義革命只能首先在單獨一個或寥寥幾個國家內獲得勝利從而處在資本主義包圍之中。因此，在相當長時期裡，資本主義舊世界在實力對比上占有巨大的優勢，並且基於對社會主義國家的共同仇視而實行反革命的國際聯合。在這種情況下，如果沒有國際無產階級的共同聲援，

特別是如果沒有亞洲、非洲和美洲廣大地區被壓迫民族億萬群眾積極開展反帝革命鬥爭以牽制和削弱國際帝國主義，社會主義國家就無法改變上述十分不利的實力對比，難以避免陷於孤立和遭到扼殺的巨大危險，也就談不上鞏固和發展社會主義革命的勝利成果。

歷史表明：十月革命後，正是由於當時殖民地、半殖民地廣大地區反帝革命運動的蓬勃發展，迫使國際帝國主義窮於應付從而無法全力以赴去扼殺初生的蘇維埃政權；正是世界被壓迫弱小民族億萬群眾反帝革命鬥爭的蓬勃發展，形成了一項重大的有利因素，使幼弱的社會主義國家能夠在虎狼環伺的資本主義包圍之

中生存下去和成長起來。〔559〕

　　總之，歐美先進國家的無產階級（其中包括業已取得社會主義革命初步勝利的俄國無產階級）同亞洲、非洲和美洲廣大落後地區的被壓迫民族有著共同的敵人。從無產階級世界革命的鬥爭全局進行綜合考察，殖民地、半殖民地人民的反帝革命鬥爭和民族解放運動，既是直接打擊和嚴重削弱國際帝國主義壟斷資產階級的，客觀上同時也就是直接打擊和嚴重削弱歐美先進國家無產者國內的反動統治者以及社會主義國家的外部敵人。因此，歐美先進國家的無產階級理應把殖民地、半殖民地人民的反帝革命鬥爭和民族解放運動，看成是對自己的一種最可靠的支援，看成是自己直接的切身的利益所在，從而理應無條件地予以全力支持。而如果不這樣看和這樣做，那就不論其「社會主義革命」口號喊得多麼高亢激昂（如像前述希法亭之流那樣），「事實上只不過是一場騙局」！

　　正因為如此，列寧特別注意教導歐美先進國家的共產黨人，在對待殖民地、半殖民地的民族解放運動時，務必擺脫一國一族的狹隘自私立場，同第二國際那些社會帝國主義者所一貫鼓吹的「市儈民族主義」和「民族利己主義」嚴格劃清界限；務必堅持無產階級國際主義的革命原則，並且把它擺在首要地位。

　　對於第一個社會主義國家——蘇維埃俄國的共產黨人，列寧尤其要求他們清醒地認識到，俄國革命「最大的歷史課題就是：必須解決國際問題，必須喚起國際革命，

　　必須從我們狹隘的民族革命轉到世界革命」〔560〕因而更應當率先嚴格按照無產階級國際主義行事。「而無產階級的國際主

義，第一，要求一個國家的無產階級鬥爭的利益服從全世界範圍的無產階級鬥爭的利益；第二，要求正在戰勝資產階級的民族，有能力和決心去為推翻國際資本而承擔最大的民族犧牲」[561]。大家都知道，列寧在一九二〇年提出這一號召的時候，正是年輕的蘇維埃俄國遭到十四個國家反革命武裝干涉的艱難時刻。儘管本國處境是如此困難，還是這樣說，這樣做，勇於為世界革命事業承擔最大的民族犧牲，這是何等無私的胸襟！何等偉大的氣魄！何等遠大的眼光！只有真正以解放全人類為職志的階級及其政黨和領袖，才具有這樣的胸襟、氣魄和眼光。

根據上述革命原則，列寧不但在他執筆擬定並獲得第三國際第二次代表大會通過的關於民族殖民地問題的綱領性文件中，把直接援助殖民地、半殖民地被壓迫民族的革命運動，作為各國共產黨責無旁貸的義務，一般地規定下來；而且在他親自起草並獲得大會通過的另一項重要決議中，把切實支持本國殖民地的反帝革命運動，作為各宗主國工人政黨申請加入第三國際的先決條件之一，特別地加以規定。決議明文寫著：「凡是願意加入第三國際的黨，都必須無情地揭露『本國的』帝國主義者在殖民地所幹的勾當，不是在口頭上而是在行動上支持殖民地的一切解放運動，要求把本國的帝國主義者從這些殖民地趕出去，教育本國工人真心實意地以兄弟般的態度來對待殖民地和被壓迫民族的勞動人民，不斷地鼓動本國軍隊反對對殖民地人民的任何壓迫」[562]。這項規定意味著設下了一道關口，嚴防那些頑固堅持社會帝國主義立場的第二國際餘孽們削尖腦袋，鑽進威望日益提高、「在某種程度上已經成了時髦」[563]的第三國際——共產國際當

中來，撈取政治資本。同時，這項規定實際上還意味著：把對待本國帝國主義反動統治階級殖民侵略暴行所採取的態度，作為檢驗真假共產黨、真假馬克思主義者的重要試金石。

當年，以列寧為首的布爾什維克黨，就是嚴格按照第三國際這項規定的革命精神率先身體力行。

事例之一：早在俄國無產階級政權建立後的第二天，列寧就在他親自為蘇維埃政府草擬的第一個法令中向全世界莊嚴宣告：堅決廢除宰割小民族的祕密外交，立刻著手公布俄國地主資本家政府同其他帝國主義國家所締結的企圖在大戰結束後兼併領土、瓜分殖民地和勢力範圍的全部祕密條約，藉以徹底揭露本國帝國主義者及其外國盜伙們的貪婪狠毒、卑鄙無恥和口蜜腹劍；同時宣布「立即無條件地廢除」這些密約。[564]

事例之二：十月革命勝利後的最初幾個月裡，列寧在萬機待理之際就迅即簽署發布宣言和指令[565]，公開聲明廢除沙俄政府參與簽訂的關於瓜分土耳其、霸占君士坦丁堡、勒索土屬阿爾明尼亞領土的一切條約，支持被俄國占領的土屬阿爾明尼亞人民實行民族自決；廢除關於瓜分波斯（伊朗）的條約，盡速從波斯撤出俄國占領軍，等等。一九二一年初，遵循列寧的指示，蘇維埃俄國政府又先後同長期飽遭沙俄侵略欺凌的弱小鄰國正式簽訂了一系列平等的友好條約。在這些條約中，不但旗幟鮮明地公開譴責沙俄對這些弱小國家的暴力壓迫和殖民掠奪政策，而且具體規定堅決放棄一系列的殖民特權。例如，在波斯和蘇俄友好條約中明文規定：沙俄歷屆政府強加於波斯、侵害波斯人民權利的所有各種協定概行作廢；把沙俄時期霸占的波斯領土和「租借地」一

律歸還波斯；沙俄政府為了控制波斯而付出的對波貸款一筆勾銷，無須償還；沙俄為了侵略目的而在波斯境內興建的鐵路、公路、港口設施和有關房產等，全部無代價地交給波斯，藉以部分地賠償沙俄軍隊對波斯所造成的種種損害；取消俄國在波斯的領事裁判權，等等。〔566〕此外，對阿富汗和土耳其，也簽訂了類似的條約，作出了類似的規定。〔567〕

事例之三：在第三國際作出上述決議的前後，列寧領導下的蘇維埃政府於一九一九年七月和一九二〇年九月就沙俄帝國主義者強加給中國的不平等條約，一再發表對華宣言，鄭重表示：「以前俄國政府歷次同中國訂立的一切條約全部無效，放棄以前從中國奪取的一切領土和中國境內的俄國租界，並將沙皇政府和俄國資產階級從中國奪得的一切，都無償地永久地歸還中國」〔568〕。

列寧對中國的這項無產階級革命政策，儘管由於當時的歷史條件而未能實現，

但對待老沙皇殖民侵略的「遺產」採取如此鮮明的決裂態度——分毫不取，悉數退贓，這就從一個重要的側面證明了：當年列寧領導下的布爾什維克黨是當之無愧的馬克思主義、國際主義的黨；當年列寧領導下的蘇維埃政府是當之無愧的無產階級革命政權。

（三）列寧對第三國際內部布哈林、羅易之流在民族殖民地問題上「左」傾空談的鬥爭

馬克思列寧主義在其生命的途程中每前進一步都得經過戰

鬥。

列寧關於民族殖民地革命學說的嚴整體系，同列寧關於其他方面的革命學說一樣，是在同形形色色的機會主義作鬥爭中逐漸形成和不斷發展、完善起來的。在這個過程裡，列寧既堅決反對民族殖民地問題上的右傾機會主義，也堅決反對這個問題上的「左」傾機會主義。他本著馬克思主義的一貫原則立場，以主要精力揭露和批判當年最為猖獗的「來自右面的修正主義」，同時也毫不放鬆對「來自左面的修正主義」[569] 開展嚴肅的鬥爭。

十月革命以前的史實說明了這一點，十月革命以後的史實也同樣有力地說明了這一點。

在十月革命以後到一九二四年初列寧逝世這段時間裡，如果說，在民族殖民地問題上的右傾機會主義謬論主要來自業已破產的第二國際的餘孽，那麼，在同一問題上的「左」傾機會主義空談則主要來自誕生不久的第三國際內部。

當時，第三國際隊伍中在民族殖民地問題上熱衷於「左」傾空談的，不僅有混跡於俄國共產黨（布爾什維克）行列之內的極左分子，而且有歐洲其他國家的左派社會民主黨人；此外，還有亞洲一些被壓迫民族中剛剛出現的第一批共產黨人。

所謂「勞動者自決」和「暴力鎮壓不可避免」

「勞動者自決」論是布哈林[570] 在一九一九年提出來的。

早在一九一五年，布哈林就自命為「具有周密理論的極左派」。他以極左的面目出現，堅決反對馬克思主義者提出「民族自決權」口號和積極支持民族解放運動。在這方面，他所耍弄的

基本手法之一，就是片面地、僵死地強調階級鬥爭和階級分析，把階級鬥爭同民族鬥爭機械地對立起來，把無產階級爭取社會主義的鬥爭同爭取民族解放的鬥爭機械地對立起來，並以開展階級鬥爭為名，全盤否定和取消爭取民族解放的鬥爭。

為了譁眾取寵，布哈林在夥同皮達可夫〔571〕炮製的一份提綱〔572〕中高喊，必須「對整個資本主義制度採取十分鮮明的革命態度」。什麼是「十分鮮明的革命態度」呢？據布哈林分析：馬克思主義者對於帝國主義侵略兼併弱小民族這一反動政策所作出的回答，只應該是無產階級的社會主義革命，而不應當提出民族自決這類屬於民主主義性質的、「最低限度」的要求。他認為，當時已經到了「在國際範圍內動員無產階級的力量去進行國際活動、去推翻資本主義」的時候，在這種時候，還「吸引無產階級的注意力去解決『民族問題』，就變得極其有害」。

他攻擊「民族自決」的口號，硬說在這個口號下，「整個策略路線是指向民族鬥爭而不是指向階級鬥爭」，它勢必會「轉移」無產階級的階級鬥爭視線，「分散」無產階級的力量，使無產階級的活動「喪失」國際性質。因此，提出「民族自決」的口號，提出民族解放的任務，就意味著只是滿足於「在資本主義文 的領域內提出『局部性的』任務」，就「意味著引誘無產階級力量離開問題的實際解決，意味著使它們同有關的民族資產階級集團的力量實行聯合」。

布哈林和皮達可夫的上述「左」傾空談，在提出的當時就遭到列寧的批評和駁斥。

列寧對實行社會主義革命同爭取民主的鬥爭這兩者之間的關

係，作了精闢的分析。

誠然，遭受帝國主義殖民統治的被壓迫民族爭取民族解放、爭取民族自決權利，

只是一種民主主義的要求，它本身並非社會主義性質的口號。但是，應當看到：「社會主義革命不是一次行動，不是一條戰線上的一次戰鬥」[573]它是充滿了劇烈的階級衝突的整整一個時代，是在一切戰線上，即在一切經濟和政治問題（其中也包括民族問題）上長長一系列的戰鬥，這些戰鬥只有靠剝奪資產階級才能完成。在爭取社會主義的過程中，無產階級如不首先在各個領域內為爭取民主而進行全面徹底的革命鬥爭，就不能為戰勝資產階級做好準備。因此，「如果認為爭取民主的鬥爭會使無產階級脫離社會主義革命，或者遮擋住社會主義革命等等，那是根本錯誤的」[574]。

其次，鬥爭實踐日益顯示：以消滅帝國主義為目的的社會主義革命的爆發和發展，同被壓迫民族和被壓迫人民要求民主、反抗壓迫的義憤日益增長，有著**不可分割**的聯系。而布哈林和皮達可夫上述謬論的錯誤關鍵，就在於他們「不能了解這樣一個問題，即**怎樣把已經到來的帝國主義同爭取改革的鬥爭，同爭取民主的鬥爭聯繫起來**」[575]。

最後，在沙俄政府對眾多弱小民族實行殘酷殖民統治的情況下，俄國無產階級政黨提出民族自決的口號，這「將有助於把一切民族迅速地爭取到我們這邊來」，有助於用勞動者反對剝削者的共同意志把各族人民聯合起來，投入共同的戰鬥。反之，在當時俄國條件下，如果不提出民族自決的口號和要求，「如果各民

族之間沒有真正的**民主**關係，因而沒有國家分離的自由，那就**不可能**使各民族的工人和勞動群眾去進行反對資產階級的國內戰爭」[576]，從而社會主義革命也就成為空談和泡影了。

可見，以所謂「十分鮮明的革命態度」，唱著「社會主義革命」和「反帝」的高調，卻完全忽視甚至根本否定現實的屬於民族民主革命性質的反帝政治鬥爭，這在客觀上無異於「從承認帝國主義存在『墮落』到替帝國主義**辯護**」[577]。

對於來自列寧的批評幫助，布哈林和皮達可夫並未從中吸取應有的教益，他們仍然堅持自己的錯誤見解。

十月革命勝利之後，第三國際成立之初，順應著當時國內外形勢的巨大變化，俄國共產黨（布爾什維克）在一九一九年三月中下旬召開的第八次代表大會把修改黨綱列為首要議題。在討論新黨綱草案時，布哈林再次堅決反對把民族自決權的有關條文繼續載入黨綱。[578] 他仍然從自己那種狹隘僵死的所謂「階級觀點」和「階級鬥爭」概念出發，對自己的「左」傾空談作了新的論證。一方面，他冠冕堂皇地宣稱：「任何民族的任何特權，民族之間的一切不平等現象，都應該廢除」；「我們反對各種各樣的民族壓迫，我們絕對不想強制任何人跟隨我們」。另一方面，他又以階級觀點「十分鮮明」的姿態揚言：既然民族是各個階級的總和，「民族概念包括該社會的一切階級」，那麼，在談論民族自決問題時，問題的提法就「不是無產階級或者資產階級，而是既包括無產階級，也包括資產階級」。據此，布哈林推論說：「『民族自決權』口號和無產階級專政原則是互相矛盾的」「既然我們現在堅持無產階級專政的方針，那麼……我們就不能提出

民族自決權的口號」。

為了解決上述矛盾，布哈林極力主張在新黨綱中刪去「民族自決」的舊口號，而代之以新的、與無產階級專政目標「相應的口號」，即「每個民族的勞動階級的自決」。他以強大的俄羅斯民族和弱小的、曾遭沙俄吞併的波蘭民族之間的關係為例，對這個新「公式」的要義作了解釋：「如果波蘭民族的工人不願意和我們處在一個國家裡，我們將不強拉著他們，我們准許並將尊重波蘭無產階級的意志，但是我們絕不准許也並不尊重波蘭資產階級的意志」。

布哈林的這些觀點在俄共（布）的第八次代表大會上再次獲得皮達可夫的全力支持。不過，皮達可夫這次卻比布哈林走得更遠。

十月革命以前，皮達可夫就曾在一九一六年間撰寫專文[579]侖證「民族自決」口號之不可取。他把自己的眼光侷限於歐洲一隅，而無視整個世界的現實，硬說歷史的發展已經超越資本主義發展和民族國家確立的時代，民族國家已經從當初的「發展生產力的最好形式」轉變為「生產力發展的桎梏」，因此，提出「民族自決」這個口號是「空想的」和「有害的」。皮達可夫尤其反對向長期遭到帝國主義掠奪因而經濟發展十分落後的殖民地提出這一口號，他藐視殖民地人民的革命精神和自主能力，以十分倨傲和鄙夷的口吻質問道：對殖民地來說，「『自決』是向誰提出來的呢？向各殖民地的資產階級？向阿拉伯鄉巴佬？向農民？」他攻擊說：「向殖民地提出自決口號，在社會主義者來說是非常荒唐的。」

十月革命勝利以後，皮達可夫的極左立場有了新的「發展」。在俄共（布）第八次代表大會討論黨的民族綱領時，他甚至公開宣告立即「取消」民族，說是「任何民族都不需要，需要的是全體無產者的聯合」。當時俄共（布）黨內有些人在十月革命勝利和第三國際成立的大好形勢鼓舞下，頭腦發熱，忘乎所以，充分暴露了大俄羅斯沙文主義的狂妄。他們在談論當時世界革命進程和國際關係時，居然主張組織什麼「世界國民經濟委員會」，並且要求全世界「一切民族的黨隸屬於俄共中央委員會」。對於這些被列寧稱為「入了迷的同志」的自大狂，皮達可夫援引不倫不類的「事實」加以「論證」說什麼「烏克蘭的共產黨員就是按著俄共（布）中央的指示而行動的」[580]。他的言外之意就是說：既然在莫斯科有一個出色的中央委員會，那麼一切民族自決又有什麼用處呢？在這些荒謬看法遭到列寧嚴肅批評之後，皮達可夫居然反唇相稽說：「難道你認為這不好嗎？」

除了布哈林和皮達可夫之外，在當時俄共（布）中央還有另一個重要領導人在民族殖民地問題上採取類似的極左的狂妄立場。他就是普列奧布拉任斯基[581]。

一九二〇年六、七月間，普列奧布拉任斯基在一份列寧起草的供俄共（布）若干領導人討論的重要文件上提出了「修改和補充」的意見[582]。一方面，他主張應當把建立「統一的經濟整體」放在首要地位，認為「在革命以後，民族問題的解決必須服從於把已經成立的各個社會主義共和國建設成為統一的經濟整體的任務」。另一方面，他斷言：在帝國主義時代，被壓迫民族的民族意識和民族主義思潮「已經衰頹變質」；在經濟發展落後的

國家裡，民族的商業資產階級和知識界的上層分子決不肯在本民族中培養民族主義的掘墓人，恰恰相反，他們必然要仿傚歷史先例，力圖「大體上按照資產階級民族國家形成時期那樣的方式來解決民族問題，這麼一來，他們就成了已經衰頹變質並且注定要滅亡的民族主義的代表」。

根據諸如此類的「理論前提」，普列奧布拉任斯基推導出兩項荒謬的結論：一是在帝國主義時代，被壓迫民族的民族解放運動業已完全失去了革命的發展前途，因此，「誇大殖民地民族起義的革命意義是錯誤的」；二是經濟發展先進的歐洲即將出現一系列的社會主義共和國，社會主義的歐洲各共和國或「歐洲共和國聯盟」中的無產階級理應充當落後國家中的「民族主義的掘墓人」。如果落後國家中的下層勞動群眾還不能推舉出代表自己利益的集團來執掌政權並和歐洲結成聯邦，而「歐洲共和國聯盟」又不能同這些落後國家中「占統治地位的民族集團達成經濟上的協議，那就不可避免地要用暴力鎮壓他們，並強迫那些重要的經濟地區歸併入歐洲共和國聯盟」。

布哈林、皮達可夫和普列奧布拉任斯基的上述主張儘管用詞不一，角度不同，但他們所揮舞的卻是相同的、似是而非的、令人炫目的「旗幟」：持「階級鬥爭」，發揚「國際主義」，推進「世界革命」！加之他們都身居要職，是第一個社會主義國家或共產國際的領導人、頭面人物，這樣，他們就在當時的俄國共產黨和國際共運面前提出了以下幾個方面的重大問題：

第一，在帝國主義和無產階級革命時代，殖民地、半殖民地的民族解放運動在世界歷史發展的全局中究竟占有什麼地位？它

是否仍然起著歷史的進步的作用？這種運動以及為了贊助這種運動而提出的「民族自決」口號，對於無產階級開展階級鬥爭、推進世界革命來說，究竟是「極其有害」的，還是極其有利的？

第二，在帝國主義和無產階級革命時代，對於遭受帝國主義殖民統治的弱小民族，是否可以否定其民族自決權，改而提倡「勞動者自決」？應當怎樣如實地觀察和分析被壓迫民族內部的階級相互關係？怎樣理解民族鬥爭同被壓迫民族內部的階級鬥爭之間的辯證關係？

第三，在帝國主義和無產階級革命時代，壓迫民族中的無產階級及其政黨，特別是先進國家中已經取得社會主義革命勝利的無產階級及其政黨，應當怎樣正確對待落後國家和被壓迫民族的民族主義和民族感情？在新的革命形勢下，民族觀念、主權觀念是否已經完全「過時」？國際公法上的主權平等、領土完整與不可侵犯等基本原則是否可以棄置不顧甚至肆意踐踏？是否可以由最早取得社會主義革命勝利的某一個民族的共產黨來充當世界革命的指揮中心，讓全世界其他「一切民族的黨隸屬於」它，按照它的「指示」而行動？一個社會主義國家是否可以藉口「推進世界革命」、消滅「注定要滅亡的民族主義」而對落後國家中的弱小民族濫施暴力，越俎代庖，「輸出」革命？是否可以藉口建立社會主義的「統一的經濟整體」而強行吞並那些屬於落後國家弱小民族的「重要的經濟地區」？

以上這三個方面的重大問題，在十月革命取得勝利、無產階級社會主義世界革命進入一個新的發展階段、民族解放運動蓬勃興起的時代條件下，不僅對俄國共產黨而且對全世界共產黨人都

具有空前迫切的實踐意義。特別是其中第三方面的問題，更是在社會主義革命已經取得一國勝利這一新情況下，首次出現在國際共運史上的新問題。對於這些重大問題，都亟待一一作出符合馬克思主義革命原則的、科學的解答。

第一個作出這種解答的，是偉大的列寧。

不承認民族而只承認勞動群眾，那是空洞至極的廢話

關於上述第一方面的問題：

列寧在十月社會主義革命前後的一系列著作中，對帝國主義和無產階級革命時代民族解放運動的歷史地位和歷史作用，都作了詳盡的、令人信服的論證。前面引述過的[583]列寧關於「民族自決」口號革命內容更新的論斷，關於殖民地、半殖民地民族解放運動已經成為無產階級社會主義世界革命的一個組成部分的論斷，關於世界範圍的社會革命只能在各先進國家無產階級的社會主義革命同落後地區被壓迫民族的民族民主革命聯合起來的時代中進行的論斷，關於被壓迫民族的勞動群眾已經成為用革命行動摧毀國際帝國主義的積極因素的論斷，關於先進國家無產階級社會主義革命如果沒有殖民地、半殖民地被壓迫民族勞動群眾的援助就不可能取得勝利的論斷，關於被壓迫民族的反帝革命運動必將從民族民主革命進一步發展為社會主義革命的論斷，關於被壓迫民族的反帝革命鬥爭必將在未來世界革命決戰中發揮非常巨大的革命作用的論斷，等等，其批判矛頭首先是指向那些藐視和敵視殖民地、半殖民地民族解放運動的第二國際右翼分子、社會帝國主義分子的，同時也是針對當時國際左派以及俄國布爾什維克

黨隊伍中布哈林等人的上述極左謬論的。換言之，

在這些正確論斷中，列寧對殖民地、半殖民地民族解放運動和「民族自決」口號作出了恰如其分的歷史評價，在民族殖民地的最基本的問題上堅持了馬克思主義的革命原則，既痛斥了從伯恩施坦到鮑威爾之流的「來自右面的修正主義」，又批駁了從愛爾威到布哈林之流的「來自左面的修正主義」。

關於上述第二方面的問題：

列寧斷然表示：「決不能說：『打倒民族自決權！我們只讓勞動群眾有權自決』」[584]，更決不能隨意宣告「取消民族」「當然，這是很美妙的事情，也是會實現的事情，但只能是在共產主義發展的另一個階段上」[585]。

列寧指出，無產階級政黨看待任何民族問題，都必須「站在嚴格的階級觀點上」[586]。但是，在運用階級觀點分析具體問題時，卻不能從教條和概念出發，玩弄概念遊戲，也不能從主觀願望出發，「把願望當作現實」[587]，而只能從實際情況出發，在正視客觀現實的基礎上確定具體的綱領、口號和措施。「不承認實際情況是不行的，因為它會強迫你承認它」[588]。

在各種實際情況中，首先必須認真考察和具體分析的是各民族所處的社會歷史發展階段、內部階級分化的程度以及勞動人民階級覺醒的現有水平。

列寧指出，既然世界上所有國家各個民族都還處在從中世紀制度到資產階級民主制或從資產階級民主制到無產階級民主制道路的不同階段上，即都還遠未發展到一切民族都在完全平等自願的基礎上完全融合的共產主義階段，那麼，在相當長的歷史時期

內，民族就仍然作為一個客觀實體而存在。在這種現實面前，如果我們說不承認什麼民族，而只承認勞動群眾，「那就是空洞到極點的廢話」[589]。

誠然，民族內部是劃分為階級的，勞動者同剝削者彼此的階級利益總的說來是對立的。但是，「勾去民族自決而寫上勞動者自決是完全不正確的，因為這樣的提法沒有考慮到各民族內部的分化是如何困難、如何曲折」[590]。由於各民族的剝削者長期以來總是利用民族矛盾來掩蓋階級矛盾，甚至捏造各種流言蜚語，對本民族勞動群眾進行欺騙和挑撥，煽動盲目的民族主義排外情緒，離間他們同異族階級兄弟的親密關係，致使勞動群眾往往難於清醒地意識到本民族內部的階級對立，看不清事情的真相。在這種情況下，如果無視現實，不尊重民族觀念和主權平等原則，否定一切遭受帝國主義殖民統治的弱小民族都享有自決權，那就無異於授人以柄，替這些民族的剝削者增添欺騙宣傳的口實和擴大欺騙宣傳的效果，使勞動者更難於擺脫本族剝削者的影響，從而「阻礙我們所應當促進的無產階級分化出來的過程」[591]。

而帝國主義壓迫民族（或曾經是帝國主義壓迫民族）中的無產階級政黨嚴格遵守主權平等原則，在自己的綱領中公開承認民族自決權，這就有利於消除民族矛盾，揭穿被壓迫民族的剝削階級利用民族矛盾掩蓋階級矛盾的各種欺騙宣傳，有利於勞動者從本民族剝削者的影響下解脫出來，這就意味著促進了被壓迫民族內部的階級分化、階級鬥爭和革命發展。列寧以一九一七年底蘇維埃政權承認沙俄屬地芬蘭獨立之後芬蘭內部階級分化的情況為例，指出：「由於我們承認了民族自決權，那裡的分化過程就容

易些了」〔592〕；當時「在芬蘭，無產階級和資產階級分開的過程是非常明顯、強烈和深刻的」。事實證明，「每個民族都應當獲得自決權，而這會促進勞動者的自決」。〔593〕

由此可見，對於遭受帝國主義殖民統治的弱小民族，以只承認「勞動者自決」為藉口來否定其民族自決，貌似堅持了階級觀點，實則嚴重脫離實際，只會阻礙各族勞動者的階級覺醒、階級團結和階級解放，而且客觀上只會助長帝國主義殖民統治者的反動氣焰；而堅持承認民族自決，從字面上看似乎未提到階級，實則有利於各族勞動者的階級覺醒和階級團結，從而有利於共同開展反帝革命鬥爭，求得民族解放和階級解放，這才是無產階級的階級政策，才是真正「站在嚴格的階級觀點」上。

至於究竟誰是被壓迫民族分離意志的代表者，列寧認為對於這個問題也必須考慮到該民族所處的歷史發展階段，從歷史觀點與階級觀點的結合上作出判斷。〔594〕總的說來，作為剝削者和寄生蟲的資產階級確實是「該受萬分鄙視」〔595〕的。然而，在一定的歷史條件下，無產階級政權的代表往往不得不以被壓迫民族中曾經起過劊子手作用的資產階級代表人物作為談判對手，不得不同他們在外交場合中互相握手甚至「彼此恭維幾句」。列寧說：這是多麼不好啊！但這是必須做的事情」〔596〕。顯然，這樣做的目的，也在於澄清他們的欺騙宣傳，爭取還處於他們影響之下的廣大勞動群眾。

對待被壓迫民族的民族感情必須特別慎重

關於上述第三方面的問題：

　　為了最大限度地爭取和團結被壓迫民族中的廣大勞動群眾，以促進無產階級世界革命事業的發展，列寧在批判布哈林之流的左傾空談過程中，多次反覆強調壓迫民族（或曾經是壓迫民族）中的無產階級要正確地對待被壓迫民族中的民族感情殘余。對待遭受帝國主義殖民統治的弱小民族，尤應嚴格遵守主權平等原則，切實尊重他們的自決權利。

　　這一點，對於曾經長期充當壓迫民族的大俄羅斯人說來，尤其顯得重要。

　　眾所周知，沙皇俄國是各族人民的監獄。長期以來，大俄羅斯民族的地主資產階級在實行民族壓迫方面打破了世界紀錄。因此，正如列寧所尖銳指出的：「其他民族的勞動群眾對大俄羅斯人都不信任，把他們看做一個進行盤剝、壓迫的民族」；對於許多弱小民族說來，大俄羅斯人就是壓迫者、騙子的同義語；他們理所當然地「曾經引起所有其他民族的切齒痛恨」〔597〕。甚至也引起其他民族勞動群眾對俄羅斯民族中無產階級的猜疑和憎恨。對於這些來自被壓迫民族勞動群眾的猜疑、不信任和憎恨感，大俄羅斯民族的無產階級及其政黨應當採取什麼態度呢？能否簡單粗暴地扣上「民族主義」的帽子加以譴責和壓制呢？

　　列寧認為，壓迫民族（或曾經是壓迫民族）中有共產主義覺悟的無產階級對於長期飽遭壓迫的國家和民族的民族感情殘餘「要特別慎重，特別注意」〔598〕。

　　首先，必須對這類民族感情進行具體的分析。當然，應該看到：這類民族感情同落後國家或被壓迫民族由於小農生產、宗法制度和閉塞保守而產生的小資產階級偏見——民族利己主義和民

族狹隘性有關，這些偏見，只有在各先進國家內的帝國主義和資本主義消滅之後，只有在落後國家的全部經濟生活基礎急遽改變之後才能消逝，因此它的消逝過程就不能不是相當緩慢的。對它採取簡單急躁或粗暴壓制的態度非但無濟於事，反而大有礙於問題的解決。

同時，尤其重要的是應當看到：上述民族感情的產生正是壓迫民族長期施加殘酷民族壓迫所必然造成的嚴重惡果。對於這一點，更須具體分析，謹慎對待。列寧指出，在這種場合，「抽象地提出一般民族主義問題是極不恰當的」。必須把壓迫民族的民族主義和被壓迫民族的民族主義區別開來，把大民族的民族主義和小民族的民族主義區別開來。他強調，「對於第二種民族主義，我們大民族的人，在歷史的實踐中幾乎永遠都是有過錯的，我們施加了無數暴力……和侮辱」〔599〕。既然被壓迫民族對壓迫者異族的不信任和憎恨感是在長期歷史中形成和累積起來的，那麼，要使他們改變看法，改變感情，就不可能求之於一朝一夕，「要知道，這是一個長期的事情，要知道，這是不能用任何法令消除的」〔600〕。換言之，企圖用一紙具文或其他口惠而實不至的空話來改變他們的看法和感情，是辦不到的。只有這樣認識問題，方能正確處理問題。

其次，基於以上認識，為了消除被壓迫民族的不信任和憎恨感，壓迫民族中奪得了國家政權的無產階級必須認真採取有效的措施來矯正和彌補上述歷史上的過錯。為此，就不能僅僅限於形式上宣布民族平等，而且要切切實實地在行動上幫助以前受壓迫的民族獲得事實上的平等，完全解放殖民地、半殖民地被壓迫民

族，直到承認他們的民族自決權，「以便摧毀這種不信任的基礎」[601]。「這樣才能保證資本主義遺留下來的、各民族勞動群眾的不信任和被壓迫民族工人對壓迫民族工人的憤恨完全消失，而建立起自覺自願的聯盟」，才能「真正使各民族的工人和農民在推翻資產階級的革命鬥爭中接近和融合起來」。[602]

最後，除了努力做到各民族之間的真正平等、承認殖民地、半殖民地被壓迫民族的自決權之外，為了更快地消除上述猜疑心和憎恨感，壓迫民族中已經取得政權的無產階級及其政黨對歷史上長期遭受壓迫的弱小民族，還「必須作某種讓步」[603]。列寧強調說，壓迫民族即大民族的國際主義，「不僅在於遵守形式上的民族平等，而且在於壓迫民族即大民族要以對待自己的不平等來抵償生活上實際形成的不平等」[504]，要以自己對待被壓迫民族人民的耐心忍讓態度或作出這樣那樣的讓步來「抵償」壓迫民族即大民族的政府在過去的歷史上給他們帶來的那種不信任、那種猜疑、那種侮辱。此外，列寧還特別提醒大民族的無產階級注意：長期受侮辱受壓迫的民族的勞動群眾「對平等感、對自己的無產階級同志破壞這一平等（哪怕是出於無心或由於開玩笑）是最敏感的。因此，在這種情況下，對少數民族多讓步一些，多溫和一些，比讓步不夠、溫和不夠要好些」[605]。

共產主義不能用暴力來移植決不要從莫斯科發號施令

十月革命勝利之後，國際資產階級及其奴僕們把俄國布爾什維主義和列寧領導下的蘇維埃政權視同洪水猛獸和致命瘟疫，除了對幼弱的第一個社會主義國家進行反革命武裝進犯，妄圖把它

「扼殺在搖籃裡」之外，還通過各種宣傳工具大造反革命輿論，說是布爾什維克擁有大量軍隊，想用占領手段在別國別族培植布爾什維主義，想用「紅軍的刺刀」強迫別國別族接受他們的制度，從而「造成和俄國一樣的混亂狀態」，等等。這一類流言，對於當時在列寧領導下堅持國際主義立場、信守民族自決原則的布爾什維克黨和蘇維埃政權說來，當然是可笑的無稽之談。但是，在長期遭受大俄羅斯人、「大莫斯科主義者」壓迫的許多弱小民族勞動群眾中，卻有著相當的思想影響，增加了他們對當時蘇俄的疑懼和反感。

在這種情況下，俄國布爾什維克黨內部居然也有人——如普列奧布拉任斯基之流——在極左辭句的掩蓋下，主張對落後國家中的弱小民族濫施暴力、吞併領土，這就更加顯得令人不能容忍。

列寧堅決反對無視國際公法關於各國應當互相尊重主權和領土完整的基本準則，藉口「社會主義經濟建設」而用暴力吞併異國弱小民族疆土的做法。他指出：「在民族問題上不能說無論如何也需要經濟上的統一。當然這是需要的！但是我們應當用宣傳、鼓動、自願的聯盟來達到它」[606]。針對普列奧布拉任斯基提出的關於民族問題的解決必須「服從於」建立所謂社會主義經濟統一體任務的主張，列寧曾經寫下十分簡短而又十分明確的批註：決不能簡單地『服從於』對照我寫的第十二條」[607]。這裡所說的「第十二條」，就是指列寧所起草的《民族和殖民地問題提綱初稿》中的最後一條。[608] 此項簡明批註意味著，列寧再次強調和提醒大國強族中業已執掌政權的無產階級及其政黨務必注

意遵守和執行在這一條條文中明確規定的基本原則：一定要「特別慎重」地對待被壓迫弱小民族的民族感情，要善於作出必要的讓步，從而喚起和增進世界各國和各民族的無產階級和全體勞動群眾「自願追求聯盟和統一的願望」，加強國際階級團結，共同完成最後戰勝世界資本主義和國際帝國主義的崇高事業。決不容許以任何藉口，肆意違反國際公法準則和粗暴踐踏民族自願原則，恃強凌弱，強加於人，迫使「服從」。

當年，列寧領導下的蘇維埃俄國確實不愧是無產階級專政的社會主義國家，不愧是無產階級世界革命的第一個根據地，因而獲得世界革命人民的充分信任。然而，即使是在這樣的歷史條件下，列寧仍然明確宣布：「共產主義是不能用暴力來移植的」[609]。對待那些經濟發展比較落後的弱小國家和民族，尤其不應越俎代庖，「輸出革命」。當這些國家和民族內部的革命還未完全成熟，廣大勞動群眾還處在本族剝削者影響之下因而還完全服從於「自己的」剝削者的時候，「我們是否可以到這些民族那裡去說：『我們要打倒你們的剝削者』呢？我們不能這樣做」；「這裡必須等待這個民族的發展，等待無產階級與資產階級分子分開，這種發展過程是必不可免的」。[610] 列寧在仔細審讀普列奧布拉任斯基提出的關於「不可避免地要用暴力鎮壓」落後國家和弱小民族的統治階層，並強迫其所屬重要經濟地區併入「歐洲共和國聯盟」的書面意見之後，特地把這些謬見部分用黑線標出，打了兩個大問號，並嚴厲批評道：「說得太過分了。說什麼『不可避免地』『要用暴力**鎮壓**』，這是無稽的和荒謬的。根本錯誤！」[611] 這寥寥數語，相當鮮明地體現了列寧對於在國際關係

民族關係中藉口「推進革命」而濫施暴力的霸權行徑，是何等的深惡痛絕！

不言而喻，對落後國家和民族內部的階級分化和革命發展進程作必要的耐心等待，反對以「促進世界革命」為名對落後國家弱小民族濫施暴力，這都是切實尊重弱國弱族主權、嚴格遵守民族自決原則的必備條件。反過來，也只有切實尊重弱國弱族主權、嚴格遵守民族自決原則，才能增強各族工農的國際團結，從而真正促進世界革命。這是問題的一個方面。另一方面，正如列寧所指出的：就民族自決原則而言，「問題的本質在於：不同的民族走著同樣的歷史道路，但走的是各種各樣的曲折的小徑，文化較高的民族的走法顯然不同於文化較低的民族」[612]。從這個意義上說，尊重民族自決原則就是承認和尊重不同民族在共同歷史道路上具體行進方法的多樣性和特殊性，就是承認和尊重世界歷史發展的客觀規律，也就是承認和尊重歷史唯物論。

由此可見，馬克思主義者所大力倡導的對落後國家弱小民族自決自主權利的切實尊重，這不但是真正促進世界革命的需要，而且是自覺順應歷史規律的體現。在這裡，始終貫穿著革命性和科學性的高度統一。

因此，如果不想背離無產階級世界革命，不想陷入歷史唯心主義的泥潭，那麼，任何先進國家先進民族中執掌政權的無產階級及其政黨都絕不能也絕對無權自以為是，把自己的主觀意志或局部經驗當作一成不變的僵死公式，到處亂套，強加於人，要求落後國家弱小民族奉命照辦。對於此點，列寧說得既幽默又嚴肅：「還沒有頒布一個法令要一切國家都用布爾什維克的革命日

曆，即使頒布了這樣的法令，也是不會執行的。」〔613〕

列寧諄諄教導俄國共產黨人必須實事求是、恰如其分地估計本國的革命經驗。他指出，當時俄國只是「積累了在一個存在著無產階級和農民的特殊關係的國家裡實行摧毀資本主義的初步措施的實際經驗。如此而已」。如果缺乏自知之明，不是這樣看待問題，如果把在俄國革命過程中所做過的一切，事無鉅細，全都說成是「一切國家的一種理想」，認為做出了「很多的天才發現」和實行了「一大堆的社會主義新奇東西」，那是十分可笑的。針對當時俄共中央某些領導人的自大行為，列寧告誡說：「如果我們自充好漢，吹牛誇大，我們就將成為全世界的笑柄，成為純粹的吹牛家！」〔614〕

列寧的結論是斬釘截鐵的：決不要從莫斯科發號施令！」〔615〕

在批判布哈林等人上述謬論的過程中，列寧並不停留在就事論事上。他還以敏銳的洞察力，透過布哈林等人用極左詞句織成的帷幕，看清背後隱藏著的大俄羅斯沙文主義的幽靈。他指出：在當時俄國共產黨隊伍中，仍然有人輕視或藐視被壓迫弱小民族，不願尊重各民族的獨立權利和平等地位，甚至公然反對當時的俄國革命政府把沙皇時代從弱小民族處侵奪到手的贓物退還原主，指責什麼不該把「很好的漁場」「送人」；也還有人不許學校用俄語以外的其他民族語言講課，等等。列寧認為，此類人在俄共隊伍中還很多；並且提醒大家對此類人應當保持警惕，應當把他們的紅色表皮「刮一刮」，藉以認出他們的本相，免得受矇蔽欺騙。他說：「刮一刮某個共產黨員，你就會發現他是大俄羅

斯沙文主義者」〔616〕。列寧號召一切真正的共產黨人：我們必須同他們作鬥爭！」〔617〕

羅易等的「不相干」論和「完全絕緣」論

十月革命以後，隨著馬克思列寧主義的廣泛傳播，隨著殖民地、半殖民地革命運動的蓬勃開展，在亞洲、非洲和拉丁美洲的一些國家和地區相繼出現了第一批的共產主義者和共產主義組織。在這些共產主義者當中，有些人由於馬克思列寧主義的理論素養不足，對殖民地、半殖民地的實際情況缺乏深入的調查了解，或者出於小資產階級的主觀、急躁和狂熱，因而對落後國家和民族作出錯誤的形勢估量和階級估量，以左傾機會主義的立場和觀點來看待被壓迫弱小民族的解放運動，在有關殖民地、半殖民地革命運動的性質、對象、動力、戰略、策略等問題上，提出了一系列錯誤的主張。

在這方面的典型人物，是來自印度的馬納本德拉・納特・羅易（1887-1954）。

羅易早年接受民族主義思想，參加反英恐怖主義極左組織的活動，一九一五年出國到處設法祕密購運軍火，一度僑居墨西哥。在十月革命勝利的影響下，一九一九年羅易參加籌建墨西哥共產黨，並於一九二〇年以墨共代表團團長的身分出席共產國際第二次代表大會，同時參加大會專設的「民族和殖民地問題委員會」工作。在蘇俄居留期間，他以「東方後起之秀」的姿態，同無產階級革命導師列寧辯論過民族殖民地問題〔618〕，並曾為共產國際第二次代表大會草擬民族殖民地問題《補充提綱》的初稿，

因而「名噪一時」。但是，正如羅易自己所說，他個人的「政治演化過程」和政治觀點是「從激烈的民族主義突然跳到共產主義」，當時他具有「剛剛改變信仰者的一股狂熱」。事實也證明：這種信仰更新和思想轉變的過程來得如此「突然」，使得他在民族殖民地問題上的主張難以真正「跳」出原先那過激的、極左的思維軌道和既定框框。[619]

羅易從純主觀的願望出發，對二十世紀二〇年代初殖民地革命運動的性質作了錯誤的判斷。他斷言：「認為殖民地民族出於經濟和工業的落後而勢必經歷資產階級民主階段，這種設想是不正確的。許多殖民地的事變進程和情況並不證明這種設想」[620]。羅易以印度為例，認為當時英屬印度內部的群眾革命運動並不是著重於爭取民族解放，它「很快就具有爭取經濟解放和社會解放以及爭取消滅一切階級統治的性質」[621]。顯然，在羅易看來，當時印度所面臨的並不是（或至少主要不是）民族民主革命，而是社會主義革命了。這還不止限於印度一地，而是當時「許多殖民地的事變進程」的共同特點。

羅易是這樣「論證」他的上述基本觀點的：他認為，在印度以及其他許多殖民地、半殖民地被壓迫民族中同時存在著兩種力量、兩種運動。一種是由土著資產階級、中間階層和青年學生在民族主義口號下開展的民族解放運動，另一種是由工人和貧苦農民在反對一切剝削制度口號下開展的群眾性革命運動，這兩種力量和兩種運動是各自為政、各自獨立的，甚至是相互對立的。「資產階級民主性質的民族運動只局限於人數不多的中間階層範圍，它並不反映群眾的意圖志向……群眾並不同資產階級民族主

義首領們一道走，他們正在走向革命，而這種革命同資產階級民族主義運動是互不相干的」；「如果認為資產階級民族主義運動反映了全體居民的情緒和意向，那是錯誤的」。

那麼，廣大群眾的情緒和意向究竟何在呢？羅易認為，在於迅即消滅一切剝削制度。他說：「殖民地的革命運動實質上是經濟鬥爭」，「殖民地的資產階級民族主義民主派力圖建立自由的民族國家，可是，工人和貧苦農民群眾卻奮起（儘管在許多場合是不自覺的）反對那種容許如此殘酷地剝削的制度。因此，我們看到，在殖民地中有著兩種彼此互相對立的力量，它們是不能共同發展的」。[622]

十分明顯，羅易上述判斷的立論基礎，是過高地估計了殖民地、半殖民地中社會經濟發展成熟的程度、內部階級分化的速度以及工農群眾（特別是廣大小農）階級覺悟的水平，並且相應地過低估計了爭取民族解放的鬥爭對於廣大工農爭取階級解放的鬥爭所起的巨大促進作用以及這兩種鬥爭的密不可分，似乎被壓迫民族的工農大眾可以不經歷和不參加反帝反殖、爭取民族解放和國家獨立的鬥爭，就能畢其功於一役，一舉消滅一切剝削制度，實現徹底的階級解放。

從這種主觀主義、冒險主義的形勢估量和階級估量出發，羅易認為殖民地、半殖民地的民族解放運動同共產黨人是「不相干」的。他反對被壓迫民族中的共產黨人贊助和參加當地的屬於資產階級民主性質的民族解放運動，也反對共產國際對這種運動表示贊助和支持，否則，就會禍害無窮。據他說，「支持殖民地的資產階級民主運動，就意味著助長民族情緒的發展，這種情緒

歸根到底會阻礙群眾階級意識的覺醒」；同時，這麼一來，就無異於助長當地資本主義的發展，就無法「防止本國的資本主義取代業已消失的外國資本主義而發展起來，繼續壓迫和剝削人民」。〔623〕

羅易對於在殖民地、半殖民地開展「早期階段」的階級鬥爭不感興趣。他所說的「早期階段」的階級鬥爭，顯然就是指反對帝國主義殖民統治和反對本國封建勢力的鬥爭。他硬說：「在殖民地從事盡量早期階段的階級鬥爭──這意味著使人民閉眼無視歐洲資本主義移植過來的危險。當這種資本主義在歐洲將會被推翻的時候，它卻能夠在亞洲找到避難所，從而一開始就消滅了這種被推翻的可能性」〔624〕。為了避免殖民地資產階級民族主義分子把歐洲資本主義「移植過來」的危險，共產黨人和共產國際就「不應當在他們當中去尋找支援殖民地革命運動的途徑」〔625〕，即不應當把殖民地的民族資產階級看作是革命鬥爭中可能的同盟者。恰恰相反，在殖民地、半殖民地，「共產國際應當僅僅協助開創和發展共產主義運動」〔626〕。

在這幾段話裡，羅易實質上就是極力主張共產黨人可以不顧殖民地、半殖民地經濟發展十分落後的現狀，不顧反帝反封建任務遠未完成的實況，也不顧階級力量對比上明顯不利的處境，立即在這些國家和民族中發動工農群眾開展反對本國資產階級和消滅本國資本主義的無產階級社會主義革命。如果共產黨人不這樣做，反而去贊助和支持當地的資產階級民族民主運動，按照羅易的見解，那就不但會阻礙殖民地、半殖民地「群眾性革命運動」的發展，而且會推延乃至破壞歐美國家社會主義革命的成功。

因此，羅易要求共產國際把有關支持殖民地、半殖民地民族解放運動的鬥爭綱領和實際措施，概予一筆勾銷。[627]

羅易的基本觀點得到了波斯（伊朗）共產黨人蘇爾坦-扎德（1889-1938）的贊同和支持。

蘇爾坦扎德是波斯共產黨的創始人和領導人之一，曾多次出席共產國際代表大會，並曾任共產國際執行委員會委員。他在共產國際第二次代表大會上作了關於東方社會革命前途的報告。他對東方各落後國家和民族內部階級力量的對比作了盲目「樂觀」的估計。儘管他承認「整個東方總的說來還處在封建奴隸制時代」，許多東方國家「還是封建的或半封建的國家」，但是，他認為在這些落後國家和民族中，異國統治者、本國封建王公、宗教僧侶、豪商巨賈以及民族資產者等各種剝削者之間的利害矛盾衝突十分激烈，同床異夢，以致於「在各統治階級內部沒有也不可能有一致的利益」，而當地的農民群眾又備受各種殘酷沉重的壓迫。這些因素加在一起，就在許多東方國家中「造成了異常悶熱的天氣」。他斷定：當時「西方革命的霹靂轟鳴已經震撼了東方的大地，⋯⋯全世界革命的時代已經來臨了」

據此，他堅決主張在殖民地和半殖民地中「開創和支持純粹的共產主義運動，借以對抗各種資產階級民主流派」。他危言聳聽地硬說，在全世界革命時代已經到來的情況下，共產黨人和共產國際如果實行支持落後國家資產階級民主運動的政策，「那就意味著把群眾推向反革命的懷抱」「就會給我們造成最悲慘的結局」。[628]

參加共產國際的義大利社會民主黨左派領袖塞拉蒂[629]也支

持羅易和蘇爾坦扎德的看法，堅決反對共產黨人和共產國際贊助殖民地、半殖民地的民族民主革命運動。

塞拉蒂打出了名為「反對階級合作」實是左傾宗派主義的旗號，對國際馬克思主義者關於聲援落後國家民族民主運動的主張橫加指責，說是：第一，就先進國家而言，這種主張勢必會「給先進國家的共產主義無產階級的立場帶來特別嚴重的危害」，因為無產階級「始終是公開敵視任何形式的階級合作的」；第二，就落後國家而言，各種資產階級民主派別所搞的民族解放運動，即使是採取暴動起義的方式，也毫無革命意義，「一般說來都不是革命性的行為」，因為他們「進行這些活動，要麼是為了正在誕生中的民族帝國主義的利益，要麼是為了另外一個國家的資本帝國主義的利益，這個國家正在同原先的宗主國進行著競爭」。

此外，塞拉蒂還從革命隊伍應當純而又純、階級意識應當淨而又淨這一基本觀點出發，斷言這些國家中的無產階級必須同一切剝削者（其中也包括號稱「革命民族主義者」的各種資產階級民主派）「完全絕緣」，才能開展階級鬥爭。因此，民族解放運動也「只有在工人階級始終保持同一切剝削者完全絕緣狀態的條件下，才能產生革命的結果」。共產黨人如果對資產階級政黨即所謂革命的民族主義分子表示支持，或者同他們結成哪怕是間接的、暫時的聯盟，那麼，「這一類聯盟只能模糊無產階級的意識」〔630〕，破壞無產階級社會主義革命事業。

羅易、蘇爾坦扎德以及塞拉蒂上述譁眾取寵的極左言論，並不是全無市場的。他們的基本觀點在共產國際隊伍中，特別是在共產國際第二次代表大會專設的民族和殖民地問題委員會內部以

及大會全體會議上造成新的思想混亂，意見紛紜，爭論十分激烈。據當時民族和殖民地問題專設委員會的秘書馬林〔631〕的歸納，爭論時大家感到十分棘手的最大「難題僅僅在於要找到一種正確的方針來處理落後國家和殖民地中革命的民族主義運動與社會主義運動之間的相互關係」〔632〕。

這個大難題，確實是在當時歷史發生巨大轉折這一新情況下出現的新問題，是前人所未曾遇到過因而也未曾加以解決的新難題。

因為，在十月革命以前，馬克思主義學說的傳播、工人階級社會主義革命運動的開展以及社會主義革命政黨的活動，主要侷限在歐美先進資本主義國家的範圍內。亞洲、非洲和美洲廣大殖民地、半殖民地落後地區雖也時常爆發群眾性的革命鬥爭，但一般都是屬於反殖、反帝、反封建性質的民族民主運動。十月革命以後，隨著馬克思主義在殖民地、半殖民地的廣泛傳播，隨著當地工農群眾的進一步階級覺醒，在這些地區也開始出現了以實現社會主義、共產主義作為奮鬥目標的革命政黨組織，在廣大群眾中開展革命活動。在從事革命鬥爭的實踐中，他們不能不面臨涉及如何正確處理當地民族民主革命運動與社會主義革命運動二者關係的一系列現實具體問題，諸如：

（1）在十月革命以後出現的新歷史情況下，廣大殖民地、半殖民地群眾革命運動的任務和性質究竟應當是什麼？是反帝反封建的民族民主革命，還是反資本主義的社會主義革命？

（2）這種革命運動的對象和動力是什麼？當地資產階級中鼓吹民族主義、要求民族獨立的階層是革命的對象，還是革命的

動力？怎樣全面地、辯證地分析被壓迫民族中的資產階級與資產階級民族主義？

（3）殖民地、半殖民地的廣大農民群眾和西方先進國家的農民有什麼不同？他們能不能立即接受無產階級的社會主義、共產主義革命主張？

（4）殖民地、半殖民地的民族民主革命運動同共產黨人是否毫「不相干」共產黨人和共產國際對這種運動應當採取什麼基本方針？是堅決反對，是袖手旁觀，還是大力支持？工人階級同本民族資產階級中要求反帝反封建的階層應當「完全絕緣」，還是應當結成革命聯盟？

（5）殖民地、半殖民地的民族民主革命運動的發展前途是怎樣的？如果共黨人和共產國際支持和贊助這種運動，是否必然導致西方資本主義的易地「移植」和助長「民族帝國主義」的形成和發展？

對於上述這些在共產國際內部引起激烈爭論的一系列新「難題」，列寧在科學分析殖民地、半殖民地的社會歷史現實、認真總結群眾革命鬥爭實踐經驗的基礎上，創造性地一一加以妥善解決。

黨提出的任務必須適合於殖民地東方農民國家的水平

在共產國際內部就上述問題展開同志式爭論的過程中，列寧充分顯示了他那謙虛謹慎、平等待人、充分發揚民主與堅持革命原則高度結合的一貫作風。

作為第一個社會主義國家以及共產國際的創始人和領導者，

作為公認的無產階級革命導師，列寧當時在全世界已經享有崇高的聲望和權威。但他把為共產國際第二次代表大會草擬的《民族和殖民地問題提綱初稿》，不但提交俄共黨內許多有關同志，而且也提交前來參加國際會議的許多弱國小黨的代表，廣泛徵求意見，請他們「提出自己的評論、修正、補充和具體說明」〔633〕。例如，據羅易事後回憶，當時交給他的那份文件，左上角由列寧親筆簽名並寫明：「羅易同志：請提批評和建議」。當年羅易本人的感受是：「一個偉大的革命執政官，怎麼會有那樣謙虛和寬容的精神，竟在文件上寫下了那樣一段簡短說明！收件人是個小人物，因此他那樣做並不是出於例行的客套。」在爭論過程中，列寧認真地傾聽了來自羅易的反對意見，並建議他把自己的見解正式以書面形式提交代表大會全體會議作進一步的討論。羅易寫道：「我獲得了受到一位偉大人物平等相待的非常難得的榮幸；列寧這樣對待我，證明了他的偉大。他完全可以拒絕浪費他的寶貴時間，去同一個無足輕重的青年人討論問題。那樣一來，我就沒有機會讓共產國際代表大會聽取我的意見了」。〔634〕

又如，列寧事先得知義大利社會黨代表團團長塞拉蒂等人歧見甚深，而大會專設的有關委員會進行討論時他們均未參加，便在開會當天特地給塞拉蒂寫了便條邀請他們到會，並在便條中詢問：「為什麼不派任何一個義大利同志出席殖民地問題委員會，以便申述自己關於**不支持資產階級民主運動**的觀點？」〔635〕

列寧這種認真傾聽來自同志的反對呼聲、珍視一得之見並善於集思廣益的一貫作風，是無產階級革命領袖高貴品質的一個重要組成部分，它從一個側面體現了列寧的偉大。這一點，連他的

論敵也無法否認。

與此同時，列寧堅定的革命原則性在上述爭論過程中也表現得同樣明顯和充分。他對上述一系列問題善於作出科學解答，正是他敢於不顧各種極左辭句的非難，始終堅持革命真理的必然結果。

在分析任何一個社會問題時，馬克思主義理論的絕對要求，就是要把問題提到一定的歷史範圍之內。同時，只有客觀地考慮某個社會中一切階級相互關係的全部總和，因而也考慮該社會發展的客觀歷史階段，考慮該社會和其他社會之間的相互關係，才能成為無產階級革命政黨制定正確策略的依據——這是列寧所一貫堅持的歷史唯物主義的基本原則。列寧對殖民地、半殖民地群眾革命運動所作的全部分析以及所制定的正確策略，也同樣貫穿著這一基本原則。

在蘇爾坦扎德所草擬的論述東方社會革命前途的發言稿上，列寧寫下了簡明的批註：

「（1）各種有產的剝削階級陷於分裂

「（2）大部分人口是受**中世紀剝削的農民**

「（3）在工業中——**零星細小的手工業者**

「（4）結論：**使蘇維埃體制和共產黨**（黨的成分、黨的特殊任務）都**適合於**殖民地東方**農民**國家的水平。

「**實質**就在這裡。關於這點必須加以思考並**找出具體**的答案。」[637]

可以說，這幾行簡明批註大有助於人們理解列寧考慮東方殖民地問題時的思維，也是革命者分析同一問題時應當遵循的基本

大綱。

據我們理解和體會，在列寧所寫的這幾行簡明批註當中，既含有符合一般殖民地、半殖民地客觀實際的形勢估量和階級估量，也包含著以這些正確估量為基礎的、

適用於一般殖民地、半殖民地革命運動的基本策略要求：（1）必須看到本國剝削者與外國剝削者之間、本國剝削者各階級各階層之間的矛盾，並充分加以利用；（2）必須看到當地資本主義工業不發達、現代產業無產者隊伍不夠壯大、身受中世紀式封建主義剝削的農民占居民的絕大多數等具體情況，設法把所有這些被剝削的勞動者引上革命大道；為此，（3）在把共產黨人的基本主張、共產主義的基本原則具體運用到這些落後國家和民族中去的時候，就應當認真考慮這些國家和民族所具有而歐洲各國所沒有的特殊條件，把這些原則在細節上正確地加以改變，使之正確地適應和運用於民族的和民族國家的差別，[638] 即適合於落後的殖民地、半殖民地農民國家的水平。

列寧認為，把馬克思主義的普遍真理、共產主義的基本原則運用到世界廣大殖民地、半殖民地革命的具體實踐中去，這是特別崇高而又相當困難的任務，是當時「全世界共產主義者所沒有遇到過的任務」「這些任務的解決方法，……無論在哪一部共產主義書本裡都找不到」[639] 所以，革命形勢要求共產黨人勇於和善於在實踐中去尋找，去從事創造性的探索。

對於如何把共產主義基本原則運用於殖民地、半殖民地「農民國家」的問題，列寧在十月革命勝利以後的一系列重要著作中進行了具體的剖析，提供了原則性的「具體的答案」。

落後國家首先需要解決的鬥爭任務不是
反對資本而是反對中世紀殘餘

關於殖民地、半殖民地群眾革命運動的任務和性質問題，列寧在十月革命以前論述民族殖民地的大量著作中，幾乎每一篇都從不同的角度對它進行過剖析。其中尤以《中國的戰爭》《世界政治中的引火物》《巴爾幹和波斯的事變》《中國的民主主義和民粹主義》《新生的中國》《亞洲的覺醒》《落後的歐洲和先進的亞洲》《論民族自決權》《社會主義革命和民族自決權》《論尤尼烏斯的小冊子》等著名篇章，對殖民地、半殖民地群眾革命運動的反帝反封建鬥爭任務、對這種革命運動的資產階級民族民主革命性質，論述得更為充分和明晰。

這方面的問題由於客觀事實本身十分彰明昭著，在當時的國際共產主義運動中本來並不存在多大爭論而且業已基本解決。但是，在十月革命以後殖民地、半殖民地群眾革命運動空前高漲這種新形勢下，羅易和蘇爾坦扎德等人提出了超越革命現實階段的極左空談並且開始從事冒險主義和宗派主義的實踐，這就不能不引起列寧對這個問題重新加以關注。

因此，十月革命以後，特別是在共產國際第二次代表大會就民族殖民地問題進行專門討論前後這段期間裡，列寧又在總結革命經驗的基礎上，以革命前沙俄所屬諸殖民地的現實情況作為典型，對落後國家和民族中群眾革命運動的任務和性質問題作了重要的補充分析。

列寧指出：「這些國家最重要的特點就是資本主義前的關係

還占統治地位」，在這些國家和民族裡幾乎還沒有工業無產階級，「因此，還談不到純粹的無產階級運動」。[640] 這些地區人民群眾的絕大多數，都還「不是受過資本主義工廠鍛鍊的人」而是「遭受中世紀壓迫的勞動農民」[641] 對本國封建勢力來說，他們都還「處於半封建依附地位」，「不僅受商業資本剝削而且也受封建主和封建國家剝削」。[642] 這就意味著：作為殖民地、半殖民地群眾革命運動主力軍的廣大農民群眾，在所處的經濟地位上以及直接的革命要求上，不但迥異於歐洲先進國家的產業無產者，也不同於先進國家中的農民。

與此相適應，在這些落後國家中開展的群眾革命運動，就國內來說，首先「需要解決的鬥爭任務不是反對資本而是反對中世紀殘餘」[643]，即反對封建剝削制度和各種封建主勢力。

另外，落後國家的廣大人民群眾還長期受外國帝國主義資產階級的殘酷壓迫和剝削，而外國帝國主義勢力又總是同落後國家內部的封建反動勢力互相勾結並充當後者的靠山，因此，落後國家的群眾革命運動在解決反封建鬥爭任務的過程中，就必須同時大力開展反對國際帝國主義的鬥爭，直至進行「反對國際帝國主義的民族戰爭」[644]。

鬥爭任務決定革命性質。由此可見，十月革命以後殖民地、半殖民地人民群眾的反帝反封建鬥爭，按其社會性質說來，基本上依然還是資產階級民主主義性質的革命。

在這裡，當然應把列寧的上述觀點同列寧在一九一四年提出的另一觀點，即關於被壓迫民族要求自決的鬥爭開始成為世界社會主義運動一部分的著名論斷[645]緊密地聯繫起來，作為一個整

體加以全面領會。換言之，在十月革命後的新形勢下，從世界範圍內的鬥爭全局和革命陣線來看，這種反對國際帝國主義的革命鬥爭已經成為全世界無產階級社會主義革命的同盟軍，從而成為無產階級社會主義世界革命的一個組成部分。但是，從它在本國本地歷史發展過程中的地位來看，殖民地、半殖民地人民群眾的反帝反封建革命鬥爭，仍然還沒有超越資產階級民主主義階段。

在共產國際第二次代表大會所專設的民族和殖民地問題委員會中，列寧還以當時的印度為例，針對羅易關於即速「開創和發展共產主義運動」，「爭取消滅一切階級統治」等超越革命現實階段的極左空談，進行了令人信服的反駁。他指出，直到當時為止，「印度的共產主義分子還迄未能在自己國內把共產黨建立起來，僅此一端，就足見羅易同志的觀點在很大程度上是無根無據的」[646]。

後來，列寧在一九二一年同蒙古代表團的談話中，也建議蒙古的革命者應當根據本國的實際情況，逐步地推進革命而不要急躁冒進，立即實行社會主義革命變革。列寧指出，在蒙古，大多數居民是游牧的牧民，應當建立一個群眾性的「蒙古阿拉特黨」[647]，使廣大阿拉特群眾團結在黨和政府周圍，為國家的經濟發展和文化發展而奮鬥；在當時條件下，不應當立即把這個黨「改變」為共產主義政黨。列寧解釋說，共產黨就其階級實質說來是無產階級的政黨，因此，蒙古的「革命者還需要在自己的國家建設、經濟建設和文化建設方面做大量的工作，才能從牧民中形成無產階級群眾，然後無產階級群眾才能幫助人民革命黨『改變』為共產黨。簡單地換一塊招牌是有害的、危險的」[648]。

列寧對於殖民地、半殖民地群眾革命運動任務和性質的論述，始終貫穿著不斷革命論和革命發展階段論相結合的精神，也貫穿著列寧所一貫倡導的反空談、重實幹的精神：少唱些政治高調，多注意些極平凡的……共產主義建設事實」「少說些漂亮話，多做些日常平凡的事情」[649]！

堅持無產階級對民族民主革命的領導權竭力使農民運動具有最大的革命性

在認清革命的任務與性質的基礎上，無產階級所面臨的首要問題就是正確判斷革命的對象與動力，區分敵、我、友，確定領導者、同盟軍以及打擊方向。

列寧認為，即使在無產階級十分幼弱的落後國家裡，共產黨人也應該在群眾革命鬥爭中盡力擔負起領導者的作用。[650]

列寧教導殖民地、半殖民地的無產階級先進分子「應該組成能夠獨立進行鬥爭的基幹隊伍，即黨的組織」[651]，並且必須密切地結合本國的具體情況，創造性地運用一般的共產主義理論原則，以便把革命運動不斷推向前進。在這個過程中，首要的關鍵在於這些國家的無產階級政黨務必堅持對民族民主革命的領導權，貫徹執行一條馬克思主義的革命路線。

殖民地、半殖民地的共產黨人要在民族民主革命中堅持無產階級的領導權，就必須正確處理兩個方面的關係，第一是無產階級同本國農民群眾的關係，第二是無產階級同本國資產階級的關係。列寧科學地分析了殖民地、半殖民地社會的經濟、政治現狀和階級相互關係，認為在這些國家的民族民主革命運動中，無產

階級及其政黨必須領導農民運動，充分滿足農民群眾的革命要求，同農民結成廣泛的聯盟；同時，也要在一定條件下聯合資產階級民主派，同他們結成反帝反封建的統一戰線，但是，無產階級應當保持自己的獨立性，嚴防資產階級民主派同無產階級爭奪革命的領導權，把革命引入歧途，甚至葬送革命。

領導者如果沒有被領導者，就不成其為領導者。無產階級必須有一個自願接受無產階級領導的、人數眾多的、可靠的同盟，這是領導權思想本身所要求的。在落後國家中占人口絕大多數的勞動農民群眾就是這樣的同盟軍。

為了發動農民和領導農民，列寧認為應當從思想、政治、經濟等方面採取一系列措施。主要是：

（1）必須緊密結合群眾的切身利益，用人民懂得的語言進行共產主義宣傳，藉以在長期遭受中世紀壓迫因而一向閉塞保守的農民群眾中激發起獨立思考政治問題、獨立進行政治活動的願望，激發他們把自己組織起來的革命積極性。[652]

（2）鑒於廣大農民群眾不但深受帝國主義壓迫剝削，而且飽遭封建主義壓迫剝削，因此，無產階級在領導他們進行反帝鬥爭的同時，必須領導和支持他們大力開展反封建鬥爭。無產階級政黨「必須特別援助落後國家中反對地主、反對大土地占有制、反對各種封建主義現象或封建主義殘餘的農民運動，竭力使農民運動具有最大的革命性」[653]。

（3）必須普遍宣傳關於農民蘇維埃、勞動者蘇維埃的思想，「只要是條件允許的地方，他們就應該立即設法建立勞動人民蘇維埃」[654]，用這樣的方法把蘇維埃制度的基本原則應用到

資本主義前的關係占統治地位的國家中去，從而通過這樣的工農政權組織，更有力地推進革命。

列寧告誡說，在農民占人口絕大多數的情況下，無產階級政黨如果不同農民運動發生一定的關係，不在實際上支持農民運動，那麼，要在這些落後的國家裡實行共產主義的策略和共產主義的政策就是空想。〔655〕只有大力支持和充分滿足勞苦農民的革命要求，幫助他們打碎身上的枷鎖，並對他們進行社會主義、共產主義的前途教育，才能使廣大勞苦農民群眾自願接受無產階級及其政黨的領導，擺脫來自資產階級的各種不良影響，並在民族民主革命取得勝利之後，繼續跟隨無產階級逐步向社會主義、共產主義邁進。

既要藉助於資產階級民族主義，又要嚴防資產階級叛賣革命

領導者如果不能貫徹本階級的領導意圖，也就不成其為領導者。無產階級必須獨占革命領導地位，挫敗資產階級篡奪革命領導地位從而把革命引入邪途的企圖，這也是領導權思想本身所要求的。

但是，在殖民地、半殖民地的特定條件下，資產階級既是革命領導權的爭奪者，又是可能的革命同盟軍。一方面，他們是無產階級的直接剝削者，可是另一方面，為了對抗本族更腐朽的剝削者，為了對抗異族更強大的剝削者和侵略者，他們又同無產階級有著某種程度上的利益一致性。此外，由於歷史上和經濟上的原因，他們的文化水平和政治經驗都遠勝於幼弱的或不甚壯大成熟的無產階級，而無產階級卻不但要防止他們篡奪革命領導權，

而且要促使他們願意接受自己的領導，還要防止他們投向革命的敵方，即投向反革命陣營。凡此種種，都大大增加了問題的複雜性。不妨說，前述羅易、塞拉蒂等人的「不相干」論和「完全絕緣」論等極左空談，其錯誤的關鍵之一，就是在這個複雜問題面前不知所措，草率魯莽或逃避困難。列寧對此所作的辯證分析，則為世界眾多落後國家的無產階級政黨提供了解決這一複雜問題的鑰匙。

「要戰勝更強大的敵人，只有盡最大的力量，同時**必須極仔細、極留心、極謹慎、極巧妙地**一方面利用敵人之間的一切『裂痕』，哪怕是最小的『裂痕』，利用各國資產階級之間以及各個國家內資產階級各集團或各派別之間的一切利益對立，另一方面要利用一切機會，哪怕是極小的機會，來獲得大量的同盟者，儘管這些同盟者是暫時的、動搖的、不穩定的、靠不住的、有條件的。」[656] 這是列寧從多年革命鬥爭中總結出來的一條基本經驗。他在教育國際共產黨人在革命鬥爭中應當正確對待落後國家和民族的資產階級時，顯然是把這條基本經驗作為指導思想之一的。

列寧在十月革命以前就依據大量歷史事實，對被壓迫民族裡的資產階級在民族民主革命中所表現的兩面性，作了出色的分析和總結。

他指出，從全世界歷史上看，資本主義徹底戰勝封建主義的時代，總是同被壓迫民族的民族運動聯繫在一起的；而這些民族中的資產階級，在一切民族運動開始時，又總是很自然地充當運動的首領——領導者。因此，被壓迫民族中的資產階級在一定歷

史時期和一定程度上具有反對封建勢力、反對民族壓迫、要求民主平等、要求民族獨立的民主主義進步趨向。[657] 即使在帝國主義時代，一切被壓迫弱小民族反對帝國主義侵略兼併的鬥爭，包括民族解放戰爭，都是進步的、革命的，與此相應，參加或領導這種民族解放鬥爭和民族解放戰爭的資產階級，當然也仍然發揮著歷史的進步的作用。[658] 這是問題的一個方面。

在這同時，列寧又明確指出：在許多場合，「被壓迫民族的資產階級**只是**空談民族起義，實際上卻偷偷地同壓迫民族的資產階級實行反動勾結，從背後來**反對**本國人民」[659]。歷史曾經多次表明：只要革命的無產階級在資產階級面前站了起來，資產階級就會出賣祖國、人民和民族的利益；為了維護他們的階級私利，被壓迫民族的資產階級甚至不惜在本民族受壓迫、受屈辱最厲害的時候，喪心病狂地依靠壓迫民族的士兵來鎮壓敢於伸手奪取政權的無產者同胞。也就是說，他們甚至可以「連一秒鐘都沒有猶豫，立刻就同民族公敵，同蹂躪其祖國的外國軍隊勾結起來鎮壓無產階級運動」[660]。這是問題的另外一個方面。

基於對資產階級劣根性的深刻分析和對世界各國歷史經驗的科學總結，列寧不僅十分強調被壓迫民族的無產階級始終只是**有條件地**、只是在一定方向上支持本民族的資產階級，始終必須嚴防本民族的資產階級用反動的民族主義思想毒害工農群眾的階級意識；[661] 而且多次提醒被壓迫民族的無產階級政黨對於本民族資產階級在反對外族壓迫的鬥爭中所經常出現的妥協叛賣傾向，務必保持高度的警惕，開展原則的鬥爭。

在這些論述裡，列寧站在無產階級的立場上對於被壓迫民族

中資產階級兩面性的解剖，對他們在民族民主革命鬥爭中何時可能是盟友，何時可能是敵人的劃分，是清清楚楚、界限分明的。

特別值得注意的是：列寧在一九一二至一九一三年針對當時半封建半殖民地中國的資產階級所作的分析，對於社會歷史條件基本相似的一切殖民地、半殖民地說來，都具有普遍的意義。

當時，列寧就把中國的資產階級劃分為兩大部分：一部分是同本國封建勢力與外國帝國主義勢力緊密勾結的自由派資產階級，另一部分則是要求反對封建勢力、反對帝國主義的民主派資產階級。列寧指出，儘管西方的資產階級已經完全腐朽，但是在東方、在亞洲出現的這種民主派資產階級及其政治代表人物則「還能從事歷史上進步事業」[662]，「還同人民一起反對反動勢力」[663]，因而還「能夠代表真誠的、戰鬥的、徹底的民主主義」[664]。至於自由派資產階級，其政治代表人物則往往充當著「反動勢力的朋友」。在對內方面，他們慣於「在君主制和革命之間實行隨風倒的政策」，而且「最善於變節」[665]：昨天害怕皇帝，匍伏在他面前；後來眼看革命民主派即將取得勝利，就背叛了皇帝；明天則可能又同什麼舊的或新的「立憲」皇帝勾結而出賣革命民主派。與此同時，在對外方面，他們則慣於為了階級和集團的私利，為了扼殺革命而與帝國主義者結成反革命聯盟。總之，他們是「中國民主、自由的敵人」[666]。後來，中國的事變進程準確地、典型地證實了這一點。

在這些論述裡，列寧站在無產階級立場上對殖民地、半殖民地資產階級中兩大階層的分析，對他們在民族民主革命中誰可能是盟友，誰可能是敵人的劃分，也是清清楚楚、界限分明的。

十月革命以後，特別是在共產國際第二次代表大會召開前後一段時間內，列寧又在上述科學分析的基礎上就這個問題進一步加以闡發。

當時在這個問題上存在著兩個方面的疑問：（1）按照馬克思主義的一般理論，資產階級同無產階級是兩大對立的階級，那麼，作為無產階級先鋒隊的共產黨以及作為全世界無產階級指揮部的共產國際是否應該支持落後國家的資產階級民主運動；如果加以支持，在原則上是否可以允許，在理論上是否正確。（2）按照馬克思主義的一般理論，資產階級民族主義和無產階級國際主義是兩大對立的思想潮流，那麼，一貫堅持無產階級國際主義的各國共產黨人是否可以支持被壓迫民族中的資產階級民族主義思潮以及在這一思潮指導下的民族解放運動。

列寧向來提倡對問題從實際出發進行具體分析，反對從概念出發進行抽象推導。本著這種精神，他對上述疑問進行了有力的澄清。他向存在這些疑問的同志耐心地反覆闡明帝國主義時代被壓迫民族的資產階級民族民主運動在無產階級社會主義世界革命事業中的重要地位和巨大作用，闡明共產國際和共產黨人同被壓迫民族中願意反帝反封建的資產階級結成革命統一戰線的必要性。在這同時，列寧對提出疑問的同志（包括爭論的對手）的一得之見，又十分珍視，及時採納，並據以對自己所起草的《民族和殖民地問題提綱初稿》作了補充修改。其中重要的修改之一就是把各國共產黨必須幫助落後國家的「資產階級民主解放運動」的提法，改為必須幫助這些國家的「革命的解放運動」。[667]

這樣修改，突出了「革命」兩字，就強調了要把存在於殖民

地、半殖民地中的反動的改良主義運動同革命運動嚴格加以區分，即要把受帝國主義培植、為帝國主義效勞、借點滴改良和小恩小惠以轉移反帝革命鬥爭視線和愚弄群眾的一切反動騙局，同真正反對帝國主義、要求根本推翻帝國主義殖民統治的革命群眾鬥爭嚴格加以區分；要把帝國主義在被壓迫民族中物色和豢養的資產階級代理人集團同願意參加反帝鬥爭的資產階級集團嚴格加以區分。

列寧指出，「實際上，在落後國家和殖民地國家裡，這種區別最近已經表現得十分明顯」。由於帝國主義國家的資產階級和殖民地、半殖民地的資產階級「已經有相當密切的關係」，所以後者往往（甚至可以說在大多數場合下）雖然也支持民族運動，但同時又與前者妥協，「同他們一起來反對一切革命運動和革命階級」。所以，作出上述修改的用意，就在於著重強調「只有在殖民地國家的資產階級解放運動真正具有革命性的時候，在這種運動的代表人物不阻礙我們用革命精神去教育、組織農民和廣大被剝削群眾的時候，我們共產黨人才應當支持並且一定支持這種運動」。列寧認為，對這份綱領性的文件作了這樣的修改之後，「這就更確切地表達了我們的觀點」。[668]

由此可見，列寧在考察殖民地、半殖民地的民族民主運動時，顯然就是把它劃分為兩大類，而且顯然是以反帝不反帝作為識別和劃分真革命與假革命，從而決定應予支持抑或應加以反對的首要標準。

至於上述第二方面的疑問，它同第一方面的疑問是緊密關聯的，同時它在國際共運史中實際上並不是第一次提出的新問題，

而只是在十月革命勝利後新形勢下的「舊話重提」。關於共產黨人究竟應當如何正確對待被壓迫民族中的資產階級民族主義問題，列寧在十月革命以前和以後的長期鬥爭實踐中，曾經從不同角度作過多次論述.通過對列寧有關論述的學習，我們可以從中得到以下幾點啟示：

（1）作為民族問題上的兩種世界觀，資產階級民族主義和無產階級國際主義是互相對立的、不可調和的。前者的要害在於以民族觀念取代或否定階級觀念。當被壓迫民族的資產階級用反動的民族主義思想毒害本民族工農群眾的階級意識，抹殺本民族內部的階級對立和階級鬥爭，破壞各族勞動者的國際聯合和階級團結，或者甚至企圖為本民族攫取特權的時候，共產黨人就應當堅決反對，開展鬥爭。[669]

（2）應當把壓迫民族的資產階級民族主義同被壓迫民族的資產階級民族主義區別開來。共產黨人必須從國際反帝鬥爭的全局上去看待被壓迫民族的資產階級民族主義，切不可單從一國一族的狹隘觀點出發，因醉心於反對被壓迫民族的資產階級民族主義，而忘掉了極端凶惡極端反動的帝國主義壓迫民族的資產階級民族主義，從而在客觀上充當了後者的幫兇。[670]

（3）壓迫民族對於被壓迫民族中資產階級民族主義的形成和傳播犯有歷史過錯，負有一定責任。共產黨人（尤其是壓迫民族中的共產黨人）對待被壓迫民族的民族感情必須特別慎重。[671]

（4）每個被壓迫民族的資產階級民族主義都含有反對壓迫、要求平等自由的一般民主主義內容，具有歷史的進步意義。

在這思想內容的影響下，有助於民族意識的覺醒和反帝鬥爭的開展。被壓迫民族開展的群眾性反帝革命鬥爭，是摧毀國際帝國主義的積極因素，是幫助無產階級登上舞臺的強力酵母。因此，對於被壓迫民族資產階級民族主義思潮中所包含的一般民主主義內容，共產黨人應當加以無條件的支持。[672]

（5）在反革命的帝國主義的西方壓迫下，出現了革命的和民族主義的東方。[673] 被壓迫民族中資產階級民族主義的產生是有其歷史根據的，共產黨人在為無產階級革命事業而鬥爭的過程中，不是應當「絕緣」而是「應當藉助於正在這些民族中間產生出來並且必然要產生出來的資產階級民族主義」[674]。

列寧對被壓迫民族中的資產階級和資產階級民族主義所作的剖析，實際上已經從思想上為共產黨人確立了對待這個階級所應當採取的又聯合又鬥爭的基本方針。也就是說，在落後國家的民族民主革命的全過程中，共產黨人既要盡力爭取資產階級民主派作為無產階級的盟友，又要始終不懈地反對他們的反動的民族主義傾向、改良主義傾向、妥協投降傾向；既不能同他們「完全絕緣」，又不能同他們完全合一。只有這樣，才能確保無產階級對革命實行正確的領導，確保反帝反封建鬥爭的徹底勝利，並促進無產階級社會主義世界革命的發展。因此，在反帝反封建鬥爭中，應當同殖民地和落後國家的資產階級民主派結成臨時聯盟，實行革命的聯合，但是決不能同他們融合。

總之，無產階級及其政黨務必努力掌握革命統一戰線的領導權，而決不能充當資產階級的盲目追隨者，「甚至當無產階級運動還處在萌芽狀態時，也絕對要保持這一運動的獨立性」[675]。

在特定條件下落後民族的國民經濟可以避免資本主義發展階段

共產黨人和共產國際既然應當同殖民地、半殖民地的資產階級民主派結成反對國際帝國主義、反對國內封建勢力的臨時聯盟，支持和贊助當地的資產階級民族民主革命運動，那麼，這是否會不可避免地在當地同時造成「移植」西方資本主義、培植「民族帝國主義」的嚴重惡果？如果共產黨人和共產國際同殖民地、半殖民地的資產階級民族民主革命運動「完全絕緣」，不予理睬，而逕自立即開展社會主義革命運動，這是否就可以使當地國民經濟「防止」或避過資本主義氾濫的發展階段？

對於這個問題，羅易和塞拉蒂等人的回答是肯定的。同他們相反，列寧的回答則是否定的。

眾所周知，在人類社會歷史上，資本主義的發展階段曾經帶來了巨大的物質文明，但也同時製造了巨大的社會災難和社會罪惡。所以，如何消滅或如何避免這些災難和罪惡的問題，始終是社會先進思想家和革命導師探索的中心課題。馬克思和恩格斯在研究和揭示社會發展基本規律和基本進程時曾經設想過：在特定的條件下，有些國家和民族的社會發展「能縮短和減輕分娩的痛苦」[676]。具體些說，如果西歐資本主義發達國家的無產階級取得勝利和生產資料轉歸公有之後，在革命和建設方面為落後國家作出榜樣和給予積極支持，那麼，許多處於資本主義以前發展階段的國家或剛剛踏上資本主義發展道路的國家，就可以「大大縮短自己向社會主義社會發展的過程，並可以避免我們在西歐開闢道路時所不得不經歷的大部分苦難和鬥爭」[677]。

馬克思、恩格斯對落後國家未來發展道路的這種設想，當時並未引起人們應有的重視，後來又遭到第二國際修正主義者惡毒的攻擊。例如，以殖民地問題「理論權威」自居的萬科爾就曾嘲笑說：馬克思提出的關於某些國家至少可能部分地在自己的經濟進化過程中越過資本主義階段的假設，並沒有得到實現」[678]；他硬說殖民地人民飽遭資本主義、殖民主義的折磨苦難，都是理所應當和絕對不可避免的。據他宣稱，只有這樣「才能走向文明」[679]。德國的社會沙文主義者大衛也曾應聲叫嚷：「無論在什麼地方，人類通過資本主義的痛苦過程是不可避免的」，「殖民地也必須經過資本主義，在那兒人們也不可能從荒野中跳入社會主義」[680]。

如果說，萬科爾等右傾機會主義分子根本否定了落後國家經濟發展避免資本主義氾濫階段的任何可能性，那麼，羅易等人的左傾空談則是不顧馬克思、恩格斯提出的先決條件而無限誇大了這種可能性。而一旦按照羅易等人那種迅即開展「純粹的」社會主義革命的主張去做，那就無異於揠苗助長，只能促使無產階級及其政黨在殖民地、半殖民地的群眾革命運動中迅速陷於孤立，造成革命的夭折，從而也同樣根本否定了避免資本主義氾濫階段的可能性。左傾與右傾，歷來就是難兄難弟、異途同歸的。

無論是萬科爾等人的右傾謬論，還是羅易等人的左傾空談，都是無視歷史發展規律的。因為「一切民族都將走到社會主義，這是不可避免的，但是一切民族的走法卻不完全一樣」；「在社會生活各方面的社會主義改造的速度上，每個民族都會有自己的特點」，[681] 這是列寧在十月革命前一年就已明確提出隨後又反

覆加以強調的基本觀點。在批判羅易等人的左傾空談過程中，列寧既堅持了馬克思、恩格斯早年提出的上述原則性的設想，又根據當時的革命實踐和時代的現實對這種設想加以豐富和發展，並把努力創造先決條件以促進這種可能性轉化為現實，當作一項迫切的戰鬥實踐任務，向全世界無產者及其政黨、向全世界被壓迫民族提了出來。

列寧認為，對於某些殖民地、半殖民地落後國家說來，在十月革命以後所形成的特定的國內外條件下，國民經濟的資本主義發展階段並不是不可避免的。在這些國家裡，只要無產階級及其政黨緊緊地掌握民族民主革命的領導權，把民族民主革命引向徹底勝利，同時得到無產階級專政的社會主義國家的竭誠幫助，就「可以不經過資本主義發展階段而過渡到蘇維埃制度，然後經過一定的發展階段過渡到共產主義」[682]。這樣，列寧就從原則上指明了落後國家民族民主革命的光明發展前途，正確地解決了落後國家群眾革命運動往何處去的問題。至於必須採取什麼具體手段才能達到這個目的，列寧則把這個問題留待後人的革命實踐去解答，他說：「這不可能預先指出。實際經驗會給我們啟示的。」[683]

列寧的這一英明預見，已經為中國等國家的革命實踐所證實，並正在不斷地得到新的驗證。但是，它也正在遭到大國霸權主義者的嚴重歪曲和無恥閹割。他們打著「列寧主義」的旗號，到處誘騙亞、非、拉美落後國家接受他們在經濟上、軍事上以及文化教育上的所謂「全面援助」和所謂「無私援助」，胡說什麼這樣就可以取得政治上和經濟上的徹底獨立，就可以通過所謂

「非資本主義道路」，走向社會主義、共產主義。

可是全世界稍微有點馬克思列寧主義常識的人都知道，列寧為亞、非、拉美落後國家所指出的上述光明發展道路，其國際前提條件，只能是無產階級專政的社會主義國家提供國際主義的幫助，而決不能是超級大國實行霸權主義和利己主義的控制和盤剝；其國內前提條件，只能是無產階級及其政黨牢牢掌握民族民主革命的領導權，實行一條馬克思主義的革命路線，建立以工農聯盟為主體的革命政權，而決不能是地主資產階級篡奪了民族民主革命的領導權，實行一條妥協投降的路線，建立地主資產階級專政的政權。

面對霸權主義者對列寧科學論斷的歪曲和閹割，人們耳邊自然迴響起列寧對共產黨人的明確指示以及對修正主義者的辛辣嘲諷。

關於國際條件方面，列寧早在十月革命以前就已提醒一切被壓迫弱小民族注意：在爭取民族自由解放、反對某一個帝國主義強國的鬥爭中，務必嚴防另一個帝國主義大國利用這種鬥爭來達到它同樣的帝國主義目的。[684] 十月革命以後，就在列寧指明落後國家民族民主革命在一定條件下可以徑直過渡到社會主義這一光明前途之前一個多月，他也再次強調這個問題的另一方面，即「必須向一切國家特別是落後國家的最廣大的勞動群眾不斷地說明和揭露帝國主義列強一貫進行的欺騙，帝國主義列強打著建立政治上獨立的國家的幌子，來建立在經濟、財政和軍事方面都完全依賴於它們的國家」[685]。可見，列寧對落後國家民族民主革命發展前途的關注和指導是十分全面的：既指出了它所可以爭取

的美好前景，又指出了它所可能遇到的危險陷阱；教導被壓迫弱小民族在爭取自由解放的全過程中要走上坦途，要謹防暗算；要堅持國家和民族的獨立自主，鞏固和發展得來不易的勝利成果，並在條件成熟時按照人民的意願走上社會主義道路；要提高警惕，識破騙局，盡力避免在擺脫某一帝國主義國家的殖民奴役之後，又被套上另一帝國主義國家的殖民枷鎖。

關於國內條件方面，列寧在十月革命後為共產國際制定的關於民族殖民地問題的綱領性文件中，教導全世界共產黨人：「必須堅決反對把落後國家內的資產階級民主解放思潮塗上共產主義的色彩」[686]。同時，人們還不能不注意到：列寧早在十月革命以前總結世界各國歷史經驗教訓時，就已明確指出：一八四八年歐洲各國的革命使社會各階級**在行動中**暴露了自己的面目，事變進程已經「最終地證明了**只有**無產階級具有社會主義本性」，因而一切關於非階級的社會主義的學說，都是胡說八道；而二十世紀初期亞洲各國的革命進程也同樣向我們揭示了無產階級與任何資產階級之間的明顯界限。「有了歐亞兩洲的經驗，誰若還說什麼非階級的政治和非階級的社會主義，誰就只配關在籠子裡，和澳洲袋鼠一起供人觀賞。」[687]

「全世界無產者和被壓迫民族聯合起來！」
社會主義世界革命的最後勝利是絕對有保證的

列寧關於民族殖民地問題的以上論述，從大力促進無產階級社會主義世界革命著眼，不僅對壓迫民族的共產黨人實行了正確的戰略指導，而且也對被壓迫民族的共產黨人以及其他革命分子

實行了正確的戰略指導。

列寧關於先進國家的無產階級必須同殖民地、半殖民地人民聯結成反帝革命統一戰線的基本思想和革命原理，為國際無產階級社會主義世界革命事業，同時也為全世界被壓迫民族的徹底解放事業，確立了一條戰無不勝的鬥爭路線，制定了唯一正確的戰略方針。

列寧的這些基本思想原理，以相當集中和十分簡明的形式體現在他親自為共產國際第二次代表大會起草的《民族和殖民地問題提綱初稿》這一綱領性文件中。在大會專設的民族和殖民地問題委員會裡，來自十八個國家（其中大半是殖民地、半殖民地國家）的委員們原先在許多重大原則上爭論紛紜，但是在列寧諄諄善誘的正確引導下，終於得以「在一切最重要問題上完全取得了一致的意見」[688]。一九二〇年七月，列寧起草的上述綱領性文件在代表大會全體會議上獲得一致通過[689]，列為大會的正式決議，從而使上述唯一正確的路線和戰略成了全世界共產黨人所必須共同遵守的基本行動準繩。這意味著第二國際及其餘孽們在無產階級世界革命和民族殖民地問題上修正主義路線的完全徹底破產，也標誌著列寧在這個問題上長期進行反修鬥爭的光輝勝利總結。

在列寧的直接指導下，共產國際不僅為世界無產者的解放而大聲疾呼和積極戰鬥，而且為與無產者解放事業密切相關的、全世界一切被壓迫弱小民族的解放而大聲疾呼和積極戰鬥。正是在這個意義上，列寧表示：「的確，我們現在不僅是全世界無產者的代表，而且是被壓迫民族的代表」[690]。

共產國際的執行委員會把列寧的上述戰略思想和鬥爭路線歸結為一句簡潔明了的戰鬥口號：「全世界無產者和被壓迫民族聯合起來！」列寧認為這個口號是完全正確的。[691] 這個口號，大大豐富和發展了馬克思和恩格斯在《共產黨宣言》結語中所發出的「全世界無產者聯合起來」的戰鬥號召，成為激盪全球的時代最強音！

在一九二〇年共產國際第二次代表大會上，列寧十分高興地指出：先進資本主義國家的革命無產者同殖民地、半殖民地的革命群眾之間的自覺聯合，已經開始形成。他教育和激勵全世界的共產黨人，今後一定要全力以赴，「進一步加強這種聯合」。列寧滿懷信心地斷言：一旦各國被剝削被壓迫工人的革命進攻⋯⋯同迄今還站在歷史外面、只被看作歷史客體的億萬人民的革命進攻聯合起來，世界帝國主義就一定會滅亡」[692]。

為了切實加強這種聯合，列寧多次反覆強調必須大力肅清第二國際餘孽們所一貫鼓吹的社會帝國主義、社會沙文主義思想的深遠流毒。他尤其著重於對當時世界上第一個社會主義國家的共產黨人教誨諄諄。他明確提出：「應該特別堅決地反對」存在於俄羅斯共產黨人隊伍之中的「大俄羅斯帝國主義思想和沙文主義思想」。[693]

俄國反革命分子的卑鄙行刺，為世界革命事業的過度操勞，使列寧的健康受到嚴重損害，以致自一九二一年冬季起，列寧一直是抱病堅持工作，並且數度因病情惡化而被迫停止辦公。就是在這樣的情況下，列寧還惦記著提醒俄共中央務必注意大力清除在某些領導人頭腦中根深柢固的大俄羅斯沙文主義。他尖銳地指

出：毫無疑問，會有一部分領導人「沉沒在這個骯髒的大俄羅斯沙文主義的大海裡，正如蒼蠅沉沒在牛奶裡一樣」[694]。本著疾惡如仇的一貫精神，列寧在一張給俄共（布）中央政治局的便箋中寫道：「我宣布同大俄羅斯沙文主義進行決死戰。我那顆討厭的蛀牙一治好，我就要用滿口的好牙吃掉它」[695]！

列寧，全世界無產階級的偉大革命導師，在其戰鬥一生的最後幾個月，在沉重的病痛中，仍然念念不忘全世界被壓迫民族被壓迫人民的徹底解放。他對包括中國在內的殖民地、半殖民地億萬人民，即人口最多、災難最深、革命性最強、革命潛能最大的人民，尤其寄予厚望。他進一步發揮了關於弱小民族億萬群眾在未來世界革命決戰中必將起非常巨大作用的思想觀點，科學地預言和堅定地相信：世界的命運，決定於人口的大多數。他在病榻上給全世界革命人民留下的最後遺言之一是：世界革命鬥爭的結局，歸根到底取決於這一點──占世界人口絕大多數的被壓迫民族正在「非常迅速地捲入爭取自身解放的鬥爭中，所以在這個意義上講來，世界鬥爭的最終解決將會如何，是不能有絲毫懷疑的。在這個意義上講來，社會主義的最後勝利是完全和絕對有保證的」[696]

結束語：學習列寧關於民族殖民地的革命理論，
實踐列寧的革命遺訓

迄今，列寧離開我們已經九十多年，但他的革命遺訓卻永遠留在了入世間，鼓舞著占全世界人口絕大多數的被壓迫民族數十億弱勢群體大眾，世世代代投入解放自身的鬥爭。後人在學習列

寧關於民族殖民地革命理論的學說之際，耳邊自然而然回響起歐仁・鮑狄埃創作於一八七一年的《國際歌》歌詞：從來就沒有什麼救世主，也不靠神仙和皇帝，要創造人類的幸福，全靠我們自己。我們要奪回勞動果實，讓思想衝破牢籠，快把那爐火燒得通紅，趁熱打鐵才能成功。這是最後的鬥爭，團結起來到明天，英特納雄耐爾就一定要實現。這是最後的鬥爭，團結起來到明天，英特納雄耐爾就一定要實現！」這首戰鬥歌曲，一百四十多年來響徹全球每一個角落。在此之前，全球弱勢群體絕大多數大眾一直處在殖民地、半殖民地喪權辱國的地位，飽受西方列強的侵略、壓迫、搾取和掠奪。時至今日，全球絕大多數國家已經取得民族獨立，但是，「霸權主義」和「強權政治」的侵害仍然存在，時時肆虐，破壞亞、非、拉地區乃至全世界的和平與安寧，危害包括發達國家在內的全球黎庶大眾。因此，要實現「英特納雄耐爾」，仍然有待於全球黎庶大眾，繼續秉持列寧遺訓，不渝不懈，與時俱進，強化反殖、反帝、反霸的鬥爭，才能最終實現全人類共商共建共享、富強康樂幸福的共同體。

注釋

〔1〕 本篇專論篇幅約二十二萬字，曾於一九八一年由三聯書店以單行本出版，題為《列寧對民族殖民地革命學說的重大發展》。輯入本書時對單行本原有標題和體例稍作調整，其基本內容保留原貌，未作重大改動。

〔2〕 馬克思：《致路・庫格曼（1870 年 12 月 13 日）》，載《馬克思恩格斯全集》第 33 卷，人民出版社 1973 年版，第 167 頁。

〔3〕 馬克思：《政治經濟學批判》，載《馬克思恩格斯全集》第 13 卷，

人民出版社 1973 年版，第 114、115 頁。

〔4〕　同上。

〔5〕　參見《馬可‧波羅行紀》，馮承鈞譯註，商務印書館 1936 年版，下冊，第 623 頁；中冊，第 494 頁。

〔6〕　恩格斯：《論封建制度的瓦解和民族國家的產生》，載《馬克思恩格斯全集》第 21 卷，人民出版社 1965 年版，第 450 頁。

〔7〕　中國古籍《山海經》所錄怪誕傳聞中，有一條是：「巴蛇食象，三歲而出其骨。」明人羅洪先曾以「人心不足蛇吞象，世事到頭螳捕蟬」詩句，形容剝削階級的貪婪無饜和強食弱肉。

〔8〕　本表殖民地面積，係根據日本大鹽龜雄所著《最新世界殖民史》一書附錄「世界殖民地現勢一覽表」及「近世殖民史年表」累計估算。

〔9〕　參見列寧所撰：《社會主義的原則和 1914-1915 年的戰爭》及《帝國主義是資本主義的最高階段》中的兩份統計表，分別載《列寧選集》第 2 卷，人民出版社 1972 年版，第 671、800 頁。

〔10〕　恩格斯：《德國和泛斯拉夫主義》，載《馬克思恩格斯全集》第 11 卷，人民出版社 1962 年版，第 223 頁。

〔11〕　列寧：《關於自決問題約爭論總結》，載《列寧全集》第 22 卷，人民出版社 1958 年版，第 354 頁。

〔12〕　馬克思：《不列顛在印度統治的未來結果》，載《馬克思恩格斯全集》第 9 卷，人民出版社 1961 年版，第 252 頁。

〔13〕　參見〔蘇聯〕馬吉多維奇：《哥倫布》，吳洛夫譯，新知識出版社 1958 年版，第 12、24 頁。

〔14〕　參見〔美〕海斯等：《世界史》，紐約 1946 年英文版，第 423 頁。

〔15〕　參見〔美〕福斯特：《關洲政治史綱》，紐約 1951 年英文版，第三章第三節。

〔16〕　〔法〕馬賽爾‧艾格列多：《阿爾及利亞民族真相》，維澤譯，世界知識出版社 1958 年版，第 45 頁。

〔17〕　恩格斯：《英國軍隊在印度》，載《馬克思恩格斯全集》第 12 卷，人民出版社 1962 年版，第 526 頁。

恩格斯在這裡指的是一八五七年英國殖民軍攻陷印度奧德首府勒克瑙後縱兵洗劫兩星期的情景。據當年英國《泰晤士報》軍事通訊員威廉‧羅素報導，當時英軍官兵搶到了大量金銀和珍珠、翡翠、鑽石，「有些軍官真正發了大財，……在放軍裝的破箱子裡，藏著一

些小匣子，裡面裝著蘇格蘭和愛爾蘭的整個莊園，裝著世界上……各個地方的舒適的漁獵別墅」。

〔18〕《葉羅菲伊‧哈巴羅夫報告他在黑龍江進行軍事活動的呈文》，載〔蘇聯〕列別吉夫等編：蘇聯歷史文選》（第一卷），蘇聯教育部國家科學教育出版社 1949 年版，第 438-440 頁。

〔19〕參見〔蘇聯〕瓦西里也夫：《外貝加爾的哥薩克們》，徐濱等譯，商務印書館 1977 年版，第 58 頁；〔英〕拉文斯坦：《俄國人在黑龍江》，陳霞飛譯，陳澤憲校，商務印書館 1974 年版，第二章、第三章。

〔20〕蘇聯領導集團堅持為野獸歌功頌德，至今仍把哈巴羅夫的臭名強加於被侵占的原中國城市伯力，稱之為「哈巴羅夫斯克」二十世紀三〇年代出版的《蘇聯大百科全書》曾經根據確鑿的歷史事實公正地指明：哈巴羅夫是「沙俄遠東殖民政策侵略計劃的傳播者」。到了六〇年代，在《蘇聯小百科全書》上，蘇聯領導集團卻無恥地竄改歷史事實，把同一個哈巴羅夫美化為「俄羅斯新土地的發現者」。

〔21〕被西方資產階級推崇為國際法「學術權威」的奧本海便是如此鼓吹的：「先占是一個國家的占取行為，通過這種行為，該國有意識地取得當時不在其他國家統治下的土地的主權。……先占的客體，只限於不屬於任何國家的土地，這種土地，或則完全無人居住（如荒島），或則雖有當地土人居住而他們的社會共同體並不被認為是一個國家。居住在一定地域的土著居民也許具有部落組織，但不必把它當作國家看待。」參見〔德〕奧本海：《國際法》，倫敦 1920 年版，第 383-384 頁；周鯁生：《國際法大綱》，商務印書館 1932 年版，第 121-123 頁；〔日〕大鹽龜雄：《最新世界殖民史》，葛綏成譯，商務印書館 1930 年版，第 350-351 頁。

〔22〕參見〔印度〕《尼赫魯：印度的發現》，齊文譯，世界知識出版社 195 6 年版，第 383 頁。孟買島位於印度西岸附近，即今日印度第二大城市孟買所在地，面積為二百三十五平方公里，與大陸有堤道相連，人口約六百萬。

〔23〕貂皮當時是俄國用於國際交換的重要手段，類於黃金儲備。參見〔蘇聯〕古多什尼科夫編：《西伯利亞歷史文選》，莫斯科 1932 年版，第 31 頁。

〔24〕〔蘇聯〕奧爾德羅格等主編：《非洲各族人民》，莫斯科 1954 年版，

第 10 章，第 4 節。

〔25〕馬克思：《政府在財政問題上的失敗。──馬車伕。──愛爾蘭。──俄國問題》，載《馬克思恩格斯全集》第 9 卷，人民出版社 1961 年版，第 254 頁。

〔26〕參見〔英〕哈斯丁斯：《致東印度公司董事會的報告（772 年 11 月 3 日），載〔英〕杜德：《今日印度》，倫敦 1940 年版，第 115 頁。

〔27〕〔英〕康華禮：《1789 年 9 月 18 日的備忘錄》，載〔英〕杜德：今日印度》，倫敦 1940 年版，第 116 頁。

〔28〕參見〔英〕古柏爾等：《殖民地保護國新歷史》，讀書出版社 1949 年版，上卷第一冊，第 96 頁。

〔29〕〔美〕史裴爾斯：《美國奴隸貿易》，紐約 1907 年版，第 51 頁。

〔30〕〔美〕阿賽維陀：《巴西文化》，紐約 950 年版，第 46 頁。

〔31〕參見〔美〕福斯特：《美國歷史中的黑人》，紐約 1954 年英文版，第二章第二節。

〔32〕參見馬克思：《資本論》，載《馬克思恩格斯全集》第 23 卷，人民出版社 1972 年版，第 820 頁。

〔33〕參見〔美〕泰勒・丹涅特：《美國人在東亞》，姚曾虞譯，商務印書館 1960 年版，第 454-455 頁；卿汝楫：《美國侵華史》（第 1 卷），人民出版社 1962 年版，第 99-100 頁。

〔34〕〔法〕孟德斯鳩：《論法的精神》（下冊），張雁深譯，商務印書館 1963 年版，第 69-70 頁。

〔35〕例如，荷蘭殖民者就曾把印尼班達島的一萬多名居民幾乎全部殺光，只是因為島上部分人「違禁」把特產香料荳蔻賣給了非荷蘭的其他商人。

〔36〕這類情況甚至一直持續到今天。例如，近十多年來，在蘇聯和亞、非、拉國家之間的貿易中，一輛吉普車起先只能換十四袋咖啡，後來可換四十三袋；一臺拖拉機，先換九包棉花，後換二十五包；一噸鋼材，先換一噸香蕉，後換四噸；一輛小轎車，先換二噸可可，後換六噸。又如，在二十世紀七〇年代初，亞、非、拉的香蕉生產國每出口一噸香蕉，本國只獲得零售價格的百分之十一點五，而號稱「香蕉帝國」和「綠色魔鬼」的美資跨國公司──聯合果品公司等外國企業則攫取了零售價格的百分之八十八點五。

〔37〕馬克思：《鴉片貿易史》，載《馬克思恩格斯全集》第 12 卷，人民

出版社 1962 年版，第 587 頁。

〔38〕蘇聯高級外交官齊赫文斯基妄圖抵賴沙皇殖民主義者販毒殘害中國
人民的罪行（見〔蘇聯〕齊赫文斯基主編：《中國近代史》，莫斯科
1972 年俄文版，第 120、222 頁）。可是「不幸」得很，早在一八五
七年，革命導師馬克思就根據當時眾所周知的確鑿事實，無情地揭
穿了這一可恥罪行。鐵證如山，豈容賴掉!（參見馬克思：《俄國的
對華貿易》，載《馬克思恩格斯全集》第 12 卷，人民出版社 1962 年
版，第 167 頁。）

〔39〕林則徐：《錢票無甚關礙宜重禁吃煙以杜弊源片》，載《林則徐集（奏
稿）》中冊），中華書局 1965 年版，第 601 頁。

〔40〕馬克思：《鴉片貿易史》，載《馬克思恩格斯全集》第 12 卷，人民
出版社 1962 年版，第 587 頁。

〔41〕格里奧勒：《偉大的探險家們》，巴黎 1948 年版，第 68 頁

〔42〕〔蘇聯〕格拉齊安斯基等編：《中世紀史文獻》（第 3 卷）莫斯科
1950 年版，第 43-44 頁。

〔43〕參見馬克思：《資本論》，載《馬克思恩格斯全集》第 23 卷，人民
出版社 1972 年版，第 821-822 頁。

〔44〕〔蘇聯〕莫洛克等編：《近代史文獻》（第 1 卷）莫斯科 1958 年版，
第 241 頁。

〔45〕參見蘇聯科學院米克魯霍－馬克來民族學研究所：《美洲印第安
人》，史國綱譯，三聯書店 1960 年版，第 324、358 頁。

〔46〕參見〔美〕菲・方納：《古巴史和古巴與美國的關係》（第 1 卷），
涂光楠等譯，三聯書店 1964 年版，第 5-12 頁。

〔47〕參見〔美〕福斯特：《美洲政治史綱》，紐約 1951 年英文版，第三
章、第五章第二節；〔智〕加爾達梅斯：《智利史》，遼寧大學歷史
系翻譯組譯，遼寧人民出版社 1975 年版，第 86-92 頁。

〔48〕參見〔特〕埃里克・威廉斯：《加勒比地區史》（上冊），遼寧大學
經濟系翻譯組譯，遼寧人民出版社 1976 年版，第 393-400 頁。

〔49〕恩格斯：《家庭、私有制和國家的起源》，載《馬克思恩格斯全集》
第 21 卷，人民出版社 1965 年版，第 111-112 頁。

〔50〕馬克思：《印度史編年稿》，人民出版社 1957 年版，第 165-166 頁。

〔51〕參見〔印度〕孫得拉爾：《1857 年印度民族起義簡史》，文仲叔等
譯，三聯書店 1957 年版，第 40、82、99-101 頁。

〔52〕馬克思：《印度起義》，載《馬克思恩格斯全集》第 12 卷，人民出版社 1962 年版，第 260 頁。

〔53〕參見朝鮮民主主義人民共和國科學院歷史研究所：《朝鮮通史》，吉林人民出版社 1975 年版，第 24-27 頁。

〔54〕恩格斯：《阿爾及利亞》，載《馬克思恩格斯全集》第 14 卷，人民出版社 1964 年版，第 104 頁。

〔55〕斯大林：《和第一個美國工人代表團的談話》，載《斯大林全集》第 10 卷，人民出版社 1954 年版，第 90 頁。

〔56〕馬克思：《資本論》，載《馬克思恩格斯全集》第 23 卷，人民出版社 1972 年版，第 782 頁。

〔57〕馬克思：《資本論》，載《馬克思恩格斯全集》第 23 卷，人民出版社 1972 年版，第 822、19 頁。

〔58〕同上書，第 821 頁。

〔59〕同上。

〔60〕同上書，第 819 頁。

〔61〕馬克思：《不列顛在印度統治的未來結果》，載《馬克思恩格斯全集》第 9 卷，人民出版社 1961 年版，第 250、251 頁。

〔62〕馬克思：《資本論》，載《馬克思恩格斯全集》第 23 卷，人民出版社 1972 年版，第 782、29 頁。

〔63〕同上。

〔64〕馬克思：《英中條約》，載《馬克思恩格斯全集》第 12 卷，人民出版社 1962 年版，第 605 頁。

〔65〕恩格斯：《英人對華的新遠征》，載《馬克思恩格斯全集》第 12 卷，人民出版社 1962 年版，第 186 頁，並參見同卷第 590 頁。

〔66〕參見馬克思：《與波斯簽訂的條約》，載《馬克思恩格斯全集》第 12 卷，人民出版社 1972 年版，第 249 頁。另參見同卷《英中衝突》《議會關於對華軍事行動的辯論》《鴉片貿易史》以及第 13 卷《新的對華戰爭》等文。

〔67〕參見馬克思：《一八六七年一月二十二日在倫敦紀念波蘭起義大會上的演說》，載《馬克思恩格斯全集》第 22 卷，人民出版社 1958 年版，第 226 頁；恩格斯：《俄國沙皇政府的對外政策》，載《馬克思恩格斯全集》第 22 卷，人民出版社 1958 年版，第 24 頁。

〔68〕參見馬克思：《土耳其問題。——〈泰晤士報〉。——俄國的擴張》，

載《馬克思恩格斯全集》第 9 卷，人民出版社 1961 年版，第 131 頁。

〔69〕有一則笑語，説是有兩位波斯學者在研究熊，其中一位從未見過這動物，就問道：熊究竟是生崽還是下蛋？另一位比較熟悉些的回答説：「熊這種動物什麼事都能做。」馬克思借用了這句話，輕蔑地、辛辣地嘲笑了「俄國熊」的無惡不作。參見《俄國對土耳其的政策。——英國的工人運動》，載《馬克思恩格斯全集》第 9 卷，人民出版社 1961 年版，第 188-189 頁。

〔70〕馬克思：《國際工人協會成立宣言》，載《馬克思恩格斯全集》第 1S 卷，人民出版社 1964 年版，第 14 頁。

〔71〕恩格斯：《帝俄高級炸藥顧問》，載《馬克思恩格斯全集》第 21 卷，人民出版社 1965 年版，第 222 頁。

〔72〕恩格斯：《俄國沙皇政府的對外政策》，載《馬克思恩格斯全集》第 22 卷，人民出版社 1958 年版，第 17 頁。

〔73〕參見恩格斯：《俄國沙皇政府的對外政策》，載《馬克思恩格斯全集》第 22 卷，人民出版社 1958 年版，第 51 頁，並參見同卷第 21、26 頁；《馬克思恩格斯全集》第 16 卷，人民出版社 1964 年版，第 181-182 頁。

〔74〕參見恩格斯：《俄國在遠東的成功》，載《馬克思恩格斯全集》第 12 卷，人民出版社 1972 年版，第 662、664-665 頁。

〔75〕恩格斯：《流亡者文獻》，載《馬克思恩格斯全集》第 18 卷，人民出版社 1964 年版，第 576 頁；《馬克思恩格斯全集》第 22 卷，人民出版社 1958 年版，第 15 頁。

〔76〕恩格斯：《俄國沙皇政府的對外政策》，載《馬克思恩格斯全集》第 22 卷，人民出版社 1958 年版，第 15 頁；《馬克思恩格斯全集》第 8 卷，人民出版社 1965 年版，第 56-57 頁。

〔77〕恩格斯：《致奧古斯特·倍倍爾（1891 年 9 月 29 日）》，載《馬克思恩格斯全集》第 38 卷，人民出版社 1972 年版，第 157 頁，並參見同卷第 172 頁；《馬克思恩格斯全集》第 6 卷，人民出版社 1961 年版，第 172 頁；《馬克思恩格斯全集》第 22 卷，人民出版社 1958 年版，第 294 頁；《列寧全集》第 22 卷，人民出版社 1958 年版，第 334 頁；《列寧全集》第 35 卷，人民出版社 1959 年版，第 239、255 頁。

〔78〕恩格斯：《德國的社會主義》，載《馬克思恩格斯全集》第 22 卷，人民出版社 1971 年版，第 298 頁。

〔79〕恩格斯：《致若昂・納傑日傑（1888 年 1 月 4 日）》，載《馬克思恩格斯全集》第 37 卷，人民出版社 1971 年版，第 5 頁。

〔80〕恩格斯：《〈論俄國的社會問題〉一書導言》，載《馬克思恩格斯全集》第 18 卷，人民出版社 19S4 年版，第 S42 頁；《馬克思恩格斯全集》第 9 卷，人民出版社 19S4 年版，第 2S2 頁；《馬克思恩格斯全集》第 16 卷，人民出版社 1964 年版，第 175 頁；《馬克思恩格斯全集》第 39 卷，人民出版社 1974 年版，第 399 頁。

〔81〕恩格斯：《致彼・拉・拉甫洛夫》（1890 年 12 月 5 日），載《馬克思恩格斯全集》第 37 卷，人民出版社 1971 年版，第 509 頁。

〔82〕馬克思、恩格斯：《共產黨宣言》，載《馬克思恩格斯選集》第 1 卷，人民出版社 1972 年版，第 270、286 頁。

〔83〕馬克思、恩格斯：《共產黨宣言》，載《馬克思恩格斯選集》第 1 卷，人民出版社 1972 年版，第 270、286 頁。

〔84〕同上書，第 262 頁。

〔85〕馬克思、恩格斯：《論波蘭》，載《馬克思恩格斯選集》第 1 卷，人民出版社 1972 年版，第 289-290 頁。

〔86〕馬克思：《國際工人協會成立宣言》，載《馬克思恩格斯全集》第 1S 卷，人民出版社 1964 年版，第 13 頁。

〔87〕馬克思：《機密通知》，載《馬克思恩格斯全集》第 16 卷，人民出版社 1964 年版，第 474 頁。

〔88〕恩格斯：《流亡者文獻》，載《馬克思恩格斯全集》第 18 卷，人民出版社 1964 年版，第 577 頁。另參見《馬克思恩格斯全集》第 4 卷，人民出版社 1958 年版，第 410 頁；《馬克思恩格斯全集》第 32 卷，人民出版社 1974 年版，第 359 頁。

〔89〕恩格斯曾經指出，當時在英國工人中間廣泛流行著一種錯誤觀念：「他們比愛爾蘭人高一等，對愛爾蘭人說來他們是貴族，正如蓄奴州的最墮落的白人認為自己對黑人說來是貴族一樣。」參見《馬克思恩格斯全集》第 18 卷，人民出版社 1964 年版，第 87 頁。

〔90〕《馬克思致齊・邁耶爾和奧・福格特（1870 年 4 月 9 日）》，載《馬克思恩格斯全集》第 32 卷，人民出版社 1974 年版，第 656-657 頁，並參見同卷第 398 頁；《馬克思恩格斯全集》第 16 卷，人民出

版社 1964 年版，第 473-475 頁。

〔91〕參見恩格斯：《工人階級同波蘭有什麼關係？》，載《馬克思恩格斯全集》第 16 卷，人民出版社 1964 年版，第 170-171 頁，並參見同卷第 583 頁。

〔92〕《馬克思致恩格斯（1886 年 1 月 5 日）》，載《馬克思恩格斯全集》第 31 卷，人民出版社 1972 年版，第 172 頁，並參見同卷第 224、230-231 頁。

〔93〕《恩格斯致卡·考茨基（1882 年 2 月 7 日）》，載《馬克思恩格斯全集》第 35 卷，人民出版社 1971 年版，第 262 頁。另參見《馬克思恩格斯全集》第 22 卷，人民出版社 1965 年版，第 430 頁。

〔94〕恩格斯：《關於愛爾蘭支部和不列顛聯合委員會的相互關係》，載《馬克思恩格斯全集》第 18 卷，人民出版社 1964 年版，第 87 頁。

〔95〕馬克思：《不列顛在印度統治的未來結果》，載《馬克思恩格斯全集》第 9 卷，人民出版社 1961 年版，第 251 頁。

〔96〕馬克思：《印度刑罰的調查》，載《馬克思恩格斯全集》第 12 卷，人民出版社 1962 年版，第 296 頁，並參見同卷第 291 頁。

〔97〕馬克思：《印度起義》，載《馬克思恩格斯全集》第 12 卷，人民出版社 1962 年版，第 308、11-312 頁。

〔98〕馬克思：《英人在華的殘暴行動》，載《馬克思恩格斯全集》第 12 卷，人民出版社 1962 年版，第 178 頁。

〔99〕馬克思：《鴉片貿易史》，載《馬克思恩格斯全集》第 12 卷，人民出版社 1962 年版，第 587 頁。

〔100〕馬克思：《印度起義》，載《馬克思恩格斯全集》第 12 卷，人民出版社 1962 年版，第 309 頁。

〔101〕馬克思：《英人在華的殘暴行動》，載《馬克思恩格斯全集》第 12 卷，人民出版社 1962 年版，第 177 頁。

〔102〕恩格斯：《波斯和中國》，載《馬克思恩格斯全集》第 12 卷，人民出版社 1962 年版，第 232 頁，並參見同卷第 228 頁。

〔103〕參見馬克思：《中國革命和歐洲革命》，載《馬克思恩格斯全集》第 9 卷，人民出版社 1961 年版，第 114、110、112 頁；馬克思恩格斯全集》第 12 卷，人民出版社 1962 年版，第 74、6 頁。

〔104〕《馬克思致恩格斯（1858 年 1 月 14 日）》，載《馬克思恩格斯全集》第 29 卷，人民出版社 1972 年版，第 250 頁，並參見同卷第 270、

297-303、318-332、337-338 頁。

〔105〕馬克思：《1867 年 1 月 22 日在倫敦紀念波蘭起義大會上的演說》，載《馬克思恩格斯全集》第 16 卷，人民出版社 1964 年版，第 226-227 頁。

〔106〕參見恩格斯：《流亡者文獻》，載《馬克思恩格斯全集》第 18 卷，人民出版社 1964 年版，第 578 頁，並參見同卷第 629-630 頁。

〔107〕參見馬克思：《臨時中央委員會就若干問題給代表的指示》，載《馬克思恩格斯全集》第 16 卷，人民出版社 1964 年版，第 222 頁，並參見同卷第 170-171、177、181-182、229 頁；《馬克思恩格斯全集》第 4 卷，人民出版社 1958 年版，第 540-541 頁；《馬克思恩格斯全集》第 15 卷，人民出版社 1963 年版，第 614-615 頁；《馬克思恩格斯全集》第 18 卷，人民出版社 1964 年版，第 575-576、630、642-643 頁。

〔108〕史載：當時正在進行抗英鬥爭的中國廣東人民聽說「印度已叛，英兵敗績，連喪其渠」於是「輾轉傳言」「人心大喜」。參見〔清〕華廷傑：《觸藩始末》（卷中）。

〔109〕馬克思：《印度軍隊的起義》，載《馬克思恩格斯全集》第 12 卷，人民出版社 1962 年版，第 252、254 頁。

〔110〕馬克思、恩格斯：《社會主義民主同盟和國際工人協會》，載《馬克思恩格斯全集》第 18 卷，人民出版社 1964 年版，第 492 頁。

〔111〕恩格斯：《德國的革命和反革命》，載《馬克思恩格斯全集》第 8 卷，人民出版社 1961 年版，第 56 頁。

〔112〕恩格斯：《致卡爾・考茨基（1882 年 2 月 7 日）》，載《馬克思恩格斯全集》第 35 卷，人民出版社 1971 年版，第 263 頁；《馬克思恩格斯全集》第 22 卷，人民出版社 1965 年版，第 55 頁。

〔113〕恩格斯：《德國的革命和反革命》，載《馬克思恩格斯全集》第 8 卷，人民出版社 1961 年版，第 57 頁。

〔114〕恩格斯：《匈牙利的鬥爭》，載《馬克思恩格斯全集》第 6 卷，人民出版社 1961 年版，第 201、334、336 頁。

〔115〕參見恩格斯：《民主的泛斯拉夫主義》，載《馬克思恩格斯全集》第 6 卷，人民出版社 1961 年版，第 341-342 頁；列寧全集》第 22 卷，人民出版社 1958 年版，第 334-335 頁。

〔116〕參見恩格斯：《德國的革命和反革命》，載《馬克思恩格斯全集》

第 8 卷，人民出版社 1961 年版，第 56、57 頁。

〔117〕馬克思、恩格斯：《論波蘭》，載《馬克思恩格斯選集》第 1 卷，
人民出版社 1972 年版，第 287-288 頁。

〔118〕參見馬克思、恩格斯：《共產黨宣言》，載《馬克思恩格斯選集》
第 1 卷，人民出版社 1971 年版，第 263、270 頁。

〔119〕列寧：《帝國主義和社會主義運動中的分裂》，載《列寧選集》第 2
卷，人民出版社 1972 年版，第 884 頁。

〔120〕列寧：《搾取血汗的「科學」制度》，載《列寧全集》第 18 卷，人
民出版社 195 9 年版，第 594 頁。

〔121〕列寧：《給美國工人的信》，載《列寧全集》第 28 卷，人民出版社
1956 年版，第 44 頁。

〔122〕列寧：《世界政治中的引火物》，載《列寧全集》第 15 卷，人民出
版社 1959 年版，第 159、61 頁。

〔123〕列寧：《帝國主義是資本主義的最高階段》，載《列寧選集》第 2
卷，人民出版社 1972 年版，第 810 頁。

〔124〕列寧：《帝國主義是資本主義的最高階段》，載《列寧選集》第 2
卷，人民出版社 1972 年版，第 802 頁。

〔125〕根據列寧所引用的統計數字，當時這六國本土面積總和是一千六百
五十萬平方公里。參見《列寧全集》第 21 卷，人民出版社 1959 年
版，第 282 頁；《列寧全集》第 22 卷，人民出版社 1958 年版，第
250 頁。

〔126〕列寧：《帝國主義和社會主義運動中的分裂》，載《列寧選集》第 2
卷，人民出版社 1972 年版，第 893 頁，並參見第 635 頁註解。

〔127〕根據列寧所引用的統計數字，一九一四年俄國本土的面積是五百四
〇萬平方公里，它已侵奪到手的殖民地面積是一千七百四十萬平方
公里。整個歐洲的面積是一千零四十萬平方公里。參見《列寧全
集》第 21 卷，人民出版社 1959 年版，第 282 頁。

〔128〕列寧：《新生的中國》，載《列寧全集》第 18 卷，人民出版社 195
9 年版，第 395 頁。

〔129〕列寧：《評國家預算》，載《列寧全集》第 5 卷，人民出版社 1959
年版，第 302 頁。

〔130〕《庫羅巴特金日記》，蘇俄《紅檔》雜誌 1922 年第 2 卷，第 31 頁。

〔131〕參見蘇聯《新東方》雜誌 1992 年第 6 卷，第 270 頁。

列寧在《「帝國主義」筆記》中也摘錄了同樣的材料：沙皇俄國「在東亞也一貫按預先考慮好的計劃……在實行擴張，目的在於直接占領一直到長城腳下的大片領土，並獲得在東亞的霸權」（參見《列寧全集》第 39 卷，人民出版社 1986 年版，第 765 頁）。按照這個預定計劃，沙俄政府在十九世紀末二十世紀初又採取了一系列的侵略行動。例如，一八九二年違約越界出兵中國帕米爾地區，再占中國薩雷闊勒嶺以西兩萬多平方公里領土；一八九六年強迫清朝政府簽訂《中俄密約》，攫取在中國東北修築中東鐵路的特權；一八九八年強迫清朝政府簽訂《旅大租地條約》，強行「租借」旅順、大連和遼東半島；一八九八年勾結英國，劃分兩國在華「勢力範圍」，把中國長城以北廣大地區劃為沙俄「勢力範圍」；一九〇〇年勾結其他帝國主義國家，拼湊八國侵華聯軍，血腥屠殺中國人民，還派遣十幾萬侵略軍占領中國東北三省，長期拒不撤軍；一九一一年策動中國外蒙古一小撮活佛、王公，宣稱「獨立」，實際上把外蒙古變為沙俄殖民地；一九一二年先後策動中國黑龍江呼倫貝爾地區和內蒙古哲裡木盟的封建主進行叛亂，宣稱「獨立」；同時直接出兵侵占中國新疆伊犁、喀什噶爾和阿爾泰地區，並策動多次叛亂，等等。

〔132〕列寧：《中國的戰爭》，載《列寧全集》第 4 卷，人民出版社 1959 年版，第 335 頁。

〔133〕列寧：《無產階級在我國革命中的任務》，載《列寧全集》第 24 卷，人民出版社 1957 年版，第 38 頁。

〔134〕列寧：《民族問題提綱》，載《列寧全集》第 19 卷，人民出版社 1959 年版，第 238 頁。

〔135〕以拉丁美洲為例，據統計，在帝國主義時代，美國從拉美搾取的金錢財富每年為二十億美元，平均每分鐘約四千美元；同時，在拉美造成的非正常死亡每年多達二百萬人，平均每分鐘約四人。拉美人民憤怒地指出：「每搶走我們一千塊美元，就給我們留下一具死屍。一千塊美元一具死屍，這就是所謂帝國主義的價格。」按此推算，每五年就掠走一百億美元，留下一千萬具屍首！又以亞洲的印度為例，由於帝國主義的殘酷掠奪，印度僅在十九世紀的後二十五年內就發生了十八次嚴重饑荒，單單死於饑饉者竟多達一千五百萬人。這還僅僅是一個國家的數字，舉一可以反三！

〔136〕以列強對中國的兩次敲詐為例：日本侵華的「甲午戰爭」後，一八九五年的《馬關條約》規定：中國清政府必須「賠償」日本「軍費」二億兩白銀。當時清政府每年稅收總數不過七八千萬兩白銀，「賠款」竟三倍於此數，而且要在三年內交清，否則要額外加息。八國聯軍侵華戰爭後，一九〇一年的《辛丑條約》規定：中國應「賠款」四點五億兩白銀，加上逐年分期付款外加利息，合計近十億兩。其中沙皇俄國分贓最多，獨吞贓銀十三億兩，占「賠款」總額的百分之二十九（不包括利息）。事後沙俄的外交大巨拉姆斯道夫得意忘形，自供這次侵華戰爭是歷史上少有的「最夠本的戰爭」（參見〔蘇聯〕羅曼諾夫：《俄國在滿洲》，陶文釗等譯，商務印書館1980年版，第262頁）。所有這些沉重負擔，被全部轉嫁到中國勞動人民身上，使他們更加艱難竭蹶，陷入絕境。

〔137〕列寧：《共產國際第二次代表大會》，載《列寧全集》第31卷，人民出版社1958年版，第203頁。

〔138〕列寧：《戰爭和俄國社會民主黨》，載《列寧全集》第21卷，人民出版社1959年版，第12頁。

〔139〕列寧：《給亞·施略普尼柯夫》，載《列寧全集》第35卷，人民出版社1959年版，第150頁。

〔140〕斯大林：《論列寧主義基礎》，載《斯大林全集》第6卷，人民出版社1956年版，第63頁。

〔141〕列寧：《馬克思學說的歷史命運》，載《列寧全集》第18卷，人民出版社1959年版，第583頁。

〔142〕斯大林：《和第一個美國工人代表團的談話》，載《斯大林全集》第10卷，人民出版社1954年版，第90,85-86頁。

〔143〕參見〔德〕伯恩施坦：《社會主義的前提和社會民主黨的任務》，柏林1921年版，第204-206頁。另參見同書一九二三年德文增補修訂版相應部分。

〔14〕同上書，第20S頁。

〔145〕同上書，第211頁。
後來，伯恩施坦還利用和迎合德國小市民的自私心理，大力歌頌殖民掠奪給宗主國居民在「食品方面摻進了許多有營養的和美味的熱帶產品」，「有助於降低肉價」和「面包價格」，並寡廉鮮恥地高喊：「我要感激這些殖民事業」！參見〔德〕伯恩施坦：《社會主

義和殖民問題》，載《社會民主黨和殖民地》，柏林 1919 年版，第 59 頁。

〔146〕參見〔德〕伯恩施坦：《社會主義的前提和社會民主黨的任務》，柏林 1921 年版，第 209-210 頁。

〔147〕〔德〕伯恩施坦：《社會主義的前提和社會民主黨的任務》，柏林 1921 年版，第 207-208 頁。

把伯恩施坦在瓜分中國問題上所說的這些話，同早些時候德國的皇帝和外交大臣在同一問題上用同一語調所說的話對照一下，伯恩施坦的帝國主義奴才面目就更加昭然若揭了。一八九五年，德皇威廉二世在給首相何倫洛熙的一項指示中說：「倘使俄國著手占領朝鮮領土或一個海口（按指中國的口岸），則我們就當立即占據威海衛，以不使英國或法國軍隊也像在非洲一樣地捷足先登。一個既成事實總是比抗議容易為別國尊重」。

兩年之後，在出兵侵占膠州灣的前幾天，這個皇帝在給外交大臣布洛夫的一項指示中又說：「我決定立即動手。……千百個德國商人在獲悉德意志帝國終於在東亞取得一個帆固立足點的時候，必將歡欣鼓舞，興高采烈！」──在這裡，威廉二世供認奪取膠州灣是為了德國資產階級的利益，而不是伯恩施坦所瞎扯的「德國人民」的利益。「主子」的直供戳穿了「奴才」的胡謅。參見《德國外交文件有關中國交涉史料選譯》（第 1 卷），陳瑞芹譯，商務印書館 1960 年版，第 3648、3690 號文件。

一八九七年，德外交大臣布洛夫在帝國議會中為侵占膠州灣一事辯解時說：「我們不願消極地站在旁邊，而讓他人分割世界」，「讓別的民族去分割大陸和海洋而我們德國人只滿足於藍色的天空的時代已經過去了。我們也要為自己要求日光下的地盤」參見〔蘇聯〕阿·伊·莫洛克等編：《世界近代史文獻》（第 2 卷），耿淡如譯，高等教育出版社 1957 年版，第 1 分冊，第 121-122 頁。

〔148〕〔德〕伯恩施坦：《社會主義的前提和社會民主黨的任務》，柏林 1921 年版，第 211 頁。

〔149〕〔德〕伯恩施坦：《社會主義和殖民問題》，載《社會民主黨和殖民地》，柏林 1919 年版，第 58 頁。

〔150〕〔德〕伯恩施坦：《社會主義的前提和社會民主黨的任務》，柏林 1921 年版，第 211 頁。

〔151〕參見〔荷〕萬‑科爾：《殖民政策和社會民主黨》，載〔蘇聯〕布拉斯拉夫斯基編：《第一國際第二國際歷史資料》，新莫斯科出版社1926年版，第168號文件。

〔152〕同上。

〔153〕《恩格斯致馬克思（1858年10月7日）》，載《馬克思恩格斯全集》第29卷，人民出版社1972年版，第344‑345頁。

〔154〕恩格斯：《一八四五年和一八八五年的英國》，載《馬克思恩格斯全集》第21卷，人民出版社1965年版，第228頁。

〔155〕參見《恩格斯致弗‧阿‧左爾格（889年12月7日）》，載《馬克思恩格斯全集》第37卷，人民出版社1971年版，第316頁。

〔156〕恩格斯：《一八四五年和一八八五年的英國》，載《馬克思恩格斯全集》第21卷，人民出版社1965年版，第228頁。

〔157〕《恩格斯致卡‧考茨基（882年9月12日）》，載《馬克思恩格斯全集》第35卷，人民出版社1971年版，第353頁；《馬克思恩格斯全集》第21卷，人民出版社1965年版，第231頁；《馬克思恩格斯全集》第36卷，人民出版社1974年版，第59‑60頁。

〔158〕參見列寧：《〈約‧菲‧貝完爾等致弗‧阿‧左爾格等書信集〉俄譯本序言》《帝國主義和社會主義運動中的分裂》，載《列寧全集》第12卷，人民出版社1959年版，第358、359頁；《列寧全集》第23卷，人民出版社1958年版，第112頁。

〔159〕參見列寧：《打著別人的旗幟》，載《列寧全集》第21卷，人民出版社1959年版，第130頁；《列寧全集》第22卷，人民出版社1958年版，第277頁；《列寧全集》第23卷，人民出版社1958年版，第114頁。

〔160〕參見《列寧全集》第21卷，人民出版社1959年版，第90‑91、110、130頁；《列寧全集》第22卷，人民出版社1958年版，第185‑186頁；《列寧全集》第23卷，人民出版社1958年版，第114‑115頁；《列寧全集》第27卷，人民出版社1958年版，第453‑454頁；《列寧全集》第29卷，人民出版社1956年版，第10‑11頁；《列寧全集》第31卷，人民出版社1958年版，第169、202頁。

〔161〕參見《列寧全集》第21卷，人民出版社1959年版，第219頁；《列寧全集》第22卷，人民出版社1958年版，第185‑186頁；《列寧

全集》第 31 卷，人民出版社 1958 年版，第 3、169 頁。

〔162〕列寧：《斯圖加特國際社會黨代表大會》，載《列寧全集》第 13 卷，人民出版社 1959 年版，第 61 頁。

〔163〕列寧：《帝國主義和社會主義運動中的分裂》，載《列寧選集》第 2 卷，人民出版社 1972 年版，第 884 頁；《列寧全集》第 21 卷，人民出版社 1959 年版，第 130 頁。

〔164〕列寧：《斯圖加特國際社會黨代表大會》，載《列寧全集》第 13 卷，人民出版社 1959 年版，第 60、61 頁。

〔165〕參見《列寧全集》第 10 卷，人民出版社 1958 年版，第 40-41 頁；《列寧全集》第 18 卷，人民出版社 1959 年版，第 354、545-546 頁；《列寧全集》第 19 卷，人民出版社 1959 年版，第 35-36、370-371 頁；《列寧全集》第 20 卷，人民出版社 1958 年版，第 369-370 頁。

〔166〕列寧：《社會主義與戰爭》，載《列寧全集》第 21 卷，人民出版社 1959 年版，第 290 頁。

〔167〕參見列寧：《斯圖加將國際社會黨代表大會》，載《列寧全集》第 13 卷，人民出版社 1959 年版，第 60、70 頁。

〔168〕參見列寧：《帝國主義是資本主義的最高階段》，載《列寧全集》第 22 卷，人民出版社 1958 年版，278 頁；《列寧全集》第 21 卷，人民出版社 1965 年版，第 219、302 頁；《列寧全集》第 29 卷，人民出版社 1956 年版，第 458 頁。

〔169〕列寧：《帝國主義和社會主義運動中的分裂》，載《列寧全集》第 23 卷，人民出版社 1958 年版，第 108 頁。
叛徒們對於叛徒面目之被揭露，是十分害怕的。第二國際的一個大頭目王德威爾德就曾在一次發言中承認：「一個社會黨人的最大恥辱，莫過於被稱為資產階級的走狗。」參見〔蘇聯〕布拉斯拉夫斯基編：《第一國際第二國際歷史資料》，新莫斯科出版社 1926 年版，第 265 號文件。

〔170〕列寧：《共產國際第二次代表大會》，載《列寧全集》第 31 卷，人民出版社 1958 年版，第 202 頁。

〔171〕這份黨綱草案是列寧用牛奶汁密寫在一本醫學書籍的字行縫隙中的。為嚴守祕密，防備獄卒發覺，列寧巧妙地用乾麵包塊挖成小「墨水瓶」，內貯牛奶汁供書寫用。遇有危險，就迅即把這種書寫

「設備」放進口中咀嚼吞下。他在一封致獄外戰友的書信中曾幽默地透露説：「我今天一共吃了六個墨水瓶」。寥寥數字，也蘊含著無產階級革命家在獄中的頑強、機智和達觀。

〔172〕參見列寧：《社會民主黨綱領草案及其説明》，載《列寧全集》第 2 卷，人民出版社 1959 年版，第 81-82 頁。

〔173〕同上書，第 82 頁。

〔174〕參見〔荷〕萬-科爾：《殖民政策和社會民主黨》，載〔蘇聯：〕布拉斯拉夫斯基編：《第一國際第二國際歷史資料》，新莫斯科出版社 1926 年版，第 168 號文件。

把萬-科爾關於殖民地人民「根本沒有自治的習慣」因而「不應當」獨立的讕言，對照以下兩段史料，是頗耐人尋味的：

近代重新瓜分世界的帝國主義戰爭的始作俑者、著名的帝國主義分子、前美國總統麥金萊在一八九八年從西班牙手中奪得菲律賓後，又凶殘地鎮壓了菲律賓人民爭取民族解放的起義。他是這樣為自己的罪行辯解的：「我們不能容許菲律賓人自治，因為他們對自治尚未有準備，而菲律賓的獨立將會馬上導致比西班牙戰爭還要壞的無政府無紀律狀態。參見《世界近代史文獻》（第 2 卷第 2 分冊），高等教育出版社 1957 年版，第 466 頁。

一九六〇年七月間，正當剛果人民如火如荼地開展反殖民主義鬥爭時，美國的《明星晚報》發表社論説：「剛果共和國的不愉快事件是一件客觀的教訓，它説 如果自治權掌握在沒有充分準備的人的手中會多麼危險」；剛果的「黑種居民非常缺乏了解民主過程和懂得如何治理的人才。在目前，獨立看來只是潛在的無政府狀態」。八月，美國壟斷資產階級的「舌頭」李普曼在就剛果問題所發表的一篇政論中説：「剛果的悲劇是剛果本身擁有的有訓練的領袖、行政人員、技術人員非常少。比利時給予他們獨立，但是沒有使他們對獨立有所準備」。他鼓吹説，對剛果説來，「文明」的白人殖民者是「無法替代的」。參見 1960 年 7 月 9 日《明星晚報》及 8 月 17 日《紐約先驅論壇報》。

萬-科爾的口吻，與同輩的、業已死去的帝國主義者以及後輩的、仍然活著的帝國主義者，是如此酷似，甚至雷同。這當然不是用語的巧合，而是立場的一致。老帝國主義者—修正主義者—新帝國主義者，原是三位一體的啊！

〔175〕參見〔荷〕萬-科爾：《殖民政策和社會民主黨》，載〔蘇聯〕布拉斯拉夫斯基編：《第一國際第二國際歷史資料》，新莫斯科出版社1926年版，第168號文件。

〔176〕〔蘇聯〕布拉斯拉夫斯基編：《第一國際第二國際歷史資料》，新莫斯科出版社1926年版，第169號文件。

〔177〕同上。

〔178〕參見列寧：《世界政治中的引 | 火物》，載《列寧全集》第15卷，人民出版社1959年版，第157、S2頁。

〔179〕列寧：《農奴制崩潰的五十週年》，載《列寧全集》第17卷，人民出版社1959年版，第72頁；《列寧全集》第23卷，人民出版社1958年版，第27S頁。

〔180〕參見列寧：《國際社會黨執行局會議》，載《列寧全集》第15卷，人民出版社1959年版，第218-219頁。

〔181〕參見馬克思、恩格斯：《共產黨宣言》，載《馬克思恩格斯選集》第1卷，人民出版社1972年版，第244頁。

〔182〕參見列寧：《落後的歐洲和完進的亞洲》，載《列寧全集》第19卷，人民出版社1959年版，第82-83、67-68頁。

〔183〕列寧：《世界政治中的引火物》，載《列寧全集》第15卷，人民出版社1959年版，第158頁。

〔184〕列寧：《馬克思學説的歷史命運》，載《列寧全集》第18卷，人民出版社195 9年版，第583頁。

〔185〕列寧：《斯圖加特國際社會黨代表大會》，載《列寧全集》第13卷，人民出版社1959年版，第61頁。

〔186〕列寧：《亞洲的覺醒》，載《列寧全集》第19卷，人民出版社195 9年版，第68頁。

〔187〕列寧：《世界政治中的引火物》，載《列寧全集》第15卷，人民出版社1959年版，第156頁。

〔188〕列寧：《新生的中國》，載《列寧全集》第18卷，人民出版社195 9年版，第395頁。

〔189〕列寧：《俄國社會民主黨第六次（布拉格」全國代表會議》，載《列寧全集》第17卷，人民出版社1959年版，第457頁。

〔190〕〔德〕伯恩施坦：《社會主義和殖民問題》，載《社會民主黨和殖民地》，柏林1919年版，第58頁。

〔191〕〔荷〕萬-科爾：《社會民主黨的殖民政策的任務》，摘譯自蘇聯《東方學問題》1959 年第 3 期，第 53 頁。

〔192〕「各各他」是《聖經》中耶穌死難處。——譯「髑髏地」。據説，耶穌在此地被釘在十字架上摺磨死後，就升入「天堂」了。參見《馬可福音》第 15、16 章。

〔193〕參見〔荷〕萬-科爾：《殖民政策和社會民主黨》，載〔蘇聯〕布拉斯拉夫斯基編：《第一國際第二國際歷史資料》，新莫斯科出版社 1926 年版，第 168 號文件。

〔194〕參見《萬-科爾在斯圖加特代表大會上代表殖民問題委員會提交大會的決議草案》，載《社會民主黨斯圖加特代表大會會議記錄》，柏林前進書店 1907 年版，第 24 頁。

〔195〕《萬-科爾在斯圖加特代表大會上代表殖民問題委員會提交大會的決議草案》，載《社會民主黨斯圖加特代表大會會議記錄》，柏林前進書店 1907 年版，第 24 頁。

〔196〕《萬-科爾在斯圖加特代表大會上的發言》，載《社會民主黨斯圖加特代表大會會議記錄》，柏林前進書店 1907 年版，第 36-37 頁。

〔197〕《伯恩施坦在斯圖加特代表大會上的發言》，載《社會民主黨斯圖加特代表大會會議記錄》，柏林前進書店 1907 年版，第 28-29 頁。伯恩施坦的「監護」説和德國狂熱帝國主義分子的「種族」論有異曲同工之妙。後者鼓吹：「種族生物學的世界觀告訴我們，有治人的種族和治於人的種族。……侵略常常是治人的種族的事業……這一類人能夠侵略，可以侵略，應該侵略！而他們也應該是主人，他們做主人乃是為了他們自己和別人的福利！」把羊吞掉，乃是為了使羊的靈魂早日昇入「天國」——地道的虎狼語言！參見〔德〕佳納·洛赫：《德國史》，北京大學歷史系近現代史教研室譯，三聯書店 1959 年版，第 274 頁。

〔198〕埃布阿德·大衛（1863-1930），德國社會民主黨右翼首領之一，德國機會主義雜誌《社會主義月刊》創辦人。一九〇三年出版《社會主義與農業》一書，被列寧稱為「修正主義在農業問題上的主要著作」。第一次世界大戰期間，大衛成為社會沙文主義分子，在所著《世界大戰中的社會民主黨》一書中，他極力為德國社會民主黨右翼在帝國主義戰爭中的沙文主義立場辯解。一九一九年，他參加德國資產階級共和國聯合政府內閣，擔任內政部部長。後來成為德國

帝國主義復仇主義的贊助人。

〔199〕《大衛在斯圖加特代表大會殖民問題委員會上對萬-科爾提出的殖民地問題決議草案的修正案》，載《社會民主黨斯圖加特代表大會會議記錄》，柏林前進書店 1907 年版，第 111 頁。

〔200〕列寧：《斯圖加特國際社會黨代表大會》，載《列寧全集》第 13 卷，人民出版社 1959 年版，第 59-60 頁。

〔201〕同上。

〔202〕〔蘇聯〕布拉斯拉夫斯基編：《第一國際第二國際歷史資料》，新莫斯科出版社 1926 年版，第 136 號文件。

在用宣傳宗教或傳播文明為藉口來掩飾殖民暴行方面，前美國總統麥金萊的一段偽善辭令是頗為典型的：「我每晚，直到午夜，在白宮裡徘徊著……我不止一次跪下來向萬能的上帝祈求啟發和指導。有一天夜裡，有下面一些連我自己也不知道的思想湧現在我的腦海中……對我們來說，沒有其他辦法可想，唯有攫取全部菲律賓群島，教育和提高菲律賓人，使他們文明起來，並對他們灌注基督教的理想，因為從人道上講，他們都是我們的弟兄，耶穌釘死在十字架上也是為了他們。」據麥金萊自稱，在得到「上帝」的這些「啟示」以後，「我才上床，悠然入睡」！顯然，麥金萊的「上帝」不是別人，就是美國的壟斷資產階級。參見〔蘇聯〕阿・伊・莫洛克等編：《世界近代史文獻》（第 2 卷第 2 分冊），耿淡如譯，高等教育出版社 1957 年版，第 466-167 頁。

〔203〕參見列寧：《斯圖加特國際社會黨代表大會》，載《列寧全集》第 13 卷，人民出版社 1959 年版，第 60、71 頁。

〔204〕列寧：《落後的歐洲和先進的亞洲》，載《列寧全集》第 19 卷，人民出版社 1959 年版，第 82 頁。

〔205〕參見列寧：《巴爾幹和波斯的事變》，載《列寧全集》第 15 卷，人民出版社 1959 年版，第 195 頁。

〔206〕參見列寧：《落後的歐洲和先進的亞洲》，載《列寧全集》第 19 卷，人民出版社 1959 年版，第 83 頁。

〔207〕參見列寧：《世界政治中的引火物》，載《列寧全集》第 15 卷，人民出版社 1959 年版，第 15S 頁。

〔208〕同上。

〔209〕列寧：《巴爾幹和波斯的事變》，載《列寧全集》第 15 卷，人民出

版社 1959 年版，第 194、202 頁。

〔210〕同上。

〔211〕同上。

〔212〕同上書，第 195 頁。

〔213〕同上書，第 202 頁。

〔214〕同上書，第 203 頁。

〔215〕列寧：《中國的戰爭》，載《列寧全集》第 1 卷，人民出版社 1955 年版，第 213 頁。以下四段中的引語，均見於此文，不另注出處。

〔216〕史載：當時侵華俄軍曾在黑龍江畔原屬中國的領土海蘭泡和江東六十四屯製造了駭人聽聞的大慘案。根據目擊者的記錄，一九〇〇年七月十七日上午十一時許，俄軍把海蘭泡好幾千中國居民驅趕圍困在黑龍江邊以後，就「各持刀斧，東砍西劈，斷屍粉骨，音震酸鼻，傷重者斃岸，傷輕者死江，未受傷者皆投水溺亡，骸骨漂溢，蔽滿江洋。……詢知慘殺溺斃者五千餘名」。同一天，俄軍又把江東六十四屯的大量中國居民驅趕「聚於一大屋中，焚斃無算」。（參見《璦琿縣忘》第八卷。）其餘未燒死的中國人統統被趕入水深流急的黑龍江中，大量淹死。

〔217〕關於帝俄侵略者在此次戰爭中搶劫皇宮，有如下一段自供實錄：一個帝俄外交官，自敘他當時隨同侵俄軍將領利涅維奇等百餘人闖進北京皇宮珠寶室「參觀」時的奇妙經歷：……只見桌子上放著空盒、盒蓋和托盤，東西卻不翼而飛了……我發現同伴們的衣袋都顯著地鼓了起來，怪不得雖然天氣炎熱，他們當中的幾個人卻穿上了大衣和斗篷。」（按：當時是陽曆 8 月下旬，「三伏天」剛過數日）。參見〔蘇聯〕科羅斯托維奇：《俄國在遠東》，俄國東方教育出版公司 1922 年版，第 85-86 頁。

〔218〕參見〔蘇聯〕布拉斯拉夫斯基編：《第一國際第二國際歷史資料》第 182 號，183 號文件；《列寧全集》第 13 卷，人民出版社 1959 年版，第 63、74 頁；《列寧全集》第 15 卷，人民出版社 1959 年版，第 168-169 頁。

〔219〕參見列寧：《好戰的軍國主義和社會民主黨反軍國主義的策略》，載《列寧全集》第 15 卷，人民出版社 1959 年版，第 169-171 頁。

〔220〕列寧：《斯圖加特國際社會黨代表大會》，載《列寧全集》第 13 卷，人民出版社 1959 年版，第 75 頁。

〔221〕列寧：《好戰的軍國主義和社會民主黨反軍國主義的策略》，載《列寧全集》第 15 卷，人民出版社 1959 年版，第 169 頁；《列寧全集》第 13 卷，人民出版社 1959 年版，第 64 頁。

〔222〕列寧：《斯圖加特國際社會黨代表大會》，載《列寧全集》第 13 卷，人民出版社 1959 年版，第 63 頁。

〔223〕列寧：《好戰的軍國主義和社會民主黨反軍國主義的策略》，載《列寧全集》第 15 卷，人民出版社 1959 年版，第 168-169 頁。

〔224〕參見《列寧全集》第 20 卷，人民出版社 1958 年版，第 437-438 頁；《列寧全集》第 21 卷，人民出版社 1959 年版，第 389 頁。

〔225〕到了二十世紀三〇年代，此人又進一步墮落，積極鼓吹法國同法西斯德國敦睦親近。

〔226〕列寧：《黑格爾〈邏輯學〉一書摘要》，載《列寧全集》第 38 卷，人民出版社 1986 年版，第 134 頁。

〔227〕列寧：《論民族自決權》，載《列寧選集》第 2 卷，人民出版社 1972 年版，第 537 頁。

〔228〕列寧：《給印涅薩·阿爾曼德（1917 午 1 月 19 日）》，載《列寧全集》第 35 卷，人民出版社 1959 年版，第 262、238 頁。

〔229〕參見列寧：《給印涅薩·阿爾曼德（1916 年 11 月 20 日）》，載《列寧全集》第 35 卷，人民出版社 195 9 年版，第 234-235 頁。

〔230〕列寧：《給印涅薩·阿爾曼德（1916 年 11 月 30 日）》，載《列寧全集》第 35 卷，人民出版社 1959 年版，第 239 頁。

〔231〕同上書，第 238-239 頁。

〔232〕列寧：《論對馬克思主義的諷刺和「帝國主義經濟主義」》，載《列寧全集》第 23 卷，人民出版社 1958 年版，第 25、98 頁；《列寧全集》第 35 卷，人民出版社 1959 年版，第 263 頁。

〔233〕參見列寧：《給印涅薩·阿爾曼德（916 年 11 月 30 日）》，載《列寧全集》第 35 卷，人民出版社 1959 年版，第 239 頁。

〔234〕列寧：《論「左派」幼稚性和小資產階級性》，載《列寧全集》第 27 卷，人民出版社 1958 年版，第 30S 頁。

〔235〕列寧：《在全俄中央執行委員會和莫斯科蘇維埃聯席會議上關於對外政策的報告》，載《列寧全集》第 27 卷，人民出版社 1958 年版，第 351 頁。

〔236〕列寧：《奇談與怪論》，載《列寧全集》第 27 卷，人民出版社 1958

年版，第 61 頁。

〔237〕列寧：《在全俄中央執行委員會和莫斯科蘇維埃聯席會議上關於對外政策的報告》，載《列寧全集》第 27 卷，人民出版社 1958 年版，第 350 頁。

〔238〕列寧：《在工業博物館群眾大會上的演說》，載《列寧全集》第 28 卷，人民出版社 1956 年版，第 65 頁。

〔239〕列寧：《在全俄教育工作第一次代表大會上的演說》，載《列寧全集》第 28 卷，人民出版社 1956 年版，第 68 頁。

〔240〕列寧：《在全俄中央執行委員會和莫斯科蘇維埃聯席會議上關於對外政策的報告》，載《列寧全集》第 27 卷，人民出版社 1958 年版，第 351、43 頁。

〔241〕列寧：《在製革業職工代表大會上的演說》，載《列寧全集》第 31 卷，人民出版社 1958 年版，第 276，273-274 頁。

〔242〕列寧：《全俄蘇維埃第九次代表大會》，載《列寧全集》第 33 卷，人民出版社 1957 年版，第 118 頁。

〔243〕參見馬克恩：《喬治‧豪威耳先生的國際工人協會史》，載《馬克思恩格斯全集》第 19 卷，人民出版社 1963 年版，第 164 頁；《馬克思恩格斯全集》第 31 卷，人民出版社 1972 年版，第 381、405 頁。

〔244〕〔蘇聯〕布拉斯拉夫斯基編：《第一國際第二國際歷史資料》，新莫斯科出版社 1926 年版，第 136 號文件。

〔245〕列寧：《論民族自決權》，載《列寧選集》第 2 卷，人民出版社 1972 年版，第 544 頁。

〔246〕奧托‧鮑威爾（1882-1938）奧地利社會民主黨和第二國際首領之一，第二國際著名的民族問題「理論家」所謂「奧地利馬克思主義」學派的修正主義理論的主要骨幹之一；社會沙文主義者，於一九一八年參加奧地利資產階級共和國政府內閣，擔任外交部部長；維也納第二半國際的頭子之一。十月革命後，耍弄兩面派手法，惡毒攻擊無產階級專政和殖民地、半殖民地的民族解放運動。

〔247〕卡爾‧倫納（1870-1950）奧地利社會民主黨右翼首領和「理論家」社會沙文主義頭子；所謂「奧地利馬克思主義」學派的修正主義思想家，以「經濟民主」論極力掩蓋資本主義固有矛盾，美化帝國主義制度；「奧、德合併」論的積極吹鼓手；一九一九年曾出任奧地

利資產階級共和國總理；一九四五至一九五〇年擔任奧地利總統。

〔248〕參見〔奧〕卡爾‧倫納：《民族問題》，奧地利公益出版社 1909 年版，第 19、43 頁。

〔249〕〔捷〕奧托‧鮑威爾：《民族問題和社會民主黨》，彼得堡鐮刀出版社 1909 年版，第 139 頁。

〔250〕參見〔捷〕奧托‧鮑威爾：《民族問題和社會民主黨》，彼得堡鐮刀出版社 1909 年版，第 368、375、552、555、556 頁；〔奧〕卡爾‧倫納：《民族問題》，奧地利公益出版社 1909 年版，第 19、74、88-89、226 頁。

〔251〕〔奧〕卡爾‧倫納：《民族問題》，奧地利公益出版社 1909 年版，第 234 頁。

〔252〕參見〔捷〕奧托‧鮑威爾：《民族問題和社會民主黨》，彼得堡鐮刀出版社 1909 年版，第 553 頁。

〔253〕同上書，第 399、22 頁。另參見〔奧〕卡爾‧倫納：《民族問題》，奧地利公益出版社 1909 年版，第 14、281-282 頁。

〔254〕列寧：《關於民族問題的批評意見》，載《列寧全集》第 20 卷，人民出版社 1958 年版，第 1 頁。

〔255〕這裡主要是指歐洲的波蘭。波蘭的民族獨立問題和民族解放運動在十九世紀中期具有重大的全歐性意義，馬克思和恩格斯都曾積極支持波蘭的獨立要求。到了二十世紀初，由於歷史條件的變化，波蘭民族獨立問題已失去這種全歐性的特殊的革命意義，而且對當時的波蘭工人説來，民族問題已退居次要地位。波蘭的馬克思主義者認為，波蘭工人當時面臨的主要任務是同俄羅斯工人結成最緊密的聯盟，共同開展階級鬥爭，反對沙俄反動統治者，才能促進社會主義事業和波蘭民族解放事業的發展。因此，他們堅決批判當時波蘭國內流行的資產階級狹隘民族主義思潮，反對波蘭小資產階級的民族主義狂熱，反對在當時立即提出波蘭分離獨立的口號，以免分散和轉移波蘭革命群眾的主要注意力，削弱波蘭工人與俄羅斯工人的階級團結和共同奮鬥。這些，在當時當地條件下都是正確的。但是，他們在批判波蘭狹隘民族主義時，犯了「以偏概全」的錯誤，走向了另一個極端，要求從根本上全面否定民族自決權這一基本原則。這在理論上是「忘記**特殊**和**一般**在邏輯上的基本區別」，而在實際上就是「醉心於反對波蘭民族主義，因而忘記了大俄羅斯人的民族

主義」;「因害怕被壓迫民族的資產階級民族主義,而在**事實**上作了大俄羅斯人黑幫民族主義的幫兇!」因害怕「助長」被壓迫民族的狹隘民族主義,而在客觀上助長了壓迫民族的大國沙文主義。關於當時波蘭所處的特殊歷史條件,列寧曾作過精闢分析。詳見《列寧全集》第 20 卷,人民出版社 1958 年版,第 412、415、432-435、453-454 頁;《列寧全集》第 22 卷,人民出版社 1958 年版,第 340、342-346、353 頁。

〔256〕列寧:《論民族自決權》,載《列寧選集》第 2 卷,人民出版社 1972 年版,第 507 頁。

〔257〕參見《列寧全集》第 20 卷,人民出版社 1958 年版,第 395、411、52-453、54 頁;《列寧全集》第 22 卷,人民出版社 1958 年版,第 353 頁。

〔258〕列寧:《論民族自決權》,載《列寧選集》第 2 卷,人民出版社 1972 年版,第 548 頁。

〔259〕列寧:《關於民族問題的批評意見》,載《列寧全集》第 20 卷,人民出版社 1958 年版,第 20 頁。

〔260〕同上書,第 15 頁。

〔261〕同上書,第 19 頁。

〔262〕列寧:《關於民族問題的批評意見》,載《列寧全集》第 20 卷,人民出版社 1958 年版,第 7 頁。

〔263〕馬克思、恩格斯:《共產黨宣言》,載《馬克思恩格斯選集》第 1 卷,人民出版社 1972 年版,第 285 頁。

〔264〕列寧:《關於民族問題的批評意見》,載《列寧全集》第 20 卷,人民出版社 1958 年版,第 17 頁。

〔265〕同上書,第 9 頁。

〔266〕同上書,第 16-17 頁。

〔267〕列寧:《關於民族問題的批評意見》,載《列寧全集》第 20 卷,人民出版社 1958 年版,第 10 頁。

〔268〕同上書,第 18-19 頁。

〔269〕列寧:《關於民族問題的批評意見》,載《列寧全集》第 20 卷,人民出版社 1958 年版,第 12 頁。

〔270〕同上書,第 6-7、15 頁。

〔271〕同上書,第 7 頁。

〔272〕同上書，第5頁。

〔273〕同上書，第25頁。

〔274〕列寧：《關於民族問題的批評意見》，載《列寧全集》第20卷，人民出版社1958年版，第18頁。

〔275〕同上書，第8頁。

〔276〕同上書，第7頁。

〔277〕列寧：《民族問題提綱》，載《列寧全集》第19卷，人民出版社1959年版，第239頁。

〔278〕參見列寧：《關於民族問題的批評意見》，載《列寧全集》第20卷，人民出版社1958年版，第7、15、16頁。

〔279〕列寧：《關於民族政策問題》，載《列寧全集》第20卷，人民出版社1958年版，第218頁。

〔280〕列寧：《論民族自決權》，載《列寧選集》第2卷，人民出版社1972年版，第509頁。

〔281〕同上書，第529頁。

〔282〕參見列寧：《社會主義革命和民族自決權》，載《列寧全集》第22卷，人民出版社1958年版，第140頁。

〔283〕列寧：《論民族自決權》，載《列寧選集》第2卷，人民出版社1972年版，第536、540頁，另參見同卷第720-721頁。

〔284〕同上書，第546頁。

〔285〕列寧：《論民族自決權》，載《列寧選集》第2卷，人民出版社1972年版，第566、535、545頁。

〔286〕列寧：《論俄國社會民主工黨的民族綱領》，載《列寧全集》第19卷，人民出版社1959年版，第547頁。

〔287〕列寧：《論民族自決權》，載《列寧選集》第2卷，人民出版社1972年版，第523、521頁。

〔288〕參見列寧：《1913年俄國社會民主工黨中央委員會夏季會議的決議》，載《列寧全集》第19卷，人民出版社1959年版，第427頁，另參見同卷第237頁；《列寧全集》第24卷，人民出版社1957年版，第269頁。

〔289〕列寧：《論族自決權》，載《列寧選集》第2卷，人民出版社1972年版，第564頁。

〔290〕列寧《立憲民主黨人和「民族自決權」》，載《列寧全集》第19卷，

人民出版社 1959 年版，第 527-528 頁。

〔291〕列寧：《論民族自決權》，載《列寧選集》第 2 卷，人民出版社 1972 年版，第 522 頁。

〔292〕同上書，第 521 頁。

〔293〕同上書，第 522 頁。

〔294〕同上。

〔295〕列寧：《關於民族問題的批評意見》，載《列寧全集》第 20 卷，人民出版社 1958 年版，第 17 頁。

〔296〕列寧：《論民族自決權》，載《列寧選集》第 2 卷，人民出版社 1972 年版，第 523、521 頁。

〔297〕同上書，第 523 頁。

〔298〕同上書，第 522 頁。

〔299〕列寧：《帝國主義是資本主義的最高階段》，載《列寧選集》第 2 卷，人民出版社 1972 年版，第 732 頁。

〔300〕列寧：《俄國社會民主工黨國外支部代表會議》，載《列寧全集》第 21 卷，人民出版社 1959 年版，第 137 頁。

〔301〕《德國社會民主黨議會黨團關於軍事撥款的第一次聲明》（1914 年 8 月 4 日），載《第一國際第二國際歷史資料》，新莫斯科出版社 1926 年版，第 210 號文件。

〔302〕同上。

〔303〕〔德〕維納·洛赫：《德國史》，北京大學歷史系近代現史教研室譯，三聯書店 1959 年版，第 343 頁。

〔304〕參見《法國社會黨關於黨員參加政府的宣言》，載〔蘇聯〕布拉斯拉夫斯基編：《第一國際第二國際歷史資料》，新莫斯科出版社 1926 年版，第 211、220 號文件。

〔305〕參見《奧地利社會民主工黨執行委員會的呼籲書》，載〔蘇聯〕布拉斯拉斯基編：《第一國際第二際歷史資料》，新莫斯科出版社 1926 年版，第 229 號文件。

〔306〕〔德〕考茨基：《戰爭時期的社會民主黨》，載《新時代》第 33 卷（1914-1915 年）第 1 冊第 1 期，第 5、7 頁。

〔307〕列寧：《革命社會民主黨在歐洲大戰中的任務》，載《列寧全集》第 21 卷，人民出版社 1959 年版，第 2 頁。

〔308〕列寧：《社會主義國際的狀況和任務》，載《列寧全集》第 2 卷，

人民出版社 1959 年版，第 23 頁。

〔309〕列寧：《第二國際的破產》，載《列寧全集》第 21 卷，人民出版社 1959 年版，第 233-234 頁。

〔310〕列寧：《社會主義國際的狀況和任務》，載《列寧全集》第 21 卷，人民出版社 1959 年版，第 18 頁。

〔311〕列寧：《共產國際第二次代表大會》，載《列寧選集》第 4 卷，人民出版社 1972 年版，第 330 頁。

〔312〕轉引自〔蘇聯〕米列爾：《土耳其現代簡明史》，朱貴生譯，三聯書店 1958 年版，第 108-109 頁。

〔313〕參見〔蘇聯〕巴拉布舍維奇等編：《印度現代史》（上冊），北京編譯社譯，三聯書店 1972 年版，第 22-23、32-33 頁。

〔314〕近代帝國主義盜匪們最早的幾次爭奪火並，都是以亞、非、拉人民的田園家舍當戰場的：一八九八年的美西戰爭是在亞洲的菲律賓和拉美的古巴領土上進行廝殺；一八九九至一九〇二年的英布戰爭是在非洲南部的土地上開槍放炮的；一九〇四至一九〇五年的日俄戰爭則是在中國領土上殺人放火的。

〔315〕這項卑鄙的分贓密約先由英、法兩國外交人員薩依克斯和皮柯擬定，隨時送交沙俄外交大臣薩松諾夫，經薩松諾夫提出一些「條件」後三方達成協議。協議瓜分的範圍包括敘利亞、黎巴嫩、巴勒斯坦、外約旦、伊拉克以及土耳其的大片領土。十月革命後，列寧領導的蘇維埃政府公開揭露了這項密約，舉世輿論大嘩。參見外交學院國際關係教研室編：《近代國際關係史參考資料（蘇聯外交辭典選譯）》，世界知識版社 1957 年版，第 286-289 頁。

〔316〕這項祕密協定是由美國國務卿蘭辛和日本特使石井背著中國人民簽訂的。其主要內容是：美國承認日本在中國享有「特殊利益」；日本同意美國所謂「門戶開放、利益均霑」的對華政策。參見外交學院國際關係教研室編：《近代國際關係史參考資料（蘇聯外交辭典選譯）》，世界知識版社 1957 年版，第 291-292 頁。

〔317〕參見〔蘇聯〕雷斯涅爾等主編：《東方各國近代史》（第 2 卷），三聯書店 1958 年版，第 447-449 頁；〔蘇聯〕米列爾：《土耳其現代簡明史》，朱貴生譯，三聯書店 1958 年版，第 113-116 頁。

〔318〕列寧：《戰爭和俄國社會民主黨》，載《列寧選集》第 2 卷，人民出版社 1972 年版，第 574 頁。

〔319〕列寧：《死去的沙文主義和活著的社會主義》，載《列寧全集》第
　　　　21 卷，人民出版社 1959 年版，第 78 頁；列寧選集》第 1 卷，人
　　　　民出版社 1972 年版，第 351 頁；列寧選集》第 2 卷，人民出版社
　　　　1972 年版，第 255 頁。

〔320〕《恩格斯致奧·倍倍爾（881 年 8 月 25 日）》，載《馬克思恩格斯
　　　　全集》第 35 卷，人民出版社 1971 年版，第 211 頁。

〔321〕莫希干人是美洲一個已經絕種的民族。「最後一個莫希干人」原為
　　　　美國庫伯所著書名，西方習慣上用以借喻老前輩中最後僅存的代表
　　　　人物。

〔322〕列寧：《第二國際的破產》，載《列寧選集》第 2 卷，人民出版社
　　　　1972 年版，第 663、644 頁。

〔323〕列寧：《第二國際的破產》，載《列寧選集》第 2 卷，人民出版社
　　　　1972 年版，第 626、630 頁。

〔324〕〔德〕考茨基：《帝國主義》，載《新時代》1914 年 9 月 11 日。

〔325〕〔德〕考茨基：《帝圖主義戰爭》，載《新時代》1917 年 2 月 16
　　　　日。

〔326〕〔德〕考茨基：《兩本論述重新學習的書》，載《新時代》1915 年
　　　　4 月 30 日。

〔327〕參見〔德〕考茨基：《民族國家、帝國主義國家和國家聯盟》，紐
　　　　倫堡 1915 年版，第五章。

〔328〕參見〔德〕考茨基：《帝國主義》，載《新時代》1914 年 9 月 11 日。

〔329〕〔德〕考茨基：《兩本論述重新學習的書》，載《新時代》1915 年
　　　　4 月 30 日。

〔330〕〔德〕考茨基：《兩本論述重新學習的書》，載《新時代》1915 年
　　　　4 月 30 日。

〔331〕參見〔德〕考茨基：《戰爭與和平》，載《新時代》1911 年 4 月 28
　　　　日。

〔332〕〔德〕考茨基：《五一節和反對軍國主義的鬥爭》，載《新時代》
　　　　1912 年 4 月 6 日。

〔333〕〔德〕考茨基：《戰爭與和平》，載《新時代》1911 年 4 月 28 日。

〔334〕〔德〕考茨基：《再論裁軍》，第三節，載《新時代》1912 年 9 月
　　　　6 日。

〔335〕參見〔德〕考茨基：《民族國家、帝國主義圖家和國家聯盟》，紐

倫堡 1915 年版，第四章第六節。

〔336〕列寧：《帝國主義和社會主義運動中的分裂》，載《列寧選集》第 2
卷，人民出版社 1972 年版，第 892 頁。

〔337〕列寧：《帝國主義和社會主義運動中的分裂》，載《列寧選集》第 2
卷，人民出版社 1972 年版，第 893 頁。

〔338〕列寧：《帝國主義是資本豐義的最高階段》，載《列寧選集》第 2
卷，人民出版社 1972 年版，第 784-785 頁。

〔339〕一些帝國主義分子在為殖民政策辯護中也多少透露了他們想利用殖
民掠奪來緩和國內革命危機的惶迫心情。例如，英國壟斷資本寡
頭、英布戰爭的罪魁謝西爾·羅得斯在一八九五年就說：「我昨天
在倫敦東頭（工人區）參加了一個失業工人的集會。我在那裡聽到
了充滿『麵包，麵包！』的呼聲的粗野的發言。回家時，我把看到
的情形思考了一番，結果我比以前更相信帝國主義的重要了……帝
國就是吃飽肚子的問題。要是你不希望發生內戰，你就應當成為帝
國主義者」。法國的資產階級作家瓦爾在一九〇五年說過：在一切
「文明國家中都積下了一種危及社會安寧的急躁、憤怒和憎恨的情
緒！脫離了一定階級常軌的力量必須找到應用的場所，應當讓它到
國外去發洩，以免在國內發生爆炸」。美國國務卿海約翰在一八九
八年則說得更明白、更「乾脆」：「或者是社會革命，或者是帝國
主義，兩者必擇其一！」（參見《新時代》1898 年第 16 卷第 1 分
卷，第 304 頁；〔蘇聯〕布拉斯拉夫斯基編：《第一國際第二國際
歷史資料》，新莫斯科出版社 1926 年版，第 168 號文件。看來，這
些話，既是辯詞，也是供狀！

〔340〕列寧：《義大利的帝國主義和社會主義》，載《列寧全集》第 21
卷，人民出版社 1959 年版，第 337 頁。

〔341〕列寧：《帝國主義是資本主義的最高階段》，載《列寧選集》第 2
卷，人民出版社 1972 年版，第 811、812 頁。

〔342〕列寧：《帝國主義和社會主義運動中的分裂》，載《列寧選集》第 2
卷，人民出版社 1972 年版，第 885 頁。

〔343〕列寧：《帝國主義是資本主義的最高階段》，載《列寧選集》第 2
卷，人民出版社 1972 年版，第 811 頁。

〔344〕同上書，第 812 頁。

〔345〕列寧：《帝國主義和社會主義運動中的分裂》，載《列寧選集》第 2

卷，人民出版社 1972 年版，第 892 頁。

〔346〕列寧：《帝國主義是資本主義的最高階段》，載《列寧選集》第 2
卷，人民出版社 1972 年版，第 817、632、815、841-842 頁。

〔347〕參見列寧：《給布哈林的小冊子〈世界經濟和帝國主義〉寫的序
言》，載《列寧全集》第 22 卷，人民出版社 1958 年版，第 97-98
頁。

〔348〕列寧：《帝國主義是資本主義的最高階段》，載《列寧選集》第 2
卷，人民出版社 1972 年版，第 837-838、795-796 頁。

〔349〕列寧：《論「和平綱領」》，載《列寧全集》第 22 卷，人民出版社
1958 年版，第 161 頁。

〔350〕參見列寧：《世界政治的轉變》，載《列寧全集》第 23 卷，人民出
版社 1958 年版，第 270、275 頁。

〔351〕列寧：《帝國主義是資本主義的最高階段》，載《列寧選集》第 2
卷，人民出版社 1972 年版，第 836 頁。

〔352〕列寧：《給布哈林的小冊子〈世界經濟和帝國主義〉寫的序言》，
載《列寧全集》第 22 卷，人民出版社 1958 年版，第 96、97 頁。

〔353〕列寧：《帝國主義是資本主義的最高階段》，載《列寧選集》第 2
卷，人民出版社 1972 年版，第 813、812 頁。

〔354〕參見列寧：《第二國際的破產》，載《列寧選集》第 2 卷，人民出
版社 1972 年版，第 632、633 頁。

〔355〕參見列寧：《資產階級的和平主義與社會黨人的和平主義》，載《列
寧選集》第 2 卷，人民出版社 1972 年版，第 902 頁。

〔356〕列寧：《英國的和平主義和英國的不愛理論》，載《列寧全集》第
21 卷，人民出版社 1959 年版，第 240、326 頁。

〔357〕參見〔德〕考茨基：《民族國家、帝國主義國家和國家聯盟》，紐
倫堡 1915 年版，第四章第二節。

〔358〕同上。

〔359〕參見〔德〕考茨基：《民族國家、帝國主義國家和國家聯盟》，紐
倫堡 1915 年版，第四章第二節。

〔360〕同上書，第五章。

〔361〕參見〔德〕考茨基：《民族國家、帝國主義國家和國家聯盟》，紐
倫堡 1915 年版，第五章；〔德〕考茨基：帝國主義》，載《新時代》
1914 年 9 月 11 日。

〔362〕〔德〕考茨基：《再論裁軍》，第三節，載《新時代》1912 年 9 月 6 日。

〔363〕〔德〕考茨基：《戰爭時期的社會民主黨》，載《新時代》1914 年 10 月 2 日。

自第一次世界大戰結束到第二次世界大戰爆發前夕，考茨基這種隱約的恫嚇又逐步「升級」為公開的訛詐。他鼓吹：在戰爭「恐怖」下，為了實現「和平」，帝國主義時代的一切重大問題都已「退居次要地位」；「在現有的社會裡，儘管人口中的大多數感到很窘迫，或者甚至陷入極度的絕望，他們終究還是能夠生存下去。反之……下一場戰爭不僅會帶來貧窮和災難，而且要徹底摧毀一切文明，而留下來的僅僅是冒煙的廢墟和腐爛的屍體」。他詭稱：「殖民地居民的解放將通過和平方式來實現」，以致「一切暴力手段都變成多餘的」；帝國主義軍隊「在技術上所占的優勢越大」，殖民地人民的武裝反抗就「越加荒唐」，殖民地人民如果膽敢起來暴動造反，則「瞬息間」「很快就被打垮」，「沒有產生巨大影響的希望」云云。（參見〔德〕考茨基：《戰爭和民主》，導言，柏林 1932 年版；《社會主義者和戰爭》，布拉格 1937 年版，第四編第八章第四節。）考茨基對全世界被壓迫者拚命渲染戰爭恐怖和散播失敗主義悲觀情緒，要他們永遠跪著求生，這就更加徹底地暴露了他那社會帝國主義者的醜惡嘴臉。這些反動謬論後來為赫魯曉夫之流所全盤繼承，成為他們渲染核恐怖實行核訛詐的藍本。

〔364〕參見列寧：《帝玉主義是資本主義的最高階段》，載《列寧選集》第 2 卷，人民出版社 1972 年版，第 810、828、839 頁。

〔365〕同上書，第 802 頁。

〔366〕列寧：《論對馬克思主義的諷刺和「帝國主義經濟主義」》，載《列寧全集》第 23 卷，人民出版社 1958 年版，第 36 頁。

〔367〕列寧：《路易‧勃朗主義》，載《列寧全集》第 24 卷，人民出版社 1957 年版，第 16 頁。

〔368〕參見列寧：《論歐洲聯邦口號》，載《列寧選集》第 2 卷，人民出版社 1972 年版，第 707-708 頁，並參見同卷第 819 頁。

〔369〕參見《列寧全集》第 4 卷，人民出版社 1958 年版，第 334-336 頁；《列寧全集》第 15 卷，人民出版社 1959 年版，第 156-157、195、200 頁；《列寧全集》第 19 卷，人民出版社 1959 年版，第 82-83

頁；《列寧全集》第 22 卷，人民出版社 1958 年版，第 250、252、255-256 頁；《列寧全集》第 23 卷，人民出版社 1958 年版，第 36、39、46、274 頁；《列寧全集》第 31 卷，人民出版社 1958 年版，第 130 頁。

〔370〕參見列寧：《資產階級的和平主義與社會黨人的和平主義》，載《列寧選集》第 2 卷，人民出版社 1972 年版，第 905 頁。

〔371〕同上書，第 904 頁。

〔372〕列寧：《路易‧勃朗主義》，載《列寧全集》第 24 卷，人民出版社 1957 年版，第 16 頁。

〔373〕列寧：《帝國主義是資主義的最高階段》，載《列寧選集》第 2 卷，人民出版社 1972 年版，第 733 頁。

〔374〕列寧：《帝國主義是資主義的最高階段》，載《列寧選集》第 2 卷，人民出版社 1972 年版，第 835 頁，另參見本卷第 783-786 頁。

〔375〕同上書，第 805-806 頁。

〔376〕列寧：《世界政治的轉變》，載《列寧全集》第 23 卷，人民出版社 1958 年版，第 276 頁；《列寧全集》第 31 卷，人民出版社 1958 年版，第 449、455 頁。

〔377〕參見列寧：《社會主義革命和民族自決權》《關於自決問題的爭論總結》，載《列寧全集》第 22 卷，人民出版社 1958 年版，第 139、331、332 頁。

〔378〕參見列寧：《論「廢除武裝」的口號》，載《列寧全集》第 23 卷，人民出版社 1958 年版，第 77、93、94 頁。

〔379〕列寧：《論尤尼烏斯的小冊子》，載《列寧選集》第 2 卷，人民出版社 1972 年版，第 851、872 頁。

〔380〕同上書，第 852 頁。

〔381〕參見《列寧給印涅薩‧阿爾曼德的三封信》，載《列寧全集》第 35 卷，人民出版社 1959 年版，第 239、255-257 頁；《列寧全集》第 22 卷，人民出版社 1958 年版，第 304-305 頁。

〔382〕列寧：《給波利斯‧蘇瓦林的一封公開信》，載《列寧全集》第 23 卷，人民出版社 1958 年版，第 198 頁。

〔383〕列寧：《論尤尼烏斯的小冊子》，載《列寧選集》第 2 卷，人民出版社 1972 年版，第 853 頁。

〔384〕列寧：《關於自決問題的爭論總結》，載《列寧全集》第 22 卷，人

民出版社 1958 年版，第 352 頁。

〔385〕參見列寧：《社會主義革命和民族自決權》，載《列寧全集》第 22 卷，人民出版社 1958 年版，第 145 頁；《列寧全集》第 23 卷，人民出版社 1958 年版，第 25-26 頁。

〔386〕參見列寧：《關於自決問題的爭論總結》，載《列寧全集》第 22 卷，人民出版社 1958 年版，第 327 頁。

〔387〕列寧：《革命的無產階級和民族自決權》，載《列寧全集》第 21 卷，人民出版社 1959 年版，第 388 頁，《列寧全集》第 22 卷，人民出版社 1958 年版，第 141、159 頁；《列寧全集》第 30 卷，人民出版社 1957 年版，第 261 頁；《列寧全集》第 31 卷，人民出版社 1958 年版，第 125、210 頁。

〔388〕列寧：《社會主義革命和民族自決權》，載《列寧選集》第 2 卷，人民出版社 1972 年版，第 720 頁。

〔389〕列寧：《論對馬克思主義的諷刺和「帝國主義經濟主義」》，載《列寧全集》第 23 卷，人民出版社 1958 年版，第 54 頁；《列寧全集》第 22 卷，人民出版社 1958 年版，第 335-336 頁。

〔390〕列寧：《在俄共（布）莫斯科組織積極分子大會上的演説》，載《列寧全集》第 31 卷，人民出版社 1958 年版，第 412-413 頁。

〔391〕參見列寧：《帝國主義是資本主義的最高階段》，載《列寧選集》第 2 卷，人民出版社 1972 年版，第 832、840 頁。

〔392〕列寧：《世界政治的轉變》，載《列寧全集》第 23 卷，人民出版社 1958 年版，第 275 頁。

〔393〕參見列寧：《論歐洲聯邦口號》，載《列寧選集》第 2 卷，人民出版社 1972 年版，第 708 頁，另參見本卷第 635-636 頁。

〔394〕參見列寧：《第二國際的破產》，載《列寧選集》第 2 卷，人民出版社 1972 年版，第 638、639 頁。

〔395〕同上書，第 637-638 頁；《列寧全集》第 23 卷，人民出版社 1958 年版，第 273 頁。這位身穿「馬克思主義」外衣的「牧師」後來在一九一八年直接加入「劊子手」的行列，到以血腥屠殺德國革命工人而惡名昭著的艾伯特-謝德曼的反革命政府中當了大官，積極參與反革命活動。考茨基的袍笏登場表明：「牧師」與「劊子手」之間的「分工」並不是絕對「嚴格」的。

〔396〕參見《新時代》1915 年 4 月 l6 日；《新時代》1915 年 5 月 21 日；

《列寧全集》第 21 卷，人民出版社 1959 年版，第 390 頁；《列寧全集》第 22 卷，人民出版社 1958 年版，第 146 頁。

〔397〕參見《新時代》1916 年 3 月 3 日；《列寧全集》第 22 卷，人民出版社 1958 年版，第 159 頁。

〔398〕列寧：《論德國的和非德國的沙文主義》，載《列寧全集》第 22 卷，人民出版社 1958 年版，第 177 頁。

〔399〕列寧：《給布哈林的小冊子〈世界經濟和帝國主義〉寫的序言》，載《列寧全集》第 22 卷，人民出版社 1958 年版，第 97 頁。

〔400〕參見《列寧全集》第 22 卷，人民出版社 1958 年版，第 160、291 頁。

〔401〕參見〔蘇聯〕布拉斯拉夫斯基編：《第一國際第二國際歷史資料》，新莫斯科出版社 1926 年版，第 239、240 號文件。

〔402〕〔德〕考茨基：《再論我們的幻想》，載《新時代》1915 年 5 月 21 日；列寧全集》第 22 卷，人民出版社 1958 年版，第 155-156 頁；《列寧全集》第 36 卷，人民出版社 1959 年版，第 392-393 頁。

〔403〕參見列寧：論「和平綱領」，載《列寧全集》第 22 卷，人民出版社 1958 年版，第 160、353-354 頁。

〔404〕參見列寧：《論民族自決權》，載《列寧選集》第 2 卷，人民出版社 1972 年版，第 512、509 頁。

〔405〕參見列寧：《社會主義革命和民族自決權》，載《列寧全集》第 22 卷，人民出版社 1958 年版，第 137、140 頁。

〔406〕參見列寧：《革命的無產階級和民族自決權》，載《列寧全集》第 21 卷，人民出版社 1959 年版，第 390、391 頁。

〔407〕列寧：《論「和平綱領」》，載《列寧全集》第 22 卷，人民出版社 1958 年版，第 161、59 頁。

〔408〕列寧：《社會主義革命和民族自決權》，載《列寧全集》第 22 卷，人民出版社 1958 年版，第 141 頁。

〔409〕列寧：《論德國的和非德國的沙文主義》，載《列寧全集》第 22 卷，人民出版社 1958 年版，第177 頁。

〔410〕參見列寧：《社會主義革命和民族自決權》，載《列寧全集》第 22 卷，人民出版社 1958 年版，第」50 頁，並參見同卷第 176-177、291 頁。

〔411〕列寧：《論德國的和非德國的沙文主義》，載《列寧全集》第 22

卷，人民出版社 1958 年版，第 177 頁。

〔412〕列寧：《給布哈林的小冊子〈世界經濟和帝國主義〉寫的序言》，載《列寧全集》第 22 卷，人民出版社 1958 年版，第 97 頁。西諺「一千零一」，源於阿拉伯故事集《一千零一夜》，習慣上用以形容極多、極端、極度、絕頂、無與倫比。

〔413〕列寧：《論德國的和非德國的沙文主義》，載《列寧全集》第 22 卷，人民出版社 1958 年版，第」77 頁。

〔414〕列寧：《論「和平綱領」》，載《列寧全集》第 22 卷，人民出版社 1958 年版，第 156 頁。

〔415〕參見列寧：《關於自決問題的爭論總結》，載《列寧全集》第 22 卷，人民出版社 1958 年版，第 354 頁，並參見同卷第 147-148、160-161 頁。

〔416〕列寧：《帝國主義是資本主義的最高階段》，載《列寧選集》第 2 卷，人民出版社 1972 年版，第 731、840 頁。

〔417〕亨利希‧庫諾夫（1862-1936）德國社會學家、歷史學家，曾任柏林大學教授；德國右翼社會民主黨人，露骨的社會沙文主義者和社會帝國主義「理論家」，竄改和偽造馬克思主義的「能手」，列寧稱之為「帝國主義和兼併政策的辯護士」（參見《列寧選集》第 2 卷，人民出版社 1972 年版，第 812 頁）一九一七至一九二三年任德國社會民主黨中央機關刊物《新時代》編輯，從「理論」上瘋狂攻擊社會主義革命和無產階級專政。

〔418〕保羅‧連施（1873-1926）德國社會民主黨人，一九〇五至一九一三年任該黨左翼機關報《萊比錫人民報》編輯。第一次世界大戰一爆發，連施就轉而採取社會沙文主義立場；戰後擔任魯爾區工人貴族機關報《德意志大眾報》主編。

〔419〕帕爾烏斯（即 A. L. 赫爾凡得，1869-1924）早年參加德國社會民主黨左派，從事德國和俄國工運工作；俄國社會民主工黨第二次代表大會以後，加入孟什維克派。他所提出的反馬克思主義的「不斷革命」論，後來成為托洛茨基用以反對列寧主義的武器。此人後來退出社會民主黨，充當了德國帝國主義的代理人，從事大規模的投機倒把活動，在軍需供應中發了橫財。

〔420〕列寧：《帝國主義是資本主義的最高階段》，載《列寧選集》第 2 卷，人民出版社 1972 年版，第 812 頁。

〔421〕參見〔蘇聯〕布拉斯拉夫斯基編：《第一國際第二國際歷史資料》，新莫斯科出版社 1926 年版，第 215 號文件。

〔422〕列寧：《論民族自決權》，載《列寧選集》第 2 卷，人民出版社 1972 年版，第 562 頁。

〔423〕謝姆柯夫斯基（即 C. Ю.布隆施坦，1882 年生，卒年未詳），俄國孟什維克取消派分子，長期擔任該派重要報刊編輯，極力宣傳反對民族自決原則。一九一七年成為孟什維克黨中央委員，一九二〇年退出該黨。後來在烏克蘭當大學教授，從事科學、文學方面的工作。

〔424〕Ф.李普曼（1882 年生，卒年未詳），大學教授，俄國崩得（猶太族知識分子和工人組織）分子首領之一。曾十分熱衷於鼓吹鮑威爾的「民族文化自治」論，極力攻擊民族自決原則。第一次世界大戰期間，狂熱支持沙俄政府的侵略兼併政策。十月革命以後成為維也納第二半國際的擁護者。

〔425〕Л. 尤爾凱維奇（885-1918）烏克蘭民族主義分子，烏克蘭社會民主黨中央委員。在報刊上積極鼓吹狹隘民族主義思想。第一次世界大戰期間，極力擁護沙俄政府的侵略兼併政策。

〔426〕參見列寧：《革命的無產階級和民族自決權》，載《列寧全集》第 21 卷，人民出版社 1959 年版，第 390 頁；《列寧全集》第 22 卷，人民出版社 1958 年版，第 146、328-329 頁。

〔427〕列寧：《關於自決問題的爭論總結》，載《列寧全集》第 22 卷，人民出版社 1958 年版，第 324 頁。

〔428〕列寧：《給斯·格·邵武勉的信》，載《列寧全集》第 19 卷，人民出版社 1959 年版，第 502 頁。

〔429〕《列寧全集》第 20 卷，人民出版社 1958 年版，第 217 頁。

〔430〕參見列寧：《民族平等》，載《列寧全集》第 20 卷，人民出版社 1958 年版，第 232-233 頁；《列寧全集》第 8 卷，人民出版社 1959 年版，第 320 頁；《列寧全集》第 19 卷，人民出版社 1959 年版，第 303 頁。

〔431〕列寧：《關於民族政策問題》，載《列寧全集》第 20 卷，人民出版社 1958 年版，第 217 頁。

〔432〕參見列寧：《社會主義革命和民族自決權》，載《列寧全集》第 22 卷，人民出版社 1958 年版，第 140 頁；《列寧全集》第 20 卷，人

民出版社 1958 年版，第 29、98-99、217 頁；《列寧全集》第 21
卷，人民出版社 1959 年版，第 86 頁；《列寧全集》第 24 卷，人民
出版社 1957 年版，第 51 頁。

〔433〕列寧：《論對馬克思主義的諷刺和「帝國主義經濟主義」》，載《列
寧全集》第 23 卷，人民出版社 1958 年版，第 61 頁。

〔434〕列寧：《社會主義革命和民族自決權》，載《列寧全集》第 22 卷，
人民出版社 1958 年版，第 140 頁；《列寧全集》第 20 卷，人民出
版社 1958 年版，第 217 頁；《列寧全集》第 21 卷，人民出版社
1959 年版，第 392-393 頁。

〔435〕列寧：《社會主義革命和民族自決權》，載《列寧全集》第 22 卷，
人民出版社 1958 年版，第 141 頁；《列寧全集》第 23 卷，人民出
版社 1958 年版，第 S4 頁。

〔436〕列寧：《論對馬克思主義的諷刺和「帝國主義經濟主義」》，載《列
寧全集》第 23 卷，人民出版社 1958 年版，第 62 頁。

〔437〕列寧：《俄國社會民主工黨（布）第七次全國代表會議（四月代表
會議）》，載《列寧全集》第 24 卷，人民出版社 1957 年版，第 269
頁；列寧全集》第 19 卷，人民出版社 1959 年版，第 237、27 頁。

〔438〕列寧：《關於自決問題的爭論總結》，載《列寧全集》第 22 卷，人
民出版社 1958 年版，第 335 頁。

〔439〕同上書，第 335 頁。

〔440〕對於這方面的思想觀點，斯大林曾以列寧的有關論述為依據，在
《論列寧主義基礎》一文中作了出色的闡發。參見《斯大林全集》
第 6 卷，人民出版社 1956 年版，第 124-126 頁。

〔441〕參見列寧：《論民族自決權》，載《列寧選集》第 2 卷，人民出版
社 1972 年版，第 512 頁。

〔442〕列寧：《論對馬克思主義的諷刺和「帝國主義經濟主義」》，載《列
寧全集》第 23 卷，人民出版社 1958 年版，第 64-65 頁。

〔443〕參見列寧：《共產主義運動中的「左派」幼稚病》，載《列寧選集》
第 4 卷，人民出版社 1972 年版，第 246 頁；《列寧全集》第 29
卷，人民出版社 1956 年版，第 168 頁；《列寧全集》第 30 卷，人
民出版社 1957 年版，第 138-139 頁。

〔444〕參見列寧：《關於自決問題的爭論總結》，載《列寧全集》第 22
卷，人民出版社 1958 年版，第 340-341 頁；《列寧全集》第 20

卷，人民出版社 1959 年版，第 29 頁；《列寧全集》第 23 卷，人民出版社 1958 年版，第 61-62 頁。

〔445〕列寧：《革命的無產階級和民族自決權》，載《列寧全集》第 21 卷，人民出版社 1959 年版，第 389 頁。

〔446〕列寧：《社會主義革命和民族自決權》，載《列寧全集》第 22 卷，人民出版社 1958 年版，第 146 頁。

〔447〕列寧：《關於自決問題的爭論總結》，載《列寧全集》第 22 卷，人民出版社 1958 年版，第 353、328-329 頁。

〔448〕列寧：《無產階級在我國革命中的任務》，載《列寧全集》第 24 卷，人民出版社 1957 年版，第 51 頁；《列寧全集》第 22 卷，人民出版社 1958 年版，第 143-144、329 頁。

〔449〕列寧：《革命的無產階級和民族自決權》，載《列寧全集》第 21 卷，人民出版社 1959 年版，第 393 頁。

〔450〕列寧：《論民族自決權》，載《列寧選集》第 2 卷，人民出版社 1972 年版，第 526 頁。

〔451〕列寧：《關於自決問題的爭論總結》，載《列寧選集》第 2 卷，人民出版社 1972 年版，第 867 頁。

〔452〕參見列寧：《關於自決問題的爭論總結》，載《列寧全集》第 22 卷，人民出版社 1958 年版，第 349-352 頁。以下三段引文均見上列諸頁論述，不另注出處。

〔453〕列寧：《論對馬克思主義的諷刺和「帝國主義經濟主義」》，載《列寧全集》第 23 卷，人民出版社 1958 年版，第 67 頁。

〔454〕列寧：《論民族自決權》，載《列寧選集》第 2 卷，人民出版社 1972 年版，第 534 頁。

〔455〕列寧：《論對馬克思主義的諷刺和「帝國主義經濟主義」》，載《列寧全集》第 23 卷，人民出版社 1958 年版，第 63 頁注；《列寧全集》第 25 卷，人民出版社 1958 年版，第 39-40 頁。

〔456〕列寧：《1913 年有黨的工作人員參加的俄國社會民主工黨中央委員會夏季會議的決議》，載《列寧全集》第 19 卷，人民出版社 1959 年版，第 427 頁。

〔457〕列寧：《民族平等》，載《列寧全集》第 20 卷，人民出版社 1958 年版，第 233 頁。

〔458〕列寧：《社會主義革命和民族自決權》，載《列寧選集》第 2 卷，

人民出版社 1972 年版，第 727 頁。

〔459〕列寧：《民族問題提綱》，載《列寧全集》第 19 卷，人民出版社 1959 年版，第 237 頁。

〔460〕列寧：《社會主義革命和民族自決權》，載《列寧選集》第 2 卷，人民出版社 1972 年版，第 726 頁。

〔461〕列寧：《無產階級在我國革命中的任務》，載《列寧選集》第 3 卷，人民出版社 1972 年版，第 50 頁。

〔462〕列寧：《有沒有通向公正的和平的道路？》，載《列寧全集》第 25 卷，人民出版社 1958 年版，第 40 頁。

〔463〕列寧：《俄國社會民主工黨（布）第七次全國代表會議（四月代表會議）》，載《列寧全集》第 24 卷，人民出版社 1990 年版，第 269 頁。

〔464〕參見列寧：《關於帝國主義的筆記》，載《列寧全集》第 39 卷，人民出版社 1963 年版，第 841 頁；《列寧全集》第 20 卷，人民出版社 1958 年版，第 396-397 頁；《列寧全集》第 22 卷，人民出版社 1958 年版，第 141 頁。

〔465〕列寧：《論民族自決權》，載《列寧選集》第 2 卷，人民出版社 1972 年版，第 509 頁。

〔466〕列寧：《社會主義革命和民族自決權》，載《列寧全集》第 22 卷，人民出版社 1958 年版，第 145 頁。

〔467〕列寧：《論對馬克思主義的諷刺和「帝國主義經濟主義」》，載《列寧全集》第 23 卷，人民出版社 1958 年版，第 58 頁。

〔468〕參見列寧：《和平問題》，載《列寧全集》第 21 卷，人民出版社 1959 年版，第 269、270、384 頁。

〔469〕列寧：《論對馬克思主義的諷刺和「帝國主義經濟主義」》，載《列寧全集》第 23 卷，人民出版社 1958 年版，第 58 頁。

〔470〕列寧：《社會主義與戰爭》，載《列寧選集》第 2 卷，人民出版社 1972 年版，第 670 頁；《列寧全集》第 23 卷，人民出版社 1958 年版，第 25 頁。

〔471〕列寧：《和平問題》，載《列寧全集》第 21 卷，人民出版社 1959 年版，第 271 頁。

〔472〕同上。另參見《列寧選集》第 2 卷，人民出版社 1972 年版，第 720 頁。

〔473〕參見列寧：《革命的無產階級和民族自決權》，載《列寧全集》第 21 卷，人民出版社 1959 年版，第 387 頁。

〔474〕參見列寧：《社會主義革命和民族自決權》，載《列寧選集》第 2 卷，人民出版社 1972 年版，第 722、718 頁。

〔475〕列寧：《革命的無產階級和民族自決權》，載《列寧全集》第 21 卷，人民出版社 1959 年版，第 387 頁。

〔476〕參見《列寧全集》第 22 卷，人民出版社 1958 年版，第 335-336 頁。

〔477〕參見列寧：《論民族自決權》，載《列寧選集》第 2 卷，人民出版社 1972 年版，第 522 頁。

〔478〕列寧：《社會主義革命和民族自決權》，載《列寧全集》第 22 卷，人民出版社 1958 年版，第 143 頁。

〔479〕列寧：《革命的無產階級和民族自決權》，載《列寧全集》第 21 卷，人民出版社 1959 年版，第 389 頁；《列寧全集》第 20 卷，人民出版社 1958 年版，第 440-441 頁。

〔480〕列寧：《論民族自決權》，載《列寧選集》第 2 卷，人民出版社 1972 年版，第 553 頁。

〔481〕列寧：《關於自決問題的爭論總結》，載《列寧全集》第 22 卷，人民出版社 1958 年版，第 336 頁；《列寧全集》第 18 卷，人民出版社 1959 年版，第 583 頁；《列寧全集》第 31 卷，人民出版社 1958 年版，第 169 頁。

〔482〕列寧：《社會主義革命和民族自決權》，載《列寧選集》第 2 卷，人民出版社 1972 年版，第 721 頁。另參見《列寧全集》第 23 卷，人民出版社 1958 年版，第 61-62 頁。

〔483〕列寧：《社會主義革命和民族自決權》，載《列寧選集》第 2 卷，人民出版社 1972 年版，第 721 頁。

〔484〕同上。

〔485〕毛澤東：《新民主主義論》，載《毛澤東選集》（一卷本），人民出版社 1970 年版，第 628 頁。

〔486〕毛澤東：《全世界革命力量團結起來，反對帝國主義的侵略》，載《毛澤東選集》（一卷本），人民出版社 1970 年版，第 1249 頁。

〔487〕參見毛澤東：《新民主主義論》，載《毛澤東選集》（一卷本），人民出版社 1970 年版，第 632 頁。

〔488〕列寧：《全俄工兵代表蘇維埃第二次代表大會》，載《列寧全集》第2S卷，人民出版社 1959 年版，第 227 頁。

〔489〕列寧：《給印涅薩・阿爾曼德（1917 年 1 月 19 日）》，載《列寧全集》第 35 卷，人民出版社 1959 年版，第 263 頁。

〔490〕參見《凡爾賽條約》第 156-158 條，載《國際條約集（1917-1923）》，世界知識出版社 1961 年版，第 136-137 頁。

〔491〕參見《國際聯盟盟約》《根據國際聯盟盟約第二十二條的委任統治文件》，載《國際條約集（1917-1923）》，世界知識出版社 1961 年版，第 266、274-275、552-583 頁。

〔492〕參見《關於太平洋區域島嶼屬地和領地的條約》第 1 條、《九國關於中國事件應適用各原則及政策之條約》第 1-5 條，載《國際條約集（1917-1923）》，世界知識出版社 1961 年版，第 738、767-768 頁。

一九二二年七月發表的《中國共產黨第二次全國大會宣言》憤怒地揭露説：「華盛頓會議給中國造成一種新局面，就是歷來各帝國主義者的互競侵略，變為協同的侵略。這種協同的侵略，將要……使四萬萬被壓迫的中國人都變成新式主人國際托拉斯的奴隸。」參見《中共黨史教學參考資料》（第一輯），新華書店北京分店 1957 年版。

〔493〕列寧：《共產國際第二次代表大會》，載《列寧選集》第 4 卷，人民出版社 1972 年版，第 330-331 頁，並參見同卷第 103 頁。

〔494〕列寧：《俄共（布）第十次全國代表會議》，載《列寧全集》第 32 卷，人民出版社 1958 年版，第 427 頁。

〔495〕列寧：《〈真理報〉創刊十週年紀念》，載《列寧全集》第 33 卷，人民出版社 1957 年版，第 312 頁。

〔496〕《對伯爾尼代麥會議的態度（共產國際第一次代表大會的決議）》，載〔蘇聯〕布拉斯拉夫斯基編：《第一國際第二國際歷史資料》，新莫斯科出版社 1926 年版，第 247 號文件。

〔497〕參見列寧：《論第三國際的任務》，載《列寧全集》第 29 卷，人民出版社 1956 年版，第 457、459 頁。

〔498〕《共產國際行動綱領》，載中國人民大學馬克思列寧主義教研室編輯：《第三國際》，中國人民大學出版社 1958 年版，第 34 頁。

〔499〕列寧：《新時代，新形式的舊錯誤》，載《列寧全集》第 33 卷，人

民出版社 1957 年版，第 6 頁。

〔500〕參見列寧：《論第三國際的任務》，載《列寧全集》第 29 卷，人民
出版社 1956 年版，第 466 頁。

據上述漢堡代表大會通過的《社會主義工人國際章程》第十五條規
定：該「國際」的執行委員如果參加資產階級反革命政府內閣，只
是暫時自動失去「國際」執委資格；而過足官癮、領夠賞錢之後，
一旦退出政府，這些「政治娼妓」和「殺人犯」就立即恢復了「社
會主義」的「童貞」，「可以再度當選為執行委員」。參見〔蘇聯〕
布拉斯拉夫斯基編：《第一國際第二國際歷史資料》，新莫斯科出
版社 1926 年版，第 271 號文件。

〔501〕參見毛澤東：《中國社會各階級的分析》，載《毛澤東選集》（一卷
本），人民出版社 1970 年版，第 4 頁。

〔502〕參見《關於國際聯盟問題的決議》，載〔蘇聯〕布拉斯拉夫斯基編：
《第一國際第二國際歷史資料》，新莫斯科出版社 1926 年版，第
243 號文件。

〔503〕參見《關於國際聯盟問題的決議》《關於領土問題的決議》，載〔蘇
聯〕布拉斯拉夫斯基編：《第一國際第二國際歷史資料》，新莫斯
科出版社 1926 年版，第 243、244 號文件。

〔504〕參見《關於國際聯盟問題的決議》《帝國主義和約與工人階級的任
務》，載〔蘇聯〕布拉斯拉夫斯基編：《第一國際第二國際歷史資
料》，第 243、272 號文件；〔德〕約‧連茨：《第二國際的興亡》，
學慶譯，三聯書店 1974 年版，第 185 頁。

關於這方面的思想觀點，後來由考茨基作了更肉麻表述：他吹捧國
際聯盟是達到「理想目標」的「至高無上的手段」，通過它，能夠
「創造一個持久和平的時代，把地球變成自由、平等、彼此友愛地
聯合起來的各民族的一個大家庭的居處」因此，雖然國際聯盟的現
狀不能令人滿意，「但是正如對待國家或議會的態度那樣……要激
勵無產階級十分有力地去支持那些旨在加強國際聯盟和使國際聯盟
的組織更為合理的一切努力」。參見〔德〕考茨基：《國際問題和
社會民主黨》，第九章；〔德〕考茨基：《社會主義者和戰爭》，第
四編第七章第八節。

〔505〕參見《關於國際聯盟問題的決議》，載〔蘇聯〕布拉斯拉夫斯基編：
《第一國際第二國際歷史資料》，新莫斯科出版社 1926 年版，第

243 號文件。

〔506〕社會帝國主義者在伯爾尼通過的這項決議同帝國主義者在巴黎通過的《國際聯盟盟約》第 22 條，從內容到用詞，都是互相呼應的。該盟約明文規定：許多殖民地國家「其居民尚不克自立」，因而國際聯盟應當「以此種人民之保佐委諸……各先進國，該國即以受任統治之資格為聯盟施行此項保佐」參見《國際條約集（1917-1923），世界知識出版社 1961 年版，第 274 頁。

關於「自決水平」問題，考茨基在其晚年著作中也胡謅：許多殖民地已經同宗主國建立了「緊密的經濟關係」，「一旦突然切斷這種關係」，就不可能不給殖民地土著居民「造成重大損失」，甚至會「又淪入東方專制統治的階段」；殖民地、半殖民地人民「無知而且散漫」，還不具備「相當文明」的「前提」，「如果英國人今天撤出印度，這個帝國將完全陷於無政府狀態」。結論是：「不應當立即就讓殖民地的居民自己管理自己！」在他看來，殖民地、半殖民地人民一旦擺脫了西方吸血魔鬼，就肯定活不好、活不了。晚年的考茨基連最後一層的「中派」外衣也脫得精光，乾脆和右派社會帝國主義者穿上連襠褲了。參見〔德〕考茨基：《國防問題和社會民主黨》，第四章；〔德〕考茨基：《社會主義者和戰爭》，第四編第八章第四節。

〔507〕第二國際餘孽們在一九二三年漢堡黑會的決議中更進一步宣布：「為反對關稅保護制……而鬥爭，也是工人階級的一項職責」。參見〔蘇聯〕布拉斯拉夫斯基編：《第一國際第二國際歷史資料》，新莫斯科出版社 1926 年版，第 272 號文件。

〔508〕第二國際餘孽們在一九二五年馬賽黑會的決議中說得更「透澈」國際聯盟內的經濟組織應當「保證在一切國家之間合理分配原料資源，反對高額保護關稅制度和經濟上的民族主義」；殖民地國家的國民經濟「應當置於真正國際性的（？！）機構的控制之下，並受國際聯盟的監督」。考茨基在臨死前一年更為蠻橫無恥地公開聲稱：國際聯盟的任務之一就在於「把某些國家對生存必須的資源和動力的單獨占有轉變為全人類所占有」，「國際聯盟自身應當占有這些場地」參見〔蘇聯〕布拉斯拉夫斯基編：《第一國際第二國際歷史資料》，新莫斯科出版社 1926 年版，第 276 號文件；〔德〕考茨基：《社會主義者和戰爭》，第四編第八章第五節。

〔509〕參見《關於國際聯盟問題的決議》《關於領土問題的決議》《關於東方問題的決議》，載〔蘇聯〕布拉斯拉夫斯基編：《第一國際第二國際歷史資料》，新莫斯科出版社 1926 年版，第 243、244、281號文件。

〔510〕亨利‧邁爾斯‧海德門（1842-1921）英國律師、政論家，英國社會黨創始人和領導人之一，改良主義者。一九〇〇至一九一〇年任第二國際執行局委員。第一次世界大戰期間，成為英國沙文主義者的首腦，露骨地為英國政府的殖民主義，帝國主義政策辯護。敵視十月社會主義革命，並積極贊助對蘇俄進行武裝干涉。

〔511〕〔英〕海德門：《亞洲的覺醒》，卡富爾出版公司 1919 年版，第270 頁。

〔512〕列寧：《政治家的短評》，載《列寧全集》第 30 卷，人民出版社1957 年版，第 327 頁。

〔513〕〔奧〕鮑威爾：《關於東方問題的決議》，載〔蘇聯〕布拉斯拉夫斯基編：《第一國際第二國際歷史資料》，新莫斯科出版社 1926 年版，第 281 號文件。
在這場血口噴人的合唱中，後來考茨基的調門拉得更高。他不但污衊國際馬克思主義者通過「煽動民族矛盾來為世界大戰推波助瀾」，「需要戰爭來作為革命的序幕」，而且誹謗被壓迫民族的反帝革命鬥爭「危害」了世界「和平」，胡說什麼「對於世界和平說來，帝國主義的危害不過是微小的。而東方的民族意圖……的危害看起來還更大」這個維護世界「和平」的「憲兵」公然把苦主誣賴為兇手，好讓真正的兇手逃脫，這正說明他自己是兇手的同謀犯。參見〔德〕考茨基：《國防問題和社會民主黨》，第九章、第十章第三節。

〔514〕魯道夫‧希法亭（1877-1941）經濟學家，德國社會民主黨和第二國際首領之一。一九〇七至一九一五 年擔任該黨中央機關報《前進報》編輯。第一次世界大戰期間，同考茨基一起成為「中派」主義頭子。極力鼓吹「有組織的資本主義」，歌頌資產階級的國家壟斷資本主義，從「理論」上百般粉飾帝國主義制度，同時惡毒攻擊無產階級專政。一九二三年和一九二八年兩度參加資產階級政府內閣，任財政部部長。

〔515〕列寧：《民族和殖民地問題提綱初稿》，載《列寧選集》第 4 卷，

人民出版社 1972 年版，第 272 頁。

〔516〕列寧：《在莫斯科省的縣、鄉、村執行委員會主席會議上的演說》，載《列寧全集》第 31 卷，人民出版社 1958 年版，第 291 頁。

〔517〕列寧：《俄共（布）中央委員會報告（1920 年 3 月 29 日在俄共（布）第九次代表大會上）》，載《列寧選集》第 4 卷，人民出版社 1972 年版，第 160 頁。

〔518〕列寧：《在全俄農村工作幹部第二次會議上的演說》，載《列寧全集》第 31 卷，人民出版社 1958 年版，第 150 頁。

〔519〕列寧：《在全俄礦工第一次代表大會上的講話》，載《列寧全集》第 30 卷，人民出版社 1957 年版，第 454 頁。

〔520〕列寧：《共產國際第二次代表大會》，載《列寧選集》第 4 卷，人民出版社 1972 年版，第 322-323、316-318 頁。

〔521〕同上。

〔522〕列寧：《俄共（布）中央委員會報告（1920 年 3 月 29 日在俄共（布）第九次代表大會上）》，載《列寧選集》第 4 卷，人民出版社 1972 年版，第 160 頁。

〔523〕列寧：《在全俄東部各民族共產黨組織第二次代表大會上的報告》，載《列寧選集》第 4 卷，人民出版社 1972 年版，第 103 頁。

〔524〕列寧：《共產主義運動中的「左派」幼稚病》，載《列寧選集》第 4 卷，人民出版社 1972 年版，第 224 頁。

〔525〕參見列寧：《〈真理報〉創刊十週年紀念》，載《列寧全集》第 33 卷，人民出版社 1957 年版，第 311 頁。

〔526〕列寧：《民族和殖民地問題提綱初稿》，載《列寧選集》第 4 卷，人民出版社 1972 年版，第 274 頁，並參見同卷第 337 頁。

〔527〕同上。

〔528〕同上書，第 274 頁。

〔529〕同上書，第 272 頁。

〔530〕列寧：《加入共產國際的條件》，載《列寧選集》第 4 卷，人民出版社 1972 年版，第 310 頁。

〔531〕列寧：《為戰勝鄧尼金告烏克蘭工農書》，載《列寧選集》第 4 卷，人民出版社 1972 年版，第 148 頁。

〔532〕列寧：《共產國際第二次代表大會》，載《列寧選集》第 4 卷，人民出版社 1972 年版，第 31S 頁。

〔533〕同上書，第 324 頁。

〔534〕同上書，第 318 頁。

〔535〕同上書，第 325 頁。

〔536〕列寧：《民族和殖民地問題提綱初稿》，載《列寧選集》第 4 卷，
人民出版社 1972 年版，第 273 頁。

〔537〕同上書，第 271 頁。

〔538〕列寧：《共產國際第二次代表大會》，載《列寧選集》第 4 卷，人
民出版社 1972 年版，第 333 頁。

〔539〕列寧：《民族和殖民地問題提綱初稿》，載《列寧選集》第 4 卷，
人民出版社 1972 年版，第 271 頁。

〔540〕列寧：《共產國際第二次代表大會》，載《列寧選集》第 4 卷，人
民出版社 1972 年版，第 332-333 頁。

〔541〕參見斯大林：《論列寧主義基礎》，載《斯大林全集》第 6 卷，人
民出版社 1956 年版，第 65-66 頁。

〔542〕參見列寧：《全俄蘇維埃第九次代表大會》，載《列寧全集》第 33
卷，人民出版社 1957 年版，第 123 頁。

〔543〕參見列寧：《在全俄東部各民族共產黨組織第二次代表大會上的報
告》，載《列寧選集》第 4 卷，人民出版社 1972 年版，第 97 頁。

〔544〕列寧：《亞洲的覺醒》，載《列寧全集》第 19 卷，人民出版社 1959
年版，第 68 頁。

〔545〕列寧：《寧肯少些，但要好些》，載《列寧選集》第 4 卷，人民出
版社 1972 年版，第 709 頁。

〔546〕列寧：《在全俄東部各民族共產黨組織第二次代表大會上的報告》，
載《列寧選集》第 4 卷，人民出版社 1972 年版，第 103 頁；列寧
全集》第 33 卷，人民出版社 1957 年版，第 312-313 頁。

〔547〕列寧：《共產國際第三次代表大會》，載《列寧全集》第 32 卷，人
民出版社 1958 年版，第 442、469 頁；《列寧全集》第 31 卷，人民
出版社 1958 年版，第 204 頁；《列寧全集》第 32 卷，人民出版社
1958 年版，第 154 頁；《列寧全集》第 33 卷，人民出版社 1957 年
版，第 312、313 頁。

〔548〕同上。

〔549〕列寧：《在全俄東部各民族共產黨組織第二次代表大會上的報告》，
載《列寧選集》第 4 卷，人民出版社 1972 年版，第 102 頁。

〔550〕列寧：《共產國際第三次代表大會》，載《列寧全集》第 32 卷，人民出版社 1958 年版，第 469、42 頁。

〔551〕參見列寧：《論對馬克思主義的諷刺和「帝國主義經濟主義」》，載《列寧全集》第 23 卷，人民出版社 1958 年版，第 54 頁。

〔552〕列寧：《民族和殖民地問題提綱初稿》，載《列寧選集》第 4 卷，人民出版社 1972 年版，第 272、275 頁。

〔553〕列寧：《落後的歐洲和先進的亞洲》，載《列寧全集》第 19 卷，人民出版社 1959 年版，第 83 頁；《列寧全集》第 23 卷，人民出版社 1958 年版，第 53-54 頁。

〔554〕參見列寧：《在全俄東部各民族共產黨組織第二次代表大會上的報告》，載《列寧選集》第 4 卷，人民出版社 1972 年版，第 105、95 頁。

〔555〕同上書，第 105 頁。

〔556〕列寧：《共產國際第二次代表大會》，載《列寧全集》第 31 卷，人民出版社 1958 年版，第 238 頁。

〔557〕參見列寧：《關於共產國際第二次代表大會的基本任務的提綱》，載《列寧選集》第 4 卷，人民出版社 1972 年版，第 300 頁；《列寧全集》第 13 卷，人民出版社 1959 年版，第 60-61 頁；《列寧選集》第 22 卷，人民出版社 1958 年版，第 337-338 頁；《列寧選集》第 23 卷，人民出版社 1958 年版，第 104-105 頁；《列寧選集》第 26 卷，人民出版社 1959 年版，第 148-149 頁；《列寧選集》第 28 卷，人民出版社 1956 年版，第 411 頁；《列寧選集》第 31 卷，人民出版社 1958 年版，第 202-203、229 頁。

〔558〕參見列寧：《關於自決問題的爭論總結》，載《列寧全集》第 22 卷，人民出版社 1958 年版，第 336 頁。

〔559〕參見列寧：《在共產國際第三次代表大會上關於俄共的策略的報告提綱》，載《列寧全集》第 32 卷，人民出版社 1992 年版，第 441-442、427 頁；列寧全集》第 31 卷，人民出版社 1958 年版，第 295-296 頁。

〔560〕列寧：《關於戰爭與和平的報告》，載《列寧全集》第 27 卷，人民出版社 1958 年版，第 80 頁。

〔561〕列寧：《民族和殖民地問題提綱初稿》，載《列寧選集》第 4 卷，人民出版社 1972 年版，第 274 頁；《列寧選集》第 3 卷，人民出版

社 1972 年版，第 589 頁。

〔562〕列寧：《加入共產國際的條件》，載《列寧選集》第 4 卷，人民出版社 1972 年版，第 311 頁。

〔563〕同上書，第 308 頁。

〔564〕參見列寧：《全俄工兵代表蘇維埃第二次代表大會》，載《列寧全集》第 26 卷，人民出版社 1959 年版，第 228 頁。

〔565〕參見《人民委員會〈告俄羅斯和東方全體伊斯蘭教勞動人民書〉》《人民委員會關於「土屬阿爾明尼亞」的指令》，載《蘇聯民族政策文件彙編》，中央民族事務委員會參事室，1954 年，第 37、47-48 頁。

〔566〕參見《波斯和俄羅斯蘇維埃聯邦社會主義共和國友好條約》，載《國際條約集（1917-1923）》，世界知識出版社 1961 年版，第 613-620 頁。

〔567〕同上書，第 620-623、632-636 頁。

〔568〕《俄羅斯蘇維埃聯邦社會主義共和國政府對中國政府的宣言（1920 年 9 月 27 日）》。參見《中國近代對外關係史資料選輯》（下卷·第 1 分冊），上海人民出版社 1977 年版，第 18 頁。

〔569〕參見列寧：《馬克思主義和修正主義》，載《列寧全集》第 15 卷，人民出版社 195 9 年版，第 20 頁。

〔570〕尼古拉·伊萬諾維奇·布哈林（1888-1938）一九〇五年加入俄國社會民主工黨（布爾什維克），主要從事宣傳工作。從一九一七年黨的第六次代表大會起任中央委員；十月革命後，歷任中央政治局委員、共產國際執行委員會委員和主席團委員、《真理報》主編等要職。

〔571〕格奧爾基·列奧尼多維奇·皮達可夫（1890-1937）一九一〇年參加俄國社會民主工黨（布爾什維克）十月革命後，曾任俄共（布）中央委員、烏克蘭臨時工農政府主席、蘇俄國家計委副主席等職。

〔572〕參見〔蘇聯〕布哈林、皮達可夫：《關於自決權的提綱》（1915 年 11 月），載〔蘇聯〕甘欽和費舍：《布爾什維克與世界大戰》，倫敦 1940 年英文版，第 219-221 頁。

〔573〕列寧：《社會主義革命和民族自決權》，載《列寧選集》第 2 卷，人民出版社 1972 年版，第 717 頁。

〔574〕列寧：《社會主義革命和民族自決權》，載《列寧選集》第 2 卷，

人民出版社 1972 年版，第 717 頁。

〔575〕列寧：《論正在產生的「帝國主義經濟主義」傾向》，載《列寧全集》第 23 卷，人民出版社 1958 年版，第 4、14 頁。

〔576〕列寧：《答皮·基也夫斯基（尤·皮達可夫）》，載《列寧全集》第 23 卷，人民出版社 1958 年版，第 1S 頁。

〔577〕列寧：《論正在產生的「帝國主義經濟主義」傾向》，載《列寧全集》第 23 卷，人民出版社 1958 年版，第 4 頁。

〔578〕參見〔蘇聯〕布哈林：《在俄共（布）第八次代表大會上關於黨綱的報告》《在俄共（布）第八次代表大會上關於黨綱報告的結論》，載《俄共（布）第八次代表大會·速記記錄》，莫斯科 1959 年俄文版，第 46-48、109-112 頁。

〔579〕題為《論民族自決權》參見《列寧全集》第 23 卷，人民出版社 1958 年版，第 387 頁，註解⑫⑭。

〔580〕按：在一九一七年十月革命勝利之後至一九二二年底成立蘇聯（蘇維埃社會主義共和國聯盟）之前這段時間裡，原沙俄統治下的各民族曾分別組成六個各自獨立的社會主義國家。當時，「俄羅斯蘇維埃聯邦社會主義共和國」和「烏克蘭蘇維埃社會主義共和國」，同其他各共和國一樣，都有各自獨立的中央政權。參見《蘇聯民族政策文件匯編》，中央民族事務委員會參事室，1954 年，第 4、104、244 號文件。

〔581〕葉甫蓋尼·阿列克謝也維奇·普列奧布拉任斯基（1886-1937）一九〇三年參加俄國社會民主工黨（布爾什維克）。十月革命後，歷任俄共（布）中央委員、中央委員會書記、《真理報》編輯等職。

〔582〕〔蘇聯〕普列奧布拉任斯基：《對列寧起草的民族和殖民地問題提綱初稿的評論》，載《蘇共歷史問題》1958 年第 2 期，第 16 頁。另參見《列寧全集》，莫斯科 1963 年俄文第 5 版，第 41 卷，第 513 頁；《共產黨人》1968 年第 5 期，第 39 頁。

〔583〕參見本書第一編第三章第三部分及第四章第二部分中的有關內容。

〔584〕列寧：《關於黨綱的報告》，載《列寧全集》第 29 卷，人民出版社 1956 年版，第 149 頁。

〔585〕列寧：《關於黨綱報告的結論》，載《列寧全集》第 29 卷，人民出版社 1956 年版，第 165-166 頁。

〔586〕列寧：《關於黨綱的報告》，載《列寧全集》第 29 卷，人民出版社

1956 年版，第 146 頁。

〔587〕同上書，第 143 頁。

〔588〕同上書，第 148 頁。

〔589〕列寧：《關於黨綱報告的結論》，載《列寧全集》第 29 卷，人民出版社 1956 年版，第 165-166 頁。

〔590〕列寧：《關於黨綱的報告》，載《列寧全集》第 29 卷，人民出版社 1956 年版，第 146-147 頁。

〔591〕同上書，第 145 頁。

〔592〕同上書，第 145 頁。

〔593〕同上書，第 148 頁。

〔594〕參見列寧：《俄共（布）黨綱草案》，載《列寧全集》第 29 卷，人民出版社 1956 年版，第 103 頁。

〔595〕列寧：《關於黨綱的報告》，載《列寧全集》第 29 卷，人民出版社 1956 年版，第 146 頁。

〔596〕同上書，第 145 頁。

〔597〕列寧：《關於黨綱報告的結論》，載《列寧全集》第 29 卷，人民出版社 1956 年版，第 167 頁；《列寧全集》第 31 卷，人民出版社 1958 年版，第 130 頁。

〔598〕列寧：《民族和殖民地問題提綱初稿》，載《列寧選集》第 4 卷，人民出版社 1972 年版，第 276 頁。

〔599〕列寧：《關於民族或「自治化」問題（續）》，載《列寧全集》第 3S 卷，人民出版社 1959 年版，第 631、629-630 頁。

〔600〕列寧：《關於黨綱報告的結論》，載《列寧全集》第 29 卷，人民出版社 1956 年版，第 167 頁。

〔601〕列寧：《俄共（布）黨綱草案》，載《列寧全集》第 29 卷，人民出版社 1956 年版，第 88 頁。

〔602〕同上書，第 8、102 頁。

〔603〕列寧：《民族和殖民地問題提綱初稿》，載《列寧選集》第 4 卷，人民出版社 1972 年版，第 276 頁。

〔604〕列寧：《關於民族或「自治化」問題（續）》，載《列寧全集》第 36 卷，人民出版社 1959 年版，第 S31 頁。

〔605〕同上書，第 632 頁。

〔606〕列寧：《關於黨綱報告的結論》，載《列寧全集》第 29 卷，人民出

版社 1956 年版，第 167 頁。

〔607〕列寧：《對普列奧布拉任斯基評論的批註》（初次發表於《蘇共歷
史問題》1958 年第 2 期，第 16 頁）。

〔608〕參見《列寧選集》第 4 卷，人民出版社 1972 年版，第 27S 頁。

〔609〕列寧：《關於黨綱的報告》，載《列寧全集》第 29 卷，人民出版社
1956 年版，第 148 頁。

〔610〕同上書，第 145-146 頁。

〔611〕列寧：《對普列奧布拉任斯基評論的批註》（初次發表於《蘇共歷
史問題》，1958 年第 2 期，第 16 頁）。另參見《列寧全集》第 41
卷，莫斯科 1963 年俄文第 5 版，第 513 頁。

〔612〕列寧：《關於黨綱報告約結論》，載《列寧全集》第 29 卷，人民出
版社 1956 年版，第 1S8。

〔613〕列寧：《關於黨綱的報告》，載《列寧全集》第 29 卷，人民出版社
1956 年版，第 148 頁。

〔614〕列寧：《關於黨綱報告的結論》，載《列寧全集》第 29 卷，人民出
版社 1956 年版，第 164 頁。

〔615〕列寧：《關於黨綱的報告》，載《列寧全集》第 29 卷，人民出版社
1956 年版，第 149 頁。

〔616〕列寧：《關於黨綱報告的結論》，載《列寧全集》第 29 卷，人民出
版社 1956 年版，第 1S7 頁。

〔617〕同上書，第 168 頁。

〔618〕據羅易回憶，當時許多與會代表「對於從每一個國家的經濟情況和
政治局勢來分析革命的可能性，看法各有不同。對客觀可能性的不
同估量，產生了對於革命鬥爭的組織方法和策略的互相衝突的意
見」。羅易自稱他同列寧的主要分歧之一在於：「列寧認為民族資
產階級在歷史上能起革命作用，因而應當受到共產黨人的支持。我
是不同意他那種觀點的。」參見羅易：《羅易回憶錄》（第 3 卷），
孟買 1964 年英文版，第 48、9、6 節。

〔619〕羅易是共產國際第二、三、四、五屆代表大會的代表，歷任共產國
際常設的執行委員會候補委員、委員等要職。一九二七年曾以共產
國際專使身分到過中國。回印度後於一九三六年參加了國大黨。

〔620〕〔印度〕羅易：《關於民族和殖民地問題的補充提綱（初稿）》，第
9 條。這份提綱的初稿文本曾保存於蘇共中央馬克思列寧主義研究

院中央黨史檔案館。列寧曾對這份初稿進行過多處原則性的修改和訂正。之後又經共產國際第二次代表大會專設的在列寧直接領導下開展工作的民族和殖民地問題委員會多次討論、修改。代表大會最終正式通過的《關於民族和殖民地問題的補充提綱》，是這份文件的第九稿。它和初稿比較起來，早已「面目全非」──煥然一新了。參見《列寧全集》第41卷，莫斯科1963年俄文第5版，第473頁；《共產國際第二次代表大會（記錄）》，莫斯科1934年俄文版，第105、96-499頁。

〔621〕〔印度〕羅易：《印度革命黨宣言──告英國無產階級書》，載俄文《民族生活報》1920年7月25日，第1-2頁。

〔622〕參見〔印度〕羅易：《關於民族和殖民地問題的補充提綱（初稿）》，第7、10條；〔印度〕羅易：《在民族和殖民地問題委員會中的發言》，載《共產國際第二次代表大會公報》1920年7月27日，第1-2頁。

〔623〕參見〔印度〕羅易：關於民族和殖民地問題的補充提綱（初稿），第10條。

〔624〕同上書，第11條。

〔625〕同上書，第7條。

〔626〕〔印度〕羅易：《在民族和殖民地問題委員會中的發言》，載《共產國際第二次代表大會公報》1920年7月27日，第1-2頁。

〔627〕〔印度〕羅易：《在民族和殖民地問題委員會中的發言》，載《共產國際第二次代表大會公報》1920年7月27日第1-2頁。

〔628〕參見〔波斯〕蘇爾坦-扎德：《在共產國際第二次代表大會第五次全體會議上的發言（1920年7月28日）》載《共產國際第二次代表大會（記錄）》，莫斯科1934年俄文版，第118-120頁；《民族生活報》1920年8月1日，第2頁。
就在蘇爾坦扎德提出上述主張的同時，波斯共產黨的其他領導人阿布科夫等在參加一九二〇年著名的吉蘭反英起義取得初步勝利，建立了吉蘭共和國，組成了反帝反封建的革命統一戰線政權之後，立即開始從事如蘇爾坦扎德所鼓吹的「純粹共產主義運動」的實踐，他們提出了社會主義革命的口號，並在吉蘭共和國轄區內任意徵用和沒收小地主、商人和手工業者的財產，排擠和逮捕資產階級代表人物。於是資產階級、小地主以及受他們影響的農民和手工業者紛

紛退出革命隊伍，統一戰線遂告瓦解，共產黨人陷於孤立，終於招致了民族民主革命的失敗。參見〔蘇聯〕伊凡諾夫：《伊朗史綱》，李希沁等譯，三聯書店 1973 年版，第 386-392 頁。

〔629〕扎欽托·梅諾蒂·塞拉蒂（1872-1926），義大利社會黨領導人之一。一九一五至一九二三年義大利社會黨中央機關報《前進報》主編。第一次世界大戰期間持國際主義立場，參加過齊美爾瓦爾德和昆塔爾代表會議。共產國際成立後，主張義大利社會黨加入共產國際，曾率領義大利社會黨左派代表團參加共產國際第二次代表大會。一九二四年以「第三國際派」名義加入義大利共產黨。

〔630〕〔意〕塞拉蒂：《在共產國際第二次代表大會第五次全體會議上的發言（1920 年 7 月 28 日）》，載《共產國際第二次代表大會（記錄）》，莫斯科 1934 年俄文版，第 155 頁。

〔631〕亨裡克·馬林（1883-1942）原為荷蘭社會民主黨人一九一三至一九一九年住在爪哇，加入爪哇共產黨和荷蘭共產黨。共產國際二大代表。一九二一至一九二三年首任共產國際執行委員會派駐遠東地區的代表，住在中國。

〔632〕〔荷〕馬林：《在共產國際第二次代表大會第五次全體會議上的發言（1920 年 7 月 28 日）》，載《共產國際第二次代表大會（記錄）》，莫斯科 1934 年俄文版，第 138 頁。

〔633〕列寧：《關於民族和殖民地問題初稿》，載《列寧選集》第 4 卷，人民出版社 1972 年版，第 270 頁；《列寧全集》第 41 卷，莫斯科 1963 年俄文第 5 版，第 513 頁，第 82 條註解。

〔634〕參見〔印度〕羅易：《羅易回憶錄》（第 3 卷），孟買 1964 年英文版，第 45、51 節。

〔635〕《列寧全集》第 51 卷，莫斯科 1965 年俄文第 5 版，第 244 頁。

〔636〕參見列寧：《論民族自決權》《卡爾·馬克思》，載《列寧選集》第 2 卷，人民出版社 1972 年版，第 512、602 頁。

〔637〕列寧：《對阿·蘇爾坦-扎德關於東方社會革命前途的報告的批註》，載《列寧全集》第 41 卷，莫斯科 1963 年俄文第 5 版，第 457 頁。

〔638〕參見列寧：《在全俄東部各民族共產黨組織第二次代表大會上的報告》《共產主義運動中的「左派」幼稚病》，載《列寧選集》第 4 卷，人民出版社 1972 年版，第 104、246 頁。

〔639〕參見列寧：《在全俄東部各民族共產黨組織第二次代表大會上的報告》，載《列寧選集》第4卷，人民出版社1972年版，第105頁。

〔640〕參見列寧：《共產國際第二次代表大會》，載《列寧選集》第4卷，人民出版社1972年版，第335頁。

〔641〕參見列寧：《在全俄東部各民族共產黨組織第二次代表大會上的報告》，載《列寧選集》第4卷，人民出版社1972年版，第104頁。

〔642〕參見列寧：《共產國際第二次代表大會》，載《列寧選集》第4卷，人民出版社1972年版，第335頁。

〔643〕列寧：《在全俄東部各民族共產黨組織第二次代表大會上的報告》，載《列寧選集》第4卷，人民出版社1972年版，第104頁。

〔644〕列寧：《在全俄東部各民族共產黨組織第二次代表大會上的報告》，載《列寧選集》第4卷，人民出版社1972年版，第102頁。

〔645〕參見列寧：《關於自決問題的爭論總結》，載《列寧全集》第22卷，人民出版社1958年版，第335-334頁。

〔646〕關於列寧發言的這段簡略記載，見於《共產國際第二次代表大會公報》1920年7月27日，第2頁。

〔647〕「阿拉特」係蒙語音譯，意指革命前受封建主壓迫剝削最重的貧苦牧民。

〔648〕列寧：《同蒙古人民共和國代表團的談話》，載《列寧全集》第42卷，人民出版社1987年版，第256頁。

〔649〕列寧：《偉大的創舉》，載《列寧選集》第4卷，人民出版社1972年版，第8、7頁。

〔650〕參見列寧：《民族和殖民地問題委員會的報告》，載《列寧選集》第4卷，人民出版社1972年版，第335頁。

〔651〕同上書，第336頁。

〔652〕參見列寧：《在全俄東部各民族共產黨組織第二次代表大會上的報告》《民族和殖民地問題委員會的報告》，載《列寧選集》第4卷，人民出版社1972年版，第104、105頁，另參見同卷第335頁。

〔653〕列寧：《民族和殖民地問題提綱初稿》，載《列寧選集》第4卷，人民出版社1972年版，第275頁，另參見同卷第104頁。

〔654〕列寧：《共產國際第二次代表大會》，載《列寧選集》第4卷，人民出版社1972年版，第335頁，另參見同卷第275頁。

〔655〕參見同上書，第334頁。

〔656〕列寧：《共產主義運動中的「左派」幼稚病》，載《列寧選集》第 4 卷，人民出版社 1972 年版，第 225 頁。

列寧這部在國際共運中負有盛名的論著，以單行本形式發表於一九二〇年共產國際第二次代表大會召開前夕，並曾分送給各與會代表閱讀。據羅易事後回憶，這部批評「左派」幼稚病（包括輕視甚至排斥革命同盟者的問題）的名著中所闡述的基本觀點，曾經是代表們普遍關心和爭論得「最激昂慷慨的」中心問題之一。參見《列寧選集》第 4 卷，人民出版社 1972 年版，第 268-269 頁；〔印度〕羅易：《羅易回憶錄》（第 3 卷），孟買 1964 年英文版，第 50 節。

〔657〕參見《列寧選集》第 2 卷，人民出版社 1972 年版，第 508、521、524 頁。

〔658〕參見《列寧全集》第 22 卷，人民出版社 1958 年版，第 303-305 頁；《列寧全集》第 23 卷，人民出版社 1958 年版，第 198 頁；《列寧全集》第 35 卷，人民出版社 1959 年版，第 239、255-257 頁。

〔659〕列寧：《論對馬克思主義的諷刺和「帝國主義經濟主義」》，載《列寧全集》第 23 卷，人民出版社 1958 年版，第 55 頁；《列寧全集》第 22 卷，人民出版社 1958 年版，第 142 頁。

〔660〕列寧：《馬克思主義和修正主義》，載《列寧全集》第 15 卷，人民出版社 1959 年版，第 19 頁；《列寧全集》第 6 卷，人民出版社 1959 年版，第 420 頁。

〔661〕參見列寧：《論民族自決權》，載《列寧選集》第 2 卷，人民出版社 1972 年版，第 521-523 頁。

〔662〕列寧：《中國的民主主義和民粹主義》，載《列寧選集》第 2 卷，人民出版社 1972 年版，第 425 頁。

〔663〕列寧：《落後的歐洲和先進的亞洲》，載《列寧全集》第 19 卷，人民出版社 1959 年版，第 82 頁。

〔664〕列寧：《中國的民主主義和民粹主義》，載《列寧選集》第 2 卷，人民出版社 1972 年版，第 425 頁。

〔665〕列寧：《中國的民主主義和民粹主義》，載《列寧選集》第 2 卷，人民出版社 1972 年版，第 428、425、450 頁。

〔666〕列寧：《落後的歐洲和先進的亞洲》，載《列寧全集》第 19 卷，人民出版社 1959 年版，第 83 頁。

〔667〕根據共產國際二大所設「民族和殖民地問題委員會」秘書馬林向與

會全體代表所作的匯報，該委員會在列寧主持下初步決定：（1）《民族和殖民地問題提綱初稿》第 6 條與第 11 條第 1 段中的「資產階級民主解放運動」改為「革命的解放運動」；（2）第 11 條第 5 段中的「資產階級民族民主運動」改為「革命運動」。這些修改連同其他一些文字修改都經代表大會審查通過。參見《共產國際第二次代表大會（記錄）》，莫斯科 1934 年俄文版，第 104、492、494、495 頁；《列寧選集》第 4 卷，人民出版社 1972 年版，第 272、274-275、334 頁。

〔668〕參見列寧：《共產國際第二次代表大會》，載《列寧選集》第 4 卷，人民出版社 1972 年版，第 334-335 頁。

〔669〕參見《列寧全集》第 20 卷，人民出版社 1958 年版，第 9、409-412 頁。

〔670〕參見《列寧全集》第 20 卷，人民出版社 1958 年版，第 412、415、454 頁。另參見《列寧全集》第 36 卷，人民出版社 1959 年版，第 S31 頁。

〔671〕參見《列寧全集》第 31 卷，人民出版社 1958 年版，第 130 頁；列寧全集》第 36 卷，人民出版社 1959 年版，第 628-632 頁。

〔672〕參見《列寧全集》第 20 卷，人民出版社 1958 年版，第 412 頁；《列寧全集》第 22 卷，人民出版社 1958 年版，第 352 頁；《列寧全集》第 30 卷，人民出版社 1957 年版，第 138 頁。

〔673〕參見列寧：《寧肯少些，但要好些》，載《列寧選集》第 4 卷，人民出版社 1972 年版，第 710 頁。

〔674〕列寧：《在全俄東部各民族共產黨組織第二次代表大會上的報告》，載《列寧選集》第 4 卷，人民出版社 1972 年版，第 105 頁。

〔675〕列寧：《民族和殖民地問題提綱初稿》，載《列寧選集》第 4 卷，人民出版社 1972 年版，第 275、334 頁。

〔676〕馬克思：《資本論》，載《馬克思恩格斯全集》第 23 卷，人民出版社 1972 年版，第 11 頁。

〔677〕恩格斯：《〈論俄國的社會問題〉跋》，載《馬克思恩格斯全集》第 22 卷，人民出版社 1975 年版，第 502 頁。

〔678〕〔荷〕萬-科爾：《殖民政策和社會民主黨》，載〔蘇聯〕布拉斯拉夫斯基編：第一國際第二國際歷史資料》，新莫斯科出版社 1927 年版，第 178 號文件。

〔679〕同上。

〔680〕〔德〕大衛：《在斯圖加特代表大會上的發言》，載《社會民主黨斯圖加特代表大會會議記錄》，柏林前進書店 1907 年版，第 30-31 頁。

〔681〕參見列寧：《論對馬克思主義的諷刺和「帝國主義經濟主義」》，載《列寧全集》第 23 卷，人民出版社 1958 年版，第 64-65 頁；《列寧全集》第 29 卷，人民出版社 1956 年版，第 168 頁；《列寧全集》第 31 卷，人民出版社 1958 年版，第 73-74 頁。

〔682〕列寧：《共產國際第二次代表大會》，載《列寧選集》第 4 卷，人民出版社 1972 年版，第 336 頁。

〔683〕同上。

〔684〕參見列寧：《社會主義革命和民族自決權》，載《列寧選集》第 2 卷，人民出版社 1972 年版，第 721 頁。

〔685〕列寧：《民族和殖民地問題提綱初稿》，載《列寧選集》第 4 卷，人民出版社 1972 年版，第 275 頁。

〔686〕列寧：《民族和殖民地問題提綱初稿》，載《列寧選集》第 4 卷，人民出版社 1972 年版，第 275 頁。在共產國際第二次代表大會正式通過的《民族和殖民地問題決議》裡，列寧所擬初稿中此處的「資產階級民主解放思潮」數字已更改為「並非真正共產主義的革命解放思潮」。參見《共產國際二次代表大會（記錄）》，莫斯科 1934 年俄文版，第 495 頁。

〔687〕列寧：《馬克思學說的歷史命運》，載《列寧選集》第 2 卷，人民出版社 1972 年版，第 438、40 頁。

〔688〕列寧：《共產國際第二次代表大會》，載《列寧選集》第 4 卷，人民出版社 1972 年版，第 332 頁。

〔689〕在有表決權的一百六十九名代表中，僅塞拉蒂等三人在投票時棄權，無人反對。連當時曾同列寧爭論的主要對手羅易本人也投票贊成列寧的基本觀點（後來羅易出爾反爾，又背離了這些基本觀點）。參見《共產國際第二次代表大會（記錄）》，莫斯科 1934 年俄文版，第 155、161、625 頁。

〔690〕列寧：《在俄共（布）莫斯科組織積極分子大會上的演說》，載《列寧全集》第 31 卷，人民出版社 1958 年版，第 412 頁。

〔691〕同上書，第 412-413 頁。

〔692〕列寧：《共產國際第二次代表大會》，載《列寧選集》第 4 卷，人民出版社 1972 年版，第 330 頁。

〔693〕參見列寧：《立憲會議選舉和無產階級專政》，載《列寧全集》第 30 卷，人民出版社 1957 年版，第 239 頁。

〔694〕列寧：《關於民族或「自治化」問題》，載《列寧全集》第 36 卷，人民出版社 1959 年版，第 629 頁。

〔695〕列寧：《關於反對大國沙文主義給政治局的便箋》，載《列寧全集》第 33 卷，人民出版社 1957 年版，第 334 頁；聯共（布）中央馬恩列學院編：《列寧生平事業簡史》，新華書店 1949 年版，第 405、411 頁。
此處列寧原話中的「Великорусскому шовинизму」一詞，應譯為「大俄羅斯沙文主義」。《列寧全集》中文版第 33 卷第 334 頁譯為「大國沙文主義」，似不準確。現據《列寧全集》俄文第 4 版第 33 卷第 335 頁原文改譯。

〔696〕列寧：《寧肯少些，但要好些》，載《列寧選集》第 4 卷，人民出版社 1972 年版，第 710 頁；《列寧全集》第 32 卷，人民出版社 1958 年版，第 442、469 頁。

第十七章

論經濟主權原則是當代國際經濟法首要的基本規範

↘ 內容提要

　　國際經濟法的基本規範或基本原則，指的是貫穿於調整國際經濟關係的各類法律規範之中的主要精神和指導思想。國際經濟法的基本原則需獲得眾多主權國家的共同認可和普遍贊同。在最近六十多年來的「南北矛盾」和「南北合作」進程中逐步形成了國際經濟法的若干基本原則，其中經濟主權原則乃是首屈一指的根本。本文分析了經濟主權原則的提出背景，具體闡述經濟主權原則的基本內容及其形成過程。全文強調：一九七四年兩次聯合國大會先後通過的《建立國際經濟新秩序宣言》和《各國經濟權利和義務憲章》，是獲得眾多主權國家共同認可和普遍贊同的綱領性的法律文獻，享有國際權威，其中對各國享有的經濟主權的主要內容，作出了明確的規定，主要包括如下五個方面：（一）各國對本國內部以及本國涉外的一切經濟事務享有完全、充分的獨立自主權利；（二）各國對境內一切自然資源享有永久主權；（三）各國對境內的外國投資以及跨國公司的活動享有管理監督權；（四）各國對境內的外國資產有權收歸國有或徵用；（五）各國對世界性經貿大政享有平等的參與權和決策權。

↘ **目次**

　　國際經濟法的基本原則，指的是貫穿於調整國際經濟關係的各類法律規範之中的主要精神和指導思想，指的是這些法律規範的基礎和核心。

　　如前所述，國際經濟法規範是由國際公法、國際私法、國際商務慣例以及各國涉外經濟法、民商法等互相交叉滲透而形成的多門類、跨學科的邊緣性綜合體，因此，從整體上說，貫穿於國際經濟法各類規範中的基本原則，既不是只由單一主權國家通過國內立法獨自加以制定的，也不是只由少數幾個主權國家通過國際條約聯合加以確認。此外，在社會經濟制度各異、形形色色主權國家林立的當代國際社會中，更不可能也不應該如某些學者所鼓吹的那樣，組成凌駕於各個主權國家之上的具有什麼「聯合主權」的「國際政府」或「世界政府」，尤其「立法機構」去制定

統一的「跨國法」和統一的國際經濟法基本原則。

在調整國際經濟關係過程中，某些最基本的行為規範和行動準則，只有獲得國際社會廣大成員即眾多主權國家的共同認可和普遍贊同，才能逐漸形成為國際經濟法的基本原則。

一、南北矛盾與國際經濟法基本原則的演進

隨著歷史和時代的演進，國際社會成員即主權國家的數量和結構發生了重大的變化，處境不同、利益相異的各類國家之間的力量對比發生了重大的變化，相應地，能夠獲得國際社會廣大成員即眾多主權國家共同認可和普遍贊同的國際經濟法的基本原則，也必然會有重大的變化、更新和發展。

就國際經濟法中所包含的在經濟領域方面的國際公法而言，第二次世界大戰結束以前，被承認為國際公法主體、有權參加創立和制定國際公法行為規範和行動準則的國家，只有區區四十多個。世界上大部分地區當時都還是殖民地、附屬國，受著殖民主義國家、宗主國的統治和壓迫，從而根本沒有參加制定或創立國際公法規範和準則的權力和機會。在長達二三百年的歷史時期中，制定或創立國際公法規範和準則的權力，成為歐美列強的「專利」和特權。由此而產生的傳統的國際公法規範和準則，就勢必在許多方面強烈地體現了列強的既得利益，充滿了殖民主義和強權政治的色彩。

就國際經濟法中所包含的各國涉外經濟法、民商法而言，第二次世界大戰結束以前處在殖民地、附屬國地位的眾多弱小民

族，或者根本沒有立法權，或者只有形式上的立法權，實際上只能直接採用或簡單「移植」殖民主義國家、宗主國的涉外經濟法、民商法。

第二次世界大戰結束以後數十年來，被壓迫弱小民族的反殖民主義鬥爭陸續勝利，眾多新主權國家相繼興起，逐漸形成了發展中國家聚合的第三世界。作為主權國家，它們上升為國際公法的主體，成為國際公法上各種權利的享受者和各種義務的承擔者，而且是制定國際公法上各種行為規範和行動準則的積極參加者和全權創立者。換句話說，基於國際社會的內部結構和力量對比產生了重大和深刻的變化，制定或創立國際公法規範和準則已不再是西方「文明」國家即歐美列強壟斷的特權，而是國際社會全體成員即所有主權國家的共同任務了。

與此同時，眾多第三世界發展中國家，作為新興的主權國家，開始有了獨立的國內立法權，可以根據本民族的利益和意志自主地制定出本國的涉外經濟法、民商法，用以調整本國境內的涉外經濟關係。

各發展中國家儘管在社會經濟制度、政治傾向和意識形態等方面存在著這樣那樣的差異，但它們有著受壓迫、被剝削的共同屈辱歷史，有著通過艱苦奮鬥掙脫殖民枷鎖、獲得獨立自主的共同鬥爭經歷，有著政治上仍然被歧視、經濟上不發達、科技上很落後、在國際財富分配上仍受不公平待遇的共同現實處境，因而有著徹底改變這種現狀的共同願望和強烈要求。

特別值得注意的是：近六十多年來，世界經濟全球化的趨勢日益加速發展，它使各國經濟的互相依存、互相影響日益強化和

不斷加深。但是，迄今為止，經濟全球化趨勢是在不公正、不合理的國際經濟舊秩序沒有根本改變的情況下發生和發展的，因而勢必繼續加大窮國與富國的發展差距。根本的出路在於努力推動建立公正合理的國際經濟新秩序，以利於各國共同發展。

為了實現改變不公平、不合理現狀的共同奮鬥目標，第三世界各國在參加制定或各自制定各類國際經濟法行為規範和行動準則的過程中，總是力爭除舊布新、破舊立新：對於傳統國際經濟法的各種行為規範和行動準則，要求加以全面的、逐一的檢查和審查，凡是符合於改造國際經濟舊秩序、建立國際經濟新秩序需要的，就加以沿用、重申或強調；凡是違反這種需要的，就加以改訂、廢棄或破除。

第三世界發展中國家的這種要求和努力，當然會遇到來自發達國家的各種阻力和障礙。因此，在當代國際經濟法基本規範或基本原則更新發展的全過程中，始終貫穿著強權國家保護既得利益、維護國際經濟舊秩序與貧弱國家爭取平權地位、建立國際經濟新秩序的矛盾和鬥爭。這種矛盾鬥爭，乃是當代世界性「南北矛盾」鬥爭的主要內容。

由於世界經濟全球化的發展，發展中國家與發達國家之間既有互相矛盾、互相鬥爭的一面，又有互相依存、互相合作的一面。因此，每一個回合的「南北矛盾」鬥爭，往往以雙方的妥協以及國際經濟秩序在某種程度上的除舊布新而告終。妥協之後經過一段期間，又在新的條件下產生新的鬥爭。如此循環往復，螺旋式上升，逐步形成基本上適合於新時代潮流和符合新歷史需要的國際經濟法基本規範或基本原則，獲得國際社會廣大成員即眾

多主權國家的共同認可和普遍贊同。當然，也應當看到，其中有些認可和贊同，是勉強的、非完全自願的。因此，又孕育著新的矛盾和新的鬥爭。

在最近六年來「南北矛盾」鬥爭中逐步形成的國際經濟法基本規範或基本原則，可以大體上歸納為經濟主權原則、公平互利原則、全球合作原則以及有約必守原則等四個方面，其中的經濟主權原則，乃是當代國際經濟法中首要的、最基本的原則和規範。

二、經濟主權原則的提出

主權原則一直是國際公法中最基本的原則。在不同類型的國家林立並存、強權政治仍然時隱時現的現代國際社會中，主權仍然是獨立國家最寶貴的屬性。眾多現代國家，特別是掙脫殖民主義枷鎖後爭得獨立的眾多發展中國家，面臨的現實問題是如何維護主權而不是削弱或限制主權。超級大國有些學者鼓吹「聯合主權」論，其潛臺詞是「聯合起來，由我主宰」；有些學者鼓吹「主權有限」論，其歇後語是「限你不限我，你有限而我無限」；有些學者鼓吹「主權弱化」論，其真心話則是「你弱化，我強化，你聽命於我」。歸根到底，都是為霸權主義、弱肉強食和侵略擴張製造理論根據。

國家享有主權，意味著它有權獨立自主，也意味著它在國際社會中享有平等地位，不俯首聽命於任何其他強權國家。第三世界諸弱小民族，通過長期艱苦的鬥爭，才爭得主權國家的地位，

得來不易，當然備加珍惜。它們從事國際交往活動的基點和中心，都在於鞏固和維護自己的主權。因為，只有堅持主權，才能保障獨立自主，在國際社會中享有平等地位，獲得應有的權益；才能清除殖民主義殘餘，徹底擺脫壓迫和剝削；才能避免和防止重新陷於被壓迫、被剝削的境地。

在多年的鬥爭實踐中，第三世界各國極其強調和堅持主權原則，不僅使這個原則得到鞏固，而且使它獲得重要的發展。最值得注意的是，它們所強調和堅持的國家主權，已經不侷限於傳統的政治方面，而且強有力地、相當突出地擴展到經濟方面，把「經濟主權」這一概念和原則，與固有的「政治主權」概念和原則相提並論，促使它在國際社會中獲得日益廣泛的共同認可和普遍贊同，從而日益被確立為國際經濟法中最基本的行為規範和行動準則。

本來，國家主權是一個含義相當廣泛的概念，既包括國家在政治上的獨立自主，也包括國家在經濟、社會以及文化等諸方面的獨立自主，即既包括政治主權，也包括經濟主權、社會主權以及文化主權等。主權國家對於本國領土上的一切人和物，除國際法上規定的少數例外，都享有排他的管轄權，這已是現代國際社會的共識和常識，為舉世所公認、所周知。據此，經濟主權指的就是國家在本國內部和本國對外的一切經濟事務上，都享有獨立自主之權，當家做主之權。從而，主權國家有權完全獨立自主地選擇本國的經濟制度，不受任何外來干涉；有權完全獨立自主地控制和處置本國境內的一切自然資源；有權完全獨立自主地管理和監督本國境內的一切經濟活動；有權完全獨立自主地以平等主

體的法律地位參與世界性經濟事務（即國際經貿大政）的決策，所有這些，本來都是「主權」這一總體概念的題中應有之義。

但是，數十年來，眾多發展中國家卻在各種國際場合一再強調和堅持自己在上述經濟領域方面享有獨立自主權利，鮮明地、突出地提出了經濟主權的概念和原則，並為維護自己的經濟主權而大聲疾呼，不懈奮鬥，要求和促使國際社會予以確認，這是有其特定的歷史原因和現實原因的。

從歷史上看，大多數發展中國家在第二次世界大戰結束以前都處在殖民地的地位，受到異國殖民主義者的直接統治，境內的各種自然資源以及有關的經濟命脈，都為殖民主義國家資產者及其公司所壟斷或操縱。殖民地人民處在完全無權的地位。在傳統的國際法觀念中，殖民地不是擁有主權的政治實體，既無政治主權，更無經濟主權。還有一些發展中國家在第二次世界大戰結束以前名義上是獨立國家，但實際上處在半殖民地的地位，受到殖民主義列強的間接統治，境內的自然資源以及有關的經濟命脈，也大多數被外商壟斷或控制。它們雖具有形式上的政治獨立，但其政治主權和經濟主權都是嚴重殘缺不全的。

第二次世界大戰結束後，全球殖民地、半殖民地眾多被壓迫弱小民族相繼掙脫了殖民枷鎖，爭得了民族解放和國家獨立，享有政治上的獨立自主權。但是，作為取得政治獨立的條件，它們在獨立之際往往被迫簽訂條約或協定，同意保留原殖民統治者或宗主國在當地的許多既得權益和特惠待遇。因此，許多新興的發展中國家在取得政治獨立之後相當長的時期裡，境內的重要自然資源及有關的經濟命脈仍然在不同程度上受到發達國家殖民主義

勢力的控制；舊日的經濟結構雖然有所改變，但遠未根本改變，因而在經濟上仍然遭受著發達國家殖民主義勢力的盤剝和搾取，甚至仍然處在從屬和附庸的地位。從實質上說，在這裡，政治獨立與經濟獨立，政治主權與經濟主權，被人為地割裂開來了。

誠然，發展中國家的政治獨立和政治主權，是得來不易，極其可貴的，它為弱小民族進一步爭得經濟獨立和經濟主權，創造了必備的先決條件。但是，實踐證明：如果不緊接著奮力盡快爭得經濟獨立和經濟主權，那麼，歸根結底，政治獨立和政治主權就有名無實，形同畫餅；有朝一日，勢必得而復失，蕩然無存。簡言之，第三世界眾多發展中國家從實踐中深刻地認識到：經濟主權和政治主權是密不可分的，政治主權是經濟主權的前提，經濟主權是政治主權的保障。因此，它們堅持不懈地要求和促使整個國際社會鮮明地確認各國享有獨立的經濟主權，特別是各國對本國境內自然資源享有永久主權。這種堅持不懈的努力，實質上是全世界弱小民族反殖民主義鬥爭的必要繼續和必然發展。

三、經濟主權原則的形成過程及其基本內容

經濟主權原則是國際經濟法中的首要基本規範。

一九七四年十二月十二日，聯合國大會第二十九屆會議以壓倒性多數，通過了《各國經濟權利和義務憲章》（以下簡稱《憲章》）這一綱領性、法典性文件。它明確地記載和鮮明地肯定了第三世界眾多發展中國家數十年來關於建立國際經濟新秩序的各項基本要求，其中包括它們為之奮鬥多年的關於確認和維護各國

經濟主權的正義主張。

《憲章》第一條明文規定：「每一個國家都享有獨立自主和不容剝奪的權利，可以根據本國人民的意願，不僅選擇本國的政治、社會和文化制度，而且選擇本國的經濟制度，不受任何形式的外來干涉、壓制和威脅。」《憲章》第二條進一步規定：「每個國家對本國的全部財富、自然資源以及全部經濟活動，都享有並且可以自由行使完整的、永久的主權，其中包括占有、使用和處置的權利。」《憲章》第十條又進一步規定：各國在法律上一律平等，並且作為國際社會的平等成員，有權充分地和切實有效地參加解決世界性的經濟、財政金融以及貨幣等重要問題的國際決策過程；特別是有權通過相應的國際組織，並遵循這些組織的現行規章或逐步改善中的規章，參加這種決策過程，並且公平地分享由此而來的各種效益。」可以認為，這三條規定，把發展中國家所極力強調的經濟主權原則，作了高度的概括和「濃縮」體現了當代國家經濟主權原則最基本的本質內容：其中，第一條突出地強調了各國在經濟制度總體上的獨立自主權利，即經濟主權；第二條概括了經濟主權在本國境內的主要體現，即不僅對本國境內的一切財富、一切自然資源享有完整的永久主權，而且對本國境內的一切經濟活動享有完整的永久主權；第十條則著重強調了本國在國際社會中平等地參與世界性經濟事務決策（即國際經貿大政）的權利，即在世界性經濟事務上享有完全平等的決策權。

在一個具有綱領性、法典性的國際權威文獻中，對各國享有的「經濟主權」的內容作出範圍如此廣泛的明確規定，這是眾多

發展中國家多年來共同奮鬥的重大成果。

　　早在一九五二年一月，聯合國大會第 6 屆會議就通過了第 523（Ⅵ）號決議，即《關於經濟發展與通商協定的決議》，率先肯定和承認各國人民享有經濟上的自決權。這種規定雖然比較抽象和空泛，但畢竟是個良好的開端，具有重要意義。

　　一九五二年十二月，聯合國大會第七屆會議通過了第 626（Ⅶ）號決議，即《關於自由開發自然財富和自然資源的權利的決議》，開始把自然資源問題與國家主權問題聯繫起來，明文規定：「各國人民自由地利用和開發其自然財富和自然資源的權利，乃是他們的主權所固有的一項內容。」作為聯合國大會的一般決議，此項決議的實際意義當時並未引起人們重視。時隔半年多，它就開始顯現出作為一種法律文獻的實際效果：一九五三年九月日本東京高等法院以及一九五四年九月義大利羅馬民事法院先後就「英伊石油公司」國有化問題發表法律見解時，就都援引聯合國的此項決議，作為一種法理根據，論證東道國伊朗對英資「英伊石油公司」採取國有化措施是一項合法的行為。這就使人們對聯合國的此類決議開始刮目相看。

　　此後，南北兩方（即發展中國家與發達國家）在聯合國內外又經過整整十年的磋商、談判和論戰，一九六二年十二月在聯合國大會第十七屆會議上通過了第 1803（ⅩⅦ）號決議，即《關於自然資源永久主權的宣言》（以下簡稱《永久主權宣言》），正式確立了各國對本國境內的自然資源享有永久主權的基本原則。這是發展中國家維護本國經濟主權、爭取經濟獨立的重大成果。但是，由於當時在聯合國內外南北兩個營壘的力量對比上，雙方處

在相持不下的狀態，所以在各國對本國自然資源實行國有化或徵收問題上，《永久主權宣言》雖然基本肯定了各國有權採取此類措施，但又設定了若干限制，而且有關的規定含有調和妥協、模稜兩可的重大缺陷，下文將另作分析〔參見本文第三部分之（四）〕。

眾多發展中國家為了進一步維護自己的經濟主權，當然不能就此止步。此後，南北兩方又經過十餘年的磋商、談判和論戰，導致一九七四年五月聯合國大會第六屆特別會議通過了第 3201（S-VI）號和 3202（S-VI）號決議，即《建立國際經濟新秩序宣言》（以下簡稱《宣言》）和《建立國際經濟新秩序行動綱領》（以下簡稱《綱領》）；緊接著，同年十二月聯合國大會第二十九屆會議又進一步通過了第 3281（XXIX）號決議，即《憲章》。這些綱領性的法律文獻，從全世界國際經濟秩序實行重大變革和除舊布新的全局上，從作為調整全球國際經濟關係的「根本大法」（憲章）的高度上，以更加鮮明的文字，不但再次確認和強調了各國對本國境內的全部自然資源享有完整和永久的主權，而且確認和強調各國對本國境內的一切經濟活動也享有完整的和永久的主權。同時，刪除了前述《永久主權宣言》中關於國有化問題的無理限制規定和含混模稜之處，這就使發展中國家多年來力爭的經濟獨立和經濟主權，上升到更高的層次，包含了更廣的內容。《宣言》《綱領》和《憲章》的通過，是眾多發展中國家在第二次大戰結束後三十餘年來協力奮鬥的一次重大突破，也是國際經濟秩序破舊立新過程中的一次重大飛躍和明顯轉折。作為國際經濟法的首要基本規範，經濟主權原則的確立、鞏固和發展，也進

入了一個嶄新的階段。

根據聯合國大會的上述基本文獻以及其他有關決議，國家經濟主權原則的主要內容大體上可歸納為以下五個基本方面：

（一）各國對本國內部以及本國涉外的一切經濟事務享有完全、充分的獨立自主權利，不受任何外來干涉

這是國家經濟主權原則的總體現。據此，各國有權獨立自主地選擇本國的經濟制度，並按確立和發展這種經濟制度的需要，一方面，獨立自主地制定各種內國的和涉外的經濟政策和經濟立法；另一方面，獨立自主地對外締結或參加各類國際經濟條約，開展對外經貿往來，不受任何外來的干涉、壓制和威脅。

當然，國家在對外締結或參加各類國際經濟條約之後，基於權利與義務同時並存的國際通行準則，其經濟主權和有關的權利難免在一定範圍和一定程度上受到某種影響、約束或限制。但是，如能從本國現實的國情和現有的綜合國力出發，堅持以自願、公平、互利為基礎，堅守權利與義務的對等與平衡，則這種影響、約束或限制，就是締約各方協調意志的結果，也是各方自主全面權衡和自願樂於接受的產物。從這個意義上說，一國自願地接受對本國經濟主權及其有關權利的某種限制，也是自覺行使其經濟主權的一種表現形式，體現了原則堅定性與策略靈活性的高度結合，體現了善於全面權衡利弊、善於趨利避害的高超決策藝術。

（二）各國對境內一切自然資源享有永久主權

　　各國境內的自然資源是該國人民生存和發展的物質基礎。《永久主權宣言》明確規定：「承認各國享有根據本國國家利益自由處置本國自然財富和自然資源的不可剝奪的權利，並且尊重各國的經濟獨立」；「建立和加強各國對本國自然財富和自然資源的不可剝奪的主權，能夠增進各國的經濟獨立」。基於這一原則，《永久主權宣言》特別強調：「為促進發展中國家的經濟開發而實行的國際合作，不論其方式是公私投資、交換貨物、交換勞務、技術援助，或是交換科學情報，都應以促進這些國家的獨立發展為目的，並且應以尊重這些國家對本國自然財富和自然資源的主權為基礎。」簡言之，這就是把尊重東道國對本國自然資源的主權作為南北之間一切國際經濟交往和經貿活動的前提。

　　長期以來，人們談論自然資源主權問題時，一向著眼於陸地資源。隨著科技的長足發展，海洋資源引起舉世矚目。順應著形勢的發展，一九七〇年聯合國大會第二十五屆會議以及一九七二年聯合國大會第二十七屆會議先後通過第 2692（XXV）號和第 3016（XXV）號決議，將各國對本國自然資源享有的永久主權，從陸上資源進一步擴展到該國鄰接海域以及大陸架上覆水域的資源。

　　發展中國家關於對本國自然資源享有完整永久主權的主張，受到發達國家某些法學家的抨擊。有些人誣衊發展中國家這種正當要求是什麼「主權迷了心竅」；有些人則指責這種主權觀念是「最大的開倒車」英國代表在一九七四年聯合國大會第六屆特別會議上，公開揚言第三世界國家對各自本國的自然資源只能享有

「有限的主權」，主張各國對本國自然資源只是行使「監護人」的職責。作為「監護人」，對於被「監護」的資源只享有相對的經營管理權。他所鼓吹的這種特殊身分使得資源豐富的國家對本國自然財富的全權主人翁或全權所有者的地位，下降為「託管國」或「受托代管人」的地位，只是代表世界其他各國對其本國境內的自然資源享有占有權或部分、有限的所有權。另外一些西方國家代表的主張雖不像英國代表那樣赤裸和露骨，卻也對永久主權觀念表示了重大的保留，要求資源國的主權應當與所謂的「國際利益」互相「協調一致」當時擔任法國外交部長的米歇爾・諾貝爾聲稱：自然資源應當隸屬於資源國的主權，但是，作為現代經濟生活的一種條件，它對於一切受益於它的人都負有某種特殊的責任。」這種外交辭令的弦外之音，顯然不難意會。

眾所周知，如今的發達國家大多是當年的殖民主義國家、宗主國。它們對於其本土上的全部自然資源，歷來是全權的所有者；對於殖民地、半殖民地的自然資源，則長期是蠻橫的霸占者。它們對其本土資源，從來不與他國慷慨分享。而在弱小民族擺脫殖民枷鎖、收回經濟主權之際，卻以所謂「國際利益」「現代經濟生活」需要為名，力圖繼續染指發展中國家的自然資源，其論證邏輯，無非是「我的歸我獨享，你的我占一份」。這種邏輯，理所當然地遭到眾多發展中國家的譴責和抨擊。

經過激烈的論戰，聯合國大會第六屆特別會議通過的《宣言》終於寫上了：每一個國家對本國的自然資源以及一切經濟活動擁有完整的、永久的主權。為了保護這些資源，各國有權採取適合本國情況的各種措施，對本國的資源及其開發事宜加以有效

的控制管理，包括有權實行國有化或把所有權轉移給本國國民。這種權利是國家享有完整的永久主權的一種體現。任何國家都不應遭受經濟、政治或其他任何形式的脅迫，阻撓它自由地、充分地行使這一不容剝奪的權利。」同時，《宣言》還進一步鄭重宣布：「一切遭受外國占領、異族殖民統治或種族隔離的國家、地區和民族，在它們所固有的自然資源以及其他一切資源受到盤剝搾取、嚴重損耗和毀損破壞時，有權要求物歸原主，並向施加上述侵害的外國殖民主義者索取充分的賠償。」對《宣言》所釐定並鄭重宣布的這些原則，隨後不久通過的《憲章》以更加鮮明、具體的文字加以重申和再次強調。

（三）各國對境內的外國投資以及跨國公司的活動享有管理監督權

《宣言》和《憲章》一再強調：東道國對於本國境內的一切經濟活動享有完整的、永久的主權，並且突出地強調對境內外國資本和跨國公司的管理監督權。

歐美國家的資本輸出由來已久。十九世紀末至二十世紀初，資本主義發展到帝國主義階段，資本輸出逐漸凌駕於商品輸出之上，具有特別重要的意義，成為帝國主義的基本特徵之一。從歷史上看，資本輸出的主要目的，在於更方便地利用東道國當地廉價的原料、便宜的勞力和廣闊的市場，更有效地掠奪殖民地的自然資源和剝削殖民地人民的勞動成果，以攫取超額利潤。

在發展中國家境內進行經營活動的外國資本和跨國公司，如能遵守東道國的政策法令，服從東道國的管理監督，對於東道國

的經濟發展是可以發揮積極作用的。發展中國家可以根據自身的需要，有計劃、有步驟、有選擇、有限制地引進外國的雄厚資金、先進技術和管理經驗，以彌補本國資金的不足，提高本國的生產技術水平和企業管理水平，增加本國勞動者的就業機會，促進國民經濟的發展。

但是，覓利是資本的本性。在殖民主義舊軌道上走慣了的外國資本和跨國公司，為了攫取超額利潤，往往在其經營活動中不顧發展中國家制定的發展目標、經濟改革和有關的法令規章，在投資導向、資源保護、稅金繳納、貿易管理、價格監督、外匯管制、勞工保護、環境保護等方面，以各種不法手段，逃避和抵制東道國政府的管轄。特別是一些規模巨大的跨國公司，往往憑藉其雄厚資金和壟斷東道國經濟要害部門的特殊地位，排擠和打擊東道國的民族工商業；或者飛揚跋扈，公然無視東道國的法律，貪婪地、不擇手段地搾取最大限度的利潤，成為東道國實現經濟獨立、保證民族生存與發展的重大障礙和主要威脅。有的甚至凌駕於東道國政府之上，為所欲為，干涉東道國的內政，嚴重侵犯東道國的政治主權。本書第一編第一章第三部分末尾提到的美國跨國企業「國際電話電報公司」二十世紀七〇年代初期在智利干涉內政、從事顛覆活動，就是典型事例之一。

可見，發展中國家與外國資本以及跨國公司之間管制與反管制的矛盾和鬥爭從未止息。其實質，顯然是侵害東道國經濟主權與維護這種經濟主權的尖銳衝突。

經過長期的聯合鬥爭，第三世界眾多發展中國家關於管制外國資本和跨國公司的正義要求，終於載入了《宣言》《綱領》和

《憲章》。

《宣言》除了一般地宣告各國對本國境內的一切經濟活動享有完整的永久主權之外，特別強調：「接納跨國公司從事經營活動的國家，根據它們所擁有的完整主權，可以採取各種有利於本國國民經濟的措施來管制和監督這些跨國公司的活動。」《綱領》進一步規定：國際社會在這方面應當採取具體行動，制定一套國際性的跨國公司行動準則，藉以防止跨國公司干涉東道國的內政；對跨國公司在東道國境內的各種活動加以管束，責成它們取消各種限制性的商業慣例，遵守發展中國家本國的發展計劃和發展目標，必要時，可以重新審議和修改過去已經簽訂的協議；促使跨國公司按公平和優惠的條件向發展中國家轉讓技術和傳授管理技能；在照顧到各方合法權益的基礎上，對跨國公司把利潤匯回本國的額度加以限制；鼓勵跨國公司把所得利潤在發展中國家裡進行再投資。

《憲章》重申了上述基本精神和原則，同時以更為鮮明的文字，強調了它的法律規範性，即通過東道國制定的法律規範，加以貫徹實現。《憲章》規定：各國有權根據本國的法律和條例，對境內的外國資本實行管轄和管理；有權對境內跨國公司的經營活動加以管理監督，有權採取各種措施，以確保跨國公司的經營活動切實遵守本國的法律、條例和規章制度，符合本國的經濟政策和社會政策。

當前眾多發展中國家所面臨的現實問題是：在吸收和利用外國資本促進本國經濟發展的過程中，既要對境內外商的合法權益加以切實的保護，使他們確實有利可圖；又要將境內外國資本和

跨國公司的活動納入國際經濟新秩序的軌道，按照《憲章》的基本規定，要求外商充分尊重東道國的經濟主權，切實遵守東道國的法律法規，接受嚴格的管理和監督。

（四）各國對境內的外國資產有權收歸國有或徵用

東道國政府在必要時是否有權把境內的外國人資產收歸國有的問題，在相當長的歷史時期內存在著激烈的爭論。在殖民主義盛行的年代，按照西方殖民強國的傳統觀點，落後地區的東道國政府對於境內外國投資家的財產，只有保護的義務，沒有「侵害」的權利。一旦予以「侵害」（包括徵用或國有化），就構成所謂「國際不法行為」，投資家的本國政府就「有權」追究東道國的「國家責任」，甚至可以以「護僑」為名，大動干戈，興兵索債。面對這種橫暴的武裝入侵，東道國「有忍受干涉的法律義務」。這種觀點，在西方國際法學界中曾經長期占據統治地位。至二十世紀初，南美著名法學家、阿根廷外交部部長德拉果率先向這種占統治地位的傳統觀點挑戰，譴責殖民強國向弱國興兵索債乃是侵略他國領土、干涉他國內政之舉，是一種真正的國際違法行為。對於這種來自弱小民族的正義呼聲，直到二十世紀五〇年代，西方國際法學界仍有一些「權威」學者（如勞特派特）公然表示反對，揚言「德拉果主義」是「沒有根據的，並且未得到一般的承認」。

但是，隨著弱小民族的進一步覺醒，從二十世紀三〇年代末起，上述這種根本否認東道國政府有權徵用外資從而掌握本國經濟命脈的傳統觀點，由於其不符合時代潮流，畢竟已經難以堅守

原來的陣地，不得不開始有所後退。這一跡象，比較典型地體現在一九三八年墨西哥實行土改、徵用境內的美資地產和石油企業時美國所採取的態度上。當時美國的外交照會提出：「依據法律和公平合理的一切準則，不論為了何種目的，如果不針對徵用提供迅速及時、充分足夠以及切實有效（prompt, adequate and effective）的賠償，任何政府都無權徵用（外國人的）私有財產。」這些措辭儘管氣勢洶洶，十分強硬，但在邏輯上卻可以推導出這樣的結論：如果給予「迅速及時、充分足夠以及切實有效的賠償」，東道國政府就有權徵用境內的外國人私有財產。後來，在美國法學界具有一定「權威性」的《美國涉外法律綜合詮解（第 2 版）》一書，以更加明確的語言，闡述了美國的上述觀點。它認為：國家徵用境內的外國人財產，如果不是為了公益目的，或不按上述標準給予賠償，才是國際法上的不法行為。反之，就不視為國際法上的不法行為。在為了公益目的而徵用外國私人財產的場合，就此種徵用本身而論，並非國際法上的不法行為，只有在徵用時不按上述標準給予賠償，這種「拒賠」才構成國際法上的不法行為，從而引起「國家責任」問題。

從表面上看，此時外資國有化或徵用問題爭執的焦點，似已轉移到賠償標準上，但按照美國所主張的賠償原則，即所謂「國際法上的公平標準」，往往索價極高，甚至跡近敲詐勒索，實際上大大限制、削弱，甚至無異於取消了貧弱的發展中國家行使經濟主權、徵用外資、掌握本國經濟命脈的基本權利。美國的此種主張得到西方發達國家（多是原先的殖民強國）的支持。與此相反，鑒於許多外資在殖民主義統治時期或在被徵用前業已獲取了

巨額利潤，鑒於本國財力薄弱的現實情況，發展中國家（均是原先的殖民地或半殖民地）一貫主張在徵用外資時只按照東道國國內法的規定給予賠償，從而維護自己的政治主權和經濟主權。可見，關於徵用賠償標準問題之爭，究其實質，依然是貧弱國家對外資是否充分享有徵用權或收歸國有權之爭，或者說，它是歷史上長期存在的徵用權之爭的延長和繼續。

經過激烈論戰，一九六二年聯合國大會第十七屆會議通過了《永久主權宣言》，它意味著在國際社會上開始普遍承認各國有權把外資控制的自然資源及其有關企業收歸國有或加以徵用，但它同時規定：「採取上述措施以行使其主權的國家，應當按照本國現行法規以及國際法的規定，對原業主給予適當的賠償。」這種妥協性的措辭，實際上就是上述兩種對立主張的簡單相加，是非並未判明，分歧並未解決。與此同時，此項決議還在「序言」中要求發展中國家尊重當年在殖民統治下被殖民主義者攫取的既得利益，保證「絕不損害任何聯合國會員國（按：指原先的殖民主義國家或宗主國）在既得財產上對於繼承國和繼承政府（按：指新興的發展中國家及其政府）享有權利和承擔義務這一問題的任何方面的立場」。

直到一九七三年，聯合國大會第二十八屆會議通過了第3171（XXVIII）號決議，規定國有化的賠償問題以及因賠償引起的爭端，均應按照實行國有化的國家的國內法加以解決；緊接著，一九七四年聯合國大會第二十九屆會議又以壓倒性大多數票通過了《各國經濟權利和義務憲章》，明文規定：「每個國家都有權把外國資產收歸國有、徵用或轉移其所有權。在這種場合，

採取上述措施的國家應當考慮本國有關的法律、條例以及本國認為有關的一切情況，給予適當的補償。」對比一九六二年的上述決議，在徵用賠償標準上，刪除了「以及國際法的規定」等字樣，也刪除了關於發展中國家絕不損害殖民主義者在殖民統治時期所攫取的既得利益的無理要求。至此，終於在一項具有重大權威性的國際經濟法的基本文獻中，不但以毫不含糊的語言肯定了每個國家必要時可以徵用境內外資的經濟主權權利，而且排除了西方發達國家按照它們的傳統觀念在徵用賠償問題上對發展中國家所施加的所謂「國際法上的公平標準」的約束。

由此可見，世界上弱小民族對於境內外資必要時實行國有化或加以徵用的合法權利，是經過長期的奮鬥才開始獲得國際社會普遍承認和充分肯定的。這是一種得來十分不易的經濟主權權利。迄今為止，它仍然是新、舊兩種國際經濟秩序矛盾鬥爭的焦點之一。

（五）各國對世界性經貿大政享有平等的參與權和決策權

前文提到，國家享有主權，意味著它有權獨立自主，也意味著它在國際社會上享有平等的地位，不俯首聽命於任何其他強權國家。這種平等地位在國際經濟領域中的主要體現之一，就是國家不分大小、貧富和強弱，在世界性經貿大政的討論、磋商和作出決定的全過程中，都享有完全平等的參與權和決策權。

國家在世界性經貿大政中的參與權和決策權，既是國家經濟主權的重要組成部分，也是國家經濟主權的重要保證。完全沒有這種參與權與決策權，國家經濟主權就是殘缺不全的；雖然各有

一定的參與權和決策權，但權力的分配很不平等，很不公平，或徒具虛名，有名無實，則在世界性經貿大政的磋商和決策過程中，就不可避免地會出現以大壓小、仗富欺貧和恃強凌弱的現象，從而使小國、貧國、弱國的經濟主權和正當經濟權益，得不到基本保證。

在當代世界性經貿大政的磋商和決策過程中，最為常見的三大弊端是：

第一，只由七八個最發達國家的首腦或其代表（如「七國集團」或「八腦會議」）進行密室磋商，黑箱作業，或進行半公開、半隱秘的討價還價，定出基調或基本框架之後，交由十幾個或二十幾個發達國家組成的經濟性組織或區域性組織（如「經合組織」或「歐洲聯盟」），協調各方利害關係，定出共同主張和一致步調，然後，才提交全球性的經貿大政會議或國際經濟組織進行討論。這種做法從一開始就排除了、剝奪了全球眾多發展中國家的知情權和參與權，常令它們不明就裡，措手不及，缺乏必要和足夠的思想準備、理論準備和實踐準備，從而在磋商或論戰過程中處在劣勢或弱勢地位。

第二，事先就在全球性國際經濟組織的體制規章上，定出不公平、不合理的表決制度，實行表決權力大小不一甚至極端懸殊的投票安排。在這方面的典型表現，就是迄今為止仍在國際貨幣基金組織和世界銀行中大行其是的「加權表決制」，它使寥寥幾個經濟大國或區區十幾個經濟強國加在一起，就可以操縱全球性重大經濟事務的決策；其中超級大國更享有的特多投票權或特大表決權，往往可以在很大程度上左右重大決策，甚至可以在一定

條件下實現其獨家否決的特權。而眾多發展中國家在這種極不合理、極不公平的決策體制下，往往陷入進退維谷的兩難選擇：一是被迫簽字「畫押」，吞下苦果；另一是被迫退出困境，自行「孤立」。在全球經濟一體化、各國經濟互相緊密依存的現實情勢下，兩者勢必都會損害到弱國的經濟主權和各種經濟權益。

第三，就全球唯一的超級大國而言，它在世界性經貿大政的磋商和決策進程中，歷來奉行的「國策」是「本國利益至上」和「對人對己雙重標準」，這是它的兩大行動準則。它不但可以在這種磋商和決策過程中，憑藉其經濟實力上的絕對優勢，實行縱橫捭闔，左右或操縱全局，而且可以在全球性經濟會議決策之後，隨時根據自己的需要，拒不遵守或完全背棄自己依國際條約承擔的義務，憑藉自己經濟實力上的強勢，剛愎自用，一意孤行。

上述三大弊端集中到一點，其首要癥結就在於世界性經貿大政決策權力的國際分配，存在著嚴重不公。

這種決策權力分配不公所直接導致的後果是：國際經濟秩序的主要決定權，國際經貿往來「遊戲規則」的制定權和確立權，往往操在經濟強國、經濟大國和超級經濟大國之手，從而必然造成全球財富的國際分配，也隨之出現嚴重不公。

如所周知，全球財富國際分配的嚴重不公，正是當代世界中國際經濟舊秩序未獲根本改造和仍然持續存在的最本質的表現，也是眾多發展中國家的經濟主權和經濟權益得不到保證和經常受到侵害的主要惡果。一言以蔽之，權力分配與財富分配之間，往往存在著不可分割的因果關係，這是人類社會中「古今中外莫不

皆然」的真實歷史和無情現實。有鑒於此，為了改變全球財富國際分配的嚴重不公，就必須從「源頭」上根本改變世界性經貿大政決策權力分配的嚴重不公。

可以說，全球眾多發展中國家之所以如此突出強調一切國家應當對世界性經貿大政享有平等的參與權和決策權，其根本原因就在於此。

第十八章

論中國在「入世」談判中應當堅持經濟主權原則

↳ 內容提要

　　本文針對一九九七年中國「入世」談判中遇到的現實問題，運用國際經濟法中有關國家經濟主權原則的理論，加以剖析，論證中國在「入世」談判中應當堅持經濟主權原則，從本國國情出發，力爭以發展中國家的身分，與其他有關國家開展有理、有利、有節的談判磋商，達成公平互利的「入世」協議。

↳ 目次

　　當前，國際經濟風雲激盪，一系列與國際經濟相關的事件均涉及國家主權，特別是經濟主權。為此，本報記者闞文新走訪了

第一編・國際經濟法基本理論（一）

0951

廈門大學國際經濟法研究所陳安教授、曾華群教授和廖益新教授，一起討論有關當代國家經濟主權這一重大原則問題。

一、新加坡 WTO 部長會議分歧的根因：南北國家經濟主權之爭

　　記者：一九九六年十二月在新加坡舉行的世界貿易組織部長會議上，發達國家與發展中國家對會議議程發生重大分歧，重演了七〇年代中期在聯合國大會上南北雙方對陣的局面。請問，這一分歧是否存在深層次的原因？

　　陳安教授：在這次世貿組織部長會議上，發達國家提出了要在「一視同仁」的基礎上把貿易同勞工標準和環境標準聯繫起來，進一步公開投資規則和協調反托拉斯政策等新議題，而發展中國家則主張會議應集中討論各國履行現有貿易協議的情況，反對增加新議題。乍一看，這只不過是議題之爭，但誠如您所提出的，這裡存在深刻的經濟和政治原因。眾所周知，在基於市場經濟、自由競爭、非歧視和互惠原則的世貿組織體制下，經濟發展水平相當的國家之間的貿易活動能從該體制中分享利益，而在經濟發展水平懸殊的發達國家與發展中國家之間，如果僵死地、過多過廣地適用「一視同仁」規則，即不顧世貿成員經濟發展水平的多樣性而強行劃一，實行「一刀切」的做法，就意味著進一步削弱甚至剝奪發展中國家民族經濟競爭的機會和能力。它的實質，就像是要求先天不足、後天失調、大病初癒的弱女與體魄強健、訓練有素的壯漢，在同一起跑點上「平等地」賽跑，從而以

「平等」的假象掩蓋不平等的實質。早在百餘年前，馬克思就在
《哥達綱領批判》這一傳世之作中揭示了形式上「平等」的弊
病，提倡以實質上的平等即承認差別的公平原則取代形式上的
「平等」。他的精闢見解對於我們認識當代南、北兩大類國家之
間應有的公平互利關係，具有極其現實的指導意義。發展中國家
民族經濟的發展是個逐步的、漸進的過程。在這次會議上，發達
國家從強烈的利己主義出發，急不可耐地提出這些新議題，企圖
在世貿組織中確立更為廣泛、更加苛刻的「一視同仁」和「一刀
切」的新規則，其實際後果勢必嚴重阻礙發展中國家民族經濟的
發展進程，因而理所當然地遭到發展中國家的一致反對。

　　從更深層次看，這次議題之爭實質上是發展中國家長期以來
維護國家主權，特別是經濟主權鬥爭的繼續。

二、南方國家強調經濟主權的來由

　　記者：在國際論壇和實踐中，為什麼發展中國家作為一個整
體，特別強調國家主權？

　　曾華群教授：從歷史上看，第二次世界大戰結束後，隨著被
壓迫的弱小民族反殖民主義鬥爭的陸續勝利，出現了許多新興的
主權國家，即發展中國家。這些國家盡管在社會經濟制度、政治
傾向和意識形態等方面各有差異，但有著共同的遭受壓迫、奴役
的屈辱史和掙脫殖民枷鎖的艱苦奮鬥史，又同樣面臨政治上被歧
視、經濟不發達以及在國際經濟決策和財富分配方面遭受不公平
待遇的現實處境。這種共同的歷史和現實遭遇促使發展中國家形

成了在國際社會中具有共同立場的政治力量。

雖然，主權原則是傳統國際法的最基本原則，但在歷史上，列強從來沒有認真遵循過這一原則，恃強凌弱、踐踏弱國主權的事例不勝枚舉。即使在當前國際社會中，強權政治仍時隱時現，有時甚至咄咄逼人。超級大國某些學者鼓吹所謂「聯合主權」「主權有限」等論調，其潛臺詞是「聯合起來，由我主宰」「限你不限我，你有限而我無限」，歸根結底，是為霸權主義、侵略擴張、新殖民主義和新干預主義張目。因此，發展中國家獨立後的首要任務，就是鞏固和維護其來之不易的國家主權，特別是經濟主權。

記者：經濟主權是國家主權的應有之義，為什麼發展中國家要特別突出經濟主權這個概念呢？

陳安教授：這個問題提得好。國家主權以往一般強調的是政治主權，發展中國家突出經濟主權這一概念同樣可從歷史上尋找原因。許多發展中國家在獲得獨立時，作為對原宗主國的妥協，往往被迫簽訂條約，同意保留原宗主國在當地的一些既得權益或特惠待遇。其結果是，這些發展中國家在取得政治獨立後的相當長時期，本國境內重要的自然資源和其他經濟要害部門仍不同程度地受到原宗主國的控制。實質上，這些國家的政治獨立與經濟獨立、政治主權與經濟主權，被人為地割裂開了。發展中國家從實踐中深刻認識到，政治獨立和政治主權為其進一步爭取經濟獨立和經濟主權創造了重要的先決條件，但如不緊接著初步實現政治獨立之後奮力爭取盡快實現經濟獨立，則經濟獨立和經濟主權將形同虛設，甚至將得而復失。顯然，發展中國家爭取實現其經

濟獨立和經濟主權的鬥爭，是歷史上長期反殖民主義鬥爭的繼續，直接關係其生存和發展。

三、經濟主權原則已成為當代國際社會的共識

記者：主權原則是國際法的基本原則，目前，是否存在國際社會普遍接受的經濟主權原則？

廖益新教授：應當說，通過國際社會特別是發展中國家的長期努力，經濟主權原則在七〇年代中期已經確立。這一原則主要是由一系列聯合國大會決議宣示的。在一九六二年《關於自然資源永久主權的宣言》中，正式規定了各國對本國境內自然資源享有永久主權，這是發展中國家維護本國經濟主權的重大成果。然而，取決於當時南北力量對比情況，該決議也存在一些不公平的妥協性規定。此後，南北國家又經歷長達十二年的磋商、談判和論戰，一九七四年，在聯合國大會上相繼通過了《建立國際經濟新秩序宣言》《建立國際經濟新秩序行動綱領》和《各國經濟權利和義務憲章》。這些綱領性的法律文件，以更鮮明的文字，不但重申了各國對本國境內自然資源的永久主權，而且確認和強調各國對本國境內的一切經濟活動（包括外商投資、貿易活動）享有完整的、永久的主權，同時刪除了《關於自然資源永久主權的宣言》中不公平的妥協性規定。這就使發展中國家長期以來力爭實現的經濟獨立和經濟主權，上升到更高的層次，包含了更廣泛的內容。

必須指出，上述文件在起草過程中，經歷了發展中國家與發

達國家的反覆較量和激烈鬥爭，在表決通過時，少數發達國家投了反對或棄權票。然而，這些文件以壓倒性絕大多數通過的事實本身已充分反映了國際社會絕大多數成員的共同意志，也雄辯地說明經濟主權原則已得到國際社會的普遍承認和接受。

四、經濟主權原則的主要內容

記者：一般理解，國家主權意味著對內至高無上，對外獨立平等，經濟主權原則是否也可以這樣理解，其主要內容是什麼呢？

陳安教授：經濟主權是國家主權在經濟領域的表現。經濟主權原則同樣可以從對內和對外兩個方面說明。

對內方面，首先各國有權自由選擇符合本國國情的經濟制度；其次，各國對本國境內自然資源和一切經濟活動享有完整的、永久的主權（包含所有權或支配權、管轄權和管理權等）。這是傳統國際法的「屬地管轄」原則在經濟領域的體現。美國在一九九六年三月和八月先後通過的《赫爾姆斯伯頓法》和《達馬托法》顯然違反了上述傳統原則，是對古巴、伊朗和利比亞經濟主權的侵犯。

各國經濟主權在對外方面主要表現在：

第一，各國在國際經貿大政決策中，具有平等的參與權和決策權。實際上，在許多場合，發展中國家遠未能取得這種平等權利。例如，在國際貨幣基金組織、世界銀行集團等機構中，都實行加權表決制，各國的發言權和表決權是同其財富實力和「認

股」多寡直接掛鉤的。「財大氣粗」在這些組織中成為「法定」的原則。因此改變這種現狀，在經濟領域真正體現各國主權平等的原則，是建立新國際經濟秩序的重要任務。

第二，各國有權自主地確立國際經濟關係、簽訂國際經濟條約和參與國際經濟組織。國家之間的雙邊經濟關係，只能由有關國家雙方確立，第三方無權干涉。美國《赫爾姆斯伯頓法》和《達馬托法》企圖干預其他國家的雙邊經濟關係，不僅侵犯了古巴、伊朗和利比亞的主權，也侵犯了同上述三國進行正常經貿往來的所有國家的主權，因此，它不可避免地觸犯眾怒，成為眾矢之的。

五、各國對經濟主權的自願限制

記者：剛才談到各國有權自主簽訂國際經濟條約和參與國際經濟組織，是經濟主權的表現形式之一。然而，一旦一國簽訂國際經濟條約或參與國際經濟組織（例如世界貿易組織或歐洲聯盟）之後，其經濟主權是否被削弱了？

陳安教授：國際經濟條約可分為雙邊條約和多邊條約。當前，各國在締結雙邊經濟條約實踐中，如以公平互利為基礎，對經濟往來中的權利義務關係作出互相對等的明確規定，互有得失，則從整體上說，一般不致影響各自的經濟主權。

多邊經濟條約比較容易導致對締約國經濟主權的限制，但這種限制本身就是許多主權國家協調意志的產物，同時也是以參加國的自主權衡與自願接受為效力前提的。例如根據《華盛頓公

約》，締約國在一定條件下，應將本國政府與另一締約國國民之間的投資爭端交由 ICSID 解決，其結果是排除了本國對此類爭端的司法管轄權。然而，應該看到，一國是否締結或加入該公約和接受 ICSID 體制，完全由該國自主決定。由於接受該體制有利於增強外國投資者在東道國投資的安全感，從而有利於吸引更多外資以發展本國經濟，許多發展中國家出於國家整體和長遠利益的考慮，權衡利弊，還是自願接受該體制。在這個意義上，一國自願通過國際條約安排接受對其經濟主權的某些限制，也是其經濟主權的正當行使；同時也體現了在公平互利基礎上開展「南北互補」和「南北合作」的基本精神。就世貿組織而言，情況也是如此。該組織要求締約國減讓關稅、取消貿易壁壘、公開貿易政策等，對締約國經濟主權構成了一定的限制。然而，這同樣是以締約國自主締結該條約即自願加入該組織和自願接受有關義務為前提。事實上，由於這種締約的自主性與自願性，任何國家所能接受的對其經濟主權的條約限制，都是有分寸、有選擇和有限度的。任何國家都不應不顧本國的現實國情和漠視本國的根本利益，去接受對本國經濟主權產生無理限制甚至破壞作用的國際機制。中國就早日加入世貿組織進行艱苦的、有理有利有節的談判和鬥爭，其根本原因也在於此。

曾華群教授：在戰後興起的區域性經濟組織中，歐洲聯盟經濟一體化程度最高。與其他區域性經濟組織不同的是，歐盟最終將導向「歐洲邦聯」或「歐洲聯邦」。因此，歐盟面臨一體化日益加深與成員國維護本國主權和民族利益之間的矛盾。隨著一體化合作向縱深發展，往往意味著一些限製成員國主權的政策措施

和法律要出臺。面臨這些對傳統國家主權觀念的挑戰，成員國不得不進行痛苦的抉擇。不過，歐盟成員國目前仍保留作為主權國家的基本權能，並保留恢復其完整主權的權利。這點在英國表現得最為突出，每當歐盟一項新政策出臺時，英國往往基於本國利益反覆考慮是否接受，甚至在公眾輿論中重新討論是否應該繼續待在歐盟。

六、中國維護經濟主權的基本立場

記者：實行改革開放政策以來，中國積極開展國際經濟交往活動，請談談中國堅持經濟主權原則的最新實踐。

陳安教授：中國是主權牢牢在握的獨立國家，中國人民十分珍惜自己經過長期奮鬥得來不易的主權權利。在國際經濟交往活動中，中國始終站在發展中國家的共同立場上，利用國際講壇、國際經濟組織，為改革舊國際經濟秩序，建立新國際經濟秩序而不懈努力。在簽訂國際經濟條約或加入國際經濟組織的有關談判中，中國始終堅持和維護經濟主權原則，從本國國情出發，在公平互利的基礎上，達成有關條約或接受有關國際機制。例如，眾所周知，儘管「復關」和加入世貿組織的談判曠日持久，難關重重，中國堅持經濟主權原則，有關加入多邊貿易體制的基本立場和方針不變。中國是發展中國家，而並非某些別有用心的國際人士所指稱的「發達國家」或「準發達國家」。中國堅持主張，中國的市場開放只能是逐步的、漸進的，並與中國的經濟發展水平相一致。中國所能接受的只能是發展中國家所應承擔的世貿組織

協定義務。任何超過這一範圍的、企圖強加給中國的歧視性條件，都是不能接受的。

注釋

* 本文原為《法制日報》約稿，由曾華群執筆、陳安修訂，以記者「走訪」報導形式，刊登於該報 1997 年 3 月 22 日第 8 版。原題為《當代經濟主權問題縱橫談》。

第十九章

論中國「入世」後海峽兩岸經貿問題「政治化」之防治*

↘ 內容提要

　　中國「入世」後海峽兩岸經貿往來面臨新的格局。臺灣地區當局為追求錯誤的政治目的，仍然無視形勢新發展，以政治分歧干擾兩岸經貿交流和經濟合作，併力圖把兩岸經貿問題進一步「政治化」「外交化」和「國際化」。本文探討用以預防和治理臺灣地區當局將兩岸經貿問題政治化的五種可能途徑，並綜合分析了其不同的可行條件。

↘ 目次

（五）更新觀念，接受挑戰，善用 DSU/DSB 機制

四、幾點結論

　　二〇〇一年十一月十日，世界貿易組織（以下簡稱「世貿組織」或「WTO」第四次部長級會議通過了《關於中國加入世貿組織的決定》。翌日，根據一九九二年關貿總協定理事會主席聲明所確定的原則，本次部長級會議又通過決定，同意臺灣地區以「臺灣、澎湖、金門、馬祖單獨關稅區（簡稱『中國臺北』）」的名義，加入世貿組織。按照有關程序分別履行批准手續之後，中國自二〇〇一年十二月十一日起正式成為世貿組織成員；臺灣地區則自二〇〇二年一月一日起，也正式成為世貿組織的另一成員。[1]

　　自此時起，海峽兩岸就面臨著如何按照《世界貿易組織協定》（以下簡稱《世貿組織協定》或《WTO 協定》釐定的原則和規則，進一步開展兩岸經貿往來的新課題。

　　本文擬就今後適用於兩岸經貿關係的 WTO 基本規則、兩岸經貿問題被臺灣地區當局「政治化」的現實與可能以及防治兩岸經貿爭端「政治化」的設想等問題，提出管見，以就教於海內外方家。

一、適用於兩岸經貿關係的 WTO 基本規則

　　臺灣海峽兩岸的相繼「入世」，為兩岸之間經貿往來的正常化和健康發展提供了新的有利因素。如所周知，世貿組織是一個

全球性的經貿平臺，其主要宗旨在於建立完整、健全、持久的全球性多邊貿易體制，促進貿易自由化，實現全球各成員的共同經濟繁榮。為實現此目標，其主要途徑是在各成員間「達成互惠互利安排，大幅度削減（substantial reduction）關稅和其他貿易壁壘，消除國際貿易關係中的歧視待遇」[2]。兩岸相繼「入世」，意味著已經分別作出鄭重承諾：在今後一切對外貿易活動中，包括兩岸彼此間的一切貿易活動中，均將恪守《世貿組織協定》釐定的各項基本原則及其相關的具體規則。

換言之，舉凡肇始於《關稅及貿易總協定》並為《世貿組織協定》所承襲和發展的用以促進全球貿易自由化的各項基本原則，諸如公平貿易原則、非歧視原則、互惠互利原則、最惠國待遇原則、國民待遇原則、大幅度削減關稅和其他貿易壁壘原則、透明度原則、協商一致原則等[3]均應根據兩岸分別加入 WTO 時所作的承諾，完全適用於兩岸之間的經貿往來。

特別值得注意的是，與參加世貿組織的所有其他成員相同，今後兩岸都應切實信守《世貿組織協定》第十六條第四款明文規定的「一攬子」義務，即：每一成員方均應確保其法律、條例和行政程序完全符合各項附件協定所規定的義務。」[4]這是一條涵蓋性極廣、約束力特強的關鍵條款或「總管」條款。

如所周知，現行的《世貿組織協定》是由一個**主協定**以及十七個「**附件協定**」（annexed agreements）構成的有機整體。根據《世貿組織協定》第二條第二款，所有這十七個附件協定及其相關的一系列法律文件，都是《世貿組織協定》的不可分割的組成部分（integral parts），對所有成員都具有約束力。換言之，締約

各方對於就多個領域、多種議題開展多邊談判所達成的各種多邊貿易協定，必須**同時全盤接受**，有如市場採購中的「成套買賣」或「一攬子交易」（package del），不得只從中選擇接受部分協定而拒絕接受其他部分協定。

據此，海峽兩岸相繼參加世貿組織之後，作為它的兩個成員，就必須分別以《世貿組織協定》主協定、十七個附件協定以及其他相關法律文件作為標準，對各自現行的全部法律、條例以及一切行政程序規定進行全面的審查並採取相應的立法和執法措施。具體說來，舉凡完全符合《世貿組織協定》整體規定的現行政策法令，就應**繼續**推行；舉凡不完全符合的，就應加以修訂和調整；舉凡完全不符合的，就應徹底廢止，完全**改弦更張**。只有這樣，才能做到確保海峽兩岸兩個關區內的政策法令，都完全符合《世貿組織協定》的整體「遊戲規則」。

但是，要在兩岸經貿往來中切實履行各自的承諾，貫徹實現促進貿易自由化的上述各項原則，卻殊非易事。迄今為止，有關兩岸經貿往來問題的談判，一次又一次地陷入僵局，其主要癥結就在於臺灣地區當局長期以來竭力將兩岸經貿問題「**政治化**」，不斷地以政治分歧干擾兩岸經貿交流，阻撓兩岸經貿合作。

二、兩岸經貿問題被臺灣地區當局「政治化」的現實和可能

中國在「入世」以前，就已長期採取經濟上對外開放的基本國策。在對臺經貿往來過程中，二十多年來，始終堅持不以政治

分歧影響和干擾兩岸經貿交流和經濟合作的方針，在關稅、貿易、投資、稅收、金融、運輸等諸多方面，對前來大陸從事貿易、投資各類商務活動的臺商，一貫給予全方位、多層次的優惠待遇，致使大陸對臺商產生了強大的「磁吸」作用。據有關主管部門統計，迄二〇〇一年底為止，兩岸貿易額累計已超過 2232 億美元，其中大陸對臺出口 360.40 億美元，大陸自臺進口 1872.22 億美元，兩相抵扣，臺灣地區從中獲得的貿易順差高達 1511.93 億美元之巨；與此同時，在投資方面，大陸已累計吸收臺資 50820 項，合同臺資 547. 25 億美元，實際使用 293. 18 億美元。目前，大陸已成為臺灣地區第二大出口市場和最大的貿易順差來源地。[5]

中國在「入世」之後，已經並正在繼續依據《世貿組織協定》有關促進貿易自由化的宗旨、原則和各項規定，對國內各項原有的對外經貿政策和法規進行調整、改訂和更新，並將遵循 WTO 的整體規定，在最大範圍和最高層次上，繼續對臺商給予各種優惠待遇，俾能以更強的力度促使兩岸經貿往來更加全面、快速和健康地發展。

但是，反觀海峽對岸，臺灣地區當局在「入世」前後，為了追求其狹隘的政治目的，無視兩岸人民的共同願望和根本利益，長期設置各種障礙，阻撓兩岸經貿往來的健康發展，並刻意地將兩岸經貿問題「政治化」。

這種「政治化」主要表現為兩種形式：

第一，以「國家安全」之類的政治藉口，制定針對大陸的限制性和歧視性經貿政策和相關「法規」，阻撓兩岸雙邊貿易的正

常進行，特別是阻撓大陸的商品和服務業進入臺灣；阻礙臺資流向大陸，特別是阻礙大陸資金進入臺灣；並對大陸經貿人員的進出臺灣、兩岸經貿商務糾紛的處理，設定了種種無理限制和歧視待遇。在這方面，臺灣地區一九九一年「國家統一綱領」和一九九二年「臺灣地區與大陸地區人民關係條例」的相關規定，就是刻意將兩岸經貿問題「政治化」的典型表現。臺灣地區當局至今仍然限制一千五百餘項大陸農工產品進口臺灣地區，不但造成大陸對臺貿易逆差累計高達一千五百一十一億美元，而且迄今尚未批准任何一家大陸資本的企業在臺灣地區註冊，這與大陸已批准臺資企業五萬餘家形成極其強烈的反差對比。凡此種種，歸根結底，也在很大程度上削弱了臺灣地區企業在世界市場上的競爭力，損害了臺灣地區廣大消費者的利益。[6]

第二，臺灣地區當局出於政治目的而濫用世貿組織中的爭端解決機制（以下簡稱「DSU／DSB 機制」），刻意將兩岸經貿爭端「國際化」力圖以「國際性」的「對簿公堂」方式，擴大政治影響，製造政治錯覺，拓展「國際生存空間」。

上述第一種形式，是臺灣地區當局已經行之多年的現實，至今未見有改弦易轍的重大舉措。而且隨著島內政治格局的變化和民進黨成為「立法院」的第一大黨，今後還可能沿著原有的方向變本加厲。上述第二種形式，則是臺灣地區當局正在積極策劃併力求付諸實施的圖謀，有種種跡象表明，它在一定條件下將從可能轉化為現實。

就在「中國臺北」單獨關稅區的代表在「入世」《議定書》上簽署而「墨汁未乾」之際，臺灣地區當局就針對兩岸經貿關係

新局面發出這樣的「政治」喊話：「加入 WTO 後，希望兩岸能在同樣國際組織、同樣規則下，進行有秩序及比較正面的發展；至於所謂的『大三通』必須兩岸協商，**能在 WTO 架構下來談。**」[7] 緊接著，臺灣地區當局主管大陸事務的「陸委會」隨即發表「聲明」，公開揚言：「兩岸**互不隸屬**，雙方加入世貿組織（WTO）申請案也是分開處理，『入世』後將是兩個獨立、平行、**對等**的會員體」「WTO 部長會議通過兩岸同時入會案，此舉標誌著**國際社會**已正式接納兩岸成為**國際自由體系**一員。這個體係為兩岸提供一個新的溝通、對話與諮商管道。透過 WTO 的架構，雙方不再需要預設任何政治立場，也無須設置前提，即可依據現有規範與架構，針對共同和各自關切的經貿議題，自然地進行對話與諮商。」[8] 對於臺灣地區當局諸如此類的「政治喊話」，臺灣輿論界曾經及時作出中肯的解讀，指出：「〔臺灣〕當局顯然對 WTO 的政治效益頗有寄望，期借 WTO 的國際架構來建立兩岸在**政治上的對等地位**」「將 WTO 變成一個『**經貿為藉口，政治為目標**』的借題發揮的政治舞臺」「欲借此迫北京在**國際注目**下放棄對『一中原則』或『九二共識』的堅持」。[9]

國際上，密切注視臺海兩岸政治互動關係的「明眼」人士，也一眼看穿和一語道破臺北「政治葫蘆」中裝入的最新「膏藥」和最新盤算：「對臺北而言，預計在〔2002 年〕一月份的『入世』是一次**外交上的偷襲**。臺北把加入 WTO 看作是世界其他國家實實在在地承認了臺灣確實是一個**獨立**於北京的實體。」[10]

針對臺灣地區當局借「中國臺北」「入世」之機，力圖將兩岸經貿問題進一步「政治化」「外交化」和「國際化」的最新盤

算，中國政府反覆多次闡明了自己的原則和立場。在兩岸「入世」前夕，就嚴肅指出：「兩岸加入世貿組織（WTO）為兩岸經貿發展特別是直接『三通』提供了契機，但這些問題都是**中國人自己**的事情，可以在**一個中國**的原則下協商解決，**不需要藉助WTO 架構**下的爭端解決機制，也不需要藉助其他場合。」「兩岸之間的問題都可以協商，但前提和基礎是必須看作為**一個國家內部**的事務，不能看作**國際**或國與國之間的事務。」〔11〕

兩岸代表相繼在「入世」《議定書》上簽署之後，中國政府又嚴正聲明：「我們歡迎中國臺北在中國加入世貿組織之後以『中國臺北』的名義加入世貿組織。……需要指出的是，兩岸先後加入世貿組織之後，**兩岸經貿關係仍屬中國主體與其單獨關稅區**之間的經貿關係，兩岸經貿關係只有在一個中國框架內才能得到發展。」〔12〕

新近，中國政府又在更高的層次上鄭重表示：兩岸雙方已先後加入世貿組織，這是雙方一件大事，也是進一步發展兩岸經貿關係的新契機。當前，經濟全球化程度不斷加深，**區域經濟合作**的趨勢更加突出。面對共同的機遇與挑戰，兩岸同胞理應甘苦共嘗，相互扶持。因此，「**我們主張不以政治分歧干擾兩岸經貿交流。限制兩岸經濟合作的人為障礙，應當盡快拆除。**兩岸經貿問題應該也完全可以在**兩岸之間**解決。」〔13〕

綜上所述，不難看出：第一，在兩岸經貿問題上，特別在兩岸直接「三通」問題上，從來就存在著力圖使其「政治化」和反對使其「政治化」的重大分歧和爭鬥。第二，在兩岸相繼「入世」之後，臺灣地區當局囿於小「利」而昧於大勢，任意曲解和

可能濫用 WTO 的各種機制，在更多層面和更多場合，加強力度，繼續擴大推行其把兩岸經貿問題「政治化」的基本方針，並進一步把它「外交化」和「國際化」；製造更大的「新麻煩」，使兩岸人民根本利益和祖國統一大業受到更嚴重的傷害。有鑒於此，對這種新的現實和可能，顯然有必要依據《WTO 協定》所釐定的基本原則、有關規則及其歷史實踐進程，加以剖析，探討其防治之方法與途徑。

三、防止兩岸經貿爭端被臺灣地區當局「政治化」的幾種設想

根據世貿組織現行的基本原則、具體規則及其歷史實踐，結合海峽兩岸相繼「入世」後面臨的新格局，可以考慮為防治兩岸經貿問題被臺灣地區當局進一步「政治化」提出以下五種設想或五種途徑：（1）建立我國四地自由貿易區；（2）援用「安全例外」條款；（3）援用「互不適用」條款；（4）對「中國臺北」單獨關稅區重新定位以及（5）更新觀念，接受挑戰，善用 DSU／DSB 機制。下文將逐一探討這五種設想或五種途徑在 WTO 體制中的條款依據，剖析其中可能出現的新問題，並綜合權衡比較其利弊得失，從而謹慎、靈活地趨利避害，從容取捨。

（一）組建我國四地自由貿易區的設想和問題

一九九五年的《世貿組織協定》（WTO）是由一九四七年的《關稅及貿易總協定》（GATT）演進發展而來的。前者對後者有

重大的發展，又在許多方面繼續沿用後者的基本原則和有關規定（以下簡稱為「WTO／GATT 體制」）。[14] 關於組建自由貿易區問題，即是其中一例。

　　按照 WTO／GATT 體制，各締約成員相互之間在徵收進出口關稅方面應當實行「普遍最惠國待遇」，即任何締約方在關稅方面給予任何另一締約方產品的優惠待遇，應當立即無條件地給予其他所有締約方的同類產品。[15] 但是，作為「普遍最惠國待遇」的一種例外，WTO／GATT 體制又允許某些**經貿關係特別密切**的締約方，即兩個或兩個以上關稅區的中小群體（group of two or more customs territories），另行組建為「自由貿易區」，在其有關成員之間互相給予特別優惠的關稅待遇，即「實質上（substantially）對原產於各成員境內各種產品的一切貿易，互相取消關稅以及其他限制性商業規章」。而此種互相給予的**特惠待遇**，可以不給予自由貿易區成員以外的其他 GATT 締約方。[16] 有人通俗地比喻：這是允許在 WTO／GATT 的大集體大家庭中，另搞「小團夥」；小團夥「哥們」間互相給予的特惠，可以不讓大家庭中的其他成員分享。

　　由於此種做法既能夠給各有關成員帶來「左右逢源」的實惠，而又並不違反 WTO／GATT 的整體規範，從而是合理合法的，再加上客觀實踐證明，這種組織形式對於全球經濟的共同繁榮確能起到促進作用，因此，二十世紀八〇年代後期以來，隨著經濟全球化程度不斷加深，組建「自由貿易區」之類區域性經濟合作組織的趨勢，也日益強化和更加突出。據 WTO 現任總幹事穆爾（Moore）透露：迄二〇〇〇年十一月底止，經 WTO 秘書

處登記在案的區域性貿易協定已達一百七十多個，另有七十多個也在磋商談判之中。[17] 對於近十幾年來如雨後春筍般相繼出現的此類協定，《世貿組織協定》在其首要附件中給予了積極的評價，認為「此類協定各參加方的經濟更加緊密的一體化，可以對世界貿易的擴大作出貢獻」[18]。世貿組織的最高決策機構新近在多哈會議後發表的《部長會議宣言》中，也對 WTO 框架下的區域性貿易協定加以充分肯定《宣稱：「我們強調確認世貿組織是制定全球性貿易規則和促進全球貿易自由化的無與倫比的論壇；同時，我們也承認各種區域性貿易協定在推動貿易自由化、擴大貿易和促進發展等方面，能夠發揮重大的作用。」[19]

如今，中國既已加入世貿組織，對於上述行之有效的國際慣例或通行做法，自有參考、借鑑的可能和必要，並可結合中國國情，採取「拿來主義」，加以妥善運用。據報導，中國對外經貿部副部長龍永圖在香港舉行的一個大型國際研討會上透露，「中國政府正考慮「入世」後在內地、香港及澳門之間建立一個自由貿易區，在世界貿易組織有關條例和框架之下進一步促進中國內地、香港與澳門的經濟發展和繁榮。」「中國『入世』後，在內地、香港和澳門之間建立自由貿易區完全符合世界貿易組織的貿易協定，而且有利於加強彼此間的貿易往來，有利於密切相互的經濟合作」[20]。香港經濟學家也認為，在內地和港澳地區之間逐步建立起一種自由貿易關係，形成比一般世貿組織成員之間更加緊密的貿易互惠關係，將更能體現內地與港澳地區之間一個國家幾個關稅區的特殊關係和客觀現實。

香港有的學者則更進一步倡議組建「大中國自由貿易區」，

參照歐盟、北美自由貿易區、東盟的架構，立足於中國國情，逐步建立起**包括我國臺灣地區**在內的一國兩岸四地（大陸、港、澳、臺）自由貿易區。除了在四地之間實行比一般 WTO 成員之間更緊密的協作和更優惠的互惠措施之外，還設置**特定的爭端解決機制**，以專門解決一國兩岸四地之間的經貿爭端。[21]

　　這一設想和倡議，符合我國四個關稅區廣大人民的共同利益，符合 WTO ／ GATT 體制下的常規，符合當代潮流，自是可取之道。果能實現，就可避免將兩岸經貿問題和經貿爭端「政治化」「外交化」和「國際化」的種種弊端和危害。但是，這一設想的實現，卻必須以海峽彼岸臺灣地區當局承認「一個中國」的原則作為基礎和前提。衡諸當前現實，臺灣地區當局至今仍然堅持其頑固立場，甚至公然推翻當年「汪辜會談」已經達成的關於「一中各表」的「九二共識」，則此議在目前可預見的一定時期內，恐難實現。不過，如果在 WTO ／ GATT 框架下，分兩步走，第一步先把中國內地、港、澳這三個關稅區妥善地組建為具有中國特色的自由貿易區，充分發揮其互補互助的綜合集體優勢，強化其在國際市場上的競爭能力，共同為十三億中國人民謀取到令人豔羨的福祉，則這一自由貿易區對海峽彼岸的臺灣地區當能發揮相當有力的示範作用和「磁吸」效應，並在時機成熟時導致第二步，促使管轄著「中國臺北」關稅區的臺灣地區當局改變立場，同意加盟。這應當是可以合理預期的。

（二）援用「安全例外」條款的設想和問題

　　在 WTO ／ GATT 體制中，「安全例外」條款是常被援用但

至今爭議很大的條款。

前文述及，世貿組織要求其所有成員都應恪守 WTO ／ GATT 體制下的各項原則和規範，在貿易領域相互給予關稅減讓等各種互利互惠的待遇，以不斷促進彼此之間和全世界範圍內貿易自由化。但是，全球各國、各地區與貿易有關的具體型勢是極其複雜多變的，為了保護其成員在某些特定情況下的合理權益，世貿組織又允許其成員在某些特定情況下，作為**例外**，可以在一定程度上**暫時偏離**（deviate from）其本應恪遵的某項原則或規範，即**暫不履行**其原先承諾承擔的某種義務。前述允許組建「自由貿易區」，即是對「普遍最惠國待遇」原則的一種例外；而以「安全利益」為由暫時偏離 WTO ／ GATT 有關規範和暫不履行其原有義務，則是另一種例外，而且是更加重要的例外。

根據 WTO ／ GATT 體制中「安全例外」條款，《1994 年關稅及貿易總協定》中的任何具體規定，均「不得被解釋為阻止任何締約方採取其認為對保護其基本安全利益（essential security interests）所必須的任何行動」其中包括與武器、彈藥和作戰物資的貿易有關的行動，在戰時或國際關係中其他緊急情況下採取的行動，等等。[22]

兩岸分別「入世」後，作為**同一個**中國**主權實體**下的兩個關稅區，任何一方對其相互之間的貿易往來，可否以保護自身「基本安全利益」作為理由，援引「安全例外」條款，偏離 WTO ／ GATT 的現有規範，設置貿易障礙，拒絕給予對方應有的各種優惠待遇，阻撓貿易自由化的進程？據筆者所知，這在 WTO ／ GATT 體制五六十年的演進史上，還是一個新鮮問題。圍繞著這

一中心，又可分解為以下三個「子」問題，即：

（1）臺灣地區當局是否可能在 WTO 新體制下，援引「安全例外」條款，繼續阻礙兩岸經貿的健康發展？或者更進一步援引此例外條款，濫用 WTO 中的爭端解決機制，製造新的「麻煩」，把兩岸經貿問題更加「政治化」「國際化」？

（2）中國政府是否可能在 WTO 新體制下，援引「安全例外」條款，拒絕繼續給予臺商各種優惠以繼續促進兩岸經貿的健康發展？或者進一步援引此例外條款，排除臺灣地區當局對 WTO 中爭端解決機制的濫用？

（3）臺灣地區當局是否可以在 WTO 新體制下，援引「安全例外」條款，繼續和強化其向美國等採購武器的貿易行動（以下簡稱「向美購武」或「對臺售武」），並使此類行動獲得 WTO/GATT 體制下和國際法上的合法地位？

對於上述第一個「子」問題，答案應當是**肯定**的。如所周知，李登輝當權年代長期推行「戒急用忍」方針阻撓兩岸經貿正常往來，其最基本的「理論藉口」就是所謂保護臺灣島的「安全利益」。如今，臺灣地區當局承襲了李登輝的衣缽，雖在島內外壓力下提出了所謂「積極開放，有效管理」的「調整」辦法，貌似有所「鬆綁」，實則許多跡象表明其基本方針並未改弦易轍，以致被嘲為「開放開放，**開而不放**；鬆綁鬆綁，**鬆而又綁**」。特別是「新政策」中的「有效管理」一詞，留下模糊的解釋空間，論者認為它不過是臺灣地區當局撈取更多選票的一種「障眼」術或「掩耳」法，不過是「戒急用忍」的政治「變種」，或新瓶裝舊酒。[23] 其最新例證之一是：就在「中國臺北」關稅區的代表

在「入世」《議定書》上簽署的前後，由臺灣地區「**國家安全局**」牽頭、「經濟部」「財政部」「警政署」參與的「WTO 因應小組」祕密會議頻頻舉行，研擬在兩岸「入世」後的新「對策」，議題分商品、人力、資金、情報、高科技五個小組，其中資金小組是整個會議的焦點，判定大陸「極有可能利用世貿市場開放之便對臺展開經貿統戰」；「連帶勢必衍生『**以商圍政**』『**以商亂政**』的情形，屆時，臺灣將面對長年經濟基業受制於人形成的『**內亂**』」。[24] 此例說明：臺灣地區當局早就加緊策劃於密室，研究「因應」之策，並已下定決心在「**入世**」之後，仍然耍弄故伎：打起保護「**國家安全**」的破旗，危言聳聽，欺騙輿論，蠱惑人心，繼續阻撓兩岸經貿往來的健康發展。

但是，如果較深入地回顧 WTO ／GATT 體制的**歷史實踐**，則不難發現，臺灣地區當局的這一如意盤算是極難得逞的。在 GATT 的歷史實踐中，曾經有過三起比較典型的援用「安全例外」條款的爭端[5]茲分別簡介如下：

（A）阿根廷訴歐共體、加拿大和澳大利亞限制進口案

阿根廷東南沿海的馬爾維納斯群島（又稱福克蘭群島），原為阿國領土，一八三二年後被英國長期占領。一九八二年阿根廷採取了收復失土的措施，英國對阿悍然發動侵略戰爭，因強弱懸殊，以阿方失敗告終，史稱「馬島戰爭」。在「馬島戰爭」期間，在英國的積極策劃和推動下，歐共體及其成員國（含英國）、澳大利亞和加拿大等自一九八二年四月十日起對阿根廷實行進口限制，以示「制裁」一九八二年四月三十日，阿根廷向當

時的 GATT 理事會投訴，指控這些國家所採取的措施均非出於經濟和貿易方面的原因，衡諸《關貿總協定》的原則和有關規範，顯屬非法行為，應予撤銷。這些被訴國家援引《關貿總協定》第二十一條所規定的「安全例外」條款，論證其行為的「合法性」。雙方舌劍唇槍，展開激烈爭辯，GATT 理事會未作結論。其後不久，迫於全球公正輿論，[26] 皮訴諸國於一九八二年六月底撤銷了上述對阿的無理限制措施。但被訴方援用「安全例外」一舉之是非曲直以及是否合法，迄未澄清。[27]

為要個「說法」，討回公道，並防止今後「安全例外」條款再被任意濫用，阿根廷繼續堅持要求 GATT 理事會作出決定，正式確認被訴諸國對阿採取的進口限制屬於違法行為。此項正當要求因受被訴諸強國抵制，未果。阿遂聲明保留其在《關貿總協定》體制下的一切權利，「包括可能在適當時候援用 GATT 第二十三條規定來確定（determine）這些制裁所造成的損害」[28]。它還進一步要求 GATT 理事會以「協商一致」方式將其意見寫進針對 GATT 第二十一條作出解釋的文件中。一九八二年十一月，GATT 締約方全體受理該爭端，又經一番激烈爭辯，GATT 理事會僅僅同意在作出第二十一條正式解釋的決定之前，先制定援用第二十一條的程序性「指導原則」該「指導原則」規定，今後凡援用 GATT 第二十一條「安全例外」條款採取貿易限制措施者，應儘早通知各締約方；受影響的所有締約方有權保留其在關貿總協定體制下的一切權利，並且有權請求理事會對該問題進行相應的全面審查。但對於阿根廷要求就「安全例外」條款本身作出正式解釋一事，GATT 理事會雖表示要加以「進一步研究」（further study），但一直採取拖延、**回避**態度，最後不了了之。[29]

（B）尼加拉瓜訴美國削減食糖配額案[30]

尼加拉瓜是中美洲農業國，經濟上以生產和出口糧、糖、咖啡為主。自二十世紀三〇年代初起，尼國長期由親美軍閥索摩查家族統治，淪為美國的半殖民地。一九七九年桑地諾民族解放陣線推翻了索摩查家族的獨裁統治，建立了獨立自主的新政權，觸犯了美國在尼的「既得利益」。於是美國視桑地諾陣線政權為眼中釘，力圖予以扼殺。除大力支持尼國內部反政府武裝的顛覆活動外，於一九八三年五月起大幅度削減從尼國進口食糖的配額，從原有的每年進口五萬八千短噸驟減為每年六千短噸（短噸=2000 磅=907.2 公斤），即大約十削其九，只留其一；並將削減下來的食糖配額重新分配給其他拉美國家。據統計，此舉將使尼國每年損失一千四百萬美元的外匯收入。美國所持「理由」是：美國對其自身「安全」和整個拉丁美洲的「安全」負有維護責任。大幅削減從尼國進口食糖配額，旨在削弱尼國政府用於軍事目的以及資助中美地區「顛覆活動」和「極端分子」的財源，以保障和增強美國和拉美的「安全」與「穩定」。

一九八三年五月二十六日，尼加拉瓜向 GATT 理事會投訴，指控美國此舉是為了追求特殊的政治目的而給予尼加拉瓜的**歧視**待遇，從而違反了《關貿總協定》第十三條第二款關於「數量限制的**非歧視**管理」的規定，即「在對任何產品實施進口限制時，締約方應當作到使此種產品的貿易分配儘可能接近在無此類限制的情況下各締約方預期獲得的份額」。同時，還指控美國此舉也違反了《關貿總協定》第二條關於關稅減讓表的規定、第十

一條關於取消數量限制的規定以及該協定第 4 部分關於「貿易與發展」和給予發展中國家特惠待遇的規定。

雙方經協商無法解決爭端，尼加拉瓜遂於一九八三年六月二十七日進一步要求 GATT 理事會成立專家組審理此案。一九八三年十月十八日理事會主席宣布，經與各方磋商，決定成立由 R. Peren, H. Sarrailet 和 C. Manhusen 組成的三人專家組，並且已授權專家組主席 Peren 與有關各方商定本案「審理範圍」（terms of reference）為：「依據 GATT 有關規定，審理由尼加拉瓜提交締約方全體的關於美國對從尼加拉瓜進口食糖採取措施的爭端案，並作出事實認定（fndings），以便協助締約方全體依據 GATT 第二十三條的規定，提出建議，或作出裁定。」

這樣，受理本案的專家組從一開始就把爭訟雙方中的**政治分歧**問題，即有關美國援用「安全例外」條款本身的理由之是否合法問題，是否觸犯 GATT 規範問題，完全**排除在「審理範圍」之外**，把**貿易爭端從政治分歧**中完全「**剝離**」出來，而僅僅「就事論事」，審理美國所採取的限制尼糖進口新措施是否符合 GATT 的有關規定。經過將近五個月的調查聽審和取證，專家組於一九八四年三月初作出了本案的審結報告，呈交 GATT 理事會，其中認定：美國將尼糖進口配額從原有的五萬八千短噸驟減為六千短噸此舉，表明美國違反了《關貿總協定》第十三條第二款關於「非歧視」的規定，「美國未能履行它根據」關貿總協定》所承擔的義務。」「專家組建議締約方全體要求美國迅即向尼加拉瓜分配符合」《關貿總協定》第十三條第二款規定標準的食糖進口配額。」此項專家組審結報告在 GATT 理事會上引起激烈爭

辯。眾多國家認為：為了追求政治目的而施加貿易限制，是不合理、不正當的，因而主張正式通過此項審結報告。美國代表則極力強調 GATT 組織根本無權處置此類國際爭端。一九八四年三月十三日，此項審結報告終於在 GATT 理事會上獲得通過。但是，美國政府仍堅持原有立場，並公然表示：只有在美—尼之間的政治矛盾找到妥善解決方案之後，美國才會撤銷上述措施。足見美國當年即使在 GATT 原多邊體制下，依然我行我素，不受任何多邊規範的約束，表現得十分霸氣和蠻橫。[31]

此案的審理雖未能最終解決美—尼矛盾，但關貿總協定前任總幹事奧利弗·隆（瑞士籍人士）卻從「方法論」的角度對它的審理經驗作出了相當積極的肯定。他總結說：「此案的審理在關貿總協定的法律方面有一些值得注意的特色。首先，它表明，至少在某些爭端中，有可能將**政治因素**與**貿易因素分隔**開來；其次，它表明，即使在處理政治色彩很濃的爭端中，專家組程序也是頗能發揮作用的。」[32]

（C）尼加拉瓜訴美國禁運案

尼—美貿易爭端前波未平，後波又起：一九八五年五月一日美國總統里根宣布，由於尼加拉瓜政府的政策和行為對美國的「國家安全」和外交政策構成「特別的威脅」。根據美國一九七六年的《國家緊急狀態法》，美國政府決定自一九八五年五月七日起，對尼加拉瓜實行全面禁運，並禁止美國人與尼加拉瓜進行任何貿易，以示對尼實行「制裁」。針對美國政府此種變本加厲、背棄 GATT 多邊規則義務的強霸行為，尼加拉瓜向 GATT 理事會投訴，請求成立專家組審理此案，並作出決定，要求美國

取消禁運。在嗣後的激烈爭辯中，美國堅主 GATT 專家組不能審議美國援引 GATT 第二十一條「安全例外」條款這一行動的合法性問題，在此前提下，才能同意成立專家組。顯見其「做賊心虛」色屬內荏。為了打破僵局，GATT 理事會同意接受美國提出的這一條件，並成立了專家組。據此，專家組成立之後在其「審理範圍」（terms of reference）中，排除了上述審議內容，也不審議依據國際公法其他準則提出的其他指控，而僅限於就貿易論貿易。一九八五年十月，專家組提交了調查審結報告，作出了貌似「模棱兩可」實為「委婉」地批評美國的認定：一方面，承認美國有權實行貿易禁運，另一方面，又認為美國的禁運措施有悖於 GATT 推進貿易自由化的基本宗旨。美國固然有權援引 GATT 第二十一條「安全例外」條款，但也需要有穩定的貿易政策，在兩者互相矛盾不可得兼時，美國選擇了前者，而放棄了後者，這是錯誤的選擇。但是，專家組並未針對美國的這種錯誤選擇進一步提出改正建議。同年十一月，GATT 理事會對專家組的報告作了討論。當事國雙方以及相關各方對決議案文的內容和措辭又各執一端，僵持不下。經理事會與爭端雙方磋商協調，迄未能化解僵局，遂將專家組報告作為未經通過的文件存檔擱置。[33] 此後一九八七、一九八八年，尼加拉瓜政府又多次向 GATT 理事會投訴，指控美國的禁運措施違背它自己在 GATT 中承擔的國際義務，但始終未獲理事會積極回應。直至一九八九年，尼加拉瓜大選，產生了新總統，美國才在一九九○年二月正式解除了對尼的禁運。[34]

以上三宗案例，具體情節各異，但其中「安全例外」條款的援用者卻頗有「共性」：第一，都是為了追求政治目的，蓄意將經貿問題政治化。第二，都是對 GATT 體制下「安全例外」條款加以**曲解**和**濫用**。第三，都是**背棄**了自己參加 GATT 多邊體制時作出的鄭重承諾，自食其言，違反國際義務。第四，GtATT 的締約方全體（contracting parties）其理事會在處理此類蓄意把經貿問題與政治衝突掛鉤、曲解和濫用「安全例外」條款因而引發的爭端時，總是迴避直接觸及棘手的政治分歧，而儘可能將經貿問題從政治爭端中**剝離**出來，「在商言商」，**就貿易談貿易**，並以《關貿總協定》本身的規則為準繩，求得問題的妥善解決。誠如關貿總協定前任總幹事奧利弗·隆所總結的：在 GATT 體制下，當事人將爭端提交締約方全體及理事會之後，如果其中的政治意義大於貿易意義，締約方全體及其理事會就只打算在《關貿總協定》的職權職責範圍之內行事。它們總是盡一切努力避免捲入政治性的紛爭，而將解決政治爭議的責任留給其他相關組織去處理。「為了把貿易因素和政治因素**隔離**開來，GATT 理事會總是**將政治因素擱置**一邊，而只受理審查該案爭端是否與《關貿總協定》的具體規定相關聯，能否根據《關貿總協定》的具體規定來處斷。」〔35〕第五，正因為 GATT 締約方全體及其理事會對此類因曲解和濫用「安全例外」條款引發的爭端，採取上述「政貿分離」的處斷方針，因此，此類爭端製造者的違規、違法行為，極難得到其他締約方的普遍認同，恰恰相反，到頭來總是遭到其他締約方和國際輿論的同聲譴責和廣泛批評，即使是超級大國或經濟強國，也未能例外和「倖免」。其「政治收支結算」，

總是所失遠超於所「得」。

簡言之，在 GATT 體制下濫用「安全例外」條款者的以上五點「共性」，似可概括為：目的相近，手段相似，**後果相同**。

由此可見，兩岸「入世」後，如果臺灣地區當局仍然昧於大勢，不識時務，也拒絕「以史為鑑」，硬要耍弄故伎，在 WTO ／GATT 的新框架下曲解和濫用「安全例外」條款，繼續把兩岸經貿問題政治化，以阻撓兩岸經貿往來的健康發展，則到頭來勢必是「偷雞不著蝕把米」，除了進一步在世貿組織和國際社會中丟醜之外，不會有其他什麼美果可嘗。這就是對前述第一個「子」問題持肯定答案的「發展前景」。

關於前述第二個「子」問題，即中國政府是否可能在 WTO 新體制下援引「安全例外」條款，以應對臺灣地區當局的「經貿政治化」行徑及其後果？其答案應當是否定的。至少就現有的兩岸關係「生態學」環境看，應是否定答案。

這是由中國政府對待兩岸經貿問題的基本立場、基本政策方針所決定的。因為：首先，如前文所述，中國政府反覆多次強調：「兩岸加入世界貿易組織之後，兩岸經貿關係仍屬中國主體與其單獨關稅區之間的經貿關係」；兩岸經貿問題始終「都是中國人自己的事情」，可以在一個中國原則下和一個中國範圍內，自行協商解決；「**兩岸經貿問題應該也完全可以在兩岸之間解決**」。[36] 換言之，在可預見的未來歲月中，沒有必要援用「安全例外」條款，主動把兩岸經貿爭端問題提交 WTO 去求得解決。其次，亦如前文所述，中國政府在「入世」前後，已經並正在繼續依據 WTO 促進貿易自由化的諸般原則和規則，調整和更新對

外開放的政策法令，在更大範圍、更多層次和更強力度上，擴大對外開放。因此，對於「血濃於水」的本國同胞——臺商，勢必繼續給予在 WTO 新框架下的各種可能的最大優惠；甚至在條件成熟時，也給予「自由貿易區」的同等特惠待遇，這也不是不可預期的。既然如此，中國政府顯然不會在臺灣地區當局繼續阻撓兩岸經貿正常往來的新情況下，援用「安全例外」條款，自行改變對廣大臺商給予最大優惠的政策。因為，中國政府對待迄今仍堅持「臺獨」走向的臺灣地區當局與對待心向祖國的廣大臺商，從來就是嚴格區分、絕不混淆的。

但是，如果臺灣地區當局不但長期拒不改弦更張，而且誤判「入世」後的新格局、新形勢，頑固地和加速地沿著「臺獨」走向愈行愈遠，並且變本加厲，進一步肆意**濫用 WTO 中的爭端解決機制**，不斷地製造新麻煩和挑起新事端，千方百計地借「入世」之機把兩岸關係「國際化」，則中國政府屆時是否可能援用「安全例外」條款，又當別論。關於這一點，下文將另作分析。

關於前述第三個「子」問題，即臺灣地區當局能否在 WTO 新體制下援引「安全例外」條款，使其向美國等採購武器的貿易行為獲得 WTO ／ GATT 體制下和國際法上的「合法」地位？其答案也應當是否定的。其所以然，有著三個方面的原因：

第一，貿易自由化須受國際公法準則的約束。WTO ／ GATT 體制所藉以建立和運行的法律根據是《WTO 協定》。後者的立約宗旨，是在經貿這一有限的領域，即在非政治領域，建立一個全球性的多邊平臺，即全球性的多邊貿易體制，以促進全球**貿易自由化**（trade liberalization）。這種「自由化」，當然不應

當也不可能是無條件的、絕對的、不受任何法律約束的「自由化」。即使就體現了促進貿易自由化宗旨的 WTO 諸項基本規則而言，其關稅減讓的幅度，貿易壁壘撤除的範圍，非歧視措施、最惠國待遇、國民待遇實施的程度，也都是必須具備一定條件和受到一定限制的，而這些條件和限制的本源，歸根結底，則是來自各**主權國家**在政治上和經濟上的協商意志和協調權力。因此，在當代國際社會中，任何全球性的經貿平臺或多邊貿易體制，都不是孤立自在和至高無上的，它的持續存在和正常運作，是與國際政治上現有的多邊體制互相配合、相輔相成的；相應地，它必須也必然要切實遵守和直接受制於國際政治關係、**國際公法**上的一切基本原則，而不得任意違背、侵害、踐踏、直至破壞這些基本原則。否則，就勢必造成國際政治秩序和國際經濟秩序的混亂，並最終導致經貿平臺本身的瓦解和覆滅。

第二，對臺售武是觸犯國際強行法（jus cogens）[37] 的違法行為。當代國際社會上行之多年的《維也納條約法公約》，在序言中開宗明義地強調「條約必須遵守原則是舉世公認的（universally recognized）」。《公約》第二十六條規定：凡在有效期中的條約對各當事國均有拘束力，各當事國必須真誠守信地（in good faith）履行。」第二十七條又進一步指出國際條約與締約國國內法之間的關係，明文規定：「條約當事國不得援引其國內法規定作為理由而不履行條約。」這就是眾所周知的「有約必守」（pacta sunt servanda）原則。與此同時，《公約》第五十三條又明文強調：「條約在締結時如與一般國際法強制性規範（peremptory norm）相牴觸，條約無效。」「一般國際法強制性

規範是指由國家組成的國際社會整體接受並公認為不容許侵害毀損……的規範。」[38]而「有約必守」原則以及不得侵害國家主權原則，即一切國家應當互相尊重國家主權的獨立和領土的完整，這都是早已釐定於《聯合國憲章》[39]和舉世公認的國際法強制性規範。

據此，任何全球性的政治公約、經濟公約，包括《WTO 協定》，其締結、運作和執行，顯然也都不得任意違反、背離上述國際法強制性規範。衡之臺灣地區當局向美國購武以及美國對臺售武的現實，則購買與銷售雙方，顯然都是直接違反、踐踏《聯合國憲章》和《維也納條約法公約》有關「有約必守」以及國家主權不容侵害這些國際法強制性規範的。它們之間的購、銷行為，顯然都不屬於 WTO 體制下的促進貿易自由化的合法範疇；恰恰相反，此類行為都應屬於國際法上的不法行為或違法行為。

眾所周知，臺灣自古即屬於中國。中國人由大陸赴臺開發、經營、生息繁衍，已長達一千七百餘年。一八八五年，中國清朝政府正式劃定臺灣為中國的單一行省，並任命巡撫統轄全島。一八九五年起臺灣雖一度被日本侵略者霸占，但第二次世界大戰結束前後，一系列國際協定和法律文書已重新確認中國對臺享有主權，並使臺灣重歸祖國懷抱。[40]

但是，一九四九年中華人民共和國成立之後，美國出於其稱霸全球的戰略需要，長期拒絕在外交上承認中國，並極力扶持退踞臺灣的國民黨集團竊踞新中國在聯合國中的合法席位。經中國與全球主持正義的國家聯合鬥爭，終於在一九七一年十月二十五日由第二十六屆聯合國大會通過 2758 號決議，驅逐了臺灣地區

當局的代表，恢復了中華人民共和國在聯合國的席位和一切合法權利。美國政府鑒於大勢已去，無力回天，為避免自己陷於徹底孤立，遂於二十世紀七〇年代之初開始對華建交談判，並在其後發表的三份中美聯合公報中，反覆重申：「美國認識到，在臺灣海峽兩邊的所有中國人都認為只有一個中國，臺灣是中國的一部分。美國政府對這一立場不提出異議。」[41]「美利堅合眾國承認中華人民共和國政府是中國的唯一合法政府。」「美利堅合眾國政府承認中國的立場，即中國只有一個，臺灣是中國的一部分。」[42]「互相尊重主權和領土完整、互不干涉內政是指導中美關係的根本原則。……美國政府非常重視它與中國的關係，並重申，它無意侵犯中國的主權和領土完整，無意干涉中國的內政，也無意執行『兩個中國』或『一中一臺』政策。」[43]

特別應當指出的是，在上述發表於二十年前的第三個中美聯合公報中，美國政府還專門就對臺售武問題作出鄭重的、具體的承諾：「美國政府聲明，它**不尋求**執行一項**長期**向臺灣出售武器的政策，它向臺灣出售的武器在**性能**和**數量**上將不超過中美建交後近幾年供應的水平，它準備**逐步減少**它對臺灣的武器出售，並經過一段時間導致**最後**的解決。」[44]

相隔十五年之後，中美雙方又發表聯合聲明，分別和共同重申恪守上述三個聯合公報：「中方強調，臺灣問題是中美關係中最重要最敏感的核心問題，恪守中美三個聯合公報的原則，妥善處理臺灣問題是中美關係健康、穩定發展的關鍵。美方重申，美國堅持一個中國的政策，遵守中美三個聯合公報的原則。」[45]

簡言之，在尊重中國國家主權和領土完整以及與之緊密相關

的削減和停止對臺售武問題上，美國歷屆政府可謂信誓旦旦，好話說盡，言猶在耳。但是，對照眾所周知的美國對臺售武的現實，自上述第一個公報發表後長達三十年的期間內，美國政府不但未信守諾言，「逐步減少」對臺售武，反而不斷變本加厲，在對臺售武的**性能**和**數量**上均大大超過中美建交後一九八二年的原有水平。如果把這種嚴重食言、背信棄義、踐踏「有約必守」和國家主權原則等國際強行法規範的違法行為，說成是符合 WTO ／GATT 體制宗旨和規則的合法行為，說成是符合國際公法的正當行為，那就不啻是對 WTO ／GATT 體制和國際公法基本準則荒謬絕倫的歪曲和極端嚴重的褻瀆！至於美國國內至今仍有「鷹派」人士以實施美國國內的《與臺灣關係法》為藉口，「論證」美國對臺售武行為之「合法性」和堅持此種踐踏國際強制性規範的違法實踐，只不過是徒然凸顯其對《維也納條約法公約》第二十七條禁止規定之無知、蠻橫和理屈詞窮，實在無法掩盡天下人耳目，因為後者毫不含糊地載明：任何條約當事國均不得援引其**國內法**規定作為理由而不履行國際條約。

第三，歐美其他軍事工業強國對臺售武行為，也是觸犯國際強行法的違法行為。近數十年來，除美國之外，歐美其他軍工強國的軍火商及其政府對臺售武情事，亦時有發生，伏而又起。此類行為，當然也是屬於違反「有約必守」和「他國主權不容侵害」等國際強行法規範的不法行為。因為，在這些國家與中國建交之初，都毫無例外地在有關建交的雙邊公報中公開宣布：尊重中華人民共和國主權和領土的完整，承認中華人民共和國政府是中國的唯一合法政府，臺灣是中國的一部分。不言而喻，一方面

宣稱尊重中國主權和領土的完整，另一方面卻在經濟利益驅動下把各種先進武器出售給嚴重損害和破壞中國主權與領土完整的地方叛亂集團或頑固分裂勢力，這種言行不一、違背國際信義和國際義務的不法行為，不論來自何方，理所當然和毫無例外地受到中國政府的譴責、抵制和相應的制裁。中國政府的這一基本立場，顯然不會因中國的「入世」而稍有鬆動和改變，因為在臺灣地區當局的分裂主義和「臺獨」走向未有徹底改弦易轍的條件下，任何對臺售武這一國際非法行為，都絕不可能在 WTO／GATT 體制下和國際公法上搖身一變，突然變成為什麼「貿易自由化」的「合法」行為。其理至顯，已如上文第一、二點所述，毋庸多贅。

（三）援用「互不適用」條款的設想和問題

「中國臺北」單獨關稅區「入世」後，臺灣地區當局力圖把世貿組織這一「經濟平臺」轉換作為「政治舞臺」，以兩岸經貿問題為口實，借題發揮，追求將兩岸整體關係「外交化」和「國際化」這一圖謀早在二〇〇一年十一月間就已經昭然若揭。新近的訊息是：其「陸委會」主管曾多次鼓吹要將兩岸關係「引導」到 WTO 架構下，「提升」到「國際層次」通過加入世貿組織，一舉為臺灣「打開一百四十扇國際大門」，「積極參與國際事務，擴大臺灣在國際的生存空間」[46]。

不難預料，在現行的 WTO 體制下，最有可能被臺灣地區當局濫用來作為「政治舞臺」的，就是其中的「爭端解決機制」：臺方以兩岸某種經貿問題或某項經貿爭端作為「切入口」或突破

口，尋釁肇事生端，以「申訴人」（claimant）的身分，向世貿組織所設的「爭端解決機構」（Dispute Settlement Body，DSB）投訴，「迫使」中國政府以「被訴人」（respondent）身分，與臺方代表在 WTO 這一擁有一百四十四個成員國家和地區（單獨關稅區）的全球性國際組織中，「對簿**國際**公堂」，製造「**國際**爭端」的錯覺，進而利用國際各種新聞媒體從中「炒作」，混淆國際視聽，擴大國際政治影響，撈取國際政治資本。

針對這種圖謀，學界有人提出，中國政府不妨「未雨綢繆」考慮援用 WTO 體制下的「互不適用」條款，特別申明對兩岸經貿問題及有關爭端互不適用《世貿組織協定》的「附件 2」即互不適用《關於爭端解決規則與程序的諒解》（Understanding on Rules and Procedures Governing the Se tlement of Disputes，DSU），藉以從源頭上和根本上堵塞臺灣地區當局力圖將兩岸問題「外交化」和「國際化」的「通道」。 因為，世貿組織中的「爭端解決機構」DSB）據以設立的「**法源**」以及據以運作的規則，就是 DSU 這份多邊協定。如能做到兩岸經貿爭端「互不適用」DSU 這一多邊協定，則一旦臺方將兩岸經貿爭端提交 DSB 解決，就是「所請於法無據，應予駁回」了。此種設想是否可取，應作具體分析。

《世貿組織協定》第十三條就是專門針對「多邊貿易協定在特定成員間的互不適用」問題作出的規定。其中第 1 款載明：「任何成員，如在自己成為成員時或在另一成員成為成員時，不同意在彼此之間適用本協定及附件 1 和**附件 2** 所列多邊貿易協定，則**這些協定**在該兩成員之間互不適用。」這裡所列的「附件

2」就是指 DSU 這一多邊「諒解書」。同時，同條第三款規定：在 WTO 成立之後即一九九五年一月一日以後參加 WTO 的新成員，「只有在不同意對另一成員適用的一成員在部長級會議**批准**關於加入條件的協議**之前**，已按此通知部長級會議的前提下，第一款（關於**互不適用**）的規定方可在該兩成員之間援用實施」。此外，同條第四款又進一步作出概括性的重要補充：「在任何成員請求下，部長級會議可審議本條在**特殊情況**下的運用情況，並提出適當建議。」

根據本條第一款和第三款的上述明文規定，中國政府現在如欲正式要求在兩岸經貿問題爭端上互不適用 DSU 這一多邊協定，就會遇到兩個方面的具體問題，即：第一，如前文所述，《WTO 協定》乃是「一攬子」協定，各成員在參加締結和接受本協定時，「要麼全部，要麼全不」，不允許只從中挑選接受某些規定卻又拒絕其中另外某些規定。DSU 協定乃是整個《WTO 協定》不可分割的一部分，這是《WTO 協定》第二條第二款所明文涵蓋的。據此，結合第十三條第一款的文字表述，則一成員如欲提出對另一成員「互不適用」看來也只能就《WTO 協定》及其十七個附件協定這一不可分割的整體，作出全盤的抉擇。如果選擇「全盤互不適用」，這顯然不符合中國參加 WTO 的本意，也不符合中國政府對臺灣地區這一中國主權下單獨關稅區的基本政策。第二，中國作為 WTO 的新成員，如欲提出對另一成員即「中國臺北」單獨關稅區「互不適用」則應在相關的部長級會議批准中國**加入之前**，即二〇〇一年十一月十日之前提出並已通知部長級會議，方為有效。如今顯已失去時效。

當然，也應當看到，第十三條第四款「概括性」的補充規定，留下了較大的解釋空間和援用的可能性。如果臺灣地區當局甘冒天下之大不韙，肆無忌憚地硬把兩岸經貿問題爭端「外交化」和「國際化」，對中國造成了極大的危害，到了令人忍無可忍的地步，則屆時中國自可考慮援用第十三條第四款的上述規定，同時也援用《1994 年關貿總協定》第二十一條關於「安全例外」的規定，提請部長級會議作為「**特殊情況**」加以審議，並提出相應的處斷建議。但是，對條文中所稱「特殊情況」究應作何解釋，其內涵和外延如何界定，按《WTO 協定》第九條第二款的規定，應由部長級會議以四分之三的多數票通過，方能生效。由此可見，援用第十三條第四款的上述規定並提出相應的請求，其審議、批准的條件和程序可謂相當嚴格和複雜，且含有諸多模糊不清和難以確定的**解釋變數**。顯然，非到萬不得已，一般成員是不會輕易提出此項申請的。

不過，整個 DSU 這一多邊協議，經過一九九五至二〇〇一年前後大約七年的實施和十分頻繁的運用，實踐表明：其中某些規定已顯得不能適應形勢發展的新需要，故二〇〇一年十一月在多哈舉行的 WTO 第四次部長級會議上已決定把 DSU 作為新一輪多邊談判的項目之一，對它進行新的審議、磋商和必要的修訂。這一決定已引起 WTO 全體成員矚目。中國現在既已成為 WTO 的正式成員之一，自當在重新審議、修訂 DSU 的過程中，提出合理的改革建議，與其他締約成員一起，促使 WTO 中的 DSU／DSB 機制更趨健全與完善，杜絕一切形式的歪曲和濫用。此項工作定於二〇〇二年一月啟動，並定於二〇〇三年五月

以前達成新的協議，完成修訂工作。[47]

（四）「中國臺北」單獨關稅區 WTO 成員資格的重新審定問題

對世貿組織，人們喻之為「經濟聯合國」。此稱突出地強調它的功能、職權和職責，在於「經濟」領域而不宜插手政治，也生動地形容它在全球範圍內的廣泛代表性和重要性，堪與當今主司全球性政治事務的聯合國互相媲美，相輔相成。

但是，此稱在「通俗易懂」的同時，卻也「易滋誤解」。因為世貿組織不像聯合國（United Nations）那樣，全是主權國家（nation）的聯合體。世貿組織的成員，除了大量的主權國家外，還有相當數量的「單獨關稅區」（separate customs territory）。這種成員結構，是它與聯合國最大的區別之一。

根據《1947 年關貿總協定》原有的規定，「單獨關稅區」指的是「在處理其對外貿易關係和本協定規定的其他事項方面享有完全自主權」的某國部分領土。[8] 一方面，「單獨關稅區」既是歸屬於某一主權國家並受其政治管轄的部分領土，卻又在處理本地區的外貿關係等方面享有自主權；另一方面，該地區雖在處理本地外貿關係等方面享有自主權，卻又在國際法公認的「身分」和地位上，仍然只是歸屬於該主權國家並受其政治管轄的部分領土。正因為一個主權國家及其屬下的「單獨關稅區」有著這種法定的管轄與被管轄關係，所以，各個參加締約的主權國家的政府，在它向締約方全體的「執行秘書」（其後改稱「總幹事」）交存「接受書」（instrument of acceptance）時，應遵守如下程序：

（a）接受本協定的每一政府即代表其**本土**及其負有國際責任的**其他領土**接受本協定，但在其自己接受本協定時即通知締約方全體的執行秘書的單獨關稅區除外。

（b）根據本款（a）項中的例外如此通知執行秘書的任何政府，**可隨時通知**執行秘書，其接受應對原先被排除在外的一個或多個單獨關稅區生效，且此項通知應自執行秘書收到之日後的第三十天生效。[9]

由此可見，一個主權國家不但在加入 GATT 之際，有權從本國所轄的全部領土中劃出一定地區，作為「單獨關稅區」和另一個締約方，與本國同時加入 GLATT；而且有權在如此行事之後，隨時通知「執行秘書」（總幹事），撤銷原先的「單獨關稅區」，在外貿關係等方面，對它**改按**本國的其他**一般領土**同等對待。簡言之，該「單獨關稅區」之存廢、之設立與撤銷，「悉聽」其所屬的主權國家之需要與「尊便」。

《1947 年關貿總協定》中有關「單獨關稅區」的上述規定，一字未易，被全盤吸收和承襲，納入《1994 年關貿總協定》，作為《WTO 協定》的首要附件的內容之一，而且其中關於「單獨關稅區」含義的界定，還直接被移植於《WTO 協定》這一主協定本身的第十二條第一款，加以重申，從而延續和強化了 GATT 已推行近半個世紀之久的原有體制。

正是依據 WTO／GATT 體制的上述規定，中國政府代表在正式簽署「入世」《議定書》前夕就強調指出：根據一九九二年 GATT 理事會主席聲明所確定的原則，中國「入世」後，中國的

臺、澎、金、馬地區作為「中國臺北單獨關稅區」，也加入世貿組織，從此之後，兩岸就既是一個主權國家內部的關係，又是兩個世貿組織成員的關係。[50]

也正是依據 WTO／GATT 體制的上述規定，臺灣島內也不乏頭腦冷靜的明智人士或內行人士，針對臺灣地區當局力圖把兩岸經貿問題「政治化」「外交化」和「國際化」的盤算，提出了善意的「勸告」或委婉的「警告」。他們指出：「海峽兩岸經貿關係有其特殊性，期待 WTO 的爭端解決機制會成為兩岸經貿交涉的一個主要途徑，是不切實際的想法。」鑒於中國政府「必定堅持海峽兩岸的經貿問題屬於國內事務，不在 WTO 的規範之內」因而「必定將兩岸的經貿糾紛拉抬定位為國家主權問題」，在這種情況下，臺灣地區當局如不識時務，硬要「主動運用 WTO 的爭端解決機制以促成兩岸平等對話」，則「**可能提供中共重提臺灣會員（WTO 成員）地位定位的機會**」![51]「將兩岸問題搬到國際機構中處理，有時反而可能會增加其困難度」，妄圖借此迫使中國政府「在國際注目下放棄對『一中原則』或『九二共識』的堅持，恐亦**不啻緣木求魚**」，而且「**恐怕會出現難以收拾的局面**」！因此，他們「勸告」和警告說：「臺灣方面應當謹慎以對，不要輕率地將自己的轉圜空間完全堵死」![52]

這些「勸告」或警告，似是隱隱約約，實為明明白白。所謂「重提臺灣**會**員地位定位」問題，「出現**難以收拾的局面**」，看來顯然都是「**於法有據**」的！即在國際公法的基本原則主權原則下，在 WTO／GATT 的現有條約準則和有關規則下，臺灣地區當局如一意孤行，定要在「臺獨」走向之下，不擇手段地濫用

WTO 爭端解決機制，對中國的國家主權肆無忌憚地長期挑釁和肆意侵害，嚴重違反甚至破壞 WTO 的有關規則，那麼，就難免有朝一日會被依法取消「單獨關稅區」和 WTO 成員資格，徒然自取其辱，自食苦果。看來，任何明智者都不會不希望避免當年被逐出聯合國的歷史重演於當今的「經濟聯合國」之中。

（五）更新觀念，接受挑戰，善用 DSU ／ DSB 機制

如前文所述，種種跡象表明：兩岸「入世」後，臺灣地區當局「在 WTO 框架下」，不但將繼續推行其原有的把兩岸經貿問題「政治化」的「既定方針」，而且還圖謀把 WTO 這一經濟平臺當作政治舞臺，待機尋釁，特別是濫用 DSU ／ DSB 機制，製造「**國際**爭端」假象，進一步把兩岸經貿問題「外交化」和「國際化」。

有人認為，一旦臺灣地區當局利用 DSU ／ DSB 機制，挑釁生端，則最佳的對應之方就是：置之不理！你奈我何？因為「泥鰍掀不起大浪」。反之，如果事事「應訴」，就恰恰進了所設圈套，客觀上擴大了和增強了其所追求的「國際轟動效應」，一如當年「麻煩製造者」李登輝所言：「鬧得愈大愈好。」

此種對策設想，不切合實際，似有不妥。這是因為：

第一，如前文提及，雙方相繼「入世」之後，兩岸關係既是一個主權國家內部兩個關稅區之間的關係，又是世貿組織兩個成員之間的關係。從國際公法上說，中國關稅區與「中國臺北」關稅區，前者是**主權實體**和國家主體，後者則是**非主權實體**和國家主體下屬的一個地區；而且按 WTO ／ GATT 規則，後者之獲得

「單獨關稅區」的資格，必須經由前者即它所隸屬的主權國家提出倡議，發表聲明，予以確認。[53] 單獨設立關稅區之後，一旦情勢變更，前者還可隨時通知有關國際組織，撤銷後者的「單獨關稅區」資格。[54] 因此，兩者的法定身分地位是顯有不同的。但是，在這一前提之下，不能不看到：在世貿組織的現行體制之中，作為該組織的兩個成員，其在該組織範圍內所享有的權利和承擔的義務，卻是一視同仁的，並無軒輊之分。即使只是「單獨關稅區」成員，在其 WTO 成員身分**存續期間**，也享有與 WTO 其他任何國家成員完全相同的權利，包括完全相同的**訴訟權利**。

第二，單就 DSU／DSB 爭端解決機制及其運行程序而言，任何一個 WTO 成員，包括「單獨關稅區」身分的成員，都享有同等的訴訟權利，都**有權**向另一成員，針對在後者境內發生的經貿爭端，提出交涉，請求進行雙邊磋商。並同時將此事通知 WTO 中專設的「爭端解決機構」DSB。被請求方成員應在收到此項請求後十天內作出答復，三十天內與請求方成員真誠地磋商，**以求得解決**。如被請求方置之不理，逾期不答或逾期仍拒絕磋商，則請求方即起訴方（complaining party）**有權**直接向 DSB 請求設立專家組（panel），以受理和審議本案。[55] 特別值得注意的是：

第三，「如起訴方提出請求，則專家組應最遲在此項請求首次作為一項議題列入 DSB 議程的會議之後的下一次 DSB 會議上設立，除非在此次會上 DSB 經**協商一致決定不設立**專家組。」[56] 專家組成立之後，必須在規定的「審限」內（最長不超過 9 個月），就其職權範圍，針對有關爭端進行調查和審議，並根據調

查結果寫出審結報告，以協助 DSB 就有關爭端向當事人提出建議，或作出裁決。[57]

緊接著，DSB 應迅速將此項專家審結報告散發給 WTO 的全體成員，廣泛徵求評論意見。然後，「在向各成員散發專家報告後 60 天內，該報告應在 DSB 會議上通過，除非某一當事方向 DSB 正式通報其上訴的決定，或者 DSB 經協商**一致決定不通過**該報告。如某一當事方已通知 DSB 決定上訴，則在上訴程序終結以前，DSB 不審議通過該專家組報告。」[58]

上訴機構受理案件後，必須在規定「審限」（最長不超過 90 天）內審結，並將審結報告呈交 DSB，同時散發給 WTO 全體成員廣泛徵求評論意見。「上訴機構報告應由 DSB 通過，爭端各方**應無條件接受**，除非在報告散發各成員後三十天內，DSB 經協商**一致決定不通過**該報告。」[59]

上述專家組審結報告或上訴機構審結報告經 DSB 通過之後，即由後者監督執行審結報告中所提出的建議內容或裁決內容。[60]

由上述 DSU ／ DSB 爭端解決機制運作程序概況中，可以看出幾個關鍵要點，不容忽視：（1）運作程序追求高效率、透明度、公開性、多邊性，而且在程序進展中步步相連，環環相扣，相當細密，不留下任意拖延的空間。（2）強調經 DSB 通過後的審結結論就是終局性裁斷，具有很強的法律約束力和執行力，「爭端各方應無條件接受」。否則，就會受到相應的經濟制裁。（3）特別值得注意的是：DSB 在設立專家組、通過專家組審結報告或上訴機構審結報告時，採取了十分特殊的「**反向協商一**

致」（negative consensus）的表決方式，即「一致反對，才能否決」，或「一票贊成，即可通過」。具體言之，在任何締約方向 DSB 起訴，請求成立專家組調查爭端時，除非 DSB 全體成員一致決定予以駁回，就應同意該投訴締約方的請求，及時設立專家小組，進行調查。在專家小組（相當於一審機構）或上訴機構（相當於二審機構）向 DSB 提交調查處理報告之後，除非 DSB 全體成員一致決定不予採納，就應及時同意通過該項審結報告，並責成各有關當事方無條件地接受有關的建議，或履行有關的裁決。否則，違反 DSB 決定的當事方（通常就是敗訴方）就會受到相應的各種制裁或報復。[61] 簡言之，DSB 在處斷爭端過程中實行這種新的決策原則，實際效果就是：只要起訴方或潛在的勝訴方在 DSB 會議上堅持通過專家組或上訴機構正式認定的請求，就會實現「一票贊成，即可通過」的結局。

顯而易見，在這樣的程序規則下，如果涉訟的被訴方對於起訴方提出的指控和挑釁，不積極應訴和答辯反駁，而只是消極地「置之不理」，則縱使是「惡人先告狀」（即被訴方實是一向守法循規的正派成員，起訴方卻是違法牟利的邪惡成員），也無法阻止爭訟程序的不斷進行；而且，實為受害人的被訴方無異於自動放棄了依法反擊、據理力爭、澄清迷霧、以正勝邪的權利。其影響所及，就極可能造成專家組—上訴機構 DSB 層層偏聽偏信，錯裁錯斷，從而出現「好人吃虧受屈，壞人趾高氣揚」的冤案結局。

因此，中國「入世」後，一旦面對任何橫逆「原告」，包括居心叵測和別有用心的「中國臺北」原告，從而被迫當了「被

告」，就必須在認識上擺脫一些習慣的誤區，諸如「置之不理，你奈我何」[62]，「對簿公堂，豈不跌份」「坐上被告席，有理矮三分」[63] 等，必須徹底**更新觀念**，發揚「君子訟以止訟」[64] 的優良傳統和古訓，敢於和善於運用 DSU／DSB 機制的現行規則，積極應訴，從容對付，挫敗一切不法圖謀。

四、幾點結論

（一）中國「入世」後，面對臺灣地方當局把兩岸經貿問題「政治化」「外交化」和「國際化」的新圖謀和新行徑，其可行的防治途徑，似可粗略列出以上五種。其所以「可行」，指的是它們都符合 WTO 本身的基本「遊戲規則」。但是相比較而言，其可行之時機條件和輕重緩急，又各有不同。

（二）就組建我國四地自由貿易區而言，此徑雖是「雙贏互利」之首選，但在臺方僵持無理立場的現實情況下，條件似未成熟，尚需待之來日。就援用「安全例外」條款或「互不適用」條款而言，尚存在許多程序上的礙難和解釋上的變數，既不易實現也不宜輕易嘗試。就重新審定「中國臺北」關區地位和 WTO 成員資格而言，衡之中國政府對臺灣地區當局一再寬容等待、力求做到仁至義盡的一貫政策，非到忍無可忍，看來一時不會輕易動用此種「猛劑」，出此「殺手鐧」。因此，相形之下，最為可循的常規常法，乃是更新觀念，善用 DSU／DSB 機制，從容對應，變被動為主動。

（三）要善用 DSU／DSB 機制，就不但要加強學習，熟諳

其中的一切**程序**運作規則體系，洞悉其中的環環相扣和首尾呼應的機變訣竅，而且要加強學習，熟諳 WTO 多種多邊協定浩繁的**實體**規則體系，全面掌握其中各種權利義務的交錯互動。此外，還要回顧研究 GATT 的**歷史實踐，熟**知其在先前**案例**中向來「在商言商而不言政」和堅持「**政經分離**」的處斷原則和習慣做法，隨時加以援引論證。誠能如此，則不難做到充分利用 WTO ／DSU ／ DSB 國際論壇，強化國際社會的「一個中國」共識，挫敗對方將兩岸經貿問題和經貿爭端「政治化」「外交化」和「國際化」的一切不法圖謀。

（四）在當代法治國家的多種「案例彙編」中，兒子告老子、晚輩告前輩、部屬告上司之類的民事訴訟，民告官、公司告政府、下級部門告上級部門、地方當局告中央政府之類的行政訴訟，簡言之，不同身分者對簿公堂，可謂「家常便飯」，屢見不鮮，「輩份」「身分」較「高」者，從無所謂「跌份」問題；在社會心態上，也都形成了共識：原告未必有理，被告未必無理；誰笑到最後，誰笑得最美！

（五）「君子以訟止訟」此語曾有多種理解，其中一解是指守法人士一旦被迫當了被告，就應通過積極參加訴訟，澄清是非，打擊搶先告狀的惡人，從而使社會正義與守法觀念深入人心，達到制止「惡人先告狀」現象再現，減少和止息不應有和不必要的訴訟。

注釋

* 中國法學會WTO研究會和廈門大學國際經濟法研究所於二〇〇一年十二月十四日至十六日在廈門聯合舉辦了「中國入世後海峽兩岸經貿法律新問題研討會」本文是根據作者在會上的發言稿整理擴充而寫成。全文約三萬字，其中約二萬二千字發表於《中國法學》2002年第2期；接著將全文輯入《國際經濟法論叢》第6卷（法律出版社2002年版），冀能引致更多讀者的評論和指教。本文撰寫過程中，承華東政法學院朱攬葉教授、廈門大學國際經濟法研究所房東博士提供部分資料，謹此志謝。

〔1〕 參見《中國加入世貿組織》《就中國臺北加入世貿組織問題外經貿部和國臺辦負責人發表談話》分別載《人民日報》（海外版）2001年11月11日、2001年11月13日。

〔2〕 《馬拉喀什建立世界貿易組織協定》（Marrakesh Agreement Establishing the World Trade Organization，以下簡稱《世貿組織協定》或《WTO協定》），序言。其中substantial reduction一詞，現在通行的兩種中譯本譯為「實質性削減」或「切實削減」，似不盡達意。改譯為上，以供對照參考。

〔3〕 分別參見《1994年關稅及貿易總協定》（以下簡稱「GATT 1994」）第1、2、3、8、10、11條。GATT 1994是《WTO協定》的首要附件協定。

〔4〕 《世貿組織協定》第16條第4款，其英文原文為：「Each member shall ensure the conformity of its laws, regulations and administrative procedures with its obligations as provided in the annexed agreements.」茲根據原文譯出，譯文與現在通行的兩種中譯本略有不同。

〔5〕 參見新華社報導：《海峽兩岸經貿交流獲長足發展》，載《人民日報》（海外版）2002年2月11日。

〔6〕 參見《唐樹備：加入世貿組織後兩岸需要及早進行協商》http://www.chinataiwan.org/portal.po? UID（Sept.1，2002）。

〔7〕 臺灣地區「中央社2001年11月12日電」報導當時「行政院長」張俊雄的表態，載《參考消息》2001年11月14日。著重點是引者所加，下同。

〔8〕 臺灣《聯合報》2001 年 11 月 13 日報導：《兩岸方入世，即掀攻防戰》《臺當局企圖以「WTO 架構」偷換「一中」》，載《參考消息》2001 年 11 月 15 日。

〔9〕 臺灣《聯合報》2001 年 11 月 14 日社論：《正確定位 WTO：經貿平臺？政治舞臺？》，載《參考消息》2001 年 11 月 16 日。

〔10〕 美國《商業週刊》2001 年 11 月 19 日文章：《臺灣入世可能進一步擾亂兩岸關係》，載《參考消息》2001 年 11 月 21 日。

〔11〕 《國臺辦發言：兩岸之間的問題不需藉助 WTO 架構解決》，http://202.106.83.158/xxjb0042.htm。

〔12〕 《就中國臺北加入世貿組織問題外經貿部和國臺辦發言人發表談話》，載《人民日報》（海外版）2001 年 11 月 13 日。

〔13〕 參見錢其琛：《堅持「和平統一、一國兩制」基本方針，努力推動兩岸關係發展》（在江澤民主席《為促進祖國統一大業的完成而繼續奮鬥》重要講話發表七週年座談會上的講話），載《人民日報》（海外版）2002 年 1 月 25 日。

〔14〕 參見《1947 年關稅及貿易總協定》（GATT 1947）經過修訂，成為《1994 年關稅及貿易總協定》（GATT 1994）並作為《世貿組織協定》的首要「附件協定」（annexed agreement），對世貿組織的所有成員具有全面的約束力。

〔15〕 參見 GATT 1994，第 1 條第 1 款。

〔16〕 參見 GATT 1994，第 24 條第 8（b）款。

〔17〕 See Moore, Globalizing Regionalism: A New Role for Mercosur in the Multilateral Trading System，http://www.wto.org/english/news-e/spmm.htm.

〔18〕 參見《GATT 1994，d.關於 1994 年關貿總協定第 24 條解釋的諒解》，載《烏拉圭回合多邊貿易談判結果法律文本》（以下簡稱《烏拉圭回合法律文本》），法律出版社 2000 年版，第 26 頁。

〔19〕 Doha WTO Ministerial 2001: Ministerial Declaration，adopted on 14 Nov. 2001，para. 4，http://www.wto.org/english/thewto-e/minist-e.

〔20〕 《中國正考慮在內地與港澳之間建立自由貿易區》，載《人民日報》（海外版）2001 年 11 月 29 日。

〔21〕 參見莫世健：《論世貿組織內大中國自由貿易區的法律框架》，載《國際經濟法論叢》第 5 卷），法律出版社 2002 年版。

〔22〕參見 GATT 1994，第 21 條，載於前引《烏拉圭回合法律文本》，第 456 頁。

〔23〕臺灣輿論界綜合觀察了島內「鬆綁政策」的種種現實，指出：以「鬆綁」取代「戒急用忍」，「雖然方向正確，但是目前的規範仍然綁了小腳，一路走來將會始終顛簸」；臺灣地區當局一方面作出「積極開放」的姿態，「給廠商蘿蔔吃，一方面也祭出種種審查機制、動態調節機制，及事後管理手段作為棒子，……以利掌控資金流向」參見杜震華：《鬆綁「戒急用忍」不如「三通」》，載臺灣《中央日報》2001 年 11 月 8 日；蘿蔔＋棒子》，載臺灣《工商時報》2001 年 11 月 8 日；《參考消息》2001 年 11 月 10 日。

〔24〕臺灣《東森新聞報》2001 年 11 月 21 日報導，香港《明報》2001 年 11 月 22 日報導：《臺稱要防大陸「經濟統戰」》，載《參考消息》2001 年 11 月 23 日。

〔25〕See Robert Hudec, *Enforcing International Trade Law*: *the Evolution of Modern GATT Legal System*, Appendix/Part I: 207 GATT Complains, Nos. 112, 125, 143, Butterworth Legal Publishers, 1993, pp. 502, 512-513, 527-528; Oliver Long, Law and Its Limitations in the GATT Multilateral Trade System, Martinus Nijhoff Publishers, 1985, pp. 81-83.（其中譯本為：《關貿總協定多邊貿易體制的法律及其侷限》，童守云譯，中國社會科學出版社 1989 年版，第 102-104 頁。）另參見朱欖葉：《關稅與貿易總協定國際貿易糾紛案例彙編》，法律出版社 1995 年版，第 28、33-37、70-71 頁；余敏友等：《WTO 爭端解決機制概論》，上海人民出版社 2001 年版，第 134-136 頁。

〔26〕在一九八二年「馬島戰爭」期間，除英國外，歐共體其餘國家（法國、聯邦德國、義大利、荷蘭、比利時、盧森堡、丹麥、愛爾蘭、希臘等）以及加拿大和澳大利亞，都根本不是國際公法意義上的「交戰國」（belligerents）它們與阿根廷之間，全部都是「非交戰國」（nonbelligerents）關係，實際上純屬群強糾合，欺壓弱小，卻胡亂援引 GATT 第 21 條「基本安全利益」例外條款，對阿實施貿易「制裁」，顯得極其牽強附會，難以自圓其說，徒貽天下笑柄。See Robert Hudec, supra, p. 176.

〔27〕See Report of the Council of Representatives on Work Carried out Since the Thirty-seventh Session of the Contracting Parties，doc. L/5414, 12

Nov. 1982, p.17.

〔28〕GATT 第 23 條規定：各締約方認為其 GATT 項下的任何權益受到侵害時，有權依有關程序，向締約方全體投訴，締約方全體應立即對有關投訴進行研究，並向有關締約方提出改正建議或作出相應裁決。

〔29〕See Oliver Long, supra, pp. 81-82; Robert Hudec, supra, pp. 502, 176.

〔30〕See United States-Imports of Sugar from Nicaragua, Report of the Panel adopted on 13 March 1984 (L/5607-31S/67), http://www.wto.org/english/dispu-e/gt47ds-ehtm.

〔31〕See Robert Hudec, supra, pp. 512-513, 176.

〔32〕See Oliver Long, supra, p. 83。另參見前引童譯中文本，第 104 頁；余友敏等書，第 136 頁。

〔33〕按照當時的議事規則，GATT 理事會對爭端案件作出處斷決定時，採取「協商一致」（consensus）的方式，即對於受理審議的爭端事項加以處斷的擬議決定（proposed decision），出席會議的全體成員無人正式表示反對，方可視為經「協商一致」作出了決定。這種表決制度往往導致某些大國在 GATT 內部敢於獨行其是，不受約束，從而使 GATT 當年的爭端解決機制顯得軟弱、低效。參見陳安：《世紀之交圍繞經濟主權的新「攻防戰」》，載《國際經濟法論叢》（第 4 卷），法律出版社 2001 年版，第 84-86 頁。

〔34〕See Robert Hudec, supra, pp. 527-528, 202.

〔35〕參見前引 Oliver Long 原著，第 81 頁；童譯中文本，第 102 頁。

〔36〕見前引錢其琛講話：外經貿部和國臺辦發言人談話。

〔37〕強行法（jus cogens）又稱強製法、絕對法，指必須絕對執行的法律規範，不允許法律關係參與者一方或雙方任意予以伸縮或變更。其相對名稱為任意法（jus dispositivum）又稱相對法，指可以隨意選擇取捨的法律規範，允許法律關係參與者在法定範圍內自行確定相互間的權利義務關係。

〔38〕一九六九年《維也納條約法公約》較通行的中譯本有二，這裡摘引的內容是根據其英文本原文，參照通行譯本，另行改譯。參見李浩培：《條約法概論》，法律出版社 1987 年版，附錄一第 605、613、620、633、654、671、701、711、720 頁。關於國際法強制性規範或強行法的各種見解及其分析，見同書第 294-303 頁。

〔39〕參見《聯合國憲章》第 2 條第 1、2、4、7 款。

〔40〕一九四三年十二月一日中、美、英三個同盟國簽署的《開羅宣言》，一九四五年七月二十六日中、美、英及蘇聯共同簽署的《波茨坦公告》，一再重申：日本所竊取於中國之土地諸如中國東北、臺灣、澎湖列島等，均應歸還中國。一九四五年八月十五日，日本宣布投降，在《日本投降書》中對上述國際協定表示接受。同年十二月二十五日，受降主官代表中國政府宣告：自即日起，臺灣及澎湖列島已正式重歸中國版圖，所有一切土地、人民、政事皆已置於中國主權之下。至此，臺灣、澎湖完全重歸於中國主權管轄之下，並已獲得國際社會的普遍承認。詳見：《臺灣問題與中國的統一》（1993 年 8 月 1 日）；《一個中國的原則與臺灣問題》（2001 年 4 月 7 日），http://www.chinataiwan.com.org/。

〔41〕《中美聯合公報》（1972 年 2 月 28 日），http://www.chinataiwan.com.org/。

〔42〕《中華人民共和國和美利堅合眾國關於建立外交關係的聯合公報》（1979 年 1 月 1 日），http://www.chinataiwan.com.org/。

〔43〕《中華人民共和國和美利堅合眾國聯合公報》（1982 年 8 月 17 日）。

〔44〕同上。

〔45〕《中美聯合聲明》（1997 年 10 月 29 日），http://www. chinataiwan.com.org/。

〔46〕參見《入世後兩岸經貿的趨勢》，http://www.unn.com.cn/GB/channel2567/2577/2579/200201/25/153823.html。

〔47〕See Doha WTO Ministerial 2001: Ministerial Declaration, adopted on 14 November 2001, para. 30; The Doha Declaration Explained, http://www.wto.org/english/thewto-e/minist-e.

〔48〕參見 GATT 1947 第 26、31、33 條。

〔49〕GATT 1947 第 26 條第 5 款。

〔50〕參見中國對外經貿部石廣生部長談話，見《兩岸先後加入世界貿易組織將為推動「三通」提供契機》，《人民日報》（海外版）2001 年 10 月 19 日第 3 版。

〔51〕參見姚思謙：《WTO 機制無法解決兩岸貿易爭端》，載於臺灣《中國時報》2001 年 11 月 17 日。（見《參考消息》2001 年 11 月 19 日。）

〔52〕參見臺灣《聯合報》2001 年 11 月 14 日社論：《正確定位 WTO：經貿平臺？政治舞臺？》，載《參考消息》2001 年 11 月 16 日。

〔53〕參見 GATT 1994 第 26 條第 5（a）、5（c）款。

〔54〕參見 GATT 1994 第 26 條第 5（b）款。

〔55〕參見 DSU 第 4 條第 2 款、第 3 款、第 7 款。

〔56〕參見 DSU 第 6 條第 1 款。

〔57〕參見 DSU 第 7 條。

〔58〕DSU 第 16 條第 4 款，第 15 條第 2 款，第 16 條第 1、2款。

〔59〕DSU 第 17 條第 14 款、第 5 款。

〔60〕參見 DSU 第 21-23 條。

〔61〕指可以針對既不遵守 WTO 規則又不服從 DSB 處理決定的締約成員方採取歧視性措施，暫停給予有關協定項下的各種關稅減讓或其他各種優惠待遇。參見 DSU 第 3 條第 7 款。

〔62〕改革開放以來，曾有多起涉外案件由外國法院或仲裁機構受理，作為被訴人的中國企業對境外發來的起訴狀、仲裁申請書和開庭通知，往往置之不理，以為「爾其奈我何」。到頭來，受到「缺席判決」或「缺席裁決」，拿到的是偏聽偏信、顛倒黑白的判決書或裁決書，吃了大虧。此類教訓，值得吸取。

〔63〕在當代法治國家的多種「案例彙編」中，兒子告老子、晚輩告前輩、部屬告上司之類的民事訴訟，民告官、公司告政府、下級部門告上級部門、地方當局告中央政府之類的行政訴訟，簡言之，不同身分者對簿公堂，可謂「家常便飯」，屢見不鮮，「輩分」「身分」較「高」者，從無所謂「跌份」問題；在社會心態上，也都形成了共識：原告未必有理，被告未必無理；誰笑在最後，誰笑得最美！

〔64〕此語曾有多種理解，其中一解是指守法人士一旦被迫當了被告，就應通過積極參加訴訟，澄清是非，打擊搶先告狀的惡人，從而使社會正義與守法觀念深入人心，達到制止「惡人先告狀」的現象再現，減少和止息不應有和不必要的訴訟。

第二十章

世紀之交在經濟主權上的新爭議與「攻防戰」：綜合評析十年來美國單邊主義與 WTO 多邊主義交鋒的三大回合

↘ 內容提要

在經濟全球化加速發展的條件下，各國經濟主權的原則和觀念是否應當弱化和淡化？這是當代國際論壇上頗有爭議的一大理論問題。本章以 WTO 體制運作十年來美國單邊主義與 WTO 多邊主義交鋒的三大回合作為中心，綜合評析美國「1994 年主權大辯論」一九九八至二〇〇〇年「301 條款」爭端案以及二〇〇二至二〇〇三年「201 條款」爭端案的前因後果和來龍去脈，指出這三次交鋒的實質，都是美國經濟「主權」（經濟霸權）與各國群體經濟主權之間限制與反限制的爭鬥；都是植根於美國在一九九四年「入世」之初就已確立的既定方針：力圖在「入世」之後仍然推行其單邊主義政策，以維護和擴大其既得的經濟霸權，可以隨時背棄其在 WTO 體制中承擔的多邊主義義務。

上述既定方針，是美國「1994 年主權大辯論」得出的結論，它標誌著在這第一回合大交鋒中美國單邊主義的勝利和 WTO 多邊主義的敗北。其後，在第二回合的大交鋒中，審理「301 條

款」爭端案的專家組執法不公，以模棱兩可、小罵大幫忙」的方式偏袒美國，實際上導致美國單邊主義的再度獲勝和 WTO 多邊主義的再度敗北。在第三回合的大交鋒中，經過「兩審」結案，美國終於在二〇〇三年十一月敗訴，這雖然標誌著美國單邊主義的初步敗北，固屬可喜，但是充其量，只能把它視為十年來 WTO 多邊主義此前兩次事實上「敗北」之後的「初度小勝」，對其發展前景，實在不宜過度樂觀。因為，美國總統在「201 條款」爭端案中敗訴之後發表聲明，對上述既定方針毫無改弦易轍之意，足見禍根未除，「病根」仍在，故其單邊主義的霸權頑症可能隨時復發，WTO 多邊主義仍然前途多艱，可謂「慶父不去，魯難未已」。鑑此，善良的人們不能不經常保持清醒，增強憂患意識，隨時謹防美國單邊主義大棒之捲土重來和再度肆虐。

另一方面，「201 條款」爭端案中 WTO 多邊主義之初度小勝，端賴與美國對壘的二十二個主權國家敢於和善於運用掌握在自己手中的經濟主權，與經濟霸權開展針鋒相對的鬥爭。可見，所謂 WTO 正式運轉之後，有關國家經濟主權的原則和概念應當日益「淡化」「弱化」云云，此類說詞，至少是不符現實、不夠清醒的，也是很不可取的；至於美國權威學者鼓吹經濟主權「過時」論云云，則顯然是居心叵測的理論陷阱，對此，不能不備加警惕！

↘ 目次

主義（他國群體主權）兩敗之後的小勝與美國單邊主
義（美國霸權）的「依然故我」

六、美國「主權大辯論」「301 條款」爭端案以及「201 條款」
爭端案之宏觀小結：慶父不去，魯難未已！

時序更新，人類社會開始步入二十一世紀。在新、舊世紀交
替之際，國際社會經濟全球化加速發展，各國間互相依存關係加
速深化，號稱「經濟聯合國」的「世界貿易組織」（以下簡稱「世
貿組織」或 WTO）正式成立並已運行十年。在這種新的宏觀背
景下，各國的主權藩籬是否正在加速撤除，或應該加速撤除？經
濟主權的原則和觀念是否已顯陳舊，並且正在弱化和淡化，或應
該弱化和淡化？——這是當代國際社會中出現的新的現實問題，
也是擺在國際論壇上頗有爭議的一大理論問題。

這個現實問題和理論問題，涉及當代國際經濟交往、國際經
濟關係的許多層面，而在一九九四至二〇〇四年這十年中，則比
較集中地、比較典型地體現在如何對待世貿組織這個問題上。

茲以簡介 WTO 體制引發的美國「1994 年主權大辯論」作
為切入點，概述 WTO 多邊體制與美國單邊主義（unilateralism）
[1] 的重大衝突，以及此種衝突導致的歐共體——美國爭訟等重
大案件，剖析一九九四至二〇〇四年這十年中圍繞著國家經濟主
權問題的「攻防戰」的來龍去脈，並從中探討它們對全球眾多發
展中國家的重大啟迪。

這場新的「攻防戰」之所以值得重視，不但因為它涉及國家
經濟主權原則這一重大理論問題，而且因為它首先「爆發」於第

一世界「超強」國內，繼而主要交鋒於第一世界與第二世界之間，而其影響和啟迪，則廣泛地普及於廣大的第三世界，因而凸顯出它具有全球性的重大意義。

一、新爭議的緣起：烏拉圭回合與世貿組織

如所周知，世貿組織是經濟全球化加速發展的產物。成立這個世界性組織的必要前提或必經程序，是締結多邊國際條約，即由各個主權國家和若干單獨關稅區在平等、自願、互惠、互利的基礎上，通過談判磋商，協調各方意志，達成共識，簽訂「一攬子」[2]的多邊國際條約，制定對參加締約各方都具有法律約束力的國際行為規範和行動準則，共同遵守。對於每個主權國家說來，參加締約是為了獲得某些經濟權益，而按照權利義務對等和平衡的原則，在獲得經濟權益的同時，又必須承擔相應的經濟義務，接受某些約束，這就意味著各締約國都同意對自己原先享有的經濟主權權力或權利，加以一定範圍和一定程度的自我限制。但是，由於各國國情不同，利害得失不一，甚至互相矛盾，因此在談判磋商過程中，要求在何種範圍、何種程度上限制他國的經濟主權，願意在何種範圍、何種程度上限制本國的經濟主權，就成為討論和爭執的核心和焦點。

世貿組織號稱「經濟聯合國」一九八六至一九九四年參加締約談判的多達一百二十五個成員方，各方國情不一、要求不同，所涉及的各類國際經貿往來問題又空前廣泛，要使如此大量、如此多樣的締約成員在如此廣泛的問題上協調一致，達成共識，當

然障礙重重，步履維艱。不過，耗時八年之久的烏拉圭回合談判，各方外交家們縱橫捭闔，折衝樽俎，討價還價，儘管其形式多樣，但歸根結底，卻始終集中於和圍繞著同一個核心：在國家經濟主權問題上，進行著限制與反限制的爭鬥、妥協和合作。而烏拉圭回合終於取得締約成果，世貿組織終於正式成立並運行十年以來，新一輪的大爭鬥又已在醞釀和興起之中，爭鬥的核心依然還是各國之間、各類國家之間在經濟主權上的限制與反限制問題。

深入地觀察和了解近年來圍繞著國家經濟主權問題展開的紛繁複雜爭鬥的全貌，自非易事。但是，如果尋找和選擇一個恰當的「切入點」，通過「解剖一隻麻雀」，析微知著，從中粗略地了解有關爭鬥的大體脈絡和輪廓，則是可以做到的。這只「麻雀」就是在《世界貿易組織協定》（以下簡稱《WTO 協定》談判後期和簽署、批准前後這段期間裡，在美國國內「爆發」的一場有關國家經濟主權問題的論戰。可以說，這場論戰乃是國際社會上有關國家經濟主權限制與反限制爭鬥的一種反映、一種「折射」。

二、新爭議在美國的折射：「1994 年主權大辯論」

（一）主權觀念已經「過時」應予「廢棄」論

一九八九年間，美國的國際公法「權威」教授路易斯・漢金（Louis Henkin）在海牙國際法研究院（Hague Academy of International Law）發表系列演講，針對國際公法上的若干重大問

題，回顧和重新審議傳統的觀念，論證當代的最新發展。他特別提到，國際公法在二戰以後的「冷戰」期間，經歷了擁有核武器的兩個超級大國的長期對峙，也經歷了第三世界發展中國家的紛紛崛起。長期以來，「主權」一詞被誤引濫用（misconceived invocation of "sovereignty"），阻礙了國際公法的現代化和健康發展。[3] 漢金認為，「主權」一詞到處充斥氾濫，其根源在於它「不幸地」被人們曲解了。他揚言：「『主權』是個有害的字眼，這不僅是因為它一向效勞於各種可怕的國家神話，而且因為在國際關係中，甚至在國際公法中，它往往成為一種時髦用語，取代了深思熟慮和謹慎行事」[4]；因此，他強調：「對於國際關係來說，特別是對於國際公法來說，主權一詞在很大程度上肯定是沒有必要的，最好避免使用」；他甚至鼓吹：「我們該把主權一詞作為舊時代的殘餘遺物（relic）擺放到歷史的陳列架上去。」[5]

二十世紀九〇年代初，蘇聯解體，「冷戰」結束，美國成為全球唯一的超級大國。漢金認為，值此將要進入二十一世紀的轉折時期，國際公法必須對業已發生變化的「世界秩序」（world order）作出新的回應，國際社會應當敏銳地抓住新的時機，克服「舊秩序」留下的各種障礙（old order obstacles），進一步改善國際公法。[6] 這段話的弦外之音，顯然是指：蘇聯解體和「冷戰」結束後，國際的實力對比發生了有利於美國的重大變化，應當抓住大好時機，努力清除國際公法上傳統的、體現了「舊秩序」的主權觀念，好讓霸權主義者所鼓吹的「主權過時」論，在全球通行無阻。

一九九三年五月，正當烏拉圭回合談判緊張進行，各國、各

類國家經濟主權之爭如火如荼之際，漢金教授又專門發表了《關於主權的神話》一文，針對數年來弱小國家在許多方面堅持獨立自主、不肯俯首聽命於超級大國的現象，進行了猛烈的抨擊。其主要論點如下：

在政治空氣中，瀰漫著大量的「主權」空談，它往往污染了政治空氣……「主權」一詞，被用以說明國家的獨立自主（autonomy）說明在制定〔國際〕法律規範和建立各種體制時，必須得到國家的同意。「主權」一詞，被用以論證和界定各國的「私事」各國的政治獨立和領土完整，各國的權利及各國人民的權益不受干涉，各走自己的路。但是，主權一詞也已經發展成為有關國家莊嚴和強盛的一種神話，這種神話曲解了主權這一概念，散布迷霧，模糊了其真實含義和價值所在。這種神話往往是空話連篇，並且有時對人類的各種價值觀念起著破壞性的作用。例如……我們至今仍然時常聽到有人主張一個主權國家不能同意接受某些國際準則（international norms）的約束，諸如，有關人權的國際準則，或有關經濟一體化的國際準則（如在歐洲）。更加常見的是，「主權」一詞一直被援引來抗拒各種「入侵干預」措施（「intrusive」measures），不肯按照各種國際義務——人權義務或武器控制協議義務，接受監督控制。……是時候了，應當把主權〔的神話〕帶回現實塵世，加以審查、剖析，重新構思這個概念，恰如其分地削減其範圍，取出其規範性的內容，加以重新包裝，甚至重新命名。漢金的結論是：應當「廢棄這個「S」字！〔7〕

漢金這段「高論」，當然不是無的放矢的「空談」。其立論的現實主旨，顯然在於為美國在國際上推行的各種「大棒」政策張目，便於美國在全球打著「人權高於主權」「防止和控制大規模殺傷性武器擴散高於主權」「經濟一體化高於經濟主權」之類的旗號，推行其新干涉主義、新砲艦主義和新殖民主義。其矛頭所向，當然包括二十世紀八〇至九〇年代一切不願屈服於美國政治霸權和經濟霸權的弱小民族。這種理論，在美國國內，當時是一片附和聲，鮮見異議。美國國際法學會並將漢金的這種高論，作為一篇「新聞信札」（newsletter）及時地廣為散發、宣傳。

　　然而，歷史很會嘲弄人。僅僅時隔年餘，美國國內就「爆發」了一場有關美國可否放棄自己的「主權」的大辯論，許多美國的學者和政客紛紛強調美國切不可輕易全盤接受作為烏拉圭回合談判成果的《WTO 協定》的法律體制，特別是其中的爭端解決機制，以免美國自己的經濟決策主權受到削弱、侵害、毀損或剝奪。於是，漢金極力主張予以「廢棄」的主權觀念，又被許多美國學者「撿」了回來，鄭重其事地進行新的「論證」。

（二）美國的「主權」（既得霸權）應予捍衛論

　　作為美國政府外貿國策的主要顧問之一，約翰・傑克遜（John H. Jackson）教授當時曾親身經歷這場全國性大辯論，並兩度出席美國參議院財政委員會、外交委員會舉辦的公聽會，發表「證詞」。據他事後撰文[8]評介，當時這場辯論的緣由和要點大體如下：

　　一九八六年啟動、歷時八年的「烏拉圭回合談判」終於在一

九九四年四月十五日落幕，各成員方代表簽署了《烏拉圭回合多邊貿易談判成果最後文本》和《WTO 協定》。作為一九四七年《關稅及貿易總協定》（以下簡稱「GATT」的繼續和重大發展，WTO 的主要改革之一，在於建立了一套新的爭端解決機制，彌補了 GATT 原爭端解決機制的「先天缺陷」（birth defect）。

根據 GATT 第二十二、二十三條及其後續補充、修訂文件的有關規定，各締約成員政府之間發生國際貿易爭端，應自行協商解決；如當事各方在一定期間內經反覆協商仍不能達成圓滿的解決辦法，則可將有關爭端問題提交締約方全體（Contracting Pties）研究處理。一般的做法是：由締約方全體指定中立的專家小組（panel）認真調查有關事實，並以 GATT 的有關規則作為準繩，提出處理建議，報請締約方全體審奪。後者經討論通過，應向有關當事方提出相應建議，或作出相應裁決，要求當事方加以執行。但是，在締約方全體大會或在其閉會期間舉行的「代表理事會」Council of Representatives）上，多年來一向實行「協商一致」（consensus）[9] 的決策程序，即與會者全體一致同意才能通過，致使爭端中的被訴方或潛在的敗訴方可以盡力設法阻撓大會或理事會達成全體一致的決議或決定，從而在實際上造成「一票否決」的後果，導致 GATT 的整個爭端解決機制顯得低效和軟弱。

有鑒於此，《WTO 協定》的締約各方在總結 GATT 實踐經驗的基礎上，達成了《關於爭端解決規則與程序的諒解書》（Understandingon Rulesand Procedures Governingthe Setlementof Disputes，以下簡稱 DSU 或《諒解書》）。其中規定：設立「爭

端解決機構」（Dispute Settlement Body，DSB），它實際上是WTO 總理事會 （General Council）以不同名義召開的會議，由它全權處斷爭端。DSB 有權「設立專家組，採納專家組和上訴機構報告，監督裁決和建議的執行，以及授權暫停適用有關協定項下的關稅減讓和其他義務」[10]。尤其重要的是，在 DSB 中，徹底改變了 GATT 實行多年的上述「協商一致」的程序，轉而採取「反向協商一致」（negative consensus）的決策原則，即「一致反對，才能否決」，或「一票贊成，即可通過」。具體言之，在任何締約方向 DSB 投訴，請求成立專家組調查爭端時，除非DSB 全體成員一致決定予以駁回，即全體一致決定不設立專家小組，否則，就應同意該投訴締約方的請求，及時設立專家小組，進行調查。在專家小組（相當於一審機構）或上訴機構（相當於二審機構）向 DSB 提交調查處理報告之後，除非 DSB 全體成員一致決定不予採納，就應及時同意通過該項審結報告，並責成各有關當事方無條件地接受有關的建議，或履行有關的裁決。[11]否則，違反 DSB 決定的當事方（通常就是敗訴方）就會受到相應的各種制裁或報復。[12]簡言之，DSB 在處斷爭端過程中實行這種新的決策原則，實際效果就是：只要受害的申訴方或潛在的勝訴方在 DSB 會議上堅持經過專家小組或上訴機構正式認定的正當請求，就會實現「一票贊成，即可通過」的結局。

由此可見，WTO 的爭端解決機制遠較 GATT 的原有機制強硬和高效，這種爭端解決機制如能確保正常地運作，對於那些經濟實力強大的締約成員，特別是其中的超級大國，無疑是一種比較有力的約束。因為它們在國際貿易中，往往因「財大」而「氣

粗」，按民族利己主義和霸權主義行事，造成對弱國貿易利益的重大損害；而實施上述爭端解決新機制之後，一旦再遇到受害方投訴，像美國這樣的超級貿易大國就難以再依仗其經濟強勢和藉助於過去實行的「協商一致」原則，隨心所欲地阻撓和逃避任何制裁。

上述這種新的爭端解決機制乃是整個《WTO 協定》體制中一個不可分割的組成部分，一九九四年四月十五日美國談判代表在該「一攬子」協定上簽署之後，政府主管部門將它呈交美國國會審議批准。緊接著，美國國會兩院針對《WTO 協定》的全套規定舉行了一系列的聽證會和全會。在此期間，許多議員對烏拉圭回合的談判成果橫加指責，認為批准接受《WTO 協定》就是「違憲」行為，因為它「侵害了美國的主權」其主要論據之一，就在於擔憂接受新爭端解決機制之後，勢必會「毀損、剝奪美國的主權」。持此種觀點的議員，不妨稱之為「主權擔憂派」。另一些議員針對上述觀點加以反駁，認為接受 WTO 體制，包括其中不可分割的爭端解決機制，完全無損於美國自己的主權。持此種觀點的議員，不妨稱之為「主權自信派」。國會內兩派議員的激烈爭論，經過廣播、電視、報刊等各種媒體炒作，多種學術性和商務性公開論壇也紛紛卷人這場是非曲直之爭，遂形成全國性的論戰，傑克遜教授稱之為「1994 年主權大辯論」（the Great 1994 Sovereignty Debate），而一九九四年也就成了在美國具有「歷史意義」的大辯論之年。[13]

傑克遜坦言，「參加或接受一項條約，在一定意義上就是縮小了國家政府行動自由的範圍。至少，某些行動如不符合條約規

定的準則，就會導致觸犯國際法」[14]；「反對派」之所以反對《WTO 協定》中的爭端解決程序，就因為它相當強硬嚴峻，不再允許單一國家（貿易大國）對專家小組的處斷報告自由地實行抵制，拒不接受。[15]因此，日後它勢必對美國所追求的經濟目標，對美國的對外經貿政策及其有關立法措施，產生約束作用和不利影響。對於 WTO 新爭端解決機制如此神經過敏和疑慮重重（nervousness）正是反映了美國當局強烈希望留權在手，俾便日後在特定情況下，尤其是在「可能危及國家基本目標」的情況下，可以採取「靈活的」抵制措施，拒絕嚴格遵守國際條約規定的各項準則。[16]『許多國會議員擔心授予 WTO 的決策權力是否會侵害到美國獨立自主的最高決策權」[17]美國人經常關注的主要問題是：美國這個國家難道應當承擔義務，允許一個國際機構有權作出決策，對本國（或本國有關國際經濟關係的主張）施加影響，而不把這種權力保留在本國政府手中？」[18]「許多反對此項條約的人斷言：WTO 會危及美國的主權，因為許多決定可由 WTO 作出，並凌駕於美國法律之上」。[19]據此，傑克遜反覆強調指出一九九四年美國這場有關維護本國「主權」的全國性大辯論，其實質和關鍵就在於權力分配問題（questions about the allocation of power），即決策權力如何在國際機構與美國政府之間恰如其分地分配的問題。[20]

　　在這場全國性的主權問題大辯論中，傑克遜教授曾於一九九四年三月二十三日以美國對外貿易代表公署總顧問的身分，出席參議院財政委員會公聽會發表證詞。除縷述 WTO 體制的來龍去脈之外，他還針對美國國內有關「接受 WTO 體制會損害美國主

權」的反對派見解，作了如下的解釋和「澄清」：

關於 WTO 體制的效果及其對美國法律的各種影響作用，存在著某些思想混亂。幾乎可以肯定：就像美國國會處理最近幾項貿易協定的情況一樣，WTO 和烏拉圭回合訂立的各項條約並不會自行貫徹在美國法律之中，因此，它們不能自動地變成美國法律的一部分。同理，WTO 專家小組爭端解決程序作出的結論也不能自動地變成美國法律的一部分。相反，通常是經過美國國會正式立法，美國才必須履行各種國際義務或執行專家小組報告書作出的結論。一旦美國認為問題十分重要，以致明知自己的某種行為可能不符合自己承擔的國際義務，卻仍然有意地違背有關的國際性規範準則（international norms）那麼，根據美國的憲法體制，美國政府仍然享有如此行事的權力。這種權力能夠成為事態發生嚴重錯誤時的重要抑制力量。當然，這種權力不宜輕易動用。[21]

傑克遜教授上述這段「證詞」給當時的議員們以及其後的所有讀者們至少提供了以下信息，證實了以下幾條「美國信念」：

第一，美國在參加締結任何國際條約時，一貫把本國利益以及維護本國利益的美國「主權」和美國法律，放在首要地位。

第二，美國參加締結的國際條約，其中所規定的各種國際行為規範和行為準則，以及美國所承擔的國際義務，通常都必須通過體現美國「主權」的主要機構——美國國會加以審議、批准和立法，才能轉變成為美國國內法律的一部分，才能在美國貫徹實

施。

　　第三，一旦美國認為有必要採取某種措施、行動來「維護」本國的重大利益，它就「有權」自由行動，即「有權」不受國際行為規範和行為準則的約束，「有權」違背自己依據國際條約所承擔的國際義務，自行其是，我行我素。這種權力，就是美國的「主權」，就是美國在任何國際「權力分配」過程中始終保留在自己手中的美國「主權」！

　　傑克遜教授所論證的這種美國「主權」信念，在當時 WTO「贊成派」中具有代表性。經過數月的全國性「主權大辯論」，「贊成派」的這種「主權」信念在全國範圍內，特別是在國會內，逐漸占了上風，使大多數國會議員逐漸擺脫了 WTO「反對派」關於「主權」的擔憂，進而確信即使加入 WTO 之後美國「主權」仍然牢牢掌握在自己手中，終於促使美國眾議院和參議院在一九九四年十一月二十九日和十二月一日分別以 288 票：146 票和 76 票：24 票相繼批准了《WTO 協定》。

　　十分有趣的是：作為 WTO「贊成派」和 WTO「反對派」之間的一種「妥協」，也作為當時的總統克林頓（民主黨）與參議院多數派首領多爾（共和黨）之間達成的一筆「交易」，由後者出面，在投票前數日提議通過專門立法，建立一個法定的專門「委員會」，由五名美國聯邦法官組成，專門負責審查日後 WTO 爭端解決機構通過的、不利於美國的各種專家小組報告書，評估和判斷它們是否違反了四項特定標準，即：（1）是否踰越了授權範圍或審理範圍；（2）是否既不增加美國承擔的 WTO 條約義務，也不減少美國享有的 WTO 條約權利；（3）辦事處斷是否公

平公正，是否有專橫武斷或失職不端行為；（4）是否違反了應有的審查標準，包括針對反傾銷問題設定的審查標準。經仔細審議評估之後，這個專門委員會應向國會報告審查結論。如果該專門委員會斷定 WTO 爭端解決機構通過的專家報告書違反了上述四項標準之一，且此類專家報告書在五年之內累計達到三份之多，則美國國會就應考慮作出決定，退出 WTO 這個全球性組織，自行其是[22]（以下簡稱為「美式事不過三」原則或「美國敗訴不過三」立法）。

這個專門立法，數年來正在由有關議員積極推動之中，並待機「擊發」！傑克遜認為，這項立法建議本身，它的明確主張，以及它所設定的審查標準，全面地、十分鮮明地表露了 WTO「反對派」對於美國「主權」可能受損的忡忡憂心。[23]

（三）美式「主權廢棄」論與美國「主權捍衛」論的「矛盾」與「統一」：美國單邊主義（美國霸權）的初勝與 WTO 多邊主義（他國群體主權）的初敗

回顧和揣摩美國這場「主權大辯論」的前前後後，人們不禁深感納悶：一九八九年至一九九三年期間，美國國際公法權威教授路易斯‧漢金曾經一再鼓吹主權觀念已經「過時」，主張應該把它當作舊時代的殘餘「擺放到歷史的陳列架上去」；並且痛斥它是「有害的字眼」，是「空談」，是「神話」，應予根本「廢棄」。當時這些高論在美國國內學界一向被奉為經典。何以轉眼之間，到了一九九四年，美國國際公法的另一位權威教授約翰‧傑克遜卻把被漢金教授痛斥和「廢棄」的主權「空談」和「神

話」，恭恭敬敬地請了回來，並且不憚其煩地詳加論證？何以這種「空談」和「神話」轉眼之間又變成了美國國會議員們心目中的神聖不可侵犯的「神物」？

面對這一「難題」，人們可以通過細讀傑克遜教授事後撰寫的一篇大作，從中獲得啟發。一九九七年，傑克遜教授在回顧和總結美國一九九四年這場「全國性主權大辯論」時，針對其前輩[24]『權威』漢金的前述立論，頗為委婉、但卻十分明確地表示了異議。他提出：「在詞語使用上，我的看法，可能有些顯得與漢金教授的部分觀點**恰恰相反**，特別是在他論及『該把主權一詞作為舊時代的殘餘遺物擺放到歷史的陳列架上去』，或論及『應當廢棄主權一詞』的場合，我的看法截然相反……有目共睹的事實是：『主權』一詞當今仍然在廣泛地使用之中，在不同的場合，往往蘊含著不同的派生含義（sub-meanings）。」[25]因此，傑克遜教授主張應當把「主權」一詞加以「**分解**」（decompose），以便分別在**不同的場合**恰當地加以**使用**。

這段委婉的言詞初讀似感有些「晦澀」，但結合其上下文細加揣摩，便不難領悟到以下兩點：

第一，漢金教授的主權觀與傑克遜教授的主權觀，貌似相反，實則相成：原來兩位教授的用詞遣句是**各有所指**：漢金教授主張應予「廢棄」的主權，乃是專指不願臣服於超級大國的弱小民族的主權，因為它們總是舉著主權這面義旗，抵制超級大國的干涉主義和霸權主義；而傑克遜教授主張應予保護的「主權」，乃是專指超級大國美國自身的「主權」，因為打起「主權」這面堂皇的大旗，恰恰可以用來遮蓋和掩護美國既得的霸權，從而抵

制國際條約義務、國際行為規範和國際行為準則對美國的約束。一句話，兩位美國教授對「主權」一詞的看法確實是**一對矛盾：**漢金的「廢棄論」，乃是針對弱小民族主權的進攻之「**矛**」，用以攻破弱小民族的主權藩籬和屏障，攫取新的霸權權益，多多益善；而傑克遜教授的「保護論」，則是遮掩美國「主權」即既得霸權的護衛之「**盾**」，不許既得霸權受損分毫! 真可謂**功能不同，各有妙用**。看來，美國在國際社會中處事的「實用主義」和「雙重標準」，於此又是一大例證。

第二，由傑克遜加以闡釋論證的上述美國式主權「信念」，即參加 WTO 這一全球性多邊體制之後，美國仍然「有權」不受多邊主義的約束，仍然「有權」繼續推行其單邊主義的政策和法律云云，乃是美國國會當初終於批准《WTO 協定》的**思想基礎和理論前提**，乃是**美國參加 WTO 之初就已確立的既定方針和行動指南**。可見，貫穿於上述這場「主權大辯論」全過程的美國單邊主義（美國霸權）與 WTO 多邊主義（他國群體主權）首度大交鋒的結局，乃是前者的勝利，後者的敗北! 美國參加 WTO 之後，之所以不斷地用美國的單邊主義阻撓、衝擊和破壞 WTO 的多邊主義，其最主要和最新的思想理論根源，蓋在乎此！

三、美國的「主權大辯論」與美國的「301 條款」

其實，歸根結底，究其本質，無論是 WTO「反對派」忡忡擔憂其「可能受損」的，還是 WTO「贊成派」喋喋論證其「仍然在握」的，並**不是美國的經濟主權，而是美國的經濟霸權**。

在這方面，最明顯的例證是美國貿易法規中所謂「301 條款」的多年實踐，以及美國國會在上述「大辯論」後作出的決定：堅持繼續實施「301 條款」。

（一）「301 條款」是美國的霸權立法

「301 條款」一詞屢屢見於中外報端，人們耳熟能詳，這是「美國貿易代表」[26] 頻頻揮舞的一根用以威脅和壓服外國貿易對手的「狼牙棒」，充分體現了美國在國際貿易領域中的經濟霸權。它原是一九七四年《美國貿易法》的第 301 條（Section 301）其後幾經修訂，擴充了內容，共計十條，習慣上仍統稱為美國貿易法「301 條款」（以下沿用此習慣統稱），其核心內容是：如果美國貿易代表確認外國的某項立法或政策措施違反了該國與美國簽訂的貿易協定，或雖未違反有關協定，但卻被美國單方認定為「不公平」「不公正」或「不合理」，以致損害或限制了美國的商業利益，美國貿易代表便有權不顧國內其他法律以及國際條約準則作何規定，逕自依照美國貿易法「301 條款」規定的職權和程序，憑藉美國經濟實力上的強勢，採取各種單邊性、強制性的報復措施，以迫使對方取消上述立法或政策措施，消除其對美國商業造成的損害或限制，或提供能令美國官方和有關經濟部門感到滿意的賠償。[27]

「301 條款」的主旨、要害和實際作用，就在於**單方自立**「公平」與否的「美式」標準，以**單方施加**「制裁」、實行報復作為恫嚇或「懲罰」手段，迫使外國開放其國內市場。這一霸權立法及其實施，曾在國際社會中引起廣泛譴責和抨擊，因為這一

美國國內立法顯然背離了美國參加締結的 GATT 這一多邊國際條約的規定，以**單邊自立標**準、**單邊**判斷和**單邊**施加報復制裁，取代了 GATT 原有爭端解決機制中的有關交由中立專家小組調查、審議後，報請 GATT 理事會審奪處斷的**多邊**原則，從而違背了美國承諾承擔的國際義務。但是，「美國利益至高無上」以及「笑罵由他，厚利我自賺之」，這乃是美國「實用主義」哲學在經貿領域的一貫體現，並由此導致國際社會中的正常貿易秩序時常受到美國「301 條款」的不當干擾。

試以中國「領教」過的三次「報復措施」和「經濟制裁」為例：[28]

早在一九九一年十一月，「美國貿易代表」即以中國未能對美商的知識產權給予「充分、有效」的保護以及未能對擁有知識產權的美商給予「公平」的市場准入機會，作為藉口，將中國列為適用美國貿易法「301 條款」的「重點國家」，並單方片面宣布了總值為十五億美元的對華「報復清單」，後經雙方反覆磋商，終獲合理解決。

一九九四年六月三十日，美方重施故伎，再次將中國列為「重點國家」，同時提出許多直接干涉中國立法、司法和內政的苛刻要求，諸如：修改中國民法，縮短審限；修改民事訴訟收費規定，從廉收費；每週兩次在國內大規模打擊對美侵權行為，並向美國報告，直到美方滿意為止；每季度「向美國政府報告」一次中國查處對美侵權的情況，等等。由於美方要求過苛，經七輪磋商，未能解決爭端，美國遂於一九九四年十二月三十一日單方面宣布了總值為二十八億美元的對華「報復清單」，妄圖迫使中

國就範。中國對此進行了針鋒相對、有理有利有節的鬥爭：一方面，嚴正指出：美國採用單邊報復手段對付其他國家貿易對手，顯然違背有關國際公約、條約關於通過多邊協商解決爭端的原則規定，已經受到國際社會的普遍譴責；另一方面，根據《中華人民共和國對外貿易法》第七條的規定（即任何國家或者地區在貿易方面對中國採取歧視性的禁止、限制或其他類似措施的，中國可以根據實際情況對該國或該地區採取相應的措施），由中國對外經貿部公布「擬對美貿易反報復清單」，其中規定：對若干種從美國進口的大宗產品，加倍徵收關稅；暫停從美國進口其他若干大宗產品；暫停與美方談判若干大型合資項目；暫停美商在華設立投資公司的申請，等等；同時，明確宣布：「上述措施擬於美國正式執行對中國出口產品報復時生效」。眼看對華「報復」「制裁」無法如願以償，且可能失去中國的廣闊市場，美方有所「收斂」，取消了原先堅持的若干苛刻要求，中美雙方終於在一九九五年二月二十六日以「換文」形式達成「雙贏」協議，避免了一場由美方挑起、一觸即發的「貿易戰」。

　　一九九六年春夏之交，中美貿易爭端又起，美方又片面單方宣布中國為「特別 301 條款重點國家」，並宣布了總值為三十億美元的對華「報復清單」中國政府主管部門也再次鄭重宣告：為維護國家主權和民族尊嚴，……我國將不得不採取相應的反報復措施」，含八項內容，並規定「以上措施將於美國對我出口產品報復措施生效時生效」。經過艱苦談判，終於又在一九九六年六月十七日達成了中美雙方都可以接受的協議。這場新的「較量」再次證明：國家間的貿易糾紛，特別是大國之間的貿易糾紛，應

該並且只能通過平等磋商求得公平合理解決，「單邊報復」等恃強欺弱的做法，往往無濟於事，無法得逞，徒顯其蠻橫形象而已。

有鑒於美國「301 條款」實質上乃是這個超級大國的單邊霸權立法，嚴重背離了 GATT 的多邊精神，因此，在一九八六至一九九四年的烏拉圭回合談判中，絕大多數 GATT 成員，特別是許多「領教」過美國「301 條款」滋味的 GATT 成員，決心通過改革，強化前述 GATT 原有爭端解決機制的約束力，以制止美國的剛愎自用和一意孤行（uniaealism，又譯「單邊主義」獨斷專行主義」），並且實現了 DSB 表決原則的前述改革更新。

但是，在美國貿易代表簽署《WTO 協定》、並提交美國國會審議批准的過程中，卻激起軒然大波，引發了「1994 年主權大辯論」。

（二）美國「主權大辯論」的首要結論：美國的霸權立法「301 條款」不許改變

在這場大辯論中，美國國會議員們卻憑著訓練有素的政治敏感，毫不含糊地堅持：決不許改變「301 條款」，決不能改變該條款授權的美國貿易談判代表的談判地位和行政職能。其結果是：「除了在程序上稍作微小修訂之外，301 條款仍然紋絲未動。」[29] 美國專家指出：這一法律條款，也許是 1994 年國會大辯論中有關主權的各種審議考慮中最**關緊要** `首屈一指的政治主題（the mostimportantpolitical bellwether）。」[30]

不難看出，美國的行政代表簽署了 WTO 的國際協定，美國

的立法當局卻仍然堅持繼續實施與《WTO 協定》相左的「301條款」其實際效果無非是「腳踩兩船，左右逢源」：在美國與他國政府間發生國際貿易爭端時，特別是當美國充當「被告」時，如果經由 WTO 的爭端解決程序作出的結論或裁決有利於美國，美國就可以「勝訴方」的身分，「信守」國際條約，冠冕堂皇地表示贊同和接受此種結論或裁決；反之，一旦有關的結論或裁決不利於美國，使美國成了「敗訴方」，此時，它雖已不能再在 WTO 的 DSU 程序及其「negative consensus」表決中逞其故伎，單方阻撓專家小組報告和 DSB 最後決定的達成、通過和執行，卻仍可同樣冠冕堂皇地打著「維護美國經濟主權」「維護美國憲法體制」（constitutional institution）的大旗，棄 DSB 決定如敝屣，並對實施或履行 DSB 決定的「勝訴方」加以抵制，甚至加以報復。除此之外，只要美國認為必要，它仍可完全撇開 WTO 的 DSU 程序，隨心所欲地**單方啟動**仍然牢牢在握的「301 條款」，以既是「**原告**」又兼「**法官**」的雙重身分，按自己設定的「法定」標準，把從事「不公平」貿易行為的「罪名」強加於對方「被告」，並繩之以「法」！這豈不是又一次證明：在強權政治和霸權主義條件下，「公法乃憑虛理，強者可執其法以繩人」！[31]

　　由此可見，美國所備加珍惜呵護的，乃是極力擴張了的「主權」，乃是披著「主權」外衣的**既得霸權**；而美國國會在批准加入《WTO 協定》之後，仍然堅持保留和實施「301 條款」的現有立法，這就如同穿上厚厚的雙重鎧甲，力圖使既得霸權做到「刀槍不入」，萬古千秋。

四、美國「主權大辯論」的後續影響之一：「301 條款」 爭端案

　　一九九五年一月《WTO 協定》正式生效以來，美國就是按其在「主權大辯論」中得出的上述「結論」行事的：既參加 WTO 這一多邊貿易體制，享受其他成員給予美國的各種優惠和權利；又繼續推行美國的一系列單邊主義政策和法律，享受其自私自利、損人肥己的特權。實踐證明：美國的這種做法，在某些場合，確實達到了它「左右逢源」的預期目的。其典型之一，就是一九九五年的「美日汽車市場爭端案」。[32] 當時，美、日兩國政府曾就日本國內汽車及汽車部件市場的開放問題進行過多輪談判，因雙方各持己見，爭端迄未解決。美國作為 WTO 成員方之一，卻置 WTO／DSU 多邊性爭端解決體制於不顧，逕自依照《美國貿易法》「301 條款」的規定，於一九九五年五月十六日單方宣布將對從日本進口的轎車按貨價徵收百分之百的關稅，以示懲罰。這一稅率大大高於美國關稅減讓表承諾的對汽車徵稅 2.5%的約束稅率，新關稅總額將高達五十九億美元。面對這種單邊主義的報復，日本政府於一九九五年五月二十二日向 WTO／DSB 投訴，指控美國違反了 WTO 多邊體制規定的國際義務。但終於在美國強大的壓力下，於一九九五年六月二十八日與美國達成「諒解」：日本接受了美國有關開放日本國內汽車及其部件市場的若干具體要求；美國嘗到了施壓的「甜頭」，取消了前述對從日本進口的汽車徵收懲罰性關稅的決定。

　　但是，在另一些場合，美國上述「左右逢源」的盤算卻引發

了相當激烈的「商戰」和論戰，使美國一度成為眾矢之的。其典型之一，就是一九九六年至二〇〇〇年綿延長達四五年之久的「美歐香蕉貿易爭端案」[33]以及由此導致的「歐美『301 條款』爭端案」。[34]

（一）美國「301 條款」引發的歐—美經濟主權爭訟案：緣由與前奏

一九九六年二月和一九九八年八月，美國為首並策動「美元香蕉」區的厄瓜多爾、危地馬拉、洪都拉斯、墨西哥四國，先後兩度通過 WTO 機制向歐共體提出磋商談判要求，理由是歐共體在進口、銷售該五國香蕉中所實行的各種管制措施，使它們獲得的待遇低於歐共體給予《洛美協定》締約成員的優惠，從而違背了世貿組織的一般規則，構成了貿易歧視。在有關談判正在持續進行之際，一九九八年十一月十日，美國以歐共體擬定實行讓步的香蕉進口新體制仍不符合世貿組織的要求為藉口，逕自依據《美國貿易法》「301 條款」，單方宣布了將對歐共體採取報復措施的清單以及實行制裁的時間表，脅迫歐共體繼續讓步。在有關爭端按 DSU 程序提交仲裁之際，美國竟又逕自於一九九九年三月三日突然發動「閃電式」報復，單方宣布：美國決定對英國、義大利、德國、法國等歐共體國家輸往美國的約二十種熱銷產品，按貨價徵收高達百分之百的關稅，以示懲罰，其總額約為5.2 億美元。美國這一獨斷專行舉動，使 WTO 建立的多邊體制麵臨新的重大威脅。一九九九年四月六日，DSB 仲裁庭作出的裁決確認：歐共體上述香蕉進口新體制雖對美國的利益構成損

害，但其損害程度遠低於美國單方聲稱的 5.2 億美元，其實際損失約為 1.914 億美元[35]僅及其宣布數額的 36.8%左右。換言之，美國單方宣布的損失數字中，竟含有高達 632%的「水分」！

鑒於美國在《WTO 協定》正式生效，DSU 多邊性爭端解決機制正式開始運作之後，仍然繼續依據其國內立法「301 條款」一再對 WTO 的其他成員實行單邊主義的威脅和報復，並且屢屢得逞或「奏效」，歐共體遂於一九九八年十一月二十五日，即上述「香蕉大戰」逐步升級、美國根據「301 條款」於一九九八年十一月十日單方宣布對歐報復清單之後，在一九九九年一月二十六日要求 DSB 正式成立專家組，審理此案。顯而易見，歐共體此舉乃是「開闢第二戰場」，反守為攻，從「美元香蕉案」中的「被告」，變為「301 條款案」中的「原告」，把原案中氣勢洶洶的美國推上了新案的被告席。

如所周知，不少國家曾在不同程度上吃過美國「301 條款」的苦頭。此次由歐共體牽頭，一呼多應：巴西、喀麥隆、加拿大、哥倫比亞、哥斯達黎加、古巴、多米尼克、多米尼加、厄瓜多爾、中國香港地區、印度、以色列、牙買加、日本、韓國、聖盧西亞以及泰國，先後紛紛要求以與本案有利害關係的第三方身分，參與本案的磋商談判和專家組的審理程序。如果歐共體以其十五個成員國計算，則連同諸多第三方，使本案審理過程實際上形成三十多個 WTO 成員共同「聲討」美國「301 條款」的局面。

一九九八年十二月十七日，爭端當事人舉行談判未能解決紛爭。應歐共體請求，DSB 於一九九九年三月二日決定成立專家

組處斷此案。據此，WTO 總幹事於一九九九年三月三十一日指定戴維‧哈威斯（David Hawes）、特傑‧約翰尼遜（Terje Johannesen）和約瑟夫‧威勒（Joseph Weiler）三人為本案專家組成員，哈威斯擔任組長。其審理範圍（terms of reference）是：根據歐共體在 WT／DS152／11 號文件中所援引各項協定的有關規定，審議歐共體在該文件中提交 DSB 的事項，作出認定，以協助 DSB 按照上述各項協定的規定，提出建議，或作出裁定。」質言之，這場由《美國貿易法》「301 條款」引發的 WTO 眾多成員間的對壘和論戰，突出地體現了在經濟全球化加速發展的新形勢下，各國**經濟主權上限制與反限制的新鬥爭**；其中既主要體現了全球經濟**霸主**與其他經濟**強國**之間在經濟主權問題上的大火拚，也涵蓋了眾多經濟**弱國**與全球經濟**霸主**在經濟主權問題上的新較量。

　　具體說來，本案的涉訟當事人，「原告」（complainant，又譯「起訴人」「起訴方」）是歐共體十五國，其中包含德、英、法、意四大經濟強國；「被告」（respondent，又譯「應訴人」「應訴方」）是全球經濟霸主「超強」美國；正式參訟的「第三方」（third party）十幾個 WTO 成員，其中包含日本、加拿大兩大經濟強國，它們實際上完全站在「原告」歐共體一方。綜合起來，這場反對「301 條款」與維護「301 條款」兩大勢力之間的爭訟，其**主角**乃是全球經濟最發達的七國集團一分為二，圍繞著各自**經濟主權的限制與反限制**這個核心和焦點，展開了**大對決**。在這場大較量中，「超強」雖強，但獨自以「孤家寡人」身分面對其他六強，再加上雖然較弱但不甘示弱的其他許多歐洲發達國家以及

亞、非、拉美許多發展中國家一起揮戈「上陣」，從雙方實力對比上說，似可稱之為「旗鼓相當，難分軒輊」。這種局面，在世界貿易發展史上，是十分罕見的。審理本案的專家組，則可稱為「處於兩大之間」。

本案專家組在一九九九年三月三十一日組建成立之後，經過長達約九個月的審理，於一九九九年十二月二十二日向各方當事人簽發了審結報告書，並呈交 DSB 審批。這份報告書洋洋數萬言，單單正文就長達三百五十一頁。由於當事人歐共體與美國均未提起上訴，DSB 遂於二〇〇〇年一月二十七日正式通過了專家組的審結報告。

專家組的審結報告雖如限作出，而且未遭上訴，但卻留下了令人不敢恭維的執法形象以及一系列的法律疑竇和隱患，值得認真探討。下文分別簡介和剖析本案審理過程中「控」「辯」各方的立論要點，專家組審結報告的主要內容以及其中留下的疑竇和隱患。

（二）美國「301 條款」引發的歐一美經濟主權爭訟案：指控與抗辯

（1）歐共體代表的指控[36]

歐共體代表指控：美國在《WTO 協定》確立的多邊體制生效後，仍然堅持保留和實施《美國貿易法》第 301-310 條所規定的**單邊主義**報復和制裁，其所作所為，背棄了美國在簽訂《WTO 協定》時作出的鄭重承諾和承擔的國際義務。歐方特別強調，《美國貿易法》上述條款的規定與 DSU 第 23 條有關「**加**

強多邊體制」的具體規定是互不相容的：

第一，DSU 第 23 條第 2 款（a）項規定：WTO 成員之間遇有貿易爭端，必鬚根據 DSU 確立的規則和程序加以解決。除此之外，任何成員均不得自行單邊斷定（make a determination）其貿易權益受到損害；任何成員在斷定其自身權益受到損害時，其斷定的內容必須與 DSB 根據 DSU 規定通過的專家報告書、上訴庭報告書或仲裁裁決書所認定的內容（findings）完全相符。

但是，《美國貿易法》第 304 條（a）（2）（A）款卻要求美國貿易代表逕自單方斷定其他 WTO 成員是否損害了美國依據 WTO 某項協定享有的權益，而完全不顧 DSB 是否已經按多邊程序通過了專家報告書或上訴庭報告書所作出的認定。

同時，《美國貿易法》第 306 條（b）款要求美國貿易代表逕自單方斷定 DSB 針對有關爭端提出的整改建議是否已經獲得貫徹執行，而完全不顧 DSU 規定的多邊認定程序是否已經完結。

由此可見，《美國貿易法》的這些規定直接違反了 DSU 的上述規定。

第二，DSU 第 23 條第 2 款（a）項規定：WTO 成員〔37:如未能在合理的期限內履行 DSB 作出的整改建議或決定，則應依 DSU 規定的多邊程序，先確認對該成員暫停給予有關協議規定的關稅減讓等優惠的範圍和幅度（level），並經 DSB 授權同意之後，方可對該成員採取暫停給予關稅減讓優惠等制裁措施。

但是，《美國貿易法》第 306 條（b）款卻要求美國貿易代表在爭端對方未能如期履行 DSB 建議時，既不經 DSU 多邊程序

確認制裁的範圍和幅度，也不經 DSB 授權同意，即逕自根據《美國貿易法》第 301 條和第 305 條（a）款，單方作出決定並採取制裁措施。

由此可見，《美國貿易法》的這種規定直接違反了 DSU 的上述規定。

第三，《1994 年關貿總協定》（以下簡稱「GATT 1994」第 1、2、3、8、11 條分別規定了最惠國待遇、關稅減讓表、國民待遇、降低規費及簡化輸出入手續、取消數量限制等多邊性的互惠待遇和共同義務，WTO 的全體成員應共同遵守。遇有爭端，應當遵循多邊程序予以解決。

但是，《美國貿易法》第 306 條（b）款卻要求美國貿易代表隨時逕自單方作出決定，對貿易爭端所涉的外國進口貨物徵收高額關稅、高額規費或施加各種限制。

由此可見，《美國貿易法》的這些規定直接違反了上述 GATT 1994 中的一項或多項規定。

第四，**退一步說**，即使將《美國貿易法》第 301-310 條解釋為：「**允許**」（permit）美國貿易代表在執法時可以有所選擇，可以避免作出違背 WTO 多邊體制的單方斷定和採取單邊主義報復製裁措施，但是它也允許美國貿易代表在執法時，可以通過自由裁量，逕自作出**背離** WTO 多邊體制的單方斷定，逕自採取單邊主義報復製裁措施。因此，顯然不能認為這些條款已為美國履行其在 WTO 體制中承擔的國際義務提供了「穩妥可靠的法律依據」（sound legal basis）；而缺乏這種可靠的法律依據，勢必對 WTO 其他成員及其經濟經營者（economic operators，指一般公

司、企業等）形成一種威脅和法律上「捉摸不定」（legal uncertainty）的氛圍和環境，這就從根基上毀壞了 WTO 這一多邊貿易體制的「安全保障和可預見性」（security and predictability）。[38]

第五，更有甚者，《美國貿易法》第 301-310 條的規定，實質上乃是表達了一種經過深思熟慮和**精心設計**的方針政策（deliberate policy），提供一種特殊模式，便於美國隨時採取背離 WTO 多邊體制的行政措施。美國之所以在其法典上堅持保留《美國貿易法》第 301-310 條這樣的立法，無論在其法律條文的字面措辭上，還是在其立法者的主觀意圖上，都是蓄意授權美國貿易代表，可以無視和違反美國在 WTO 多邊體制中承擔的各種國際義務，逕自獨斷專行：既可作出單邊主義的斷定，又可採取單邊主義的制裁，以追求其雙重目的：或直接「誅殺」其對手，或以「誅殺」相威脅，迫使其對手俯首就範。此種雙重目的，可稱為「達摩克利斯頭上懸劍效應」（Damocles sword effect）。[39]

歐共體代表強調指出：在實踐上，美國向來慣於利用其「301 條款」所產生的這種「達摩克利斯頭上懸劍效應」形成「經常存在的威脅」constant threat），作為一種「討價還價」的手段（bargaining tool），力圖從其貿易對手國家方面勒索和搾取各種非分的減讓和優惠權益。美國此種行徑，即使在《WTO 協定》生效之後，也毫不改弦更張，而不惜背棄美國自己在 WTO 體制中所承擔的國際義務。在前述「美元香蕉案」中，美國就是如此一意孤行，使歐共體權益受到侵害。而 WTO 的其他成員，諸如加拿大、韓國、中國香港地區、印度、日本和巴西等，直至在

《WTO 協定》已經生效之後，也都有過類似的經歷，吃過類似的苦頭，因而同聲譴責美國堅持「301 條款」的單邊主義實踐，認同和支持歐共體的訴求。[40]

由此可見，無論如何**不能**把《美國貿易法》第 301—310 條看成是《WTO 協定》第 16 條第 4 款所規定的、**符合** WTO 法律體制的美國國內法。因為《WTO 協定》第 16 條第 4 款明文規定：WTO「每個成員應當確保其國內的各種法律、條例以及行政程序完全符合 WTO 各種附件協定所規定的各項義務」，與此相對照，《美國貿易法》第 301-310 條卻違反了前引 WTO 法律體制的多種規定和多項國際義務。

第六，基於以上理由，歐共體代表請求本案專家組明確裁定：[41]

（A）美國未能確保其國內的《美國貿易法》切實遵守世貿組織 DSU 第 23 條、GATT 1994 第 1、2、3、8、11 條的各項具體要求；美國的所作所為，違背了上述各種國際協定以及《WTO 協定》第 16 條第 4 款規定的各項國際義務，從而取消了或侵害了歐共體根據上述各種國際協定享有的各種權益；

（B）由專家組建議 DSB 正式要求美國採取改正措施，使《美國貿易法》完全符合美國在世貿組織 DSU、GATT 1994 以及《WTO 協定》中所承擔的各項國際義務。

（2）美國代表的抗辯[42]

針對歐共體代表提出的指控和訴求，美國代表提出了抗辯，其要點如下：

第一，《美國貿易法》第 301-310 條的規定無礙於美國「不

折不扣地遵循」（folowingtotheletter...）DSU 的各項規定和要求。「301 條款」的有關立法授權給美國貿易代表，使其可以充分自由裁量，「力求遵守」（to pursue and comply with）多邊性的爭端解決程序。歐方不能單憑臆測，斷言美國貿易代表一定會以違反 WTO 規則的方式來行使其自由裁量權。歐方之所以向 WTO ／DSB 提出本案，指控美國的「301 條款」，把前述「香蕉貿易爭端」指責為美國的單邊主義行為所致，這是為了轉移視線，掩蓋歐共體自身在前述「香蕉貿易爭端案」中未能遵守 DSB 裁定和建議。[43]

　　第二，《美國貿易法》第 301-310 條，只是一種「任意性立法」（discretionary legislation），而不是「強制性立法」（mandatory legislation）。它賦予美國貿易代表的自由裁量權是極其充分的（more than adequate discretion）。後者完全可以在每一個案件中都遵照 DSU 第 23 條以及 WTO 體制中的其他規定，行使自己的職權。具體而言，第 304 條允許美國貿易代表在每個案件中都根據 DSB 專家組和上訴庭作出的認定，來判斷美國的貿易權益是否（whther）受到侵害；第 306 條則允許美國貿易代表在每個案件中都依據 DSU 第 22 條的規定，要求並且獲得 DSB 的授權同意，以便暫停給予爭端對方關稅減讓等優惠。可見，《美國貿易法》第 301-310 條的規定，與 WTO 體制中的 DSU 第 23 條、WTO 協定》第 16 條第 4 款以及 GATT 1994 第 1、2、3、8、11 各條的有關規定，都是完全一致的。[44]

　　第三，法律面前，人人平等。法律既是弱者的保護人，也是強者的保護人；它給予小國和大國的保護，應當是一視同仁的；

它給予「得人心者」和「不得人心者」（the popular and the unpopular，又譯「受歡迎者和不受歡迎者」）的保護，也應當是不分軒輕的。誠然，美國知道其貿易法第 301-310 條並不是得人心、孚眾望的。但是 WTO 和 DSU 體制並不是一個「舉行得人心競賽」的俱樂部，用以專門對付某個成員（a club to be used in a popularity contest against any one member）。如果 WTO 多邊體制確實想要保護弱者，那麼，它就必須也保護強者不受到無端攻擊，即不應僅僅因為他強大就要受到攻擊，而不是因為他做了什麼壞事、錯事。[45]

據此，一國的法律，只要它並不指令（command）其行政當局故意背棄 WTO 體制規定的各種國際義務，就沒有犯什麼過錯。而《美國貿易法》第 301-310 條既然允許 （allow）美國貿易代表恪守（comply fully with）美國在《WTO 協定》及其全部附件中承擔的各種國際義務，這就說明美國的此項法律並沒有背棄或違反美國在 WTO 體制中承擔的國際義務。換言之，此項法律的存在本身絲毫也沒有違反這些國際義務。

由此可見，歐共體提出本案訴求，只是想把這場訟爭轉變成為對美國現行貿易政策實行政治上的攻擊，此舉恰恰凸顯出歐共體在法律根據上是十分空虛無力和毫無理由的。[46]

第四，美國代表特別強調：一九九四年九月二十七日，美國總統向美國國會提交了《烏拉圭回合協定法》（Uruguay Round Agreements Act of 1994）的立法草案，同時也提交了另一份《政府行政聲明》（Statement of Administrative Action，簡稱 SAA）這兩份文件都在一九九四年十一月間獲得國會兩院批准通過，因而

都具有法律約束力。就後者而言，其中特別明文規定：如果有人投訴稱美國根據《WTO協定》享有的權益受到損害而由美國政府發起調查，則：

美國貿易代表**將**（will）

・按照現行法律的要求援用WTO的DSU程序：

・依據DSB通過的專家組或上訴庭的認定結論，按301條款的要求，斷定美國在有關協定中享有的權益已經（has been）受到侵害或遭到否定；

・遵循專家組或上訴庭通過的對美方有利的審結報告，允許被訴方在合理的期間內實施報告中提出的改正建議；

・在上述期間內如問題仍未解決，將要求DSB授權同意實行報復。[47]

可見，這份《政府行政聲明》實際上已經對美國貿易代表在執法時的自由裁量權加以限制，有效地排除了（preclude）美國貿易代表在DSU審理程序終結以前，擅自作出違反DSB認定內容的判斷，擅自採取違反DSB授權同意的報復措施。[48]

第五，在這份《政府行政聲明》第一頁，開宗明義地規定：

本聲明闡述了為實施烏拉圭回合各項協定而將要採取的重大行政行為。本聲明對美國政府當局（administration）有關解釋和實施烏拉圭回合各項協定的看法，作出了權威性的闡述，以便美國履行其國際義務，並在國內法律中加以貫徹。美國政府當局認

為，美國國會期望今後美國政府機構（administrations）將會遵守和實施（will observe and apply）本聲明中作出的解釋和承諾。而且，由於本聲明將由美國國會在實施烏拉圭回合各項協定的同時予以批准，因此本聲明中針對這些協定作出的解釋說明具有特別的權威意義。[49]

在本案審理過程中，美國代表在專家組面前信誓旦旦，「毫不含糊地、正正經經地、反反復復地、毫無條件地確認」（explicitly, oficialy, repeatedly and unconditionally confirmed）在上述《政府行政聲明》中作出的許諾，即美國貿易代表將（would）「依據 DSB 通過的專家組或上訴庭的認定結論，按『301 條款』的要求，斷定美國在有關協定中享有的權益已經受到侵害或遭到否定」。「美國的法律已經排除了美國貿易代表不依據被通過的專家組或上訴庭的認定結論而逕自作出上述肯定判斷的可能。」[50]

第六，基於以上各點理由，美國代表請求本案專家組明確裁定：[51]

（A）歐共體未能舉證證明：美國貿易法》第 301-310 條要求美國貿易代表，不顧 DSB 的認定，不經 DSB 的授權，逕自斷定美國權益受損，逕自採取停止關稅減讓優惠等報復措施，從而違反 WTO 體制中 DSU 第 23 條以及 GATT 1994 第 1、2、3、8、11 條的各項規定。

（B）《美國貿易法》第 301-310 條並未指令（mandate）採取違反 DSU 或 GATT 1994 任何規定的行動，也未排除（preclude）

採取遵守上述協定中各項國際義務的行動。

（C）全盤駁回歐共體的一切訴求。

（三）WTO/DSB 專家組對本案經濟主權爭訟的裁斷：美國單邊主義（美國霸權）的再度獲勝與 WTO 多邊主義（他國群體主權）的再敗[52]

本案專家組在一九九九年三月三十一日組建成立之後，經過長達約九個月的審理，充分聽取了歐共體一方的多輪指控和美國一方的多輪抗辯，也聽取了以「第三方」身分正式參加審理過程的十二個國家和地區[53]對美國「301 條款」的指控以及美方的相應抗辯，於一九九九年十二月二十二日向雙方當事人簽發了審結報告書，並呈交 DSB 審批。由於雙方當事人均未提起上訴，DSB 於二〇〇〇年一月二十七日正式通過了本案專家組的審結報告。

如前所述，這份報告書洋洋數萬言，單單正文就長達三百五十一頁。其中主要認定內容和裁斷結論是：[54]

第一，專家組認定自身在本案中的職能（function）是「**司法審理性質的**」（judicial）；根據 DSU 第十一條的規定，其職責（duty）在於：針對案件的各項事實，就其是否適用有關協定，以及是否遵守有關協定，作出客觀的評估；並且應當作出其他有關的認定結論（findings），以協助 DSB 根據有關的協定，提出建議或作出裁定。」[55]

同時，專家組又自稱其受命審理的範圍僅限於歐共體提出的各項具體指控，而不對《美國貿易法》第 301-310 條是否符合

WTO 的各項協定作出**全面的評估**（overall assessment）；除歐共體具體指控以外，不對有關「301 條款」的其他任何方面進行審查；特別是**不對美國曾經在某些具體案件**中根據「301 條款」採取的**具體行動是**否違反 WTO 體制，進行審查。[56]

第二，專家組指出：美國貿易法》第 304 條（a）款要求美國貿易代表在美國發起違約侵權調查之後在十八個月以內斷定美國的權益「**是否**」（whether）受到侵害或遭到否定，而並非要求後者在期限內斷定美國權益「**已經**」（have been）受到侵害或遭到否定。該法律條文確實賦予美國貿易代表廣泛的自由裁量權，在每個貿易爭端案件中作出「是」或「否」的斷定。

但是，就《美國貿易法》「301 條款」的法律條文的措辭用語（statutory language）而言，該第 304 條（a）款雖**未強制**美國貿易代表必須在 DSU 多邊審理程序終結以前作出美國權益已經受損的斷定，卻也並不排除美國貿易代表在上述審理程序終結以前作出上述**斷定**。換言之，這些法律措辭為美國保留了（reserves）逕自採取單邊主義措施的權利。因此，這些措辭用語至少可以作為「初步證據」（prima facie），證明美國的「301 條款」違背了 DSU 第 23 條關於「加強多邊體制」的規定。

因此，美國貿易代表**仍然有權**在 DSU 多邊性審理程序終結以前，逕自作出**單邊主義**的斷定（unilateral determination）。[57]

第三，根據《維也納條約法公約》第 31 條規定的條約解釋通則，對照 DSU 第 23 條第 2 款（a）項的條文、上下文及其立法宗旨，專家組認定：《美國貿易法》第 304 條的措辭用語至少可以作為「**初步證據**」（prima facie），證明它並不符合 DSU 第

23 條第 2 款（a）項的規定。因為根據 DSU 第 23 條關於「加強多邊體制」的規定，美國已經承諾在解決貿易爭端時應當援用和遵守 DSU 規定的多邊性規則和程序，而不得逕自採取單邊主義措施。而《美國貿易法》第 301 條的規定卻與此相反，它在法律條文的措辭用語上**為美國保留**（reserves）**了逕自採取單邊主義措施的權利。**

可以說，在這一點上，專家組**基本上贊同**和接受了歐共體方對美國「301 條款」的指控，批駁和拒絕了美國方作出的抗辯。

第四，但是，專家組又認為：僅憑**初步證據**，還不足以**最終確認**美國已經背棄了《WTO 協定》所規定的各項國際義務。除了上述法律文字措辭外，還應當綜合考察美國國內的「**體制因素和行政因素**」（institutional and administrative elements），才能作出全面的認定。

專家組所稱的「體制因素和行政因素」**主要**是指一九九四年九月間「主權大辯論」之際由美國總統提交美國國會的《**政府行政聲明**》SAA）專家組認為：（1）SAA 是由美國總統連同美國實施《WTO 協定》的國內立法即《烏拉圭回合協定法》草案，一併提交美國國會審議通過的，它具有合法性和權威性。（2）SAA 明確表述了美國政府當局的權威性意見，今後美國政府機構（administrations）將（would）遵守和實施其中作出的解釋和承諾。對此種解釋和承諾，「國內外的有關行為人**均可予以信賴**」（on which domestic as well as international actorscanrely）。（3）SAA 中明確規定和承諾：美國貿易代表將（will）依據 DSB 通過的專家組或上訴庭的認定結論，斷定美國的有關權益已經受損，這就

意味著在 DSB 審議通過上述認定結論以及 DSU 審理程序終結以前，美國貿易代表逕自斷定美國權益已經受損的自由裁量權，實際上已被取消了（curtailed）。

綜上，專家組認定：儘管《美國貿易法》第 304 條在法律條文的措辭用語上允許美國貿易代表在 DSU 審理程序終結以前逕自作出單方斷定，但是這種自由裁量權，已被美國政府當局在 SAA 中合法地、有效地予以取消。[58]

可以說，在這一點上，專家組**完全贊同**和**接受**了美國代表就「301 條款」爭訟問題提出的**抗辯**，拒絕和**駁回**了歐共體代表提出的**指控**。

第五，在本案審理過程中，歐共體代表曾揭露：就在一九九四年 SAA 這份美國代表反覆援引的、據稱是表述美國政府**權威性**意見的政府聲明中，卻包括了另外一段**自相矛盾**的表白：

有人擔心烏拉圭回合達成的各項協定，特別是其中的爭端解決機制，今後會造成美國政府機關比較**不願意**實施美國「301 條款」規定的各種制裁，因為實施這些制裁可能**違背**美國所承擔的貿易義務，從而可能給美國招來 DSU 體制所授權的反報復（counter retaliation），這種擔心是沒有根據的。……正如目前[59]，美國可以選擇採取「301 條款」規定的各種制裁行動，此類行動**並未經過 GATT 授權**，那些成為此類行動目標的外國政府也可以採取同類的行動作出回應。這種局面，在烏拉圭回合各項協定生效後**也不會改變**。在 GATT 體制下可能遇到的反報復的風險，從來就**未能阻擋**美國在有關案件中採取行動，諸如半導體

案、藥品案、啤酒案以及荷爾蒙飼料所產牛肉案等，都是如此。[60]

歐共體認為，這段見於美國政府當局 SAA 聲明的針對《烏拉圭回合協定法》作出的權威性解釋，以明白無誤、毫不含糊的措辭（terms）宣布了美國的一項政策：美國認為自己所承擔的國際義務完全無礙於它採取單邊主義的報復行動。

對歐共體代表所作的上述揭露和分析，專家組不予採信。專家組認為：儘管 SAA 中有些措辭用語顯示了某種矛盾心態（ambivalent），但是「依據美國憲法」（following US constitutional law），在解釋法律文件時，遇有含糊不清、模棱兩可之處，就要儘可能作出符合於美國承擔的國際義務的解釋，予以解決。這一解決辦法，可以適用於本案。[61]

第六，基於以上各點理由，本案專家組作出如下審理結論：

（A）《美國貿易法》第 304 條（a）（2）（A）款，並不違反 DSU 第 23 條第 2 款（a）項；第 306 條（b）款並不違反 DSU 第 23 條第 2 款（a）項或第 23 條第 2 款（a）項；第 305 條（a）款並不違反 DSU 第 23 條第 2 款（c）項；第 306（b）條並不違反 GATT 1994 第 1、2、3、8、11 條。

（B）以上結論，全部或部分地以美國政府當局在前述 SAA 聲明中針對 WTO ／DSU 體制所作的各點承諾和保證（undertakings，guarantees）作為基礎。因此，一旦美國政府當局或美國政府的分支機構背棄了（repudiate）或者以任何其他方式取消了這些承諾和保證，則上述結論中作出的各項認定就不再繼

續有效（would no longer be warranted，又譯：就失去正當的理由和根據」）相應地，美國的現行法律就違背了 DSU 第 23 條規定的國際義務，從而會使美國因此承擔「國家責任」（Stte responsibility）。[62]

（四）本案專家組裁斷留下的執法形象

綜觀本案專家組在其審結報告中作出的冗長論證以及上述認定和裁斷要點，可以看出：專家組不但未能切實遵照 DSU 第 11 條規定的職能和職責，認真審查美國「301 條款」這一霸權立法，追究美國在一九九五年一月 WTO 體制正式運作之後仍然多次對 WTO 其他成員採取單邊主義威脅的霸權實踐，鮮明地裁斷其中的大是大非；反而把實際上只是一紙空文、內容充滿自相矛盾、毫無法律強制約束力的前述 SAA 行政聲明，任意「拔高」，美化為美國作出的「承諾和保證」，並鼓吹什麼對於美國總統在其中作出含糊其詞的空言約許，「可予以信賴」。簡言之，這份審結報告的論證「特色」是：在「兩大」之間，依違兩可，雙方討好，八面玲瓏；對美國「301 條款」這一霸權立法及其霸權實踐，採取「小罵大幫忙」的手法，曲為辯解，加以袒護寬縱。因而留下了令人不敢恭維的執法形象以及一系列的法律疑竇和隱患。[3] 難怪國際上已有學者對本案專家組的審結報告作出了這樣的總體評價：「『美國 301 條款案』專家組的審結報告在政治上是很精明圓滑的（asute），但其法律根基的某些方面，卻是破綻百出的（flawed）。對於世貿組織爭端解決機構今後的發展說來，這份審結報告所具有的政策方針性含義，令人產生了嚴重的

關切和憂慮」^[64]

茲就上述幾點印象分別簡析如下：

（1）自我設限，謹小慎微，不越「雷池」，有虧職守

如前所述，自「301 條款」在一九七四年《美國貿易法》上正式出現以來，美國的貿易代表即頻頻揮舞這根「狼牙棒」，藉以威脅和壓服其外國政府貿易對手，搾取非分的霸權經濟利益。二十多年來的實踐記錄，充分證明它早已遭到世界輿論的普遍譴責。關於這一點，連美國官方代表也略有「自知之明」，承認「美國知道自己的第 301-310 條並不是得人心、受歡迎的」（The United States knows that Sections 301-310 are not popular）。^[65]

在本案審理過程中，「申訴方」歐共體十五個成員和實際參加的「第三方」十六個成員，都針對「被訴方」美國的「301 條款」加以猛烈抨擊。此種局面足以說明美國的此項立法及其有關實踐已在許多 WTO 成員中激起**公憤**。面對審理過程中出現的這種現實，專家組在其審結報告中也轉述了美國代表的上述「自供」，說是「在呈文中，美國自願承認『第 301-310 條』是一項不得人心的立法」（In its submissions, the US itself volunteered that Sections 301-310 are an unpopular piece of legislation）。^[66]

但是，緊接著，專家組就為自己的審理範圍設定了「三不」限制，即：第一，不對美國的「301 條款」是否違反 WTO 體制作出全面評估；第二，除歐共體的具體指控外，不審查「301 條款」的其他方面；第三，不審查美國在若干具體案件中實施「301 條款」的所作所為。^[67]

專家組雖自稱其職能是「**司法審理性質的**」，但是，面對在

國際社會中干犯眾怒、**激起公憤**的美國「301 條款」這一霸權立法及其霸權實踐，卻以上述「三不」自我設限，未能針對經濟霸主的這一霸權立法也**執法如山**，全面追究和徹底審查，以判明其中的**大是大非**。這種審理方法和審理作風，突出地顯示了其「如臨深淵，如履薄冰」，謹小慎微，趑趄不前，唯恐越「雷池」一步，缺乏剛正不阿、嚴正執法的膽氣和魄力。

其實，專家組的**法定職能、職權和職責**，早已由 DSU 第 11 條作了總的規定，即除了針對案件的事實及其是否違反有關協定作出客觀評估之外，還「**應當作出其他有關的認定結論**，以協助 DSB 根據有關的協定，提出建議或作出裁定」。可以說，這就是 WTO／DSU 體制賦予 DSB 專家組以**法定權限和權力**。必要時不但可以、而且**應該根據案情主題的牽涉和關聯**，適當擴大其審理的範圍和深度，作出「**其他有關的認定**」。

就本案而言，歐共體所作的具體指控是「301 條款」中第304-306 條的若干關鍵內容，這些內容與「301 條款」的其他各項規定處處**血肉牽連**，不可分割地形成一個**有機的整體**。如果是一個恪守、恪遵 DSU 第 11 條上述職責、職權規定的專家組，豈能對這血肉牽連不可分割的整體，視而不見，刻意迴避，對這個霸權立法在整體上的是非曲直，即整體上是否違背 WTO 體制，避而不作「**全面評估**」？又豈能對這一霸權立法的**具體實踐**已經引發的群情激憤和世界輿論，充耳不聞，置之不理？即豈能對三十多個 WTO 成員共同指控的「301 條款」具體的**霸權實踐，不予審查，不予追究，因而**無法判明是非，無從「**協助 DSB 根據有關規定**」作出正確處斷？如此「司法」審案，難道

不是**有法不依、有虧職守**？而如此斷案，更令人不禁想起一則流行頗廣的寓言： 某甲中箭受傷，求醫於某乙。乙取出小鋸，鋸斷甲體外的箭桿，即稱手術完畢，要求付酬。甲惶惑不解，訴說箭鏃尚在體內。乙答：「我是外科醫生，只管體外部分。箭鏃既在體內，請另找內科醫生！」

（2）「兩大」之間，依違兩可，雙方討好，八面玲瓏

本案的涉訟當事人，「申訴方」是歐共體十五國，其中包含德、英、法、意四大經濟強國；被訴方」是全球經濟霸主「超強」美國；正式參訟的「第三方」十六個 WTO 成員，其中包含日本、加拿大兩大經濟強國，它們實際上完全站在「申訴人」歐共體一方。綜合起來，這場**反對**「301 條款」與**維護**「301 條款」兩大勢力之間的爭訟，其**主角**乃是全球經濟最發達的七國集團一分為二，圍繞著各**自經濟主權的限制與反限制**這個核心和焦點，展開了**大對決**。這種局面，在世界貿易發展史上，如果不是空前絕後的，那也是十分罕見的。在這場大較量中，「超強」雖強，但獨自以「孤家寡人」身分面對其他六強，再加上雖然較弱但不甘示弱的其他許多歐洲發達國家以及亞洲 WTO 成員一起揮戈「上陣」，從雙方實力對比上說，似可稱為「旗鼓相當，難分軒輕」，審理本案的專家組，則可稱為「處於兩大之間」。

專家組的審結報告在一九九九年十二月二十二日發布之後，「原告」歐共體與「被告」美國均表示不再上訴，但其各自的「說詞」卻體現了「**各取所需**」、頗有不同的「精神勝利法」。

美國貿易代表公署搶先在十二月二十二日當天即發布號外「新聞公告」，宣稱 WTO 的解決爭端專家組已經駁回歐盟提出

的指控，確認一九七四年《美國貿易法》的『301 條款』完全符合 WTO 體制」並且得意洋洋、霸氣十足地揚言：美國的「301 條款過去一向是、今後仍然是我們強制實現美國國際貿易權益的基石（cornerstone）」。[68]

美國的這一「勝利」說詞當然並非毫無根據，因為本案專家組的審結報告的確認定美國「301 條款」並不違反 WTO／DSU 體制。但是，它卻**避而不談**審結報告中的這種認定是有特定的**前提條件**和**保留條件**的，即上述專家組認定的第四點：美國當局在 SAA 中已經**承諾排除**了美國貿易代表在 DSU 程序終結之前，未經 DSB 授權即逕自作出單邊判斷和逕自採取報復製裁的**自由裁量權**。一旦美國政府或其分支機構以任何形式背棄了這一承諾和前提條件，則上述認定即歸無效，「301 條款」的繼續存在就違反了美國在 WTO 體制中承擔的國際義務，美國就將承擔由此引起的國家責任。可見，美國的「勝利」說詞**避而不談**上述認定的**前提條件和保留條件**，顯然有隨意「閹割」之嫌。

緊接美國上述「新聞公告」之後，歐盟貿易專員帕斯科‧拉米（Pascal Iamy）於翌日即十二月二十三日也發布了號外「新聞公告」，宣稱：歐盟**滿意**地注意到 WTO 專家組現已公布『301 條款案件』的審結報告」，它「對歐盟、對多邊體制都是上好的結果」「總的說來，這是**多邊體制的勝利**。⋯⋯任何一方都不能自稱凱旋班師，因為，儘管『301 條款』這一立法仍可在卷末廢，但本案專家組已予澄清：它只能在嚴格遵循 WTO 體制規則的條件下才可以用來對付 WTO 的其他成員。令我高興的是美國已經在這方面作出了**必要的承諾**（he necessary commitments）」。

[69] 但是，這一「勝利」說詞卻避而不談歐共體一方原先的主要訴求，即通過 DSB 的處斷從根本上否定美國「301 條款」這一霸權立法，遠未實現。[70]

　　歐共體的這一「**勝利**」說詞當然也不是毫無根據的。因為通過本案的爭訟，它確已有效地制止了美國在前述「香蕉爭端」中憑藉「301 條款」獨斷專橫地「索賠兩億美元的威脅和訛詐，迫使美國接受經 WTO／DSU 多邊體制裁定的 1.914 億美元的「賠償」額，排除了原定「索賠」額中高達 63.2%的水分；[71] 同時，也迫使美國在審理過程中向國際社會一再「當眾」表白今後將在恪遵 WTO／DSU 多邊體制的前提下來實施「301 條款」但是，歐共體一方原先的期待和**主要的訴求**，即通過 DSB 的建議或決定從**根本上**否定和取消美國「301 條款」這一單邊主義的霸權立法，則**遠未實現**。 因此，所稱「多邊體制的勝利」，顯然也只是相當表面的、有限的和不穩的，因為**禍根仍在**，「**病根**未除」，美國「301 條款」的**霸權頑症**仍然可能隨時「**復發**」。

　　此案審結報告由於雙方均不上訴，DSB 遂在二〇〇〇年一月二十七日正式予以批准通過。國際輿論對此一審結報告，褒貶不一，但以下評價卻頗值得注意：

　　在「雙方均不上訴」的意義上說來，「本案專家組的裁斷看來似乎是一種公平的『政治性』裁斷，因為它討好了雙方，至少是給雙方都保全了面子。但是，本案專家組作出的這種裁斷在法律上卻是虛弱無力的，儘管它並非全盤謬誤」[72]。這一總體評估看來是不無根據的，對照本案專家審結報告中的最後兩點結論及其表述「方法」，在其「一擒一縱」之間，確實體現了頗為「純

熟」的「玲瓏」與「圓滑」。

（3）欲縱故擒，貌擒實縱，先作「小罵」後幫大忙

在本案審結報告中，專家們旁徵博引，乃至於用很多篇幅，逐字逐句地闡釋《維也納條約法公約》第三十一條規定的用以解釋國際條約的各項原則和準則，並煞有介事地論證了在國際社會中惡名昭著的「301 條款」霸權立法，在其法律條文的措辭用語上確實違反了 WTO ／ DSU 明確規定的多邊體制，因而美國確實違反了它所承擔的國際義務。[73] 但是，緊接著就是「**筆鋒一轉**」轉向了以更多的篇幅和更大的力氣，硬說法律條文中的**白紙黑字**及其**確鑿含義**只是「**初步證據**」，仍然不能憑以最後認定該霸權立法確實違反了 WTO 的國際法制和國際義務。接著，又援引 DSU 第十一條關於「應當作出其他有關認定結論」作為自己的權能依據，拋開了原先的「三不」自我設限，[74] 即**突破了**單單只就「301 條款」若干被指控的條款**本身**「**就事論事**」的限制，越出了「301 條款」的本身，把人們的注意力引向「**301 條款**」**以外**的所謂美國「**體制因素**」和行政因素，不憚其煩地逐一徵引和細細論證美國行政當局的 SAA 聲明以及美國出庭代表的旦旦信誓和並不高明的一再表白，說是美國行政當局的聲明可以修改、取消美國國會的正式立法，說是 SAA 中已經**取消了**美國貿易代表根據「301 條款」採取單邊主義決策和措施的**自由裁量權**，從而最終肯定：美國的這**一單邊主義**的霸權立法，**並不違反 WTO 的多邊體制**。而對於 SAA 中**自相矛盾**之處，又以所謂的美國「憲法原則」為由，要求世人相信經濟霸主定會作出符合其國際義務的解釋，加以「**信賴**」。

對如此這般的整體論證過程及其「方法」，稍一綜合觀察，便不難看出其中「軌跡」確實很像政壇某些政客們的一種做法，即：翻手為雲，覆手為雨；抽象肯定，具體否定；本欲縱之，故作「擒」之；貌似「擒」之，實為縱之；先加「小罵」，繼幫大忙！

（4）袒護霸權，曲為辯解，疑竇甚多，隱患不少

這是以上三點審理方法和審理作風的必然歸宿，也是缺乏剛正不阿、秉公執法膽魄的必然後果。下文專就這方面的歸宿與後果，加以簡扼剖析。

（五）本案專家組裁斷留下的疑竇與隱患

細察本案專家組審結報告的內容及其作出的最後裁斷，不難發現，其中留下的法律疑竇和隱患，主要有以下幾個方面：

（1）疑竇與隱患之一：SAA 是鄭重保證，還是一席空言？

美國總統提交美國國會批准通過的 SAA，果真是具有**強制性**約束力的法律規範嗎？

如前所述，本案專家組贊同和採信了美方提出的主要抗辯理由，認定美國的 SAA 已經合法地、有效地排除了「301 條款」原先賦予美國貿易代表的自由裁量權，使後者不能在 DSU 多邊審理程序終結和 DSB 作出決定以前，不顧 DSB 作出的決定和授權範圍，逕自作出單邊主義的決定和逕自採取單邊主義的報復措施。

顯然，專家組的這一採信和認定，是以 SAA 的有關聲明對美國貿易代表具有**強制性**約束力為前提的。但是，如果認真查對

SAA 原文下述**關鍵段落**中的**關鍵用詞**，就應當得出這樣的結論：這種強制性約束力的前提事實上並不存在。

關鍵段落（A）：SAA 有關聲明的原文如下：

... the DSU does not require any significant change in section 301 for investigations that involve an alleged violation of a Uruguay Round agreement or the impairment of U.S. benefits under such an agreement. In such cases,the Trade Representative **will**:

· Invoke DSU dispute settlement procedures, as required under currentlaw;

· **Base** any section 301 determination that there has been aviolation or denial of U.S. rights under there levant agreement on the panel or Appellate Body findings adopted by the DSB;

· Following adoption of afavourable panel or Appellate Body report, **allow** the defending party a reasonable period of time to implement the report's recommendations ; and

· if the matter can not be resolved during that period, **seek** authority from the DSB to retaliate(emphasisadded).

這段文字的中譯文已摘引於本章第四部分（二）之（2）「**美國代表的抗辯**」第四點。其中明確指出：世貿組織的 DSU 多邊體制並不要求對美國「301 條款」中有關發起調查追究的規定，作出重大的修改。如果有人投訴稱美國根據 WTO 協定享有的權益受到侵害，則在美國政府發起調查追究時，「美國貿易代表**將**

（will）」採取以下四點做法，即：（1）將援用（will invoke）……（2）將依據（will base…on）……（3）將允許（will allow）……（4）將要求（will seek）……其中「will」這個詞，就是這個關鍵段落中的**關鍵詞**。從其英文原有含義說，它是個**軟性的、任意性的、模棱兩可**的助動詞（auxiliary verb）。在**法律用**語中，它迥異於「shall」（應當、必須）這個**硬性的、強制性的、斬釘截鐵的、沒有商量餘地的、必須遵照執行**的助動詞。

SAA 中所列舉的上述四點做法，並未指令美國貿易代表在發起上述調查追究時「**必須援用**」「**必須依據**」「**必須允許**」和「**必須要求**」。簡言之，對美國貿易代表說來，SAA 中列舉的四點做法並非必須遵照執行的指令，**並非強制性**的法律規範，並無任何強制性的法律約束力。

關鍵段落（B）：在這份 SAA 的首頁中，開宗明義地提到「[F]uture Administrations wil observe and apply the interpretationsand commitments set out in this Statement」[76]（「今後美國政府機構**將會遵守和實施本聲明中作出的解釋和承諾**」）。這種措辭再次表明，美國行政當局**根本無意**將 SAA 中針對 WTO 體制與美國「301 條款」關係所作的聲明、解釋和承諾，作為行政命令，指令今後美國政府各級機構（包括美國貿易代表公署）必須切實遵行。

關鍵段落（C）：正如歐方代表在本案審理過程中所揭露的，美國這份 SAA 聲明中包含了一段明顯地自相矛盾的內容，即公開聲明：認為 WTO／DSU 體制生效之後，美國的政府機關會比較不願意實施「301 條款」規定的各種單邊主義制裁，這種擔心

是沒有根據的。直到一九九四年九月，即 SAA 送交美國國會當時為止，美國貿易代表一向可以不經當時 GATT 的授權，逕自採取「301 條款」規定的各種單邊主義制裁行動，而無所忌憚；今後，即使在 WTO 協定正式生效之後，情況仍照舊不變，美國貿易代表仍可無所忌憚地「我行我素」。[77] 把這段聲明聯繫到前文提到的一九九四年九月**當時**美國國內的**歷史情景**，即當時美國國會內外正在如火如荼地展開「**主權大辯論**」，「**主權自信派**」和「**主權擔憂派**」之間正在進行「舌劍唇槍」的論戰[78]，顯然可以看出：SAA 中的這段「聲明」乃是以美國行政當局為代表的「**主權自信派**」專門針對國會內外的「**主權擔憂派**」作出的表態、昭告和安撫，用以消除他們對 WTO ／DSU 新多邊體制的**顧慮和擔心**。

由此可見，美國政府當局之所以在 SAA 這份法律文件中反覆使用「will」一詞，之所以在 SAA 這同一份文件中作出了內容自相矛盾的（ambivalent）聲明和表態，這一現象正**綜合地**說明了美國政府當局從來不願、也**從來未曾把話說**「**死**」，從來就為自己繼續實施「301 條款」這一霸權立法留下足夠的「餘地」也相當準確地反映了美國當局對這一霸權立法「**戀戀不捨、貌棄實留**」的真實心態。其後不久，這一 SAA 行政聲明果然連同其《烏拉圭回合協定法》一併獲得美國國會通過，這也正說明美國統治階層一貫奉行的「利己主義」「單邊主義」「實用主義」「腳踩兩船、左右逢源」等行動哲學和行為準則，再一次獲得「有力的貫徹」和「生動的表現」。

本案專家組成員諒必都是既精通法學、也精通英語的飽學之

士。但是，他們對 SAA 中前述（A）、B）兩個**關鍵段落**兩度使用的關鍵詞「will」及其在**法律**上的含義，卻似無意實有意地避而不究或視若無睹；對上述（C）段與（A）（B）兩段的自相矛盾之處，又輕描淡寫地以「依據美國憲法」的「解釋」辦法，一帶而過，加以「開脫」，並以根據「美國憲法」解釋原則作出似是而非的「結論」，否定和取消了原先根據國際公認的《維也納條約法公約》第三十一條解釋準則作出的確鑿結論。而且更進一步把 SAA 中軟性的、含糊其辭的、自相矛盾的聲明，**任意「拔高」**，**美化**為美國已對國際社會作出了「排除」單邊主義霸權行為的「保證」（guarantees）[79] 要求世人予以「**信賴**」[80] 如此曲為辯解，並據此斷案，客觀上豈不涉嫌祖護霸權？

（2）疑竇與隱患之二：USTR 是切實遵行，還是肆無忌憚？

在 WTO 協定生效之後，美國貿易代表果真切實遵行 SAA 聲明中作出的上述（A）、（B）兩段「承諾」和「保證」嗎？

在本案審理過程中，美方代表矢口否認美國貿易代表曾經實際採取單邊主義的報復措施。其說詞是：

記錄表明：美國貿易代表從來沒有不依據 GATT 和 WTO 爭端解決程序審理的結論而逕自按《美國貿易法》第 304 條（ ）1 款斷定美國在 GATT 或 WTO 協定中享有的權益受到侵害。一次也沒有！[81]

針對被訴人美方代表的全盤抵賴，申訴人歐方代表列舉了美國貿易代表在前述「美元香蕉案」中公布報復清單的事實，日本

作為與本案有利害關係的第三方，也列舉了美國貿易代表在前述「汽車部件案」中公布報復清單的事實，共同批駁和揭露美方的抵賴是無理的。

如前所述，在「美元香蕉案」中，WTO／DSU 多邊審理程序終結、DSB 正式授權許可美國實施對歐報復的具體日期是一九九九年四月十九日。然而，美國貿易代表卻早在一九九八年十一月十八日（即在上述 DSU 程序終結之前五個月），就單方宣布了對歐制裁的報復清單；其後，又在一九九九年三月三日（即在上述 DSU 程序終結之前 47 天），再次單方宣布高達 5.2 億美元含有大量訛詐「水分」的對歐報復清單。在「汽車部件案」中，美國貿易代表則根本拋開了 DSU 多邊程序，未向 WTO／DSB 提出任何申請或投訴，就逕自依美國「301 條款」的規定，在一九九五年五月十六日單方宣布了對日製裁的報復清單。

這些事實，都發生於美國政府的 SAA 聲明生效和 WTO／DSU 機制正式運作**之後**。它們不但赫然登錄在美國政府當時的《聯邦公報》上[82]，也見於美國貿易代表公署自己編制的《301 條款案件一覽表》。[83] 這些確鑿事實有力地證明美國行政當局在 SAA 中所作的聲明，對於美國貿易代表說來，**毫無強制性**的法律約束力；後者的所作所為，不但沒有恪守和遵行 SAA 中所作的「承諾」和「保證」，而且棄之如敝屣，拋之於腦後；這也足以證明美國政府在 SAA 中所作的聲明，實質上只是玩弄**兩面手法**，力圖掩人耳目而已。

但是，面對這些確鑿事實，本案專家組竟然以下述藉口，敷衍搪塞，不予追究：

其一，「審查美國在某些具體案件中的具體行為，這不是我們的任務。」[84]

其二，「我們認為：提交我們的有關證據不足以推翻我們針對《美國貿易法》第304條作出的前述結論。」[85]

綜觀上述兩案的全程，可以看出：美國是在揮舞「301條款」大棒進行威脅和訛詐，達到了預期目的，嘗足「甜頭」之後，「見好就收」，最終未正式實施原定的單邊主義報復制裁。按照美方自我辯解的邏輯：在上述兩案中，美國貿易代表既然最終均未真正實施原定的單邊報復制裁，就算是「寬宏大量」，並未違背自己在 WTO 體制中承擔的國際義務。按此邏輯，則《聯合國憲章》就不應禁止在國際關係中使用武力威脅，而各國刑法中也不應規定敲詐勒索是犯罪行為，或者說，以**武力威脅**他國並不違反國際法，實行**敲詐勒索**也並不觸犯刑法了。[86] 這種說詞，豈不荒謬之極？

但是，本案專家組在其審結報告中，竟然採信了這種極其荒謬的抵賴說詞。如此審斷，不但縱容了美國在上述兩案中以「301條款」實行威脅訛詐的行徑，而且無異於鼓勵美國今後繼續依仗這根單邊主義的霸權大棒，橫行於國際經貿領域，其影響所及，勢必使 WTO／DSU 多邊體制遭到更多、更大的削弱和破壞。

於是，問題的關鍵就轉入了憑藉「301條款」實行**威脅**和**訛詐**這一行為**本身**，究竟是否違反 WTO 法制，是否背棄美國承諾的國際義務，是否應當承擔國家責任。

（3）疑竇和隱患之三：耍弄「懸劍」效應，是守規，還是

違法？

「301 條款」的「達摩克利斯懸劍」效應，果真不違背 WTO／DSU 的多邊體制，不背棄美國承擔的國際義務嗎？

如前所述，「301 條款」最初在一九七四年《美國貿易法》上正式出現，二十多年來，一直是美國貿易代表頻頻揮舞、用以威脅和壓服外國貿易對手的一根「狼牙棒」。憑藉這根大棒所產生的強大的「達摩克利斯懸劍」效應，美國屢屢達到預期的訛詐目的，備嘗「甜頭」。據美國貿易代表公署自己編制公布的《301 條款案件一覽表》，自一九七五年七月一日至一九九九年八月五日，二十四年間共立案處理一百一十九件。據統計，其中只有十五件是最後正式實施了預定的單邊主義貿易制裁；其餘一百零四件，約占案件總數的 87.4%，美國的對手都是在「兵臨城下」的巨大壓力下，被迫屈服。可見，單單宣布報復措施本身就足以形成強大的威懾和脅迫力量，迫使美國的貿易對手國家，特別是經濟實力弱小的國家，「同意」開放其國內市場，或與美國達成十分有利於美國的協議，以解決貿易爭端。同時，上述案件實踐的總體比例也足以說明：單單宣布報復措施所能發揮的「威力」和收到的「效果」，也遠遠超過了這些報復措施的最後實際執行。[87]

美國貿易代表公署官員們在實施「301 條款」的執法過程中，通常採取的手法是：其一，在收到美商「投訴」申請或「舉報」信息，經審議立案之後，即正式發起調查追究（to initiate an investigation），並在《聯邦公報》上公布立案概要，同時迅即通知對手國家要求就調查事項進行磋商談判；其二，邀請美國各方利害關係人提出書面評論（含新的「舉報」和投訴）；其三，

舉行「公眾聽證會」，聽取各方投訴意見；其四，公布初步擬定的報復清單，提交貿易對手國，並根據案情發展，隨時修訂增補報復清單；其五，正式實施報復制裁。在上述「執法」過程中，經過美國強大「媒體」的積極炒作，常常鬧得滿城風雨，不但在談判過程中不斷對對手國家形成精神上的威脅，而且實際上也使外國的有關商家和企業，在「山雨欲來風滿樓」的情勢下，對隨時可能出現的高關稅、高規費、停清關、增刁難等諸多報復性風險，心存疑懼，從而不得不及早採取避險措施，諸如減少或停頓輸美貨物的生產，或將原定輸美的貨物中途改輸他國，或增加投保保險金，等等，這就導致有關商品的成本劇增，大大削弱了有關商家和有關商品在國際市場上的公平競爭能力，甚至完全剝奪了它們在國際市場上的平等競爭機會。

由此可見，美國憑藉其經濟實力上的絕對強勢推行「301 條款」霸權立法，從其在《聯邦公報》上正式公布立案和發起調查開始，其日益強化的「達摩克利斯懸劍」效應，實質上就已經不斷地對貿易對手國家及其有關商家和商品，造成重大的**歧視待遇**，破壞了和踐踏了 WTO ／GATT 國際貿易體制中最基本的原則，即最惠國待遇原則和國民待遇原則；而在程序上，則破壞了和踐踏了 WTO ／DSU 體系中的基本原則，即解決爭端的多邊性審理裁斷原則。換言之，這種「懸劍」效應，遠在有關的報復製裁**正式實施之前**，就已經侵害了、破壞了對手國家依據 WTO 多邊體制所享有的**實體上**和**程序**上的雙重權利和利益。對此種做法，美國在一九九五年一月《WTO 協定》正式生效之後，依然我行我素，拒不改弦更張，這就完全背棄了美國在 WTO 法律體

制中所承擔的國際義務。

對於如此彰明昭著的「懸劍效應」及其對 WTO 體制的破壞性後果，本案專家組在其洋洋數萬言的審結報告中也只是輕描淡寫，點到為止；接著，同樣以美國的 SAA 聲明及其「憲政」解釋為由，不予深入追究。[88]如此斷案，其客觀效果確實是混淆了大是大非，祖護了經濟霸主，鼓勵了經濟霸權。

（4）疑竇與隱患之四：縱容「301 條款」是無關大局，還是後患無窮？

本案審結報告對美國「301 條款」所作的祖護和縱容，其「示範」作用和後續影響，是無關大局，不妨姑妄「聽」之？還是後患無窮，不容忽視？

如前所述，本案圍繞著「301 條款」這一霸權立法展開的對壘和論戰，突出地體現了在全球經濟**一體化**加速發展的新形勢下，WTO 眾多成員在各國經濟主權上限制與反限制的新鬥爭。在整個較量過程中，以美國為一方，在維護其「經濟主權」的大纛下，力圖繼續以「301 條款」作為進攻武器和護身法寶，保持和擴大其既得的經濟霸權，繼續保住其全球經濟霸主的地位。這一主旨早在一九九四年美國國內「主權大辯論」中就已經「浮出水面」，並大事張揚鼓吹，成為當時美國國會審議中「首屈一指的政治主題」[89]與此相反，以歐共體牽頭的三十多個 WTO 成員為另一方，則力圖通過 WTO 多邊體制，要求修改和廢棄「301 條款」，從而有效地限制和削弱美國的經濟霸權，維護自己不斷受到「301 條款」侵害的經濟主權。

面對此項事關全球性大局的爭端，本案專家組要做到恪盡職

守，秉公斷案，自應以 WTO/DSU 體制中的基本規定，作為行事準則和行為規範。

《WTO 協定》鮮明地規定了自身的宗旨，即通過全體締約成員的共同努力，建立起「**一體化的、更有活力和更加持久的多邊貿易體制**」。為此，各成員應當確保其國內的各種法規和程序完全符合它在 WTO 各項協定中承擔的國際義務（序言，第 16 條第 4 款）。

作為與《WTO 協定》配套並服務於其宗旨的強有力保證，《DSU》在其「總則」中也鮮明地規定：「WTO 的爭端解決制度是為**多邊**貿易體制提供**安全保障**和可預測性的中心環節」第 3 條第 2 款）它的首要目標，**通**常是確保撤銷那些被認定為**不符合** WTO 各項**國際協定**內容的各種**國內法規**和措施（第 3 條第 6 款）。而依據 DSU 機制設立的各案專家組，其主要職責就在於針對案件的各項事實，就其是否切實遵守有關國際協定作出客觀的評估和有關的認定，以協助 DSB 提出整改建議或作出處斷決定，責成爭端當事人切實遵行（第 11 條）。

以上這幾條規定，可謂互相呼應，**環環相扣**，毫不含糊地為各案專家組設定了其專門職守和行為**準則**。

本案專家組面對已經激起國際社會公憤，並由三十多個 WTO 成員同聲指控和嚴詞譴責的美國「301 條款」明知其具體規定和具體實踐確實**違反了 WTO 多邊體制中**的**多項協定**，而且白紙黑字，證據確鑿，卻不但不予深究，**不提出相關整改建議**，經 DSB 審定批准，責令美國認真修改和廢除其臭名昭著的霸權立法，反而以前述「小罵大幫忙」的手法，掩人耳目，從實質上

給予全盤肯定，允許其**原封不動，全面保留**。這樣的審結報告顯屬袒護和縱容霸權，有虧職守，因而已經引起國際學術界與輿論界有識之士的非議、批評。[90] 筆者認為，對這樣縱容霸權的審結報告，如果聽之任之，不加深入批判、抵制，則隨著時間的推移，就可能逐步導致以下四種「連鎖反應」：

第一，就美國而言，今後可以利用本案專家組所作的審斷結論，作為最新的「**保護傘**」和「**避彈衣**」繼續無所忌憚地利用其「301 條款」的霸權立法，繼續維護、鞏固和擴大其全球經濟霸主的地位；繼續通過單邊主義的威脅和訛詐，進一步打開外國貿易對手的國內市場，攫取非分的、不平等的權益，而又不受 WTO／DSU 多邊體制的約束，完全避開或藐視在 WTO／DSU 體制中遭到法律指控和反向制裁的後續「風險」。因為專家組在審結裁斷中所作的唯一保留，即一旦美國背棄其在 SAA 中作出的「承諾」與「保證」則「美國將承擔由此引起的國際責任」（...the US would incur State responsibility）云云，那隻是唸唸有詞卻全然無效的**偽劣**「**緊箍咒**」，它根本制服不了桀驁不馴的當代「齊天大聖」！

第二，就其他**經濟強國**而言，今後可以「以美為師」，仿此辦理，以含糊其辭、掩人耳目的國內「行政聲明」，掩護本國各種形式的單邊主義立法和措施，各行其是，既可欺凌弱者貿易對手，又可避免受害的經濟弱國援用 WTO 多邊體制加以指控和制裁。

第三，為自衛計，各**經濟弱國**也將被迫採取含糊其辭的國內「行政聲明」，以規避 WTO 多邊貿易體制的約束規定，規避自

己承擔的國際義務。

第四，在上述各種**單邊主義**國內立法的**交互撞擊**下，WTO全體成員經多年努力共同建立起來的一體化**多邊體系**，其根基勢必逐步被徹底**撞毀**，終將使 WTO 體制陷於土崩瓦解，蕩然無存，造成歷史的大倒退。千里之堤，尚且可潰於螻蟻之穴，何況

WTO 體制初建不久，遠非「千里之堤」，而前述「301 條款」大案要案之錯誤裁斷，也遠非「螻蟻之穴」。

由此可見，世人對本案專家組審結裁斷的後續影響，確實不可掉以輕心。

※　　　※　　　※

前文提到，美國在一九九四年「入世」之際通過其國內「主權大辯論」，確立了美國式的「主權」信念和既定方針，即參加WTO 這一全球性多邊體制之後，美國仍然「有權」不受多邊主義的約束，仍然「有權」繼續推行其單邊主義的政策和法律。可見，貫穿於上述這場「主權大辯論」全過程的美國單邊主義（美國霸權）與 WTO 多邊主義（他國群體主權）**首度大交鋒**的結局，乃是前者的勝利，後者的敗北！

美國在一九九四年「入世」之後果然就按此既定方針行事，並由此引發了上述「301 條款」爭端案，體現了美國單邊主義與WTO 多邊主義**第二度大交鋒**。本案專家組作出政治上玲瓏圓滑、法律上破綻百出、實質上袒護霸權的上述裁斷。對此，在被訴方美國得意洋洋、霸氣十足地宣稱「勝訴」之後，起訴方歐共體也不無勉強地自稱「這是多邊體制的勝利」。但衡諸事實，歐共體一方原先的期待和**主要的訴求**，即通過 WTO／DSB 的多

邊主義裁斷從**根本**上否定和取消美國「301 條款」這一單邊主義的霸權立法，則**遠未實現**。就這一關鍵問題而言，顯示出美國單邊主義（美國霸權）與 WTO 多邊主義（他國群體主權）第二度大交鋒的結局，乃是前者的再度獲勝，後者的再**度敗北**！

就 WTO／DSB 本身而言，面對美國單邊主義的「301 條款」霸權立法，竟然顯得如此軟弱、姑息和無奈，在大是大非上含糊曖昧，依違兩可，留下了「禍根」和「病根」，因此，隨後在 WTO 體制內美國經濟霸權與各國經濟主權之間限制與反限制的爭鬥，美國單邊主義與 WTO 多邊主義之間的交鋒較量，當然不可能就此止息。

五、美國「主權大辯論」的後續影響之二：「201 條款」爭端案

果然，就在「歐美『301 條款』爭端案」的軒然大波終於平息之後，不到十五個月，即二〇〇二年三月初，美國又挑起了「歐美『201 條款』爭端案」。

「201 條款」原是一九七四年《美國貿易法》的第 201 條（Section 201）其後幾經修訂，擴充為四條，但習慣上仍統稱為美國貿易法「201 條款」（以下沿用此習慣統稱）。[91]

「201 條款」的核心內容是：如果美國確認從外國進口的某項物品，其數量增長到足以對美國國內生產同類物品的產業造成嚴重損害，或使其面臨嚴重的威脅，則美國總統有權採取一切適當和可行的措施，包括在一定時期內對該有關進口物品加征額外

關稅或限制進口數量，藉以幫助和促進美國國內產業針對進口產品，開展競爭。

比較起來，「201 條款」與前述「301 條款」有迥然相異的法律功能，卻又有異曲同工和殊途同歸的立法特色。一方面，就其法律功能而言，「301 條款」的主旨和效應，在於保證美國產品能夠長驅直入和充分占領其他國家的國內市場；而「201 條款」的主旨和效應，則在於充分保護美國國內產業及其國內市場的「高度安全」，使其免受外國進口產品的強勁競爭。換言之，前者是用以攻入他國市場的「坦克和大砲」，後者則是用以保障美國本國市場的「堅壁和高壘」。另一方面，就其立法特色而言，「201 條款」與「301 條款」相同，在實質上和實踐中，都是在維護美國國家經濟「主權」這一大纛下在全球推行美國經濟霸權，具有強烈的單邊主義（unilateralism）色彩，置美國已經承擔的多邊主義（multilateralism）國際義務於不顧。

在這方面，其最新典型就是由美國挑起的上述「歐美『201 條款』爭端案」[92]

（一）「201 條款」爭端案的起因

早在二〇〇一年六月下旬，美國國際貿易委員會（USITC）[93] 依據一九七四年《美國貿易法》的「201 條款」，就外國進口鋼鐵對美國鋼鐵行業的影響和損害進行調查，歷時約半年之後，於同年十二月十九日將調查認定的結論和有關措施建議提交美國總統布什。布什於二〇〇二年三月五日正式宣布：自三月二十日起，對於由某些外國進口到美國的十類鋼鐵產品採取「保障措

施」safeguard measures），分別加徵從 8%至 30%的額外關稅，為期三年。[94]

　　美國政府宣稱：之所以採取上述「保障措施」，是由於全球鋼鐵產量嚴重過剩，世界市場供過於求，且其中許多產品大量進口美國，導致美國鋼鐵產業受到嚴重影響和損害。通過採取上述「保障措施」，可以為美國鋼鐵業提供時間和機會，對本產業進行「積極調整」（positive adjustment），以適應和對付進口貨的競爭。但是，國際輿論認為：美國鋼鐵產業整體的低迷現狀，主要癥結在於美國國內鋼鐵產業的結構落後，大型綜合鋼鐵廠技術更新緩慢，成本太高，敵不過美國本國諸多小鋼鐵廠採用高新技術、節約生產成本、降低售價的同類產品的強勁競爭，致使大廠的許多鋼鐵工人就業困難。而布什政府在二〇〇二年三月之際採取這些「保障措施」，除了經濟原因之外，還追求一項政治目的：為了向國內的大量鋼鐵工人「示好」取悅，以便在二〇〇二年十一月舉行的美國國會中期選舉中，為布什自己所屬的美國共和黨爭取更多的工人選票。

　　美國政府把本國鋼鐵產業基於其自身內因產生的不景氣，歸咎於從外國進口的同類產品的競爭，並以此作為藉口，採取上述單邊主義的國內「保障措施」，對多種進口鋼鐵產品大幅度加征額外關稅。這種做法，直接違背了美國在國際條約中承擔的多邊主義義務，特別是背棄了它在 WTO／GATT「關稅減讓表」中所作出的莊嚴承諾，對正常的國際鋼鐵貿易和多邊主義的世界貿易秩序產生了相當大的衝擊和破壞作用，因而激起了許多受害國家的強烈反應，紛紛運用自己手中掌握的國家經濟主權，實行

「自衛反擊」：歐共體（15 國）、日本、中國等先後向 WTO 通報了準備對美國產品實施貿易報復的清單[95]歐共體、日本、韓國、中國、瑞士、挪威、新西蘭以及巴西等受害國家相繼向WTO 爭端解決機構（DSB）提出申訴，要求對美國違反 WTO規則、破壞全球多邊貿易體制的行為加以處斷和糾正。諸受害國家在二〇〇二年四月中旬至六月中旬之間，先後聯合地或分別地與美國開展磋商，但均未能達成協議。應諸受害國家的請求，WTO 所設「爭端解決機構」（DSB）遂於二〇〇二年七月二十五日決定正式組建一個專家組，綜合受理受害國家的八宗申訴案。[96] 緊接著，加拿大、中國臺北、古巴、墨西哥、泰國、土耳其以及委內瑞拉等七個 WTO 成員相繼要求作為「第三方」（third parties）參與本案的整個審理過程。

在此項由美國挑起的「201 條款」爭端中，「原告」（complainant）實際上多達二十二個主權國家和地區，並以美國作為共同的「被告」（respondent）。其「原告」之眾多、「被告」之孤立、涉及面之廣泛及其對 WTO 體制和全球貿易秩序未來影響之大，均不亞於前述「301 條款」爭端，故其爭訟進程和是非曲直，為舉世所矚目。

（二）「201 條款」爭端案的「初審」結論

經過涉訟各方幾近一年的對簿公堂和舌劍唇槍，綜合審理本案的專家組終於在二〇〇三年七月十一日作出了綜合性的審結報告。其主要內容是：

（1）本案專家組支持歐共體等八個「原告」方提出的申訴

和指控，認定「被告」方美國自二〇〇三年三月二十日起針對某些進口鋼鐵產品採取的「保障措施」（加征額外的進口關稅等），就其總體而言，不符合美國自己參加締結的 WTO《保障措施協定》和 GATT 1994。[97]

（2）確切地說，美國實行的上述「保障措施」不符合 GATT 1994 第 19 條第 1 款以及 WTO《保障措施協定》第 3 條第 1 款的規定，因為美國未能確鑿論證和充分說明「意外的發展情況」確已導致鋼鐵進口產品大量增加，並因此對美國國內有關產業造成嚴重損害。

（3）美國實施的上述「保障措施」不符合 WTO《保障措施協定》第 2 條第 1 款和第 3 條第 1 款的規定，因為美國未能確鑿論證和充分說明其所列舉的各種事實足以支持其「進口產品激增」的論斷。

（4）美國實施的上述「保障措施」不符合 WTO《保障措施協定》第 2 條第 1 款、第 4 條第 2 款（b）項以及第 3 條第 1 款的規定，因為美國未能確鑿論證和充分說明「進口產品激增」與「對美國國內有關產業造成嚴重損害」兩者之間存在著「因果關係」。

（5）美國實施的上述「保障措施」不符合 WTO《保障措施協定》第 2 條第 1 款和第 4 條第 2 款的規定，因為美國的做法未能遵守有關「對應性」（paalelism）的要求，即要求在保障措施為其預設條件的產品與保障措施後來加以制約的產品之間，具備一定的對應性。

基於以上各點，本案專家組的審結報告作出如下結論：

（1）美國採取的上述「保障措施」已經違背了 WTO《保障措施協定》和 GATT 1994 的有關規定，已經取消了或損害了各「原告」方依據上述協定享有的正當權益；因此，

（2）本案專家組建議 WTO 爭端解決機構（DSB）責成美國更改上述「保障措施」，使它符合於美國在上述國際協定中承擔的國際義務。[98]

作為本項「201 條款」爭端案的「敗訴」方，美國對本案專家組的上述審結報告表示不服，並於二〇〇三年八月十一日向 WTO 的「上訴機構」（Appellate Body）提起上訴。

（三）「201 條款」爭端案的「終審」結論

二〇〇三年十一月十日，上訴機構發布了終審報告，除稍作改動外，維持上述專家組審結報告中絕大部分原有裁斷。[99]

美國總統鑒於本案敗局已定，無可挽回，加以美國已經從其推行了二十一個月之久的單邊主義「保障措施」中撈到了大量實惠，「已經達到了預期的目的」，乃於二〇〇三年十二月四日宣布：自即日起，終止實行美國的上述「保障措施」。[100] 本案遂告最後落幕。

縱觀和細察本案爭訟的過程，其中所蘊含的原則碰撞和法理衝突，很值得追本溯源，認真探討，仔細剖析。

如所周知，關稅自主權本是各國經濟主權的重要內容之一。各國對外來進口產品是否徵收關稅以及釐定稅率之高低，本屬各國經濟主權權限範圍，悉由各國自行決定。但是，在國際貿易的實踐過程中，各主權國家都力圖增加本國的關稅收入，因而難免

發生利害衝突，甚至發展成為商戰，導致兩敗俱傷。有鑒於此，自一九四七年起，國際社會各成員以 GATT ／ WTO 機製作為依託和支柱，力圖通過互惠互利的安排，各自大幅度削減關稅及其他貿易壁壘，逐步建立起健全的多邊貿易體制，以促進全球範圍內的貿易自由化，實現共同的經濟繁榮。這是國際社會各成員協力追求的共同利益和長遠利益。[101]

但是，在追求實現共同利益和長遠利益的同時，各成員卻仍然各有自己的局部利益和眼前利益。這就難免又引起種種新的矛盾與衝突。歸根結底，就是各成員國家在經濟主權（包括關稅自主權）上的限制與反限制。自一九四七年簽訂 GATT 以來，此種限制與反限制的鬥爭，反映在關稅減讓問題上，經歷了以下幾度「周而復始」的進程和逐步上升的層次，即關稅互相減讓；關稅減讓的例外；對關稅減讓例外的控制；對此種控制的破壞；對破壞此種控制的制裁。可謂一「魔」一「道」，相生相剋，迄未止息。具體地說：

（1）為了共同的和長遠的利益，各成員達成多邊協議，對各自的關稅自主權實行一定程度的**自我限制**，互相實行關稅減讓。這體現為 GATT 1947 ／ 1994 第二條關於「關稅減讓表」的規定，即每一締約方給予其他締約方的貿易待遇不得低於 GATT 所附「減讓表」中規定的待遇，對於從其他締約方進口到本國境內的產品，在一定的條件下，不得在規定的「普通關稅」之外，任意加征額外關稅。

（2）與此同時，為了各成員局部的或眼前的利益，各成員達成多邊協議，對各自的關稅自主權作出重大保留（或**反限**

制）。這體現為 GATT 1947／1994 第十九條關於「對某些產品進口採取緊急措施」的規定，即在特定的情況下，如因某種外國產品進口數量激增，以致本國生產同類產品的企業在市場競爭中受到嚴重損害或面臨嚴重損害的威脅，則作為上述關稅減讓原則的例外，本國有權在必要的限度和時期內，實行適當的「自我保障」，對上述外國進口產品暫停給予原先約定的關稅減讓，撤銷或者修改原定的減讓，並酌情加徵額外關稅。

但是，在嗣後四五十年的國際貿易實踐中，有些成員，特別是少數經濟強國，往往過分強調本國的局部利益和眼前利益，濫用上述有關「緊急措施」的例外規定，任意實行無理的、過度的、單邊主義的「自我保障」，以致嚴重損害生產上述進口產品的其他外國的合法權益。此時此際，**濫用「緊急措施」的少數強國**，其經濟主權就開始轉化成為經濟**強權**或經濟**霸權**，因為它無視國際協定的約束。

（3）為了防止和消除濫用單邊主義「自我保障」措施造成新的關稅壁壘和貿易障礙，避免由此引起互相報復和兩敗俱傷，各成員又達成新的多邊協議，對各自保留在自己手中的關稅自主權或**反限制權**，實行新的限制和**多邊控制**。這一宗旨充分體現在和始終貫穿於一九九四年 WTO 體系中新出現的多邊性專題協定即《保障措施協定》之中。其「序言」反覆強調：有必要澄清和加強 GATT 1994 的紀律，特別是其中第十九條（對某些產品進口採取緊急措施）的紀律」；「有必要重新建立對保障措施的**多邊控制，消除逃避多邊控制的保障措施**」。

（4）但是，經濟上的強權國家，為了自身局部的和眼前的

利益，又往往不甘接受上述重新建立起來的、更加嚴格的「多邊控制」，不惜背棄自己在這個新締結的專題性多邊國際協定中作出的莊嚴承諾和承擔的國際義務，憑藉自己的經濟實力和強勢，依然隨心所欲，時時濫用單邊主義的自我保障措施，從而對上述「多邊控制」造成新的破壞，嚴重影響國際貿易的正常秩序。此種行為，究其實質，乃是經濟強國對自身經濟主權的單邊擴張，乃是超級大國自身經濟霸權的舊病復發，乃是對其他國家經濟主權的恣意侵害。

在這方面，最新的「典型」就是二〇〇二年三月至二〇〇三年十二月間美國依據本國貿易法的「201 條款」逕自採取針對外來鋼鐵進口產品的「保障措施」。

（5）為了預防和制止違反或破壞上述「多邊控制」的行為，各成員又在上述多邊協議中規定，受害方有權向 WTO 體制中帶有強制司法性質的「爭端解決機構」（DSB）起訴，通過 DSB 依法審理、裁斷、責成加害方撤銷其單邊主義的「自我保障」措施。[102] 加害方「敗訴」之後，如在一定期間內仍拒不履行 DSB 的裁斷，則 DSB 可授權受害方實施必要的報復和制裁，包括停止給予加害方一切關稅減讓等。在此種情況下，加害方不但在物質上得不到什麼便宜，而且還要受到國際輿論的普遍譴責，在道義上遭到巨大損失，從而在國際社會中陷於孤立，到頭來，在國際利害得失的「總結算」中得不償失。

在這方面，其最新的「典型」，就是上述「201 條款」鋼鐵進口爭端案最後以被告方美國「敗訴」以及美國總統不得不宣布取消原有單邊主義「保障措施」告終。

（四）對「201 條款」爭端案結局的客觀評價：WTO 多邊主
　　義（他國群體主權）兩敗之後的小勝與美國單邊主義
　　（美國霸權）的「依然故我」

　　此次「201 條款」爭端事件的以上結局，意味著 WTO 多邊主義對美國單邊主義的勝利，當然值得世界公正輿論的稱道和讚許。但是，如果把二〇〇二至二〇〇三年的「201條款」爭端，與前述美國一九九四年的「主權大辯論」以及一九九八至二〇〇〇年的「301 條款」爭端聯繫起來，加以宏觀的綜合考察，則可以說，二〇〇三年十一月結案的上述「201 條款」鋼鐵進口爭端，乃是晚近十年（1994-2004）來美國單邊主義（美國霸權）對 WTO 多邊主義（他國群體經濟主權）的第三次大衝擊，乃是美國單邊主義對抗 WTO 多邊主義的第三個大回合。相應地，此次交鋒的結局，只能綜合評估為 WTO 多邊主義先前兩次「敗北」之後的初度「小勝」，WTO 多邊主義仍然前途多艱。因為，儘管在這第三回合的交鋒中，美國的單邊主義以「敗訴」告終，但美國在二〇〇三年十二月四日發表的前述「總統聲明」中，不但對其已經實行了二十一個月單邊主義「保障措施」給其他國家從事鋼鐵生產和鋼鐵貿易的對手造成重大損失這一霸道行為裝聾作啞，不作任何檢討，反而進一步公開宣稱：美國今後仍將繼續「執行我們自己的貿易法律」，並且將進一步強化針對外國進口產品的「監督措施」。[103] 其語調、語意與當年「301 條款」爭端案審結後美國貿易代表在一九九九年十二月二十二日發表的前述公告如出一轍，足見美國在此次「敗訴」後，對受到全球詬病的本國單邊主義霸權立法，仍然毫無改弦更張、棄舊圖新

之意。

六、美國「主權大辯論」「301 條款」爭端案以及「201 條款」爭端案之宏觀小結：慶父不去，魯難未已！

以史為鑑，可以知興替。WTO 體制運作十年來（1994-2004）上述三大回合交鋒的具體時間、地點和表現形態上，雖各有差異，但如加以綜合考察，便不難看出其中的共同特點和發展軌跡，即核心相同，旗號相同，因果相連，禍根未除。

第一，十年來上述三大回合交鋒，其法理核心相同，即都是美國經濟霸權與他國經濟主權之間的限制與反限制，也都是美國單邊主義與 WTO 多邊主義之間的原則大碰撞。[104]

第二，在上述三大回合交鋒中，美國單邊主義衝擊 WTO 多邊主義時，打出的旗號相同，即都是行使美國的「主權」，貫徹美國的「法律」，維護美國的「權益」，藉以掩蓋和粉飾其經濟霸權的實質。

第三，上述三大回合交鋒，都是首先由美國尋釁，挑起爭端；三大回合，前後因果緊密相連，後兩次爭端的「基因」都直接地、深深地植根於美國早在 1994 年「入世」之初就已確立的既定方針，即美國在加入 WTO、勉強接受多邊體制之後，依然我行我素，繼續奉行單邊主義，極力維護和擴大既得的經濟霸權。

第四，在上述第三回合即「201 條款」爭端案中，WTO 多邊主義雖然獲得「初度小勝」，但其影響力和實際效果顯然只是相當有限和很不穩定的，因為**禍根仍在，病根未除**，美國基於其

特有的「主權」信念在參加 WTO 之初就已確立的既定方針和行動指南始終如一；美國的霸權積習及其單邊主義霸權立法依然「健在如恆」，並未受到絲毫損傷，從而，任意揮舞「301 條款」「201 條款」之類大棒為所欲為的霸權頑症仍然可能隨時復發。今後在 WTO 體制內美國經濟霸權與各國經濟主權之間限制與反限制的爭鬥，仍將時伏時起，難以止息。套用一句中國古諺，可謂「慶父不去，魯難未已」。因此，人們不能不經常保持清醒，增強憂患意識，隨時謹防美國單邊主義大棒之捲土重來和再度肆虐。

第五，「201 條款」爭端案中 WTO 多邊主義之初度小勝，端賴與美國對壘的二十二個主權國家敢於和善於運用掌握在自己手中的經濟主權，及時開列「報復清單」、採取報復措施，並且及時聯合起來共同把全球唯一的超級大國推向 WTO ／DSB 的被告席等等，通過諸如此類的反擊措施，對經濟霸權開展針鋒相對的鬥爭。[105] 反之，如果不堅持經濟主權，或忽視經濟主權這一武器的充分運用，則面對經濟霸權的橫行與肆虐，經濟實力上的弱者勢必無以自衛、自保，即使是小勝也不可得，更遑論積小勝為大勝，實現全球的共同繁榮。由此可見，國內外一度相當「時髦」的理論，即認為全球經濟一體化加速發展、經濟聯合國」WTO 正式運轉之後，有關國家經濟主權的原則和概念應當日益「淡化」「弱化」云云，此類說詞，至少是脫離實際、不夠清醒的，也是很不可取的；至於經濟主權的原則和概念已經「過時」云云，則顯然是居心叵測的理論陷阱，對此，不能不備加警惕！

注釋

* 本文部分內容約一點五萬字，最初以《美國 1994 年的「主權大辯論」及其後續影響》為題，發表於《中國社會科學》2001 年第 5 期。隨後，全稿約四點七五萬字，題為《世紀之交圍繞經濟主權的新「攻防戰」——從美國的「主權大辯論」及其後續影響看當代「主權淡化」論之不可取》，發表於《國際經濟法論叢》第 4 卷。二〇〇二至二〇〇三年世界貿易組織中發生舉世矚目的「201 條款」爭端案，美國在二〇〇三年七月「初審」中「敗訴」後，筆者根據當時案情發展，結合過去研究心得，撰寫了英文稿「The Three Big Rounds of U. S. Unilateralism Versus WTO Multilateralism During the Last Decade: a Combined Analysis of the Great 1994 Sovereignty Debate，Section 301 Disputes （1998-2000），and Section 201 Disputes （2002-2003）」〔《十年來美國單邊主義與 WTO 多邊主義交鋒的三大回合：綜合剖析美國「主權大辯論」（1994）、「301 條款」爭端（1998-2000）以及「201 條款」爭端（2002-2003）》，全文約 6.5 萬字〕，發表於美國 *Temple International & Comparative Law Journal*，Vol. 1 7，No. 2，2003 （《天普大學國際法與比較法學報》2003 年第 17 卷第 2 期），並將其中部分內容摘要改寫為中文稿《美國單邊主義對抗 WTO 多邊主義的第三回合——「201 條款」爭端之法理探源和展望》（約 2 萬字），發表於《中國法學》2004 年第 2 期。英文稿發表後，引起國際人士關注。二〇〇三年十一月，美國在「201 條款」爭端案「再審」（終審）中再度敗訴。筆者應總部設在日內瓦的「South Centre」（「南方中心」，眾多發展中國家締約組建的政府間國際組織，被稱為發展中國家的「智庫」，中國是其成員國之一）約稿，又結合本案終審結局，將上述英文全稿再次作了修訂增補，由該「中心」作為「T. R. A. D. E. Working Papers 22」（「貿易發展與公平」專題工作文件第 22 號），於二〇〇四年七月重新出版單行本，散發給「南方中心」各成員國理事以及 WTO 各成員常駐日內瓦代表團，供作決策參考；同時，登載於該「中心」網站上 （http://www. southcentre. org/publications/ workingpapers/ paper22/wp22. pdf），供讀者自由下載。以上相繼發表的各篇中英雙語論文，旗幟鮮明，見解獨到，旁徵博引，資料翔實，論證嚴謹，在國內外學術界獲得廣泛好評。二〇〇四至二〇〇六年，本系列論文先後獲得中國省部級科研優秀成果獎一等獎三次，國家級科研優秀成果獎二等獎

一次（詳見本書第七編第 4 章「陳安論著、業績獲獎一覽（以倒計年為序/2016-1960）」）。現將上述各篇文章的內容重新綜合整理，輯入本書，列為第一編第二十章和第二十一章。

〔1〕 「單邊主義」（unilatealism）實質上含有自私自利、我行我素、剛愎自用、一意孤行、專橫獨斷等多重意義。它是「多邊主義」（niultilatealism）的對立面。《WTO 協定》是一項全球性的多邊國際條約，依據這個國際條約建立起來的全球性多邊貿易體制，提倡全體成員互利互惠、互相尊重、平等協商、民主決策、恪守協議，可概括地稱之為「多邊主義」。

〔2〕 指締約各方就多個領域、多種議題開展談判，並應同時全盤接受談判達成的所有協議，不得只從中選擇接受部分協議而拒絕接受其他部分協議。詳見《世界貿易組織協定》第 2 條第 2 款。

〔3〕 See L. Henkin, *InternationaL Law : Politics and Values*，Martinus Nijhoff Publishers，1995，pp. xi，1-2.

〔4〕 Ibid.，p. 8.（本文以下各處摘引文字中的「黑體」均由引者標出。）

〔5〕 Ibid.，p. 10.

〔6〕 Ibid.，p. 2.

〔7〕 （Away with the "S" word!）Louis Henkin，The Mythology of Sovereignty，ASIL，Newsletter，March-May.1993，pp. 1-2.「S」是英文「主權」（sovereignty）一詞的第一個字母。此處意指「應當廢棄『主權』一詞！」如予連讀，則有「扔掉這把利劍（sword）吧!」的雙關含義。

〔8〕 See John H. Jackson，The Great 1994 Sovereignty Debate：United States Acceptance and Implementation of the Uruguay Round Results，*Columbia Journal of Transnational Law*，Vol．36，Special Double Issue，1997，pp.157-188.

〔9〕 在《WTO 協定》第 9 條的一項註解中，就「consensus」一詞的特定含義作了專門解釋：「在某一事項提交會議作出決定時，只要與會締約成員代表中無人正式表示反對，就視為談有關機構已經以一致同意（consensus）作出決定」。

〔10〕《諒解書》第 2 條第 1 款。

〔11〕參見《諒解書》第 6 條第 1 款、第 16 條第 4 款、第 17 條第 14 款。

〔12〕指可以針對既不遵守 WTO 規則又不服從 DSB 處理決定的締約成員方

採取歧視性措施，暫停給予有關協定項下的各種關稅減讓或其他各種優惠待遇。參見《諒解書》第 3 條第 7 款。

〔13〕See J. Jackson，The Great 1994 Sovereignty Debate，supra note 8，pp. 169-170.

〔14〕Ibid. p. 172.

〔15〕Ibid. p. 177.

〔16〕Ibid. p. 175.

〔17〕Ibid. p. 174.

〔18〕Ibid. p. 179.

〔19〕Ibid. p. 173.

〔20〕Ibid. pp. 160，179，182，187-188.

〔21〕J. Jackson，Testimony Before the Senate Finance Committee，23 March 1994，in *Legal Problems of International Economcc Relations*，4th ed.，West Gj-roup. 2002. p. 223.

〔22〕See Gary Horlick，WTO Dispute Settlement and the Dole Commission，*Journal of World Trade*，Vol. 29，No.6，1995，pp.45-48；John H. Jackson, The Great 1994 Sovereignty Debate: United States Acceptance and Implementation of the Uruguay Round Results, *Columbia Journal of Transnational Law*，Vol.36，Special Double Issue，1997，pp.186-187.

〔23〕Ibid.

〔24〕一九九七年適值漢金教授八十歲「大壽」，美國哥倫比亞大學主辦的《哥倫比亞跨國法學報》特邀請美國負有盛名的若干法學教授撰文，進行跨國法、國際法學術討論，並彙輯成為紀念文集（fest-schrift）。傑克遜教授是被邀請撰文者之一，時年六十多歲。

〔25〕See John H. Jackson，The Great 1994 Sovereignty Debate: United States Acceptance and Implementation of the Uruguay Round Results，*Columbia JournaL of Transnational Law*，Vol.36，Special Double Issue，1997，pp. 158-159.

〔26〕United States Trade Representative，又譯「美國貿易談判代表」簡稱「USTR」，由美國總統任命，參議院確認，具特命全權大使銜，原主司美國對外貿易談判一九七四年以後設公署於華盛頓，成為美國政府的常設機構，職權不斷擴大：參與美國政府對外貿易決策；就對

外貿易問題向聯邦政府其他機構、部門發布政策指南；代表美國政府主持或參加各種對外貿易談判；接受美商「投訴」，保障美商對外貿易權益；執行「301 條款」，對外國貿易對手發起「侵權」「違約」調查，決定採取報復行動或制裁措施等。

〔27〕 See Trade Act of 1974 §301，19 U.S. C. §§2411-2440 (1994); Sections 301-310 of the Trade Act of 1974，Report of the Panel，United States-Sections 301-310 of the Trade Act of 1974，Annex 1，WT/DS 152/R，（22 December 1999），pp. 352-364，http://www.wto.org/english/tratop.e/dispu-e/wtds.152r.doc. 另參見張玉卿、闕越：《美國貿易法 301 條款》，載《國際貿易》1992 年第 6-9 期；楊國華：《美國貿易法「301 條款」研究》，法律出版社 1998 年版，第 36-57 頁。

〔28〕 參見《外經貿部公布擬對美貿易反報復清單》（1994 年 12 月 31 日）和《對外貿易經濟合作部公告：中華人民共和國對美利堅合眾國的貿易反報復清單》（1996 年 5 月 16 日），分別載《人民日報》1995 年 1 月 1 日第 2 版和 1996 年 5 月 16 日第 2 版；張月姣（中國對外經貿部條法司前司長）：《中美知識產權磋商：背景和成果》，載《國際貿易》1995 年第 4 期，第 4-5 頁。有關概況，可參見美國貿易代表公署編制的綜合性一覽表：Section 301 Tables of Cases（as of 9 August 1999），No.301-386, PRC：Intellectual Property Protection ;No.301-388. PRC: Market Access; No.301-3921, China: Intellectual Property Rights (http://www.ustr.gov/reports/301report/act301.htm)。

〔29〕 See John H. Jackson，The Great 1994 Sovereignty Debate: United States Acceptance and Imiplemientation of the Uruguay Round Results，*Columbia Journal of Transnational Law*，Vol. 36，Special Double Issue，1997，pp. 183-184.

〔30〕 Ibid.，pp. 183-184.

〔31〕 晚清中國思想家鄭觀應名言（參見〔清〕鄭觀應：《盛世危言‧公法》（卷一），光緒二十四年（1898 年）三味堂刊，第 42 頁）。人類社會已進入二十一世紀，而十九世紀末弱小民族思想家發出的慨嘆，至今仍具有十分現實的意義，這實在是對歷史、對至今仍不願改弦易轍的強權者的強烈諷刺。

〔32〕 See US Imposition of Import Duties on Automobiles from Japan, WT/DS6/1,WT/DS6/5,WT/DS6/6, http://docsonline.wto.org/GEN.-

第一編‧國際經濟法基本理論（一）

1083

SearchResult.asp.

〔33〕See Reports of the Panel, European Communities Regime for the Importation, Sale and Distribution of Bananas Recourse to Article21.5 (Separately) by Ecuador & by the European Communities, WT/DS27/RW/ECU;WT/DS27/RW/EEC.

〔34〕See Report of the Panel, United States Sections 301-310 of the Trade Act of 1974(hereinafter "ROP"), WT/DS152/R,22 December 1999, http://www.wto.org/english/tratop-e/dispu-e/wtds152r.doc.

〔35〕See Decision by the Arbitrators, European Communities-Regime for the Importation, Sale and Distribution of Bananas-Recourse to Arbitration by the European Communities Under Article22.6 of the DSU,WT/DS27/ARB, pars.1.1,8.1, http://www.wto.org/english/tratop-e/dispu-e/1735d.doc.

據報導，事後歐盟與美國就此項爭訟達成了新的協議：歐盟自二〇〇一年七月一日起開始實施新的香蕉進口制度；相應地，美國也在當天取消了對來自歐盟的有關進口商品徵收百分之百懲罰性關稅的決定。參見《投桃報李，有來有往》，載《國際經貿消息》2001年7月3日第1版。

〔36〕See Report of the Panel，United States Sections 301-310 of the Trade Act of 1974 (hereinafter "ROP")，WT/DS 152/R，22 December 1999，http: //www. wto. org/english/tiatop-e/dispu-e/wtds152r. doc. paras. 3. 1; 4.1-4.18；4.26-4.48；4.100-4. 119；4.126；4.146-4. 153；7. 1-7. 8.

〔37〕一般是貿易爭端中「敗訴」的一方。

〔38〕See Report of the Panel，United States Sections 301-310 of the Trade Act of 1974 (hereinafter "ROP")，WT/DS 152/R，22 December 1999，http://www. wto. org/english/tiatop-e/dispu-e/wtds 152r doc.，paras. 4.35,7. 5.

〔39〕Ibid.，paras. 4.43-4.44；7. 5-7. 6.希臘神話傳說：暴君迪奧尼修斯曾命其廷臣達摩克利斯就座，並以一根馬鬃懸一把利劍在後者頭頂上，以示其處境極端危殆。其後此詞轉義為：大禍臨頭、處境危殆。參見《辭海》相關條目，上海辭書出版社 1979 年縮印本，第 1038 頁；《新英漢詞典》，上海譯文出版社 1989 年版，第 293-294 頁。

〔40〕 See Report of the Panel, United States Sections301-310 of the Trade Act of 1974 (hereinafter "ROP"), WT/DS152/R,22 December 1999, http://www.wto.org/english/tratop-e/dispu-e/wtds152r.doc.paras.4.45-4.48.

〔41〕 Ibid. , paras. 3.1;7.7-7.8.

〔42〕 See Report of the Panel, United States Sections301-310 of the Trade Act of 1974 (hereinafter "ROP"), WT/DS152/R,22 December 1999, http://www.wto.org/english/tratop-e/dispu-e/wtds152r.doc.3.2 ;4.19-4.25;4.49-4.65 ;4.120-4.125 ;4.128-4.140 ;4.142-4.145 ;4.154;7.9.

〔43〕 Ibid. , paras.4.49-4.52.

〔44〕 See Report of the Panel, United States Sections301-310 of the Trade Act of 1974 (hereinafter "ROP"), WT/DS152/R,22 December 1999 ,http://www.wto.org/english/tratop-e/dispu-e/wtds152r.doc.3.2; paras.4.54-4.58; 7.9.

〔45〕 Ibid., paras.4.62; 7.11.

〔46〕 Ibid., paras.4.64-4.65

〔47〕 SAA, pp.365-366. See Report of the Panel, United States Sections301-310 of the Trade Act of 1974 (hereinafter "ROP"), WT/DS152/R,22 December 1999, http://www.wto.org/english/tratop-e/dispu-e/wtds152r.doc., paras.4.121;7.112.

〔48〕 Ibid., para.7.109,note〔683〕.

〔49〕 Ibid., para.7.110.

〔50〕 SAA,pp.365-366, See Report of the Panel, United States Sections301-310 of the Trade Act of 1974 (hereinafter "ROP"), WT/DS152/R,22 December 1999, http://www.wto.org/english/tratop-e/dispu-e/wtds152r.doc.,paras.7.115; 7.109, note〔683〕.

〔51〕 Ibid., paras.3.2;4.65;4.145.

〔52〕 See Report of the Panel, United States Sections301-310 of the Trade Act of 1974 (hereinafter "ROP"), WT/DS152/R,22 December 1999,http://www.wto.org/english/tratop-e/dispu-e/wtds152r.doc., paras.7.10-7-189;8.1.

〔53〕 除歐共體十五個成員國外，原先表示將參加本案審理程序及保留參加權利的「第三方」，共達二十一個 WTO 成員。其後正式參加的第三方有十六個成員，其中的十六個成員，即巴西、加拿大、古巴、

多米尼克、多米尼加、中國香港地區、印度、牙買加、日本、韓國、聖盧西亞以及泰國，都對美國的「301條款」分別提出尖銳指控。

〔54〕See Report of the Panel，United States Sections 301-310 of the Trade Act of 1974 (hereinafter "ROP")，WT/DS152/R，22 December 1999，http://www. wto. org/english/tiatop-e/dispu-e/wtds152r. doc.，paras. 7.31-7. 33；7. 109-7. 112；7. 126.8. 1，supra，WT/DS152/R，22 December 1999.

〔55〕Ibid.，para. 7. 12.

〔56〕Ibid. ，para. 7. 13.

〔57〕Ibid. ，paras. 7. 31-7. 33.

〔58〕See Report of the Panel，United States Sections 301-310 of the Trade Act of 1974 (hereinafter "ROP")，WT/DS152/R，22 December 1999，http://www. wto. org/english/tratop-e/dispu-e/wtds152r. doc.，paras. 7. 109-7112.

〔59〕指一九九四年九月SAA提交美國國會審議之際，當時WTO協定尚未生效，國際貿易仍按GATT 1947的規則進行運作。

〔60〕SAA,p.366 et seq. See Report of the Panel, United States Sections301-310 of the Trade Act of 1974 (hereinafter "ROP"), WT/DS152/R,22 December 1999, http://www.wto.org/english/tratop-e/dispu-e/wtds152r.doc., paras.4.108-4.111.

〔61〕See Report of the Panel, United States Sections301-310 of the Trade Act of 1974 (hereinafter "ROP"), WT/DS152/R,22 December 1999,http://www.wto.org/english/tratop-e/dispu-e/wtds152r.doc., paras.7.113.

〔62〕See Report of the Panel, United States Sections301-310 of the Trade Act of 1974 (hereinafter "ROP"), WT/DS152/R,22 December 1999,http://www.wto.org/english/tratop-e/dispu-e/wtds152r.doc., paras.73126; 8.1.

〔63〕對本案審結報告的評析，詳見陳安：世紀之交圍繞經濟主權的新「攻防戰」，第四部分，載《國際經濟法論叢》(第4卷)，法律出版社2001年版，第95-131頁；或陳安：《國際經濟法學芻言》(上)，北京大學出版社2005年版，第123-141頁。

〔64〕Seung Wha Chang (Korean), Taming Unilateralism Under the Trading

System: Unfinished Job in the WTO Panel Ruling on United States Sections301-310 of the Trade Act of 1974 (《在貿易體制中馴服單邊主義：世貿組織專家組在1974年〈美國貿易法〉第301-310條裁斷中的未了職責》),*Law and Policy in International Bussiness*, Vol.31, No.4, 2000, p.1156.

〔65〕See Report of the Panel，United States Sections 301-310 of the Trade Act of 1974 (hereinafter "ROP")，WT/DS152/R，22 December 1999，http://www. wto. org/english/tratop-e/dispu-e/wtds152r. doc.，para. 4. 62.

〔66〕Ibid.，para. 7 11.

〔67〕Ibid.，para. 7. 13.

〔68〕See Press Release by the Office of the U. S. Trade Representative，Executive Office of the President，Press Release Nos. 99-102，WTO Panel Upholds Section 301 22 December 1999，http://www. ustr. gov/releases/1999/12/99-102. htmil.

〔69〕See Press Release by the EC，Press Release No. 86/99，WTO Report on U. S. Section 301 Law：A Good Result for the EU and the Multilateral System (23 December 1999)，http://www.insidetrade.com.

〔70〕由於本案雙方均未上訴，DSB 遂於二〇〇〇年一月二十七日正式通過了本案專家組的審結報告。

〔71〕參見本章第四部分之(一)

〔72〕See Seung Wha Clang (Korean)，Taming Unilateralism under he Trading System: Unfinished Job in he WTO Panel Ruling on United States Sections 301-310 of the Trade Act of 1974(《在賈易體制中馴服單邊主義：世貿組織專家組在一九七四年〈美國賈易法〉第 301-310 條裁斷中的未了職責》)，*Law and Policy in International Bussiness*，Vol.31，No.4，2000，p.1185.

〔73〕See Report of the Panel，United States Sections 301-310 of the Trade Act of 1974 (hereinafter "ROP")，WT/DS152/R，22 December 1999，http://www. wto. org/english/tratop-e/dispu-e/wtds152r. doc.，paras. 7. 58-7. 97.

〔74〕Ibid., paras. 7.119, 7.13.

〔75〕SAA，pp. 365-366；Report of the Panel，United States Sections 301-

310 of the Trade Act of 1974 (hereinafter "ROP")，WT/DS152/R，22 December 1999，http://www. wto. org/english/tratop-e/dispu-e/ wtds152r. doc.，para. 7. 112.

〔76〕SAA，p. 1; Report of the Panel，United States Sections 301-310 of the Trade Act of 1974 (hereinafter "ROP")，WT/DSJ.52/R，22 December 1999，http://www. wto. org/englisl/tratop-e/dispu-e/ wtds152r. doc.，para.7.110.

〔77〕See SAA，p.366 et seq.；Report of the Panel，United States Sections 301-310 of the Trade Act of 1974 (hereinafter "ROP"), WT/DS152/R, 22 December 1999, http://www.wto.org/english/tratop-e/dispu-e/ wtds152r.doc.

〔78〕詳見本章第三部分。

〔79〕See Report of the Panel，United States Sections 301-310 of the Trade Act of 1974 (hereinafter "ROP")，WT/DS152/R，22 December 1999，http://www. wto. org/english/tratop-e/dispu-e/wtds152r. doc.，para. 7. 126.

〔80〕Ibid.，para. 7. 111.

〔81〕US oral statement，second meeting，para. 16; Report of the Panel，United States Sections 301-310 of the Trade Act of 1974 (hereinafter "ROP")，WT/DS152/R，22 December 1999，http://www. wto. org/ english/tratop- e/dispu-e/wtds152r doc.，para. 7. 128.

〔82〕See Notice of Determination and Request for Public Comment Concerning Proposed Determination of Action Pursuant to Section 301: Barriers to Access to the Auto Parts Replacement Market in Japan，60 Fed. Reg. 26，745(1995): Press Release by the office of the U. S. Trade Representative，Executive office of the President，Press Release No. 98-113, USTR Announcing List of European Products Subject to Increased Tariffs(21 December 1998); 63 Fed. Reg. 71，665-6 66；USTR Press Release 99-117，United States Takes Customs Action on European Imports，3 March 1999，available in USTR，The USTR Home Page.

〔83〕See Section 301 Tables of Cases (as of 9 August 1999)，No. 301-393，Japan Auto Parts；No. 301-100，the EC and the Importation，Sale， and Distibution of Bananas，http://www.ustr.gov/reports/301report/act301. htm.

〔84〕See Report of the Panel，United States Sections 301-310 of the Trade Act of 1974 (hereinafter "ROP")，WT/DS152/R，22 December1999，http://www.wto.org/english/tratop-e/dispu-e/wtds152r.doc.，para.7.12.

〔85〕See Report of the Panel，United States Sections 301-310 of the Trade Act of 1974 (hereinafter "ROP")，WT/DS152/R，22 December，1999，http://www. wto. org/english/tratop-e/dispu-e/wtds152r. doc.，para. 7.130.

〔86〕參見《聯合國憲章》第 2 條第 4 款，《中華人民共和國刑法》第 274 條。

〔87〕See Taming Unilateralism... supra note〔62〕，p. 1157; Jay L. Eisenstat，Comment，The Impact of the World Trade Organizationon Unilateral United States Trade Sanctions Under Section 301 of the Trade Act of 1974: A Case Study of the Japanese Auto Dispute and the Fuj-Kodak Dispute，*EMORY INT'L L. REV.* Vol. 11，pp. 137, 153-154 (arguing that the Congressional intent underlying Section 301 is to open foreign markets by creating "credible threatsofretaliation").

〔88〕See Report of the Panel，United States Sections 301-310 of the Trade Act of 1974 (hereinafter "ROP")，WT/DS152/R，22 December 1999，http://www. wto. org/english/trtop-e/dispu-e/wtds152r. doc.，paras. 7. 89-7. 92.

〔89〕詳見本章第三部分。

〔90〕See Seung Wha Chang (Korean)，Taming Unilateralism Under he Trading System: Unfinished Job in he WTO Panel Ruling on United States Sections 301-310 of he Trade Act of 1974(《在貿易體制中馴服單邊主義：世貿組織專家組在一九七四年〈美國賈易法〉第 301-310 條裁斷中的未了職責》)，*Law and Policy in International Bussiness*，Vol. 31，No. 4，2000，pp. 1224-1226.

韓國學者 Seung Wha Chang 在上述論文中指出：本案專家組所作的裁斷，其法律基礎是虛弱、動搖的(shaky)。因為它不集中精力，審查一九九四年美國當局在 SAA 中表述的自相矛盾的立場以及美國國

第一編・國際經濟法基本理論（一）

會在通過《烏拉圭回合協定法》時的其他有關記錄：它不認真審查一九九五年《WTO 協定》生效後美國在若干具體案件中背棄 WTO 義務的所作所為，卻完全採信了美國的抵賴說詞：完全信賴美國代表在審理過程中的「保證」表態。所有這些，都將給 WTO／DSU 的爭端解決機制帶來危險。這些評論確實頗有見地。但是，作者在文末卻特地聲明：撰寫本文的目的，不是代表美國貿易對手指責美國的「301 條款」，而只是敦勸美國今後不要再濫用「301 條款」。作者聲稱美國的「301 條款」與 WTO 的多邊貿易體系可以「同時並存、和平共處」（coexist）；WTO 需要美國充當「領袖」（leader）才能保持其多邊貿易體系，等等。這些「善良願望」在一定程度上顯示了某種糊塗與天真：希望通過規勸，讓虎狼改葷吃素；期待以薄荷甘草，根治霸權頑症。

〔91〕See Trade Act of 1974，§ 201，19U. S. C § § 2251-2254.另參見韓立余譯：《美國貿易法》，法律出版社 1999 年版，第 60-80 頁。

〔92〕See The Final Reports of the Panel on Unite States-Definitive Safeguard Measures on Imports of Certain Steel Products (hereinafter "ROP/DS248-259"，11 July 2003，pp. A-1-H-4，http://www. wto. org/english/traptop-e/disput-e/DS248.另參見《美 201 鋼鐵案水落石出》楊國華：美國鋼鐵保障措施案背景及專家組裁決》（以下簡稱「楊國華文」），分別載《公共商務信息導報》2003 年 7 月 16 日第 1 版、2003 年 7 月 28 日第 2 版。

〔93〕美國國際賈易委員會（United States International Trade Commission，USITC）是根據美國憲法設立的政府顧問機構，本身並不屬於行政職能部門。國際貿易委員會的主要職能包括：在反傾銷和反補貼調查中負責產業損害調查；對貿易和關稅問題進行研究，並就此向國會、總統和其他政府機構提供信息和建議。

〔94〕See Proclamation No. 7529 of 5 March 2002，To Facilitate Positive Adjustment to Competition from Imports of Certain Steel Products，*Federal Register*，Vol.67，No.45，7 March 2002，p.10553.

〔95〕例如，歐共體在二〇〇二年三月二十二日迅即擬就一份針對美國產品的報復清單，其中包括三百二十五種美國產品，聲稱：如果美國在同年六月十八日以前不改弦更張，迅即停止前述無理加徵額外關稅的單邊主義專橫行為，並賠償歐共體由此遭受的損失，則歐共體

國家將自即日起，針對上述清單所列的各種從美國進口的產品，分別加徵 10% 至 30% 的額外關稅，總值約為二十五億歐元，大體相當於歐共體鋼鐵產業因美國加徵額外進口關稅而蒙受的損失。

就中國而言，據估算，美國採取的上述措施將使中國每年約 3.7 億美元的鋼鐵產品出口受到重大影響。經與美方磋商，未獲解決，中國駐 WTO 代表團遂於五月十七日向 WTO 遞交了中國對美國部分產品中止關稅減讓的報復清單，並且聲明：中國將在 WTO 爭端解決機構最終裁決美國 201 鋼鐵保障措施違反 WTO 有關協議後，對來自美國的上述產品加徵 24% 的附加關稅，加徵後的關稅增額約 9400 萬美元。參見：《美國關稅壁壘》及前引楊國華文，分別載《公共商務信息導報》2003 年 6 月 23 日第 2 版、2003 年 7 月 28 日第 2 版。

〔96〕歐共體十五國作為一個整體，聯合提出一宗申訴案(claim)，其案件編號為 WT/D248(EC v. US) 其餘七宗申訴案的編號分別是 WT/D249 (Japan v. US);WT/D251 (Korea v. US)，WT/D252(China v·US)，WT/DS253 (Switzerland v. US)，WT/DS254 (Norway v. US)，WT/DS258 (Newzealand v. US)以及 WT/DS259 (Brazil v. US)。

〔97〕為便於讀者對照查索，茲將本案專家組援引的有關主要條文摘錄如下：

GATT 1994 第 19 條　對某些產品進口採取緊急措施

1.（a）如因意外情況的發展，並因某一締約方承擔本協定各項義務（包括關稅減讓義務）的影響，進口至該締約方領土的產品大量增加，以致對該領土內同類產品或直接競爭產品的國內生產者造成嚴重損害或嚴重損害威脅，則該締約方有權在防止或補救此種損害所必須的限度和時間內，對該產品全部或部分中止承擔義務，或者撤銷或修改關稅減讓。（b）……

《保障措施協定》（第 1-4 條）

第 1 條　總則　本協定為採取保障措施制定規則，此類措施應理解為 GATT 1994 第 19 條所規定的措施。

第 2 條　條件　1.一成員只有在根據下列規定已經確認正在進口至其領土的某種產品的數量與國內產量相比絕對地或相對地大量增加，以致對生產同類或直接競爭產品的國內產業造成嚴重損害或嚴重損害威脅，方可對該產品採取保障措施。2.保障措施應針對某種正在進口的產品實施，而不考慮其來源。

第 3 條　調查　1.一成員只有在其主管機關根據以往制定的程序進行調查、並按 GATT 1994 第 10 條規定公布周知後，方可採取保障措施。該調查應包括對所有利害關係方作出合理公告，舉辦公開聽證會，或採取其他適當方式，讓進口商、出口商以及有利害關係的其他各方都能夠提出證據和意見，包括讓他們有機會針對其他各方的陳述作出答覆並提出意見，特別是提出關於保障措施的實施是否符合公共利益的意見。主管機關應公布一份報告，列出其對所有有關事實問題和法律問題的調查結果和理由充分的結論。2.……

第 4 條　嚴重損害或嚴重損害威脅的確認　1.……2.（a）在根據本協定規定確認增加的進口貨是否對某種國內產業已經造成嚴重損害或即將造成嚴重損害的調查中，主管機關應評估影響該產業狀況的客觀的和可量化的一切有關因素，特別是有關產品按絕對值和相對值計算的進口增加的比率和數量，增加的進口貨所占國內市場的份額，銷售水平、產量、生產率、設備利用率、利潤和虧損以及就業等方面的變化。（b）除非調查根據客觀證據證明有關產品增加進口與嚴重損害或嚴重損害威脅之間存在因果關係，否則不得作出（a）項所指的確認。如增加進口之外的其他因素正在同時對國內產業造成損害，則此類損害不得歸因於增加的進口。（c）主管機關應依照第 3 條的規定，迅速公布對被調查案件的詳細分析以及對已審查諸因素相關性的論證說明。

（以上中譯文參見對外經貿部國際經貿關係司譯：《烏拉圭回合多邊貿易談判結果法律文本》，法律出版社 2001 年版，第 275-276、454 頁：汪堯田等譯：《烏拉圭回合多邊貿易談判成果》，復旦大學出版社 1995 年版，第 187-188、334-335 頁。

〔98〕 See ROP/DS248-259，pp. A-1-4, B-3，C-4，D-4，E-4，F-4，G-4，H-4.

〔99〕 See WT/DS248/AB/R～WT/DS259/ AB/R，paras. 513-514.

〔100〕 See President's Statement on Steel，http://www. whitehouse. gov/news/release/2003/12/20031204-5. html.另參見《美國取消保護性鋼材進口關稅，同時實施預警系統》，http://www. sina. com. cn；《商務部發言人崇泉就美國撤銷鋼鐵保障措施發表談話》，http: //www. mofcom. gov. cn/article/ 200312。

〔101〕 參見《1947 年關稅及貿易總協定》，小序；《馬拉喀什建立世界貿易組織協定》，小序。

〔102〕WTO《保障措施協定》第 14 條規定，WTO 體制中帶有強制司法性質的《爭端解決諒解書》（DSU）的全部規則，適用於有關保障措施的一切爭端。

〔103〕See President's Statement on Steel，http://www. whitehouse. gov/news/release/2003/12/ 20031204-5. htmil.另參見《美國取消保護性鋼材進口關稅，同時實施預警系統》，http://www. sina. com. cn；商務部發言人崇泉就美國撤銷鋼鐵保障措施發表談話》，http://www. mofcom. gov. cn/ art cl e/ 200312。

〔104〕See An Chen: The Three Big Rounds of U. S. Unilateralism versus WTO Multilateralism During the last Decade：A Combined Analysis of the Great 1994 Sovereignty Debate，Section 301 Disputes (1998-2000)，and Section 201 Disputes (2002-2003)，South Centre，T. R. A. D. E. Working Papers 22 (http://www. southcentre. org/publications/workingpapers/paper22/wp22. pdf).另參見陳安：《美國單邊主義對抗 WTO 多邊主義的第三回合「201 條款」爭端之法理探源和展望》，載《中國法學》2004 年第 2 期。

〔105〕參見《中美鋼鐵貿易戰中方勝訴》《貿易爭端：政府力量不可忽視》，載《深圳商報》2003 年 11 月 12 日第 B2 版。

世紀之交在經濟主權原則上的新爭議與「攻防戰」對發展中國家的重大啟迪

↪ 內容提要

本章內容緊接上一章，提醒全球弱勢群體即廣大發展中國家，在當代經濟主權原則上的新爭議與「攻防戰」中，切勿輕信和盲從來自霸權國家的花言巧語、「時髦」理論。應當從本國國情出發，增強憂患意識，珍惜經濟主權，善用經濟主權保護民族權益，抵禦霸權欺凌和其他風險，警惕理論陷阱，摒除經濟主權「淡化」論、「過時」論、「廢棄」論。

↪ 目次

第一編・國際經濟法基本理論（一）

1095

　　美國一九九四年的這場「主權大辯論」是在經濟全球化加速發展、WTO 體制即將在全球範圍內開始運作之際發生的。在這種國際宏觀背景下，發生於全球唯一的超級大國國內的、以「301 條款」之存廢為首要主題的這場大辯論，其原因當然遠非限於美國國內，其後續影響也當然遠遠超出一國範圍。

　　果不其然，《WTO 協定》正式生效之後不久，作為這場「主權大辯論」確立既定方針的後續影響，就開始接二連三地發生了「日—美汽車部件貿易爭端案」「美—歐香蕉貿易爭端案」「歐—美『301 條款』爭端案」以及「歐—美『201 條款』爭端案」這些大案、要案的具體進程和結局雖各有差異，但它們都是以美國作為爭端較量的強大「敵手」都緊密地關聯到美國「301 條款」或「201 條款」這些霸權立法，或直接以這些霸權立法的存廢作為訟爭主題；其訟爭的核心與實質，都是美國經濟霸權（「主權」）與他國群體經濟主權之間限制與反限制的新型國際爭鬥。

　　可以說，從一九九四年至二〇〇四年這些以經濟主權之限制與反限製作為實質和核心的激烈論戰，其此起彼伏的發展進程，為國際社會提供了一系列重大的信息，值得人們加以認真研究，尤其值得全球眾多弱小民族加以認真剖析和探討，從中獲得某些啟發。

　　茲試將這些前後綿延起伏長達十年、以經濟主權問題為核心的激烈論戰對發展中國家的啟迪，簡述如下：

一、增強憂患意識，珍惜經濟主權

大量事實表明：在經濟全球化加速發展和 WTO 體制正式運作的條件下，各國之間和各類國家之間的經濟主權「攻防戰」，不但迄未止息，而且有時還相當激烈。因此，發展中國家不可不正視客觀現實，增強憂患意識，強化主權觀念，珍惜經濟主權。

在 WTO 體制中，為期十年的上述「攻防戰」主要表現為國際社會中的**最強者**不但力圖保住自己既得的經濟霸權，而且力圖進一步削弱**次強者**，特別是力圖損害眾多**弱者**得來不易的經濟主權。國際霸權主義者在經濟主權問題上一貫奉行著「雙重標準」：視自己的經濟「主權」（實為經濟霸權）為神物，視弱小民族的經濟主權為草芥。

面對這種霸權主義進攻之「矛」與霸權主義「自衛」之「盾」，面臨此種利矛堅盾的不斷揮舞，作為弱小民族的發展中國家，顯然不可「太平麻痺」，刀槍入庫，馬放南山；顯然不能不增強憂患意識，強化主權觀念，加倍珍惜經濟主權，切忌懵懵然地接受經濟主權「過時」論、「廢棄」論、「弱化」論或「淡化」論。[1]

二、力爭對全球經貿大政決策權實行公平的國際再分配

全球性經貿大政決策權力的**國際分配**乃是當代各國經濟主權「攻防戰」的重要組成部分。因此，發展中國家亟應在此種決策

權力的國際分配中力爭獲得平等的一份。

　　全球性經貿大政決策權力的國際分配是否公平、合理，決定了弱國經濟主權能否得到應有的保護，進而決定全球財富的國際分配是否公平合理。三者之間的關係乃是「原因→結果＋原因結果」相應地，要改變全球財富國際分配嚴重不公的現狀，就必須大大增強對弱國經濟主權的保護；為此目的，就必須從「源頭」上改革全球經貿大政決策權力國際分配嚴重不公的弊端。

　　如前所述，傑克遜教授在回顧和總結美國一九九四年這場全國性「主權大辯論」時，曾一再強調指出它的關鍵和實質就在於**權力分配**問題，即國際事務的決策權力如何在國際機構與美國本國政府之間恰當地分配。這種見地，可謂抓住了問題的**要害**，把話說到了點子上。但是，也許是由於身分和地位的侷限，傑克遜教授未能（或未敢）進一步揭示出國際經貿大政決策權力在超級大國與眾多發展中國家之間的**現有分配**是何等的**不公**！事實表明，在國際經貿大政決策權力這塊「大蛋糕」的現有分配體制中，美國所已經得到的，遠遠超過了它所應得的平等的一份，而在美國的一九九四年「主權大辯論」中，無論是主權「自信派」，還是主權「擔憂派」，貌似針鋒相對，實則其立論的根本出發點是「心有靈犀一點通」的，即都是死死抱住已在自己「餐盤」中那「超級大份」的國際事務決策權，不讓分毫，甚至還進而覬覦著併力圖攫取他人盤中那本來就已經很小的一份，以遂其饕餮之慾。

　　眾所周知，六十多年前按照「布雷頓森林體制」組建的世界銀行和國際貨幣基金組織這兩大全球性經濟組織，至今仍實施著

當年由美國主持推行的以「繳資」多寡為基礎的「加權表決制」，從而使美國在有關的國際經濟事務中一直享有「超級大份」的決策權。[2]在烏拉圭回合談判中，美國曾經力圖施展故伎，將此種「加權表決制」移植到 WTO 之中，由於遭到廣大發展中國家的堅決抵制，未能如願。[3]

多年來，若干國際經濟組織不同決策機制的實踐已經反覆地證明：採用以經濟實力和「錢包大小」為基礎的「加權表決制」，往往導致仗富欺貧、以大壓小和恃強凌弱；反之，實行「一國一票」的平權表決制，則不但有助於大小平等、以富濟貧和互補互利，而且尤其有助於扶弱抑強。在美國前述這場「主權大辯論」中，主權「擔憂派」所最為忌憚的，正就是 WTO 體制中的一國一票**表決制**以及 DSB 中的「反向協商一致」表決制的有機結合，使得美國難以再在 WTO 這個全球性國際經濟組織中憑藉自己的經濟強勢橫衝直撞，不受任何約束。強者、霸者之所憚，當然就是弱者之所欲。發展中國家弱小民族要在當代經濟主權的「攻防戰」中，保護自己的應有權益，顯然必須凝聚集體的力量，聯合自強，力爭在全球經貿大政決策權力的國際再分配中，獲得自己應有的**平等**的一份。

三、善用經濟主權保護民族權益，抵禦霸權欺凌和其他風險

一國的經濟主權，即是在本國對內對外的一切經濟事務上享有的獨立自主之權。在經濟全球化的新形勢下，發展中國家尤應

敢於堅持和善於運用本國的經濟主權。

在經濟全球化加速發展的大潮流中，發展中國家面對的是機遇與風險並存的局勢。要利用機遇，就必須牢牢掌握自己手中的經濟主權，以它作為**主要槓桿**，才能對各種內外經濟因素實行必要的引導、組織和管理。要預防和抵禦風險，也必須依仗牢牢在握的經濟主權，以它作為**主要屏障**，採取各種切實有效的措施，對各種可能發生和已經發生的風險，及時地加以化解和消弭。

簡言之，要在經濟全球化加速發展的大潮中，趨利避害，則牢牢掌握和始終堅持經濟主權就是「**不可須臾離**」的前提和基礎。

「天下沒有免費的午餐。」欲有所取，必有所予，這是市場經濟的常規。要利用機遇，要調動外國的各種經濟資源服務於本國的經濟建設，就須付出必要的代價，即在完全獨立自主的基礎上，對自己的某些經濟權力和經濟權益作出**適度的自我限制**。這個「度」就是：（1）堅持義務與權利的平衡，堅決抵制外來的過苛要求。對於可能對本國產生嚴重衝擊、影響國家安全和社會穩定的非分要求，尤應斷然回絕，寸步不讓。[4]（2）獨立自主地全面權衡利弊得失，力爭利大於弊，失少於得。（3）對於可能伴隨機遇而來的各種風險，諸如國民經濟命脈重新操於外強之手，財政金融失控、混亂，國有資產和國庫稅源大量流失等，則務必居安思危，增強憂患意識，早加預估，早有預見，早作防患。（4）對於風險過大而效益不彰的讓步和代價，宜思慮再三，慎之又慎，切不可輕率約許。（5）約許之前和之後，均須早作安排，提高防禦和消弭風險的能力。只有這樣，才能在經濟全球

化大潮的衝擊下，始終保住本國經濟上的獨立自主，如中流砥柱，歸然屹立。

四、警惕理論陷阱，摒除經濟主權「淡化」論、「過時」論、「廢棄」論

理論上的錯誤，勢必導致實踐上的盲目，並為此付出慘重的代價。縱觀當代世界南北矛盾的全局，對於發展中國家弱小民族說來，「**主權弱化**」論或「**主權淡化**」論顯然是不可取的。

在經濟全球化加速發展的情勢下，形形色色的主權觀念「**淡化**」論、「**弱化**」論時時會在不同的場合悄然出現。它們可能在一定條件下形成為一種「**新鮮**」，一種「**時髦**」；一些涉世未深、未嘗過弱小民族苦難滋味的善良人們，可能惑於某些似是而非的說辭、「**論據**」和假象，**懵懵然地**成為這種「時髦」理論的附和者。但是，放眼世界，聯繫到當代經濟霸權主義仍然時時肆虐的現實，以及為它張目的來自**霸權**國度的主權「**過時**」論、主權「**廢棄**」論，細加思考，則不啻是當頭棒喝，從反面**催人猛醒**：原來，主權「**過時**」論、主權「**廢棄**」論的主旨在於徹底解除弱小民族的思想武裝，好讓當代霸權主義在全球通行無阻；「**淡化**」論和「**弱化**」論的「**發展方向**」，正是歸宿於「**過時**」論和「**廢棄**」論。這種歸宿，絕不是弱小民族之福，而是善良的人們不能夠預見其後果的**理論陷阱**。

人們如果頭腦冷靜，加強對當代國際現實的觀察和比較，那就自然會接受符合客觀實際的正確判斷：在經濟全球化加速發展

的條件下，「霸權主義和強權政治依然存在，發展中國家維護國家的主權、安全和利益的任務依然艱巨」〔5〕。

　　作為全球最大的發展中國家，中國在十九世紀至二十世紀政治主權、經濟主權的「攻防戰」中，經歷過喪權辱國、飽受列強宰割的巨大歷史創痛，也經歷了通過百年苦斗，恢復國家尊嚴，在政治上、經濟上自己當家作主的巨大歷史歡欣。如今，已經步入二十一世紀，在經濟全球化加速發展的新情勢下，又面臨著**新百年中的經濟主權「攻防戰」**。 際此時刻，很有必要時時重溫鄧小平同志留下的殷殷叮嚀：「中國人民珍惜同其他國家和人民的友誼和合作，更加珍惜自己經過長期奮鬥而得來的獨立自主權利。 任何外國不要指望中國做他們的附庸，不要指望中國會吞下損害我國利益的苦果。」〔6〕

注釋

〔1〕　現任國際法院大法官（日本前駐聯合國大使）**小和田恆**強調：「儘管全球化在不斷發展，但以主權國家為核心的框架並未消失。……問題在於，當各國的價值觀發生衝突時，如何從國際社會的觀點出發來確定公共秩序。在目前的國際體系中並沒有決定這種秩序的中央集權。……如今一些人倡導的單邊主義，則是要用單方面的價值觀和政策來推動全球化。這就有陷入『全球化的單邊主義』的危險。這種做法不可能形成真正意義上全球化的公共秩序。……不可否認，在國際社會中，實力決定國際關係。擁有實力的主體可以對國際秩序的形成發揮巨大作用。不過，這裡的關鍵問題是**要區分『霸權』和『領導力』兩個概念**。前者是通過把自己的政策和價值觀強加給他人的方式來建立秩序，而後者是在得到他人的贊成和支持的基礎之上來建立秩序。這是二者的本質區別。**在可預見的未來，既**

然無法建立『世界政府』，那麼以主權國家為核心的目前這種國際體系就會繼續下去。我們必須正視國家之間力量不均衡這種無法迴避的現實。在美國是唯一超級大國的現實中，我們要設法使這種領導力朝著能得到其他國家支持的方向發展，才能促進真正意義上的全球化。」參見《全球化與單邊主義》，原載《朝日新聞》2003 年 8 月 31 日，譯文載《參考消息》2003 年 9 月 14 日第 3 版。

〔2〕 例如，在「國際貨幣基金組織」中，美國一國享有的投票權曾經長期占總投票權的 20%左右，而不少貧弱國家的投票權僅分別占總投票權的 0.1%或 0.01%，大小懸殊數百倍甚至數千倍。其後，投票權比例雖略有「微調」，但此種懸殊現象迄今未有根本性改變。

〔3〕 See John H. Jackson, The Great 1994 Sovereignty Debate: United States Acceptance and Implementation of the Uruguay Round Results, *Columbia Journal of Transnational Law*, Vol. 36, Special Double Issue, 1997, pp. 161, 174-175.

〔4〕 例如，二〇〇一年初在中國加入世貿組織的「一攬子協議」談判中，一些發達國家成員對中國的農業政策調整提出了過苛的要求，遭到中國代表團的拒絕。代表團團長、首席談判代表龍永圖強調：在農業方面，中國有九億農業人口，保持農業的穩定，對於中國的社會安定和經濟發展都有極其重要的意義。……中國政府需要在加入世貿組織後，保留符合世貿組織規定的農業支持手段，九億農業人口的利益永遠是我們考慮一切問題的出發點。」參見《世貿組織中國工作組第 15 次會議結束》，載《人民日報》2001 年 1 月 19 日第 3 版。

〔5〕 江澤民：《中非攜手合作，共創新的世紀》，載《人民日報》2000 年 10 月 11 日第 1 版。

〔6〕 鄧小平：《中國共產黨第十二次全國代表大會開幕詞》（1982 年 9 月 1 日），載《鄧小平文選》第 3 卷，人民出版社 1993 年版，第 372 頁。

第二十二章

論社會帝國主義主權觀的一大思想淵源：民族虛無主義的今昔

↘ 內容提要

　　主權問題是國際法學上的一個根本問題，也是國際反霸鬥爭中十分現實的問題。二十世紀五〇年代中期至八〇年代，蘇聯領導集團在這個問題上散播了不少貌似「國際主義」實為民族虛無主義──大國沙文主義的謬論，製造思想混亂，藉以為踐蹋弱國主權，推行世界霸權政策張目。本文回顧和縷述當年馬克思、恩格斯和列寧與偽裝成「國際主義者」的形形色色的民族虛無主義者多次論戰的歷史事實，追本溯源，探討曾經猖獗一時的社會帝國主義主權觀的理論基礎和思想淵源，揭露它既是對國際法主權原則的粗暴踐踏，又是對馬克思主義的主權觀的徹底背離，從而進一步澄清了它的反動實質。

↘ 目次

二、追本溯源，看「俄國佬精神」與民族虛無主義的早期結合

三、斥祖國「無所謂」論，「我們是社會主義祖國的護國主義者」

四、「刮一刮」紅色表皮，「你就會發現他是大俄羅斯沙文主義者」

五、借鑑歷史，明辨真偽

　　主權，是每個國家獨立自主地處理一切內政外交事務的最高權力。通俗地說，一個國家享有主權，就是享有自己當家作主之權。它是國家作為國際社會的一個獨立成員而存在的必備條件，是國家作為國際公法主體所不可或缺的最基本的屬性。

　　國家無論大小強弱，都應享有完全平等的主權。世界和平的維持，國際社會的安寧，其首要前提是國際社會的全體成員——一切國家都互相尊重主權的完整和不可侵犯。這些都是當代國際社會生活中最基本的準則。關於各國主權完全平等以及應當互相尊重主權的原則業已明文載於《聯合國憲章》[1]之中，獲得舉世的共同確認，從而使這些原則成為國際公法上的根本原則。這是全世界弱小民族和億萬革命人民經過許多世代的長期鬥爭所獲得的重要成果。

　　強國推行霸權，是弱國維護主權的死敵，反之，弱國維護主權則是強國推行霸權的大礙。任何形式的帝國主義、殖民主義、支配主義，為了推行霸權擴張政策，無不千方百計地力圖否定國際公認的傳統的主權觀念和國際公法上的主權原則，力圖削減、踐踏，甚至完全剝奪弱國弱族在國際社會中應享的平等主權。這類否定弱國弱族主權、鼓吹弱肉強食的謬論，有赤裸裸地不加掩飾的，也有蒙上各種漂亮偽裝的。 披著「無產階級國際主義」

美麗畫皮的民族虛無主義，即從根本上否定一切民族觀念，進而否定民族自決權[2]和國家主權的邪說，就是後者當中的一種。對於這種邪說，在一九五三年至一九八〇年本文撰寫期間，蘇聯領導集團一向是積極鼓吹，不遺餘力的。

一、三種謬論，一大基石

蘇聯領導集團在「國際主義」幌子下踐踏弱國弱族的神聖主權，並非自今日始。二十餘年來，在極力推行世界霸權政策過程中，他們對敢於抵制蘇聯各種侵略顛覆陰謀，敢於維護國家主權和民族尊嚴的弱國弱族人民，往往血口噴人，誣衊為「違背」國際主義，奉行「狹隘民族主義」，妄圖以諸如此類的大帽子和緊箍咒，從精神上迫使後者就範。與此同時，他們又在國家主權問題上極力杜撰和鼓吹各種謬論，藉以作為掩護蘇聯坦克和砲艦橫衝直撞的迷霧和煙幕。這些謬論中較為典型的有以下三種：

（一）他國「疆境不足道」論

一九五九年，當時的印度政府在中印邊境多次挑起武裝衝突；一九六二年十月，竟進一步向中國領土發動大規模武裝進攻。中國人民為了保衛社會主義祖國主權和領土的完整，被迫進行自衛反擊。在這次歷史事件中，披著「社會主義國家領導人」「共產黨人」「列寧的繼承者」等多層畫皮的蘇聯領導集團，出於其爭奪世界霸權的全球戰略的需要，竟然在經濟上和軍事上，特別是在政治上，全面援助和支持當時印度政府的侵華行動。一

方面給他們送去了幾十億盧比的經濟「援助」和軍事「援助」；另一方面又開動宣傳機器，惡毒誣衊中國人民實行自衛反擊的正義行動是所謂「狹隘的民族態度的表現」[3]並且信口雌黃，胡說什麼「我們是共產黨人，國境線在哪裡通過對我們不是主要問題」[4]對於領土幅員廣闊的國家來說，「幾公里算得了什麼」[5]「中印爭議地區人煙稀少，對人的生活沒有很大價值」[6]，含沙射影地攻擊中國不該不放棄自己祖國的領土，以滿足當時印度政府的非分要求。他們恬不知恥地宣稱：上述這些荒謬言論都是「遵循列寧的觀點」[7]而中國人民的正義行動卻是「非列寧主義的」。

眾所周知，馬克思列寧主義歷來強調國際主義與愛國主義的統一，既堅決反對不顧國際革命鬥爭大局的狹隘民族主義，又尤其堅決反對提倡弱肉強食的大國沙文主義和社會沙文主義。姑且慢說蘇聯領導集團的上述謬論是如何徹底背叛了列寧遺訓（這一點我們將在下面詳述），即以這些讕言同現實生活的常識以及國際法的基本準則作對比，就可以明顯看出它是何等荒誕絕倫。第一，當時中印邊界問題所牽涉到的，是印度方面侵占中國神聖領土十二點五萬平方公里的問題。中國人民千百年來就勞動、生息在這片廣闊的領土上，它的面積，比蘇聯的阿塞拜疆和亞美尼亞兩個加盟共和國的面積總和還要大。試問，這難道是「幾公里」的問題嗎？第二，領土是民族和國家賴以生存的物質基礎，是民族和國家行使主權的直接對象和固有空間。領土的完整性受到侵害和破壞，就意味著民族和國家主權的嚴重損缺。因此，任何民族和國家都有權利也有義務保衛自己所固有的一切神聖領土，這

是國際法上公認的起碼準則。《聯合國憲章》第二條第四項也明文責成各會員國不得使用武力或以其他任何方法侵害他國領土的完整。[8] 試問，有哪一位並非帝國主義狂夫的人，在什麼時候什麼地方規定過：被壓迫弱小民族或社會主義國家只許保衛自己的人煙稠密的領土，而不許保衛自己那些「人煙稀少」的領土？第三，按照「共產黨人可以不管國境線在哪裡通過」云云的謬論，試問，這豈不是等於說，在仍然存在著階級和國家的現實世界中，在仍然存在著帝國主義、社會帝國主義和資產階級反動派的現實世界中，社會主義國家竟然根本無權保衛自己的邊界，根本無權捍衛祖國的神聖領土和維護民族的應有尊嚴，而理應撤盡藩籬，開門揖盜，引狼入室了？顯而易見，鼓吹這種邏輯和提倡這種哲學的，非盜即狼，這是不證自明的。

（二）蘇聯「最高主權」和弱國「有限主權」論

　　一九六八年八月，蘇聯領導集團悍然出動重兵，以希特勒「閃電戰」的方式，對捷克斯洛伐克實行軍事占領。之後，莫斯科的官方報刊就連篇累牘地為這種赤裸裸踐踏別國主權的暴行張目，胡說什麼「把主權看成是最高的絕對的寶貴的東西」是「廢話」；「任何企圖把自己的民族利益放在首位，閉關自守和與外界隔絕的做法，必然會使主權受到無法補救的損害」。他們把大舉武裝侵捷說成是保衛所謂「最高主權」[9]；甚至還公然宣稱，蘇聯可以決定別國的命運，「包括它的主權的命運在內」[10]。

　　在這一片聒噪聲中，他們既說不能「把主權看成是最高的」，又說要保衛「最高主權」，何以如此語無倫次，自打嘴巴？

原來，後者專指蘇聯君臨一切的權力，即任意擺布宰割別國的權力，它是最高的、絕對的、寶貴的、無限的，因而應當堅決保衛；前者則泛指一切弱國弱族自己當家作主之權，它是低等的、相對的、賤價的、有限的，因而不妨肆意踐踏。這兩者，就是這樣高度地「統一」起來了。主權竟有高低貴賤，可以分等論價，這麼一來，弱國弱族的主權就變成了奴權，即當奴隸之權；而蘇聯那「最高主權」實際上就是霸主之權即霸權的別稱。他們說得如此蠻橫跋扈，的確幫助全世界弱小民族大大地開了眼界！

　　猙獰既露，自須濃施粉黛。侵捷之後兩年半，似乎已「事過境遷」，勃列日涅夫一九七一年三月在蘇共二十四大上宣稱：我們鄭重宣布，我們對誰都沒有領土要求，……也不打算進攻任何人，我們主張各國人民自由和獨立地發展。」他還說，「不使用武力和不以使用武力相威脅來解決爭端，這應當成為國際生活的法規」[11]，並建議締結國際條約加以保證，妄圖給人以「屠刀已放、從此成佛」的印象。可是一九七三年參加「歐安會」第一階段會議的蘇聯代表團發言人索芬斯基在赫爾辛基答覆記者質問時，奉旨並不排除再次按侵捷方式保衛「最高主權」，揚言「將來仍然是這樣」而一九七六年六月特意發表的侵捷軍指揮官、蘇軍前副總參謀長什捷緬科的「遺作」[12]中，也把侵捷暴行當作「採取集體措施」保衛「最高主權」的光輝範例。這就又一次促使世人恍然大悟：原來蘇聯領導集團所竭誠建議制定的上述國際「法規」，只不過是為了捆住他人手腳而便於自己為所欲為。你看，他們不是進一步跨出了「大家庭」的門檻，採取類似的「集體措施」，就在一九七六年當年終於把安哥拉人民剛剛獲得的主

權再次變換為奴權了嗎？他們不是更進一步乾脆丟棄了最後一片遮羞布，變「集體措施」為獨夫單幹，又在一九七九年把自己的「最高主權」即霸權統治強加到阿富汗人民頭上去了嗎？

（三）互相「越界愛國」論

作為蘇聯「最高主權」和弱國「有限主權」論的推衍和延長，最近幾年莫斯科又響起一片「越界愛國」論的喧囂聲。一九七三年四月十九日的《紅星報》領先鼓吹：軍事大踏步前進了，我們武裝力量的對外職能有所改變」，蘇聯人的「愛國主義……正在越出國界」，要「展開積極的攻勢」。字句雖略有閃爍支吾，語意卻並不含糊：蘇聯軍隊的「對外職能」擴展到國外去，應當「越出國界」，去展開「愛國主義」的「攻勢」！擅長「軍事文學」的小說家們也緊密配合。例如一九七三年出版的中篇小說《勃蘭登堡門旁》，借用一個到東歐某國探親的蘇聯軍屬卡什塔諾夫的腦袋，想出了這樣的高見：「既然自己的親生兒子在那裡生活服役，那麼一個別人的國家也就不怎麼是別人的了。」同時，又借用一個蘇聯軍人謝爾蓋的腦袋，讓他在聽軍樂隊演奏蘇聯和東歐各國國歌時放膽地胡思亂想：用「一種異常光明的基調」把「各國國歌連接起來演奏，就會是一支統一的國歌」。謝爾蓋的胡想實際上就是蘇聯領導集團的美夢，他和他的父親卡什塔諾夫都積極響應號召，「越出國界」去「愛」蘇聯領導集團慘澹經營多年的、囊括許多「別人的國家」在內的「統一的」殖民大帝國了。這是「越界愛國」論實際含義的一個方面。

哲學家畢竟比小說家高明，他們對「越界愛國」論作出了更

全面的概括：「在社會主義制度下，可以說，愛國主義正在越出國界，它表現為……忠於世界社會主義大家庭的利益」，因而，「社會主義國家已不是祖國這個字眼傳統意義上的單個的『祖國』了」〔13〕。這麼一來，「越界愛國」論就又增添了另一層新的含義，即除了蘇聯殖民侵略者可以「越出國界」去「愛」別人國家的領土資源以及各色財富之外，「大家庭」中的小成員們還應當「越出國界」去「愛」那個稱王稱霸的封建家長。

多年來的事實反覆證明：前一種越出國界的「愛」，就是西洋傳說中那死神的親吻，一經此吻，弱國的主權就立即嗚呼哀哉了，「傳統意義上」的獨立的祖國，也就此魂歸地府，至多只剩下一個聽憑宰割的軀殼！某些國家喪權辱國的現狀，就是被蘇聯越界「愛」上了的現實樣板。後一種越出國界的「愛」，就是按俄羅斯的「古禮」，屈膝匍伏，去親吻農奴主的腳背；就是去愛異國的暴君，向他們納貢稱臣。近年來東歐各國被迫勒緊褲帶擠出幾十億盧布的資金，派出幾十萬的勞力，背井離鄉到蘇聯境內去做苦工，為它伐木採礦、開發資源、鋪設油管等等，就是這後一種「越界愛國」的小小範例〔14〕。而這一類樣板和範例的總和，同時也就是「打破」民族和國家的「狹隘」界限，在「大家庭」中實行所謂「社會主義經濟一體化」或「建立一個作為統一綜合體的社會主義經濟」〔15〕的精髓所在。

如果你既不願接受那越界飛來的死神之吻，也不願越界去親吻異國暴君的腳背；如果你堅持國家主權的獨立和領土的完整，守住祖國的大門和民族的藩籬，嚴防虎狼闖入，那你就是罪該萬死的「狹隘民族主義」，就是對「大家庭」的嚴重不「忠」，而

大家長就要對你執行嚴厲的封建「家法」：開動插著「國際主義」大旗的巨型坦克，撞毀你的國門，碾平你的家園。這就叫做運用「最高主權」，實行「國際專政」！

蘇聯領導集團所鼓吹的上述三種謬論，儘管其具體論點不一，花樣不斷翻新，但作為社會帝國主義主權觀的構成部分，卻貫穿著同一條思想黑線，立足於同一塊理論基石。這就是貌似國際主義的民族虛無主義。

因為，在「國際主義」的大纛之下，這三種謬論的矛頭所指，都集中在同一個要害上，即力圖否定、取消、剝奪弱小民族的民族生存權利和民族獨立自主；這三種謬論的立論根柢，都集中在同一個焦點上，即極力鼓吹：弱小民族的民族尊嚴、民族主權、民族藩籬和民族意識，一概都是無關宏旨、無足掛齒、無須尊重的，一概都是可有可無、有不如無的。

蘇聯領導集團極力宣揚諸如此類的謬論，妄圖造成一種錯覺，似乎馬克思主義者既然提倡超越於民族國家界限之上的無產階級國際主義，那就意味著可以對民族、祖國、主權、領土等觀念採取虛無主義態度，全面加以否定；對於國際公法上關於國家主權獨立和領土完整的基本準則，似也可以徑予漠視甚至棄置不顧。他們千方百計地妄圖模糊、抹殺無產階級國際主義同民族虛無主義之間的根本界限，並進一步偷天換日，用民族虛無主義來冒充和取代無產階級國際主義，藉以混淆視聽，為自己的霸權侵略擴張開脫罪責。不言而喻，這是對無產階級國際主義的嚴重歪曲和無恥竄改。

二、追本溯源，看「俄國佬精神」與民族虛無主義的早期結合

民族虛無主義的出現，並非始於現代。

百餘年來，某些混跡於國際共運隊伍中的老機會主義分子、老社會帝國主義分子，先後曾經不止一次地在「國際主義」的招牌下販賣過民族虛無主義的毒品，藉以麻醉弱小民族，從理論上為國際豪強的侵略兼併和霸權統治作倀助虐。如今，蘇聯領導集團極力鼓吹社會帝國主義的主權觀，儘管在新的歷史條件下具有新的「特色」，但從其理論基石和立論根柢上觀察，可以說是頗為「源遠流長」的。換言之，當前頗為喧囂的社會帝國主義主權觀，就其基本點而言，乃是國際共運史上曾經數度出現的民族虛無主義謬論讕言的繼續和伸延；而這些謬論讕言，又是當年屢經革命導師痛加撻伐、早有定論的。

「有比較才能鑑別」[16]。要準確地辨認和充分地揭露當前社會帝國主義主權觀的反動本質，顯然不能僅限於就事論事，而很有必要進一步從現狀與歷史的結合上，

認真地尋根究蒂，探索這種反動主權觀的思想淵源之所在，以便通過比較對照，弄清今日的社會帝國主義者在主權觀問題上究竟如何全盤承繼了老機會主義者、老社會帝國主義者的理論衣缽，如何徹底背叛了革命導師的諄諄教導。這樣，才能剝光今日社會帝國主義者身上那「列寧門徒」的楚楚衣冠，使全世界人民更加清晰地認出他們的醜惡原形。

為此，就必須回顧馬克思主義對民族虛無主義開展鬥爭的大

體過程。

在國際共運史上，馬克思主義者反對民族虛無主義的鬥爭，曾經經歷過幾個重大回合。其中第一個重大回合，是馬克思和恩格斯對蒲魯東分子民族觀、主權觀的尖銳批判。

在第一國際成立初期，來自法國的蒲魯東主義者極力鼓吹他們那種以小資產階級空想為基礎的「社會革命」，對任何民族問題都持全盤否定的態度。他們要求第一國際把全部注意力集中在他們所設計的「社會革命」（實則是改良主義的海市蜃樓），根本不必過問同無產者「無關」的民族問題。他們硬說民族特性是「無稽之談」，一切民族特性和民族本身都是「陳腐的偏見」，工人階級犯不著為此分心。他們特別反對把聲援波蘭人民抗擊沙俄殖民統治恢復民族獨立和國家主權、抵抗俄國佬對整個歐洲的威脅，作為全歐工人階級共同的戰鬥任務，列入第一國際代表大會的議事日程，並且信口雌黃，誣衊提出這種議案的馬克思主義者「抄襲了」波拿巴主義的反動的民族原則。[17] 針對這類荒謬的觀點，馬克思、恩格斯進行了尖銳的揭露和堅決的反擊，從而進一步闡明了無產階級的民族觀和主權觀。

早在馬克思主義誕生之初，馬克思、恩格斯就對無產階級進行國際主義教育，提出「工人沒有祖國」這一著名論斷，號召全世界無產者不分國別、族別聯合起來進行鬥爭。就在這個同時，他們已經明確指出：就鬥爭形式而言，無產階級反對資產階級的鬥爭首先是一國範圍內的鬥爭。每一個國家的無產階級當然首先應該打倒本國的資產階級，在本國本族的範圍內取得政治統治，所以它本身暫時還是民族的。[18] 既然無產者在開展階級鬥爭、

爭取階級解放的過程中，其基本的、經常的、主要的活動舞臺首先是在一國一族的範圍之內，那麼，對無產者說來，本國本族總的處境和命運就不可能是「無關」大局和「不必過問」的問題，儘管無產者所理解的祖國和民族同資產者所鼓吹的往往有很大的差異甚至完全不同。

　　民族鬥爭，說到底，是一個階級鬥爭問題。民族壓迫實質上是階級壓迫的一種表現形式，因此，爭取階級解放和爭取民族解放總是息息相關的。從被壓迫民族中工農大眾的角度來看，他們在走向階級解放的途程中所必然要遇到的第一個巨大障礙，就是強大異族的壓迫和掠奪，因此，「排除民族壓迫是一切健康和自由的發展的基本條件」，與此相應，被壓迫民族中的無產階級的黨就應當「把解放國家提到自己綱領的首要地位」。[19]反之，不首先維護或恢復民族獨立和國家主權，不首先反對民族壓迫、爭取民族獨立解放，階級解放就勢必成為空談。這個道理是十分明顯的，無待贅述。另一方面，從壓迫民族中工農大眾的角度來看，對弱小民族所實行的民族壓迫同樣也是他們走向階級解放途程中的一大障礙。因為，對弱小民族實行壓迫和掠奪乃是強國大族剝削階級物質力量和精神力量的重大源泉，也是他們在本國內部毒化工農階級意識、轉移鬥爭視線、鞏固反動統治、加強階級壓迫的必要手段。因此，壓迫民族中的無產者如果不贊助弱小民族維護民族獨立和國家主權的鬥爭，不反對民族壓迫或者甚至受騙去支持這種民族壓迫，那就無異於加重自己身上的枷鎖，嚴重削弱甚至完全破壞自己的階級解放事業。「奴役其他民族的民族是在為自身鍛造鐐銬」[20]，「壓迫其他民族的民族是不能獲得解

放的」〔21〕——馬克思和恩格斯的這兩句名言，正是革命導師針對強國大族的工人階級敲起的響亮警鐘！

鑒於民族壓迫與階級壓迫、民族解放與階級解放之間的關係是如此密不可分，所以，馬克思號召國際工人階級必須為維護弱小民族的獨立和主權反對民族壓迫、支持民族解放、實現民族平等而鬥爭，並且莊嚴宣告：為此而進行的鬥爭，「是爭取工人階級解放總鬥爭的一部分」。〔22〕不言而喻，在這一英明判斷中，既包含著無產階級國際主義思想，又包含著無產階級愛國主義思想，可以說，它是國際主義與愛國主義的高度統一。

對比之下，蒲魯東分子所鼓吹的民族虛無主義，乍看起來似乎也是主張打破民族狹隘眼界、超越於民族界限之上的，因而與馬克思所倡導的無產階級國際主義略有幾分「相似」。但是，由於它從根本上否定民族問題，取消民族獨立主權觀念，無視民族壓迫，非難民族解放運動，不爭民族平等，這就意味著要求弱小民族安於被壓迫被奴役的現狀。所以，它實際上既是對無產階級國際主義的嚴重歪曲，又是對無產階級愛國主義的徹底背離。有鑒於此，馬克思在民族虛無主義論調剛一露頭的時候，就以驚人的洞察力，透過其極左的辭句，一眼看清其極「右」的實質，尖銳地指出，這種論調實質上就是提倡由「模範的」強大民族來吞併各個弱小民族。〔23〕

特別應當注意的是：蒲魯東及其門徒們以民族虛無主義的觀點和態度來對待當時波蘭人民為恢復民族獨立和國家主權而開展的抗俄鬥爭，進而非難和反對歐洲各國民主力量對波蘭民族解放運動的大力支持，這就更加突出地顯示了這種觀點和態度的反動

性，尤其令人不能容忍。對此，馬克思曾經憤怒地指出，這是「為了迎合沙皇而表現了愚蠢的厚顏無恥」[24]。

如所周知，當時的沙俄是「歐洲一切反動勢力的堡壘」，龐大的俄國反動軍隊曾經多次公開侵入歐洲鄰國幫助當地的反動派絞殺一切革命，扮演著「世界憲兵」的可恥角色；而處在俄國殖民統治下的波蘭國土，又成為沙俄楔入歐洲心臟地帶，覬覦全歐和施加霸權壓力的巨大前進基地。因此，沙俄不但是波蘭人民而且是歐洲各族人民最凶惡的敵人。相應地，波蘭民族爭取獨立解放的抗俄戰鬥不但是直接打擊沙俄在波蘭一國的殖民統治，而且也能嚴重削弱沙俄對全歐的霸權主義影響，促進全歐革命運動的發展。蒲魯東分子不從歐洲無產階級革命鬥爭的全局來觀察問題，卻以貌似「革命」的民族虛無主義空談來非難波蘭的民族解放運動，馬克思認為，這只能說明他們是被「俄國佬精神束縛住了」，從而在客觀上充當了俄國佬「最新的同盟軍」[25]即成為沙俄推行霸權主義政策，肆意奴役掠奪弱小民族的可恥幫兇。

在批判民族虛無主義的鬥爭中，恩格斯還作了另外一些十分重要的補充。他強調，無產階級的國際運動，無論如何只有在獨立民族的範圍內才有可能，國際合作只有在平等者之間才有可能，因此，從國際觀點來看，民族獨立以及建立在民族獨立基礎之上的國家主權、主權平等原則，絕不是很次要的事情，恰恰相反，「民族獨立是一切國際合作的基礎」[26]如果屬於統治民族的第一國際會員竟然號召被征服的和繼續受壓迫的民族忘掉自己的民族性和喪權辱國的處境，號召「拋開民族分歧」等等，那

麼，「這就不是國際主義，而只不過宣揚向壓迫屈服，是企圖在國際主義的掩蓋下替征服者的統治辯護，並使這種統治永世長存」[27]。

馬克思、恩格斯的上述言論，充分揭示了民族虛無主義的反動本質，從而幫助人們認識到：第一，在國際共運史上，民族虛無主義從開始出現之日起，就是侵略者、征服者，特別是俄國霸權主義者手中的精神武器和理論鴉片。它的反動性就在於為征服者的侵略暴行和霸權統治張目，力圖麻痺被壓迫弱小民族的民族意識和抗暴鬥志，從而使他們俯首帖耳，任人宰割。第二，民族虛無主義從開始出現之日起，就披著「國際主義」的美麗畫皮，但它實質上只不過是改頭換面的大國沙文主義。必須透過假象看清本質，謹防受騙上當。

三、斥祖國「無所謂」論，「我們是社會主義祖國的護國主義者」

第二國際後期，列寧對愛爾威分子民族觀、主權觀的批判，是國際共運史上馬克思主義者反對民族虛無主義鬥爭的第二個重大回合。

二十世紀的最初幾年中，帝國主義列強重新瓜分世界、爭奪世界霸權的矛盾衝突愈演愈烈，各國的反動統治者瘋狂擴軍備戰，並在國內拚命煽起沙文主義狂熱，以「保衛祖國」為名，力圖欺騙和驅使本國勞動者充當炮灰。在這場所謂「保衛祖國」的欺騙宣傳中，第二國際中的右翼社會黨人即修正主義分子紛紛成

了本國反動統治者的應聲蟲和吹鼓手。針對這種情況，各國馬克思主義者大力開展鬥爭，揭露帝國主義戰爭的罪惡本質，戳穿「衛國」騙局，提醒勞動者切勿上當。在這個過程中，法國的偽馬克思主義者愛爾威也獨樹一幟，經常以極左面目出現，宣傳他那獨特的有關祖國、民族問題的觀點。

在一九〇七年第二國際的斯圖加特代表大會上，愛爾威極力宣揚祖國「無所謂」論，他鼓吹說，「任何祖國都只是資本家的奶牛」；「祖國是統治階級的祖國，與無產階級無關」。對無產階級來說，無論生活在哪一個祖國都無所謂，生活在君主制的德國，或共和制的法國，或專制的土耳其，反正都一樣；無論德國受法國統治還是法國受德國統治，對無產階級也都無所謂。由於無產階級橫豎都要遭受資本家的剝削，所以「資本家在什麼樣的民族和什麼樣的政府的標識之下進行剝削，對於無產階級說來是無關緊要的」。因此，愛爾威強調：「祖國對於所有無產者來說都只是幻想，說真的，他們犯不著為了幻想而拼得頭破血流。」[28]

基於這種觀點，愛爾威蔑視任何有關民族獨立和國家主權的觀念，表示堅決反對任何涉及「祖國」和「民族」問題的戰爭。據他說，這是「馬克思主義」的思想觀點，因為馬克思本人就說過：「工人沒有祖國」。

在大力鼓吹這些奇談怪論的基礎上，愛爾威進一步要求以代表大會的名義，宣布反對所有一切戰爭。

在當時，愛爾威的真實面目尚未充分暴露。列寧對愛爾威的主張作了一分為二的、馬克思主義的具體分析。一方面，他肯定愛爾威的思想從一定意義上說，包含有「一個實際上正確的內

容」：它企圖說明當時修正主義者、社會沙文主義者所宣揚的資產階級愛國主義的欺騙性，強調工人階級國際團結的重要性。但是，另一方面，列寧又十分嚴厲地指出，就整體而言，愛爾威所宣揚的只是一種「半無政府主義的謬論」；特別是就其不分青紅皂白地反對一切戰爭（包括爭取民族獨立解放的革命戰爭）以及否定任何有關祖國和民族的思想觀點而言，愛爾威及其信徒們的主張尤其具有極大的反動性。

列寧指出，「戰爭是資本主義的必然產物，無產階級不能拒絕參加革命戰爭」[29]。列寧特別強調：祖國這個政治的、文化的和社會的環境，是無產階級進行階級鬥爭過程中最強有力的因素，所以，「無產階級不能對自己為之進行鬥爭的政治社會和文化的條件採取無所謂的、漠不關心的態度，因而，他們對本國的命運也不能抱無所謂的態度」[30]。

列寧嚴厲駁斥了對馬克思所說的「工人沒有祖國」一語的曲解。他屢屢援引馬克思本人當年在第一國際內部嘲笑和駁斥法國蒲魯東主義者歪曲無產階級國際主義思想的事例，說明民族虛無主義與大國沙文主義之間的「血緣關係」[31]，說明那種不分青紅皂白地否定一切民族、祖國的思想言論，實際上是全盤否定一切弱小民族爭取民族解放、維護民族尊嚴、捍衛祖國獨立的神聖權利，從而為覬覦他國領土主權的侵略者提供了最好的「理論根據」，助長了帝國主義者、擴張主義者的氣焰。

一九一四年八月，在第一次世界大戰爆發後的最初幾天裡，就是這個善於譁眾取寵、一向極力鼓吹民族虛無主義的愛爾威，竟猛然搖身一變，成了一個極端的社會沙文主義分子，並自告奮

勇地作為參戰志願兵去報到了。後來，他又和歷來公開鼓吹社會沙文主義的桑巴、托馬以及蓋德等人加入了法國資產階級的「全民族的」戰爭政府。這件事當然只不過是當時整個國際機會主義逆流中的一個小水泡，然而這個具有強烈諷刺意義的小水泡，卻十分具體、十分生動地顯示了民族虛無主義與大國沙文主義作為孿生兄弟的血緣關係，從一個小小的側面證實了馬克思和列寧上述見解的無比正確。恰如列寧所說的：「河水的流動就是泡沫在上面，深流在下面。然而就連泡沫也是本質的表現！」[32]

在革命洪流的沖刷下，愛爾威這個曾經轟動一時的小丑迅速沉沒、銷聲匿跡了。但是，愛爾威之流所廣為兜售的民族虛無主義觀點以及祖國「無所謂」論，卻由於它具有極左的、「革命」詞句的裝潢，仍在繼續擴散。其流毒所及，甚致使當時國際革命隊伍中的一些人也深受影響，在不同的時期和不同的歷史條件下出現了種種糊塗觀念。總的說來，他們致力於揭露和反對資產階級文痞和修正主義分子鼓吹在業已爆發的帝國主義戰爭中「保衛祖國」的騙局，這是完全正確的。但其中有些人卻從真理再往前「多走了一步」，進而懷疑和否定在帝國主義時代所發生的一切保衛祖國獨立或爭取民族解放的戰爭；也有些人醉心於反對被壓迫民族中的資產階級狹隘民族主義，卻忽略了甚至忘記了比它更危險、更凶惡多倍的壓迫民族中的資產階級大國沙文主義，有如列寧所諷喻的：貓是老鼠心目中最凶的野獸」[33]。——眼光短淺，見小忘大；思想片面，以偏概全。只看到了「貓」，忘記了世界上還有窮凶極惡的帝國主義虎狼熊羆。

為了進一步肅清愛爾威之流的思想流毒，澄清關於祖國、民

族、主權、領土等問題上的糊塗觀念，列寧在第一次世界大戰爆發、第二國際破產之後迄十月革命勝利之初，又反覆地就這個問題作過一系列的闡釋和論述。

可以說，列寧在這一段期間裡為此而進行的努力，乃是國際共運史上馬克思主義者反對民族虛無主義鬥爭的第三個重大回合。

根據馬克思主義的歷史觀點和科學精神，列寧首先對「工人沒有祖國」一語作了經典性的解釋。他指出，馬克思、恩格斯這句話的原意只是說，各國無產者的經濟狀況是國際性的，他們的階級敵人和解放條件也是國際性的，因此他們的國際團結比民族團結更為重要。[34] 這也就是說，全世界的無產者，不論屬於哪個國家哪個民族，都是同命運、共呼吸的階級兄弟；由於他們有著共同的階級遭遇、共同的階級敵人和共同的奮鬥目標，而且只有通過聯合的鬥爭才能獲得共同的解放，因此，他們應當不問國家、民族的差別，實現國際性的階級團結，進行國際性的階級搏鬥。在這個意義上，不妨說，馬克思、恩格斯所教導的「工人沒有祖國」，和他們所號召的「全世界無產者聯合起來」，實際上是同一思想觀點的不同表述。可見，「工人沒有祖國」一語的原意，與祖國「無所謂」論以及任何其他民族虛無主義觀點，都是風馬牛不相及的。

其次，列寧強調，為了準確地理解和掌握「工人沒有祖國」這一原理的真諦，務必把它同馬克思、恩格斯的其他教導聯繫起來加以考察。他提醒人們注意：不是別人，而正是「同一個馬克思曾經不止一次地號召進行民族戰爭」[35] 而恩格斯也曾經在一

八五九年和一八九一年先後兩度直接激發德國人的民族感情，直接號召德國人民奮起進行民族戰爭，抗擊侵略者，保衛祖國主權和領土完整。

一方面講工人沒有祖國，另一方面又號召保衛祖國，從表面上看來，似乎「馬克思和恩格斯今天說東，明天說西，是他們頭腦不清楚嗎？」針對這個問題，列寧斬釘截鐵地回答說：「不是的」！

列寧進一步明確指出，「祖國是個歷史的概念。……關於祖國和保衛祖國的原理不可能在一切條件下都是同樣適用的」[36]。無產階級對「祖國」和「民族」在不同的歷史條件下應當採取不同的態度。他反覆強調這樣的思想：在帝國主義戰爭中，「保衛祖國」當然是一種騙局，由於這種戰爭從雙方來說都是掠奪性的，因而無產階級對它的態度應當遵循這樣的原則：「二賊相爭，兩敗俱傷」；但是，在民族解放戰爭中，就完全是另一回事了。「受民族壓迫的國家為反對實行民族壓迫的國家而『保衛祖國』這不是欺騙，社會主義者也決不反對在這樣的戰爭中『保衛祖國』」[37]；「依我看，在民族戰爭中承認『保衛祖國』是完全符合馬克思主義的」，因此，無產階級絕對「不能拒絕在民族戰爭中保衛祖國」，否則，就將犯下「天大的錯誤」！[38]

十月革命勝利之初，列寧又針對那些否定一切「保衛祖國」，對社會主義祖國的國防抱輕率態度的錯誤思想，作了尖銳的批判。

列寧指出，承認保衛祖國，就是承認戰爭的正當性和正義性。要衡量和判斷任何戰爭是否正當、正義，只能從爭取無產階

級解放的標準和觀點出發，其他標準、其他觀點，我們是不承認的。根據這條根本原則，凡是剝削階級為了鞏固自己的反動統治而進行戰爭，這就是罪惡的戰爭，在這種戰爭中的「護國主義」就是卑鄙行為，就是背叛社會主義；反之，凡是已經取得政權的無產階級為了保衛社會主義勝利果實，為了鞏固和發展社會主義而被迫進行戰爭，這種戰爭則是完全正當的和神聖的。因此，列寧莊嚴地宣告：「必須保衛社會主義祖國」。「誰要是對無產階級已經獲得勝利的國家有國防採取輕率的態度，他就是在破壞同國際社會主義的聯繫。……當我們已成為開始組織社會主義的統治階級的代表時，我們就要求一切人嚴肅地對待國防」[39]。「我們是社會主義祖國的護國主義者」[40]。

在革命導師的這些光輝論述中，馬克思主義的主權觀體現得十分鮮明。它有力地澄清了民族虛無主義所造成的思想混亂。給人們以兩項重大的啟示：第一，馬克思主義者從來就認定被壓迫民族和被侵略國家有權利也有義務奮起捍衛民族獨立和國家主權；第二，當問題涉及反對民族壓迫、爭取民族解放的時候，特別是當問題涉及保衛社會主義祖國領土和主權的完整，對帝國主義及其走狗的侵略進攻實行自衛反擊的時候，如果像當年法國的蒲魯東分子或愛爾威分子那樣，在「國際主義」的美麗幌子下販賣民族虛無主義的私貨，把正義的衛國行動誣衊為「狹隘民族主義」，那就是根本背叛了無產階級國際主義，根本背叛了馬克思列寧主義。這種人，要麼是侵略者的幫兇，要麼是侵略者的後臺，要麼本身就是凶惡的侵略者，三者必居其一！甚至一身而二三任！

四、「刮一刮」紅色表皮，「你就會發現他是大俄羅斯沙文主義者」

在一九一九年以後的一段期間裡，列寧對布哈林等人偽國際主義民族觀、主權觀的無情揭露，是國際共運史上馬克思主義者反對民族虛無主義鬥爭的第四個重大回合。

一九一九年三月共產國際成立之初，俄共（布）順應著當時國內外形勢的重大變化，把修改黨綱列為第八次代表大會的首要議題。會上，布哈林堅決主張從黨綱中刪去關於民族自決權的條文。[41] 他從自己那種狹隘僵死的「階級觀點」和「階級鬥爭」概念出發，揚言：既然「民族概念包括該社會的一切階級」，那麼，在談論民族自決問題時，問題的提法就「不是無產階級或者資產階級，而是既包括無產階級，也包括資產階級」。據此，布哈林推論說：「『民族自決權』口號和無產階級專政原則是互相矛盾的」，「既然我們現在堅持無產階級專政的方針，那麼……我們就不能提出民族自決權的口號」。他堅持要取消這個舊口號，代之以新的、與無產階級專政方針「相應」的口號，即「每個民族的勞動階級的自決」。據他舉例解釋：「如果波蘭民族的工人不願意和我們處在一個國家裡，我們將不強拉著他們，我們准許並將尊重波蘭無產階級的意志，但是我們絕不准許也並不尊重波蘭資產階級的意志」。

布哈林的這些觀點在會上獲得皮達可夫的全力支持，而後者又比前者走得更遠。皮達可夫甚至宣布立即「取消」民族，說是「任何民族都不需要，需要的是全體無產者的聯合」。當時俄共

黨內有些人在十月社會主義革命勝利和第三國際成立的大好形勢
鼓舞下，頭腦發熱，忘乎所以，充分暴露了大俄羅斯沙文主義的
狂妄。在談論當時世界革命進程和國際關係時，他們居然主張組
織什麼「世界國民經濟委員會」，並且要世界「一切民族的黨隸
屬於俄共中央委員會」。對於這些被列寧稱為「入了迷的同志」
的自大狂，皮達可夫援引不倫不類的「事實」加以「論證」，說
什麼：「烏克蘭的共產黨員就是按照俄共中央的指示而行動的」
[42]。他的言外之意就是說，既然在莫斯科有一個出色的中央委
員會，那麼一切民族自決又有什麼用處呢？在這類荒謬看法遭到
列寧嚴肅批評之後，皮達可夫居然反唇相譏說：「難道你認為這
不好嗎？」

　　除了布哈林、皮達可夫外，當時俄共中央還有另一位重要領
導人普列奧布拉任斯基在民族觀、主權觀上採取了類似的狂妄立
場。普列奧布拉任斯基在一份列寧起草的供俄共若干領導人討論
的重要文件上提出了「修改和補充」意見[43]。一方面，他主張
應當把建立「統一的經濟整體」放在首要地位，認為「在革命以
後，民族問題的解決必須服從於把已經成立的各個社會主義共和
國建設成為統一的經濟整體的任務」；另一方面，他斷言：在帝
國主義時代，被壓迫民族的民族意識和民族主義思潮「已經衰頹
變質」，是「注定要滅亡」的。根據諸如此類的「理論前提」，
普列奧布拉任斯基推導出兩項荒謬的結論：一是在帝國主義時
代，被壓迫民族的民族解放運動業已完全喪失了革命的發展前
途。二是經濟發展先進的歐洲即將出現一系列的社會主義共和
國，社會主義的歐洲各共和國或「歐洲共和國聯盟」中的無產階

級理應充當落後國家中的「民族主義的掘墓人」。如果落後國家中的下層勞動群眾還不能推舉出代表自己利益的集團來執掌政權並和歐洲結成聯邦，而「歐洲共和國聯盟」又不能同這些落後國家中「占統治地位的民族集團達成經濟上的協議，那就不可避免地要用暴力鎮壓他們，並強迫那些重要的經濟地區歸併入歐洲共和國聯盟」。

布哈林、皮達可夫、普列奧布拉任斯基的上述主張儘管用詞不一，角度不同，但他們所揮舞的卻是相同的、似是而非的、令人炫目的旗幟：堅持「階級鬥爭」，發揚「國際主義」，推進「世界革命」！加以他們都身居要職，是第一個社會主義國家或共產國際的頭面人物，這樣，就在俄共和整個國際共運面前提出了以下兩個方面的重大問題：

第一，在帝國主義和無產階級革命時代，對於遭受帝國主義殖民統治的弱小民族，是否可以否定其民族自決權、改而提倡「勞動者自決」？怎樣理解民族鬥爭同被壓迫民族內部階級鬥爭之間的辯證關係？

第二，在帝國主義和無產階級革命時代，民族觀念、主權觀念是否已經完全「過時」？國際公法上的主權平等、領土完整與不可侵犯等基本原則是否可以棄置不顧甚至肆意踐踏？是否可以由最早取得社會主義革命勝利的某一個民族的共產黨來充當世界革命的指揮中心，讓全世界其他「一切民族的黨隸屬於」它？一個社會主義國家是否可以藉口「推進世界革命」、消滅「注定要滅亡的民族主義」而對落後國家弱小民族濫施暴力？是否可以藉口建立社會主義的「統一的經濟整體」而強行吞並那些屬於落後

國家弱小民族的「重要的經濟地區」？

這些在新情況下出現的新問題，亟待一一作出符合馬克思主義革命原則的、科學的解答。第一個作出這種解答的，是偉大的列寧。

列寧斷然表示：「決不能說：『打倒民族自決權！我們只讓勞動群眾有權自決』」[44]更不能隨意宣告「取消民族」。「當然，這是很美妙的事情，也是會實現的事情，但只能在共產主義發展的另一個階段上」[45]

列寧指出，世界各國各族的發展階段和發展水平雖不相同，但都還遠未發展到一切民族都在完全平等自願的基礎上完全融合的共產主義階段，因此，在相當長的歷史時期內，民族就仍然作為一個客觀實體而存在。在這種現實面前，如果我們說不承認什麼民族，而只承認勞動群眾，「那就是空洞到極點的廢話」[46]。

誠然，民族內部是劃分為階級的，勞動者同剝削者彼此的階級利益總的說來是對立的。但是，「勾去民族自決而寫上勞動者自決是完全不正確的，因為這樣的提法沒有考慮到各民族內部的分化是如何困難，如何曲折」[47]由於各民族的剝削者長期以來總是利用民族矛盾來掩蓋階級矛盾，煽動盲目的民族主義排外情緒，離間本族勞動者同其異族階級兄弟的關係，在這種情況下，如果無視現實，不尊重主權觀念和主權原則，否定一切遭受帝國主義殖民統治的弱小民族都享有自決權，那就無異於授人以柄，替該民族的剝削者增添欺騙宣傳的口實和擴大欺騙宣傳的效果，使勞動者更難於擺脫本族剝削者的影響，從而「阻礙我們所應當促進的無產階級分化出來的過程」[48]。反之，帝國主義壓迫民

族（或曾經是帝國主義壓迫民族）中的無產階級政黨嚴格遵守主權平等原則，公開承認民族自決權，這就有利於消除民族矛盾，揭穿各種欺騙宣傳，有利於勞動者從本族剝削者的影響下解脫出來，從而促進被壓迫民族內部的階級鬥爭和革命發展。換言之，遭受帝國主義殖民統治的「每個民族都應當獲得自決權，而這會促進勞動者的自決」〔49〕。

列寧特別強調，對於曾經長期充當壓迫民族的大俄羅斯人說來，尤其必須嚴格遵守主權平等原則，切實尊重弱小民族的自決權。

眾所周知，沙皇俄國是各族人民的監獄。長期以來，大俄羅斯民族的地主資產階級在實行民族壓迫方面打破了世界記錄。因此，正如列寧所尖銳指出的：「其他民族的勞動群眾對大俄羅斯人都不信任，把他們看做一個進行盤剝、壓迫的民族」；對於許多弱小民族說來，大俄羅斯人就是壓迫者、騙子的同義語：他們理所當然地「曾經引起所有其他民族的切齒痛恨」〔50〕。對於來自被壓迫民族勞動群眾的這種不信任和憎恨感，大俄羅斯民族的無產階級及其政黨應當採取什麼態度呢？

列寧認為，在這種場合，「抽象地提出一般民族主義問題是極不恰當的」，必須把壓迫民族的民族主義和被壓迫民族的民族主義區別開來。他強調，對於後者，大俄羅斯民族的人「在歷史的實踐中幾乎永遠都是有過錯的，我們施加了無數暴力……和侮辱」〔51〕。因此，奪得了國家政權的俄羅斯無產階級如果信守國際主義原則，就有責任認真地彌補和矯正歷史過錯。不能僅限於形式上宣布民族平等，而且要切實在行動上幫助以前備受大俄

羅斯帝國主義殖民壓迫的弱小民族獲得事實上的平等，直到承認他們的民族自決權，即承認他們有分離的自由。這樣，才能使各族工農在共同的革命鬥爭中接近和融合起來，建立起自覺自願的聯盟。[52]

列寧堅決反對無視國際公法關於各國互相尊重主權和領土完整的基本準則，借口建立「統一的經濟整體」而用暴力吞併落後國家弱小民族疆土的做法。他指出：「在民族問題上不能說無論如何也需要經濟上的統一。當然這是需要的！但是我們應當用宣傳、鼓動、自願的聯盟來達到它」[53]。針對普列奧布拉任斯基提出的關於民族問題的解決必須「服從於」建立所謂社會主義經濟統一體的主張，列寧寫下簡短明確的批註：決不能簡單地『服從於』對照我寫的第 12 條」[54]。這「第 12 條」就是指列寧所起草、後來經共產國際第二次代表大會正式通過的綱領性文件《民族和殖民地問題提綱初稿》中的最後一條，其中規定：各國（尤其是歐美列強）的共產黨人「對於受壓迫最久的國家和民族的民族感情殘餘要特別慎重，特別注意」[55]。顯然，列寧的上述批註是再一次強調不許以任何藉口，肆意違反和粗暴踐踏自願原則，恃強凌弱，強加於人，迫使「服從」。

當年，列寧領導下的蘇維埃俄國確實不愧是無產階級專政的社會主義國家，不愧是無產階級世界革命的第一個根據地，因而獲得世界革命人民的充分信任。然而，即使是在這樣的歷史條件下，列寧仍然明確宣布：「共產主義是不能用暴力來移植的。」[56] 對待那些經濟發展比較落後的弱小國家和民族，尤其不應越俎代庖，「輸出」革命。「這裡必須等待這個民族的發展，等待無產

階級與資產階級分子分開」。[57] 列寧在仔細審讀普列奧布拉任斯基提出的關於「不可避免地要用暴力鎮壓」落後國家弱小民族的統治階層並強迫其所屬重要經濟地區併入「歐洲共和國聯盟」的書面意見之後，特地把這些謬見部分用黑線標出，打出了兩個大問號，並嚴厲批評道：「說得太過分了。說什麼『不可避免地』、『要用暴力鎮壓』，這是無稽的、荒謬的。根本錯誤」！[58] 這寥寥數語，相當鮮明地體現了列寧對於在國際關係和民族關係中藉口「推進革命」而濫施暴力的霸權行徑，是何等的深惡痛絕！

　　不言而喻，反對以「促進世界革命」為名對落後國家和弱小民族濫施暴力，這是切實尊重主權平等、嚴格遵守民族自決原則的必備條件。反過來，也只有切實尊重弱國弱族的主權、嚴格遵守民族自決原則，才能增強各族工農的國際團結，從而真正促進世界革命。這是問題的一個方面。另一方面，正如列寧所指出的：就民族自決原則而言，「問題的本質在於：不同的民族走著同樣的歷史道路，但走的是各種各樣的曲折的小徑，文化較高的民族的走法顯然不同於文化較低的民族。」[59] 從這個意義上說，尊重民族自決和國家主權，也就是承認和尊重不同民族不同國家在共同歷史道路具體行進方法上的多樣性和特殊性，也就是承認和尊重世界歷史發展的客觀規律性。這樣，尊重弱國弱族的主權就和尊重歷史唯物論水乳交融，並且成為尊重歷史唯物論的一種具體表現了。

　　由此可見，信守國際法上的主權平等原則，尊重弱族弱國自決自主的權利，這不但意味著站在嚴格的階級觀點上，堅持了無產階級的階級性和革命性，而且意味著站在嚴格的科學觀點上，

堅持了唯物主義的科學性。簡言之，馬克思主義的主權觀，貫穿著黨性與科學性的高度統一。

因此，如果不想背離無產階級世界革命、背離歷史唯物主義、背離馬克思主義的主權觀，那麼，任何先進國家先進民族中執掌政權的無產階級及其政黨都決不能、也絕對無權自以為是，把自己的主觀意志或局部經驗強加於人，要求落後國家弱小民族奉命照辦。對於此點，列寧說得既幽默又嚴肅：「還沒有頒布一個法令要一切國家都用布爾什維克的革命日曆，即使頒布了這樣的法令，也是不會執行的」〔60〕。同時，針對當時俄共中央某些領導人的自大狂，列寧告誡說：「如果我們自充好漢，吹牛誇大，我們就將成為全世界的笑柄，成為純粹的吹牛家」〔61〕。列寧的結論是斬釘截鐵的：「決不要從莫斯科發號施令」〔62〕！

在批判布哈林等人蔑視弱族弱國主權的各種民族虛無主義讕言時，列寧並不停留在就事論事上。他還以敏銳的洞察力，透過他們用極左辭句織成的帷幕，看清背後隱藏著的大俄羅斯沙文主義的幽靈。他指出，在當時俄共隊伍中仍然有不少人蔑視被壓迫弱小民族，不願意尊重各民族的獨立權利和平等地位，甚至公然反對當時的俄國革命政府把沙皇從弱小民族處侵奪來的贓物退還原主，指責什麼不該把「很好的漁場」「送人」，等等。列寧提醒大家對此類人應當保持警惕，應當把他們的紅色表皮「刮一刮」，好讓人們看清本相，以免受騙，他說：「刮一刮某個共產黨員，你就會發現他是大俄羅斯沙文主義者」〔63〕。列寧號召一切真正的共產黨人同他們作堅決鬥爭。他本著疾惡如仇的一貫精神，在一張給俄共（布）中央政治局的便箋中寫道：「我宣布同

大俄羅斯沙文主義進行決死戰。我那顆討厭的蛀牙一治好，我就要用滿口的好牙吃掉它」[64]！

列寧的上述教導，集中到一點，就是堅決反對和無情揭露俄共隊伍中打著「國際主義」旗號、以「革命」姿態出現的大俄羅斯沙文主義。他旗幟鮮明地堅決反對本國——第一個社會主義國家的某些領導人以任何漂亮藉口，繼承老沙皇的霸權侵略傳統，恃強凌弱，擇肥而噬；堅決反對他們耍弄民族虛無主義的理論故伎，粗暴踐踏國際公法基本準則，肆意破壞弱國弱族主權和領土的完整，保持殖民「遺產」和擴大殖民統治。

五、借鑑歷史，明辨真偽

馬克思、列寧在世期間，馬克思主義者反對民族虛無主義的幾次重大鬥爭，情況大體如上。在這些鬥爭中，始終貫穿著和鮮明地體現了馬克思主義主權觀和社會帝國主義主權觀的根本對立。

在這些鬥爭中，無產階級革命導師馬克思和列寧關於揭露民族虛無主義、批判社會帝國主義主權觀的光輝論述，具有重大的現實意義和深遠的歷史意義。它和馬克思、列寧的其他遺訓一樣，都是後人從事革命戰鬥的銳利思想武器，也是他們鑑別敵友、明辨真偽的準確圭臬。

馬克思主義者堅持無產階級國際主義、反對民族虛無主義的鬥爭，時起時伏，綿延不斷。它開始於百餘年前，現在仍在進行之中，將來還要進行下去。在這些鬥爭中，從歷史與現狀的結合

上，人們可以看出哪些規律性的現象，吸取哪些主要的教益呢？粗略地說，可以列出以下幾點：

第一，民族虛無主義是社會帝國主義主權觀的立論根基或「理論基礎」。社會帝國主義主權觀的核心和宗旨，就是力圖論證擴張有「理」、侵略有「功」以及弱小民族愛國有「罪」。這種主權觀，是社會帝國主義那一整套霸權擴張「理論」體系中的一個重要組成部分。同社會帝國主義的其他「理論」一樣，這種主權觀也具有「口頭上的社會主義實際上的帝國主義」[65]這一共同特色，而其具體的獨特裝潢則是所謂「無產階級國際主義」。在國際共運史上，民族虛無主義歷來是作為一種偽國際主義出現的。它是奸商們用來以假亂真、誘人入套的貌似「國際主義」的一種贗品。

第二，民族虛無主義歷來就是大國沙文主義的變種，是以大國沙文主義為基調而譜成的和聲。無論在歷史上還是在現實中，這兩者總是共生相伴，形影不離的。另外，由於民族虛無主義有著「革命」辭句的精緻裝潢，比一般赤裸裸的大國沙文主義具有更大的欺騙性，從而能更有效地為殖民主義、帝國主義、霸權主義的侵略擴張政策辯解和張目，因而更受帝國主義者和社會帝國主義者的喜愛。正因為他們需要使用它作為遮掩侵略的理論煙幕，因而這種迷眼毒霧雖屢遭揭露和廓清卻又一再有人重新廣泛施放、鼓吹，不遺餘力。

第三，民族虛無主義在歷史上曾經為老沙皇的世界霸權政策出過力，又為蘇聯領導集團變本加厲的世界霸權政策效過勞。

蘇聯領導集團拚命鼓吹他國「疆境不足道」論、弱國「有限

主權」論和互相「越界愛國」論，強令弱國弱族忘掉「傳統意義」上的祖國、民族、主權、領土。對這類讕言，如果查一查它們在俄國歷史上和國際共運史上的「血緣」，便知其嫡祖乃是羅曼諾夫王朝的大俄羅斯沙文主義；而其近親則是蒲魯東分子所鼓吹的「民族陳腐」說、愛爾威分子所宣揚的「祖國無所謂」論以及普列奧布拉任斯基所叫嚷的「越界鎮壓」「暴力歸併」定理。

第四，當前甚囂塵上的社會帝國主義的主權觀，是歷史上同類主權觀的再現，但又並非簡單的重複。在新的歷史條件下，它具有更大的欺騙性，也遠比當年危險得多，凶惡得多。

如果說，當年民族虛無主義、社會帝國主義主權觀的鼓吹者曾分別遭到革命導師本人的嚴厲批判，因而聲名狼藉，那麼，當今社會帝國主義主權觀的鼓吹者卻盜用革命導師的名字來招搖撞騙，欺世惑眾。他們的所作所為是對偉大的列寧和列寧主義的背叛和褻瀆，要透過這一系列假象看清他們的本質，從而對他們開展針鋒相對的鬥爭，往往要經歷一個十分痛苦的過程，付出相當重大的代價。

如果說，當年民族虛無主義、社會帝國主義主權觀都還只是影響不大的一席書生清談、一種學說流派或一股反動思潮，那麼，當今的社會帝國主義主權觀卻已被具體化成為一個極端貪婪的超級大國的根本國策，成為這個超級大國推行世界霸權主義的理論根據。這種「國策化」了的反動主權觀，它所憑藉依仗的，已經遠不僅僅限於政客文痞們的如喙之口、如簧巧舌和如刀之筆，而主要是一系列現代化的宣傳工具、一整套巨大的反動國家機器以及規模十分龐大的侵略性武裝暴力。它緊密地配合著這些

龐大的侵略性武裝暴力，成為碾平弱國疆界、撞毀弱族國門的「理論坦克」，正在肆虐於全球。面對這種欺騙性、危險性、凶惡性都比以往同類大得多的反動主權觀，全世界弱國弱族的革命人民當然絲毫不能掉以輕心。相反，務必以更大的注意力，對它的反革命實質開展無情的揭露和批判，肅清影響，以正視聽。

第五，為了進一步弄清當今社會帝國主義主權觀的反動實質，除了把它同歷史上的社會帝國主義主權觀進行比較外，還應當把它同歷史上的一般帝國主義主權觀進行比較。鼓吹後者的典型人物，首推臭名遠颺的希特勒和杜勒斯。希特勒當年視德國的霸權為至高無上的神物，視弱族弱國的主權為低賤之極的草芥，狂叫德國、日耳曼民族「有權統治別人」杜勒斯也鼓吹民族主權「已經變成陳腐了的觀念」[66]。杜勒斯的同事、以宣揚赤裸裸的帝國主義觀點而「聞名」於世的國際法「權威」傑塞普則公開提倡對弱小國家的主權加以削減或「限制」，胡謅什麼「無限制的主權如今已經不被看作是國家的最寶貴的或最迫切要求的屬性」；弱族弱國素常所堅持用以捍衛民族尊嚴和國家獨立的主權觀念和主權平等原則，只不過是「傳統的國際法所賴以建立的流沙」。為了論證帝國主義霸權擴張政策可以「造福」人類，普度眾生，他竟公然要求徹底沖刷「流沙」，否定國際社會和國際法上公認的傳統的主權觀念和主權平等原則，極力鼓吹以操縱在帝國主義霸主手中的所謂「聯合的主權」代替「單個國家的主權」[67]。

蘇聯領導集團既自稱擁有「最高主權」，又硬說弱國「主權有限」，還胡謅什麼祖國一詞已不是「傳統意義上單個的祖

國」——這些，顯而易見，倒全都是傳統意義上的帝國主義法西斯狂言！

希特勒曾經「叱吒風雲」，固一世梟雄也，而今安在哉？這是奉行希特勒傳統的新希特勒們應當記取的。

注釋

* 本章撰寫於一九八〇年「中蘇交惡」和「大論戰」時期。其中大部內容曾發表於《吉林大學社會科學學報》1981 年第 3 期，第 30-40 頁。因限於篇幅，發表時全部註解均被刪節。現按當初原有文稿，將全文和全部註解重新整理收輯於本書，俾便讀者逐一查索引文出處。

〔1〕《聯合國憲章》開宗明義，「重申……大小各國平等權利之信念」（序言）規定各會員應當遵行「主權平等之原則」第 2 條第 1 項）；發展國際間以尊重人民平等權利及自決原則為根據之友好關係」第 1 條第 2 項）不得干涉「在本質上屬於任何國家國內管轄之事件」（第 2 條第 7 項）參見《國際條約集（1945-1947）》，世界知識出版社 1959 年版，第 36-37 頁。

〔2〕民族自決權也就是民族自主權或民族主權。任何遭受殖民統治的弱小民族都有權自己決定自己的命運，甚至在政治上從殖民帝國中分離出來，組建本民族的獨立國家。建立了獨立國家的民族，其民族主權便與國家主權融為一體。

〔3〕《蘇共中央給中共中央的口頭通知》（1960 年 2 月 6 日）。

〔4〕〔蘇聯〕赫魯曉夫：《在布加勒斯特對中共代表團團長的談話》（1960 年 6 月 22 日）。

〔5〕〔蘇聯〕赫魯曉夫：《同印度〈新世紀〉週刊記者的談話》（1959 年 11 月 7 日）。

〔6〕〔蘇聯〕赫魯曉夫：《在蘇聯最高蘇維埃會議上的講話》（1962 年 12 月 12 日）。

〔7〕同上。

〔8〕參見《國際條約集（1945-1947）》，世界知識出版社 1959 年版，第 37 頁。

〔9〕　蘇聯《國際生活》1968 年第 11 期。

〔10〕蘇聯《紅星報》1969 年 2 月 14 日。

〔11〕〔蘇聯〕勃列日涅夫：《蘇共中央委員會總結報告（1971 年 3 月 30 日）》。

〔12〕參見〔蘇聯〕什捷緬科：《在戰鬥中產生的兄弟情誼》，載蘇聯《在國外》週報 1976 年 5 月 7 日。

〔13〕〔蘇聯〕哈納扎羅夫：《愛國主義和社會進步》（書評）載蘇聯《哲學問題》1975 年第 4 期。

〔14〕據報導，單是敷設從蘇聯烏拉爾地區的奧倫堡到蘇聯西部邊境的天然氣輸送管道這一項工程，保加利亞、匈牙利、民主德國、波蘭、捷克斯洛伐克五國除要分攤六十億盧布的資金外，還得派幾萬名工人「越出國界」到蘇聯去服苦役，把長達二千八百公里的管道分段包幹完成，蘇聯只負責勘探設計，此外便可不花分文，坐享其成。對蘇聯來說，這種做法，既可向東歐各國轉嫁蘇聯國內的經濟困難，又可控制對東歐各國的原燃料供應從而加強經濟盤剝和政治奴役，還可通過這條管道把天然氣輸往西歐各國牟取暴利。真是「一箭多雕」！列寧曾說過：剝削從落後國家來的、低工資的工人的勞動，正好是帝國主義的特別典型的特徵。奧倫堡工程就是一個新的例證。

〔15〕〔蘇聯〕赫魯曉夫：《世界社會主義體系發展的迫切問題》，載蘇聯《和平和社會主義問題》1962 年第 9 期。

〔16〕毛澤東：《在中國共產黨全國宣傳工作會議上的講話》，載《毛澤東選集》第 5 卷，人民出版社 1977 年版，第 416 頁。

〔17〕參見恩格斯：《工人階級同波蘭有什麼關係？》，載《馬克思恩格斯全集》第 16 卷，人民出版社 1964 年版，第 170-171、583 頁。

〔18〕參見馬克思、恩格斯：《共產黨宣言》，載《馬克思恩格斯選集》第 1 卷，人民出版社 1995 年版，第 262、270頁。

〔19〕參見《恩格斯致卡·考茨基（1882 年 2 月 7 日）》，載《馬克思恩格斯全集》第 35 卷，人民出版社 1971 年版，第 261 頁。

〔20〕馬克思：《機密通知》，載《馬克思恩格斯全集》第 16 卷，人民出版社 1964 年版，第 474 頁。

〔21〕恩格斯：《流亡者文獻》，載《馬克思恩格斯全集》第 18 卷，人民出版社 1964 年版，第 577 頁。

〔22〕馬克思：《國際工人協會成立宣言》，載《馬克思恩格斯選集》第 2 卷，人民出版社 1995 年版，第 135 頁。

〔23〕參見馬克思：《致恩格斯（1866 年 6 月 20 日）》，載《馬克思恩格斯全集》第 31 卷，人民出版社 1972 年版，第 230-231 頁，並參見同卷第 224 頁。

〔24〕馬克思：《論蒲魯東》，載《馬克思恩格斯全集》第 16 卷，人民出版社 1964 年版，第 35 頁。

〔25〕馬克思：《致恩格斯（1866 年 1 月 5 日）》，載《馬克思恩格斯全集》第 31 卷，人民出版社 1972 年版，第 172 頁。

〔26〕《恩格斯致卡・考茨基（1882 年 2 月 7 日）》，載《馬克思恩格斯全集》第 35 卷，人民出版社 1971 年版，第 262、261 頁。

〔27〕恩格斯：《關於愛爾蘭支部和不列顛聯合委員會的相互關係》，載《馬克思恩格斯全集》第 18 卷，人民出版社 1964 年版，第 87 頁。

〔28〕參見《列寧全集》第 13 卷，人民出版社 1959 年版，第 63、74 頁；《列寧全集》第 15 卷，人民出版社 1959 年版，第 168-169 頁。

〔20〕列寧：《斯圖加特國際社會黨代表大會》，載《列寧全集》第 13 卷，人民出版社 1959 年版，第 63 頁。

〔30〕列寧：《好戰的軍國主義和社會民主黨反軍國主義的策略》，載《列寧全集》第 15 卷，人民出版社 1959 年版，第 168-169 頁。

〔31〕參見《列寧全集》第 20 卷，人民出版社 1958 年版，第 437-438 頁；列寧全集》第 21 卷，人民出版社 1959 年版，第 389 頁。

〔32〕列寧：《黑格爾〈邏輯學〉一書摘要》，載《列寧全集》第 38 卷，人民出版社 1986 年版，第 134 頁。

〔33〕參見列寧：《論民族自決權》，載《列寧選集》第 2 卷，人民出版社 1995 年版，第 537 頁。

〔34〕參見列寧《給印涅薩・阿爾曼德》（1916 年 11 月 20 日），載《列寧全集》第 35 卷，人民出版社 1959 年版，第 234-235 頁。

〔35〕列寧：《給印涅薩，阿爾曼德》（1916 年 11 月 30 日），載《列寧全集》第 35 卷，人民出版社 1959 年版，第 239 頁。〔36〕同上書，第 238、239 頁。

〔36〕同上書，第 238、239 頁。

〔37〕列寧：《論對馬克思主義的諷刺和「帝國主義經濟主義」》，載《列寧全集》第 23 卷，人民出版社 1958 年版，第 25 頁，並參見同卷第

198 頁；列寧全集》第 35 卷，人民出版社 1995 年版，第 263 頁。

〔38〕列寧：《給印涅薩，阿爾曼德》（1916 年 11 月 30 日），載《列寧全集》第 35 卷，人民出版社 1959 年版，第 239 頁。

〔39〕列寧：《論「左派」幼稚性和小資產階級性》，載《列寧全集》第 27 卷，人民出版社 1958 年版，第 306 頁。

〔40〕列寧：《關於對外政策的報告》，載《列寧全集》第 27 卷，人民出版社 1958 年版，第 351 頁。

〔41〕參見〔蘇聯〕布哈林：《關於黨綱的報告》《關於黨綱報告的結論》，載《俄共（布）第八次代表大會速記記錄》，1959 年俄文第 2 版，第 46-48、109-112 頁。

〔42〕在一九一七年十月革命勝利之後至一九二二年成立蘇維埃社會主義共和國聯盟之前，原沙俄統治下的各民族曾分別組成六個各自獨立的社會主義國家。當時，「俄羅斯蘇維埃聯邦社會主義共和國」和「烏克蘭蘇維埃社會主義共和國」，同其他共和國一樣，都有各自獨立的中央。

〔43〕參見〔蘇聯〕普列奧布拉任斯基：《對列寧起草的〈民族和殖民地問題提綱初稿〉的評論》（初次發表於《蘇共歷史問題》1985 年第 2 期，第 16 頁），載《共產黨人》1968 年第 5 期，第 39 頁。此人曾任俄共（布）中央委員、中央委員會書記。

〔44〕列寧：《關於黨綱的報告》，載《列寧全集》第 29 卷，人民出版社 1956 年版，第 149 頁。

〔45〕列寧：《關於黨綱報告的結論》，載《列寧全集》第 29 卷，人民出版社 1956 年版，第 165-166 頁。

〔46〕列寧：《關於黨綱的報告》，載《列寧全集》第 29 卷，人民出版社 1956 年版，第 148、146-147 頁。

〔47〕同上書，第 148、146-147 頁。

〔48〕同上書，第 145、148 頁。

〔49〕同上。

〔50〕列寧：《關於黨綱報告的結論》，載《列寧全集》第 29 卷，人民出版社 1956 年版，第 167 頁；《列寧全集》第 31 卷，人民出版社 1958 年版，第 130 頁。

〔51〕列寧：《關於民族或「自治化」問題（續）》，載《列寧全集》第 36 卷，人民出版社 1959 年版，第 631、629-630 頁。

〔52〕參見《列寧全集》第 29 卷，人民出版社 1956 年版，第 88、102 頁。

〔53〕列寧：《關於黨綱報告的結論》，載《列寧全集》第 29 卷，人民出版社 1956 年版，第 167 頁。

〔54〕列寧：《對普列奧布拉任斯基評論的批註》，初次發表於《蘇共歷史問題》1958 年第 2 期，第 16 頁。

〔55〕列寧：《民族和殖民地問題提綱初稿》，載《列寧全集》第 4 卷，人民出版社 1958 年版，第 276 頁。

〔56〕列寧：《關於黨綱的報告》，載《列寧全集》第 29 卷，人民出版社 1956 年版，第 148、145-146 頁。

〔57〕同上。

〔58〕參見《列寧全集》第 41 卷，俄文版 1963 年版，第 513 頁。

〔59〕列寧：《關於黨綱報告的結論》，載《列寧全集》第 29 卷，人民出版社 1956 年版，第 168 頁。

〔60〕列寧：《關於黨綱的報告》，載《列寧全集》第 29 卷，人民出版社 1956 年版，第 148、49 頁。

〔61〕列寧：《關於黨綱報告的結論》，載《列寧全集》第 29 卷，人民出版社 1956 年版，第 164 頁。

〔62〕列寧：《關於黨綱的報告》，載《列寧全集》第 29 卷，人民出版社 1956 年版，第 148-149 頁。

〔63〕同上書，第 167 頁。

〔64〕列寧：《關於反對大國沙文主義給政治局的便箋》，載《列寧全集》第 33 卷，人民出版社 1957 年版，第 334 頁。

〔65〕列寧:《論第三國際的任務》，載《列寧全集》第 29 卷，人民出版社 1956年版，第458頁。

〔66〕參見美國《外交季刊》1957 年 10 月號。

〔67〕參見〔美〕傑塞普:《現代國際法》，1948 年版，第2、12-13、14-42 頁。

第二十三章

中國南海疆土：臥榻之旁，豈容強霸鼾睡？

——剖析菲律賓「南海仲裁案」之悖謬與流毒

➘ 內容提要

　　二〇一三至二〇一六年，菲律賓「南海仲裁案」在國際三股邪惡勢力（美國霸權主義勢力、菲律賓賣國主義勢力、日本軍國主義勢力）互相勾結狼狽為奸下，在國際舞臺上演出了一場披著法律外衣的政治鬧劇和重金收買的醜劇，全球矚目，舉世嘩然。其間，沐猴而冠、穿著「國際法官」大袍、實為日本軍國主義鷹犬的柳井俊二，是這場鬧劇和醜劇的總導演；若干見錢眼開、出賣良知的「欽定」仲裁員扮演了丑角，墮落成為菲律賓賣國主義勢力出錢豢養的專業打手；「臨時仲裁庭」先天染毒，後天枉法，作出裁決，漏洞百出，貽笑天下。本文以事實為根據，綜合整理中外公正輿論提及的「南海仲裁案」臨時仲裁庭三年來的種種「貓膩」黑幕、指鹿為馬、枉法裁斷，加以揭露、批判、撻伐。同時，鄭重提醒國人，「南海仲裁案」醜劇雖已落幕，但其流毒深遠，不可小覷，有待肅清；中國南海面臨的國際形勢，有

利不利並存，虎狼環伺未已，尋釁滋事，蠢動頻頻。鑑此，中國人亟宜居危思危，加強研究，採取對策，玉帛干戈，兩手並重，努力做到「中國臥榻之旁，不容強霸鼾睡，不許邪惡肆虐」！

↘ 目次

五、本案仲裁裁決作出後中國南海面臨的國際形勢：有利不利並存虎狼環伺未已

六、結論：憂患意識居危思危肅清流毒任重道遠玉帛干戈兩手並重增強國力自求多福

　　二〇一三年一月二十二日，菲律賓單方面提起南海仲裁案。二〇一三年六月二十一日該案仲裁庭（以下簡稱「南海案仲裁庭」組建成立。[1]二〇一五年十月二十九日南海案仲裁庭發布管轄權及可受理性裁決，[2]二〇一六年七月十二日作出最終裁決。南海案仲裁庭認為，中國對「九段線」[3]內海洋區域的資源主張歷史性權利沒有法律依據；南沙群島無一能夠產生延伸海洋區域的島嶼，且南沙群島不能夠作為一個整體共同產生海洋區域；中國在南海的行為妨礙了菲律賓的合法權利，[4]中國違反了海洋環境保護和保全的義務，等等。[5]菲律賓十五項仲裁事項，除被仲裁庭以「軍事活動例外」排除對第 14（a）-（c）項的管轄權和駁回第十五項外，幾乎得到全部支持。這一裁決對中國對南沙群島的主權及在南海可主張的海洋權益產生了極其嚴重的不利影響。

　　但是，這一仲裁裁決存在一系列重大缺陷。首先，仲裁庭的組建上存在極其嚴重的先天的、道義上、法理上的不足：事實表明，仲裁庭的組建，乃是當代**國際三股反動勢力雜交的畸形產兒**，具體說來，就是菲律賓賣國求榮勢力總代表的前總統阿基諾三世，在美國霸權主義勢力的全盤操控和公開支持下，與日本軍國主義互相勾結、狼狽為奸的產物。其次，仲裁庭對於其根本沒

有管轄權的事項**擅自濫用權力**，非法確立管轄權，以此為前提所進行的任何程序及其所發表的任何觀點，當然都不具備合法性基礎。其三，細觀其實體裁決，更是存在眾多悖謬與流毒。其四，中國政府為何對此裁決「嗤之以鼻」認為這一裁決只不過是「一張廢紙」？[6] 在此種情況下，中國南海面臨的國際形勢是什麼？中國應從哪些方面採取有效措施，破解和肅清此裁決的重重悖謬與深遠流毒？

因此，本文將從以下五個方面，即南海案仲裁庭組建染有先天嚴重「胎毒」，南海仲裁案實體裁決之枉法裁斷與滿紙荒唐，南海仲裁案裁決對中國的嚴重不利影響，南海仲裁案仲裁裁決的悖謬與流毒，仲裁裁決作出後中國在南海面臨的國際形勢，逐一進行探討和剖析。最後，作出簡短的結論。

一、菲律賓南海案仲裁庭組建染有先天嚴重「胎毒」：國際三股邪惡勢力「雜交」而生的畸形產兒

（一）美國霸權主義勢力：圈洋為湖　巴蛇吞象

據歷史記載，西元一世紀初，羅馬大帝國鼎盛時期，曾經窮兵黷武，征服和吞併地中海四周弱國疆土，把面積多達二百五十多萬平方公里偌大的整個地中海這一國際海域，圈圈和霸占成為羅馬帝國一國的「內湖」。[7] 二〇〇〇多年之後，「美利堅帝國」不自量力，妄圖仿效當年羅馬大帝國窮兵黷武，圈圈和霸占國際海域成為一國內湖的故技，把面積多達一萬八千多萬平方公里偌大的整個太平洋這一國際洋域，圈圈和霸占成為「美利堅帝國」

一國的「內湖」其野心之大，其貪婪之甚，超過羅馬大帝國七十多倍（太平洋面積約為地中海面積的 72 倍），猶如中國古籍《山海經》所描繪的怪誕故事「巴蛇吞象」。這種痴心妄想，違反時代潮流，違背國際共識，勢必美夢落空，徒貽歷史笑柄！但美國當權鷹派出於一國私利，利令智昏，其窮兵黷武，肆意侵犯他國疆土，霸占國際海域、國際洋域的行徑，從未止息！

近幾十年來，面對中國逐漸和平崛起的現實，美國某些政客、軍人和學者起勁地「賊喊捉賊」鼓吹「中國威脅」論。美國前總統奧巴馬自二〇〇九年執政以來，在對華政策方面更加重視對華防範、遏制、圍堵。[8] 二〇一二年，隨著美軍在「反恐戰爭」中取得階段性成果，奧巴馬政府重提和加緊推行「亞太再平衡」戰略，即「重返亞太」戰略。這個戰略的基礎和核心，就是按照美國立國前後四百多年[9]的傳統，憑武力、靠「拳頭」說話，計劃從二〇一三年開始，至二〇二〇年，將百分之六十海軍艦艇集中到太平洋地區。[10] 自此時起，原來相對太平的太平洋就日益不太平，波濤起伏，日益動盪不安，進入「多事之秋」！二〇一三年十二月十七日，時任美國國務卿克里訪菲時宣布，美國將為菲律賓安全部隊提供四千萬美元的新援助，以幫助菲律賓在與中國圍繞南海主權爭議緊張關係不斷上升的背景下保護菲領海。[11] 對於克里此次東南亞之行，美國《基督教科學箴言報》稱，克里宣布美國將提升對東南亞國家海上安全援助，目標明顯是針對中國在同鄰國領土爭端中日益「咄咄逼人」的姿態。[12]

（二）菲律賓賣國主義勢力：開門揖盜　認賊作父

菲律賓原是中國南海鄰邦，兩國平等友好往來已達千年以上。[13] 近年來，菲律賓考古學者曾在菲律賓西南部蘇祿群島（Sulu Islands），發掘不少中國晚唐和北宋時代的瓷器出土，這說明中國很早就與當地有了友好往來的關係。中國與蘇祿國友好往來的政治關係，尤以明朝永樂年間最為頻繁。史載：永樂十五年（西元 1417 年）其國東王巴都葛叭哈剌、西王麻哈剌叱葛剌麻丁、峒王妻叭都葛巴剌卜並率其家屬頭目凡三百餘人，浮海朝貢，進金鏤表文，獻珍珠、寶石、玳瑁諸物。禮之若滿剌加，尋並封為國王。賜印誥、襲衣、冠帶及鞍馬、儀仗器物，其從者亦賜冠帶及有差。居二十七日，三王辭歸。各賜玉帶一，貢金百、白金二千，羅錦文綺二百，帛三百、鈔萬錠、錢二千緡、金鏽蟒龍、麒麟衣各一。東王次德州，卒於館。帝遣官賜祭，命有司營葬，勒碑墓道，溢曰恭定，留妻妾侏從十人守墓……」[14]

相形之下，西方列強對菲律賓說來則是虎狼之邦，屢屢實行弱肉強食。一五六五年西班牙殖民者以優勢兵力占領菲律賓宿務島，一五七一年占領馬尼拉。此後相繼侵占菲律賓大部分土地，建立殖民統治。一八九八年美國發動帝國主義「狗咬狗」戰爭，從西班牙手中奪取了菲律賓，繼續對菲律賓實行長期的殖民統治。第二次世界大戰期間，日本發動「狗咬狗」戰爭，從美國手中奪取了菲律賓，迫使菲律賓淪為日本的殖民地。一九四五年二戰結束，日本敗北，美國又從日本手中奪回了對菲律賓的統治權，並在菲律賓長期霸占大片農地和海灣，建立龐大的蘇比克軍事基地，繼續實行事實上的軍事占領。在多次反覆的「狗咬狗」

戰爭中，菲律賓人民飽嘗戰亂頻仍、喪權辱國、生靈塗炭、殖民統治、壓迫掠奪的痛苦，奮起反抗，經過長期反美鬥爭，終於迫使美國在一九九二年十一月最終撤出其軍事力量，使菲律賓走向獨立自主。[15] 但好景不長，如今美國又在南海版「中國威脅」論煙幕掩護下，勾結菲律賓賣國主義勢力，大規模捲土重來，恢複變相的軍事占領：「輪值存在」或「輪換駐紮」。

菲律賓賣國求榮勢力總代表前總統阿基諾三世（Aquino III）自二〇一〇年六月底就任以來，在南海問題上多次挑起事端，咄咄逼人，[16] 將民眾的注意力引向南海爭端，並利用南海爭端中表現出的強硬態度重新樹立政府形象，[17] 以緩解國內的貧富差距帶來的社會衝突和重建民眾對政府的信任。另外，為獲得美國的支持，阿基諾三世加大與美國的勾結，甚至不惜出賣國家主權。二〇一〇年，美國不但向菲律賓提供了高達一點四億多美元的直接經濟與軍事援助和四點三四億美元的援助合同，還多次派遣智庫成員和政府要員訪問菲律賓。[8] 二〇一一年二月，阿基諾三世撤換了之前態度「軟弱」表示南海問題「無須美國干涉」的羅慕洛（Romulo）外長，重新任命了「得心應手」的新外交部部長，即菲律賓前駐美大使德爾・羅薩里奧（Albert del Rosario）[19] 二〇一二年九月，阿基諾三世簽署命令，將包括中國南海「九段線」以部分水域和菲律賓群島以西海域命名為「西菲律賓海」，還要求所有政府機關、學校此後在文件、課本及國內外往來信件中都必須使用這一名稱。[20] 二〇一三年一月，菲律賓單方面就中菲兩國在南海的爭議提起《聯合國海洋公約》（以下簡稱《公約》）附件七項下「強制仲裁」。二〇一四年菲美簽

署《加強防務合作協議》，這一協議給予美國軍隊使用菲律賓本土基地更大的自由，美軍可更廣泛使用菲方一些指定的軍事基地和設施，包括機場和港口；美軍有權在這些地方新建設施和部署裝備、戰機和軍艦。[21] 美國在二十世紀的大部分時間在菲律賓擁有軍事基地，但在二十世紀九〇年代初被趕出菲律賓。當時，在反殖民主義情緒的驅動下，菲律賓議會通過一項立法，禁止任何外國政府在該國運行軍事基地，除非簽署了參議院批准的條約。[22] 二〇一四年菲美《加強防務合作協議》的簽署，實質上是讓美軍重返菲律賓，讓渡部分主權給美軍。簡言之，一度被菲律賓人民趕跑了的虎狼，十年之後又被菲律賓賣國勢力總代表前總統阿基諾三世恭恭敬敬地請了回來，引狼入室，開門揖盜，認賊作父。

（三）日本軍國主義勢力：豢養鷹犬　沐猴而冠

中日久有宿怨。日本侵華戰爭造成中國軍民傷亡三千五百多萬人，給中國造成了空前巨大的民族災難，留下了刻骨銘心的慘痛記憶。 但日本右翼分子不思悔改，否定日本二戰侵略史，歷任日本首相反覆參拜供奉日本戰犯牌位的靖國神社，篡改教科書，粉飾侵華戰爭，重整軍備，近年來反覆挑起徹底占領和完全併吞中國固有領土釣魚島的糾紛，置本地區安全於危險境地。[23]安倍晉三重新上臺以來，日本又勾結菲律賓賣國勢力，在對抗中國的問題上結成同盟，加上美國霸權勢力的從中撮合，日本與菲律賓的「合作」日益升溫，[24]日本成了菲律賓賣國勢力新的戰略夥伴和「次大靠山」二〇一二年七月，日菲簽署了防衛合作協

定。[25] 二〇一三年七月，菲律賓總統阿基諾宣稱，「菲律賓的戰略夥伴只有兩個國家，那就是美國和日本」[26] 二〇一五年六月四日阿基諾三世與安倍簽署南海防衛戰略合作夥伴聲明，強化戰略夥伴關係，在南海問題上抱團指責中國。[27] 阿基諾力挺安倍修改憲法解釋，解禁所謂「集體自衛權」，聲稱擴大日本自衛隊的軍事作用，有助於盟友的安全。[28] 在此背景下，菲律賓賣國勢力勾結當時竊據要津、擔任「國際海洋法庭庭長」的日籍法官柳井俊二，以「惡人先告狀」的「原告」（plaintiff, applicant, claimer）身分，提起了南海仲裁案。

柳井俊二何許人也？他原本也只是個「名不見經傳」的小小人物，卻因其趨炎附勢，巴結權貴，長袖善舞，迅速成為日本軍國主義勢力豢養的「法律鷹犬」。請看經過中國新華社初步查證的柳井俊二「安倍走狗履歷」和「軍國思維家譜」[29]

據公開資料顯示，柳井俊二是日本「資深外交官」，也是日本右翼勢力的代表，其父親做過外務省條約局局長。柳井俊二從一九六一年開始在日本外交部門工作，仕途基本平順，屢屢陞遷，一九九七年任日本外務省事務次官（副部長），一九九九至二〇〇一年擔任日本駐美大使。二〇〇五年，他被日本政府舉薦到「國際海洋法法庭」（International Tribunal for the Lawof the Sea）出任法官，二〇一一年至二〇一四年晉陞擔任「國際海洋法法庭」庭長。此外，柳井俊二長期擔任日本首相安倍晉三私人諮詢機構「安全保障法制基礎再構築懇談會」的主席。該機構主要是為安倍政府修憲、解禁集體自衛權、強化日美同盟等行動提供政策及理論支持。

　　早在一九九〇年海灣戰爭期間，時任日本外務省條約局局長的柳井俊二為推動日本通過《聯合國維和行動協力法》，讓自衛隊走出國門發揮了積極作用。二〇一三年八月四日，在南海仲裁案臨時仲裁庭組建剛滿月時，他以「安全保障法制基礎再構築懇談會」會長身分參加日本 NHK《星期日討論》節目，公開闡述其政治立場，揚言「日本」的島嶼受到「威脅」，強調日本存在「敵人'」，需要強化武力來保障日方「安全」。二〇一四年五月，柳井將要求「解禁集體自衛權」的報告書交予日本首相安倍晉三。[30] 菲律賓提起強制仲裁，柳井俊二服務於日本的政治需要，雙方共同利用《公約》中的一些機制缺陷，在南海問題上向中國施加壓力。所以，南海仲裁案不僅涉及中菲之間南海問題上的具體爭議，其背後還充滿了複雜的政治博弈。臨時仲裁庭從組建之初，就有中日海洋島嶼爭端的背景因素，帶有不可告人的政治圖謀和尚待揭露的陰謀詭計。[31]

　　本案仲裁庭由五名仲裁員組成。按照《公約》附件 7 仲裁程序規則，菲律賓和中國各指任一名仲裁員，剩下三名由菲律賓和中國共同指任。[32] 菲律賓任命德國籍仲裁員呂迪格・沃爾夫魯姆（Rtidiger Wolfrum），因中國堅決拒絕參與該案，時任國際海洋法法庭庭長、日本籍法官柳井俊二擅自代替中國任命波蘭籍仲裁員斯坦尼洛夫・帕夫拉（Stanislaw Pawlak）。之後，柳井俊二任命了其他三名仲裁員：法國籍仲裁員皮埃爾・科特（Jean-Pierre Cot）、荷蘭籍仲裁員阿爾弗萊德・松斯（Alfred H. Soons）和加納庭長托馬斯．門薩（Thomas A. Mensah）。[33] 二〇一六年七月十二日，該案仲裁庭作出一致裁決。這是一起少見的全體仲裁員

一致同意裁決內容的仲裁案。[34] 由日本籍法官柳井俊二擅自代替中國任命「代表中國利益」的波蘭籍仲裁員斯坦尼洛夫‧帕夫拉的仲裁員，對裁決內容完全沒有任何異議。可見，二〇一一年至二〇一四年「沐猴而冠」、粉墨登場、晉陞擔任「國際海洋法法庭」庭長的柳井俊二，不但是安倍政府的鐵桿死黨、智囊團人物，而且確實是安倍政府長期豢養的、地地道道的「法律鷹犬」！其狡詐陰險、兩面三刀、一手遮天、幕後操盤、全程導演南海仲裁案醜劇，劣跡斑斑，近年來已被中國和國際公正輿論不斷揭露、批判、撻伐。其具體情節，有心查索的讀者不妨從本文的許多註解[35]中「按圖索驥」這裡就不逐一贅述了。

（四）法官與仲裁員違規濫權：見利忘義　枉法裁斷

據揭露，前述柳井俊二的「安倍走狗履歷」和「軍國思維家譜」，已明顯構成當代國際司法慣例上應當「迴避」的條件，但當時擔任「國際海洋法法庭」庭長的柳井俊二卻恬不知恥地通過幕後操盤，全程導演南海仲裁案醜劇。醜劇中的幾個丑角「演員」——仲裁員，全是見錢眼開、骨頭發軟、見利忘義的柳井同夥，他們之中居然有人在被柳井指定為本案仲裁員之後，背棄應有職業操守和學術操守，公開「忘記」原有一貫的正確學術主張，顛倒是非，自打嘴巴，贊成自己一貫反對的錯誤島礁見解，反對自己一貫堅持的正確島礁主張，藉以獲得天價「酬金」[36]實質上墮落成為菲律賓賣國主義勢力總頭目阿基諾三世出錢豢養的專業打手。對此，時任中國外交部副部長劉振民二〇一六年七月十三日向中外記者公開揭露說，本案仲裁庭五名仲裁員是掙錢

的，掙的是菲律賓的錢，可能還有別人給他們的錢，但可以肯定的是他們是有償服務的。給多少錢？據有關人士透露，本案仲裁員的薪酬高達每小時六百歐元，如按每日工作八小時計算，仲裁員每日薪酬為四千八百歐元，相當於三點七萬多元人民幣。據初步核算，三年來南海仲裁案大概費用開支約為二千六百多萬歐元，約占二〇一五年菲律賓財政預算的兩千分之一。

在政治操弄下，由阿基諾三世政府強行推進而達成的南海仲裁案裁決，惹起菲律賓國內的怨聲。菲律賓前總統辦公廳主任、專欄作家戈韋托·蒂格勞（Rigoberto D. Tiglao）在《馬尼拉時報》發表評論文章說，「他們（美國）在南海沒有主權聲索，也不是《聯合國海洋法公約》的締約國……仲裁案給了美國干預南海事務的藉口，美國中央情報局或者國務院應該給菲律賓報銷這筆高昂的訴訟費和律師費。」[37] 中國南海研究院院長、南海問題資深專家吳士存對此表示，與國際法院法官酬勞由聯合國經費支付不同，臨時仲裁庭仲裁員是明碼標價、有償服務。因中國不參與，因此整個案件所有費用完全由菲方承擔，背後的貓膩不言自明。「仲裁庭（本來）也可以裁決自己沒有管轄權，但如果這樣的話，就意味著仲裁員們丟了自己的飯碗。」[38]

事實再清楚不過了，南海仲裁案由始至終就是一場披著法律外衣的政治鬧劇和金錢收買的醜劇，其背後有著不可告人的圖謀。

（五）記者有意抹黑或無知盲從：佛頭著糞　偷天換日　魚目混珠

三年來，西方追風「狗仔」記者雖非南海仲裁案這場政治鬧劇和醜劇的「演員」，卻扮演了各種不太光彩的「觀眾」角色：有意抹黑者有之，無知盲從者有之，佛頭著糞者有之，偷天換日者有之，魚目混珠者有之。

稍懂國際法常識的大學生一般都知道，荷蘭海牙是國際司法機構和仲裁機集中的國際城市，這些機構良莠不齊，水平懸殊，其中聯合國的司法機構國際法院（International Court of Justice，ICJ）與南海仲裁案臨時仲裁庭（the Arbitral Tribunal Constituted Under Annex VII to the 1982 United Nations Convention on the Law of the Sea between the Republic of the Philippines and the People's Republic of China，簡稱 the Arbital Tribunal of South China Sea Arbitration）之間幾乎毫無相干；位於荷蘭海牙的常設仲裁法院（Permanent Court of Arbitration，PCA）與南海仲裁案臨時仲裁庭有些聯繫，但二者的聯繫非常有限，常設仲裁法院僅為南海案仲裁庭提供秘書服務，僅僅是這個仲裁庭在庭審的時候使用了常設仲裁法院的大廳。[39]此外，常設仲裁法院的歷史悠久，於一九〇〇年成立，並於一九〇二年開始運作，它是政府間的國際組織，獨立於其他國際組織之外，為國際社會提供多種糾紛解決服務。常設仲裁法院目前共有一百二十一個締約國。[40]而南海仲裁案「臨時仲裁庭」則聚集了日本軍國主義鷹犬柳井俊二全盤指定的一撮宵小之徒和學界敗類，毫無公正性可言。

常設仲裁法院的仲裁裁決與聯合國國際法院的判決具有明確

的法律約束力不同，常設仲裁法院的仲裁裁決只有被**雙方認可時才能生效**。雖然常設仲裁法院的仲裁機制完全依賴「當事各方的同意」，包括在仲裁開始之前，當事各方商定各種實際事項和程序（例如提交仲裁問題的措辭及指定仲裁員）。但是，常設仲裁法院的仲裁過程通常**不對外公開**，仲裁費用也由當事方承擔。另外，常設仲裁法院與聯合國的國際法院雖同屬海牙和平宮「租客」，但二者沒有任何隸屬關係。在南海仲裁案中，

　　「臨時仲裁庭」與常設仲裁法院的聯繫，只是體現在臨時仲裁庭租用了常設仲裁法院的辦公地荷蘭海牙和平宮作為其庭審場所，並聘請常設仲裁法院書記官處為其提供秘書服務，這實質上是一種**僱傭關係**。正因為有這些關係，菲律賓和西方媒體才得以別有用心地將南海仲裁案「臨時仲裁庭」與常設仲裁法院**故意混淆**起來。南海仲裁案「臨時仲裁庭」也正是利用這種關係，將其辦公文件及裁決結果的發布，署名為「常設仲裁法院」並附有其徽標，借此招搖撞騙，欺騙國際社會，給人一種南海仲裁案「臨時仲裁庭」的「裁決」是由「常設仲裁法院」作出的錯覺。再加上西方媒體的蓄意炒作，「常設仲裁法院」甚至被人誤認為就是這次南海仲裁案的仲裁機構。[41]

　　至於「國際海洋法法庭」，雖是有影響的專門性的海洋法國際司法機構，但它與南海仲裁案「臨時仲裁庭」之間也無緊密聯繫，成立和運作的依據也有差別。「國際海洋法法庭」是依據《公約》設立的獨立司法機構，旨在裁判因實施《公約》的解釋和適用所引起的爭端，設在**德國漢堡**，自一九九四年十一月十六日《公約》生效後一直存在，屬於常設機構。法庭依照《公約》

《國際海洋法法庭規約》和法庭《規則》的各項規定運作。根據《公約》，「法庭的管轄權包括按照本《公約》向其提交的一切爭端和申請，和將管轄權授予法庭的任何其他國際協定中具體規定的一切申請」，以及「如果同本《公約》所包括的主題事項有關的現行有效條約或公約的所有締約國同意，則有關這種條約或公約的解釋或適用的任何爭端，可按照這種協定提交法庭」。[42]

如果說南海仲裁案「臨時仲裁庭」與「國際海洋法法庭」有一些關係的話，那就是二〇一三年時任「國際海洋法法庭庭長」的日本軍國主義鷹犬法官柳井俊二指派了南海仲裁案「臨時仲裁庭」的部分仲裁員和庭長，但這並不代表「國際海洋法法庭」受理或參與了南海仲裁案。二〇一六年七月十五日，「國際海洋法法庭」新聞官本雅明·貝尼爾施克（Benjamin Benirschke）在接受中國新聞社記者採訪時表示，「國際海洋法法庭」與南海仲裁案並無關係，「國際海洋法法庭既沒有在南海仲裁案件中扮演任何角色，

也不會對其他國際性質法院或是法庭所作出的任何裁決發表任何評論。」這種官方表態，澄清了事實，也反映了「國際海洋法法庭」的真實立場。[43]

由上述分析可見，南海仲裁案「臨時仲裁庭」並不是一種常設機構，也不是國際上有影響力的、具有權威性的國際仲裁機構，更不是聯合國國際法院的一部分。它只是適應菲律賓在南海問題上的非法訴求，在一些西方勢力的支持下，所組成的一個臨時仲裁機構。它作出的「裁決」既不是聯合國國際法院、國際海洋法法庭的裁決，也與聯合國沒有任何關係。該庭對南海仲裁案

的所謂「審理」和「裁決」，根本不能代表國際社會廣泛承認的國際司法、國際仲裁，其公正性嚴重缺乏，其所謂「裁決」也只能是無效和沒有任何拘束力的。[44]

二、菲律賓南海仲裁案實體裁決：枉法裁斷　滿紙荒唐

在日本軍國主義「法律鷹犬」柳井俊二全盤操持下，南海仲裁案臨時仲裁庭於

二〇一五年十月二十九日發布了關於管轄權和可受理性裁決，認定菲律賓所提全部訴求均構成中菲兩國關於《公約》解釋和適用的爭端，裁定對菲律賓部分訴求有管轄權，並對其餘訴求的管轄權問題保留至實體階段一併審理。[45]中國國際法學會二〇一六年六月十日針對南海仲裁案的管轄權問題發表《菲律賓所提南海仲裁案仲裁庭的裁決沒有法律效力》一文。該文對南海仲裁庭的管轄權進行了全面的批駁，認為中國對南海諸島及其附近海域擁有無可爭辯的主權。中菲兩國在南海的爭議，核心是由於菲律賓非法侵占中國南沙群島部分島礁而引發的領土主權問題，以及有關海洋劃界問題。這也正是菲律賓所提南海仲裁案的本質之所在。[46]該裁決至少存在六大謬誤：第一，錯誤地認定菲律賓所提訴求構成中菲兩國有關《公約》解釋或適用的爭端；第二，錯誤地對不屬於《公約》調整而本質上屬於陸地領土主權問題的事項確定管轄權；第三，錯誤地對已被中國排除適用強製程序的有關海域劃界的事項確定管轄權；第四，錯誤地否定中菲兩

國存在通過談判解決相關爭端的協議；第五，錯誤地認定菲律賓就所提仲裁事項的爭端解決方式履行了「交換意見」的義務；第六，背離了《公約》爭端解決機制的目的和宗旨，損害了《公約》的完整性和權威性。[47]

中國法學會因此認為，仲裁庭對菲律賓所提訴求確立管轄權是完全錯誤的。仲裁庭越權管轄已超出《公約》所賦予的職權範圍，仲裁庭罔顧事實，曲解法律，顯失公正，違反審慎原則，其所作裁決完全是一項政治性裁決。已有不少中國和外國國際法學者對仲裁庭越權管轄提出質疑。非法行為不產生權利。仲裁庭對於其明顯沒有管轄權的事項非法確立管轄權，以此為前提所進行的任何程序及其所發表的任何觀點，都不具備合法性基礎。無論仲裁庭最終就案件實體問題作出何種裁決，當然都不具有任何法律效力。[48]

德國學者 Stefan Talmon 也認為，法庭沒有對中國的立場文件、其他官方聲明以及學術著作給予適當的關注。將中國對南沙群島整體的主權主張歪曲成對其中單個島礁的主權主張，使仲裁庭駁回了中國的異議：爭端事實上有關在南海的領土主權。如果仲裁庭考慮到了中國的真實立場，就理應認定本案的真實爭端是對南沙群島的領土主權，並因此認為該臨時仲裁庭沒有管轄權。[49] 仲裁裁決看來並不公正，它通過推論、假定和歪曲而擁有管轄權；仲裁庭並沒有保護不出庭一方（中國）的利益和尊重國際法規則。[50]

中國歷來對整個南沙群島享有領土主權。早在一九四七年，當時的中國政府發布了標明南海斷續線的官方地圖。中國政府認

為南海是「地緣政治利益區域和中國歷史性水域的一部分」。[51]一九五八年《中華人民共和國政府關於領海的聲明》和一九九二年《中華人民共和國領海及毗連區法》均明確規定，中國的領土包括東沙群島、西沙群島、

　　中沙群島和南沙群島。這裡是將南沙群島作為整體納入中國陸地領土。南沙群島包括眾多島礁，其中的島、礁、灘、沙等作為南沙群島的組成部分，均屬於中國的陸地領土。菲律賓主張，美濟礁、仁愛礁和渚碧礁等屬於低潮高地，不應被據為領土，這直接挑戰中國對南沙群島的領土主權。仲裁庭如果認可菲律賓的訴求，就等於企圖否定中國對南沙群島作為整體享有的領土主權。[52]一九九三年四月十三日，中國臺灣地區制定「南海政策綱領」，其前言中指出：「南沙群島、西沙群島、中沙群島及東沙群島，無論就歷史、地理、國際法及事實，向為我國固有領土之一部分，其主權屬於我國。南海歷史性水域界線內之海域為我國管轄之海域，我國擁有一切權益。」[53]二〇一六年七月，中國政府發布白皮書《中國堅持通過談判解決中國與菲律賓在南海的有關爭議》，再次重申，中國人民在南海的活動已有二千多年歷史。中國最早發現、命名和開發利用南海諸島及相關海域，最早並持續、和平、有效地對南海諸島及相關海域行使主權和管轄。中國對南海諸島的主權和在南海的相關權益，是在漫長的歷史過程中確立的，具有充分的歷史依據、法理依據和事實依據。有鑒於此，國際社會對於中國對南海諸島擁有主權和在南海的相關權益，一向沒有爭議，包括西方權威圖書館館藏的大量中外歷史典籍的地圖，都是無法否認的如山鐵證！[54]

但是，以菲律賓前總統阿基諾三世為首的菲律賓賣國主義勢力卻罔顧事實和鐵證，一意孤行，勾結和依仗美國霸權主義和日本軍國主義勢力，單方提起「南海仲裁案」。其所提請求仲裁事項可分成三大類：（1）中國在《公約》規定的權利範圍之外，對「九段線」（即中國南海斷續線）內的水域、海床和底土所主張的「歷史性權利」與《公約》不符；（2）中國依據南海若干岩礁、低潮高地和水下地物提出的二百海里甚至更多權利主張與《公約》不符；（3）中國在南海所主張和行使的權利非法干涉菲律賓基於《公約》所享有和行使的主權權利、管轄權以及航行權利和自由。[55] 根據菲律賓這三類請求仲裁事項，本案仲裁庭將實體階段裁決分成歷史性權利問題、島礁法律地位問題和海洋管轄權爭議問題三大類，作出荒唐裁決。茲縷述和剖析如下：

（一）歷史性權利問題

在歷史性權利問題上，仲裁庭認為，中國對「九段線」內的海域主張權利和管轄權，與菲律賓產生了爭議。這一爭議涉及三個相關但又不同的問題：

（1）《公約》，尤其是專屬經濟區和大陸架規則是否保留《公約》生效以前以協議或單邊行為的方式確立的，但不符合《公約》規定的生物和非生物權利？

（2）《公約》生效以前，中國在其領海以外的南海海域對生物資源和非生物資源有歷史性權利和管轄權嗎？

（3）《公約》締結之後，中國確立了對南海生物和非生物資源的權利和管轄權嗎？是否與《公約》相符？[56]

對於第一個問題，仲裁庭認為，《公約》文本明確規定，它全面處理了其他締約國在專屬經濟區和大陸架內的全部權利，沒有留下可以主張歷史性權利的任何空間。[57] 中國對於「斷續線」內生物資源和非生物資源所主張的歷史性權利，不符合《公約》的規定，因為其超出了中國依據《公約》可以享有的海洋區域的範圍。[58] 因此，自中國加入《公約》及《公約》生效以來，中國對於「斷續線」內區域生物資源和非生物資源曾經可能享有的任何歷史性權利都已被《公約》廢止。[59]

對於第二個問題，仲裁庭認為證據顯示，無論是菲律賓，還是中國，都在歷史上使用過南海中的這些島嶼。這些證據最多只能證明，它們對於這些島嶼主張過歷史性權利，但是不能證明中國對於其領海以外的這些水域享有歷史性權利。[60] 行使國際法上許可的自由並不會產生歷史性權利。在引入《公約》制度之前，國際海洋法律制度只承認寬度很窄的領海，其餘廣大海域都是公海。在這種海洋制度下，幾乎整個南海海域都是公海的一部分。超出其領海界限的南海航行、貿易和捕魚活動，表示中國是在行使公海上的權利。[61] 因此，在領海之外進行的航行和捕魚活動，不能構成歷史性權利形成的基礎。本仲裁庭也無法查明有任何一個證據表明，中國曾經在歷史上管理或控制其領海之外的南海海域的捕魚活動。對海底非生物資源的歷史性權利，這在理論上都不可能。《公約》談判之時，海底採礦只是概念上的，近岸石油開採剛開始，近年來深海區域開採才成為可能。中國海洋石油總公司一九八二年成立。對於海底，仲裁庭認為不存在作為歷史性權利基礎的歷史性活動。[62] 因此，仲裁庭認為，中國在

一九九六年批准《公約》時，放棄了中國之前曾經享有的在南海上的公海自由。[63]

對於第三個問題，自一九九六年《公約》生效以來的這些年，中國是否取得過與《公約》不相符合的權利和管轄權。[64] 仲裁庭認為，某締約國要主張與《公約》不相符的權利，須得到其他締約國的默認，經過足夠長的時間後，毫無疑問地能證明，此等權利不僅存在，而且得到其他國家的廣泛默認。就中國而言，自《公約》生效以來，歷史性權利在中國《專屬經濟區和大陸架法》中提及過。[65] 其他締約國並不知道中國歷史性權利的性質或範圍。直到二〇〇九年，中國才在照會中說明其對斷續線內區域主張歷史性權利，但從那一天起，中國的這一主張便遭到其他締約國的明確反對。因此，中國並沒有取得與《公約》不符的權利和管轄權。[66]

（二）島礁問題

在島礁問題上，仲裁裁決的內容可以分成三部分：（1）島礁的法律地位；（2）南沙群島整體能否主張專屬經濟區和大陸架；（3）南沙群島是否存在能主張專屬經濟區和大陸架的單個島礁。

1. 島礁法律地位

仲裁庭認為，黃岩島、華陽礁、永暑礁、赤瓜礁、西門礁、南薰礁（北）是高潮地物。東門礁、南薰礁（南）、渚碧礁、美濟礁、仁愛礁是低潮高地。東門礁位於西門礁和景宏島高潮地物十二海里之內，南薰礁（南）位於南薰礁（北）和鴻庥島高潮地

物十二海里內，渚碧礁位於中業島上高潮地物敦謙沙洲十二海里內。低潮地物是一國的水下陸塊，屬於領海或大陸架的法律制度內。

關於低潮高地的法律地位，仲裁庭認為，《公約》第13（2）條規定，如果低潮高地全部與大陸或島嶼的距離超過領海的寬度，則該高地沒有其自己的領海。該款沒有明確說明低潮高地不能擁有專屬經濟區和大陸架。但是《公約》已暗含了這一限制，低潮高地不能擁有領海，自然不能擁有專屬經濟區和大陸架。《公約》第121（3）條也暗示了這一限制。該款規定即使是視為岩礁的高潮地物也不能擁有專屬經濟區和大陸架。[67]

儘管在低潮高地的物理描述中有「陸地」這一術語，但是低潮高地並不是法律意義上一國的陸地領土組成部分。相反它們是一國的水下陸塊，屬於領海或大陸架的法律制度內。因此，因為不同於陸地領土，仲裁庭同意這一觀點：「低潮高地不能被占有，儘管沿海國對位於其領海內的低潮高地有主權是基於沿海國對領海的主權」[68]。

2. 南沙群島整體能否主張專屬經濟區和大陸架

仲裁庭提到，其注意到中國主張：「中國以南沙群島整體主張領海、專屬經濟區和大陸架。」[69]其認為可以從兩個方面理解中國的整體性主張。如果中國認為在需要評估人類居住和經濟生活標準的同時，人類可以通過使用相關的海洋地物來維持，仲裁庭同意。仲裁庭意識到島上的一小群人口常常會利用一群礁石或岩礁來維持其生活。[70]因此法庭並不限於考慮菲律賓在其訴狀中提出的地物，而是要求菲律賓提供南沙群島中所有重要高潮

高地的詳細信息。[71]

但是，仲裁庭不讚同中國主張南沙群島能劃群島或直線基線，並能以南沙群島整體主張海域區域。群島直線基線的適用應嚴格按照《公約》的規定進行。《公約》第 47（1）條將群島直線基線的適用限於「群島國」。第 46 條將「群島國」界定為「全部由一個或多個群島構成的國家，並可包括其他島嶼」[72]。中國主要由亞洲大陸的領土構成，並不符合群島國的定義。《公約》第 47 條將群島基線的使用限於「這種基線應包括主要的島嶼和一個區域，在該區域內，水域面積和包括環礁在內的陸地面積的比例應在 1：1 至 9：1 間」。在任何可以想像的劃南沙群島基線系統中，南沙群島的水陸比大大超過了 9：1。[7]

《公約》第 7 條規定了沿海國使用直線基線的某些情形。仲裁庭注意到一些國家在其遠洋群島中使用直線基線產生類似群島基線的效果。在仲裁庭看來，南沙群島採用直線基線違反了《公約》。《公約》第 7 條規定直線基線適用於「在海岸線極為曲折的地方，或者如果緊接海岸有一系列島嶼。」遠洋群島並不屬於這類情形。儘管《公約》沒有明確排除直線基線在其他情形中的使用，但是仲裁庭認為《公約》第 7 條直線基線和第 46、47 條群島基線不適用於其他情形，尤其是不符合群島基線標準的

遠洋群島。對第 7 條和第 47 條的任何其他解釋將使這兩條規定的條件無意義。[74]

儘管存在一些國家的相反實踐，但是仲裁庭認為這些背離這一規則的實踐並不表明，背離《公約》的行為已經成為了新習慣國際法規則。[75]

3. 南沙群島中的單個島礁是否能主張專屬經濟區和大陸架

南沙群島中的單個島礁能否主張專屬經濟區和大陸架，與《公約》第 121（3）條的解釋密切相關。《公約》第 121（3）條是「不能維持人類居住或其本身的經濟生活的岩礁，不應有專屬經濟區或大陸架」。

仲裁庭認為，根據第 121（3）條的文本、上下文、目的與宗旨及起草歷史，[76] 在確定地物的法律地位時，應當根據地物的自然能力，不考慮旨在增加其維持人類居住或其本身經濟生活能力的外來添加或修改。[77] 該條中的措辭「人類居住」應當理解為，是一個穩定的人類群體居住在該地物之上，該地物就是他們的家之所在。這樣的人類群體不一定人口眾多，在一個遙遠的環狀珊瑚島上，僅有少數個人或者少數家庭，就足以認定為「人類居住」。[78]

「其本身的經濟生活」應當圍繞該地物本身進行，而不是僅僅關注於其周圍領海內的海域或海底。經濟生活完全依賴於外部資源，或者目的在於將地物作為資源消耗活動的客體而與當地人民無關的。[79]

該款是一個轉折句，因此其能力既可以是維持人類居住的能力，也可以是維持其本身經濟生活的能力。無論哪種能力，都足以使該地物有資格成為一個高潮地物，從而擁有專屬經濟區和大陸架。[80] 海洋地物維持人類居住或其本身經濟生活的能力，須依據客觀標準，而不是該地物是否現在、曾經有人類居住，或者是人類居所或有經濟生活。[81] 在評估地物維持人類居住或其本身經濟生活的能力時，必須個案進行。《公約》起草者們審查過

若干特定的測試標準，但都予以拒絕，其目的就在於維護第 121（3）條規定的一般性規則。

　　但是，仲裁庭認為，構成一個地物自然能力的主要因素是可以識別的。這些主要因素包括是否存在淡水、食物和住所，其數量是否足夠到使一群人可以在此地物上進行不確定期間的生活。這些因素還包括一些必須考慮到的事實。這些事實會影響到地物之上的居住條件和對於經濟生活的開發，包括主流氣候狀況、該地物與其他人類居住地區和其他人群的距離遠近、該地物之上及周圍維持生計的潛在可能性。雖然這些因素對於維持人類居住及經濟生活具有一定的作用和重要性，但其作用和重要性也因個案而有所不同。面積微小、不能居住的地物可能明顯不適合居住。[82] 在評估地物的此等能力時，應當適當顧及一組小島地物集體維持人類居住或經濟生活的能力。只要這些島嶼從整體上成為一個網絡的一部分，可以維持人類居住，符合爭議地物之上人民的傳統生活方式，本仲裁庭不會認為，多個島嶼以這種方式所起的作用可以等同於外部供應。[83]

　　仲裁庭沒有發現太平島曾經從島外進口過土壤的證據，因而認為，這些證據最有可能地反映了太平島在自然狀況下維持人類居住或其本身經濟生活的能力。但是，太平島上進行此等耕作的能力是有限的，其本身的農業並不足以維持一定規模的人口生存。南沙群島中其他地物的此等能力更加有限，在它們之上進行具有重大意義的耕作，其難度遠遠超過在比它們面積更大、蔬菜更多的太平島和中業島這兩個地物上進行的耕作。[84]

　　仲裁庭認為太平島、中業島、西月島、南威島、北子島、南

子島不屬於《公約》第

121（3）條能維持人類居住或本身經濟生活的島嶼。南沙群島其他不重要的高潮地物亦是，沒有單獨列出的必要。[85] 仲裁庭認為南沙群島中沒有高潮地物能維持人類居住或其本身的經濟生活，根據《公約》第 121（3）條的規定，此類地物不能有專屬經濟區或大陸架。[86]

（三）海洋管轄權爭議問題

海洋管轄權爭議問題主要由仲裁庭針對菲律賓第八至十四項仲裁事項的裁決內容構成，涉及中國干涉菲律賓的海洋管轄權、菲律賓漁民在黃岩島的傳統捕魚權、海洋環境的保護和保全以及航行安全等。

1. 中國干涉菲律賓行使海洋管轄權問題

菲律賓在第八項請求提出，中國非法地妨礙了菲律賓享有和行使其對專屬經濟區和大陸架的生物和非生物資源的主權權利。本案仲裁庭認為這一事項有關中國的行為干涉菲律賓在其專屬經濟區內石油開採、地震帶調查（seismic surveys）和捕魚。[87] 仲裁庭看來，中菲雙方有關生物和非生物資源的爭端在於雙方對各自在斷續線內菲律賓海岸二百海里範圍內享有的南海海域的分歧。很明顯，雙方認為各自對此區域資源享有專屬權利，並因此行事。[88] 仲裁庭認為，相關海域構成菲律賓的專屬經濟區和大陸架，僅有菲律賓對其中資源享有專屬權利。[89] 在非生物資源的行為方面，中國海監船在禮樂灘阻礙 M/V Veritas Voyager 並要求其離開，違反了《公約》第七十七條，該條賦予菲律賓對禮樂

灘海域大陸架的權利。[90] 在對生物資源的干涉方面，中國二〇一二年禁漁令意圖適用於北緯十二度以北的菲律賓專屬經濟區，且不限於中國船舶，對菲律賓漁民帶來破壞後果。中國二〇一二年禁漁令違反了《公約》第五十六條，該條賦予菲律賓對其專屬經濟區內生物資源的權利。[91] 菲律賓沒有證據表明中國政府阻止菲律賓漁民在美濟礁和仁愛礁捕魚。[92] 但是，仲裁庭認為這些事件沒有發生不表明中國的行為不會導致阻止菲漁民去美濟礁和仁愛礁捕魚的後果。仲裁庭可以想像中國執法船舶的存在會導致菲漁民避開這些區域。但是，仲裁庭不準備基此作出違反公約的決定。[93]

因此，仲裁庭認為，中國海監船在二〇一一年三月一到二日阻止 M／V Veritas Voyager 違反了《公約》第七十七條。中國二〇一二年禁漁令違反《公約》第五十六條。[94]

2. 中國違反船旗國勤勉義務的問題

第九項請求有關菲律賓指控中國未阻止其公民及船舶開發菲律賓專屬經濟區內的生物資源的行為非法。仲裁庭認為，菲律賓這一仲裁事項有關美濟礁和仁愛礁。[95] 美濟礁和仁愛礁位於菲律賓專屬經濟區內，菲律賓對這一區域內的資源享有主權權利，中國漁民在這些岩礁的捕魚活動受菲律賓專屬經濟區漁業法規制。[96] 仲裁庭認為中國漁民在美濟礁和仁愛礁活動的記錄僅限菲律賓海軍二〇一三年五月的報告。其中，在仁愛礁最重要的證據，是菲律賓在一定距離觀察到的中國漁船的活動，並且中國政府船沒有試圖執行其規則或限制中國漁船的活動。[97] 仲裁庭認為，中國通過其海監船容忍和沒有適當勤勉阻止中國漁船二〇一

三年五月在美濟礁、仁愛礁捕魚，沒有適當顧及菲律賓在其專屬經濟區的主權權利，違反了《公約》第 58（3）條的義務。即，未盡船旗國勤勉義務。[98]

3. 黃岩島傳統捕魚權問題

菲律賓第十項請求指控中國非法地阻止菲律賓漁民在黃岩島尋求生計的傳統捕魚活動。該項仲裁事項的事實是二〇一二年後中國政府船舶在黃岩島海域，並干涉菲律賓漁民靠近這一地物的行為。[99] 仲裁庭認為，黃岩島領海是菲律賓、越南和中國漁民的傳統漁場。[100] 傳統捕魚獨立於主權問題。[101]

菲律賓一方面主張，中國在領海外的歷史性權利因為《公約》的通過和習慣國際法中的專屬經濟區概念而消失。另一方面，菲主張其在黃岩島的傳統捕魚權必須受保護，即使中國對這一地物享有主權。[102] 但是仲裁庭認為這兩個觀點中不存在矛盾，而是反映了專屬經濟區創設的特定情形。[103] 在《公約》中的專屬經濟區制度採用之後，仲裁庭不認為《公約》起草者意圖讓傳統或手工捕魚權在引進專屬經濟區制度後繼續存在。在領海中，《公約》繼續保留大部分已經存在的法律制度。《公約》的創新是通過十二海里領海寬度，不是發展其內容。該案仲裁庭看不出《公約》的通過意圖改變領海中的既得權利，與專屬經濟區不同的是，領海中的傳統捕魚權仍然受國際法保護。該案仲裁庭同樣注意到大多數傳統捕魚發生在臨近海岸的地方。[105]

二〇一二年五月後，中國政府船隻阻止菲律賓漁民在黃岩島捕魚。菲律賓提供的證據表明，菲律賓漁民在黃岩島入口處受到中國船舶的物理阻攔並被中國船舶用水槍驅趕。中國政府船隻的

行為屬於中國官方行為，這些行為的後果可歸屬於中國。[106] 二〇一二年五月中國阻止菲律賓漁民在黃岩島捕魚的行為，沒有尊重保護菲律賓漁民傳統捕魚權的國際法。[107]

4. 海洋壞境保護和保全問題

菲律賓第十一項請求指控中國在黃岩島、仁愛礁、華陽礁、永暑礁、南薰礁、赤瓜礁、東門礁和渚碧礁違反了《公約》中保護和保全海洋環境的義務；2（b）項指控中國對美濟礁的占領和建造活動違反了《公約》中保護和保全海洋環境的義務。

仲裁庭認為，菲律賓指控中國環境損害違法行為為兩類：有害捕魚實踐和有害建造活動。[108] 仲裁庭認為中國容忍和保護中國漁船在黃岩島、仁愛礁和南沙其他地物采捕瀕危物種，違反了《公約》第 192 條和 194（5）條。[109] 中國在七個海洋地物上的建造活動對海洋環境導致了災難性和長期的損害。中國違反了《公約》第 192 條、194（1）條、19 4（5）條。[110] 沒有證據證明中國試圖與其他南海沿岸國合作或協調，中國沒有履行《公約》第 197、123 條要求合作的義務。[111] 中國亦未盡《公約》第 206 條環境影響評估的義務。[112]

5. 中國對美濟礁占領和建造活動的非法性問題

菲律賓第 12（a）、（c）項請求指控中國對美濟礁的占領和建造活動：（a）違反了《公約》關於人工島嶼、設施和結構的規定；（c）構成違反《公約》規定的試圖據為己有的違法行為。

仲裁庭認為，美濟礁是低潮高地，位於菲律賓專屬經濟區內，因而是其專屬經濟區和大陸架的一部分。美濟礁不位於中國所主張地物能產生的海域範圍內。[113] 根據《公約》第 60 條，

只有菲律賓有權建造或授權建造。[114] 中國在美濟礁上的建造活動，使美濟礁成了人工島。中國未獲得菲律賓的許可建造人工島，違反了《公約》第60條規定。[115]

對於菲律賓第12（b）項指控，法庭認為美濟礁不能被占有，美濟礁不是法律意義上的陸地領土，是一國水下陸塊的組成部分，受大陸架法律制度的約束。低潮高地不同於陸地領土，不能被占有。[116] 中國在沒有菲律賓授權的情況下，在美濟礁上建造人工島和設施，違反了《公約》第60和80條有關菲律賓在專屬經濟區和大陸架上的主權權利。低潮高地不能被占有。[117]

6. 中國政府船危險航行問題

菲律賓第13項請求指控中國危險地操作其執法船給在黃岩島附近航行的菲律賓船造成嚴重碰撞危險的行為，違反了中國在《公約》下的義務。

仲裁庭認為《公約》第94條使《國際海上避碰規則》並人公約，一併約束中國。《國際海上避碰規則》作為確保海上安全必要措施的「普遍接受的國際規則」，違反該規則，構成違反《公約》本身。[118] 仲裁庭考慮了菲律賓提交的 Allen 報告和二〇一六年四月十五日 Gurpreet S. Singhota 船長的報告。[119] Gurpreet S. Singhota 認為中國違反了《國際海上避碰規則》第2、6、8、15 和 16 條。[120] 因此，仲裁庭認為中國在黃岩島領海的執法船舶，對菲律賓船舶和人員造成了嚴重的碰撞危機和危險。中國違反了《國際海上避碰規則》第2、6、8、15 和 16 條，並因此違反了《公約》第94條。[121]

7. 菲律賓第 14 項請求

該事項指控自從二〇一三年一月仲裁開始，中國非法地加劇並擴大了爭端，包括：

（a）妨礙菲律賓在仁愛礁海域及其附近海域的航行權利；

（b）阻止菲律賓在仁愛礁駐紮人員的輪換和補給；

（c）危害菲律賓在仁愛礁駐紮人員的健康和福利；以及

（d）在美濟礁、華陽礁、永暑礁、南薰礁、赤瓜礁、東門礁和渚碧礁從事挖沙填海和人工島嶼的建造和建設活動。

仲裁庭駁回了菲律賓 14（a）—（c）項請求，但是認可了菲律賓 14（d）項請求，認為，在爭端解決過程中，該爭端的當事方有義務防止該爭端的加劇和擴大。中國 （a）在位於菲律賓專屬經濟區內的低潮高地美濟礁建設了大規模的人工島嶼；（b）對珊瑚礁生態系統造成了永久的、不可恢復的破壞以及（c）永久性地消滅了關於相關島礁自然狀態的證據。中國違反了在爭端解決過程中爭端當事方防止爭端的加劇和擴大的義務。[122]

三、菲律賓南海仲裁案裁決對中國的嚴重不利影響

菲律賓南海仲裁案對中國的嚴重不利影響如下：

1. 對南海諸島主權的嚴重不利影響

中國自古對南海諸島有不可置疑的主權。仲裁庭裁決中國南沙群島組成部分的美濟礁、仁愛礁是菲律賓專屬經濟區和大陸架的一部分。這實質上是否認了中國對南沙群島的主權，甚至是對西沙群島的主權。中國南沙群島、西沙群島和中沙群島中的低潮

高地及水下地物要麼屬於距離其二百海里範圍內的沿海國，要麼屬於國際海底，要麼屬於沿海國的外大陸架。

2. 對南海諸島所能主張海洋區域的嚴重不利影響

根據仲裁裁決，中國不能以南沙群島整體或其中的任一島礁主張專屬經濟區和大陸架。中國所能主張的海域範圍，僅限南沙群島內高潮高地的十二海里領海和黃岩島十二海里領海。然而，南沙群島中大部分高潮高地被南海周邊國家侵占，中國所能實際控制的海域範圍僅限太平島、赤瓜礁、華陽礁、永暑礁、南薰礁（北）和西門礁十二海里範圍，美濟礁五百米安全帶以及中沙黃岩島十二海里範圍。

3. 對我國在南海歷史性權利主張的嚴重不利影響

仲裁庭否決中國在南海的歷史性權利的主張，中國不能在南海中主張任何歷史性權利。

4. 對海洋管轄權方面的嚴重不利影響

（1）中國不能阻止菲律賓以及其他國家的漁民在黃岩島及其領海捕魚的傳統權利，越菲在黃岩島領海捕魚有了法律依據。越南會進一步加大對西沙群島的侵漁力度，以保證其在西沙群島的歷史性捕魚權。

（2）中國不能干涉越南在萬安灘、菲律賓在禮樂灘的油氣勘探開採活動，因為這些區域屬於越南或菲律賓的專屬經濟區和大陸架。

（3）加大了中國在黃岩島上的島礁建設難度。仲裁庭認為中國的島礁建設行為不只對海洋環境造成了不可逆轉的損害，而且加劇了爭端，違反了與南海沿岸國進行合作的義務和《公約》

第 206 條中的環境影響評估義務。可以預見的是，只要黃岩島一旦進行島礁建設行為，必然會遭到越菲等國以及國際社會違反了保護海洋環境義務的指控。

（4）中國不得干涉菲律賓在仁愛礁的輪崗補給及菲律賓漁民在仁愛礁的捕魚行為。

（5）中國與菲、越的後續南海權益鬥爭恐將進一步複雜化。仲裁裁決賦予了菲律賓對美濟礁的主權權利。菲律賓有可能在中菲關係惡化時，要求中國拆除設施、支付環境損害費和使用費。此外，越南亦不僅能主張渚碧礁、南薰礁（南）和東門礁分別為其所占敦謙沙洲、鴻庥島、景宏島的領海基點，[123] 而且能主張西沙群島中位於其海岸二百海里內的低潮高地和水下地物為其專屬經濟區和大陸架的一部分。

（6）南海斷續線內海域為我國一直主張的傳統漁場，中國與菲律賓、印度尼西亞、馬來西亞等南海周邊鄰國的漁業糾紛恐將進一步增加。仲裁庭否認了中國漁民在南海的歷史性捕魚權，認為中國所能主張的海域範圍僅限南沙群島中的高潮高地和黃岩島所享有的十二海里範圍，南海斷續線內位於菲律賓、馬來西亞和印尼海岸二百海里範圍內的水域分別屬於菲律賓、馬來西亞和印度尼西亞的專屬經濟區和大陸架。我國漁民不得在這些傳統漁場捕魚。

四、菲律賓南海仲裁案仲裁裁決的悖謬與流毒

（一）越權裁決了南沙群島的主權問題

仲裁庭在裁決中多次提及中國和菲律賓的有關證據有關南沙群島和黃岩島的主權。比如：

裁決第 264 段：中國在公開聲明、外交照會及《立場文件》中一再聲稱它對南沙群島和黃岩島擁有主權。中國認為，從歷史上看，它的國民就在南海進行航行和貿易，

中國漁民在南沙群島進行居住、工作和生活。對此，中國漁民世代傳承下來的更路簿等都有明確記載。這些證據可以讓仲裁庭有依據處理對於南沙群島和黃岩島的主權問題。不過，本仲裁庭沒有獲得這樣的授權。[124]

第 265 段：證據顯示，無論是菲律賓，還是中國，都在歷史上使用過南海中的這些島嶼。這些證據最多只能證明，它們對於這些島嶼主張歷史性權利。

第 267 段：由於本仲裁庭並不處理主權問題，因而對那些證明中菲兩國任何一方在歷史上曾經使用過這些島嶼的證據，本仲裁庭並不感興趣。

《公約》並不涉及領土主權，仲裁庭不能處理領土主權爭端，僅能解決《公約》解釋和適用的問題。這一點在前述裁決第264、267 段得到了體現。但是，仲裁庭不能處理南沙群島和黃岩島的主權問題，並不能表明仲裁庭可以繞過主權問題，從而實質裁決南沙群島的主權問題。中國加入《公約》並未放棄對南沙群島的主權，仲裁庭在未處理南沙群島主權的情況下，裁決南沙

群島組成部分的美濟礁、仁愛礁是菲律賓專屬經濟區或大陸架的一部分，實質上是否認了中國對南沙群島的主權。仲裁庭在繞過直接處理主權問題的情況下，對南沙群島的主權歸屬作出裁決，仲裁庭此種裁決的公正性和合法性就蕩然無存了，其違法性即**枉法裁斷**就極其彰明昭著了！

因為，菲律賓所提訴求與中菲領土主權問題密不可分，處理這些訴求，依據現行的國際法基本準則和國際實踐慣例，必須先行判定南海部分島礁的領土主權歸屬。

依據國際法上的「陸地統治海洋」原則（969年北海大陸架案判決第96段，1978年愛琴海大陸架案判決第86段），陸地領土主權是海洋權利的基礎和前提。聯合國國際法院指出，「海洋權利源自沿海國對陸地的領土主權」（2001年卡塔爾—巴林案判決第185段）且「陸地領土狀況是確定沿海國海洋權利的出發點」（2001年卡塔爾—巴林案判決第185段，2007年尼加拉瓜洪都拉斯案判決第113段）。《公約》框架下的海洋權利必須以陸地領土主權為基礎。《公約》在序言中開宗明義地指出，「認識到有需要通過本《公約》，**在妥為顧及所有國家主權的情形下**，為海洋建立一種法律秩序」。如果在領土主權問題尚未解決的情形下處理海洋權利問題，就無法做到妥為顧及相關國家主權。因此，先行判定國家領土主權是依據《公約》確定沿海國海洋權利的前提。[125] 否則，就必然是極其彰明昭著的**枉法裁斷**！！

（二）部分證據存在真實性和證明力的問題

證據是證明案件事實的依據。《公約》附件 7 第 9 條提及，仲裁法庭在作出裁決前，必須不但查明對該爭端確有管轄權，而且查明所提要求在事實上和法律上均確有根據。但是仲裁庭採納的部分證據存在真實性和證明力的問題。

其中存在真實性問題的典型證據包括：

第一，針對菲律賓第 11 項和第 12（b）項，仲裁庭在二〇一六年七月十二日裁決中提及，「最近的證據也表明中國漁民大規模捕撈瀕危玳瑁。這些中國漁民被菲律賓逮捕，遭致了中國的抗議。」[126]『最近的證據」是指二〇一五年十二月十五日 BBC 新聞《為什麼中國漁民毀壞南海珊瑚礁》和二〇一四年十一月二十五日外交部發言人華春瑩在例行記者會上的發言。這兩個證據均指向二〇一四年五月「瓊瓊海 09063 號」漁船案，但是這一事件並不能表明中國漁民大規模捕撈海龜。

「瓊瓊海 09063 號」漁船上的海龜並非中國漁民自己捕撈，而是從菲律賓人或者其他國家的漁民處收購的。菲律賓國內媒體對這一事件的報導如下：菲律賓 GMA 新聞網五月八日稱，菲律賓海警八日稱在接到當地漁船向外國漁船倒賣珍稀海龜的情報後鎖定了被認為是可疑船隻的「瓊瓊海 09063 號」[129] 菲律賓巴拉望持續發展委員曾公開承認，存在一個由外國買家和國內供應者組成的「供求體系」，即菲律賓人負責捕捉瀕危的海龜，然後以每隻一點五萬至三萬比紹的價格，大批量賣給中國人。《菲律賓每日問詢者報》十一日援引軍官的話稱，中國船隻不想靠近巴拉望海岸，他們更喜歡在半月礁與供應商會面。[130]

事實上，「瓊瓊海 09063 號」漁船也不可能在短短數天內捕撈五百多隻海龜。「瓊瓊海 09063 號」漁船四月中旬離開潭門漁港赴南沙，出海時沒有攜帶捕撈海龜的大網等工具，四月二十九日到達半月礁。從四月二十九日到達半月礁海域到五月六日被菲律賓非法扣押有六天多時間。半月礁一帶不是海龜的聚集區域，沒有攜帶捕撈工具的「瓊瓊海 09063 號」難以在六天多的時間內捕撈到五百多隻海龜。[131] 可見，無論是菲律賓國內媒體的報導，還是從事實上考量，「瓊瓊海 09063 號」漁船均無法在短時間內捕撈五百多隻海龜。有關二〇一四年五月半月礁事件的信息，互聯網上有詳盡的報導，但是仲裁庭並沒有盡到查明半月礁事件這一事實的義務，錯誤認定中國漁民大規模捕撈海龜。

第二，針對菲律賓第 10 項請求，仲裁庭認為，雖然有幾個國家對黃岩島主張主權，但有證據顯示，黃岩島周圍水域業已持續成為漁民們的傳統捕魚場。[132] 歷史上的地圖證據顯示，在黃岩島與菲律賓本土之間存在著某種聯繫。菲律賓在一七三四年製作的一幅地圖上，包括了黃岩島。[133] 這一地圖是一七三四年西班牙佩德羅‧穆里略‧維拉德的《菲律賓群島水道與地理圖》。其出處是二〇一四年三月十九日 Antonio Remiro Brotóns 所撰 Spain in the Philippines（16th-19th Centuries）— 文第 16 頁、24 頁的地圖。[134]

此圖一七三四年在馬尼拉出版，作者是西班牙耶穌會士佩德羅‧穆里略‧維拉德（Pedro MurilloVelarde）。在這幅地圖中提到兩位西班牙人，一位是繪圖者弗朗西斯科。蘇亞雷斯（Francisco Suarez），一位是地圖鑴刻者尼古拉斯‧克魯斯‧巴蓋

伊（Nicolas dela Cruz Bagay）。這幅地圖被認為是所有菲律賓地圖的母本。菲律賓網站認為這是一張最早出現「Panacot」淺灘的地圖，在菲律賓語中「Panacot」一詞是威脅或危險的意思，並將「Panacot」淺灘誤認為中國的黃岩島。[135] 當一七三四至一七四四年西班牙人繪製這兩幅菲律賓地圖時，英國的商船斯卡伯勒號（Scarborough）尚未在黃岩島出事，菲律賓人和西班牙人還不清楚黃岩島的存在和位置，否則英國商船不會因偏離航路而觸礁。一七三四年《菲律賓群島水道與地理圖》、一七四四年《菲律賓群島地圖》顯示的 Panacot 島礁，不僅形狀與黃岩島的形狀不一致，而且位置也不一樣。所以，僅憑一七三四年這幅地圖來說明黃岩島屬於菲律賓是不足為據的，其觀點並不能成立。[136] 黃岩島被正確地畫在歐洲人繪製的地圖上，是基於一七四八年一艘屬於英國東印度公司的商船斯卡伯勒號在黃岩島觸礁沉沒，為了紀念此次事故，黃岩島被英國人命名為「Scarborough Shoal」或「Scarboro」，即水位下落時可見的沙洲或淺灘。[137]

其中，存在證明力問題的典型證據，如：

在針對菲律賓第 11 項和第 12（b）項請求的事實背景部分，仲裁庭提到「在南海，海洋洋流和海洋物種和生物圈一起，在不同生態系統之間創建了高度的互聯性。這意味著，發生在黃岩島和南沙群島上的任何環境損害，其影響都不會只侷限於鄰近海域，而是會影響到南海其他地方生態系統的健康狀態及生存能力。」仲裁庭用Carpenter 第一份報告的第 8 頁，[138] 第二份報告的第 3 頁[139] 第 26-27 頁[140] 和Ferse 報告的第 37-39 頁[141] 來支持「高度互聯性」

但是 Ferse 報告明確指出有關南海「高度互聯性」的研究資料極其缺乏,[142]『高度互聯性」問題不僅存在高度不確定性而且無法確定互聯的程度。 根據仲裁庭所援引的專家報告,南海存在互聯性。 這種互聯性是由洋流和海洋生物圈兩個要素創建的。但是,創建「互聯性」的海洋物種生物圈在互聯性方面存在不確定性,[143]並且無法確定此種互聯對維持漁業或生物多樣性的重要性[144]及互聯的程度[145]『發生在黃岩島和南沙群島上的任何環境損害」是否會影響「南海其他地方生態系統的健康狀態及生存能力」並不清楚。仲裁庭在此基礎上,錯誤類推「發生在黃岩島和南沙群島上的任何環境損害,其影響不限於直接受影響區域,而且會影響到南海其他地方生態系統的健康狀態及生存能力」。 此種錯誤類推幾近主觀武斷和隨便臆斷,豈能取信於天下?!

(三)仲裁庭在島礁法律地位問題上的謬誤

菲律賓所提第二類仲裁請求指控中國依據南海若干岩礁、低潮高地和水下地物提出的二百海里甚至更多權利主張與《公約》不符。中國並非依據南海若干岩礁、低潮高地和水下地物提出的二百海里甚至更多權利,相反,中國依據南沙群島整體主張領海、專屬經濟區和大陸架。對於島礁法律地位問題,涉及群島的整體性、能主張專屬經濟區和大陸架的「島嶼」的判斷標準、低潮高地的法律地位三個方面。

1. 遠洋群島的整體性問題

在遠洋群島的整體性問題上,《公約》並未排除大陸國家遠

洋群島類似適用群島國制度，僅僅是遺留了這一問題。《公約》未對大陸國家遠洋群島作出規定，也未規定遠洋群島的基線問題。在第三次聯合國海洋法會議期間，加拿大、智利、冰島、印度、印尼、毛里求斯、墨西哥、新西蘭和挪威等九個國家在一九七四年舉行的第二次會議上提出群島制度應擴及大陸國家遠洋群島。《公約》最終未寫入上述條款。《公約》僅規定了群島國制度，沒有規定大陸國家遠洋群島問題。新加坡國際法學者達文波特（Tara Davenpot）認為：「《公約》在有關遠洋群島問題上留下一個空白」，「因為國際社會沒有準備解決遠洋群島問題，它是被《公約》有意省略的」。根據《公約》，有關遠洋群島制度屬於「公約未予規定事項」。[146]

　　雖然仲裁庭認為《大陸國家對遠洋群島採用直線基線做法」未成為國際習慣法，但是這些實踐在促成這方面規則發展方面有較大作用。當今世界已經有挪威、法國、厄瓜多爾、印度、丹麥、西班牙、葡萄牙、英國、加拿大、阿根廷等十多個國家正式採用直線基線並且構建了遠洋群島法律制度。大陸國家在遠洋群島採用直接基線的做法在《公約》通過之前就已經存在。《公約》通過之後，丹麥、阿根廷、法國、印度、葡萄牙、英國、加拿大、阿根廷等至少八個國家對遠洋群島採用直線基線或改進先前的直線基線設置。上述國家設定直線基線的法令均向聯合國秘書處進行了登記，其中的大部分法令還由《聯合國海洋法公報》進行了公布。上述國家在遠洋群島設定直線基線以後，除了美國以外，幾乎沒有國家公開反對。此外，現行的國際條約包括《公約》均未禁止大陸國家在遠洋群島設定直線基線。因此從法理上

分析，大陸國家構建遠洋群島法律制度的實踐在較大程度上具備了構成國際習慣法的《物質要素》和《心理要素》，屬於正在形成中的國際習慣法，其本質上構成了重要的國際慣例。

因此，仲裁庭在解釋《公約》第 7、47 條時，沒有考慮到構建大陸國家遠洋群島制度的做法正在成為習慣國際法的重要事實，即沒有考慮《公約》當事國重要的嗣後慣例，

因而不符合該約文的通常含義。[147]

2. 能主張專屬經濟區和大陸架「島嶼」的判斷問題

《公約》第 121（3）條規定「不能維持人類居住或其本身的經濟生活的岩礁，不應有專屬經濟區或大陸架」。在第三次聯合國海洋法會議上，受制於各國的嚴重分歧，

《公約》有關島嶼的規定只有一條，並且是兩種對立觀點妥協的產物，天生具有模糊性。日本、希臘、法國、委內瑞拉、英國、巴西、葡萄牙、伊朗、厄瓜多爾和澳大利亞等國反對將島礁進行分類處理，要求給予所有類型的島礁同樣的海洋權利；而多米尼加、新加坡、德國、蘇聯、阿爾及利亞、韓國、丹麥、蒙古、土耳其和哥倫比亞等國則要求對島礁進行分類，給予不同類型的島礁不同的海洋權利。最終，兩類國家達成妥協，形成了《公約》第 121（3）條，但對其中關鍵術語的含義並未澄清，從而給各國留下了解釋的空間。[148]

菲律賓所聘請的專家證人斯科菲爾德教授在其二〇一二年所寫文章《南海爭端中的島礁爭議和石油因素》中，認為對《公約》第 121（3）條可以作完全對立的解釋。因該條款以措辭模糊著稱，國際法院或法庭在既往的國際司法與仲裁實踐中均有意

避開直接解釋與適用該條款。[149] 包括仲裁案中菲方專家證人在內的眾多國際法學者均認為，僅基於文本而建立起對《公約》第121條的確切解釋，已經被貼上了「幾乎不可能」的標籤。[150]

有學者認為，仲裁庭在闡釋《聯合國海洋法公約》第121（3）條含義時具有強烈的主觀傾向，通過推定意圖為締約國創設權利和義務，偏離了「有疑從輕」解釋和演變性解釋的合理化路徑，以「釋法」之名行「立法」之實，悖離了條約解釋的目的。[151]

此外，本案仲裁庭對《公約》第121（3）條作出解釋，認為對一個島礁的權利主張取決於：（a）該島礁的客觀承載力；（b）在自然狀態下，是否能夠維持；（c）一個穩定的人類社群或者；（d）不依賴外來資源或純採掘業的經濟活動。按照這樣的說法，當今世界上的很多國家和地區都不能算作島嶼，如新加坡和馬爾代夫等。仲裁庭對《公約》的解釋已經背離了《公約》的宗旨和目的。[152] 這種解釋，罔顧和無視當今國際現存事實，其閉目塞聽，主觀武斷，徒貽天下笑柄！

3. 低潮高地法律地位問題

仲裁庭通過《公約》第13（2）條、第121（3）條推斷低潮高地不能被占有，領海之外的低潮高地不能主張領海、專屬經濟區和大陸架。但是，《公約》並未有條款明確提及低潮高地是專屬經濟區和大陸架的一部分，仲裁庭的推斷也僅能說明領海外的低潮高地不能主張領海、專屬經濟區和大陸架，這不能說明領海外的低潮高地就是大陸架或專屬經濟區的一部分，尤其是作為群島組成部分的低潮高地。仲裁庭需要區分大陸架或專屬經濟區上

的單獨低潮高地和作為群島組成部分的低潮高地。後者是領土主權問題，而不應該簡單地用《公約》來解決。

　　菲律賓在《公約》生效後的前兩年也一直認為美濟礁是領土。這表明《公約》締約國在締約之時並未認為美濟礁等低潮高地是專屬經濟區和大陸架的一部分。菲律賓所提供的證據表明，在一九九八年十一月之前，菲律賓一直認為美濟礁是其本國領土的一部分，中國在美濟礁上建造設施侵犯了菲律賓主權。之後，菲律賓才開始轉變立場，認為美濟礁是其專屬經濟區和大陸架的一部分。這些證據包括：

　　（1）二〇〇四年卡拉延島群事件年代表（Armed Forces of he Philippines，Chronology of Events in the Kalayaan Island Group）。該證據第 2 頁提及中國侵人菲律賓的領水（territorial waters）。[153]

　　（2）一九九五年二月六日菲律賓外交部副部長致中國駐馬尼拉大使的備忘錄（Memorandum from the Undersecretary of Foreign Affairs of the Republic of the Philippines to the Ambassador of he People's Republic of China in Manila）。該備忘錄明確提及美濟礁是菲律賓領土的一部分（Panganiban Reef is part of Philippine territory）。中國船舶和人員出現在這一區域侵犯了菲律賓的主權，違反了國際法規則。這進一步證實了菲律賓認為美濟礁屬於領土。[154]

　　（3）一九九八年十一月九日菲律賓駐北京大使致菲律賓外交部的第 ZPE-77-98-S 號備忘錄（Memorandum from Ambassador of he Republic of Philippines in Beijing to the Secretary of Foreign

Affairs of the Republic of the Philippines，No.ZPE-77-98- S）。菲律賓駐京大使在這一文件中稱美濟礁是菲律賓領土的一部分。[155]

（4）一九九八年十一月十一日菲律賓外交部政策副部長Lauro L. Baja 致所有菲律賓大使的備忘錄（Memorandum from Lauro L. Baja, Jr. , Undersecretary for Policy, Department of Foreign Affairs, Republic of the Philippines to all Philippine Embassies）。該備忘錄堅稱美濟礁是菲律賓領土的一部分，中國占領美濟礁是非法的。[156]

（四）仲裁庭解釋《公約》條款隨心所欲

一方面，在國際條約數量日益增多以及條約實踐日益複雜的背景下，條約解釋權的重要作用也日益凸顯。另一方面，國際社會尚缺乏有效規制仲裁庭濫用條約解釋權的國際法手段，該權力極易被濫用。目前國際法上僅《維也納條約法公約》對於仲裁庭如何正確行使條約解釋權有原則性的規定，但是該公約沒有規定對於濫用條約解釋權的制裁手段以及對於受害方的救濟手段，習慣國際法也沒有此項規定。[157]

在有關海洋環境的仲裁事項中，仲裁庭在提出「第 192 條的內容由《公約》第十一部分的其他條款和其他可適用的國際法規則所補充」觀點時，並未提供得出這一觀點的國際法依據。另外，《聯合國海洋法公約評論》對這一問題的看法，與仲裁庭的觀點截然相反。該評論指出，《公約》本身清晰表明，第 192 條的義務常受《公約》規定的具體權利和義務制約。[158]即使《公約》第 194、195 和 196 條採用「應當（shall）」命令式的措辭，

但是這些條款可能的義務範圍是有限的，不是絕對的。《公約》第 12 部分規定了一系列的法律原則，沒有對國家規定具體的義務或賦予具體的權利（quantifiable rights）。[159] 本案仲裁庭將《公約》第 192 條的義務絕對化，並將受《公約》規定的具體權利和義務制約，擴及《公約》之外的其他可適用的國際環境法規則制約。仲裁庭的寬泛解釋背離了締約國意圖。

（五）對歷史性權利和傳統捕魚權的歪曲解釋

在歷史性權利和傳統捕魚權方面，學者 Sophia Kopela 認為仲裁庭在論證歷史性權利和《公約》關係、在對傳統捕魚權的定性和論證上存在問題。包括：

第一，仲裁庭結合《公約》第 311 條和第 293（1）條認為，《公約》第 10 條和第 15 條明確允許或保存的或者與《公約》相容的在先權利可以繼續存在。仲裁庭的這一結論存在若干方面的問題。仲裁庭在解釋為什麼規定「《公約》與其他公約和國際協定關係」的第 311 條可以類推適用於「公約」與作為習慣國際法規則的歷史性權利之間」，沒有進行論證。類似的，並不清楚為什麼仲裁庭認為有關同一事項先後所訂條約的《維也納條約法公約》第 30（3）條可以適用。此外，《公約》第 293 條有關爭端解決和準據法，並非有關《公約》和包括歷史性權利在內的其他國際法規則的關係。它們之間的關係一直避免在國際文件中提及《並由習慣國際法和一般解釋規則規定。儘管可以說條約之間的關係可以適用於條約與習慣的關係，但這並非意味著《維也納條約法公約》明確管理條約之間的相關條款和《公約》有關其與

其他協定關係的條款也能適用於《公約》與習慣國際法或在先權利的關係。《公約》中唯一有關《公約》與習慣國際法關係的條款是序言中的「本公約未予規定的事項，應繼續以一般國際法的規則和原則為準據」，仲裁庭並沒有援引。《公約》沒有明確的條款禁止保存歷史性權利或使其無效。歷史性權利，是基於特別制度建立的，並因此視為特別法，不能被取代。[160]

第二，仲裁庭認為私權屬於個人和其社區，但不是國家。然而其援引的 Eritrea／Yemen 仲裁案對既得權（recognized rights）的性質卻是相當不清楚。在 Eritrea／Yemen 仲裁案中，仲裁庭所指的是累積下來的支持雙方的「某些歷史性權利」，暗示這些權利屬於國家，接著提及「這一權利賦予兩國的漁民從事手工捕魚」。在這一海洋劃界裁決中，法庭指出西方的法律擬制（western legal fiction）不適用，包括其中的法律權利，甚至是個人所擁有的那些權利。這些權利可以被視為是屬於為國民利益服務的國家和國民的混合權利。[161]

第三，南海仲裁案仲裁庭沒有非常清楚地鑑別傳統／手工捕魚權。這些權利通常與當地人民維持生計的權利相關，並且其實施與社區的傳統和習慣有關。法庭似乎依靠領海中沒有關於歷史性/傳統捕魚權的條款，其並沒有解釋為什麼國家在其實施主權的區域接受或者已經接受這樣的限制，並且這些區域對其經濟和安全非常重要，而不是在遠離海岸的實施主權權利的海洋區域。這一主張也和仲裁庭提出的歷史性權利由於缺乏明確的條款保護相矛盾，而且也與公約不相容。《公約》第 2（3）條和《公約》缺乏這樣的明確條款並不能支持仲裁庭這一主張。《公約》第 2

（3）條的基本原理是確保一國在符合國際法的情況下最大可能地行使主權，而並非根據沿海國單邊需求行使。此外，《公約》第 58（2）條清晰規定「其他與本部分相容的相關國際法適用於專屬經濟區」。歷史性/傳統捕魚權，尤其是南海仲裁庭承認的個人權利，在領海和專屬經濟區的區別並不存在可信的理由。這些權利的存在和關聯應該在各海洋區域情況的基礎下考察，並能肯定其存在。[162]

第四，仲裁庭看不出《公約》的通過意圖改變領海中的既得權利並得出，與專屬經濟區不同的是，領海中的傳統捕魚權仍然受國際法保護。仲裁庭同樣注意到，大多數傳統捕魚發生在臨近海岸的地方。[163] 黃岩島距離菲律賓蘇比克港約一百二十六海里，南北僅有幾塊岩礁露出水面，人類目前無法居住。以傳統捕魚權發生在臨近海岸的地方並不符合實際，這個海岸應該從巴拉望海岸起算。

五、本案仲裁裁決作出後中國南海面臨的國際形勢：有利不利並存　虎狼環伺未已

仲裁裁決作出後中國面臨的國際形勢大體上有利。但同時也面臨各種不確定的不利因素。

從有利方面看，第一，二〇一六年菲律賓新任總統杜特爾特上臺後，中菲關係得到極大改善。二〇一六年十月杜特爾特訪華，中菲兩國簽署十三項雙邊合作文件並發表了《中菲聯合聲明》，重申通過友好磋商和談判，以和平方式解決在南海的爭

議。中菲兩國友好關係全面恢復。中國所面臨的南海仲裁案仲裁裁決承認與執行的壓力驟減。第二，俄羅斯、巴基斯坦、捷克、匈牙利、黑山、埃塞俄比亞等許多國家公開表態，明確支持中方在南海問題上的有關立場。只有美國、日本、菲律賓和越南等少數國家支持仲裁裁決。第三，不少國際組織也發表公告或聲明，撇清與南海仲裁案仲裁庭或其裁決的關係，聯合國、聯合國國際法院、國際海洋法法庭等都相繼澄清「南海仲裁案」與其無關，公開與該仲裁庭及其裁決切割。〔164〕

　　雖然形勢大體有利，但是仍存在不容忽視的不利情況。第一，中菲關係改善並非「一勞永逸」，從此「高枕無憂」。當前兩國關係改善並不意味著菲律賓會視「南海仲裁裁決」為「一張廢紙」二〇一六年七月二十八日，杜特爾特曾稱：感謝前任總統即阿基諾三世為菲律賓贏得一張王牌。〔165〕杜特爾特在八月二十四日塔奈視察菲律賓陸軍第二步兵師時發表講話稱，「即使我們現在不提海牙仲裁庭裁決問題，但是我們總會就此算賬」。「如果領土遭到侵犯，那麼我們會不惜流血犧牲。我們絕不屈服。」〔166〕現實表明，南海仲裁裁決是菲律賓與中國進行談判，索取經濟利益的憑仗和可用「王牌」，杜特爾特會利用這一有利裁決，向中國政府索取更多的利益。現在只是暫時擱置仲裁裁決，菲律賓政府最終仍會要求中國落實這一裁決。關鍵的問題是菲律賓什麼時候要求中國落實這一裁決。如果中國給予菲律賓足夠優渥的經濟利益且維持南海目前的現狀，這一時間會無限延後。如果菲律賓的經濟要求不能得到滿足，且認為受到領土安全「威脅」，則不排除會出現新的可能性：菲律賓很快會藉助美國等國際邪惡

勢力抗衡中國，進一步蠶食中國南海諸島疆土，損害中國主權和核心權益。[167] 第二，日本軍國主義邪惡勢力覬覦挑撥未減。「南海仲裁裁決」作出後，中國對南海諸島的主權和海洋權益受到極大挑戰。二〇一七年一月，日本軍國主義首相安倍晉三接連訪問菲律賓、澳大利亞和印度尼西亞等國家，所到之處均都主動提及南海問題，並含沙射影，暗指中國為挑動南海爭端的始作俑者，甚至提出要聯合上述國家來共同應對未來可能出現的「南海危機」。[168]

第三，美國霸權主義邪惡勢力公開挑釁和侵犯未減反增。二〇一七年五月二十五日，美國海軍「杜威」號導彈驅逐艦（DDG-105）進入了中國南沙群島美濟礁十二海里範圍內，進行所謂「自由航行」行動。「杜威」號不僅進入了中國美濟礁的十二海里內，還在那裡逗留了一個半小時，並開展了救生訓練。[6]五角大樓發言人、海軍上校傑夫‧戴維斯宣稱，美軍的航行行動「依據國際法」，並表示「我們每天都在亞太地區開展行動，包括南海」。[170] 八月十日，美軍「麥凱恩」號導彈驅逐艦未經中國政府允許，擅自進入中國南沙群島有關島礁鄰近海域，進行所謂「航行自由行動」。[171] 第四，美日澳印「四角菱形」圍堵態勢隱隱成型。二〇一七年八月，美國、日本和澳大利亞召開三方戰略對話部長會議，並發表了聯合聲明。 其中有關南海的段落提到： 部長們號召中國和菲律賓遵守南海仲裁案仲裁裁決。因為這一裁決是最終和有法律約束力的。[172] 雖然特朗普總統上任後不久宣布，結束前任總統奧巴馬確立的「亞太再平衡戰略」。[173] 但是，他接著提出了「印太戰略」。「印太」這一覆蓋了整

個亞太地區，穿過印度洋，直達中東和非洲的廣袤地域，是世界經濟增長中心。二〇一七年十一月五日，特朗普總統飛抵日本東京的橫田美軍基地，隨即向近二千名駐日美軍官兵和部分日本自衛隊隊員發表演講。特朗普第一次向外界描述了他的「印太戰略」構想：「印度洋—太平洋地區許多國家的繁榮，得益於美國現役軍人和我們的盟友所作出的犧牲，還將得益於你們一如既往的犧牲。」[7] 早在特朗普訪問亞洲之前，美國高官已經圍繞這一概念進行了高調的外交活動。十月十八日，美國國務卿蒂勒森在美國戰略與國際研究所（CSIS）的演講中，首先提出「自由而開放的印太」這一概念，透露了未來以美國、印度、日本、澳大利亞四國為首的本地區安全架構。[175] 二〇一七年十一月初澳大利亞加入美國印度和日本重啟「四方安全對話」（Quadrilateral Security Dialogue，簡稱 quad）。[176] 二〇一七年十一月二十三日，澳大利亞發表十幾年來的第一份外交政策白皮書，建議堪培拉在該地區發揮更積極的作用，並對北京的「領土野心」採取更加強硬的立場。該報告批評北京在南海的島嶼建設工程達到了「前所未有的速度」，稱澳大利亞反對建造軍事用途的「人工結構」。報告還對東海和臺灣海峽可能會動用的武力或強制手段表示關切，並呼籲有關方面保持克制。報告還警告說，如果沒有美國在該地區的積極參與，那麼權力可能會更快地轉移，從而損害澳大利亞的利益。澳大利亞總理馬爾科姆·特恩布爾（Malcolm Turnbull）在發表這份文件時含沙射影，表示：「我們絕不同意強權即公理」；強調：面對海上爭端引發的緊張關係，澳大利亞應加強與美國的聯盟，以應對中國在印度洋—太平洋地區不斷增長

的勢力。[177]

第五，美國霸權主義邪惡勢力支持「臺獨」分裂中國之心不死。美國參、眾兩院「2018財政年度國防授權法案」報告指出，國會認為美方應考量美臺軍艦重新相互停靠的「適當性與可行性」以及應邀請臺灣軍隊參加「紅旗」軍演等。[178]中國駐美公使李克新十二月八日在華盛頓對此公開表示，他已告訴美國國會友人，「美國軍艦抵達高雄之日，就是我解放軍武力統一臺灣之時」[179]但是，特朗普對於李克新公開提出的嚴重警告，公開蔑視，置若罔聞，我行我素，十二月十二日，特朗普迅即簽署了《2018財政年度國防授權法案》。[180]

第六，南海仲裁案在後續的國際司法案件被援引，流毒待清。在二〇一六年十月「東帝汶與澳大利亞調解案」中，南海仲裁案被援引，用於解釋《公約》第281條。這一調解案決定的第50段提到：《公約》第281條被認為是對《公約》第15部分項下法庭或仲裁庭管轄權的一項可能阻礙。[8]第55段提到《公約》第281條被《公約》第15部分項下的法庭或仲裁庭在眾多場合考慮。正如東帝汶指出，南海仲裁案仲裁庭適用第281條並分析該條中與程序有關的各種法律文件。[182]在二〇一五年十一月國際海洋法法庭第25號「巴拿馬訴義大利案」中，義大利在二〇一六年九月二十二日的庭審中提到，《公約》為不同的海洋區域規定了不同的制度，新近「菲律賓訴中國案」附件7項下仲裁庭所作裁決強調了這一點。[183]儘管《公約》第296（2）條規定這種裁判僅在爭端各方間和對該特定爭端具有拘束力，但是根據《國際法院規約》第38條的規定，司法判例是證明國際法規則

的輔助手段。在某些情況下，司法判決被視為國際法狀態的權威依據。「輔助手段」的實際意義不可小覷。一系列聯貫的判決自然會對國際法產生重大影響。[184] 菲律賓南海仲裁案仲裁裁決中的某個或某部分內容如果被後續案例一再援引，構成前後一致的多次實踐，那麼，不僅這些案例中前後一致的內容會成為國際法規則，而且被援引裁決的「權威性」和「公信力」也會得到極大的提高。

六、結論：憂患意識　居危思危　肅清流毒　任重道遠　玉帛干戈　兩手並重　增強國力　自求多福

中國對南海諸島擁有不可置疑的主權。南海仲裁案的裁決存在明顯的枉法裁斷，導致公正缺失淪喪。南海仲裁案的裁決對中國對南海諸島的主權和海洋權益產生了極為嚴重的不利影響。在南海仲裁案裁決作出後，中菲關係的改善和國際社會大部分成員對中國的支持，國際形勢大體有利，但是也存在不少不利因素。南海仲裁案在後續的國際司法案件中一再被援引，使該案仲裁庭作出的部分規則很可能在將來成為國際法規則。在現實層面，美國以「行使航行自由」為名，不斷進入中國南沙群島美濟礁等十二海里範圍內，構成對中國領土主權和海洋權益的挑戰和威脅。美日澳要求落實南海仲裁裁決和誣衊中國之叫囂不絕於耳，圍堵侵害中國核心權益之圖謀接二連三。有鑒於此，南海仲裁案醜劇雖然暫時告一段落，但是防止仲裁裁決中的內容成為國際法規則，保護中國對南海諸島的主權和海洋權益，對南海仲裁

案加強研究、揭露和批判，仍是今後中國國際法學界責無旁貸的重點任務和正義擔當。

一言以蔽之，邪惡強霸，覬覦未減，肅清流毒，任重道遠。居危知危，亟宜警惕！玉帛干戈，兩手並重。[185] 增強國力，自求多福，方能立於不敗之地！

最後，讓我們再次大聲疾呼：中國南海疆土，臥榻之旁，豈容強霸鼾睡？不許邪惡肆虐！

注釋

* 本文由陳安與蔣圍合作撰寫。蔣圍是國家重點學科廈門大學國際法學科二〇一五屆博士，現任西北政法大學國際法研究中心講師。

〔1〕 See The South China Sea Arbitration (The Republic of Philippines v. The People's Republic of China)，https://pca-cpa. org/en/cases/7/. See also Award of 12 July 2016 in the South China Sea Arbitration Before an Arbitral Tribunal Constituted Under Annex VII to the 1982 United Nations Convention on the Law of the Sea Between the Republic of the Philippines and the People's Republic of China，PCA Case N° 2013-19，para. 30, https://pcacases. com/web/sendAttach/2086．

〔2〕 See Award of 29 October 2015 on Jurisdiction and Admissibility of the South Clina Sea Arbitration Before an Arbitral Tribunal Constituted Under Annex VII to the1982 United Nations Convention on the Law of the Sea Between the Republic of the Philippines and the People's Republic of China，PCA Case N° 2013-19, https://pcacases. com/web/sendAttach/1506.

〔3〕 「九段線」又稱「南海斷續線」或「U型線」

〔4〕 該案仲裁庭認為：（a）中國妨礙菲律賓的捕魚和石油開採；（b）中國妨礙建設人工島嶼；（c）中國未阻止中國漁民在該區域的捕魚活動。仲裁庭還認為，菲律賓漁民和中國漁民一樣，在黃岩島也享有

傳統的漁業權利，而中國限制菲律賓漁民進入該區域，這就妨礙了後者漁業權利的行使。仲裁庭進一步認為，中國執法船對菲律賓船隻進行攔截的行為非法地造成了嚴重的碰撞危險。參見《南海仲裁案（菲律賓共和國 v. 中華人民共和國）新聞稿》，http: //www. pcacases. com/web/sendAttach/1803。

〔5〕 參見《南海仲裁案（菲律賓共和國 v.中華人民共和國）新聞稿》http://www. pcacases. com/web/sendAttach/1803。

〔6〕 二〇一六年七月五日，前中國國務委員戴秉國在華盛頓舉行的中美智庫南海問題對話會上指出：南海仲裁結果不過是一張廢紙而已。參見王盼盼：《戴秉國：南海仲裁結果不過是一張廢紙》http://world. gmw. cn/2016-07/ 06/content_20849010. htm。

二〇一六年七月十二日，中華人民共和國外交部發布聲明，認為關於應菲律賓共和國單方面請求建立的南海仲裁案仲裁庭於二〇一六年七月十二日作出的裁決，是無效的，沒有拘束力，中國不接受、不承認。參見《中華人民共和國外交部關於應菲律賓共和國請求建立的南海仲裁案仲裁庭所作裁決的聲明》http://www. fmprc. gov. cn/nanhai/chn/ snhwtlcwj/t1379490. htm。

〔7〕 See Arthur Edward Romiilly Boak, A History of Rome to 565 A. D., The Macmillan Company, 1921 p. 204, http://www. gutenberg. org/files/32624/32624pdf. pdf? session_id= 08f7b128913f78994ba0cbb6aa6b75617663894c; The Mediterranean Sea—A Brief History, http: //www. mediterranean-yachting, comi/Hist-7. htm.另參見邢群麒主編：《世界歷史全知道（上）》，江蘇美術出版社 2014 年版，第 62 頁。

〔8〕 參見陳積敏：《美國亞太再平衡戰略及其對中國的挑戰》，http://www. qstheory. cn/international/2015- 02/09/c_1114300613. htm。

〔9〕 參見陳安：《美國霸權版「中國威脅」讕言的前世與今生》，江蘇人民出版社 2015 年版，第 171-210 頁。此書第三章第五節第二目縷述美國建國前後四百多年來（從一六〇七年英國在北美建立第一個殖民地到一七七六年英屬北美十三個殖民地宣布獨立組建美國，歷經一百六十九年；從一七七六美國建國迄今（2018 年），又歷經二百四十二年。兩者相加，共歷四百一十一年），美國對北美大陸、對亞洲、非洲、拉丁美洲窮兵黷武，大肆實行殖民擴張的斑斑劣跡和纍纍罪行。

〔10〕參見陳安：《美國霸權版「中國威脅」讕言的前世與今生》，江蘇人民出版社 2015 年版，第 139 頁。

〔11〕參見韓碩、于景浩、劉德：《克里訪越菲令南海又起波瀾稱不承認中國防識區》，http://world. huanqiu. com/ exclusive/ 2013-12/467 1764. html。

〔12〕參見《克里訪越菲令南海又起波瀾稱不承認中國防識區》，http: // news. qq. com/a/20131218/004321. htm? pgv_ref= aio2012&ptlang = 2052。

〔13〕參見鄭炳山：《龔廷彩對促進我國與菲律賓友好往來的貢獻》，載《福建論壇（社科教育版）1983 年第 3 期；中國駐菲律賓大使：《中菲友好交往合作符合現實需求》，http://www. dzwww. com/xinwen/ xinwenzhuanti/2008/ggkf30zn/201606/t20160610_10725749. htm。

〔14〕〔清〕張廷玉等：《明史》卷三二五·列傳第二百十三·外國六，http://www. guoxue. com/shibu/24shi/ mingshi/mi_325. htm；鄭炳山：《龔廷彩對促進我國與菲律賓友好往來的貢獻》，載《福建論壇（社科教育版）》1983 年第 3 期，第 86 頁。

〔15〕參見李濤、陳丙先編著：《菲律賓概論》，世界圖書出版公司 2012 年版，第 95-128 頁。

〔16〕參見汪樹民：《菲律賓在南海問題上與中國的對抗及原因分析——以阿基諾三世上任以來為例》，載《海南師範大學學報（社會科學版）》2015 年第 5 期，第 103 頁。

〔17〕參見梁靜：《菲律賓阿基諾三世政府的南中國海政策研究》，鄭州大學 2015 年碩士論文，第 34 頁。

〔18〕參見楊超：《圍繞菲美加強防務合作協議（EDCA）的菲律賓南海戰略轉向及其美國因素》，載《東南亞縱橫》2015 年第 6 期，第 43 頁。

〔19〕參見梁靜：《菲律賓阿基諾三世政府的南中國海政策研究》，鄭州大學 2015 年碩士論文，第 27 頁。

〔20〕參見邊驛卒：《別了，阿基諾！》http://news. ifeng. com/a/201605 10/48746139_0. shtml。

〔21〕參見馮俊揚：《美菲簽署 10 年期新防禦協議》http://news. sina. com. cn/s / 2014-04-29/111030031625. shtml。

〔22〕參見《美菲簽署〈加強防務合作協議〉即將生效美軍將重返菲律

賓》，http://mil. qianlong. com/2016/ 0113/269379. shtml。

〔23〕參見《日菲合流在橫害地區穩定》，http://www. cssn. cn/gj/13332/rf_hl/rf_zspl/201506/t20150630_2054566. shtml。

〔24〕參見汪樹民：《菲律賓在南海問題上與中國的對抗及原因分析——以阿基諾三世上任以來為例》，載《海南師範大學學報（社會科學版）》2015 年第 5 期，第 107 頁。

〔25〕參見《日菲合流在橫害地區穩定》，http://www. cssn. cn/gj/13332/rf_hl/rf_zspl/201506/t20150630_2054566. shtml。

〔26〕參見汪樹民：《菲律賓在南海問題上與中國的對抗及原因分析——以阿基諾三世上任以來為例》，載《海南師範大學學報（社會科學版）》2015 年第 5 期，第 107 頁。

〔27〕參見李珍、陸中、李大明、汪析、柳直：《日賣菲武器攪渾南海兩國聯合聲明挑釁中國》，http://world. huanqiu. com/photo/2015-06/2779730. html。

〔28〕參見《日菲合流在橫害地區穩定》，http://www. cssn. cn/gj/13332/rf_hl/rf_zspl/201506/t20150630_2054566. shtml。

〔29〕參見李忠發、鄒偉、臧曉程：《欺世盜名的「怪胎」——揭露菲律賓南海仲裁案仲裁庭的真面目》，http:// news, xinhuanet. com/world/2016-07/17/c_1119231354 htm；《柳井俊二與臨時仲裁庭的那些勾當》，http: //news. cctv. com/2016/07/16/ARTIeTVs55049tZuD4x7zl69160716.shtml。

〔30〕對柳井俊二身分的揭破，可參見《外交部副部長劉振民就南海仲裁案仲裁庭所謂裁決約束力問題答記者問》，http://www. fmprc. gov. cn/ce/ceph/chn/sgdt/t1380890. htm。劉振民指出，柳井俊二當時既是國際海洋法法庭的法官，同時也是日本安倍政府安保法制懇談會會長，他在協助安倍解禁集體自衛權、挑戰二戰後國際秩序方面起了很大作用，他也曾是日本駐美國大使。亦可參見于向東、崔浩然：《南海仲裁案臨時仲裁庭之公正性剖析》，載《東南亞研究》2017 年第 2 期，第 129 頁；蔣豐：《起底南海仲裁庭幕後推手柳井俊二：鷹派，對華惡劣》，http: //gold. jrj. com. cn/2016/07/13075421181505. shtml。

〔31〕參見于向東、崔浩然：《南海仲裁案臨時仲裁庭之公正性剖析》，載《東南亞研究》2017 年第 2 期，第 130 頁。

〔32〕參見《公約》附件 7 第 3 條「仲裁法庭的組成」。

〔33〕Award of 12 July 2016, para. 30.

〔34〕參見《南海仲裁案（菲律賓共和國 v.中華人民共和國）新聞稿》，
http://www. pcacases. com/web/sendAttach/1803。

〔35〕參見本章註解〔24〕—〔36〕。

〔36〕例如，在二〇一五年十一月關於實體問題的庭審中，菲律賓所請專
家證人斯科菲爾德教授，一反以往其學術成果中稱太平島為「島」
的說法，在本案中將太平島定性為「礁」。斯科菲爾德還曾撰文指
出，南沙群島至少存在十二個符合島嶼定義並可以主張專屬經濟區
和大陸架的島嶼。然而在仲裁庭聽證時，他卻反口稱南沙群島沒有
一個島礁可主張專屬經濟區和大陸架。還有，荷蘭籍松斯教授曾長
期主張，確定島礁的法律地位是海洋劃界密不可分的組成部分。但
成為本案仲裁員後，這位教授也一反過去的立場，強調島礁法律地
位的判定可以與海洋劃界問題脫鉤，從而為菲律賓惡意規避中方有
關海洋劃界的排除性聲明背書。參見李忠發、鄒偉、臧曉程：《欺
世盜名的「怪胎」——揭露菲律賓南海仲裁案仲裁庭的真面目》，
http://news xinhuanet. com/ world/2016-07/17/c_ 1119231354. htm。

〔37〕Rigoberto D. Tiglao，Psst …"All Superpowers Usually Ignore Internatio
nal Verdicts"，*The Manila Times*，July 15, 2016, http://www.
manilatimes. net/todays-front-page-july-15-2016/273827/.《菲媒體稱
菲支付南海仲裁案律師費三千萬美元》，http://www. clinanews. com/
gn/2016 /07-15/7940511. shtml；《菲律賓前總統辦公廳主任蒂格勞：
3000 萬美元律師費可能白花》，http://world. huanqiu. com/article/
2016-07/9183750. html。

〔38〕《南海仲裁幕後：菲律賓花了 2 億元　還要棧美國「報銷」》，
http://world. huanciu. com./article/2016-07/ 9187568_2. html。

〔39〕《中方：南海仲裁庭法官掙菲律賓錢　提供有償服務》，http://
news. sina. com. cn/c/nd/2016-07-13/doc- ifxuaiwa6768446. shtml。

〔40〕See Arbitration Services，PCA-CPA，https : //pca-cpa. org/en/services/
arbitration-services/.另參見中華人民共和國駐荷蘭王國大使館：《國
際司法機構——常設仲裁法院（PCA）》，中華人民共和國駐荷蘭王
國大使館網站，http://nl. china-emibassy. org/chn/gif/t238056. htm。

〔41〕參見于向東、崔浩然：《南海仲裁案臨時仲裁庭之公正性剖析》，載

《東南亞研究》2017 年第 2 期，第 123 頁。

〔42〕同上書，第 123-124 頁。

〔43〕參見于向東、崔浩然：《南海仲裁案臨時仲裁庭之公正性剖析》，載《東南亞研究》2017 年第 2 期，第 124 頁。

〔44〕同上。

〔45〕See PCA Case Nº 2013-19，Award on Jurisdiction and Admissibility of the South China Sea Arbitration Before an Arbitral Tribunal Constituted Under Annex VII to the 1982 United Nations Convention on the Law of the Sea Between the Republic of the Philippines and the People's Republic of China，29 October 2015，https://pcacases. com/web/sendAttach/1506.另參見中國國際法學會：《菲律賓所提南海仲裁案仲裁庭的裁決沒有法律效力》（2016 年 6 月 10 日），法律出版社 2016 年版，第 1 頁。

〔46〕參見中國國際法學會：《菲律賓所提南海仲裁案仲裁庭的裁決沒有法律效力》（2016 年 6 月 10 日）法律出版社 2016 年版，第 1 頁。

〔47〕同上。

〔48〕同上書，第 3 頁。

〔49〕See Stefan Talmon, The South China Sea Arbitration: Observations on the Award on Jurisdiction and Admissibility, *Chinese JIL*，Vol. 15, 2016, para. 175．

〔50〕Ibid., para. 177.

〔51〕See Stefan Talmon, Bingbing Jia (eds.), *The South China Sea Arbitration : A Chinese Perspective*, Halt Publishing, 2014, p.50.

〔52〕參見中國國際法學會：《菲律賓所提南海仲裁案仲裁庭的裁決沒有法律效力》（2016 年 6 月 10 日）法律出版社 2016 年版，第 17 頁。

〔53〕Stefan Talmion, Bingbing Jia (eds.) *The South China Sea Arbitration : A Chinese Perspective*, Halt Publishing, 2014, p. 50.

〔54〕參見外交部邊界與海洋事務司編：《中國應對南海仲裁案文件彙編》，世界知識出版社 2016 年版。

〔55〕中華人民共和國外交部：《中華人民共和國政府關於菲律賓共和國所提南海仲裁案管轄權問題的立場文件》（2014 年 12 月 7 日），第 8 段。

〔56〕Award of 12 July 2016，para. 234.

〔57〕 Award of 12 July 2016，para. 261.

〔58〕 Ibid.

〔59〕 Award of 12 July 2016，para. 262.

〔60〕 Award of 12 July 2016，para. 266.

〔61〕 Award of 12 July 2016，para. 269.

〔62〕 Award of 12 July 2016，para. 270.

〔63〕 Award of 12 July 2016，para. 271.

〔64〕 Award of 12 July 2016，para. 273.

〔65〕 Award of 12 July 2016，para. 275.

〔66〕 Ibid.

〔67〕 Award of 12 July 2016，para. 308.

〔68〕 Award of 12 July 2016，para. 309.

〔69〕 Award of 12 July 2016，para. 571.

〔70〕 Award of 12 July 2016，para. 572.

〔71〕 Ibid.

〔72〕 Award of 12 July 2016，para. 573.

〔73〕 Ibid.

〔74〕 Award of 12 July 20J.6，para. 575.

〔75〕 Award of 12 July 2016，para. 576.

〔76〕 Award of 12 July 2016，para. 539.

〔77〕 Award of 12 July 2016，para542.

〔78〕 Award of 12 July 2016，para. 541.

〔79〕 Award of 12 July 2016，para. 543.

〔80〕 Award of 12 July 2016，para. 544.

〔81〕 Award of 12 July 2016，para. 545.

〔82〕 Award of 12 July 2016，para. 546.

〔83〕 Award of 12 July 2016，para. 547.

〔84〕 Award of 12 July 2016，para. 596.

〔85〕 Award of 12 July 2016，paras. 622, 625.

〔86〕 Award of 12 July 2016，para. 626.

〔87〕 Award of 12 July 2016，para. 690.

〔88〕 Award of 12 July 2016，para. 696.

〔89〕 Ibid.

〔90〕Award of 12 July 2016，para. 708.

〔91〕Award of 12 July 2016，para. 712.

〔92〕Award of 12 July 2016，para. 714.

〔93〕Award of 12 July 2016，para. 715.

〔94〕Award of 12 July 2016，para. 716.

〔95〕Award of 12 July 2016，para. 718.

〔96〕Award of 12 July 2016，para. 735.

〔97〕Award of 12 July 2016，para. 745.

〔98〕Award of 12 July 2016，para. 757.

〔99〕Award of 12 July 2016，para. 760.

〔100〕Award of 12 July 2016，para. 761.

〔101〕Award of 12 July 2016，para. 793.

〔102〕Award of 12 July 2016，para. 800.

〔103〕Award of 12 July 2016，para. 801.

〔104〕Award of 12 July 2016，para. 803.

〔105〕Ibid.

〔106〕Award of 12 July 2016，para. 810.

〔107〕Award of 12 July 2016，para. 812.

〔108〕Award of 12 July 2016，para. 817.

〔109〕Award of 12 July 2016，paras. 992-993.

〔110〕Award of 12 July 2016，para. 983.

〔111〕Award of 12 July 2016，para. 986．

〔112〕Award of 12 July 2016，para. 990.

〔113〕Award of 12 July 2016，para. 1030.

〔114〕Award of 12 July 2016，para. 1036.

〔115〕Award of 12 July 2016，paras. 1037-1038.

〔116〕Award of 12 July 2016，para. 1041.

〔117〕Award of 12 July 2016，para. 1043

〔118〕Award of 12 July 2016，para. 1083.

〔119〕Award of 12 July 2016，para. 1084.

〔120〕Award of 12 July 2016，para. 1085.

〔121〕Award of 12 July 2016，paras. 1108-1109.

〔122〕參見《南海仲裁案（菲律賓共和國 v.中華人民共和國）新聞稿》，

hnp://www.pcacases. com/web/sendAtach/1803。

〔123〕南海仲裁案仲裁庭裁決南熏礁（南）位於南熏礁（北）和越占鴻庥島高潮高地十二海里重疊海域內，東門礁位於西門礁和越占景宏島高潮高地十二海里重疊海域內。

〔124〕Award of 12 July 2016, para. 264.

〔125〕參見中國國際法學會：《菲律賓所提南海仲裁案仲裁庭的裁決沒有法律效力》（2016 年 6 月 10 日），法律出版社 2016 年版，第 10 頁。

〔126〕Award of 12 July 2016，para. 952 and footnote 1135.

〔127〕See R. Wingfield-Hayes， Why Are Chinese Fishermen Destroying Coral Reefs in the South China Sea, BBC （15 Decemiber 2015），www. bbc. com/news/magazine-35106631 （Annex 862).相關內容是：二〇一五年十二月十五日 BBC 新聞《為什麼中國漁民毀壞南海珊瑚礁》提到：「二〇一四年五月，來自潭門的一艘漁船被菲律賓警察在半月礁扣押。菲律賓警察在潭門漁船上發現了五百頭玳瑁，其中大部分已經死亡。菲律賓一個法院判處九名中國偷漁者一年監禁。北京非常憤怒。其外交部要求立即釋放被判刑的中國偷魚者，並指控菲律賓在中國南沙群島水域非法扣押中國漁船及漁民嚴重侵犯了中國主權。」

〔128〕See Ministry of Foreign Affairs of People's Republic of China, Foreign Ministry Spokesperson Hua Chunying's Regular Press Conference（25 November 2014），www.fmiprc.gov.cn/mfa_eng/xwfw_665399/s2510- 665401/2511_665403/t1214543. shtml. 相關內蓉是：針對「菲律賓地方法院以『非法捕撈海龜』為由判決九名中國漁民每人繳納十餘萬美元罰款」這一非法行使管轄權的行為，中國外交部發言人華春瑩指出，中國對南沙群島及其附近海域擁有無可爭辯的主權，菲律賓方面在中國南沙群島海域非法抓扣中國漁船漁民並作出所謂「司法判決」，嚴重侵犯了中國主權和管轄權。中方對此堅決反對，要求菲方立即無條件釋放中國漁船和漁民。

〔129〕參見《菲方：抓扣中國漁民繫懷疑其倒賣海龜　否認開火》，http://www. kankanews. com/a/2014-05-09/0014727235. shtml。

〔130〕參見《中國漁民拒絕菲方審訊堅稱在中國海域捕撈》，http://news. sina. com. cn/c/2014-05-13/025830121 196. shtnl。

〔131〕參見《外媒：菲方當面拒絕中方所提釋放漁民要求》，http://news.163.com/14/0513/01/9S3CPJ5V00014AED.html；《被菲扣押中方船員家屬質疑捕海龜説法或是栽贓》，http://news.takungpao.com/mainland/foeus/2014-05/2469834_3.html。

〔132〕See Award of 12 July 2016, para. 761.

〔133〕See Award of 12 July 2016, para. 762.

〔134〕See Award of 12 July 2016, note 775.

〔135〕參見李孝聰：《從古地圖看黃岩島的歸屬——對菲律賓 2014 年地圖展的反駁》，載《南京大學學報（哲學·人文科學）》2015 年第 4 期，第 76-87 頁。

〔136〕同上。

〔137〕同上。

〔138〕Carpenter 第一份報告第 8 頁對高度互聯性的解釋如下：珊瑚礁生態系統的物種，和大多數海洋動植物一樣，以成體或幼體的形式隨著洋流流動。南海東部的表層洋流受控於季風的變化，東部的海水不斷流入太平洋。太平洋的海水隨著北部赤道洋流進入南海北部。北部赤道洋流從東往西穿過整個太平洋，進入呂宋北部和臺灣島之間的海域。來自太平洋的表層水流，穿過南海和菲律賓進入印度尼西亞水域，最終流入印度洋。這創建了來自南沙群島和黃岩島的海洋生物進入菲律賓群島內海的關聯。See Professor Kent E. Carpenter，Eastern South China Sea Environmental Disturbances and Irresponsible Fishing Practices and Their Efectson Coral Reefs and Fisheries(22 March2014)，p.8.

〔139〕Carpenter 第二份報告的第 3 頁説明第一份報告強調了南海不同生態系統的互聯性。這是由季風驅動的洋流帶來海水循環所維持的，並由太平洋和印度洋海水流出和流入交換影響的。互聯性以通過提供幼體補充南海內外其他生態系統的方式使南沙群島生態系統在南海中非常重要。二〇一四年 Carpenter 報告也表明互聯性意味著這些岩礁的任何環境損害會減少母體數目，降低幼體的豐富度，減少位於洋流下遊方向岩礁的補充潛能，並影響其生存能力。See Professors Kent E. Carpenter and Loke Ming Chou，Environmental Consequences of Land Reclamation Activities on Various Reefs in the South China Sea，14 November 2015，Annex 699 of South China

Sea Arbitration, p. 3.

〔140〕Carpenter 第二份報告的第 26-27 頁提及，南沙群島岩礁是高度互聯的，並在維持和補充生物多樣性方面有重要作用。建模模擬表明這一岩礁群是珊瑚三角洲基因多樣性的重要上游來源，因為來自南沙群島的幼體通過洋流穿過南海中部到達呂宋和巴拉望的西部海岸，並進入菲律賓海。南沙群島很可能是菲律賓巴拉望岩礁和南海大多數孤立岩礁石珊瑚 Acropora millepra 幼體的重要來源。這一物種幼體的連通性是可能穿過南海並進入珊瑚三角洲的。在像這樣的岩礁系統，即使一個岩礁的損失或退化造成南沙群島所有岩礁，以及南海其他岩礁整體互聯性的缺口。See Professors Kent E. Carpenter and Loke Ming Chou，Environmental Consequences of Land Reclamation Activities on Various Reefs in the South China Sea，14 Novem ber 2015，Annex 699 of South China Sea Arbitration, pp. 26-27.

〔141〕Ferse 報告的第 37-39 頁提到，兩個研究確定了南沙群島和更廣泛熱帶西太平洋區域、以及南海群島岩礁之間的互聯性模式。研究結果表明：1. 南沙群島是菲律賓西部沿海珊瑚礁幼體的重要來源，遠達蘇祿群島；2. 蘇祿群島的幼體幾乎不到南海；3. 在南沙群島中西部珊瑚礁（中國所建七島礁位於這一區域）是幼體來源珊瑚礁最少的，因此是對破壞最少修復的 (are thus least resilient to perturbations)。See Sebastian C. A. Ferse, Peter Mumby and Selina Ward, Assessment of the Potential Environmental Consequences of Construction Activities on Seven Reefs in the Spratly Islands in the South China Sea, pp.37-39.

〔142〕See Sebastian C. A. Ferse， Peter Mumiby and Selina Ward，Assessment of the Potential Environmental Consequences of Construction Activitieson Seven Reefs in the Spratly Islands in the South China Sea，p.37. (Conclusions regarding the broader impacts of construction activities on the seven reefs are limited by the paucity of scientific field studies on connectivity in the Spratly Islands).

〔143〕專家研究報告在創建「互聯性」的海洋物種生物圈方面使用了 likely、possible、may、potential 等不確定性質的措辭，表明南海海洋物種生物圈互聯性的不確定性。Carpenter 第二份報告中提

到：＂The Spratlys are **likely** an important source of larvae of the hard coral Acropora miillepora for the Philippine's Palawan reefs as well as South China Sea's most isolated reefs and larval connectivity of this species is **possible** throughout the South China Sea and into the Coral Triangle. ＂Ferse 報告提到: ＂the Spratly Islands do indeed have the **potential** to be an important source of fish larvae to the Philippines and vice-versa＂，＂while larvae **may** indeed reach the Philippines＂，＂This is particularly **likely** to be true given the heavily over-exploited nature of fisheries resources in the Philippines＂。See Sebastian C. A. Ferse, Peter Mumby and Selina Ward, Assessment of the Potential Environmental Consequences of Construction Activities on Seven Reefs in the Spratly Islands in the South China Sea, p. 37.

〔144〕Fese 報告第 37 頁提到：However, while larvae may indeed reach the Philippines, **this does not necessarily imply that such connections are important for maintaining fisheries or biodiversity**. A more pertinent questionis whether larval supply to reefs of the main Philippine islands contains an ecologically important component from the Spratly Islands. For example, if the Spratly Islands only comprised 1% of all the larvae arriving in the Philippines it is doubtful that this would be ecologicaly important.

〔145〕Fese 報告第 37 頁提到：**It is not possible to provide a specific figure on the strength of these links** but inspection of the results suggest that the **potential** for larval dispersal is about equal in both directons, depending on the seasons.

〔145〕參見馬新民：《菲律賓南海仲裁案裁決程序問題評析》，載《吉林大學社會科學學報》2017 年第 2 期，第 12 頁。

〔147〕參見王勇：《論南海仲裁案仲裁庭對於〈聯合國海洋法公約〉解釋權的濫用》，載《國際觀察》2017 年第 2 期，第 111-112 頁。

〔148〕參見姚瑩：《島礁法律地位的解釋問題研究──以「南海仲裁案」的實體裁決為中心》，載《法商研究》2017 年第 3 期，第 184 頁。

〔149〕同上。

〔150〕參見馬金星：《南海仲裁案裁決中有關島礁法律地位問題的評介》，載《國際法研究》2017 年第 1 期，第 63 頁。

〔151〕同上，第 74 頁。

〔152〕參見歐陽玉靖：《南海仲裁案的應對及啟示》，載《邊界與海洋研究》2017 年第 1 期，第 7 頁。

〔153〕See Armed Forces of he Philippines, Chronology of Events in he Kalayaan Island Group (2004)，MP, Vol. III, Annex53.

〔154〕See Memorandum from the Undersecretary of Foreign Affairs of the Republic of the Philippines to the Ambassador of t he People's Republic of China in Manila (6 Feb. 19 95)，MP，Vol. III，Annex 17.

〔155〕See Memorandum from Ambassador of the Republic of Philippines in Beijing to the Secretary of Foreign Affairs of the Republic of the Philippines, No. ZPE-77-98-S (9 Nov. 1998), MP, Vol. III，Annex34.

〔156〕See Memorandum from Lauro L. Baja, Jr., Undersecretary for Policy, Department of Foreign Affairs, Republic of the Philippines to all Philippine Embassies (11 November 1998) . MP，Vol. III，Annex 35.

〔157〕參見王勇：《論南海仲裁案仲裁庭對於〈聯合國海洋法公約〉解釋權的濫用》，載於《國際觀察》，2017 年第 2 期第 112 頁。

〔158〕See M. Nordquist, *et. al*, eds., United Nations Convention on the Law of the Sea 1982: A Commentary, Vol. 4 (2002), para. 192.11(c), p. 43.

〔159〕See M. Nordqust, *et. al*, eds., United Nations Convention on the Law of the Sea 1982: A Commentary, Vol.4 (2002), para.192.1, p.36. It is clear from the Convention as a whole, that the obligation of article192 is always subject to the specific rights and duties laid down in the Convention.

〔160〕See Sophia Kopela, Historic Titles and Historic Rights in the Law of the Sea in the Light of the South China Sea Arbitration, *Ocean Devlpment & International Law*, Vol. 48, No. 2, 2017, p. 184.在這點上，曲波持相同的觀點。參見曲波：《論南海仲裁案歷史性權利實體裁決的瑕疵》，載《吉林大學社會科學學報》2017 年第 2 期，第 38 頁。

〔161〕See Sophia Kopela, Historic Titles and Historic Rights in the Law of the Sea in the Light of the South China Sea Arbitration, *Ocean Development & International Law*,Vol. 48, No. 2, 2017, p. 193.

〔162〕See Sophia Kopela，Historic Titles and Historic Rights in the Law of the Sea in the Light of the South China Sea Arbitration，*Ocean*

Development & International Law, Vol. 48，No. 2，2017，pp. 195-196.

〔163〕Award of 12 July 2016，para. 803.

〔164〕參見馬新民：《菲律賓南海仲裁案裁決程序問題評析》，載《吉林大學社會科學學報》2017年第2期，第6頁。

〔165〕參見《杜特爾特稱感謝阿基諾贏得仲裁贏得了一張王牌》，http: // mil news. sina. com. cn/clina/2016-07- 29 / doc-ifxunyya2726031. shtml。

〔166〕張程：《美媒：菲總統涉華表態前後不一　高調回應南海仲裁》，http://www. cankaoxiaox. com/world/ 20160826/1282300. shtml。

〔167〕See Jiang Wei，Pragmiatist Duterte Puts Country First，*Global Times*，2016/10/23，p. 15.

〔168〕參見康霖：《2017年會出現「南海危機」嗎？》, http://opinion. huanqiu. com/plrd/2017-01/99733 95. htmil。

〔169〕《美媒曝美國軍艦駛近美濟礁細節：逗留超1小時搞訓練》，http://mil.news.sina.com.cn/china/2017-05-29/doc-ifyfqqyh8914152. shtml。

〔170〕參見蕭達、李珍、辛斌、青木：《美軍艦擅自駛近美濟礁》，http: //www. fx361. com/page/2017/0526/1800659. shtml。

〔171〕參見外交部：《外交部發言人耿爽就美國軍艦擅自進入中國南沙群島有關島礁鄰近海域答記者問》，http: //www. fmprc. gov. cn/web/ fyrbt_673021/t1483938. shtml。

〔172〕See A Year After Losing Arbitration，China Wins Control of South China Sea，http://www. atinitonews. coni/2017/08/a-year-after-losing-arbitration-chna-wins-control-of-south-chna-sea/.

〔173〕參見張家棟：《特朗普口中的「印太」只是一個概念，而且還面臨五大尷尬》，http: //news. 163. com/17/ 1118/07/D3GQP4M200018 7VE. html。

〔174〕《特朗普的印太戰略前景如何　都有哪些國家參與》，http://mil. news. sina. com. cn/2017-11-16/doc- ifynvxeh5073294. shtml。

〔175〕參見《特朗普口中的「印太」只是一個概念，而且還面臨五大尷尬 》，http: //news.163.com/17/1118/07/ D3GQP4M2000187VE. html。

〔176〕參見《澳大利亞發布外交白皮書　警告中國威脅》，http:.//www.

ftclinese. com/story/001075197? print＝y。

〔177〕 同上。

〔178〕 參見《中國駐美公使：美軍艦抵達高雄之日就是我軍武統之時》，http://mil. news. sina. com. cn/2017-12- 10/doc-ifypnqvn2381431. shtmil。

〔17〕〕 同上。

〔180〕 President Donald J. Trump Will Make the American Military Great Again，https://www. whitehouse. gov/briefings-statements/ president-donald-j-trumip-will-make-amierican-miitary-great/。另參見《特朗普簽了！2018 美國防授權法納入評估臺美軍艦互停》，http:// news. ifeng. com / a / 20171213/54126733_0. shtmil。

〔181〕 See Conciliation between The Democratic Republic of Timor-Leste and The Commonwealth of Australia，Decision on Australia's Objections to Competence in the Conciliation between Timor-Leste and Australia，PCA Case N°2016-10，para.50，htps://pcacases. com/ web/sendAttach/1921.

〔182〕 Decision on Australia's Objections to Competence in the Conciliation Between Timor-Leste and Australia，PCA CaseN°2016-10，para. 55，https: //pcacases. com /web/sendAttach/1921.

〔183〕 The M/V "Norstar" Case Preliminary Objections (Panama v. Italy)，Public sitting held on Thursday，22 September 2016，at10a. m. ITLOS/PV.16/C25/5/Rev. 1，p. 6.

〔184〕 參見〔英〕伊恩・布朗利：《國際公法原理》，曾令良、余敏友等譯，法律出版社 2007 年版，第 12 頁。

〔185〕 關於中國領導人「玉帛干戈，兩手並重」這一戰略思想的傳承與堅持，參見本書第一編第十五章「六論中國在構建 NIEO 中的戰略定位：聚焦評析中國在『金磚國家』崛起十年中的引領作用以及『守法』與『變法』理念的碰撞」第十部分，「如何全面完整準確地理解習近平治國理政導世的理念體系？」另參見《中央軍委舉行 2018 年開訓動員大會，習近平向全軍發布訓令》，http://www. xinhuanet. com/ politics / 201801/03 / c_1122206083. htm。

第二十四章

金雞報春，聆聽龍吟，辨析鷹囂

——學習習近平近期講話的點滴感悟*

↘ 內容提要

二〇一七農曆雞年伊始，以習近平主席在達沃斯經濟論壇上的演講為開端，中國以自身的態度和行動為低迷的世界經濟指明了方向，「龍吟聲聲」引發了全球關注。中國開放、包容、負責任的大國形象得到了一致好評。在大洋彼岸的美國，特朗普政府卻在不遺餘力「抹黑」中國，「鷹囂陣陣」：在政治上頻頻挑釁中國的主權底線，對「一個中國」原則陽奉陰違；推出了「印太戰略」，在軍事上利用印度與臺灣「圍堵」中國；在貿易領域，針對中國的單邊主義與保護主義措施愈演愈烈。在此複雜背景下，中國在爭取建立友好大國關係的同時，應當不忘強軍與軍備戰，認真充分作好「兩手準備」。

↘ 目次

（二）共同合作，同舟共濟

（三）中國以新形象參與全球的建設和發展

二、美國總統換屆引發全球關注，「鷹派」言論甚囂塵上

（一）對華輿論歪曲造勢，「鷹派」人士占據內閣重要位置

（二）美國利益至上，「中國威脅」謬論變本加厲

（三）在臺灣問題上言行不一，危害中國主權

（四）貿易領域單邊主義故態復萌

三、力爭建立友好大國關係，時刻不忘強軍與軍備戰

（一）超越分歧，走向共贏

（二）警惕遭遇挑釁，不忘強軍與軍

（三）主權不容侵犯，《反分裂國家法》是紅線

四、簡短的結論：報曉金雞甫去，駿犬接踵奔來，新年全球何往，謎底尚待揭開！

近年來，在逆全球化、保護主義盛行的背景下，國際社會面對的危機逐漸凸顯。

面對諸多問題，中國國家主席習近平的達沃斯演講，揭開了二〇一七農曆雞年國際舞臺上中國之聲的序幕。隨後中國在國際、國內舞臺上的表現，更是逐步印證了中國積極提倡友好合作應對危機、維護多邊機制的決心和行動，得到了世界的高度關注和廣泛好評。在「中國智慧」「中國方案」受到高度讚譽的同時，美國新任總統唐納德・特朗普（Donald Trump）及「鷹派」人士對中國的態度，頗為撲朔迷離，變幻莫測，口頭上「敦睦邦交」，行動上「兩面三刀」：一方面在外交上時不時釋放一些「友

好」信號，另一方面卻在中國周邊的東海、南海、臺海、印太問題上，處心積慮地圍堵、遏制、侵犯中國疆土，小動作頻頻，使臭名昭著的杜勒斯「戰爭邊緣」政策[1]的幽靈重現，在上述地區徘徊，隨時可能「擦槍走火」！

本文回顧和梳理二〇一七年以來中國在國際舞臺上言行一致的「大事件」，學習習近平同志的講話，分析在複雜的國際局勢中，中國如何貢獻自身的智慧，「龍吟之聲」如何振聾發聵。同時，概述「特朗普時代」特朗普本人及美國「鷹派」人士的言論和行為，分析未來中美關係的發展前景和中國的必要應對。

一、中國智慧為世界經濟走出困境滌盪霧霾

習近平主席的達沃斯演講揭開了二〇一七農曆雞年國際舞臺上中國之聲的序幕。

其後的演講與達沃斯演講的主旨一脈相承，均體現了中國心繫全球、開放包容的大國形象和中國智慧。中國也以實際行動證明「中國智慧」絕非空談。

（一）針砭時弊：不是經濟全球化的錯

目前，各國對世界局勢的不確定性產生擔憂，全球經貿的復甦、世界局勢的穩定是全球人民的共同期盼。二〇一七年伊始，中國在達沃斯經濟論壇上交上了中國答卷，為全球經濟治理帶來了中國的新思路、新方法。作為世界經濟的風向標，在二〇一七年年初，達沃斯論壇將「振興全球經濟」這一全球關注的問題作

為主要議題之一，而中國國家領導人習近平的亮相引發了全球關注。參與論壇的三千多位菁英對習主席的演講充滿期待，希望全球政商領袖能共同探尋世界經濟復甦之路，為應對經濟放緩與就業不足指明方向。

達沃斯當地時間十七日，習近平主席發表了「共擔時代責任 共促全球發展」的主題演講。縱觀整個演講，習主席對經濟全球化進行了客觀、全面、深入的分析，主要觀點可以分成三部分。第一，追根溯源看問題，而不是全部歸咎於經濟全球化。當今世界確實面臨著許多問題，但是解決世界面臨的不確定性的最佳方案，是從根源上找到問題的癥結。將問題簡單地歸結於經濟全球化，容易導致保護主義發展的趨勢，是不能從根本上解決問題的。第二，經濟全球化的產生是必然的而不是人為的。「融入世界經濟是歷史的大方向」，「人為切斷」各國之間的聯繫「是不可能的，也是不符合歷史潮流的」。同時，經濟全球化為世界各國的經濟發展做出了貢獻，加強了全球、區域經濟的友好合作。第三，經濟全球化是一把「雙刃劍」，在給各國帶來經濟紅利的同時，也致使各國之間的聯繫更加緊密。這種緊密的聯繫就使得世界經濟疲軟的時候，發達國家和發展中國家難免都會受到衝擊。全球各國在此背景下，需要「合作應對一切挑戰」，而不是各自為戰，退回「避風港」。習近平主席在深刻剖析全球化背景下各國面臨的主要問題，即全球增長動能不足、全球經濟治理滯後、全球發展失衡等問題之後，交出了中國的方案，即「第一，堅持創新驅動，打造富有活力的增長模式。第二，堅持協同聯動，打造開放共贏的合作模式。第三，堅持與時俱進，打造公正

合理的治理模式。第四，堅持公平包容，打造平衡普惠的發展模式」[2]。這應是世界經濟走出困境的最佳方案和出路，只有按照這條道路向前走，才能從根本上滌盪金融危機的霧霾，走出憂心忡忡的困境。

近年來，有媒體將歐美發生的多起大事件形容為「黑天鵝」事件，二〇一六年更是被形容為「黑天鵝元年」。[3]保護主義和民粹主義的抬頭讓各國感覺全球經濟的發展迷霧重重。縱觀習主席的演講，面對全球性問題，中國沒有回避，也沒有閃爍其詞。中國在達沃斯論壇上發出的「中國聲音」擲地有聲，展現了大國的決心。習主席的上述講話正是從長遠角度，秉持可持續發展的原則，揭示了經濟全球化已經是不可逆轉的趨勢。各國需要尋求更加包容開放的市場，而不是退到自己的「避風港」。

在論壇開始之前，習主席的出席就引起了世界關注。在全球經濟低迷、逆全球化趨勢愈演愈烈的背景下，振興全球經濟，中國能夠提出什麼樣的方案？在論壇結束之後，各大媒體紛紛表示，中國展現了負責任的大國形象，成為了國際舞臺上的焦點，捍衛了自由的世界經濟秩序，收穫了歷史性讚譽。習主席的演講很好地為各國答疑解惑，不僅指出了未來世界經濟的發展方向，更以開放包容的姿態讓各國看到了未來合作的希望。有媒體報導：「過去一年從西方世界傳出的都是保守和消極的信號，而中國領導人釋放的則是鼓舞人心的正能量，讓人們在籠罩世界的重重不確定性中看到了希望和方向。」[4]「中國方案」好評如潮。[5]

（二）共同合作，同舟共濟

正如上述演講所反覆強調的，面對錯綜複雜的國際國內局勢，中國已經表明了大國的態度，勇於承擔責任，探索國際合作的新方式、經濟增長的新動力，維護國際秩序公正與公平。「一帶一路」倡議的推進更是讓各國人民看到了中國捍衛多邊機制，促進貿易、投資自由化的決心。在全球化已經不可逆轉的形勢下，各國已經向「人類命運共同體」邁進，不僅中國，各國想要齊頭並進，開闢新出路，需要攜手合作，共同承擔責任。「合作，意味著參與方地位的相對平等，也代表成果和風險都要共享共擔。」[6]「共擔時代責任，共促全球發展」的「共」字正是表明了沒有哪一個國家能夠置身事外。各國需要「攜手」面對困境。在全球經濟陷入危機的時刻，中國主動肩負起時代的責任，為世界發展貢獻了中國智慧，被譽為「世界經濟的領航者」。但是，獨木不成林，各國合作才有可能找到世界經濟的新出路。各國需要共享成果、共擔風險，平等參與決策、享受權利、履行義務，才能在危機到來之際共渡難關。

二〇一七年是中國在國際舞臺上大放光彩的一年，讓世界更加了解中國，聲聲「龍吟」響徹全球。特別是在十九大召開之後，中國得到了海外智庫專家和媒體的熱議，

並且他們「高度讚賞中國過去五年對維護世界和平繁榮、促進多邊合作和推動國際社會共同應對全球性挑戰等做出的重要貢獻……中國的發展不僅將造福中國人民，也將惠及世界」[7]。

值得關注的是，二〇一七年習近平主席在達沃斯論壇上演講的熱度一直持續到二〇一八年冬季達沃斯開幕。二〇一八年冬季

達沃斯論壇主題為「在分化的世界中加強合作」顯而易見，中國一直呼籲和倡導的共同合作，得到了世界的認可。 在這次論壇上，中國再次成為了被關注的焦點。全世界都在關注中國在全球問題中將會扮演怎樣的角色，中美貿易未來如何發展。二〇一八年一月二十四日，中共中央政治局委員、中央財經領導小組辦公室主任劉鶴在達沃斯論壇上做了主旨發言。談及全球問題，劉鶴提出，各國應當「跳出侷限加強務實合作」並維護多邊貿易機制，[8] 與二〇一七年習近平主席的演講主旨一脈相承。

（三）中國以新形象參與全球的建設和發展

1. 世界和平的建設者

歷史已經證明，衝突和對抗只會兩敗俱傷。目前，恐怖主義仍在部分地區肆虐，網絡安全、氣候變化等安全威脅仍然是人類面對的重大挑戰。面對複雜的國際局勢，和平與發展仍然是當今時代的主題。從「和平共處五項原則」到「人類命運共同體」理念，和平一直是其中的重要內涵。「這百多年全人類的共同願望，就是和平與發展。」[9] 二〇一七年是中國在國際舞臺上活躍的一年，習主席在多個場合強調了中國遵循和平共處五項原則、維護世界和平的決心。在聯合國日內瓦萬國宮「共商共築人類命運共同體」的高級別會議上，習主席指出，各國已經緊密地聯繫在了一起，形成了「人類命運共同體」。「世界命運應該由各國共同掌握，國際規則應該由各國共同書寫，全球事務應該由各國共同治理，發展成果應該由各國共同分享。」[10] 而和平是各國構建「人類命運共同體」的重要前提，也是未來各國需要努

力的方向。習主席從《威斯特伐利亞和約》《聯合國憲章》、和平共處五項原則等國際社會公認的原則出發，強調各國需要「堅持對話協商，建設一個持久和平的世界」，「面向未來，中國維護世界和平的決心不會改變」。[11] 在二〇一七廈門金磚會晤上，習主席指出包括中國在內的金磚國家「是世界和平的維護者、國際安全秩序的建設者」[12] 黨的十九大報告也指出，「中國將……恪守維護世界和平、促進共同發展的外交政策宗旨」[13] 建設世界和平並非一句口號，中國政府和人民始終反對以武力來解決衝突和分歧，中國在參與國際事務中，始終以世界和平為己任，比如，應聯合國要求和邀請，多次向外國動亂地區派遣中國的維和部隊、海軍亞丁灣護航編隊，體現了中國建設和維護世界和平秩序的決心。

2. 全球發展的貢獻者

近年來，中國綜合實力的增強引起了西方國家的警惕，不斷散播「中國威脅」謬誤，枉顧中國一直在為全球發展做出重要貢獻的實際行動。習主席在二〇一七年年初的達沃斯演講中就指出，「中國的發展是世界的機遇，中國是經濟全球化的受益者，更是貢獻者」[14] 中國「對世界經濟的貢獻率超過百分之三」。[15] 中國一直積極參與多邊對話與協商。從二〇一七年五月的「一帶一路」高峰論壇到二〇一七廈門金磚會晤，中國作為東道主一直致力於與其他國家開展多領域的溝通、交流與合作。

二〇一六年的杭州 G20 峰會上，各國不僅決定將在創新驅動增長的新領域進行合作，還達成了全球第一個多邊投資規則框架——《二十國集團全球投資指導原則》。

而在二〇一七年「一帶一路」高峰論壇舉辦之前，還曾有媒體猜測中國此舉是為了「尋找反對特朗普的聲音」，[16]但事實上，從習主席上述演講中一直傳遞的精神及論壇取得的成果可以看出，中國一直在強調平等協商，探索世界經濟增長的新動力，並與其他國家、國際組織分別在「五通」領域達成眾多的合作成果，向世界的發展交出了中國答卷。中國參與的金磚國家合作，「在新開發銀行和應急儲備安排建設、電子商務、貿易和投資便利化、服務貿易、本幣債券、科技創新、工業合作、政府和社會資本合作等領域取得了一系列成果，拓展了經濟合作廣度和深度。」[17]在二〇一七年九月於福建廈門舉行的金磚國家峰會上，倡導開放包容的經濟模式、促進貿易和投資便利化、和平安全、人文交流的主題在《金磚國家領導人廈門宣言》中又一次得到了強調，[8]重申了金磚國家「對話而不對抗，結伴而不結盟」的立場，[19]這也一直是中國外交的基本立場。

3. 國際公正秩序的維護者

　　幾十年來，中國一直在為維護和平、建立公正合理的國際秩序而努力。中國是國際秩序的捍衛者，但是捍衛的是公正合理的國際秩序。習主席不斷強調各國應當平等參與國際大政方針的決策，「各國和國際司法機構應該確保國際法平等統一適用」。[20]主權和尊嚴必須得到尊重，這是和平共處五項原則的精神內涵，也是國際社會廣泛認可的原則，[21]更是命運共同體的價值追求。在本書第一編中，筆者詳細論述了中國在建立國際經濟新秩序方面的努力以及戰略定位。中國發起的「一帶一路」倡議等等，都是在為建立公正合理的國際秩序而努力。

正如十九大報告強調的，中國一直是世界和平的建設者、全球發展的貢獻者、國際秩序的維護者。上述演講多次提出「共同」「平等」等詞語，又一次重申了中國維護公平公正的國際秩序、促進世界和平與發展、捍衛多邊機制的決心，體現了中國作為大國的擔當。這無疑是對死灰復燃的「中國威脅論」的又一次有力回擊，也是對貿易保護主義和民粹主義的堅決反對。世界各國目前都面臨著重大的挑戰，在此緊要關頭，共同攜手才是應對危機的應有之義。外媒用「開啟『全球化新時代』」，「世界應張開雙臂擁抱『一帶一路』倡議」來形容「一帶一路」戰略的前景。[22] 值得注意的是，這並不是中國一家的舞臺。中國維護的是世界共同和平，捍衛的是公平公正的國際秩序，倡導的是各國平等參與，共同合作，共擔風險。

二、美國總統換屆引發全球關注，「鷹派」言論甚囂塵上

在二〇一七新年之際，習主席在達沃斯論壇發表演講，倡導合作、共贏，表達了中國的決心，為「振興世界經濟」貢獻了中國智慧。而在二〇一七年一月二十日，特朗普宣誓就職，從此開始了特朗普的總統任期。在競選後期和上任伊始，特朗普就中國問題一時拋出駭人聽聞的言論，一時又對中國示好，難以觀察其對華態度和未來中美關係走向。但是，在特朗普執政一年之後，處處強調「美國優先」「美國利益至上」，視中國為潛在威脅，在政治軍事、經濟貿易等領域「抹黑」中國。不難看出美國

目前對中國仍然保持歪曲、懷疑、警惕乃至敵視態度，致使未來中美關係的走向，依然迷霧重重。

（一）對華輿論歪曲造勢，「鷹派」人士占據內閣重要位置

1. 競選期間將矛頭對準中國

近年來，中國在國際舞臺上展現的大國形像在得到好評的同時，也引發了諸如美國等國家的警惕，特別是在中美貿易逆差較大的背景下。現任美國總統特朗普在競選演講期間，抓住了美國民眾關心的經濟衰退和失業率問題，頻頻將矛頭指向中國，試圖將美國的經濟社會問題都歸咎於中國，為自己的競選造勢。

二〇一六年六月二十八日，特朗普在賓夕法尼亞州的演講中，提到了中國十二次，指責中國操縱匯率，搶走美國人的工作機會，並且表示要對中國發起「貿易戰」。[23] 在他的其他演講中，持續地抨擊中美貿易，將美國的失業問題歸咎於中國的廉價出口，指責中國運用不正當競爭手段「欺詐」美國，以此「抹黑」中國。此前，特朗普還公開說，美國人不應當為了一些蠅頭小利，來巴結乞求中國，並公開將中國視作「敵人」（enemy）。然而其本人卻一直被詬病採用偽善的「雙重標準」。有媒體披露，他本人多年來一直希望將其酒店和房地產生意落腳在北京、上海、廣東、深圳等城市，努力尋求機會打人中國市場。[24] 在他的競選網站中，有專門的欄目闡述「美中貿易改革」，可見有關中國的問題是其競選關注的重要方面，這一趨勢也一直延續至今。在其競選期間，有媒體稱，美國與亞洲關係的政治損害已經造成。[25] 在競選期間，特朗普對奧巴馬的「重返亞太戰略」反

應較為冷淡，但是在上臺之後，開始強調「印太戰略」，中國是其主要的關注對象，這一點將在後文進行分析。

　　2. 內閣「鷹派」囂聲不斷

　　特朗普的內閣成員中，「鷹派」人士占據著重要位置，時時發出囂聲。由此可以看出，未來對華政策可能不容樂觀，不能不引起中國的密切關注。

（1）美國國務卿蒂勒森

　　現任美國國務卿雷克斯‧蒂勒森（Rex Tileson）為資深的美國企業家，在成為候選人期間，就對中國的南海疆土建設舉措展開了猛烈抨擊。蒂勒森表示，中國在南海建設島嶼並安裝軍備設施的行為就像俄羅斯吞併克里米亞一樣。中國應當立即停止島嶼建設。他認為**中國在南海的行為「極其令人擔憂」**，如果進入具有重要軍事意義同時也是重要國際貿易航道的南海水域由北京說了算，將對整個全球貿易構成「威脅」。[26]

　　二〇一七年三月十八日，蒂勒森訪華期間，又表現得十分「友好」，充分釋放尊重與合作的信號。他兩次重複了對中美關係的描述，即「不衝突不對抗、相互尊重、合作共贏」的十四字原則。雖然蒂勒森多次表達過希望與中國維持良好的關係，但南海問題仍然是其關注的重點。二〇一七年六月五日，蒂勒森在與澳大利亞外長畢曉普舉行會面後的記者會上表示，儘管中國是經濟和貿易強國，美國也渴望與中國建立富有成效的關係，但「美國不會允許中國使用其經濟實力來擺平、擺脫其他問題，無論是在軍事化南中國海島嶼問題上，還是在未能適當地向朝鮮施壓問題上」。[27]

總體來看，蒂勒森希望與中國保持良好的關係，以促進中美經貿領域的合作，但是蒂勒森對南海的關注為二〇一八年年初美國軍艦進入黃岩島十二海里埋下了伏筆，未來美國在南海問題上很有可能大做文章。二〇一八年二月初，又是這個蒂勒森在出訪南美途中，大放厥詞，賊喊捉賊，公開誣衊中國是什麼「新帝國主義列強」，挑撥離間，力圖阻撓和破壞中國與南美各國開展的平等互利雙贏合作。[28]

　　（2）國防部部長馬蒂斯

　　現任美國國防部部長詹姆斯・馬蒂斯（James Mai）是退役的美國海軍陸戰隊上將，指揮過多次戰爭，「殺人如麻」，言辭激烈，人稱「瘋狗馬蒂斯」。在候選人階段，馬蒂斯就聲稱，美國軍力不足以「威懾中俄」，並聲稱「（世界秩序）正遭受二戰以來最大的攻擊」。除此之外，馬蒂斯還多次「炮轟」中國，明確表示出對華不信任感，並提出對華政策要更加嚴厲。[29]二〇一八年一月，馬蒂斯訪問印尼並表示，「希望幫助印尼在亞太海上安全領域扮演主要角色」，而印尼日前也出現了搶奪南中國海主權的意圖。

　　在訪問印尼之後，馬蒂斯將訪問越南。隨著中國在南海的島礁建設持續推進，馬蒂斯含沙射影地表示：希望大國不要把自己的意志強加給小國。」[30]

　　（3）太平洋司令哈里斯

　　另一位政治軍事上的重要人物是美國太平洋司令哈里斯。哈里斯曾明確表示，將「再次派遣」軍艦到中國南海島礁鄰近海域巡航。在印度新德里舉辦的「瑞辛納對話」論壇上，哈里斯強調

中國對印度洋—太平洋地區的地區穩定是「不利」的，是一種長期「挑戰」。[31] 此言論無疑是在為美國「印太」戰略尋找藉口，加強美國與印度之間的關係，在中印爭端中火上澆油。

（4）貿易委員會主席納瓦羅

著名的「鷹派」人士納瓦羅為現任美國貿易委員會主席，也是《致命中國》這一影片的出品人。外界曾猜測，納瓦羅作為特朗普對華顧問，中美貿易必有一戰。納瓦羅的《正在到來的對華戰爭：在哪兒開戰，如何能贏？》這本書也正是特朗普的最愛之一。有評論稱：「納瓦羅的上臺不僅代表貿易保護主義，而且代表了美國非主流反華偏見在長期努力之後，終於走到前臺。」[32] 使得之後美國對中國發起「301」調查、無視 WTO 規則、妄言「美國國內法優先」的做法，有「路」可循。從特朗普及其內閣成員的言論來看，雖然美國也口頭表示不願意輕易與中國為敵，但是行動上，美國對中國無端猜疑和肆意歪曲卻不減反增，在政治、軍事、經濟方面仍舊把中國當成對手甚至敵人。

（二）美國利益至上，「中國威脅」謬論變本加厲

二〇一七年年底，美國公布了《國家安全戰略報告》（National Security Strategy of the United States of America），其中頻頻用「對手」（competitor）、「威脅」（threat）等詞語形容中國。在該報告中，中國被描述成一個居心叵測的、「威脅」美國安全和繁榮、破壞自由和公平的經濟秩序的「野心家」。[33] 而中國綜合實力的增強、在亞太地區的活動都是為了增強自身的軍事力量，控制輿論，擴大影響力。顯而易見，特朗普政府的這份報告

完全是在刻意製造亞太地區的緊張氛圍，變本加厲地鼓吹「中國威脅」謬論，蠱惑人心，力圖挑撥中國和周邊國家的關係。美國將對中國採取的針對性措施，似乎都是在複雜的國際局勢下、在中國的「逼迫」下不得已的「自保」行為，但其本質無非是在為自身的堅持霸權主義和強權政治尋找藉口。

中國外交部發言人二〇一八年一月二十二日回應：到底是誰對國際規則合則用、不合則棄？是誰動輒干涉別國內政，甚至以武力相威脅？相信世界各國人民對此看得很清楚，自有公論。我們希望美方摒棄冷戰思維，正確看待當今世界和中美關係，停止歪曲中方戰略意圖，⋯⋯維護中美關係長期健康穩定發展，這才是符合中美兩國和世界各國利益的正確選擇。」[34]

不僅特朗普政府如此描述中國，美國的智庫也在層層加碼地渲染「中國威脅」謬論。二〇一八年一月二日，美國「歐亞智庫」（Eurasia Group's）發布了《2018 全球風險預測報告》（Eurasia Group's Top Risks for 2018）。[35] 該智庫預測的十大風險中，中國赫然名列第一。但是縱觀該報告，對中國的態度總是處於自相矛盾之中。比如，一方面該報告承認，中國以「互不干涉內政」為原則的對外經貿和外交活動將受到更多歡迎。另一方面，歐亞智庫還是用「擴張」（expansion）這個帶有霸權主義和強權政治色彩的詞語，來形容和強加於中國在亞洲地區的活動，並強調中國與美國及其盟友之間是對立的關係；亞洲的幾個國家比如日本、印度、韓國、澳大利亞，將中國視為對其「民主資本主義」模式的「威脅」。歐亞智庫預測，在中國的南海、朝鮮問題和美中貿易關係上，中美之間將會出現更多的摩擦。

此外，該報告坦率供認：「美國利益至上」及其政策侵害了美國領導的國際秩序，

全球面臨的不確定性和風險顯著增加；也緣政治問題將是二〇一八年世界面對的主要困難；目前美國壟斷治理的「全球秩序」正在解體；世界缺少共同價值觀，等等。但是，**話鋒一轉**，分析到中國，該報告卻將中國在這方面的努力和影響力視作全球需要「警惕」的風險，全然無視中國呼籲全球各國共同合作以促發展，構建「人類命運共同體」，正是習近平主席上述演講貫穿始終的宗旨，也是未來中國努力的方向。事實上，在二〇一七年，中國就多次重申過，我們反對霸權主義和強權政治[36]，「不論中國發展到什麼程度，永遠不稱霸，永遠不搞擴張」[37]

（三）在臺灣問題上言行不一，危害中國主權

一年多的時間，特朗普在「一個中國」問題上言行不一致，頻頻插手臺海問題。

而近期美國提出的「印太戰略」，在政治和軍事上針對中國的態勢逐漸明朗，需要警惕。

1. 就任前夕，「破例」與蔡英文通話

二〇一六年十二月，在贏得競選還未就任時，特朗普就在推特上主動發布與蔡英文通電話的消息。這一舉動被各大媒體批判，指出他打破了美臺一九七九年「斷交」以來三十七年的外交慣例，釋放出嚴重的錯誤信號，以「被批」「菜鳥犯下的錯誤」等字眼來形容特**朗普**的這次「**特離譜**」行為。[38]不僅如此，特朗普十二月十一日在接受美國福克斯電視臺（Fox News）採訪

時，還為與臺灣地區領導人蔡英文的通話進行辯護，並公開表示，他理解「一個中國」原則，但是不明白美國為什麼一定要受其約束，**除非中國在貿易或其他領域讓步**。[39] 特朗普的這句話引起了軒然大波，他竟然為「一個中國」問題設定了前提，想要以此為條件和中國討價還價。不論他究竟是無心之失，還是刻意為之，作為即將上任的美國總統，特朗普會對臺灣問題以及「一個中國」原則一無所知嗎？不論其目的是什麼，這番表達都已經觸犯了中國的底線，受到各方的嚴厲批評。中方隨後表示：「堅持一個中國原則是發展中美關係的政治基礎。如果這一基礎受到干擾和破壞，中美關係健康穩定發展和兩國重要領域合作就無從談起。」[40] 美國白宮十二日重申，美國政府堅定奉行「一個中國」原則。在兩個月之後的二月十日，特朗普與國家主席習近平通話時強調，他充分理解美國政府奉行「一個中國」原則的高度重要性，將堅持奉行「一個中國」原則。雖然如此表態，美國卻沒有放棄在臺灣問題上做文章，雖然打著遵循「一個中國」原則的偽善幌子，卻屢屢背信棄義，頻頻插手臺海問題，明目張膽地干涉中國內政。其最新佐證就是：

2. 美臺軍艦互停、高層互訪可能性增強

2017 年年底，特朗普簽署了預算近七千億美元的《2018 美國國防授權法》（National Defense Authorization Act for Fiscal Year 2018），其中「與印度亞洲太平洋地區有關的事項」（Matters Relating to the Indo-Asia-Pacific Region）部分，強調美國將加強與臺灣的防務合作，規範對臺防務產品與服務，並且評估中國不斷擴大的全球接人對美國的影響。[41] 但引起最多爭議的是，在附

件第 1259 條第（7）款赫然寫明要「考慮重建美臺軍艦互停港口的可行性」（consider the advisability and feasibility ofreestablishing portofcalexchanges betweenthe United States navy and the Taiwan navy）。在該法案中，美國還在為軍艦互停尋找藉口，認為「符合美國認定的一個中國原則」。這種蹩腳辯解，猶如「掩耳盜鈴」，只能自欺，豈能掩盡天下人耳目？

不僅美臺軍艦可能互相停靠，在有關臺灣問題的其他方面，美國的行為更是花樣翻新，層出不窮。二〇一八年一月九日，美國國會眾議院通過了《臺灣旅行法》（Taiwan Travel Act）[43] 開篇就**背信棄義**[43]、**明目張膽**地宣稱，「本法案表達了美國國會的意見：美國政府應該鼓勵各級美國官員和各級臺灣官員互訪。」《臺灣旅行法》繼《國防安全戰略報告》為軍艦互停提供可能之後，又為美、臺雙方**高層官員**互訪預留出了廣闊空間；上述舉措層層加碼，既為臺灣「臺獨」勢力分裂中國的罪惡活動打氣撐腰壯膽，也為美國「鷹派」分裂和侵略中國的罪惡活動大開方便之門！

簡言之，二〇一七年年底到二〇一八年年初，美國在臺灣問題上屢屢背信棄義，連連拋出「重磅炸彈」，頻頻插手兩岸關係，已經嚴重觸及了中國的底線。這一系列對中國的試探和挑釁，一再踐踏和嚴重違背了當代國際法公認的國家主權原則和國際公認的「一個中國」原則。看來特朗普之前聲明的尊重「一個中國」原則，完全可能是陽奉陰違，裝模作樣，欺世惑眾，更加證明了在美、臺關係問題上，我們需要高度警惕。警鐘聲聲，長鳴不已，中國人豈能充耳不聞，不未雨綢繆，不早作準備，不嚴

肅應對？！

3. 美國「印太」戰略浮出水面

美國提出的「印太」戰略，目前包括四國，即美國、日本、澳大利亞、印度。從目前的趨勢來看，「印太」戰略不僅僅侷限在經濟合作領域，勢必和美日勾結，把東海問題、臺海問題、南海問題糾纏結合在一起，以此牽制中國。

（1）對中國有明顯的針對性此前，特朗普對奧巴馬政府的「重返亞太」戰略的態度似乎較為冷淡，同時宣布退出《跨太平洋夥伴關係協定》（Trans-Pacific Partnership Agreement，TPP），外界對特朗普的新政策猜測紛紛。二〇一七年年底至二〇一八年年初，隨著美國「印太」戰略逐漸浮出水面，美國試圖通過中印、臺灣問題遏制中國在亞太地區發展的野心逐漸清晰。二〇一七年十一月，特朗普在越南出席 APEC 峰會時多次提出「印太」，強調加強「印度—太平洋國家友誼和商務的聯繫，來共同推進我們的繁榮和安全。」〔44〕這似乎已經表現出了「印太」戰略的苗頭，而且，輿論界依據美國多年來一貫的「冷戰思維」和「霸主積習」，合乎邏輯地預測，特朗普所說的「繁榮和安全」，美國與印太地區國家的合作，顯然不會只侷限在經貿層面上，它既有地區上的「安全」合作，更可能會有軍事戰略上的設想。這可能是特朗普下一步的外交政策的重要內容之一。

果然，「圖窮匕首見」，二〇一七年十二月底出籠的《2018美國國防授權法》，赫然將「與印度—亞洲太平洋地區有關的事項」列為標題之一，強調「印度—亞太地區的安全、穩定和繁榮對美國的國家利益至關重要」（the security, stability, and prosperity of the Indo-Asia-Pacific region are vital to the United States），「美國應該在該地區保持一定的威懾侵略行為的軍事能力，並在必要時應對地區性威脅」（the United States should maintain a military capability in the region that is ableto project power, deter acts ofaggression, and respond, if necessary, to regional threats）等等，這就突出顯現了美國對印太地區的戰略野心，而在這一地區的中國和俄羅斯則被美國視為「潛在對手」（potential adversaries）。[45] 美國的《國家安全戰略報告》「以小人之心度君子之腹」，公開指責：「中國試圖取代美國在印度太平洋地區的地位」（China seeks to displace the United States in the Indo-Pacific region）。[46] 簡言之，新近出籠的上述兩份文件，都花了大量篇幅論證中國實力的增強是如何「威脅」美國在印度洋—太平洋地區的地位、「威脅」該地區的安全，體現出美國至今仍然堅持其多年來一貫的「冷戰思維」和「霸主積習」，毫無「改弦更張」之意。

　　從目前的趨勢來看，美國的「印太」戰略相較於奧巴馬的「重返亞太」戰略，在該地區更加偏向於軍事的合作，有過之而無不及。馬蒂斯接連訪問印尼、越南，不斷鼓吹「印太」戰略，聯合中國周邊國家對中國進行圍堵的意圖逐漸清晰凸顯。而美國不停地渲染中國對印度洋—太平洋地區的「威脅」，無疑顯示出「印太」戰略的矛頭主要針對的就是中國。未來特朗普政府是否會遵照該法案和報告的內容，目前不能遽下定論，有待持續觀察，但是這兩份文件對中國的態度絕對稱不上「友好」，卻是不爭的事實。

（2）印度和臺灣是美霸牽制中國的重要棋子

印度占據著印度洋的重要地理位置，同時與中國接壤。近期印度頻頻對中國挑釁，使得美霸的「印太」戰略更加顯現出防範和圍堵中國的意圖。二〇一七年六月十八日，印度邊防人員越過中印邊境線，中印由此在洞朗開始了長達一個月的對峙。 雖然這次「6·18中印洞朗對峙事件」最後和平落幕，但無疑給中印關係帶來了重大的負面影響。不僅如此，印媒稱，二〇一八年年初，莫迪或許會訪問「阿魯納恰爾邦」（即中國藏南地區）。[47]然而，「中方在中印邊界問題上的立場是一貫和明確的，我們從來不承認所謂的『阿魯納恰爾邦』」[48]。印度在中印邊境上小動作頻頻，其背後的美霸原因值得深究。此外，印度也曾多次表態拒絕「一帶一路」倡議。近期《印度時報》還聲稱，印度洲際導彈可以打擊中國北方，[49]這已經是明顯的挑釁行為。雖然美霸倡導和主持的「印太」戰略的四國之間也存在分歧，但是該戰略的影響範圍絕不限於美、日、澳、印四國。如果四國展開軍事合作，中國和印太地區的其他國家將陷入非常被動的局面。

在美、日、澳、印四國展開合作之後，臺灣方面緊隨美國《2018美國國防授權法》的腳步，於二〇一七年十二月二十六日公布了臺灣版的《2017防務報告書》，其中首次將美臺軍事合作「檯面化」，詳細披露了美臺多方面的軍事合作。[50]此外，美臺還在積極尋求雙方高層互訪的可能性。蔡英文無疑是在向美國獻媚示好，希望對外界炫耀已經與美國構建緊密的軍事同盟關係，向大陸示威，頗有將美國當作「靠山」「狐假虎威」的架式。一直以來，美國都是希望借美臺軍事合作來達到牽制中國的目的。

雖然從長遠來看，美國不可能忽視與中國的關係，但是隨著印太戰略的逐漸明朗化，臺灣問題無疑被美國當作遏制中國在亞太地區發展的重要突破口。美國力圖遏制中國在亞洲的影響力，阻礙中國的經濟貿易發展，捍衛美國在全球的霸權地位。

我們需要警惕的不僅僅是印度和臺灣問題，從特朗普及其「鷹派」內閣成員的態度和行為可以看出，中國周邊的國家（比如馬蒂斯訪問的印尼和越南等）可能都將成為美國的利用對象。對中國主權的挑釁未來不會停止。比如二〇一八年一月十七號晚，美國「霍珀」號導彈驅逐艦進入中國黃岩島十二海里內海域，印證了哈里斯之前的言論。外交部發言人表示，中國海軍依法對美艦進行了識別查證，予以警告驅離。中國國防部二十日也發表聲明稱：「美方一再派遣軍艦非法進入中國南海島礁鄰近海域……破壞地區和平穩定，與兩國兩軍關係穩定發展的勢頭背道而馳。」[51]

由此可見，在特朗普親自組織和率領下，幾個大名鼎鼎的「鷹派」人物在內閣中大權在握，霸術權術兼施，紅臉白臉合唱，這是大家目睹的現實。對此，包括中國在內的全球國家，務必須要警惕特朗普政府未來在印太地區、東海、臺海、南海問題上大做文章，口頭上「敦睦邦交」，行動上「兩面三刀」，繼續損害中國的主權核心權益，繼續破壞亞太、印太地區和全球的和平秩序。

（四）貿易領域單邊主義故態復萌

美國「鷹派」貿易委員會主席上任之後，不僅貿易保護主義

趨勢進一步加強，還對中國採取了一系列貿易措施，霸權單邊主義故態復萌。

1. 美國國內法優先

在特朗普競選期間，就明確地展現了單邊主義的傾向，其利己主義表現在經貿領域，出現了貿易保護主義進一步加強的跡象。美國貿易代表辦公室（USTR）二〇一七年三月一日向美國國會提交了《2017 年貿易政策議程報告》（2017 Trade Policy Agenda），主張「不會原封不動遵守」世界貿易組織（WTO）爭端解決程序，而是以美國國內法優先（Americans are not directly subject to WTO decisions）。[52]

眾所周知，在 WTO 爭端解決機制下，敗訴的國家必須停止違反世貿規則的行為，但 USTR 狡辯說，美國即使敗訴「也不會改變國內法律和商業習慣」公然推出了背離世貿組織規則、對貿易對象國徵收高額關稅這種「特朗普式」的保護主義政策。

美國國內法中一些與 WTO 規則相牴觸的內容，已成為美國對抗他國的王牌。一旦美國單方認定對象國實行了「不公平貿易」，便「有權」對其採取單方面關稅報復措施。USTR 於一日提交的報告就將臭名昭著的美國國內法「301 條款」和「201 條款」列為制裁對方的「強有力的手段」[53]

2. 「301 條款」「201 條款」大棒捲土重來

《2017 年貿易政策議程報告》提交沒幾個月的時間，美國果然按照其報告所說，對中國發起了「301 調查」。美國貿易代表辦公室當天發表聲明說：「將調查中國政府在技術轉讓、知識產權、創新等領域的實踐、政策和做法是否不合理或具歧視性，以

及是否對美國商業造成負擔或限制。」[54]此外，二〇一八年一月二十二日，美國宣布運用「201 條款」，對進口洗衣機和光伏產品加徵「保障性關稅」。[55]

美國的「301 條款」與「201 條款」源於《美國貿易法》第301 條和第 201 條，是單邊主義貿易保護的縮影。它無視公平合理的多邊貿易規則，多年來一直飽受國際批評和詬病。在二十世紀和二十一世紀之交，美國單邊主義與 WTO 體制有三大回合的交鋒，其中的核心爭議就是「301 條款」和「201 條款」。美國大量運用「301 條款」對他國發起調查，被多次訴至 WTO 爭端解決機構。本書第一編第二十章和第二十一章對相關內容有著全面的剖析和論述。「這三次交鋒的實質，都是美國經濟『主權』（經濟霸權）與各國群體經濟主權之間限制與反限制的爭鬥；都是植根於美國在一九九四年『入世』之初就已確立的既定方針：力圖在『入世』之後仍然推行其單邊主義政策，以維護和擴大其既得的經濟霸權，可以隨時背棄其在 WTO 體制中承擔的多邊主義義務。」[6]雖然「301 條款」在 WTO 裁決結果中有勝有負，但是縱觀以往「301 條款」案件，均有數量眾多的國家作為第三方參與，多年來全球大多數國家都極力反對美國的貿易霸權。這次美國重啟「301 條款」和「201 條款」調查，又一次印證了筆者之前的分析和判斷，即：「**慶父不去，魯難未已**」。**因此，人們不能不經常保持清醒，增強憂患意識，隨時謹防美國單邊主義大棒之捲土重來和再度肆虐**。[57]

在貿易保護主義和單邊主義盛行的特朗普時代，單邊主義故態復萌。在各國為探索世界經濟新出路而努力的同時，美國卻肆

意破壞多邊貿易規則。這種單邊保護主義的做法最終的結果只能是兩敗俱傷。中國政府曾多次聲明，中美應當維護 WTO 規則的權威性，維護多邊貿易體制。若美方不顧事實採取行動，中方將採取所有適當措施，堅決捍衛中方合法權益。[58] **先禮後兵，**[59] **先「玉帛」後「干戈」，這是中國數千年來的傳統美德和民族自信，謂予不信，**[60] **請霸君試試！**[61]

3. 拒絕承認中國的市場經濟地位

特朗普二〇一七年十一月十八至二十日來華訪問，兩國企業在兩場簽約儀式上共簽署經貿合作項目三十四個，給予美方超級優惠待遇，金額高達 2535 億美元。當時此君笑容滿面，喜滋滋地揣著這份訪華「A＋ 成績單」，向美國國會和選民老百姓報功去了。

然而在結束行程幾個星期的時間裡，美國當局就向 WTO 提交了一份聲明，拒絕承認中國的市場經濟地位。美國的聲明涉及的正是近期輿論熱議的《中國入世議定書》（以下簡稱《議定書》）第 15 條。《議定書》第 15 條的內容是「確定補貼和傾銷時的價格可比性」，「如受調查的生產者不能明確證明生產該同類產品的產業在製造、生產和銷售該產品方面具備市場經濟條件，則該 WTO 進口成員可使用不依據與中國國內價格或成本進行嚴格比較的方法」，[62] 這種方法一般被稱為「替代方法」而（d）款規定這種做法在中國加入 WTO 十五年後終止。近期，國內外就十五年屆滿後「替代方法」能否繼續適用引發了爭議。

事實上，WTO 成員方多年來一直不承認中國的市場經濟地位。《議定書》第 15 條顯示了中國在加入 WTO 的時候作出的讓

步。「這種代價包括，自二〇〇一年加入世貿組織的每一年間，中國一直是各成員發起反傾銷調查的頭號目標。二〇〇一年至二〇一六年，世貿成員對中國出口產品發起的反傾銷調查超過了一千起，數量超過第二大目標國的三倍。」[63] 在美國之前，日本和歐盟已經宣布拒絕承認中國的市場經濟地位。美國與其他國家此舉無非是想在第 15 條中尋找解釋空間，主張對中國產品繼續適用「替代方法」如果按照第 15 條（d）款的規定，在中國加入 WTO 十五年後終止「替代方法」的做法，那麼以後要證明中國產品在這些國家存在傾銷將會變得非常困難。 美、日、歐此舉無非是想借「反傾銷反補貼」之名繼續向中國企業徵收高額稅款，同時保護其本國產業，是貿易保護主義的又一次體現。

正如筆者之前所述，「全球經濟的發展始終貫穿著強權國家與弱勢群體之間的鬥爭」即螺旋上升的「6C 律」[64] 中國目前又遇到了以美國為首的發達經濟體在經貿領域對我國的挑戰。中國加入 WTO 的十六年來，一直是多邊機制的維護者。但是目前，我國需要警惕以美、日、歐三方為代表的成員方在 WTO 對中國的大規模、多方面的「圍堵」。以拒絕承認中國的市場經濟地位向中國施壓，仍舊企圖適用「替代國」價格的做法，對中國商品徵收高昂的反傾銷反補貼稅。

近期，中評社的一篇社評指出：「中國取得完全市場經濟地位之後，卻遭遇世界性的貿易保護主義，美國、歐洲聯盟和日本對中國的迅速發展耿耿於懷，他們抓住有利時機，拒絕承認中國的市場經濟地位，試圖對中國施加壓力，在經濟上遏制中國」。社評強調：「**中國應無懼退出世界貿易組織**」。[65] 事實上，如前

所述，在二〇一〇年，筆者就曾分析過，每一次「6C」的循環，「都把國際經濟秩序以及和它相適應的國際經濟法規範，推進到一個新的水平或一個新的發展階段」面對以 WTO 規則為代表的國際經濟立法，「國際弱勢群體固然不能予以全盤否定，也無力加以徹底改造，但是，當然更不能心甘情願地忍受其中蘊含的各種不公與不平」，而是應該「以公平公正為圭臬，促使 WTO 法制和法治與時俱進，造福全球」。[66]

近年來，各國對中國捍衛全球化並提出中國方案、倡導共贏合作度過難關的倡議給予了高度評價。在各國尋求出路的同時，美國卻試圖切斷各國在全球化中的聯繫。特朗普的上述舉措將美國商人的極端利己主義和圓滑狡詐體現得淋漓盡致。

習主席在達沃斯論壇上的講話已經語重心長、苦口婆心、一針見血地指出了美國這種做法的謬誤：「搞保護主義如同把自己關進黑屋子，看似躲過了風吹雨打，但也隔絕了陽光和空氣。打貿易戰的結果只能是兩敗俱傷。」[67]中美兩個貿易大國需要聯手合作，推動貿易和投資便利化，攜手開闢全球經濟新的增長點，而不是相互對抗。

三、力爭建立友好大國關係，時刻不忘強軍興軍備戰

（一）超越分歧，走向共贏

正如習主席演講中一直闡述的，當今世界各國如果想要攜手共渡難關，需要「堅決摒棄冷戰思維和強權政治，走對話而不對抗、結伴而不結盟的國與國交往新路」[68]。習主席曾在多個場

合表示，中美之間要建立新型的友好大國關係，一直在釋放積極、友好的信號。觀察特朗普方面，態度卻令人捉摸不定。一方面，在與中國領導人和高層的交流中，一再表態中美應爭取共識，他理解尊重「一個中國」原則，爭取友好大國關係；另一方面，卻又在印太地區、東海、臺海、南海問題上大做文章。中國成語可謂豐富多彩，諸如言不由衷、口是心非、出爾反爾、陽奉陰違、兩面三刀、笑裡藏刀、口蜜腹劍等等，但是，即使全部加在一起，似也不足以描繪和刻畫此君的「特離譜」形象和特質！

由於中美政治體制的差異，加上中國一直走「不結盟」的路線，「游離於美國主導的同盟體系之外」，導致「美國對中國的政治制度一直抱有不認可和不信任的態度，期待中國市場經濟成長起來後會導致政治變革，在對華政策上從未放棄『兩面下注』」[69]早在一九七二年的《中美上海聯合公報》中已經明確聲明：「任何一方都不應該在亞洲—太平洋地區謀求霸權，每一方都反對任何其他國家或國家集團建立這種霸權的努力。」而美國此舉無疑是對中美聯合聲明的違背。

根據美國歐亞智庫的《2018 全球風險預測報告》以及達沃斯世界經濟論壇公布的《2018 年全球風險報告》，地緣政治問題是二〇一八年全球面臨的最主要的風險。[70] 中美大國關係的走向無疑將對世界地緣政治問題產生重要影響。二〇一八年一月，蓋洛普公司發布的一份民意調查報告顯示，特朗普的「美國優先」政策和保護主義趨勢使得全球對美國領導力的滿意度一年內大跌將近二十個百分點，是歷史首次。[71] 各國都對美國在政治、經濟上的表現大失所望。事實上，中美在經濟、貿易領域應

當展開多項合作，在世界多極化、經濟全球化、文化多樣化、社會信息化深入發展的背景下，在全球面臨的不確定性增加的局勢下，在尊重主權的基礎上展開友好合作應該是雙方的共同追求。中美之間應該建立起有效的溝通和合作機制。由此才能走向共贏。歷史已經證明，「大國和睦，世界就能和平穩定；大國交惡，世界就會衝突動亂。」[72]

（二）警惕遭遇挑釁，不忘強軍興軍

正如前文所述，值特朗普上臺一年之際，在臺灣問題上小動作不斷，在經貿、政治領域圍堵中國的意圖明顯，挑釁行為時常出現，如中印邊界、臺海、黃岩島問題，插手民族問題等。因此，在爭取大國友好關係的同時，我們也不能放鬆警惕。中國也曾多次表態，美國應對自身言行負責，我們不懼挑戰。強軍興軍，是我們的重要防線。

黨的十九大報告將「強軍開創新局面」作為重要內容之一。在「歷史的新起點上，面對國家安全環境的深刻變化」，我們需要「堅持走中國特色強軍之路，全面推進國防和軍隊現代化」，「堅持富國和強軍相統一……建設強大穩固的現代邊海空防」二〇一七年國際局勢發生了深刻變化，在印度蠢蠢欲動、美臺軍艦可能互停、日澳「軍事互訪」協定談判、美加啟動所謂的「聯合國軍」等複雜背景下，我國強軍興軍，是維護主權的需要，絕不是為了搞霸權或擴張。如果不加強軍隊建設、增強防禦能力，將會非常被動，中國的邊境和主權很可能受到損害。在追求和平友好的大國關係的同時，決不能「坐以待斃」，需要穩固防線，增

強國防軍隊實力。此外，強軍興軍不僅是為了鞏固我國國防、應對危機，也是「反恐維穩、搶險救災、國際維和、亞丁灣護航、人道主義救援等重大任務」的要求。[73]

（三）主權不容侵犯，《反分裂國家法》是紅線

主權不容侵犯是中國的底線，不容置疑。冷戰思維和強權政治的理念理應摒棄。事實上，歷史證明，這正是中國一直以來秉持的理念。早在一九五三年，中國就提出了「和平共處五項原則」的精神內涵，並被國際社會所公認。而現在，面對非傳統威脅，和平與發展仍然是當今世界的主題。

中國是國際秩序的捍衛者，但是捍衛的是公正合理的國際秩序。主權和尊嚴必須得到尊重，不干涉內政，這是和平共處五項原則的精神內涵，也是國際社會廣泛認可的原則，[74]更是人類命運共同體的價值追求。二〇一七年，部分勢力在港澳、臺灣問題上小動作頻頻，特別是臨近年末，更是現出了挑撥兩岸關係的險惡用心。十九大報告指出，歷史已經證明「一國兩制」是舉世公認的成功。未來我們要在「一國兩制」「港人治港」「澳人治澳」基礎上，推進與內地的合作。而在臺灣問題上，「一個中國」原則貫穿兩岸關係的始終，堅持「九二共識」。中國一直致力於與其他國家友好合作，但是「我們堅決維護國家主權和領土完整，一切分裂祖國的活動都必須遭到全體中國人的堅決反對」。[75]針對臺灣問題，我國於二〇〇五年三月通過了《反分裂國家法》。其中明確指出該法的制定目的就是「為了反對和遏制『臺獨'分裂勢力分裂國家，促進祖國和平統一，維護臺灣海峽地區

和平穩定，維護國家主權和領土完整，維護中華民族的根本利益」《反分裂國家法》第 8 條明確指出，「臺獨」分裂勢力以任何名義、任何方式造成臺灣從中國分裂出去的事實，或者發生將會導致臺灣從中國分裂出去的重大事變，或者和平統一的可能性完全喪失，國家得採取非和平方式及其他必要措施，捍衛國家主權和領土完整。」我國堅決反對美臺任何形式的官方往來和軍事交流，[76] 臺灣如果堅持和美國「與虎謀皮」美國如果無視中國《反分裂國家法》的規定，違反「一個中國」原則以及中美聯合公報的聲明，肆意妄為，必將自食惡果。

四、簡短的結論：報曉金雞甫去，駿犬接踵奔來，新年全球何往，謎底尚待揭開！

斗換星移，歲序更新。去年今日，報春金雞「喔喔」啼聲繞樑未已，今年此時，報春駿犬「旺旺」吠聲響徹全球。今年全球究竟走向何方？龍吟音量究竟能否蓋過鷹囂？人類究竟能否掌握自己的命運？和平究竟能否取代戰亂？全球治理究竟繼續保持霸權壟斷，抑或闊步邁上民主康莊？諸如此類謎底，沒有哪個神仙救世主能夠準確預測和指點迷津。不過，近日倒有一篇中國人前往達沃斯現場採寫的長達六千字、圖文並茂的客觀報導，向全球提供了令人「喜憂參半」的感性信息和理性剖析，其中既敘述了一年來中國陽光、中國智慧、中國方案之廣受歡迎、好評如潮，也反映了當今公眾對戰亂烽火四起、核戰陰云密布之焦慮重重、憂心忡忡！還提到了德國總理默克爾振聾發聵的警語：今年

是一戰結束一百週年，要認真反思！」這些正負兩面、喜憂參半的信息，值得有心人粗略瀏覽或細細品讀。[7] 茲照錄如下，以饗讀者：

各國政要為何冒四十年不遇暴雪，也要去達沃斯？

首發：二〇一八年一月二十六日《新華每日電訊》

作者：《新華每日電訊》記者韓松

暴雪：危機中的世界

很難想像，在一個邊遠嚴寒、人口一點三萬的小鎮上，竟然誕生了這樣一個世界級盛會。

一月二十一日凌晨二時，我由北京首都機場出發，經九小時到達法蘭克福，停留四小時等待轉機，又飛行一小時，終於到達日內瓦。次日一早，乘火車前往達沃斯，中間轉車兩次，用時五小時。

由此可知，前往達沃斯的旅程有多漫長。實際上，中國人較大規模參與世界經濟論壇（即達沃斯論壇）僅是近年的事。很難想像，在一個邊遠嚴寒、人口一點三萬的小鎮上，竟誕生了這樣一個世界級盛會。從國家元首到公司老闆，均不辭辛苦紛至沓來。

本屆達沃斯年會，有包括美國總統特朗普等七十位國家元首或政府首腦以及三十八位國際組織負責人在內的三千名嘉賓出席。

火車沿途所見瑞士風光，令人驚嘆。尤其進入達沃斯境內，純白潔淨，才感覺到了真正的雪鄉。這裡隨便一條穿越峽谷的火車道都是聯合國世界文化遺產。體驗仙境或是人們前來達沃斯的一個理由。

但剛下火車，我就被平生所未見的鵝毛大雪所襲。道路冰封，汽車堵成長串。註冊報到的代表們拖著行李箱，蹣跚而行，不時有人滑倒雪中。隨後知道，這是達沃斯論壇創辦四十年來同期最大的一場雪。

車站和街頭沒有志願者，也沒有論壇工作人員，看不到指路牌。問了六位路人及警察，才弄明白應該到哪兒報到。註冊中心距離火車站僅三百米，步行了約半個小時。

我以「媒體領袖」身分辦完手續，欲乘火車前往下榻的酒店（達沃斯小鎮接待能力有限，只能選擇住在較遠處的村子中）。在自動售票機買了票，火車卻遲遲不來。問掃雪工，才知因為雪崩警報，取消了班次。出租車也打不到。又詢問路人，建議坐另外的火車前往他地，換乘汽車，汽車到站後，再換另一趟火車。輾轉迂迴四個小時，才於飢寒交迫中抵達酒店。看著燈光下片片紛亂的雪花，不禁想到本屆達沃斯論壇的主題「在分化的世界中打造共同命運」。

當天至少有兩場活動因為嘉賓難以趕到而取消。還有不少人被困在附近村鎮無法及時註冊。

雖然雪災確實嚴重，但我與同事也不禁為瑞士的「辦事效率」發出感嘆。要擱在「集中力量辦大事」的中國，怎麼可能呢？至少會有志願者把你領回去吧。要打造共同命運，先要打通

雪中道路。而實際上，這個世界目前面對的危機要比大雪嚴重得多。

當今世界遇到了什麼難題

不少人回顧了中國國家主席習近平一年前在達沃斯論壇上的講話，認為今天更顯穿透力。

很快發現，日內瓦大學教授克勞斯・施瓦布創辦的達沃斯論壇，是一個問題導向的活動，從頭至尾是「問題—應答」模式。會議中心複雜的巨型空間被分割成一個個單元，人們或演講，或交流，或參加高科技的體驗，或接受新聞媒體採訪。就這樣，要開4天會。

雖然雪很大，但主要活動未受影響。各國領袖的演講按時舉行。他們均提到，當今世界正處於「複雜」「變化」和「不確定」的嚴峻挑戰之中。

德國總理默克爾面臨的問題：氣候變化、民粹主義、保護主義、移民危機。

義大利總理真蒂洛尼頭疼的問題：失業、移民問題、保護主義、氣候變化。

他和默克爾都談到歐洲還不是一個強大的聯盟，今後歐盟需要掌握自己的命運。

巴西總統特梅爾遇到的問題：就業、貧困、經濟增長、保護主義。

加拿大總理特魯多關心的問題：貿易問題、保護主義、不平

等。

印度總理莫迪認為世界面對的挑戰有三種：氣候變化、恐怖主義和保護主義。

人們也談到戰爭。我進入會場後參加的第一場專題，與地緣政治有關。一位女士站在幻燈前大聲說：「要吸取第一次世界大戰的教訓，現在存在核戰爭的危險！」我參加的第二場專題，關於網絡安全，又有人拿核危機來作比喻。第三場便是莫迪的演講，他又提到核武器，提到「毀滅性力量」。

本屆達沃斯還有一個專題討論就叫做「核威脅下的國際安全」，講的是有核國家越來越多，「首先使用」不受限制，由此帶來應對難題。

莫迪說，「希望大國之間的競爭不要演變為戰爭。」默克爾講，今年是一戰結束一百週年，要認真反思。

施瓦布認為，這正是「分化」的表現。「由於在包容性發展和世界資源保護方面的集體失能，我們現有的多套全球治理體系同時面臨著失靈風險。為避免這一狀況，我們首先應做的即是建立新的合作模式，而這樣的合作必須排除狹隘的利益觀，必須建立在人類共同命運的基礎之上。」

人們也紛紛就解決危機、應對挑戰提出辦法，包括合作、改革、共享、對話、理性等。單邊主義、保護主義、反全球化的趨向遭到了幾乎所有演講者的反對和批判。來自文藝復興故鄉的真蒂洛尼總理說，「看看我們的歷史，我們的根，那就是全球化的。」

但除了推動經濟復甦，人們還更多談到了社會、文化和心

靈，呼籲在這些方面進行改革。這才是根本的東西。

最終還是要讓分化的世界整合起來。「天下一家」的觀念再次被提起。

哈佛醫學院一位教授在一個關於空氣污染的演講中說，看看坐在你身邊的人吧，關係太親密了——你呼出的空氣，會被對方吸入。其他方面情況，也可類推。

莫迪講，根據印度古代的經典，世界是一個大家庭。有了共同的挑戰，就有了團結的基礎。

英國經濟學家拉沃絲稱，最早人類通過家庭照料財產和物品，兩千年前由城邦國家照看家產，再後來成了民族國家，它就像從前的家庭一樣，要照看好這顆星球上的一切，不讓它們被毀壞。

不少人回顧了中國國家主席習近平一年前在達沃斯的講話，認為那些話在今天更顯穿透力。

首次出席達沃斯年會的中國國家主席習近平說，「人類已經成為你中有我、我中有你的命運共同體，利益高度融合，彼此相互依存。每個國家都有發展權利，同時都應該在更加廣闊的層面考慮自身利益，不能以損害其他國家利益為代價。」

腦洞大開的「冬令營」

本屆論壇設計了六大議程，又分化為約四百場討論或演講，覆蓋了人類能想象得到的各個方面。

但是，達沃斯論壇不止於此。共同命運不意味著「統一命

運」。會議的議程是多樣的，這正是達沃斯吸引人前來的特點。各色人都可以在這裡找到自己感興趣的話題，找到自由表達和交流的空間。

馬雲在他的專場對話中，談起了女性賦權、科技革新、個人財富等話題。他說，女性在智商、情商、愛商三個商值之間是比較平衡的，如果想讓公司成功，並且以智慧的、關懷他人的方式運作，女性是非常好的選擇。

劉慈欣之後的雨果獎得主郝景芳以「全球文化領袖」身分，參加了「科幻小說之夢」的討論。她說：「我和科技、文化專家一起談科幻，特別盡興。」最後，上百人坐在桌子上，一人講一句他們心目中的未來。

事實上，本屆論壇在總的主題下，設計了全球、地緣政治、經濟、區域、行業與商業、未來六大議程。它們又分化為約四百場討論或演講，僅看名字，五花八門，覆蓋了人類能想得到的各個方面，的確是腦洞大開。

比如，「工作的未來」，是講述一個人類不再有工作的世界以及今天如何為之作好準備；「終結現代奴隸制度」，是說要把四千萬淪為全球化犯罪的犧牲品的人解救出來；「二〇三〇年的地緣政治地圖」描述了第四次工業革命帶來政治革命；「脫歐經濟」講的是英國脫歐後出現的新經濟形態；「系統化貿易震蕩」，是假設貿易戰如果持續不斷爆發而解決爭端的多邊機構又很脆弱該怎麼辦。

「二〇一八年會是下一場金融危機的開始嗎？」圍繞目前出現的一些讓人擔憂的現象作出預警。「自拍文化」講的是手機自

拍如何改變我們看待自己以及跟他人聯繫的方式；「文化的武器化」講述的是文化戰爭。還有「晨間冥想」「難民營裡的一天」「談談宗教」等體驗式主題。

由於彙集了全球頂級專業菁英，各種地域性的討論往往具有深度，如「美國的海外議程」「俄羅斯戰略展望」「阿拉伯世界的未未治理」「東南亞在變化的時代走向繁榮」等。連「地中海問題」都有人研究。

達沃斯就像一個人類學的大課堂，或是研究地球未來的冬令營，所有人像小學生一樣，規規矩矩坐著或站著學習。在這裡，東方和西方、社會主義和資本主義、佛教和基督教，坐在一起，求同存異，探索人類苦思不得其解的共同難題。

得數據者得天下

遠古時期，土地是最重要的資產；二百年前，機器取代土地，成為最重要的資產；今天，數據正取代機器，成為最重要的資產。

本屆達沃斯論壇上，最熱的詞可能是「數據」。

莫迪說，數據正在創造最大機會和最大挑戰。誰能控制數據，誰就能控制世界。

默克爾講，數據是二十一世紀最重要的原材料。誰擁有它，誰就能決定民主、參與和經濟繁榮的進程。

最受歡迎的演講者之一，是《人類簡史》和《未來簡史》的作者尤瓦爾‧赫拉利。這個謝頂的以色列精瘦男子，在講臺上不

停揮舞手臂。他把中國研製的「神威—太湖之光」超級計算機照片作為幻燈背景。他的演講主題是《未來還是人類的嗎？》.

他說，我們也許是最後一代智人了。地球將被另一種實體主宰，比我們與尼安德特人的差別更大。二十一世紀經濟的主要產品，不是武器和汽車，而是心智。控制數據，就將控制人類和生命的未來。遠古時期，土地是最重要的資產，它們集中在少數人手裡，社會因此分化為貧民和貴族；二百年前，機器取代土地，成為最重要的資產，它們集中在少數人手裡，分化出無產階級和資產階級；今天，數據正取代機器，成為最重要的資產，它們集中在少數人手裡，人將會分為不同物種。

這場演講是在默克爾演講後進行的，也是在同一個大廳。聽眾的反應是呆住了，所有人都不再看手機，只死死看著演講者。

為了讓大家體驗數據科技的雙刃劍，達沃斯論壇設計了「歸零日」的虛擬現實體驗。它模擬了黑客入侵伊朗核設施主機的過程，中情局、摩薩德、軍情六處等都參與其中。

戴上眼鏡後，立即置身跟真實場景一樣的空間，漫遊在計算機軟件裡，把一個個關鍵元件摧毀，並在現實世界中引發人員死亡。十三分鐘的經歷結束之後，我背上直冒冷汗。

整整一面牆的巨型屏幕是「世界形勢空間」，利用大數據，由不同的演講者，每天幾次介紹全球投資、貿易、能源、生態、和平、衝突、貧富差距等演變趨勢。

比如講到貿易，就在世界地圖上用顏色和圖形顯示出國與國的貿易格局以及它們隨時間的變化週期。一眼看到，美國大都是逆差，用藍色表示；而中國的貿易額增長最大，用紅色表示。

在高附加值產品出口中，美國最大，日本次之，中國增長迅速。這些都按照壓縮時間，用同心圓的擴張和縮減來表示。風力設備出口方面，中國成長為最大國，而風能設備的最大進口者是美國。太陽能設備的最大出口國是中國。服務業出口方面，美國最大，中國較小，次於印度。

看了這些不斷變化的動圖就明白了，各國都在增加在全球高附加值供應鏈中的位置。有人說，所有這些講的無非就是一個故事——美國與中國的競爭。但達沃斯代表、中國能源專家林伯強認為，更主要是合作，「我們去年還從美國買了油氣」。

關於生態環境的大數據，最讓人怵目驚心。按時間顯示的野生動物滅絕過程讓代表們屏住呼吸。拉沃絲講：「我一九七〇年出生，剛好是這個記錄開始的時間；到記錄截止的二〇一二年，我四十二歲。人的短短一生裡，地球上的野生動物數量減少了58％！」

但大數據並非萬能的。在觀看了用大數據表現的全球污染形勢後，一位肯尼亞代表說，這裡面並沒有反映西方發達國家向發展中國家轉移、傾倒工業廢料的問題。

像 G7（七國集團）峰會一樣，達沃斯論壇上，最多的還是西方面孔，用的語言也是英語。有人說，事實上，那些提了又提也難以解決的全球問題，正是每年出席達沃斯論壇的某些國家的部分有錢人造成的。

這些人住在鎮上一夜幾千美元的酒店裡，組組午餐會的幾十人，身家加在一起就是幾萬億美元。他們在會上也應發展中國家代表的請求，就解決非洲和南美的貧困和環保問題提出建議，但

往往很空泛。

中國的選擇

我在兩天中，參加了十幾場專題討論，發現不管什麼主題，幾乎都會涉及中國，往往還是熱點話題。

中國與會者是達沃斯的一道特別風景，代表中有政府官員、企業家、學者、文化人和媒體人等。在會場上，常常能聽到漢語。

施瓦布在介紹中國嘉賓劉鶴時說，這是中國最新當選的中共中央政治局委員，擔任著中央財經領導小組辦公室主任等職務。這是達沃斯連續四年接待中國領導人。

中國在達沃斯的選擇，包括兩重意義。

一是中國在新時代的戰略選擇，也就是中國未來會成為一個什麼樣的國家。

劉鶴做了題為《中國的經濟政策》的演講。他介紹，中國未來幾年經濟政策的頂層設計，關鍵就是要實施好「一個總要求」「一條主線」和「三大攻堅戰」。對此，他逐一作了帶有背景的介紹和解釋，目的還是要讓國外聽眾聽懂中國未來「兩步走」的規劃。

二是中國的發展給世界帶來的新選擇，也就是解決全球問題的中國方案。

劉鶴講，中共十九大報告是一份透明度很高的施政綱領，裡面提的每件事都是向中國人民的莊嚴承諾，都必須做到。而做到

這些事，將為世界各國發展提供新的機遇。

他還說，中國已經出現了世界上人口規模最大的中等收入群體，形成巨大的國內市場，我們相信這個四億人左右而且快速增長的中等收入群體的開放市場，將對全球的發展做出重大貢獻。

劉鶴得到了當天我聽到的時間最長的掌聲。

另外還有「一帶一路」專場，被認為很好地支持了論壇的「共同命運」主題。

亞投行行長金立群以流暢而地道的英語，回答了外國人關注的問題，包括私營企業如何在「一帶一路」中取得投資回報、項目會否成為「政績工程」、建設是否有環境高標準等。

美國和俄羅斯的企業老總則講述了參與「一帶一路」嘗到甜頭的故事。

直接掛名中國的論壇專場還有「中國怎樣引領世界」「中國：向繁榮開放」「中國在新時代」等，甚至上海交通大學也有一個專題。

中國人參與各種主題討論的情況也很多。天津等地方政府還舉辦了「中國之夜」。

我在兩天中，參加了十幾場專題討論，發現不管什麼主題，幾乎都會涉及中國，往往還是熱點話題。有時會讓人喜憂參半。大數據展示了世界各地的夜間燈火，代表用電量的趨勢以及經濟活躍程度。我看到中國不斷明亮了起來，而美國在黯淡下去。

在講到污染話題時，代表中國的圖形變大，僅次於印度，一起成為世界地圖上最刺目的「大紅斑」。但同時，局部顏色又有改變，好消息、壞消息並存——傳統污染致死率降低，現代新型

污染致死率上升。

中國與會者中，身著名牌西裝拿著特製手機的民營企業家的識別度比較高。參加達沃斯論壇當然有各種好處：

提升對世界的認知，改善自身形象及素質，多認識人，當面接觸世界大腕——在會場上，隨時就可能與比爾・蓋茨或者劉強東擦肩而過。當面聆聽特朗普講話，跟看電視也是不一樣的。最後，是各種商機。 這也反映了中國企業走進世界舞臺中央的趨勢。

對於一些中國企業家來說，有沒有參加過達沃斯，就像有沒有去過南極點或北極點一樣，具有某種標誌性意義。但達沃斯門檻比較高，成為達沃斯會員需繳六萬美元，參會還要再納三萬美元門票費。

而對於許多國際社會的人士來說，聆聽中國聲音，了解中國方案，則成了前來達沃斯的一個理由。

中國缺席的達沃斯恐怕就不是達沃斯了。

注釋

* 本文由陳安與翟雨萌合作撰寫。翟雨萌是國家重點學科廈門大學國際法學科二〇一六級博士生。

〔1〕 美國的一種對外政策。一九五六年一月，「戰爭販子」美國國務卿杜勒斯主張美國「不怕走戰爭邊緣，但要學會走到戰爭邊緣，又不捲入戰爭的必要藝術」。這種主張被稱為「戰爭邊緣政策」。參見鄭建邦主編：《國際關係詞典》「戰爭邊緣政策」詞條，中國廣播電視出版社 1992 年版。

〔2〕 習近平：共擔時代責任共促全球發展——在世界經濟論壇 2017 年年會開幕式上的主旨演講》，http:// news. xinhuanet. com/mrdx/2017-

01/18/c_135992405. htm。

〔3〕 「黑天鵝」事件（Black Swan Event）指非常難以預測，且不尋常的事件，通常會引起市場連鎖負面反應甚至顛覆。英國退出歐盟、特朗普贏得美國大選、義大利修憲公投失敗，堪稱二〇一六年三大「黑天鵝」事件。

〔4〕 李永群等：中國主張在達沃斯收穫歷史性讚譽》，http://cpc. people. com. cn/GB/n1/2017/0124/ c64387- 29045066. html。

〔5〕 有外國學者和媒體表示：「國際社會將在未來面對一個更加堅定的中國。中國的自信不僅來源於對日益增長的綜合國力充滿信心，而且還在於中國對國際形勢作出了於己有利的判斷」，「中國聲音將變得更加響亮、更為明亮」，「中國有意願、有資源、有領導力」參見湯先營：《「中國有意願、有資源、有領導力」》，http://news. gmw. cn/ 2017-11 / 23 / content_26871887. htm。

〔6〕 《新媒：「一帶一路」機遇巨大，也有三大挑戰 》，http://column. cankaoxiaoxi. com/2017/0518/2010076. shtml。

〔7〕 王微：《外媒看十九大：進入新時代，中國更自信》，載《青年參考》2017 年 10 月 25 日第 12 版。

〔8〕 參見《劉鶴在世界經濟論壇 2018 年年會上的致辭（全文）》，http:// www. xinluanet. com/world/2018-01/25/c_1122310663. htm。

〔9〕 習近平：《共同構建人類命運共同體——在聯合國日內瓦總部的演講》，http://politics. people. com. cn/n1/2017/0119 / c1001-29033860. html。

〔10〕 習近平：《共同構建人類命運共同體——在聯合國日內瓦總部的演講 》，http://politics, people, com, cn/n1/2017/0119/c1001-29033860. html。

〔11〕 同上。

〔12〕 參見習近平：《在金磚國家工商論壇開幕式上的講話（全文）》，http://www. xinhuanet. com/politics/2017- 09/03/c_1121596338. htm。

〔13〕 習近平：《決勝全面建成小康社會　奪取新時代中國特色社會主義偉大勝利——在中國共產黨第十九次全國代表大會上的報告》，http:// www. xinhuanet. com/ 2017-10/ 27/ c_ 1121867529. htm。

〔14〕 習近平：《共擔時代責任共促全球發展——在世界經濟論壇 2017 年

年會開幕式上的主旨演講》，http：// news. xinhuanet. com/nrdx/ 2017-01/18/c_135992405. htm。

〔15〕參見習近平：《決勝全面建成小康社會　奪取新時代中國特色社會主義偉大勝利 —— 在中國共產黨第十九次全國代表大會上的報告》，http:// www. xinhuanet. com/2017-10/27/ c_1121867529. htm。

〔16〕參見《外媒：中國廣邀世界領袖參加高峰論壇　「一帶一路」成重頭戒》，http://www. cankaoxiaoxi. com/ china/20170215/1688396.shtm。

〔17〕習近平：《在金磚國家工商論壇開幕式上的講話（全文）》，http:// www. xinhuanet. com/ politics/ 2017-0 9/ 03/c_1121596338. htm。

〔18〕參見《金磚國家領導人廈門宣言》，http: //www. xinhuanet. com/ politics/2017-09/03/c_1121596338. htm。

〔19〕參見習近平：《在金磚國家工商論壇開幕式上的講話（全文）》，http: //www. xinhuanet. com/politics/2017- 09/03/c_1121596338. htm。

〔20〕習近平：《共同構建人類命運共同體　在聯合國日內瓦總部的演講 》，http://politics. people. com. cn/n1/2017/0119/c1001-29033860. html。

〔21〕同上。

〔22〕參見《外媒評述「一帶一路」激活全球貿易》，http://www. cankao xiaoxi. com/finance/20170515/1994541. shtml。

〔23〕參見《特朗普演講 12 次提及中國　揚言把中國列為貨幣操縱國》，http://www. cankaoxiaoxi. com/world/ 20160630/1212703. shtmil.

〔24〕See As Trump Bashed China, He "Sought Hotel Deal with Its Government", https://www.rawstory.com/2016/10/as-trump-bashed-china-he-sought-hotel-deal-with-its-govt/.

〔25〕參見《港媒：特朗普把中國視為騙子　反華叫囂不得人心》，http:// www. cankaoxiaoxi com/china/ 20160101/1042943. shtml。

〔26〕參見《蒂勒森：不允許中國用經濟實力擺平一切》，http://www. zaobao. com/realtime/china/story20170606-768910。

〔27〕同上。

〔28〕中國外交部發言人迅即批駁蒂勒森的新謬論，指出，美方有關說法完全違背事實，是對廣大拉美國家的不尊重。中國和拉美國家同為發展中國家，面臨著共同的發展階段和發展任務，雙方的合作基於

共同利益和相互需求，秉持的是平等互利、開放包容、合作共贏的理念。拉美國家心裡是有桿秤的，在深化對華合作方面是有高度共識的。中拉合作是南南合作的組成部分，造福雙方人民。我們希望有關國家摒棄零和博弈的過時觀念，以開放、包容的心態正確看待中拉合作和中拉關係發展。參見《外交部發言人：中拉合作基於共同利益和相互需求》，http://www. xinluanet.com/overseas/2018-02/03/c_1122361902.htm。中國輿論界進一步揭露指出，蒂勒森將中國形容成「新帝國主義列強」，其實是力圖維護美國在西半球的霸主地位。美一直將拉美視為自己的「後院」，要拉美國家只與美國發展關係，禁止他國涉足。參見《美國務卿蒂勒森：中國是「新帝國主義列強」！》http://www. sohu. com/a/220793026_162220。

〔29〕參見堵開源：《美國候任防長「瘋狗」馬蒂斯稱美軍實力無法威懾中俄》，http: //www.guancha. cn/ mltary-afairs/2017_01_13_389184. shtml。

〔30〕《外媒：馬蒂斯訪問印尼盯防中國意味濃》，http://www. cankao xiaoxi. com/world/20180124/2253106. shtml。

〔31〕參見《美海軍上將誣指中國挑戰影響地區穩定是「沉重的包袱」》，http://www. cankaoxiaoxi. com/mil/ 20180120/2252615.shtml。

〔32〕李建華：《美對華鷹派納瓦羅來了　中美貿易必有一戰？》，https://www. myzaker. com/article/5861bb5e1bc8e07b17000023/。

〔33〕Eg. "China and Russia began to reassert their influence regionally and globally. Today, they are fielding military capabilities designed to deny America access in times of crisis and to contest our ability to operate freely in critical commercial zones during peacetime". See National Security Strategy of the United States of America，https://news.usni. org/2017/12/18/document-national-security-strategy-united-states-america.

〔34〕新華社：《外交部回應美國國家安全戰略報告涉華內蓉》http: // news. xinhuanet. com/ world/ 2017-12/ 19/c_1122136663. htm。

〔35〕See Eurasia Group，Eurasia Group's Top Risks for 2018，https://www. eurasiagroup. net/issues/top-risks-2018.

〔36〕參見《金磚國家領導人廈門宣言》，http://www. xinhuanet. com/ politics/2017-09/03/c_1121596338. htm。

〔37〕習近平：《決勝全面建成小康社會　奪取新時代中國特色社會主義偉大勝利——在中國共產黨第十九次全國代表大會上的報告》，http: // www. xinhuanet. com/ 2017-10/ 27/ c_ 1121867529. htm。

〔38〕參見《特朗普炫耀與蔡英文通話　被美媒批犯下菜鳥錯誤》http:// military. china. com/imiportant/11132797/20161205/30064796_all. html。

〔39〕See Fox News Sunday Exclusive: Donald Trumip on Cabinet Picks, Transition Process, http://www. foxnews. com/transcript/2016/12/11/ exclusive-donald-trump-on-cabinet-picks-transition-process. html.

〔40〕《國臺辦：堅持一個中國原則是臺海和平穩定的基石》，http: // www. xinhuanet. com/ politics/ 2016-12/14/ c_1120116321. htm。

〔41〕 See Sec. 1259. Strengthening the defense partnership between the United States and Taiwan, Sec. 1259A. Normalizing the transfer of defense articles and defense services to Taiwan, Sec. 1259B. Assessment on United States defense implications of China's expanding global access, National Defense Authorization Act for Fiscal Year2018，Congress. Gov, https: //www. congress. gov/bil/115th-congress/house-bil/2810.

〔42〕 See H. R. 535—Taiwan Travel Act, Congress. Gov, https://www. congress.gov/bill/115th-congress/house-bill/535. Taiwan Travel Act. 其原文和中譯如下：

(Sec.2)This bill expresses the sense of Congress that the U. S. government should encourage visits between U. S. and Taiwanese officials at all levels.

The bill states that it should be U. S. policy to:(1) allow U. S. officials at all levels to travel to Taiwan to meet their Taiwanese counterparts; (2) permit high-level Taiwanese officials to enter the United States under respectful conditions and to meet with U. S. officials, including officials from the Departments of State and Defense; and (3) encourage the Taipei Economic and Cultural Representative Office and any other instrumentality established by Taiwan to conduct business in the United States.

（第二條）本法案表達了美國國會的意見：美國政府應該鼓勵各級

美國官員和各級臺灣官員互訪。

本法案提出，美國的政策應該是：(1)允許美國各級官員前往臺灣會見臺灣同行；(2)在一定條件下，允許臺灣高層官員進入美國，會見美國各級官員，包括會見美國國務院和國防部的官員；(3)鼓勵「臺北經濟文化代表處」和臺灣的任何其他機構在美國開展業務。

〔43〕中國外交部發言人陸慷和國務院國臺辦發言人馬曉光相繼在記者會上強調，該《臺灣旅行法》議案嚴重違反一個中國政策和中美三個聯合公報原則，干涉中國內政，中方對此表示堅決反對。中方敦促美方恪守「一個中國」政策和中美三個聯合公報原則，慎重處理臺灣問題，不與臺灣進行任何官方往來和接觸，不向「臺獨」分裂勢力發出任何錯誤信號，以實際行動維護中美關係大局和雙方在國際事務中的合作。參見《2018 年 1 月 11 日外交部發言人陸慷主持例行記者會》，http://www. fmpc gov. cn/web/fyrbt_673021 /jzhsl_673025/t1525034. shtml；《國臺辦：堅決反對美眾議院通過所謂「臺灣旅行法議案」》，http://www . gwytb . gov. cn/wyly/201801/t20180117_ 11894598. htm.

中美建交三個聯合公報，特別是一九七八年十二月十六日發表的《中華人民共和國和美利堅合眾國關於建立外交關係的聯合公報》鄭重宣告：「中華人民共和國和美利堅合眾國商定自一九七九年一月一日起互相承認並建立外交關係。美利堅合眾國承認中華人民共和國政府是中國的唯一合法政府。 在此範圍內，美國人民將同臺灣人民保持文化、商務和其他非官方關係。 美利堅合眾國政府承認中國的立場，即只有一個中國，臺灣是中國的一部分。」這是中美雙方應當恪守的國際條約之一。 時隔四十年，如今美國國會眾議院全票通過《臺灣旅行法》草案，明目張膽地背信棄義，踐踏國際條約。此草案已提交美國國會參議院審議，通過後再交美國總統簽署，立即成為有約束力的美國法律。 對此卑鄙行徑，中國官方一再表示堅決反對。 但中國某些學者卻居危不知危，公開散播一廂情願的幻想，寄望於美國參議院未必會通過、美國總統未必敢簽署。 針對此種誤導中國公眾的錯誤看法，也有頭腦清醒的中國學者一針見血地批評說：「不止一位所謂專家都很輕描淡寫地認為，美國人不敢往下做。 意思是，眾院雖然通過了，但參院一定不會通過。 再退而求其次，即使參院通過了，美國總統也一定不會簽署。 問題在於，這

些專家憑什麼會有這樣的看法？他們哪來的底氣？美國人跟他們商量過了？當然沒有。可是他們這樣的所謂『自信』到底是從哪裡來的？……面對美國這樣的挑釁，中國人民當然不會吞下這枚苦果。中國會作出最適當的反應，而這些反應會讓美國人後悔的。問題在於，某些所謂專家，憑什麼就主觀地認為，美國人不會讓中美關係失控。這樣的認識太危險了，也太可笑了。我們必須提醒我們的人民，一定不能被這些所謂專家的盲目自信所迷惑。美國人是可能讓參院通過這項法案的。美國總統也是可能簽署這項法案的。這項法案完全可能成為一項正式的法律。如果真的出現了這種情況，我們這些專家將作何解釋？將做何反應？正常的反應是針對最壞的情況出現。不能把希望寄託在對手的所謂理智上。只有考慮最惡劣情況的出現，我們才能立於不敗之地。如果美國通過了這項法案，我們就必須要美國承擔由此產生的一切後果。這些後果要讓美國心痛、肚痛、頭痛。讓美國有苦說不出，打碎了牙齒往肚子裡咽。……」詳見胡懋仁：《解禁「臺灣旅行法」，你以為美國不敢這麼做嗎？》http://www sohu com/a/217605169_425345。

〔44〕 辛恩波、于瀟清：《特朗普亞太行再強調「印太」概念，美國新亞洲戰略呼之欲出？》http://www. thepaper. cn/newsDetail_forward_ 1863328。

〔45〕 See National Defense Authorization At for Fiscal Year 2018，Congress. Gov，https://www. congress. gov/ bill/115th-congress/house-bill/ 2810.

〔46〕 See National Security Strategy of the United States of America，U. S. Department of State，https://r.search. yahoo. com/_ylt=AwrBT7Zvc HFasD4AgVRXNyoA; _ylu=X3oDMTEyZDhlbTYyBGNvbG8DYniYxBHBvc wMxBHZ0aWQDQiQ3MjFrMQRzZWMDc3I-/RV= 2/RE = 1517412592/ RO = 10/RU = https% 3a% 2f% 2fwww. state. gov%2fdocuments%2for ganization%2f635 62. pdf/RK= 2/RS=kZwndUvgOLOVf DtvbEW6z5FQ5M-.

〔47〕 參見《學者批莫迪欲再訪藏南：對中方的惡意挑釁！》http: // military. clina. com/important/11132797/ 20180104/31910198. html。

〔48〕 《外交部發言人：中方堅決反對印度領導人到爭議區活動》，http:// www.xinhuanet. com/politics/2017- 11/20/c_1121984391 htm。

〔49〕參見張鶩：《印度成功試射烈火 5 導彈　印媒放話能打擊中國北方》http://mil. huanqiu com/world/2018- 01/11534672. html。

〔50〕參見《臺媒：蔡英文當局首發防務報告書　制定所謂「新戰法」》，http: //www. cankaoxiaoxi. com/tw/20171 227/2249571. shtml。

〔51〕《外媒：美軍艦擅闖黃岩島海域遭警告驅離》，http: //www. xinhuanet. com/mil/2018-01/22/c_ 129796418. htm

〔52〕"In other words, even if a WTO dispute settlement panel-or the WTO Appellate Body-rules against the United States, such a ruling does not automatically lead to a change in U. S. law or practice. Consistent with these important protections and applicable U. S. law, the Trump Administration will aggressively defend American sovereignty over matters of trade policy." See 2017 Trade Policy Agenda and 2016 Annual Report，Ustr，https://ustr. gov/about-us/policy-offices/press-office/reports-and-publications/2017/2017-trade-policy-agenda-and-2016.

〔53〕"Section 301 can be a powerful lever to encourage foreign countries to adopt more market-friendly policies" See 2017 Trade Policy Agenda and 2016 Annual Report, Ustr，https://ustr. gov/about-us/policy-offices/ press-offices/reports-and-publications/2017/2017-trade-policy-agenda-and-2016.

〔54〕金脫脫、高攀：《美國正式對中國發起「301 調查」》，http://www. xinhuanet. coni/fortune/2017-08/19/c_1121508900. htm。

〔55〕參見金旼旼、高攀：《財經觀察：美國政府單邊主義貿易保護「組合拳」後果堪憂》，http: //www. xinhuanet. com/fortune/2018-01/23/c_1122303302. htm。

〔56〕關於《美國貿易法》「301 條款」和「201 條款」的內容及其挑起的典型國際爭端和訟案，詳見本書第一編第二十章和第二十一章，分別題為「世紀之交在經濟主權上的新爭議與「攻防戰」：綜合評析十年來美國單邊主義與 WTO 多邊主義交鋒的三大回合」「世紀之交在經濟主權原則上的新爭議與『攻防戰』對發展中國家的重大啟迪」。

〔57〕詳見本書第一編第二十章第六部分：美國「主權大辯論」「301 條款」爭端案以及「201 條款」爭端案之宏觀小結：慶父不去，魯難未

已」。

〔58〕參見金旼旼、高攀：《財經觀察：美國政府單邊主義貿易保護「組合拳」後果堪憂》http: // www. xinhuanet. com/ fortune/ 2018-01-23/ c_1122303302. htm。

〔59〕參見釋義：禮：禮貌；兵：武力。先按通常的禮節同對方交涉，如果行不通，再用武力或其他強硬手段解決。出處：〔明〕羅貫中《三國演義》第十一回：「劉備遠來救援，先禮後兵，主公當用好言答之，以慢備心，然後進兵攻城，城可破也」。資料來源：http: // chengyu. t086. com/cy10/10407. html。

〔60〕參見釋義：如果以為我的話不真實。出處：《詩經・王風・采葛》「謂予不信，有如皦日」。資料來源：http: //chengyu. t086. com/ cy9/9979. html。

〔61〕參見王兆貴：《李白的「大話」與「大數據」》，http: //history. gmw. cn/2017-09/25/content_26322643. htm。

〔62〕《中國入世議定書》第 15 條，http://www. people. com. cn/GB/ jinji/31/179/20020125/656050. html。

〔63〕倪浩：《不承認中國市場經濟地位，中方批美國「出爾反爾」》，http://world. luanqiu. com/excUsive/2017-12/11457790. html。

〔64〕參見本書第一編第十三章「四論中國在構建 NIEO 中的戰略定位：聚焦評析 WTO 體制下的立法、執法、守法與變法」。

〔65〕參見喬新生：《社評：中國應無懼退出世界貿易組織》，http: //bj. crntt. com/crn-webapp/touch/detail. jsp?coluid= 7&-kindid= 0&-docid= 104900316。

〔66〕詳見本書第一編第十三章「四論中國在構建 NIEO 中的戰略定位：聚焦評析 WTO 體制下的立法、執法、守法與變法」。

〔67〕習近平：《共擔時代責任共促全球發展——在世界經濟論壇 2017 年年會開幕式上的主旨演講》，http:// news. xinhuanet. com/mrdx/2017-01/18/c_135992405. htm。

〔68〕習近平：《決勝全面建成小康社會 奪取新時代中國特色社會主義偉大勝利——在中國共產黨第十九次全國代表大會上的報告》，http://www. xinhuanet. comi/2017-10/27/c_121867529. htm。

〔69〕參見傅瑩、王緝思主編：《超越分歧 走向雙贏——中美智庫研究報告（中方）》，部分內容摘錄自《中美的亞太共存之道：超越現存

安全架構》，http: //www. sohu.com/a/144163225_677531。

〔70〕"This year's report covers more risks than ever, but focuses in particular on four key areas: environmental degradation, cybersecurity breaches, economic strains and geopolitical tensions." See The Global Risks Report 2018, World Economic Forumi, https: //www. weforumi. org/reports/the-global-risks-report-2018.

〔71〕See Satisfaction with the United States. GALLUP News，http: //news. gallup. com/poll/1669/general-mood-country. aspx.

〔72〕王毅：《大國當為世界各國遮風擋雨，不能相互對抗》，http: //www. fmiprc. gov. cn/web/zyxw/t1439574. shtml。

〔73〕參見習近平：《決勝全面建成小康社會　奪取新時代中國特色社會主義偉大勝利 —— 在中國共產黨第十九次全國代表大會上的報告》，http: //www. xinhuanet. comi/2017-10/27/c_1121867529. htm。

〔74〕參見習近平：《共同構建人類命運共同體——在聯合國日內瓦總部的演講》，http://politics.people.com.cn/n1/2017/0119/c1001-29033860. html。

〔75〕參見習近平：《決勝全面建成小康社會　奪取新時代中國特色社會主義偉大勝利 —— 在中國共產黨第十九次全國代表大會上的報告》，http: //www. xinhuanet. com/ 2017-10/27/c_1121867529. htm。

〔76〕參見《外交部：中方堅決反對美臺進行任何形式的官方往來和軍事聯繫》，http://news. xinluanet. com/ world/2016-12/09/c_129398209. htm。

〔77〕參見韓松：《各國政要為何冒 40 年不遇暴雪，也要去達沃斯？》，https: // mp. weixin. qq. com/s? __biz =MjM5ODU0NTk5NA%3D%3D&. idx=1&.mid=2653 237544&. sn=2r7a44e3fa7a5 6eb68f2d57183d4e。

第二十五章

論國際經濟法中的公平互利原則是平等互利原則的重大發展

❥ 內容提要

　　本章分析了國際經濟法中公平互利原則提出的背景，闡述了它的形成過程，認為：公平互利原則與國際公法傳統意義上的主權平等原則、平等互利原則，既有密切的聯繫，又有重要的區別。「公平互利」是「平等互利」的重大發展；在國際經濟交往和國際經濟關係中確立和貫徹公平互利原則，其主旨在於以新的平等觀取代舊的平等觀，以實質上的、真正的平等取代形式上的、虛假的平等；其關鍵在於對分配不公的世界財富實行公平互利的國際再分配，以促進建立公平合理的國際經濟新秩序。本文以較大篇幅，以「非互惠的普遍優惠待遇」為例，說明公平互利原則的初步實踐，並且強調發達國家對發展中國家實行的「普惠待遇」，貌似單方的施惠，實為雙方的互惠；貌似富國慷慨的恩賜，實為歷史舊債的部分清償。

❥ 目次

的聯繫和區別

三、公平互利原則的初步實踐之一例：非互惠的普遍優惠待遇

一、公平互利原則的提出

第二次世界大戰結束以後數十年來，被壓迫弱小民族的反殖民主義鬥爭陸續勝利，眾多新主權國家相繼興起，逐漸形成了發展中國家聚合的第三世界。基於國際社會內部結構和力量對比產生了重大、深刻的變化，制定或創立國際公法規範和準則已不再是少數西方「文明」國家即歐美列強壟斷的特權，而是國際社會全體成員即所有主權國家的共同任務了。

第三世界各國儘管在社會經濟制度、政治傾向和意識形態等方面存在著這樣那樣的差異，但它們有著受壓迫、被剝削的共同屈辱歷史，有著通過艱苦鬥爭掙脫殖民枷鎖的共同鬥爭經歷，有著政治上仍然受歧視、經濟上仍然不發達、在國際財富分配上仍然遭受不公平待遇的共同現實處境。因此，它們有著徹底改變這種現狀的共同願望和強烈要求，並且正在進行改造國際經濟舊秩序、建立國際經濟新秩序的共同鬥爭。

國際經濟法中的「公平互利」（mutual and equitable benefit）原則，就是在這樣一種全球性的「大氣候」下提出來的基本法理原則之一。

眾所周知，當代國際社會中存在著由來已久的「南北矛盾」。「南北矛盾」的主要根源，在於世界財富的國際分配存在著嚴重的不公，而且這種分配不公具有不斷擴大的趨向。試以聯

合國分別在一九七四年和一九九二年發布的兩項文件中所列舉的基本數字為例：二十世紀七〇年代初，發展中國家的人口約占世界人口總數的 70 %，卻只享有世界國民總收入的 30%；發達國家的人口只占世界人口總數的 30%，卻享有世界國民總收入的70%。到了 90 年代初，這種分配不公、貧富懸殊的局面，即發達國家與發展中國家之間的經濟鴻溝，又進一步擴大和加深了：占世界人口總數 20%的富國， 占有世界國民總收入的 80%以上；占世界人口總數 80%的貧國，卻只占世界國民總收入的20%以下。近年來，富國每年向第三世界各國提供的經濟援助總額約為五百億美元；同時，富國依仗其經濟實力上的絕對優勢控制國際市場給第三世界貧窮國家造成的損失，每年竟高達五千億美元。換言之，「劫貧濟富」竟是「樂善好施」的十倍！

不平則鳴！則爭！正是在這樣的歷史背景下，第三世界國家在近數十年來為建立國際經濟新秩序而奮鬥的過程中，除了極力強調應當在國際經濟關係中認真貫徹「尊重各國經濟主權」「南北平等合作以共謀發展」等基本法理原則之外，也大聲疾呼應在國際經濟關係中大力貫徹「公平互利」這一基本法理原則。

與「尊重各國經濟主權」等原則並列，「公平互利」原則獲得眾多主權國家的贊同，從而開始成為當代國際社會的共識。其主要標誌應當是一九七四年聯合國先後兩次大會通過的兩大基本文獻，即當年五月聯大第六屆特別會議通過的《建立國際經濟新秩序宣言》（以下簡稱《宣言》以及同年十二月聯大第二十九屆常會通過的《各國經濟權利和義務憲章》（以下簡稱《憲章》）。

《宣言》強調：國際經濟新秩序應當建立在彼此公平相待的

基礎上，國際社會一切成員國應當根據公平原則，開展最廣泛的合作，藉以消除經濟差距，達到共同繁榮。[1]《憲章》將《宣言》中所列舉的關於建立國際經濟新秩序的二十條法理原則，以簡明扼要的文字，歸納整理為十五條，鮮明地提出了公平互利原則。[2]

國際經濟法中的公平互利原則與國際公法中傳統意義上的主權平等原則、平等互利原則，既有密切聯繫，又有重要區別。公平互利原則是主權平等原則和平等互利原則的重大發展。

公平（equity）與平等（equality）有時是近義的，有時卻是逕庭的。在某些場合和特定條件下，表面上的「平等」實際上是不公平的；反之，表面上的「不平等」卻是公平的。

發展中國家為了在國際經濟交往、國際經濟關係中實現公平互利原則，為了在國際經濟新秩序中確立公平互利原則，為了對分配不公的世界財富實行公平互利的國際再分配，曾經進行過並且正在繼續進行不懈的鬥爭。

二、公平互利原則的形成過程及其主要宗旨：「公平」與「互利」的聯繫和區別

國際公法中傳統意義上的主權平等，主要指的是在國際社會中，國家不分大小強弱，都具有平等的國際人格，享有平等的法律地位，既沒有高低貴賤之分，也不允許存在統治與被統治關係，任何國家都不應要求享有任何特權。傳統的主權平等原則的著眼點，顯然是側重於國與國之間的政治關係。

在殖民主義盛行的年代，全球眾多殖民地、附屬國不具備或被剝奪了國際公法主體的身分，缺乏獨立的國際人格，沒有主權，也就沒有平等可言。因此，在傳統的國際公法觀念中，主權平等原則對它們是概不適用的。殖民國家與殖民地之間、宗主國與附屬國之間，存在著公開的統治與被統治關係，這種赤裸裸的不平等關係曾經長期被認為是「合法」的，並且往往被以國際不平等條約的形式從法律上加以肯定和固定。當年的主權平等原則，只被推行於歐美所謂「西方文明國家」之間。但是，由於資本主義弱肉強食規律的普遍作用，即使是在這些「文明國家」之間，主權平等原則也經常遭到破壞。

第二次世界大戰以後，殖民地、附屬國眾多弱小民族掙脫殖民枷鎖，建立了獨立的國家，具備獨立的國際人格，成為國際社會的正式成員，並且根據國際公法上主權平等的原則，開始與一切強國、大國、富國一起，並立於世界民族之林，享有平等的法律地位。這是國際關係史和國際公法史上的一大進步。

但是，由於種種歷史的原因和現實的原因，這些弱小民族建立的新興發展中國家在國際社會中的平等地位，往往遭到強權政治和霸權主義者的輕視、侵害和踐踏。

因此，發展中國家對於傳統國際公法中經過一定更新的主權平等原則，經常加以重申和強調，並且為維護、捍衛這一原則而聯合鬥爭。

另一方面，在國際交往實踐中，發展中國家愈來愈感受到，僅僅從或主要從政治角度強調主權平等原則，往往只能做到形式上的平等，難以實現實質上的平等。在某些場合，發達國家往往

以形式上的平等掩蓋實質上的不平等。因此，發展中國家開始側重從經濟角度、從實質上重新審視傳統意義上的主權平等原則和形式平等問題，並對傳統原則和傳統觀念加以更新、豐富和發展，賦予新的時代內容，明確地提出了互利原則，不但用以調整國際政治關係，而且尤其用以調整國際經濟關係，從而使平等原則上升到新的高度。

互利，指的是各國在相互關係中，應當作到對有關各方互相都有利。反對為了利己，不惜損人，即不能通過損害他國的利益來滿足本國的要求，更不能以犧牲他國、壓榨他國為手段，攫取本國單方的利益。民族利己主義和由此派生的霸權主義，是互利原則的「死敵」。

國家與國家之間的關係，只有建立在平等的基礎上，才能做到互利；只有真正地實現互利，才算是貫徹了平等的原則，才能實現實質上的平等。

可見，把互利與平等聯結融合起來，作為指導和調整國際政治關係和經濟關係的一項根本原則，標誌著國際法上主權平等原則的重要發展。

中國是國際社會中最早提出並積極推行平等互利原則的國家之一。早在中華人民共和國成立前夕，中國人民政治協商會議在一九四九年九月二十九日通過的《共同綱領》中，就明確地把平等互利規定為與一切外國建立外交關係的一個前提條件；同時，鄭重宣布：「中華人民共和國可在平等和互利的基礎上，與各外國的政府和人民恢復並發展通商貿易關係」[3] 即明文規定平等互利原則乃是中國實行對外經濟交往、調整國際經濟關係的基本

準則。

一九五四年四到六月，中國與印度、緬甸一起，率先把平等互利原則與互相尊重主權和領土完整、互不侵犯、互不干涉內政、和平共處等原則結合起來，共同積極倡導把這五項原則作為指導當代國際關係的基本準則。隨著時間的推移，和平共處五項原則經歷了二十多年的實踐考驗，至七〇年代中期，它們不但已經獲得廣大發展中國家的積極讚許和大力維護，而且開始得到許多發達國家的認可和肯定，相繼被載入不勝枚舉的國際性法律文件之中。平等互利原則與其他四項原則並列，成為舉世公認的國際公法基本原則。

一九七四年五月和十二月，在聯合國大會上先後通過了《宣言》和《憲章》。這兩項具有重大國際權威性的法律文獻，以大體相同的語言文字，把和平共處五項原則的基本內容加以吸收，或列為建立國際經濟新秩序 20 條原則的首要組成部分，或列為調整國際經濟關係 15 條基本準則的首要組成部分。

值得注意的是，無論《宣言》或《憲章》，都把平等原則與互利原則重新分開，分別列為建立國際經濟新秩序的兩條基本原則或調整國際經濟關係的兩項基本準則，分別加以重申和強調：一方面，強調各國主權一律平等；另一方面，強調各國交往必須公平互利（mutual and equitable benefit）。[4] 聯繫到《宣言》和《憲章》中論及國際經濟關係時，又多次提到必須貫徹公平原則[5]，顯然可以看出：這兩大國際經濟法文獻既把平等與互利分開，分別從不同角度加以重申，又把公平與互利聯繫起來，加以突出和強調。這種新措辭和新規定，實際上是豐富和發展了互

利原則，如實地反映了廣大發展中國家在國際經濟交往中新的呼聲和強烈願望。

眾所周知，在一切正常、自願的國際經濟交往中，由各自求利構成的互利，歷來是互相交往的起點和動因，也是終點和歸宿。換言之，實行國際經濟交往的雙方，說到底，是為了謀求各自的利益。沒有這一點，各方就沒有交往的動力。因此，如果在交往中任何一方不讓對方也獲得相應的或對等的利益，甚至但求利己，不惜損人，則這種交往勢必中斷，歸根結底，一方原先為自己謀求利益的願望也就落空了。所以，在正常、自願的國際經濟交往中，互利乃是雙方矛盾利益的交匯點、調和點和融合點；同時，互利是成交的前提和基礎。只有實現真正的互利，才能使國際經濟交往中正常、自願的成交周而復始，生生不息，互補互益，不斷擴大，從而促進世界經濟的普遍繁榮。

但是，在當代國際經濟交往的實踐中，互利原則的貫徹往往遇到干擾、阻礙和破壞。在發達國家與發展中國家之間的經濟交往中，儘管以不平等條約為基礎的公開的不平等，一般說來已經大為削弱或已不復存在，但是發達國家仍然憑藉其經濟實力上的絕對優勢，對歷史上積貧積弱因而經濟上處於絕對劣勢的發展中國家，進行貌似平等實則極不平等的交往，實行形式上有償實則極不等價的交換。其常用的主要手段，就是對於經濟實力懸殊、差距極大的國家，「平等」地用同一尺度去衡量，用同一標準去要求，實行絕對的、無差別的「平等待遇」。其實際效果，有如要求先天不足、大病初癒的弱女與體魄強健、訓練有素的壯漢，在同一起跑點上「平等」地賽跑，從而以「平等」的假象掩蓋不

平等的實質。

　　例如，根據一九四七年的《關稅及貿易總協定》，自二十世紀四○年代中期至七○年代初期，在國際貿易關稅體制中長期推行互惠原則、最惠國原則以及無差別原則，這在經濟發展水平大體相當的國家之間說來，基本上是公平的、可行的。但是，由於把這些原則絕對化、僵化，因而不顧發展中國家與發達國家之間發展水平的差距和經濟實力的懸殊，要求一切締約方在國際貿易中無條件地實行對等互惠，「平等」地大幅度削減關稅。其結果，往往導致發展中國家的民族工業、國內市場以及對外貿易進一步萎縮，造成富國更富、貧國更貧的局面。又如，在《國際貨幣基金協定》中，主要依據各國繳納基金份額這一統一的、「平等」的標準，決定各會員國所享有的決策權和借款權，實行「份額面前，人人平等」，往往導致財大者氣粗，以富欺貧。

　　諸如此類形式上的「平等」，不但未能消除世界財富原有的國際分配不公，而且增添了新的國際分配不公，嚴重阻礙實質平等和真正互利的實現。

　　正是在這種背景下，第三世界眾多發展中國家在強調各國主權平等的同時，在強調各國在政治上、法律上享有平等地位的同時，又側重從國際經濟關係方面，大聲疾呼和強烈要求貫徹公平互利原則，突出地強調了公平的重要性和迫切性，並且借助於聯合國大會通過的《宣言》和《憲章》，使它上升為建立國際經濟新秩序的一項基本原則和調整國際經濟關係的一項基本準則。

　　公平互利原則進一步明確了平等互利的真實含義，豐富了平等互利的內容，是平等互利原則的重要發展。

在國際經濟交往中強調公平互利，究其主要宗旨，端在於樹立和貫徹新的平等觀。

對於經濟實力相當、實際地位基本平等的同類國家說來，公平互利落實於原有平等關係的維持；對於經濟實力懸殊、實際地位不平等的不同類國家說來，公平互利落實於原有形式平等關係或虛假平等關係的糾正以及新的實質平等關係的創設。

為此目的，就應當積極採取各種措施，讓經濟上貧弱落後的發展中國家有權單方面享受非對等性的、不要求直接互惠回報的特殊優惠待遇，並且通過給予這些貌似「不平等」的特惠待遇，補償歷史上的過錯和糾正現實中的弊病，以實現真正的、實質上的平等，達到真正的公平。

這種新的平等觀，是切合客觀實際需要的，是科學的，也是符合馬克思主義基本觀點的。早在百餘年前，馬克思在剖析平等權利時，就曾經指出：用同一尺度去衡量和要求先天稟賦各異、後天負擔不同的勞動者，勢必造成各種不平等的弊病，並且斷言：要避免所有這些弊病，權利就不應當是平等的，而應當是不平等的。」[6] 馬克思的這種精闢見解，對於我們深入理解當代發展中國家提出的關於貫徹公平互利原則、實行非互惠普惠制等正義要求，具有現實的指導意義。

只有在公平互利的基礎上建立新型的國際經濟關係，才能逐步糾正目前存在的國際貧富懸殊的不合理現象，實現全球各類國家在經濟上的均衡發展和共同繁榮。換言之，貫徹公平互利原則不僅對發展中國家有利，從世界戰略全局和發達國家本身利益出發，在發達國家和發展中國家之間建立公平互利關係，也有助於

緩和發達國家的經濟困難，有利於世界的和平與穩定。

三、公平互利原則的初步實踐之一例：非互惠的普遍　優惠待遇

《憲章》規定：為了加速發展中國家的經濟增長，消除發達國家與發展中國家之間的經濟鴻溝，發達國家應當儘可能在國際經濟合作的領域內給予發展中國家「普遍優惠的、不要求互惠的和不加以歧視的待遇」（generalized preferential, non reciprocal and non-discriminatory treatment）。同時，責成發達國家根據國際關稅主管機構的決定，針對發展中國家出口的產品，積極推行「普遍的、不要求互惠的和不加以歧視的關稅優惠制度」（generalized non-reciprocal and non-discriminatory tariff preferences）。[7] 前者通常簡稱「非互惠的普惠待遇」或「普惠待遇」以區別於國際法中的傳統概念「互惠待遇」和「最惠國待遇」。後者是前者的原則在關稅體制中的具體運用，通常簡稱「非互惠的關稅普惠制」「關稅普惠制」「普惠關稅制」「普遍優惠制」或「普惠制」。

發達國家對發展中國家實行「非互惠的普惠待遇」，是公平互利原則的一種具體運用和初步體現。

如前所述，在第二次世界大戰結束後推行了幾十年的《關稅及貿易總協定》（以下簡稱《總協定》），其中關於「互惠、最惠國、無差別」待遇的原則，對於發展中國家與發達國家之間的貿易往來而言，是顯失公平的。一九六四年，在聯合國貿易和發展會議的首屆大會上，與會的七十七個發展中國家共同呼籲改變

《總協定》中不合理、不公平的規定，要求發達國家排除不利於發展中國家出口的障礙，針對來自發展中國家的商品給予普遍的、非互惠的和非歧視的關稅優惠待遇，並把這種要求與建立國際經濟新秩序的總要求緊密聯繫起來，加以強調。會議終於通過了一項重要原則：「發達國家應當給予全體發展中國家減讓，把發達國家之間相互給予的一切減讓，推廣給予發展中國家；在給予這些減讓時，不應要求發展中國家以任何減讓作為回報。……應當把所有發展中國家作為一個整體，給予新的優惠減讓；這種優惠，不應推廣給予發達國家。」[8]這一原則初步描繪了非互惠的普惠待遇的基本輪廓。

經過眾多發展中國家多年的聯合鬥爭，促使《總協定》這一國際公約先後在一九六四年十一月、一九七一年六月以及一九七八年十一月對十分僵硬的「互惠、最惠國、無差別」的原有體制，三次作了局部的修訂和變更，逐步認可和肯定了專門給予發展中國家出口產品的「非互惠的普惠待遇」以及「非互惠的關稅普惠制」。[9]在這個過程中，發展中國家又通過集體的努力，促使此種普惠原則和普惠關稅制在一九七四年正式被載入聯合國大會通過的《宣言》《綱領》和《憲章》等具有國際權威性的法律文獻。通過這些國際公約、國際法律文獻以及相應的國際關稅實踐，逐步在法律上確立了普惠待遇原則和普惠關稅制的合法地位。

在普惠關稅制中，「給惠國」（或「施惠國」）指的是對發展中國家製造和出口的商品給予關稅普惠待遇的發達國家；「受惠國」指的是享受發達國家給予關稅普惠待遇的發展中國家；「受

惠產品」指的是被列入給惠國方案清單中的、享受關稅普惠待遇的受惠國商品。

在當前的國際實踐中，一般是由各給惠國（發達國家）根據本國的立法程序，分別制訂給予受惠國（發展中國家）關稅普惠待遇的具體方案。方案的制訂國即給惠國擁有相當大的自由裁量權和決定權，即可以單方面隨意決定受惠國名單、受惠產品範圍、受惠關稅減免幅度以及反普惠的保護措施等等。因此，嚴格說來，國際上現行的關稅普惠制實際上還只是各發達國家各種不同給惠方案的簡單湊合，遠非發展中國家原先所要求的普遍的、非互惠的和非歧視的關稅優惠制度。一般說來，在各種普惠制方案的制訂上，作為普惠制倡議者的眾多發展中國家幾乎毫無發言權，只是消極被動地認可或接受由發達國家單方制訂的既定方案。

在現行的各類關稅普惠制中，由於其中幾個關鍵問題的決策權完全操縱在有關的發達國家手中，因此它們在確定受惠國名單時，往往出於經濟或政治考慮，厚親薄疏，排斥「異己」，甚至以此作為實施「經濟制裁」或政治要挾的手段；在開列受惠產品清單時，往往把對發展中國家出口利益有重大影響的產品（諸如紡織品、皮革製品、兒童玩具、某些農產品等），排除在受惠產品範圍之外；在釐定關稅優惠減免幅度時，往往設定各種「配額」和「最高限額」，來自發展中國家的出口產品超過一定的額度，其超過部分就不得享受普惠待遇；此外，還藉口保護國內同類產業和國內市場不受「干擾」和「威脅」，採取名目繁多的「保護性措施」，設置各種「非關稅壁壘」，推行「逐漸取消優惠」

條款，這就使得關稅普惠制在實際執行中受到重重限制，大打折扣，甚至流於有名無實。

可見，現行的普惠制實際上是南北矛盾和南北妥協的產物。對比傳統的、絕對的「互惠、最惠國、無差別」體制，它可以說是一項重要的改革；而對比原來意義上的普惠制，則還有相當大的差距。實施現行的普惠制，對於許多發達國家說來，意味著它們已經開始從國際經濟舊秩序的原有陣地上退卻，在退卻過程中卻又步步為營，力求盡多地保住既得利益；對於廣大發展中國家說來，意味著它們在建立國際經濟新秩序方面已經有所推進，在繼續推進中卻遇上重重壕塹，每前進一步都要再經過新的艱苦鬥爭。

在繼續推進普惠制問題上，發展中國家正在開展新的聯合鬥爭。其首要著力點，顯然應當集中於：力爭在上述幾個關鍵問題上享有參與決策的權利，即改變發達國家「一言堂」的現狀，實行南北雙方的「眾言堂」，通過認真的南北新談判和新協商，達成新的共識，採取新的普惠措施，共同努力貫徹。一九七五年、一九七九年、一九八四年以及一九八九年先後簽訂的四個《洛美協定》，由非洲、加勒比地區和太平洋地區幾十個發展中國家與歐洲經濟共同體國家實行集體的南北對話和談判，陸續達成了比較有利於發展中國家的協議，逐步實施和改進了有關非互惠的普惠待遇的體制。這就是廣大發展中國家正在朝著上述方向不斷努力前進的一個有力例證，也是它們在這個方向上取得的一項重要成果。

實踐證明：在南北對話和談判中，為了取得新的、公平合理

的共識，達成新的、公平合理的協議，在法理上必須澄清幾個基本觀念：

第一，實施非互惠的普惠待遇，既不是發達國家的恩賜和施捨，更不是發展中國家的討賞和乞求。稍具歷史知識者都懂得：今日的發達國家大多是當年的殖民主義國家或宗主國，它們今日的富強與當年對殖民地、附屬國的掠奪和盤剝，有著密切的歷史聯繫和因果牽連。今日發展中國家的貧弱落後，就是它們當年在殖民枷鎖下長期遭受盤剝和搾取的歷史積澱。歷史上的恩仇可以淡化和消除，歷史上的巨債卻不宜一筆勾銷。從這個意義上說，如今發達國家單向地給予發展中國家「非互惠的普惠待遇」，其實質，不妨認定為歷史舊債的部分償還，即歷史上債務人的繼承者對於歷史上債權人的繼承者的初步清償。這本來就是國際公法上關於國家責任原則、國家繼承原則以及政府繼承原則的法定內容和法定要求。

第二，所謂「非互惠的普惠待遇」，其中「非互惠的」一詞，並不完全準確。誠然，

從局部的、短期的角度看，給惠國不要求受惠國立即給予直接的反向回報，因而勉強可以說是「非互惠的」。但是，從全局的、長遠的角度看，給惠國實際上從受惠國不斷取得重大的回報和實惠。以前述四個《洛美協定》為例，參加締約的非、加、太地區數十個發展中國家原先絕大多數都是歐共體發達國家的殖民地、附屬國或「勢力範圍」，歷來是歐共體國家極其重要的原料供應地和商品的銷售市場。通過《洛美協定》，歐共體國家誠然給予非、加、太地區國家以普惠待遇，反過來，歐共體國家也相

應地確保和擴大了在這些地區國家中的經濟利益，確保了許多重要原料的來源，擴大了商品的銷售市場；同時，在資本主義社會「自由競爭」體制下，在美國和日本等

「商戰勁敵」面前，占了上風。由此可見，所謂「非互惠」或「不要求互惠」，實際上仍貫穿著「投桃者求報李」和「禮尚往來」的用意，也蘊含著商場上「等價有償」的法理原則。

第三，在當代現實的國際市場中，發達國家憑藉其經濟實力和壟斷手段，可以隨意操縱各類商品的價格，致使來自發展中國家的農礦原料產品、初級工業產品與來自發達國家的以這些原料和初級產品作為根基的精製產品以及其他科技產品之間往往存在著純屬人為的重大「剪刀差」。兩類國家的兩類產品價格貴賤的懸殊，並不真正體現兩類商品中所凝聚的社會必要勞動量的重大差異。相反，這種人為「剪刀差」正是對經濟學上「等價交換」原則和法學上「等價有償」原則的嚴重背離。針對這種國際貿易往來中顯失公平的現實弊端，要求發達國家單向地對發展中國家採取「非互惠的普惠待遇」，充其量只不過是對上述不公弊端的糾正，對弊端後果的補償和補救，只不過是「等價交換」和「等價有償」等公平原則的恢復和重建。因此，這絕不是什麼「非分要求」，更不是「過分苛求」。

第四，在現代科技條件下，國際社會中各類國家的經濟在很大程度上是互相聯系、互相依存和互相補益的。國際社會的各類成員只有實現共同的發展，才能有效地謀求各自的繁榮。任何國家或國家集團在謀求自身發展的過程中，都不能置他國利益於腦後。過分損人，終必害己。誠如《宣言》所鄭重宣布的：「發達

國家的利益同發展中國家的利益，彼此再也不能截然分開；發達國家的興旺發達，同發展中國家的成長進步是息息相關的；整個國際社會的繁榮昌盛，取決於它的各個組成部分的繁榮昌盛。開展國際合作以共謀發展進步，是一切國家義不容辭的目標和共同的職責。」[10]由此可見，富強的發達國家對貧弱的發展中國家實施「非互惠的普惠待遇」說到底，只是發達國家對整個國際社會應盡的一份職責。

　　總之，認真貫徹實行「非互惠的普惠待遇」和「非互惠的關稅普惠制」，有助於加強發展中國家產品在國際市場上的競爭能力，擴大它們的出口，改善這些國家經濟上貧困落後的處境，從而糾正國際上貧富懸殊和分配不公的現狀。與此同時，這種新體制也給發達國家帶來許多現實的利益和對等的實惠，特別是從全局和長遠的角度來看，對發達國家也是十分有利的。由此可見，這種新體制乃是公平互利原則的一種具體運用和初步體現，是國際經濟新秩序的一種重要構成因素。

　　應當指出，從當前國際現狀的整體來看，公平互利原則的貫徹實行，還只是略見端倪，有所進展；發展中國家在國際經濟關係中的不利地位，尚未得到重大改變；要真正實現公平互利，還需經過長期的奮鬥和不懈的努力。

注釋

* 本章的基本內容，原載於筆者參撰和主編的《國際經濟法總論》（法律出版社 1991 年版），經修訂整理，另行獨立成篇，發表於《中德經濟法研究所年刊》1992）南京大學出版社 1992 年版。此後，又經多次修訂

或剪裁，分別輯入筆者參撰和主編的《國際經濟法學》（北京大學出版社1994-2017 年第 1-7 版）、《國際經濟法學新論》（高等教育出版社 1994-2017 年第 1-4 版）、《國際經濟法學專論》（高等教育出版社 2002-2007 年第 1、2 版）、《國際經濟法》（法律出版社 1999-2017 年第 1-4 版）。

〔1〕　參見《宣言》第 4 部分，第 2 點。

〔2〕　參見《憲章》第 1 章，第 5 點。

〔3〕　參見外交部編著：《中華人民共和國對外關係文件集（1949-1950 年）》（第一集），世界知識出版社 1957 年版，第 1-4 頁。

〔4〕　參見《宣言》第 4 部分，第 1、2 點；《憲章》第 1 章，第 2、5 條。

〔5〕　參見《宣言》第 4 部分，第 10 點；《憲章》序言，第 2 章，第 6、14、26 條。

〔6〕　參見馬克思：《哥達綱領批判》，載《馬克思恩格斯選集》第 3 卷，人民出版社 1995 年版，第 305 頁。

〔7〕　參見《憲章》第 2 章，第 18、19 條。《宣言》第 4 部分第 14 點以及《綱領》第 1 部分第(3)、I、J 點也作為類似的規定。

〔8〕　See Proceedings of the United Nations Conference on Trade and Development，Final Act and Report（United Nations publication），Vol. I, annexes A.11, A.12 and A.13, pp. 18-26.

〔9〕　參見《總協定》決議：L／3545，L／4093；汪暄：《論關稅及貿易總協定下的貿易自由化》；高燕平：《國際貿易中的普遍優惠制》，載《中國國際法年刊》，中國對外翻譯出版公司 1987 年版，第 44、59、60、63、161-163 頁。

經過多邊談判，《總協定》組織在一九七八年十一月作出第 L／4093 號決議：「……締約國可以給予發展中國家有差別的和更有利的優惠待遇，而不把這種待遇給予其他締約國」；「發達的締約國不得期望發展中國家在貿易談判中給予與它的發展、財政和貿易需要不相稱的互惠」。

〔10〕《宣言》第 3 部分。

第二十六章

「南北矛盾」的詞源、發展與中國的兩手應對 *

↘ 內容提要

　　本文從「南北矛盾」的詞源入手，考察這一語詞的提出及其產生的歷史背景。接著，以冷戰結束作為分界線，深入挖掘冷戰結束前與冷戰結束後「南北矛盾」的內涵與外延，了解「南北矛盾」這一語詞的發展脈絡及其經世致用的歷史進程，從而論證

　　「南北矛盾」仍然是二十一世紀構建國際政治經濟新秩序中有待解決的首要問題。最後，探析「南北矛盾」下中國的兩手應對。

↘ 目次

一、「南北矛盾」的提出及其產生背景

（一）「南北矛盾」的提出

「南北矛盾」也可表述為「南北關係」或「南北問題」這一術語作為發達國家與發展中國家之間關係的代名詞，被國際關係和國際法學者廣泛使用。然而，很少有人知悉這一語詞源自何處。早在一九五八年，印度開國總理尼赫魯（Pandit Nehru）就曾指出：「當今世界最根本的分歧並不在共產主義和反共產主義國家之間，而在高度發達的工業國家和掙扎於生存邊緣的發展中國家之間。」[1] 這一論斷雖然揭示出「南北矛盾」的本質問題，但是卻沒有使用相應的語詞。據學者研究，「南北矛盾」一詞最初由英國勞埃德銀行行長奧利弗‧弗蘭克斯爵士（Sir Oliver Franks）在一九五九年十一月的《新國際平衡：對西方世界的挑戰》（The New International Balance： Challenge to the Western World）一文中提到。[2] 弗蘭克斯爵士在文中使用的是「North-South problem」！即「南北問題」這一表述。弗蘭克斯爵士在文中就「南北問題」的國家界定、問題性質和發達國家的應對方案展開了論述。

首先，弗蘭克斯爵士對「南北問題」涉及的對象，！兩類國

家作出了比較準確的劃分。他提出，所謂的「南北問題」，是指北方工業化國家與欠發達國家、發展中國家的關係問題。欠發達國家、發展中國家位於工業化國家的南方，或在中南美洲、非洲，或在中東、南亞，或在太平洋諸島。[3] 這一界定意味著，南北國家（或說發達國家與發展中國家）的劃分並非簡單地等同於南半球國家與北半球國家的區分，也不同於大多數發展中國家位於南半球，而大多數發達國家位於北半球這種「常見」說法。考察地理可知，完全或部分位於北半球的國家中包括四十七個亞洲國家、四十四個歐洲國家、三十八個非洲國家、二十三個北美洲國家、七個南美洲國家（其中委內瑞拉、圭亞那、蘇里南、法屬圭亞那完全位於北半球，哥倫比亞、厄瓜多爾、巴西部分位於北半球）、二個大洋洲國家（密克羅尼西亞和波利尼西亞均部分位於北半球）。[4] 完全或部分位於南半球的國家包括二十八個大洋洲國家、二十二個非洲國家、九個南美洲國家、三個亞洲國家（東帝汶完全位於南半球，印度尼西亞和馬爾代夫部分位於南半球）。[5] 由此可見，單純從國家數量上無法看出大多數發展中國家位於南半球，這種簡單根據南北半球國家數量的區分有失妥當。而弗蘭克斯爵士使用了「欠發達國家、發展中國家多位於工業化國家的南方」這一表述則較為準確，與事實基本相符。[6]

其次，弗蘭克斯爵士對「南北問題」進行了定性。在他看來，一方面，南北問題雖然與東西問題有聯繫，但是它並非隸屬於東西問題，而是一個獨立的問題，與緊張的東西方關係同樣重要。另一方面，南北問題關乎世界的平衡，即當前世界的平衡取決於全球視野下工業化的北方國家與發展中的南方國家之間關係

的合適定位，尤其是新生發展中國家的命運。許多發展中國家為快速發展經濟而不惜任何代價的做法可能會導致國家因暴政而崩潰，也可能導致國家因外來資本而崩潰。[7]雖然弗蘭克斯爵士沒有具體指出「南北問題」是什麼，但是從他的論述中可以了解到，北方發達國家開始認識到南方國家的未來經濟發展，以及南北國家之間的經濟關係定位對於世界平衡及其自身利益具有重要影響。據此推斷，南方國家的經濟發展問題應是「南北問題」的重要內容。

最後，弗蘭克斯爵士提出了應對「南北問題」的方案。「如果北美和歐洲想要在南北問題中取得勝利的話，至關重要的是我們的經濟實力要強大到足以完成我們的使命……這意味著我們必須加快經濟增長，既能滿足提高國內生活水平和防禦的需要，也能滿足那些我們必須給予的援助的需要，以免全球天平出現對我們嚴重不利的傾斜。」這一方案的深層含義有二：一是資本主義各國有必要對南方國家的開發進行援助，防止南方國家投入社會主義的「懷抱」。[8]二是「建立一個非正式的論壇，為各國政府對於新時期的全球事務應當作出的政治決策提供基礎」[9]。這可以理解為，發達國家意圖藉助這個非正式論壇掌控「南北問題」的走勢和發展中國家的發展模式。

綜上所述，由弗蘭克斯爵士提出的「南北矛盾」一詞表明，「南北矛盾」是指位於發達國家與位於其南方的發展中國家之間的矛盾，其中發展中國家的經濟發展問題是矛盾的主要內容。從發達國家的利益出發，向發展中國家提供資金援助，開展合作磋商是應對方案。其實，「南北矛盾」並不是弗蘭克斯爵士一拍腦

門就提出來的，

其背後有著深刻的歷史內涵。「南北矛盾」為什麼在二十世紀五〇年代末被提出，而不是其他時間？這一語詞為什麼由北方人士率先提出？我們認為回答上述問題能夠更好地理解「南北矛盾」一詞，因此有必要深入挖掘「南北矛盾」一詞產生的歷史背景。

（二）「南北矛盾」的產生背景

雖然「南北矛盾」被「名詞化」提出是在二十世紀五〇年代末期，但這一問題絕不是二戰後才產生的。「南北矛盾」由來已久，並伴隨著殖民主義、帝國主義的對外擴張、掠奪形成和發展。[10]

1.「南北矛盾」的實質開端

據史料記載，南北關係的殘酷開端可以追溯到十五世紀自由資本主義時期。這一時期，「南北矛盾」的核心表現是西方殖民主義者對弱小民族發動侵略戰爭、暴力征服、殺人越貨、踐踏人權、經濟剝削和政治吞併。[11]具體言之，在人權方面，亞非拉地區人民遭受殖民者慘無人道的對待，他們任人宰割、毫無權利可言。[12]例如，殖民者對土著居民進行殘忍的種族滅絕，對非洲黑人開展獵捕和販奴業務，對印第安人強制勞役，對亞非拉地區人民的財產強取豪奪等罄竹難書的罪狀。[13]在經濟領域，殖民者的暴力和強制行為貫穿始終，形成以弱肉強食為本質的不平等、不等價、不公平、非自願、非互利的經濟秩序。這也正是國際經濟舊秩序的雛形和淵源。[14]例如，歐洲移民在南北美洲和

加勒比地區發展奴隸制的種植園經濟，為歐洲提供商品。拉丁美洲長期處於為歐洲服務的生產體系中，不公平的、非互利的經濟交往模式導致其一直處於低度發展狀態。[15]在政治方面，殖民主義者霸占弱小民族的領土，控制其主權。尤其在十九世紀末，自由資本主義過渡到壟斷資本主義時期，也被稱為「帝國主義時期」。在這一階段，殖民地對於宗主國的意義更為重要，由此開始了「一個全世界殖民政策的特殊時代」，殖民地經濟被進一步納入資本主義國際分工體系之中。西方大國對於亞非拉國家的殖民政策雖有差異，但是這些政策的一個共同點是以確立和鞏固政治統治為前提，以政治「兼併」來維持和實現對殖民地的經濟「兼併」。[16]直至二十世紀初期，殖民地被瓜分完畢，殖民體系最終形成。資本輸出已經成為帝國主義列強剝削殖民地或附屬國人民的主要形式。此時，殖民地或附屬國人民已經完全喪失民族獨立和國家主權，在政治、經濟、軍事、外交、文化等方面受宗主國統治和支配，繼續遭受殖民地宗主國赤裸裸的剝削和掠奪。在這個意義上，「南北矛盾」已經在世界範圍內實質形成。[17]

在殖民地獨立前夕，亞非拉弱小民族的政治和經濟受到資本主義強國的控制和支配，完全喪失國家主權。它們無法獨立自主地選擇和控制自己的政治經濟制度。也就是說，在這一時期，這些弱小民族未能以獨立國家的身分參與到國際政治經濟交往中。同時，在殖民時期，國際社會由「弱肉強食」理論支配，帝國主義侵略掠奪殖民地被視為理所當然的行為，殖民地列強自然也不會去關心「南方」的政治地位和經濟發展。因此，殖民地獨立前的「南北矛盾」並非**國家層面**、**現代意義**上的「南北矛盾」。這

一時期，矛盾的核心內容是，殖民地國家人民為推翻殖民統治、爭取國家獨立而鬥爭，帝國主義為維護和鞏固其殖民統治而殘酷鎮壓民族解放運動。

2. 國家層面的「南北矛盾」初步成形

二戰結束之後，亞非拉地區爭取民族獨立的鬥爭不斷升級，尤其是一九五五年萬隆會議的召開，將反帝國主義、反殖民主義的鬥爭推向新的高潮。在這一背景下，長期遭受殖民統治的全球弱小民族開始紛紛尋求並獲得了民族解放和國家獨立。越來越多的南方殖民地以獨立國家的身分登上國際舞臺，這為「南北矛盾」詞源的形成提供了國家層面的政治外殼。原殖民地宗主國為了繼續剝削和控制這些原殖民地和原附屬國，在承認被壓迫民族享有民族自決權的同時，通過構建不公平的國際經濟秩序，繼續維護並擴大利益。這也被稱為「新型殖民主義政策」。[18]原殖民地、半殖民地國家在獲得政治獨立後，均開始迫不及待地發展本國經濟。它們意識到現存國際經濟秩序的不平等，並主張構建公平公正的國際經濟新秩序。至此，在國家層面、現代意義上的「南北矛盾」初步成形。

「南北矛盾」之所以在二十世紀五〇年代末獲得發達國家的重視，主要緣於發達國家的危機意識。一方面，二十世紀五〇年代中期之後，發展中國家開始集結起來，主張構建國際經濟新秩序，使發達國家感受到了威脅和壓力。一九五五年萬隆會議以前，南方發展中國家所開展的爭取建立國際經濟新秩序的鬥爭尚處於醞釀階段。鬥爭是自發的、分散的、個別的行動，並且無組織、無綱領，人們對南北問題的實質還缺乏明確的認識。這些貧

窮弱小國家不僅經濟和技術實力無法與發達國家匹敵，而且在面對歐美大國時的談判能力很弱。正是由於被壓迫國家所共同經歷的屈辱歷史，以及對本國經濟發展的渴望，這些國家採取集體行動戰略，集結成為南方陣營，提高與北方國家談判時的要價能力。[19] 在這一背景下，北方國家開始意識到發展中國家對於經濟發展的追求，會打破其構建起的世界平衡。它們以自身利益為核心建立的傳統國際經濟關係和國際經濟舊秩序面臨著發展中國家的破壞和衝擊。另一方面，「南北矛盾」的產生無法脫離當時「東西矛盾」的背景。以蘇聯為核心的社會主義陣營的出現，引起資本主義世界的極大恐慌。為了防止出現更多國家被「赤化」為社會主義國家，發達國家的一些有識之士也開始重視南方問題，重視南方國家的發展問題。

他們決定為南方國家提供援助，將它們拉入資本主義陣營，防止它們被「東方化」或「赤化」。綜上所述，「南北矛盾」一詞的提出和產生背景使我們對「南北矛盾」的本質內容形成了初步認識，即原殖民地宗主國與原殖民地之間的剝削與反剝削、控制與反控制。

二、冷戰結束前的「南北矛盾」

按照歷史發展的順序，本章的第二部分擬考察「南北矛盾」一詞提出後至冷戰結束前這一階段，「南北矛盾」的內涵發展和表現樣態。

（一）冷戰結束前「南北矛盾」的內涵

冷戰結束前，毛澤東主席根據美蘇爭霸與廣大第三世界國家崛起等國際局勢，

在一九七四年提出了著名的「三個世界」理論。毛主席以國家經濟實力對比和世界各國在國際政治博弈中的趨向為基礎，指出美國、蘇聯兩個超級大國屬於第一世界；日本、歐洲、澳大利亞和加拿大屬於第二世界；包括中國在內的廣大亞非拉發展中國家及地區屬於第三世界。[20] 在這一時期，美蘇兩個霸權國家在政治、經濟、軍事、外交等方面展開全面競爭，這也被表述為「東西矛盾」。這一時期的「南北矛盾」的內容雖然主要關注的是新獨立殖民地國家的經濟發展問題，但是「南北矛盾」與「東西矛盾」卻互相交叉滲透，糾纏在一起，難以截然分開。

在這個歷史階段，雖然亞非拉國家相繼取得了政治獨立，但是由於這些國家長期遭到殖民統治，在經濟上仍然依附於發達國家的經濟體系。原殖民地宗主國也以不同形式在不同程度上控制著這些國家的經濟命脈。在舊有的經濟結構下，發達國家運用各種手段，直接或間接地繼續占有、控制發展中國家的自然資源；繼續以不公平的條件向發展中國家輸出資本，搾取超額利潤；利用自身在國際市場上的壟斷地位，壓低發展中國家的原料和初級產品價格，抬高自己工業產品的出口價格，進行不等價交換，以牟取暴利。廣大發展中國家意識到，缺乏經濟獨立的政治獨立是不完全、不穩固的。因此，為了脫離發達國家的控制和剝削，剷除國內的殖民主義殘餘勢力，發展中國家必須從根本上改變舊有的經濟結構，建立國際經濟新秩序，獨立自主地掌握本國經濟命

脈，充分利用本國自然資源，大力發展本國經濟。[21]一九五五年，萬隆會議成功召開，發展中國家認識到「團結就是力量」，於是開始從集體行動中尋找突破。它們先後於一九六一年發展出不結盟運動，一九六二年號召成立聯合國貿易和發展會議，一九六三年組成 77 國集團。發展中國家藉助這些平臺在經濟發展問題上，制訂出發展中國家的共同目標和聯合行動綱領，採取集體談判策略和共同立場，致力於反對帝國主義、霸權主義和爭取建立國際經濟新秩序的鬥爭。[22]下面以不結盟運動和 77 國集團為例，闡釋發展中國家的集結行動。

不結盟運動雖然是一個政治論壇，但是在一九六一年第一次不結盟國家和政府首腦會議通過的最後文件中，已經初步涉及反對國際經濟舊秩序的問題。例如，要求廢除國際貿易中的不等價交換，要求穩定原料和初級產品價格，要求發展中國家在經濟領域採取聯合行動，等等。一九六四年，第二次不結盟國家首腦會議通過《和平和國際合作綱領》，指出：「和平必須建立在健全和鞏固的經濟基礎上，持續的貧窮必然構成對世界和平和繁榮的威脅，經濟解放是爭取消除政治控制鬥爭中的一個必不可少的因素。所有國家都有責任為迅速建立一種新的和公正的經濟秩序貢獻力量。」實際上，這是不結盟運動在其首腦會議通過的最後文件中，第一次提出需要一個「新的國際經濟政策」。此後，不結盟運動開始把爭取建立國際經濟新秩序這一立場作為制定不結盟政策總綱領的指導思想。[23]

77 國集團在一九六四年的哈瓦那首腦會議中發表了兩份文件：一份是有關政治和意識形態方面的《最後聲明》。這份聲明

指出，國際經濟關係，特別是國際合作方面越來越強烈的不對等和不平衡，加劇了南北之間的不平等。南方國家未能在平等的基礎上與發達國家分享全球化的各種利益，而是被排除在各種進程和各種機遇之外。這一聲明強烈呼籲南方國家以同一種聲音，採取行動，從根本上加速改變國際經濟舊體制，尋求建立正義、平等、和平和發展的國際經濟新秩序。聲明主張建立有助於南方國家經濟增長和發展的多邊貿易體制，要求發達國家履行有利於發展中國家出口的規定，免除最貧窮國家的債務。另一份是《哈瓦那行動計劃草案》。該草案要求各國努力加強國際合作，相互補充，以消除由全球化導致的大量發展中國家，特別是不發達國家的邊緣化。[24]

（二）冷戰結束前「南北矛盾」的外延

具體說來，冷戰結束前，國際經濟新秩序的「南北矛盾」先是集中體現在發展中國家對經濟主權的追求上，再是發展中國家在經濟發展中的債務問題。

1. 經濟主權

二十世紀六〇、七〇年代的主要矛盾是圍繞著發展中國家的經濟主權展開的。

雖然一九五二年一月，在聯合國大會第六屆會議上通過了《關於經濟發展與通商協定的決議》，率先肯定和承認各國人民享有經濟上的自決權，但是這種規定較為空泛和抽象。一九五二年十二月，聯合國大會第七屆會議通過了《關於自由開發自然財富和自然資源的權利的決議》，開始把自然資源問題與國家主權

問題相聯繫。它規定：「各國人民自由地利用和開發其自然財富和自然資源的權利，乃是他們主權所固有的一項內容。」但是，這項決議並未引起人們的重視。此後，經過南北雙方國家在聯合國內外十年的磋商、談判和論戰，於一九六二年十二月在聯合國大會第十七屆會議上通過了《關於自然資源永久主權的宣言》，正式確立了各國對本國境內的自然資源享有永久主權的基本原則。這是發展中國家維護本國經濟主權、爭取經濟獨立的重大成果。

但是，由於南北雙方在各國對本國自然資源實行國有化和徵收問題上相持不下，最終僅達成了妥協性規定。這項宣言雖然意味著國際社會開始普遍承認各國有權把外資控制的自然資源及其有關企業收歸國有或加以徵用，但採取上述措施以行使其主權的國家應當按照本國現行法規以及國際法的規定，對原業主給予適當的賠償。

同時，這項決議在序言中要求發展中國家尊重當年在殖民統治下被殖民主義者攫取的既得利益，保證「絕不損害任何聯合國會員國在既得財產上對於繼承國和繼承政府享有權利和承擔義務」這一問題的任何方面的立場。這一決議表明，發展中國家對境內的外國資產收歸國有或徵用的合法權利受到發達國家的限制。也就是說，經濟主權革命尚未成功，南方國家仍需努力。

在眾多發展中國家的積極推動下，一九七四年五月，聯合國大會第六屆特別大會通過了《建立國際經濟新秩序宣言》《建立國際經濟新秩序行動綱領》。同年十二月，聯合國大會第二十九屆會議又進一步通過了《各國經濟權利和義務憲章》。這些綱領

性的法律文件刪除了一九六二年《關於自然資源永久主權的宣言》中關於國有化問題的無理限制規定，並澄清了含混模糊之處。上述三個文件的通過是眾多發展中國家在二戰結束後協力奮鬥的一次重大突破，也是國際經濟秩序破舊立新過程中的一次重大飛躍和明顯轉折。它們確立了國家經濟主權的五項內容：各國對本國國內以及本國涉外的一切經濟事務享有完全、充分的獨立自主權利，不受任何外來干涉；各國對境內一切自然資源享有永久主權；各國對境內的外國投資以及跨國公司的活動享有管理監督權；各國對境內的外國資產有權收歸國有或徵用；各國對世界性經貿大政享有平等的參與權和決策權。一九七六年，在第五次不結盟國家和政府首腦會議上，通過了《經濟宣言》，其中新增了「新的國際經濟秩序」部分，重申「決定通過集體行動建立和執行在各項決議中所表明和規定的國際經濟新秩序」，並指出該秩序是不可或缺的。[25]

此外，在這一時期，南方產油國確立了石油主權。二十世紀七〇年代的資源國有化政策在促進南方國家實現其開發戰略方面發揮了重要作用。在收回由發達資本主義國家的跨國公司所支配的資源並將其置於諸發展中國家的主權之下，為其本國的發展而開發方面，國家起到了重要作用。七〇年代，各產油國聯合起來建立了石油輸出國組織（Organizaton of he Petroleum Exporting Countries，以下簡稱 OPEC）OPEC 各成員國廢除以往關於石油權利的依附性協定，收回石油主權，行使國家主權，決定大幅度提高原油價格並付諸實現，從而確立了關於資源的主權，向經濟自立的方向邁出了一大步。[26] 綜上所述，這一時期，在經濟主

權問題上，發展中國家取得了初步勝利。

2. 債務問題

二十世紀八〇、九〇年代，「南北矛盾」主要集中於發展中國家的債務危機。在擺脫帝國主義和殖民主義，實現政治獨立後，隨著經濟主權抗爭的初步勝利，發展中國家開始關注自身的經濟發展。發展中國家由於缺少資本的原始積累，在充分調動自身資源的同時，開始尋求國際上的經濟援助。在聯合國發展體系內，世界銀行、IMF 和國際農業發展基金（International Fund for Agricul ture Development）等都承諾為發展中國家提供部分發展資金，促進發展中國家的經濟發展。但是，聯合國發展體系向發展中國家提供資金的能力有限，遠不能解決發展中國家的資金困難。[27] 有鑒於此，向發達國家銀行貸款成為發展中國家解決發展資金問題的常用方式之一。恰逢二十世紀七〇年代至八〇年代初，OPEC 國家的大部分石油收入流入發達國家的銀行，銀行界的信貸能力急遽膨脹，於是資本開始轉向發展中國家尋求出路。發達國家政府為推動本國跨國企業對發展中國家的經濟擴張和滲透，爭相以優惠條件和各種便利鼓勵本國銀行業，特別是私人商業銀行對發展中國家進行無節制的信貸擴展業務。

在八〇年代初，由於發達國家的經濟衰退和財政赤字更加嚴重，發達國家政府竭力實施財政緊縮政策，從而向發展中國家轉嫁危機。美國為維持美元的強勢地位而推行的財政緊縮政策導致貸款利率持續走高，美元的名義利率一九七〇年不過 1. 3%，一九八〇年則高達 13. 6%，一九八一、一九八二年上升到 16%，甚至曾達到 21. 5%。在這種情況下，發展中國家需要償還的債

務利息支出自然成倍增長。[28] 同時，發達國家開展貿易保護主義，竭力壓低原材料和初級產品的價格。在這種高壓下一九八二年，墨西哥政府聲明被迫暫時停止償付高達九百多億美元巨額外債的到期本息。緊接著一連幾十個發展中債務國先後宣布無力支付到期債務。

八〇年代以來的債務危機暴露了現行國際金融體系的重大缺陷，發展中國家迫切要求改革不合理的國際經濟秩序。在一九八五年舉行的 IMF 和世界銀行年會上，代表發達國家利益的十國集團和代表發展中國家利益的二十四國集團，就提出了針鋒相對的國際貨幣秩序問題及改革報告。[29] 其中，發達國家在研究國際貨幣體系中的浮動匯率、多邊監督、國際清償手段和 IMF 的作用之後，得出「由 IMF 條款體現的國際貨幣體系的基本結構是合理的，無須重大的制度性變動」這一結論。而二十四國集團則認為，國際貨幣體系必須進一步改革，並且債務問題亟需得到解決。[30] 為緩解債務危機，發展中國家強烈要求發達國家降低貸款利率，減少貿易保護措施，增加對它們的發展援助。[31] 這一時期，由於債務負擔過於沉重，發展中國家在「南北鬥爭」中處於弱勢地位。

三、冷戰結束後的「南北矛盾」

按照歷史發展的順序，本章的第三部分擬考察冷戰結束後至今「南北矛盾」的內涵發展和表現樣態。

（一）冷戰結束後「南北矛盾」內涵的多樣化

冷戰結束後，世界局勢展現出新樣態。

其一，隨著蘇聯解體，「美蘇爭霸」的局面不復存在，「東西矛盾」也逐漸淡出人們的視野。和平與發展開始成為當今世界的主題，要和平、謀穩定、促合作、求發展成為全球人民的共同願望和歷史潮流。以經濟發展為核心內容的「南北矛盾」開始重新成為國際社會的重點關注對象。

其二，蘇聯的解體導致國際政治經濟秩序更加不平衡。在冷戰結束初期，美國成為唯一的超級大國。然而，美國仍然保留不合時宜的「冷戰思維」，它把原先針對蘇聯的政治、經濟安全的戰略重點轉向了南方發展中國家。隨著中國等新興經濟體經濟水平的提升，其政治地位和軍事實力也有所提高，「南北矛盾」的內涵不再侷限於單一的經濟領域，開始包含政治、軍事方面的衝突。

其三，隨著中國綜合國力的愈發強大，美國感到自身的**霸權壟斷**地位受到「威脅」，遂要弄「賊喊捉賊」的歷史慣伎，千方百計地將中國「妖魔化」，大肆鼓吹「中國威脅」讕言。[32] 同時，美國到處插手發展中國家之間的事務，尋找間隙「鑽空子」，力圖挑撥南南關係（如中印關係），破壞南方國家的內部團結。也就是說，隨著「南北矛盾」的發展，開始衍生出和強化了某些「南南矛盾」。

其四，南北國家開始認識到人類發展對地球環境構成了嚴重破壞，遂將可持續發展問題提上議程。在環保、氣候等與可持續發展相關問題的磋商中，先發展的北方國家和後發展的南方國家

在責任承擔方面存在著難以調和的「南北矛盾」。

由此可見，冷戰結束後，「南北矛盾」的內涵不再侷限於經濟發展，也擴展到政治、軍事、環保等領域。

（二）冷戰結束後「南北矛盾」外延的新表現

下面主要從**經濟、政治、社會**三個方面闡釋冷戰結束後「南北矛盾」的具體表現。

1. 經濟方面

冷戰結束後，隨著經濟全球化的加速，國際貿易、國際投資和國際金融領域都出現較快的發展，國際經濟法體系也日趨成熟。然而，在上述三個領域國際規則的形成和發展過程中，「南北矛盾」仍是最大的阻礙。全球財富的國際再分配是矛盾的核心內容，新舊國際經濟秩序的根本分野也在於全球財富國際再分配的公平與否。[33] 發達國家憑藉其強大的經濟實力，在制定國際經貿「遊戲規則」中牢牢掌握著「主導權」，從而成為全球化進程中的最大受益者。發展中國家仍處於弱勢地位，被動接受著於己不利的規則，被迫承受著經濟全球化的負面後果。二〇〇八年爆發的金融危機造成國際經濟格局的變動，也成為冷戰結束後「南北矛盾」的轉折點。

（1）二〇〇八年金融危機之前

在二〇〇八年金融危機之前，發達國家作為經濟全球化的最大受益者，積極鼓吹「華盛頓共識」一九八九年，美國國際經濟研究所在華盛頓率頭召開了一個研討會，出席者包括美國財政部等部門官員、金融界和企業界人士、世界銀行和 IMF 等國際機

構的代表。會議形成的「華盛頓共識」本質上是以新自由主義為基礎的「市場原教旨主義」，也被視為一種「新帝國主義」。「華盛頓共識」鼓吹私有化、自由化和市場化，否定國家干預在經濟和社會發展進程中的重要性和必要性。「共識」的最終目的是要實現有利於國際壟斷資本的全球一體化。[34] 這一經濟理念要求發展中國家放寬對本國貿易、投資和金融的法律管制，實際上是發達國家「撬開」發展中國家市場大門的工具。發達國家推行的新自由主義在世界範圍內造成工人大量失業、貧富兩極分化、政府垮臺、社會動亂等嚴重社會問題，尤其對於廣大發展中國家而言，更是災難性後果。

在「華盛頓共識」的指引下，市場經濟在世界範圍內廣泛推行，以市場為導向的國際經濟秩序得到進一步強化。最典型的例子是，相對於以往的《關貿總協定》，《世界貿易組織協定》拓展了貿易自由化的範圍，強化了貿易自由化的紀律。但是，以市場為導向的國際經濟秩序始終存在著失靈的可能。失靈的主要情形之一是，過度的自由競爭容易造成貧富國家之間不公平的結果。[35] 因此，發展中國家堅持倡導建立更加公平合理的國際經濟秩序。

在投資領域，隨著新自由主義的盛行，發達國家開始要求發展中國家實行對外投資的自由化。自二十世紀九〇年代開始，投資保護協定的數量激增，發達國家在確保本國海外投資的安全方面，開始提出更高的要求，進一步推動發展中國家放寬甚至取消對外國投資的法律管制。一方面，在抽象原則上，發達國家試圖藉助國民待遇原則的「非歧視」功能，限制發展中國家對外資的

管理權。另一方面，在具體規則上，發達國家要求發展中國家取消外資的各種履行要求，包括當地成分要求、出口實績要求、貿易平衡要求、國內銷售要求、技術轉讓要求等。經濟全球化背景下，雖然適度放寬對外國投資的限制對南北雙方均有利，但是由於發展中國家技術水平和管理水平都比較落後，國內企業和外資企業相比不具有競爭優勢，需要得到法律的保護。這意味著，發展中國家對於外資管制的放寬程度終歸是有限的，不可能達到發達國家，尤其是美國要求的那種開放係數。這也構成南北雙方在國際投資自由化程度上的分歧。[36]

在金融領域，發達國家藉助 IMF 和世界銀行的結構性貸款將國內經濟政策改革、新自由主義作為向發展中國家貸款的條件。由於發達國家在 IMF 中認購的份額較多，根據加權投票制，它們的投票表決權也就越大。美國是擁有份額最多的國家，

它在 IMF 的各項活動中起著決定性作用。IMF 創立初期並沒有貸款限制性條件，後來在美國的提議下，開始對貸款附加條件。根據《國際貨幣基金協定》的要求，當會員國發生國際收支暫時性不平衡時，IMF 向會員國提供短期信貸，提供給會員國的財政部、中央銀行、外匯平準基金等政府機構，貸款限於貿易和非貿易的經常性支付，額度與會員國的份額成正比。IMF 提供貸款的附加條件，是指 IMF 會員國在使用 IMF 貸款時必須採取一定的經濟調整措施，以便在貸款項目結束或即將結束時能夠恢復對外收支的平衡。誠然，IMF 要求會員國進行經濟調整部分是出於回收貸款資金的考慮。但是，實踐表明，這些經濟調整政策不僅沒有對借款國的經濟起到積極作用，反而使借款國的經

濟與政治主權受到嚴重侵害。因為在很大程度上，

IMF 成為發達國家推行金融自由化政策，打開發展中國家金融市場的逐利工具。[37] 例如，一九九七年亞洲金融危機時，IMF 和世界銀行向印度尼西亞提供三百七十億美元的一攬子財政援助，條件包括：美國和 IMF 派專家協助改組該國的金融行業、對外開放市場、推行私有化計劃等。與之相似，在金融危機中，但凡接受 IMF 援助的國家，無一不被要求進一步開放金融市場。發展中國家國內金融市場尚不發達，管理體系尚不成熟，法制尚不健全，過早開放本國的資本市場，無疑為國際游資的投機行為打開了方便之門，本國卻無力應對可能產生的金融風險，因此經濟陷入惡性循環。這也反映出發達國家金融霸權對於發展中國家金融主權和金融安全的侵略。[38]

（2）二〇〇八年金融危機之後

二〇〇八年金融危機使發達國家遭受重創，「華盛頓共識」走向衰落。世界經濟復興和增長的重心有進一步向新興國家轉移的趨勢。發展中國家開始參與到全球經濟治理活動中，「南北矛盾」雖然有所緩解，但是仍然不可忽視。

在國際貿易方面，WTO「多哈發展回合」談判停滯不前，其中「南北矛盾」仍然是重要原因之一。WTO 需要一百六十四個成員方通過協商一致的方式達成協議。[9] 其中，發展中國家的優勢在於數量，而發達國家的優勢在於談判技巧和影響力。從談判內容來看，「多哈發展回合」將貿易與環境、貿易與發展、競爭政策、貿易與投資、電子商務、貿易與金融等問題進一步引入 WTO 的談判範圍，而這些問題恰恰是發展中國家和發達國家

存在重大分歧的領域。一方面，發達國家在「新議題」中具有比較優勢，而發展中國家對於「新議題」有所防備，不希望過早在這些領域達成多邊規則。另一方面，在農業談判中，發展中國家在農業領域具有比較優勢，而發達國家卻不願意減少國內補貼，這導致發展中國家也不願意在其他領域支付相應對價。[40] 南北雙方互不讓步，導致「多哈發展回合」陷入僵局。此外，從貿易爭端解決實踐來看，二〇〇八年金融危機導致全球經濟蕭條，國家的貿易保護主義開始抬頭。在危機中遭受重創的美國更是表現出明顯的貿易保護主義傾向。例如，美國一再地修改自由貿易協定條款並加大對其他國家的貿易制裁，尤其體現在對中國連續發起的「貿易戰」上，包括：美國鋼鐵業針對中國發起反傾銷訴訟；美國商務部對中國油井管產品啟動反傾銷和反補貼合併調查；美國國際貿易委員會啟動對中國輪胎產品的特保調查，又對中國無縫鋼管實施反傾銷和反補貼調查。[41]

在投資方面，隨著金融危機後發展中國家經濟實力的上升、發達國家經濟實力的相對衰退，世界經濟格局發生了變動。在投資領域，發達國家和發展中國家均開始同時扮演東道國和投資者母國「雙重角色」。發達國家開始有意識地提高對國內投資的監管權，發展中國家也開始關注對海外投資者權利的保護。也就是說，在投資領域，南北國家就某些核心問題已經達成共識。但是，這並不意味著「南北矛盾」已不存在。例如，在中國加拿大二〇一二年的 BIT 談判中，雙方在徵收補償標準、最惠國待遇條款的適用範圍、金融審慎例外條款、稅收措施例外條款、用盡當地救濟例外條款和國家重大安全例外條款中存在的分歧意味著

「南北矛盾」仍然不能被忽視。[42]再如，歷時九年談判，進展仍然緩慢的中國美國 BIT 仍然面臨著層層阻礙。其中，雙方在負面清單、環境標準、投資與投資者定義、國有企業、外匯資金轉移、金融服務、業績要求、法律法規透明度和爭端解決機制等方面仍存在難以調和的分歧。

這也是投資領域「南北矛盾」的現實反映。[43]

在金融領域，二〇〇八年金融危機的爆發表明，傳統上由發達國家組成的七國集團難以在全球金融治理活動中擔當重任。發達國家開始重視發展中國家對全球治理的參與和對全球責任的分擔。自二〇〇八年華盛頓峰會起，二十國集團領導人峰會開始取代七國集團，在全球金融治理中扮演引領角色，並成為討論全球主要經濟決策的重要論壇。二十國集團既包括由發達國家組成的七國集團，也包括新增的發展中國家，成為南北合作的重要平臺。二十國集團在推動 IMF 和世界銀行改革中發揮出重要作用，打破了長期由發達國家壟斷的全球治理格局。[44]但是，我們也應該看到，二十國集團的討論也是「共識中見分歧」。由於發達國家和發展中國家的需求不同，「南北矛盾」也非常明顯。例如，發達國家的經濟復甦需要提高需求、刺激就業，而發展中國家的經濟復甦則需要化解通賬壓力。[45]此外，以美國為首的發達國家仍然主導著國際金融機構。例如，雖然二〇一六年 IMF 份額改革正式生效，中國、巴西、印度和俄羅斯四個新興經濟體躋身 IMF 股東前十名，但是並未改變美國享有「一票否決權」的現實。[46]也就是說，IMF 仍處於美國的主導下。或者說，國際金融秩序中的「南北矛盾」仍然存在。再如，二〇〇八年金融

危機後，作為「富人俱樂部」的巴塞爾委員會開始將部分發展中國家納為成員方，使其有機會參與國際金融監管規則的制定。然而，由於發達國家金融市場與發展中國家相比更加成熟，監管機構更具影響力，因此這些金融監管規則的制定權仍然牢牢掌握在發達國家手中，而發展中國家的參與僅從表面上增強了這些機構的合法性。

由此可見，在國際經濟領域，「南北矛盾」仍然是切實存在的。

2. 政治方面

（1）政治理念衝突

冷戰結束後，以美國為首的發達國家一再高舉「人權高於主權」旗幟，給國際社會造成了極大的思想混亂。二十世紀九〇年代以來，「人權高於主權論」成為美國「擴展民主」（democratic enlargement）[47] 推行新干涉主義的重要工具。美國的人權外交始於二十世紀六〇年代，冷戰後，美國將人權因素與其對外戰略有機地結合在一起。一九九四年，美國政府舉起十分亮麗但極其偽善的「民主」大旗，正式提出了「參與和擴展戰略」（engagement and enlargement），[48] 主張加強由寥寥幾個主要「市場民主國家」（即以美國為首的強霸發達國家）組成的大家庭，在一切可能的地方幫助促進和鞏固「新的民主制」和市場經濟；抵禦敵視「民主和市場經濟」國家的侵略；不僅以提供援助的方式，而且以直接擴展「民主」和市場經濟的方式，在嚴重缺乏「人道主義」的地區，完成美國的「人道主義」議程。自從這一戰略被提出後，**寥寥幾個強霸發達國家開始形成一股挑戰和否定**

國家主權原則的政治思潮，「主權演變論」「主權可分論」「人權高於主權論」「主權過時論」等言論甚囂塵上。這些國家的直接目的在於為其干涉別國內政製造理論依據，規避干涉別國內政的責任，實現以美國為首的強霸發達國家的戰略目標，從政治上壓制它們認為「不聽話」的發展中國家。例如，以美國為首的北約國家以「人道主義」名義干預南聯盟戰爭。[49] 與之相反，南方國家則認為「主權優先於人權」要求先維護主權，然後實現人權，強調主權是人權的前提。人權與主權的關係之爭已經成為「南北矛盾」與南北鬥爭的一個重要內容，必須正確處理人權與主權的關係，才能緩解「南北矛盾」。發展中國家應該清醒認識到，「主權過時論」是大國主宰小國、強國欺壓弱國的一大騙局。[50]

（2）軍事對峙不斷

冷戰結束後，南北雙方軍事對峙並不少見。尤其在美國「重返亞太」計劃的推行下，國際社會並不太平。「南北矛盾」不僅直接體現為南方國家和北方國家之間的戰略衝突，也衍生出「南南矛盾」。

近年，「南北矛盾」的典型軍事事件要屬美國在韓國部署「薩德」全球反導系統。韓國不顧中俄強烈反對，以應對朝鮮核導彈威脅為由，臨時部署「薩德」，意在鞏固韓美同盟，確保美國為其提供延伸威懾和安全保障。然而，這一舉動不僅削弱了東北亞地區國家導彈攻防和核威懾能力，打破了地區戰略平衡，而且引發該地區國家在政治、經濟、軍事、外交等領域的博弈。[51] 美國在韓國部署「薩德」會削弱中俄對美國的戰略核威懾能力。

面對東北亞戰略均衡被打破的局面，中俄不得不進一步加強戰略協調和務實合作，採取政治、經濟、外交和軍事等措施予以應對。

此外，近年來在中國南海地區、南亞地區、西亞地區頻頻爆發的「南南矛盾」，本質上和根源上也是「南北矛盾」的衍生品，其中引起國際關注的「中菲南海爭端」和「中印邊境糾紛」就是典型表現。

在實行「重返亞太」戰略後，美國與亞太地區多個國家的「聯繫」迅速加強。在中菲南海爭端問題上，美國就以各種方式支持菲律賓一方。中菲南海爭端本來是中國和菲律賓雙方之間的糾紛，**不需要也不容許任何第三國粗暴干涉**，但是美國卻多次在國際會議上討論南海問題，對中國的行為指手畫腳，並多次用美菲之間的軍事同盟關係給中國施加壓力。[52] 美國「重返亞洲」戰略有兩個目標：一是加固對中國的包圍圈，遏制中國崛起；二是削弱中國在亞太地區的影響力，維護美國自身的霸權領導權。[53] 自二〇一二年中菲圍繞黃岩島和南海主權發生爭端以來，美國一直沒有明確表態支持何方。二〇一四年二月十三日，美國海軍作戰部部長喬納森在菲律賓國防大學回答提問時稱，如果中菲在南海發生衝突，美國將支持菲律賓。[54] 二〇一六年中菲南海仲裁案被視為披著法律外衣的政治鬧劇。事後，菲律賓一些有識之士也認清了中菲南海仲裁案的現實。例如，菲律賓前教育部副部長安東尼奧·瓦爾德斯表示：「這個仲裁的唯一受益者絕對不是菲律賓，而是美國，他們是為了反對中國而做的。」菲律賓前眾議員薩圖爾·奧坎波也表示：「阿基諾三世政府不應把南海爭

議問題訴諸仲裁庭。中國和菲律賓如果發生衝突，將給美國藉口插手該區域事務。」[55]二〇一七年八月七日，日本外相河野太郎、美國國務卿蒂勒森和澳大利亞外長畢曉普在菲律賓首都馬尼拉舉行三國外長會談並發表聯合聲明，含沙射影、指桑罵槐地要求南海聲索國「避免從事填海、建設前哨基地、將爭議海上地物予以軍事化」，還敦促中國和菲律賓遵守所謂的「南海仲裁案裁決」，並呼籲東盟成員國盡快與中國簽訂具有法律約束力的南海行為準則。對此，中國外交部部長王毅在東亞峰會外長會議上指出，中國和東盟國家有能力也有智慧談成一個能夠管控分歧、維護地區和平的南海行為準則。我們不希望域外國家就此指手畫腳，甚至試圖下指導棋。[56]二〇一七年十一月十六日，中菲聯合發布聯合聲明，強調針對南海問題，兩國建立中菲南海問題磋商機制。[57]隨著中菲關係回暖，美國坐不住了。二〇一八年一月，美國軍政當局又一次直接派遣軍艦硬闖中國西沙領海。[58]這也暴露出中菲矛盾的本質和根源。

　　近年持續發酵的中印衝突也帶有「南北矛盾」的明顯烙印。二〇一七年六月二十六日，印度邊防人員在中印邊界錫金段越過邊界進入中方境內，阻撓中國邊防部隊在洞朗地區的正常活動。從這時起，中印雙方在邊界開始了兩個月的對峙。直至八月二十八日，印方將越界人員和設備全部撤回印方邊界一側。[59]二〇一七年十二月三十一日晚，印度內政部部長辛格在中印邊境的馬特裡「印藏邊境警察部隊」營區慰問官兵。二〇一八年一月一日，他又在北阿坎德邦的涅隆谷邊放哨所與士兵們一起慶祝新年。印度高官二〇一八年首次視察地點選在中印邊境，中國學者

指出，這體現出印度對中印邊境問題的重視。印度不斷加強在中印邊境地區的軍事部署，多位政府高官多次「到訪」中印邊境地區，顯然都在傳遞一個重要信號：在中印邊境地區，印度正在作與中國長期糾纏的準備。[60] 據印軍高官聲稱，印軍已根據作戰需要對其下一項五年計劃（2018-2023 年）進行調整，重心將轉向發展基礎設施和增強作戰能力等方面。其中，沿印度北部實際控制線和中印邊界錫金段增強印度陸軍軍事能力的項目將被賦予優先權。[61] 中印邊境糾紛表面上是「南南矛盾」，其本質是「南北矛盾」。從歷史層面看，中印邊境爭端起源於英國殖民主義者一手策劃的「麥克馬洪線」和「約翰遜線」，印度獨立後，全盤繼承英國殖民政權遺產，加緊對中國領土的侵略和擴張，進而妄圖實現自身的南亞帝國夢是引發中印邊境爭端的核心原因。[62]

軍事對峙隨時可能「擦槍走火」，進一步發展成為軍事衝突，甚至轉化成為大規模的戰爭，這是不言而喻的。這就再次驗證了兩百多年前德國軍事理論家卡爾・馮・克勞塞維茨（Carl Von Clausewtz, 1780-1831）的明確警告：戰爭是政治的暴力繼續。」當前美國就是沿著這條「玩火自焚」的危險道路步步邁進的。

3. 社會方面

隨著可持續發展理念的深入人心，南北雙方國家開始認識到人類盲目發展對全球環境的破壞，在這一方面雙方的矛盾焦點集中於**責任承擔**上。

發達國家迴避歷史責任，強調現實責任的重要性。發達國家認為，發展中國家的工業化發展以及人口的過度膨脹與貧困的加

深，對環境構成了巨大的現實威脅。

具言之，它們認為發展中國家是造成「溫室效應」的元兇，是發展中國家對自然資源的超負荷開發利用與污染加劇了資源消耗與環境退化，損害了全球環境的可持續性。因此，它們主張制定統一的環保措施，不斷要求發展中國家儘早承擔減排或限排溫室氣體的義務。它們特別強調中國和印度等發展中大國也有責任進行減排。

發展中國家則強調歷史責任和現實義務，堅持「共同但有區別的責任」原則，盡量推遲自身承諾減排義務的時間。[63] 發展中國家主張，若要求發展中國家與發達國家承擔相同的責任，對發展中國家是不公平的。它們認為，發達國家是全球資源消耗與環境退化的主要製造者並消費全世界百分之七十五的資源和能源，而發展中國家則是主要受害者。此外，南北間初級產品與製成品的不平等交換造成環境收益與環境成本分配的極度不公平，嚴重削弱了發展中國家的環保能力，加劇了發展中國家環境的惡化。[64] 因此，發達國家理應對環境的可持續性負有主要責任和義務，率先採取行動保護全球環境。

如何衡量發達國家和發展中國家的相對義務，如何為各締約方以量化的形式確定限排或減排的具體目標，成為全球氣候變化談判中的核心問題。

在發展中國家的長期努力下，在里約地球首腦會議上，「共同但有區別的責任」原則被確立為處理發達國家與發展中國家關係的基本原則。會上達成的《聯合國氣候變化框架公約》指出：「注意到歷史上和目前全球溫室氣體排放的最大部分源自發達國

家，發展中國家的人均排放仍相對較低，所以各締約方應當在公平的基礎上，並根據它們共同但有區別的責任和各自的能力，為人類當代和後代的利益保護氣候系統。」公約特別強調：「發達國家締約方應當率先對付氣候變化及其不利影響。」隨後，《京都議定書》也對「共同但有區別的責任」原則作出了實質性規定。然而，京都機制並未得到真正的貫徹，發達國家以發展中國家沒有承擔減排指標為藉口，拖延履行議定書的規定。美國甚至以主要發展中大國沒有參與這一減排行動為由退出了議定書。可持續發展領域的矛盾已經日益成為「南北矛盾」的重要表現形式。[65]

《巴黎協議》作為最新磋商成果，以發展中國家的妥協告終。根據《巴黎協議》，所有國家都以「國家自主貢獻」的方式作出了非約束性的減排承諾。本來發展中國家要求發達國家作出有約束力的承諾，而發展中國家依自願作出承諾。但是，美國代表的西方發達國家明確要求各方都作出具有約束力的減排承諾。僵持不下的結果是，所有國家都以「國家自主貢獻」的方式進行自願性承諾。發達國家的減排義務從《京都議定書》中的「承諾」（commitments）到《哥本哈根協定》中的「許諾」（pledges），再到《巴黎協定》中的「貢獻」（contributions），「受約束」力度明顯逐步弱化，南北的法律義務已經趨同，甚至沒有差別。[66]

四、「南北矛盾」的未來與中國的兩手應對

如前所述，本章探討「南北矛盾」一詞的來源、「南北矛盾」產生的歷史背景、不同歷史階段的「南北矛盾」的內涵與外延等等，並非在「象牙之塔」中從事概念遊戲。質言之，本章的主旨在於，以史為據，以史為鑑，以史為師，梳理歷史的經驗教訓，探索正確的理論，經世致用，用以指導當代的實踐，特別是用以指導當代中國人的實踐，積極探討、剖析和論證二十一世紀新歷史下應對「南北矛盾」的基本方案。[67]

前文提到，南北關係的殘酷開端可以追溯到十五世紀自由資本主義時期。這一時期，「南北矛盾」的核心表現是西方殖民主義者對弱小民族發動侵略戰爭、暴力征服、殺人越貨、踐踏人權、經濟剝削和政治吞併。從那時起算，迄今已歷時數百年。數百年來，「南北矛盾」的具體情況雖隨時變動，但其核心表現及其本質則一脈相承，並未發生根本改變。強霸發達國家始終以自私利益為出發點，不但千方百計、竭思彈慮地維護既得利益，而且貪婪無饜、不擇手段地侵害世界弱勢群體的公平權益和核心利益。其典型事實就是，「冷戰時代」結束近三十年來，美國霸權主義勢力不斷在全球各地到處窮兵黷武，侵略擴張，屠殺無辜，為非作歹，破壞世界和平安寧秩序，其「冷戰思維」和「熱戰舉措」從未停息一天！有鑑於此，全球大眾務必清醒地認識到應對「南北矛盾」和開展反霸鬥爭，仍然是維護二十一世紀國際政治經濟和平秩序中的主要內容。中國作為全球最大的發展中大國，義不容辭，理應勇於擔當，在維護眾多發展中國家權益和開展反

霸鬥爭中，發揮中流砥柱作用和引領作用，採取必要的兩手措施：

（一）和平手段：合作共贏

1. 南北合作

開展南北合作是解決「南北矛盾」的最佳選擇，這已經成為國際共識。但是，從歷史發展來看，實質上的「南北矛盾」從十五世紀萌芽至今已有五百多年的歷史，它在國際政治經濟秩序之中留下深深的烙印和頑疾。冰凍三尺，非一日之寒。這一矛盾的化解並不容易，需要世界各國長期的共同努力。[68]經濟全球化的深入發展，也增強了南北兩類國家之間的相互依賴。例如，在經濟領域，南方國家需要北方國家的資金、技術、市場支持，北方國家需要南方國家的原料、各種初級產品、投資市場。如果雙方長期處於對立僵持狀態，勢必會阻礙全球經濟的發展，造成生產嚴重萎縮，導致「兩敗俱傷」。[69]二〇〇八年金融危機之後，全球治理的南北兩類領導者開始由七國集團轉向更具包容性的二十國集團。目前，二十國集團處理的議題已從經濟領域逐步向政治和安全事務方面延伸。這個集團作為緩衝區，開展平等對話，不僅有助於淡化南北關係的衝突，也有助於促進和增強南北合作。[70]

中國作為世界上最大的發展中國家，應該在國際政治經濟關係中繼續勇於擔當，發揮南北合作的「橋樑」作用。二〇〇八年金融危機後，中國不僅開始廣泛參與到全球經濟治理機構中，如G20峰會、巴塞爾委員會等，而且提出並實現了諸多促進南北合

第一編·國際經濟法基本理論（一）

1311

作共贏的有益構想，包括「一帶一路」倡議、組建亞洲投資基礎設施銀行（以下簡稱亞投行）等。這為「南北合作」，化解「南北矛盾」提供了有益的方案和平臺。

習近平同志多次提出構建「人類命運共同體」的主張，強調「人類只有一個地球，各國共處一個世界」，「世界各國命運相連、休戚與共」。在二〇一五年四月二十二日的亞非領導人會議上，習近平同志指出：「從建設人類命運共同體的戰略高度看，南北關係不僅是一個經濟發展問題，而且是一個事關世界和平穩定的全局性問題。堅持相互尊重、平等相待，是開展南北合作的政治基礎。合作共贏的基礎是平等，離開了平等難以實現合作共贏。國家不分大小、強弱、貧富，都是國際社會平等成員，都有平等參與地區和國際事務的權利。要尊重各國主權、獨立、領土完整，尊重各國自主選擇的社會制度和發展道路，反對干涉別國內政，反對把自己的意志強加於人。」[71]

各國只有相互尊重、平等相待，才能合作共贏、共同發展。「人類命運共同體」的經濟內涵是，堅持合作共贏，建設一個共同繁榮的世界；謀求開放創新、包容互惠的發展前景，推動國際社會均衡、協調發展。其政治內涵是，建立平等相待、互商互諒的夥伴關係。國家之間要構建對話不對抗、結伴不結盟的夥伴關係，秉持和平、主權、普惠、共治原則，把深海、極地、外空、互聯網等領域打造成各方合作的新領域。其環境內涵是，強調可持續發展。[72]

中國近些年提出的「一帶一路」倡議、組建的亞投行，正是秉持著構建「人類命運共同體」，促進南北合作共贏的理念與思

想。以亞投行為例，此前發達國家主導的世界銀行、亞洲開發銀行和 IMF 面對全球市場的巨額資金需求，要麼不願意提供開發資金，要麼求遠大於供，杯水難以應對車薪。更重要的是，這些金融機構對於新興市場和發展中國家的資本訴求，往往附帶必須「遵循」發達國家價值觀的政治條件。

一九九八年亞洲金融危機中的一些國家和後來烏克蘭接受的援助均是如此。中國以支持亞洲地區的基礎設施建設為目的，於二〇一三年提出籌建亞投行。截至二〇一七年十二月十九日，亞投行的成員已由成立之初的五十七個增至八十四個。其中，同時包括發達經濟體和發展中國家。由此可見，亞投行已經成為助力發展中國家基礎設施建設，搭建南北合作平臺的成功典範。[73]

2. 南南合作

南北合作的成功離不開南南合作的促進和支持。南南合作是指南方發展中國家聯合起來，增強南北合作中南方國家的話語權，從而更加全面有效地促進平等的南北合作。

早在一九八二年，時任中共中央總書記的胡耀邦同志就強調：「南南合作有助於衝破現存不平等的國際經濟關係和建立國際經濟新秩序，具有偉大的戰略意義。」[74] 接著，中國外交部部長吳學謙在第三十八屆聯合國大會上指出：「南南合作是一種新型的國際經濟關係。加強南南合作，走集體自力更生的道路，發展獨立自主的民族經濟，減少對發達國家的依賴，這是發展中國家爭取經濟繁榮，增強自身經濟實力的可靠途徑。」[75] 一九八四年五月二十九日，鄧小平同志在會見巴西領導人時，更言簡意賅地強調：「南北問題的解決當然要靠南北對話。不過，單靠

南北對話還不行，還要加強第三世界國家之間的合作，也就是南南合作。」[76]三十多年來，實踐已經反覆證明中國人指出的「南南合作」道路是正確的和卓有成效的。金磚國家領導人會晤、金磚銀行成立和「一帶一路」倡議都是沿著南南合作這條道路不斷創新和取得重大成效的最新範例。

金磚國家引領南南合作。二〇一七年九月三至五日，金磚國家領導人第九次會晤在廈門召開，墨西哥、埃及、泰國、塔吉克斯坦和幾內亞五國也成功融入其中，擴大了金磚國家的「朋友圈」，有望引領南南合作向更高水平發展。[77]

金磚銀行是金磚國家之間合作建立的第一個實體性機構，也是二戰以來首次在沒有發達國家參與下由五個主要發展中國家自主創立的多邊金融機構。金磚銀行的制度安排體現出南南合作的兩大基本特徵，即平等和互利。與其他國際金融組織和區域性銀行組織的份額制不同，金磚銀行的五個創始成員國採取「等額出資」「平等享有話語權」原則。雖然中國的經濟實力在其他四國之上，但是仍然願意採取平等原則，恰恰體現出中國一直以來所主張的「中國永遠不稱霸，永遠不做超級大國，永遠屬於發展中國家」[78]。

「一帶一路」倡議也被視為加強「南南合作」的良好契機和典範成果。二〇一五年四月，在紀念萬隆會議六十週年大會上，中國國家主席習近平明確指出，加強南南合作，

需要加強機制建設，探討建立南南合作新架構。「一帶一路」為加強南南合作的機制建設提供了新契機。[79]聯合國秘書長南南合作特使、聯合國南南合作辦公室主任豪爾赫‧切迪克於二〇

一七年五月在接受採訪時指出，「一帶一路」倡議已經成為南南合作的典範。[80]

（二）軍事手段：居安思危

雖然中華民族素來熱愛和平、追求和平，中國最早提出並堅持「和平共處五項原則」，但是從「南北矛盾」的表現樣態中不難看出，這個世界一直是紛爭不斷，烽火處處，和平秩序屢遭強霸國家破壞。單以中國周邊而言，近年來，東海中國領土釣魚島地區、南海中國疆土地區，風浪迭起；美國在韓國部署薩德反導系統、中印邊境「劍拔弩張」的緊張局勢，都表明戰爭隱患層出不窮，戰爭風險在日益增長。

最新事例之一是，二〇一八年一月十七日晚，美國「霍珀」號導彈驅逐艦未經中國政府允許，擅自進入中國黃岩島十二海里內海域。中國海軍依法對美艦進行了識別查證，

予以警告驅離。美方軍艦有關行為損害中國的主權和安全利益，對中方在有關海域開展正常公務活動的船隻和人員安全造成嚴重威脅，違背國際關係基本準則。美國先是在二〇一七年《美國國家安全戰略報告》中將中俄視為「威脅」美國「國家安全」的「競爭對手」（**潛在敵國**、假想敵國）。報告指出，「中國和俄羅斯挑戰美國的實力、影響和利益，企圖侵蝕美國的安全和繁榮。中俄意圖通過削弱經濟自由和公平、擴展軍隊以及控制信息和數據來壓制社會和擴大他們影響力」隨後，二〇一八年一月十九日，美國國防部部長馬蒂斯在新公布的《國防戰略》報告中聲明：「國家間戰略競爭，而非恐怖主義，是現在美國國家安全

的首要關切。」[81] 從美國政府先後發布的報告和開展的挑釁行動可以看出，美國政府的「冷戰」思維和「零和」博弈仍然存在，這意味著真正意義上的和平遠未來臨。

這也提醒我們，在看似「和平」的環境裡，一定要提高警惕，居安思危，牢記「忘戰必危」的古訓。[82] 在發生矛盾爭端時，中國主要會謀求通過外交談判或國際司法手段予以解決。但是，在重大國家利益面前，中國絕不會一味強調和平而無原則地讓步以致於損害國家利益。[83] 正如二〇一七年七月三十日，國家主席習近平在慶祝中國人民解放軍建軍九十週年沙場閱兵時發表的重要講話中所表達的，「天下並不太平，和平需要保衛」[84]。中國安全和發展正面臨更加複雜嚴峻的風險挑戰，實現中華民族偉大復興，必須建設一支強大的軍隊。習近平主席鮮明地提出了在新形式下的強軍目標，即「推進強軍事業，必須始終聚焦備戰打仗，鍛造召之即來、來之能戰、戰之必勝的精兵勁旅」[85]。

當前，由霸權主義國家「冷戰思維」和「熱戰舉措」引發的「南北矛盾」，不斷危及世界和平與中國的重大安全利益。在無法和平化解矛盾時，中國當然有必要動用軍事力量，堅決維護國家主權、安全、發展利益，堅決維護地區和世界和平。[86]

總之，新世紀，新局勢，新徵程，新博弈，新問題，中國領導人在如何應對更加復雜嚴峻的風險挑戰方面，早已居安思危，成竹在胸，未雨綢繆，確定戰略，並且謀定而後動，正在率領全國人民積極踐行兩手戰略，為進一步化解和解決二十一世紀全球性「南北矛盾」問題，為維護世界和平和安全，為構建國際政治

經濟新秩序，為全人類的幸福康樂，繼續做出新的、更大的貢獻。

注釋

＊ 本章由陳安與張金礽合作撰寫。張金礽是國家重點學科廈門大學國際法學科二〇一六級博士生。

〔1〕 Cite from Mohammed Bedjaoui, *Towards a New International Economic Order*, Holmes & Meier Publishers, 1979, p. 34.

〔2〕 參見〔英〕奧利弗·弗蘭克斯爵士：《新國際平衡：對西方世界的挑戰》，張澤忠譯，于湛旻校，載《國際經濟法學刊》2008 年第 15 卷第 4 期，第 2 頁。

〔3〕 參見〔英〕Sir Olver Franks，The New International Balance：Challenge to the Western World，載《國際經濟法學刊》2008 年第 15 卷第 4 期，第 16 頁。

〔4〕 參見「北半球」，https: //baike. baidu com/item/%E5 % 8C% 97 %E5 % 8D% 8 A%E7 % 90 % 83/1696203? fr= aladdin。

〔5〕 參見「南半球」，https：//baike. baidu com/item/%E5 % 8D% 97%E5 % 8D% 8A% E7% 90 % 83/1 69 6241? fr=aladdin。

〔6〕 參見「世界地圖圖冊」，https: //baike. baidu com/pic/ % E4 % B8 % 96 %E7 % 95 % 8C% E5 % 9C%B0 %E5 % 9 B% BE/6216/0/aa64034f78f 0f736eb2cd3c50355b319eac41327? fr= lemma&ct= single 4 aid= 0& pic= aa64034f78f0 f736eb2cd3c50355b319eac41327。

〔7〕 參見〔英〕奧利弗·弗蘭克斯爵士：《新國際平衡：對西方世界的挑戰》，張澤忠譯，于湛旻校，載《國際經濟法學刊》2008 年第 15 卷第 4 期，第 3 頁。

〔8〕 參見衛中興：《南北問題的回顧與展望》，載《管理世界》1992 年第 2 期，第 107 頁。

〔9〕 〔英〕奧利弗·弗蘭克斯爵士：《新國際平衡：對西方世界的挑戰》，張澤忠譯，于湛旻校，載《國際經濟法學刊》2008 年第 15 卷第 4 期。

〔10〕 參見華展實：《南北矛盾的激化及其新特點》，載《世界經濟》1988

年第 3 期，第 1 頁。

〔11〕參見本書第一編第十六章「論馬克思列寧主義對弱小民族國家主權學說的重大貢獻」，第一部分下「殖民十惡」。

〔12〕參見高岱、鄭家馨、張在華、夏方曉：《世界歷史──殖民擴張與南北關係》（第 25 冊），江西人民出版社 2011 年版，第 80-81 頁。

〔13〕參見陳安：《陳安論國際經濟法學》（第一卷），復旦大學出版社 2008 年版，第 47-52 頁。

〔14〕同上書，第 53-54 頁。

〔15〕參見高岱、鄭家馨、張在華、夏方曉：《世界歷史──殖民擴張與南北關係》第 25 冊），江西人民出版社 2011 年版，第 82-83 頁。

〔16〕參見巫寧耕：《試論南北矛盾的經濟根源》，載《經濟學家》1991 年第 4 期，第 71 頁。

〔17〕參見華展實：《南北矛盾的激化及其新特點》，載《世界經濟》1988 年第 3 期，第 1 頁。

〔18〕參見巫寧耕：《試論南北矛盾的經濟根源》，載《經濟學家》1991 年第 4 期，第 72 頁。

〔19〕See Charles A. Jones, *The North-South Dialogue: A Brief History*, Frances Pinter, 1983, pp. 10G-15.

〔20〕參見楊洋：《從「三個世界」理論看毛澤東晚年國際戰統思想》，載《華中人文論叢》2012 年第 2 期，第 132

〔21〕參見陳安：《陳安論國際經濟法學》（第一卷），復旦大學出版社 2008 年版，第 59 頁。

〔22〕參見宿景祥：《從 77 國集團首腦會議看南北矛盾》，載《時事報告》2000 年第 5 期，第 58 頁

〔23〕參見高志平：《不結盟運動倡導國際經濟新秩序歷程探微》，載《求索》2010 年第 12 期，第 251 頁。

〔24〕參見宿景祥：《從 77 國集團首腦會議看南北矛盾》，載《時事報告》2000 年第 5 期，第 54 頁。

〔25〕參見高志平：《不結盟運動倡導國際經濟新秩序歷程探微》，載《求索》2010 年第 12 期，第 253 頁。

〔26〕參見〔日〕堀中浩：《「南北問題」之今昔》，李公綽譯，載《國際經濟評論》1991 年第 3 期，第 9 頁。

〔27〕參見王子川：《試評聯合國發展體系的活動》，載《國際經濟合作》

1986 年第 1 期，第 32 頁。

〔28〕參見王子川：《發展中國家的發展資金和債務問題》，載《國際經濟合作》1987 年第 10 期，第 33 頁。

〔20〕參見任映國：《從發展中國家債務問題看國際金融體系的變革趨勢》，載《世界經濟》1987 年第 9 期，第 49 頁。

〔30〕參見任映國：《從發展中國家債務問題看國際金融體系的變革趨勢》，載《世界經濟》1987 年第 9 期，第 50 頁。

〔31〕參見安建國：《第三世界的債務危機與南北關係的調整》，載《瞭望》1985 年第 51 期，第 33 頁。

〔32〕這一讕言的「基調」是：隨著中國經濟的發展、軍力的提升和綜合國力的增強，中國必將「危害」其他國家尤其是周邊國家的利益，並對國際秩序提出挑戰，「危害」亞太安全，對世界的穩定構成「威脅」。詳見陳安：《美國霸權版「中國威脅」讕言的前世與今生》，江蘇人民出版社 2015 年版，第 15-67、133-237 頁。

〔33〕參見陳安：《陳安論國際經濟法學》（第一卷），復旦大學出版社 2008 年版，第 110 頁。

〔34〕參見賴風：《「華盛頓共識」的理論悖論與當代金融危機》，載《江西社會科學》2010 年第 2 期，第 79 頁。

〔35〕參見徐崇利：《新興國家崛起與構建國際經濟新秩序——以中國的路徑選擇為視角》，載《中國社會科學》2012 年第 10 期，第 187 頁。

〔36〕參見徐崇利：《從南北紛爭焦點的轉移看國際投資法的晚近發展》，載《比較法研究》1997 年第 1 期，第 49-50 頁。

〔37〕參見陳高翔：《論美國控制下的 IMF 與金融霸權》，載《南方金融》2003 年第 9 期，第 57 頁。

〔38〕同上。

〔39〕See Members and Observers，https://www. wto. org/english/thewto_e/whatis_e/tif_e/org6_e. htm.

〔40〕參見沈虹：《論多哈回合談判的新趨勢和中國的策略定位》，載《汕頭大學學報（人文社會科學版）》2011 年第 4 期，第 78-79 頁。

〔41〕參見姚姣姣：《金融危機下的新貿易保護主義——以美國為例》，載《世界經濟情況》2009 年第 10 期，第 28 頁。

〔42〕參見陳安、谷嫻娜：《「南北矛盾視角」應當「摒棄」嗎？——聚焦

「中一加 2012 BIT」》，載《現代法學》2013 年第 2 期，第 141-147 頁。

〔43〕參見劉紅：《中美 BIT 談判之路道阻且長》，http://money. 163. com/17/0609/08/CMFMU5T1002580S6. html; 陳安、李慶靈：《國際投資法中「身分混同」問題之宏觀剖析與中國應對》，收輯於本書第三編第 8 章。

〔44〕參見徐洪才：《加強 G20 框架下國際政策協調》，載《全球化》2012 年第 12 期，第 39 頁。

〔45〕參見《G20 共識中見分歧各方為何爭論不休》，http: //www. chinadaily. com. cn/hqzx/hu_adl_g20/2011-10/28/content_13998885. httm。

〔46〕參見《IMF 份額改革正式生效中國投票權升至第三》，http://news, xinluanet. com/forUne/2016-01/29/ c_128682430. htm。

〔47〕See The White House, A National Security Strategy of Engagement and Enlargement, 1994, http://nssarclive. us/national-security-strategy-1994/.

〔48〕Ibid.

〔49〕參見呂有志：《論「人權高於主權」的本質》，載《浙江大學學報（人文社會科學版）》2001 年第 2 期，第 46 頁。詳見陳安：《世紀之交在經濟主權上的新爭議與「攻防戰」：綜合評析十年來美國單邊主義與 WTO 多邊主義交鋒的三大回合》中英雙語系列論文。最初，其中文部分發表於《中國社會科學》2001 年第 5 期；隨後，其長篇英文全稿發表於美國 *Temple International & Comparative Law Journal*，VO. 17，No. 2，2003（《天普大學國際法與比較法學報》2003 年第 17 卷第 2 期）；接著，又將其中部分內容摘要改寫為中文稿，發表於《中國法學》2004 年第 2 期。英文稿發表後，引起國際人士廣泛關注。應總部設在日內瓦的政府間組織「South Centre」（「南方中心」）約稿，又結合有關案件終審結局，將上述英文全稿再次作了修訂增補，由談「中心」作為「T. R A. D. E. Working Papers 22」（「貿易發展與公平」專題工作文件第 22 號），於 2004 年 7 月重新出版單行本，散發給「南方中心」各成員國理事以及 WTO 各成員常駐日內瓦代表團，供作決策參考；同時，登載於該「中心」網站上（http://www. southcentre. org/pub.ications/ workingpapers/paper22/wp22.

pdf，供讀者自由下載。現將上述各文內容再度綜合整理，分設兩章，題為「世紀之交在經濟主權上的新爭議與『攻防戰』：綜合評析十年來美國單邊主義與 WTO 多邊主義交鋒的三大回合」與「世紀之交在經濟主權原則上的新爭議與『攻防戰』對發展中國家的重大啟迪」，收輯於本書第一編第二十章和第二十一章。

〔50〕參見羅會鈞：《論經濟全球化背景下改善南北關係的途徑》，載《湘潭大學學報（哲學社會科學版）》2006 年第 3 期，第 133 頁。

〔51〕參見吳晶晶：《韓國部署「薩德」的政策演變》，載《國際問題研究》2017 年第 6 期，第 83 頁。

〔52〕參見魏涵：《美國重返亞太戰略對中菲南海爭端解決的影響》，載《學理論》2014 年第 19 期，第 38 頁。詳見陳安、蔣圍：《中國南海疆土：臥榻之旁，豈容強霸鼾睡？——剖析菲律賓「南海仲裁案」之悖謬與流毒》，收輯於本書第一編第二十三章。

〔53〕參見朱陸民、劉燕：《中菲南海對峙的深層原因及對東盟的雙重影響》，載《西南科技大學學報(哲學社會科學版)》2014 年第 1 期，第 29 頁。

〔54〕參見《美將軍：若中菲在南海衝突　美將支持菲律賓》，http://wrd. huanqiu.mm/exdusive/2014-02/ 4829713 html。

〔55〕參見《菲律賓多名重要人士指出南海仲裁案為美國陰謀》，http: // www xinhuanet. com/mil/2016-07/13/ c_129140788. htm。

〔56〕參見《王毅駁美日澳涉南海聲明：和平維護者還是攪局者？！》http: //www. xinhuanet. com/world/2016- 07/26/c_1119285424. htm。

〔57〕參見《中華人民共和國政府和菲律賓共和國政府聯合聲明》http: // world. people. com. cn/n1/2017/ 1116/c1002-29650677. html。

〔58〕自 2015 年 10 月起至今，美國軍政當局反覆多次派遣軍艦硬闖中國領海。參見《美軍艦「巡航」遭批危害地區和平》，http: //news. xinhuanet. com//world/2015-10/28/c_ 128365995. htm；《國防部新聞發言人就美軍艦進入中國南沙群島有關島礁鄰近海域發表談話》，http: // www. xinhuanet. com/ world/2016-05/ 10/c_1118841916. htm；《美軍艦進入黃岩島十二海里內我海軍依法識別查證警告驅離》，http://www. xinhuanet. com/mirdx/2018-01/21/c _136911986. htm。

〔59〕參見《外交部：印方已將越界人員和設備全部撤回邊界印方一側》，

http://world. people. com. cn/n1/ 2017/0828/c1002-29499507. html。

〔60〕參見《印高官新年夜「視察」中印邊境，打什麼算盤？》，http:// military. china. com/imiportant/11132797/ 20180104/31915295. html。

〔61〕參見《印陸軍調整「五年計劃」聚焦中印邊境基建後勤》，http:// www xinhuanet. com/mil/2018-01-04/c _129782817 htm。

〔62〕參見《中印邊境對峙專題報告（軍工行業）：中方六大機構密集發聲　界線即是底線》，http://www.cfi. netcn/p20170808000673. html。

〔63〕參見楊素群：《冷戰後國際環境領域的南北矛盾》，載《山東師範大學學報（人文社會科學版）》2003 年第 1 期，第 11 頁。

〔64〕參見周聖葵：《冷戰後南北矛盾焦點的轉向》，載《太平洋學報》1996 年第 4 期，第 75 頁。

〔65〕參見李強：《國際氣候談判中的南北矛盾》，載《貴州氣象》2014 年第 1 期，第 58-59 頁。

〔66〕參見謝來輝：《巴黎氣候大會的成功與國際氣候政治新秩序》，載《國外理論動態》2017 年第 7 期，第 121 頁。

〔67〕參見本書第一編第十六章「論馬克思列寧主義對弱小民族國家主權學說的重大貢獻」，第一部分下「殖民十惡」。

〔68〕參見陳安：《陳安論國際經濟法學》（第一卷），復旦大學出版社 2008 年版，第 457 頁。

〔60〕參見陳安：《論南北合作是解決內部矛盾的最佳選擇》，載《陳安論國際經濟法學》（第一卷），復旦大學出版社 2008 年版，第 458 頁；本書第一編第十二章「三論中國在構建 NIEO 中的戰略定位：聚焦評析『匹茲堡發軔之路』走向何方——G20 南北合作新平臺的待解之謎以及『守法』與『變法』等理念碰撞」。

〔70〕參見郭樹勇：《G20 使南北關係由對抗走向平等對話》，http: //world. people. com. cn/n1/2016/0730/ c1002-28597261. html。

〔71〕《習近平在亞非領導人會議上的講話（全文）》，http://news. xinluanet. com/politics/2015-04/22/c_1115057390. htm。

〔72〕參見王義梔：《懷古今中外　係東西南北　習近平人類命運共同體思想的大氣魄》，載《人民論壇》2017 年第 28 期，第 39 頁。

〔73〕參見《亞投行曬兩週年成績單：成員擴至 84 個　項目貸款總額 42 億 美 元 》，http://www. mofcom. gov. cn/ article/iyjl/m/2017120269

2071. shtml。

〔74〕胡耀邦：《全面開創社會主義現代化建設的新局面（在中國共產黨第 12 次代表大會上的報告）》，人民出版社 1982 年版，第 43 頁。

〔75〕吳學謙：《中華人民共和國代表團團長、國務委員兼外交部部長吳學謙在聯合國大會第三十八屆會議上的發言》，載《中華人民共和國國務院公報》1983 年第 21 期，第 1002 頁。

〔76〕《維護世界和平，搞好國內建設》，http://cpc. people. com. cn/GB/64184/64185/66 6i2/4488786. html。〔77〕 參見《專家談「金磚+」：做大金磚朋友圈 中國引領南南合作新機制》，http://www. xinhuanet. com/world/2017-09/02/c_129694708. htm。

〔78〕朱傑進：《萬隆精神、新南南合作與金磚發展銀行》，載《國際關係研究》2015 年第 2 期，第 25 頁。

〔79〕參見許利平：《「一帶一路」為南南合作增添新動力》，http://www. 81. cn/jfjbmap/content/2017-04/23/content_175510. htm/。

〔80〕參見《專訪：「一帶一路」倡議已成為南南合作典範——訪聯合國秘書長南南合作特使、聯合國南南合作辦公室主任豪爾赫·切迪克》，http://www. xinhuanet. com/2017-05 /09/ c_ 1120942413. htm。

〔81〕參見《美發布〈國防戰略〉報告稱大國競爭優先》，http: //www. xinhuanet. com/mil/2018-01/20/c_129795331. htm。

〔82〕參見梁雲祥：《國際關係的戰和定律》，載《人民論壇》2013 年第 2 期，第 47 頁。

〔83〕同上。

〔84〕《天下並不太平 和平需要保衛》，http://news. fznews. com. cn/dsxw/20170804/5983ebf08ee8c. shtmil。

〔85〕《聚焦備戰打仗，鍛造召之即來來之能戰戰之必勝的精兵勁旅》，http://www. 81. cn/jmywyl/2017-10/ 11/ content_7 781912. lt mi。

〔86〕參見《習近平：絕不允許任何一塊中國領土從中國分裂出去》，http://politics. people. com. cn/n1/2016/1111/c1001-28854065. htmil。

第一編·國際經濟法基本理論（一）

第二十七章
論南北合作是解決南北矛盾的最佳選擇

➥內容提要

　　本章針對一九七四年兩次聯合國大會相繼通過的《建立國際經濟新秩序宣言》和《各國經濟權利和義務憲章》中倡導的「全球合作」原則，結合其後三十多年來的實踐發展，加以詮解和剖析。全文側重分析南北矛盾上升為當代國際經濟關係中主要矛盾的各種原因；指出南北矛盾的根源在於世界財富的國際分配存在嚴重的不公；論證南北矛盾的實質是積貧積弱的眾多發展中國家反抗弱肉強食的國際經濟舊秩序，要求建立公平互利的國際經濟新秩序，而少數原先是殖民主義列強的發達國家，卻力圖保留既得利益和壟斷地位，維護國際經濟舊秩序，抵制和反對建立國際經濟新秩序。但是，這兩大類國家在當代現實經濟生活中形成的極其密切的互相依存和互相補益關係，卻決定了它們之間「合則兩利，離則兩傷」。這就促使這兩大類國家終究要在不同發展階段的南北爭鬥中，互相妥協讓步，作出「南北合作」的最佳選擇，從而解決各個相應階段的南北矛盾。文文還以《洛美協定》的多次簽訂和不斷更新，說明南北合作原則的實踐不斷地往前推進。

↘目次

南北矛盾，由來已久。南北矛盾和由此而來的南北爭鬥與衝突，給當代國際社會的和平共處以及世界經濟的發展繁榮，帶來了重大的負面影響。在長期的實踐中，全球有遠見的政治家們逐步認識到：開展南北合作乃是解決南北矛盾的**最佳選擇**。這種看法逐漸發展形成了**國際共識**。其重要標誌之一，就是一九七四年兩次聯合國大會相繼通過的《建立國際經濟新秩序宣言》（以下簡稱《宣言》）和《各國經濟權利和義務憲章》（以下簡稱《憲章》）對南北合作這種最佳選擇，作出了相當明確的規定。

強調全球各類國家之間開展全面合作，特別是強調南北合作，以共謀發展，這是始終貫穿於《宣言》《建立國際經濟新秩序行動綱領》（以下簡稱《綱領》）和《憲章》中的一條主線。

《憲章》對於全球合作、共謀發展這一主題，就其基本目標、基本範圍、首要途徑以及中心環節，都作了相當明確的規定。茲歸納如下：

全球合作的基本目標：實行世界經濟結構改革，建立公平合理的國際經濟新關係和國際經濟新秩序，使全球所有國家都實現更普遍的繁榮，所有民族都達到更高的生活水平。為此，一切國家都有義務對世界經濟實現平衡穩定的發展做出貢獻，都有義務

充分注意發達國家的福利康樂同發展中國家的成長進步是息息相關的；充分注意到整個國際社會的繁榮昌盛取決於它的各個組成部分的繁榮昌盛。[1]

全球合作的基本範圍：一切國家都有責任在公平互利的基礎上，在經濟、社會、文化、科學技術等各種領域中通力合作，以促進整個世界特別是發展中國家的經濟進展和社會進步。合作是多領域、多層次和全方位的。[2]

全球合作的首要途徑：所有國家在法律上一律平等，並且作為國際社會的平等成員，有權充分地和切實有效地參加解決世界性經濟、財政、貨幣問題的國際決策，從而公平地分享由此而來的各種利益。[3]

全球合作的中心環節：一切國家都應切實尊重其他國家的主權平等，不附加任何有損於他國主權的條件，對發展中國家加速本國經濟發展和社會進步的各種努力給予合作，按照這些國家的發展需要和發展目標，提供有利的外部條件，擴大對它們的積極支持。[4]換言之，全球合作的中心環節在於開展南北合作。

一、全球合作原則的中心環節：南北合作

全球合作這一中心環節的形成，不是偶然的。眾所周知，當代國際社會各類成員之間，存在著許多對矛盾與合作的關係。其中，比較重要的有：「東西關係」，通常指社會主義國家與資本主義發達國家之間的關係；「南北關係」，通常指發展中國家與發達國家之間的關係；「南南關係」，通常指發展中國家相互之

間的關係；「北北關係」，通常指發達國家相互之間的關係。這許多對矛盾與合作的關係，彼此之間又互相交叉、互相影響和互相滲透，構成了一幅極其錯綜複雜的世界政治經濟關係的總畫面，或一張世界政治經濟關係之網。

在這許多對矛盾與合作的關係之中，南北關係是全世界政治經濟關係中的主要矛盾，是貫穿於世界政治經濟關係之網的一條主綱。這是因為：第一，其他幾對矛盾與合作的關係都是局部性的，南北之間的矛盾與合作關係則是全球性的，牽動到和決定著整個世界政治經濟的全局和全貌。第二，如果追溯到歷史上殖民地和附屬國弱小民族與殖民主義列強之間的矛盾，則南北矛盾的形成和發展，已有數百年的歷史淵源。冰凍三尺，非一日之寒。要化解這種由來已久的全球性矛盾，並且使它轉化為全面的合作，需要全世界各國長期的共同努力。第三，當代南北雙方在經濟上的利害衝突是極其尖銳的，同時，雙方在經濟上互相依存、互相依賴、互相補益的關係也是最為密切的。相應地，無論是矛盾衝突還是協調合作，對於全球經濟的影響，也是最為深刻、最為巨大的。

簡言之，南北矛盾的廣度、深度以及解決這一矛盾的難度，使得它上升為當代國際政治經濟關係中的主要矛盾。

南北矛盾的根源在於世界財富的國際分配存在著嚴重的不公。根據估算，發展中國家的人口占世界人口總數的百分之七十，卻只享有世界國民總收入的百分之三十。另一種統計數字表明：發展中國家占世界人口的四分之三，只享有世界國民總收入的五分之一。反之，發達國家只占世界人口的四分之一卻享有世

界國民總收入的五分之四。這種分配不公、貧富懸殊的局面，是長達幾個世紀的殖民主義、強權政治和霸權主義造成的歷史惡果。[5]

南北矛盾的實質是發達國家憑藉其歷史上長期形成的、在國際經濟體系中的壟斷地位和絕對優勢，繼續控制和盤剝發展中國家，力圖維護國際經濟舊秩序；而歷史上長期積貧積弱的發展中國家，不願繼續忍受發達國家的控制和剝削，起而抗爭，維護本國的民族經濟權益，力圖變革國際經濟舊秩序和建立國際經濟新秩序。

南北合作的根據是發達國家與發展中國家在現實的經濟生活中存在著極其密切的互相依存和互相補益的關係。前者需要來自後者的原料、燃料和各種初級產品，需要後者的商品市場和投資市場；後者需要來自前者的資金、技術、糧食和各種中、高級工業產品，也需要前者的商品市場。任何一方對於對方說來，都是不可或缺的。缺少對方，或與對方長期處在嚴重對抗的地位，而又不作任何妥協退讓，勢必造成生產的嚴重萎縮和破壞，導致現實經濟生活的嚴重混亂。「合則兩利，離則兩傷」。

正是出於這種現實的考慮，南北合作問題總是伴隨著南北矛盾問題，作為同一個問題的兩個不同方面，形影不離地以同樣的頻率出現於國際社會的一切政壇和論壇，被列為同等重要的議事日程和談判主題，引起國際社會的同等重視。

但是，要在公平互利的基礎上推動南北合作，阻力頗大。阻力來自發達國家，特別是來自第一世界的美國。時至今日，美國仍然有相當多眼光比較狹隘短淺的政界、法律界人士，不肯承認

《憲章》具有國際法上的約束力；指責第三世界眾多發展中國家為建立國際經濟新秩序而進行的聯合鬥爭是「多數人的暴政」，竭力宣揚現存國際經濟舊秩序「對全世界起了良好的作用」，沒有改革的必要。這種態度反映了美國是現存國際經濟舊秩序中最大的既得利益者，因而成為這種舊秩序的主要「守護神」。

相對而言，第二世界各國的政界、法律界人士中，儘管也有不少國際經濟舊秩序的維護者和辯護人，但畢竟也出現了一些能夠比較冷靜地正視南北互相依存現實的明智人士。他們意識到，本國在能源、原料和市場問題上，嚴重地依賴第三世界，如果進行僵硬對抗以致發生危機，首當其衝的是其自己。他們認識到，繼續僵硬地全盤否定第三世界在國際經濟秩序中破舊立新的正當要求，強行維護甚至加劇國際上貧富懸殊的現狀，歸根到底，對所有發達國家都是很不利的。因此，自二十世紀七〇年代中期起，法國前總統吉斯卡爾・德斯坦等人開始積極倡議實行「南北對話」認真探討南北合作問題。

在第三世界的強烈要求下，在第二世界部分國家領導人和有識之士的現實考慮下，南北兩大類國家的對話和合作取得了初步的成果，其中較為重要的，首推一九七五年至一九八九年先後簽訂的四個《洛美協定》，以及二〇〇〇年簽訂的《科托努協定》。

二、南北合作原則初步實踐之一例：《洛美協定》和《科托努協定》

《洛美協定》的全稱是《歐洲經濟共同體—非洲、加勒比和

太平洋（國家）洛美協定》，簡稱《洛美協定》或《洛美公約》，它在當前的南北關係中，是最大的經濟貿易集團。

　　一九七五年二月，屬於第三世界的非洲、加勒比和太平洋地區四十六個發展中國家（以下簡稱「非加太地區國家」），會同屬於第二世界的歐洲共同體九個國家，在西非國家多哥的首都洛美，簽訂了貿易和經濟協定，有效期五年。其主要內容是：（1）非加太地區國家的全部工業品和百分之九十九點二的農產品進入歐洲共同體時，可以享受豁免關稅和不受數量限制的優惠待遇；歐洲共同體成員國向非加太地區國家出口商品時，並不要求得到同等的優惠，而只享受最惠國待遇。（2）非加太地區國家向歐洲共同體出口的十二種重要產品的價格跌落到一定水平以下時，可以申請從歐洲共同體所設立的專門基金中取得補貼，以保證非加太地區國家的出口收入。這種補貼一般是無息貸款，分七年還清；對一些最不發達國家說來，這種補貼是贈款，不必償還。（3）歐洲共同體在五年以內向非加太地區國家提供三十三點九億歐洲貨幣單位（約合 42 億美元）的財政援助。在這筆援助中，百分之七十是無償贈款，其餘百分之三十是條件優惠的低息長期貸款，年利率百分之一，還款期限為四十年，另加寬限期十年。這個協定，通稱「第一個《洛美協定》」。

　　一九七九年十月在多哥洛美簽訂的《洛美協定》，通稱「第二個《洛美協定》」，有效期仍為五年。這個新協定的主要內容是：（1）把非加太地區國家享受出口補貼的農副產品種類增加到四十四種，從而擴大了享受特別優惠待遇的範圍；（2）增訂了關於穩定上述國家九種主要礦產品出口收入的優惠補貼制度

（這種補貼一般是低息貸款，年利率 1%，分 10 年還清）；（3）規定歐洲共同體在五年內向非加太地區國家提供的財政援助增加到五十六億歐洲貨幣單位，約合七十四點五億美元。參加簽署這個新協定的非加太地區成員國增加到六十三個。

一九八四年十二月在多哥洛美簽訂的《洛美協定》，通稱「第三個《洛美協定》」有效期也是五年。這個協定增加的新內容是：（1）確認了參加締約的南北兩大類國家雙方之間的平等夥伴和相互依存關係；（2）強調要加強非加太地區國家的集體自力更生能力，優先發展農業，爭取糧食自給；（3）擴大了合作的領域，增加社會文化、環境保護、捕魚、私人投資和國際旅遊等合作內容；（4）歐洲共同體許諾優先援助最不發達國家，並向非洲難民提供援助；（5）歐洲共同體同意將非加太地區國家享受穩定出口收入優惠待遇的產品，由原來的四十四種擴大到五十種；（6）歐洲共同體在五年內向非加太地區國家提供的財政援助增加到八十五億歐洲貨幣單位（約合 83 億美元）。參加簽署這個新協定的非加太地區成員國增加到六十六個，歐洲共同體成員國增加到十個。

一九八九年十二月在多哥洛美簽訂的《洛美協定》，通稱「第四個《洛美協定》」，有效期延長一倍，即十年。這個協定又增添了一些新的內容，主要是：（1）歐洲共同體應在財政上支持非加太地區國家近年來所進行的經濟結構調整計劃；（2）允許這些國家不再償還歐洲共同體提供的用以穩定非加太地區國家農礦產品出口收入的貸款補貼；（3）進一步擴大這些國家農產品和工業品向歐洲共同體的出口；（4）歐洲共同體在五年內應

向非加太地區國家提供財政援助一百二十億歐洲貨幣單位（約合132 億美元），其中一百零八億為贈款，十二億為優惠貸款，總金額比第三個《洛美協定》增加百分之四十。參加簽署這個協定的非加太地區成員國增加到六十八個，歐洲共同體成員國增加到十二個。其後，兩類成員國又分別增加了三個，迄二〇〇〇年五月，成員國合計八十六個。

第四個《洛美協定》於二〇〇〇年期滿。在此之前，世界經濟全球一體化的進程明顯加快。歐洲共同體於一九九三年進一步發展成為歐洲聯盟。世界貿易組織於一九九五年正式成立，新的世界性貿易體制和有關規則開始運作和實施。適應新形勢的發展，《洛美協定》成員國自一九九八年秋起開始就原協定的更新和改訂問題進行談判，其間意見不一，分歧不少，但終於在較為公平合理的基礎上達成了各方都可以接受的新協議。

二〇〇〇年六月二十三日，歐盟十五個成員國以及非加太地區七十七個國家在貝寧的科托努（Cotonou）共同簽署了新的《夥伴關係協定》（Partnership Agreemen），簡稱《科托努協定》，用以取代原先的《洛美協定》。其有效期長達二十年，每隔五年修訂一次。《科托努協定》規定了新的發展目標、新的夥伴關係以及新的實施途徑和運作方式，但又設定二〇〇〇至二〇〇七年底為「過渡期」（preparatory period，或譯為「預備期」），在這八年以內，基本上仍繼續維持現行的體制，在此基礎上，進一步磋商和逐漸過渡到新的伙伴關係體制。[6] 其發展前景，令人矚目。

三、《洛美協定》和《科托努協定》的生命力與侷限性

綜觀上述四個《洛美協定》以及《科托努協定》的發展進程，可以看出：發展中國家與發達國家之間的互利合作關係是有生命力的。這表現在：

第一，實施《洛美協定》三十多年來，參加締約的南北兩大類國家總數不斷增加，從五十五國逐步遞增至八十六國。至二〇〇〇年六月，《科托努協定》繼承和取代了《洛美協定》，參加《科托努協定》的成員國又進一步擴大為九十三個。其後，隨著歐共體（歐盟）的再度擴大，《科托努協定》的成員國也再度增至一百零三個。

第二，南北合作的內容和範圍不斷擴大。每一個《洛美協定》與前一個《洛美協定》相比《歐洲共同體及其後的歐洲聯盟向非加太地區國家提供的優惠條件都有所改善。

第三，每次續訂協定的談判，都歷經艱難，從南北矛盾重新激化到南北重新對話，從舌劍唇槍到互相妥協，最後總能達成對發展中國家更為有利、使南北合作有所前進的新協議。

第四，每一個新的南北協議，從總體上說，都更有利於雙方在各個領域謀求更全面的合作，建立更穩定、更合理的國際經濟關係。

但是，也應當看到：迄今為止，《洛美協定》式的南北合作，仍然遠未能從根本上改變南北雙方之間很不平等、很不公平的經濟關係。這表現在：

第一，在兩類國家之間的貿易交往中，仍然存在著嚴重的不

等價交換。非加太地區國家向歐洲共同體及其後的歐盟出口的產品，百分之九十五以上是初級產品，在西歐壟斷資本操縱國際市場的條件下，價格時時被壓低；而歐洲共同體及其後的歐盟向非加太地區國家出口的產品，百分之八十五是中級、高級的製成品，價格卻不斷上漲。兩類產品價格之間不合理的「剪刀差」始終存在，且有逐漸擴大的趨勢。

第二，關稅上的普惠待遇往往伴隨著種種非關稅壁壘的重重限制。歐洲共同體及其後的歐盟各國在實踐中，往往巧立名目，以「衛生條例」「質量規定」以及各種行政手段，對來自非加太地區國家的出口產品採取「保護主義」措施，施加新的限制。

第三，用以穩定非加太地區國家出口收入的補貼和給予這些國家的財政援助，其絕對數量雖不斷遞增，但相對於這些積貧積弱國家發展經濟的現實需要說來，差距仍然很大。

第四，由於在殖民地階段長期形成的「畸形經濟」，迄今積重難返，許多非加太地區國家往往不得不繼續接受外來的指令，在農業或牧業生產上依然實行單一種植、單一經營和單一出口，從而嚴重影響了這些國家國民經濟的正常健康發展，難以徹底擺脫經濟落後狀態。

由此可見，《洛美協定》和《科托努協定》在實現南北合作、改變南北不平等關係、糾正世界財富國際分配嚴重不公現象方面，雖已取得初步的重要成果，但距離實現徹底公平互利的南北合作，從而建立起國際經濟新秩序的總目標，還有相當漫長、艱辛的路程。

注釋

〔1〕　參見《憲章》序言、第 8、31 條。

〔2〕　參見《憲章》序言、第 3、4、9、11-14、17、23、27、28、30 條

〔3〕　參見《憲章》第 10 條。

〔4〕　參見《憲章》序言、第 17 條。

〔5〕　在不同階段由不同聯合國機構提供的文獻中，世界財富國際分配的具體比例略有差異和出入，但存在嚴重分配不公、貧富懸殊的局面，則始終如一，且有愈演愈烈之勢。

〔6〕　See Development New ACP-EU Agreement. http://europa. eu. int/comm/development/cotonou/index-en.htm，inter ala，Press Release & Speech by Mr. Poul Nielson dateel 23/06/2000.國際輿論認為：WTO 體制下的西雅圖部長會議不歡而散，無果而終（1999 年 12 月）ACP-EU 體制下的《科托努協定》卻得以達成，形成鮮明對比，發人深思。同時，此項長期協定的達成，使加勒比地區發展中國家保持歐盟各國作為穩定的重要貿易夥伴，並獲得重要砝碼，藉以抗衡強鄰超級大國的經濟霸權；反過來，歐盟各國也在非加太有關地區的對美、對日「商戰」中，占了上風。

《科托努協定》中有關南北合作的特惠規定過渡期等，已獲 WTO 第四次部長級會議（多哈會議）作出專題決定，予以認可和支持。See EC-the-ACP-EC Partnership Agreement. Decision of 14 Nov. 2001，WT/MIN（01）/15，http: www.wto.org/.

第二十八章

論全球合作的新興模式和強大趨勢：南南合作與「77 國集團」

↘內容提要

本章針對一九七四年兩次聯合國大會相繼通過的《建立國際經濟新秩序宣言》和《各國經濟權利和義務憲章》中倡導的「全球合作」原則，結合其後四十多年來的實踐發展，加以詮解和剖析。全文強調：南南合作與南北合作都是「全球合作」的重要組成部分，但南南合作的政治基礎、經濟基礎、內在實質和實踐效應，均與南北合作有重大的差異；南南合作乃是國際經濟關係上眾多弱者之間的互濟互助，以共同應對或聯合反抗來自強者和霸者的弱肉強食，而南北合作則是國際經濟關係上眾多弱者與少數強者之間在不同階段的互相妥協和互相讓步。南南合作，聯合自強，旨在增強眾多弱者在「南北對話」中的實力和地位，爭得與少數強者「平起平坐」的對話態勢和公平合理的應得權益，從而在公平合理的基礎上更有效地全面促進「南北合作」，而並非意味著眾多弱者與少數強者徹底割斷關係，更非以南南合作完全取代南北合作。在上述理論分析的基礎上，本文還以較大篇幅回顧和評述「77 國集團」四十多年來在曲折中逐步發展壯大以及努力增進聯合自強的長期實踐，說明南南合作在國際經濟秩序除舊

布新進程中正在發揮著日益增強的作用。

↘目次

前文提到，全球合作的中心環節，在於開展南北合作。

但是，鑒於發達國家，特別是其中的霸權國家和強權國家，在南北對話、南北合作過程中總是極力堅持和擴大既得利益，步步為營，不肯輕易讓步。因此，《建立國際經濟新秩序宣言》（以下簡稱《宣言》）、《建立國際經濟新秩序行動綱領》（以下簡稱《綱領》）和《各國經濟權利和義務憲章》（以下簡稱《憲章》）在強調南北合作的同時，也十分強調南南合作，大力提倡在南北

談判、南北合作進程中，發展中國家應當採取聯合行動，藉以強化國際弱勢群體即發展中國家在南北對話中的談判實力，維護和爭得公平合理的權益。

《宣言》強調：全球各發展中國家，必須通過單獨的和集體的行動（individual and collective action），在經濟、貿易、財政以及技術等方面加強相互之間的合作，並且把加強這種合作列為建立國際經濟新秩序的二十條重大原則之一。[1]《綱領》進一步指出：「發展中國家之間的聯合自強（collective self-reliance，又譯『集體的自力更生』）以及日益擴大的互助合作，將進一步加強它們在新的國際經濟秩序中的作用。」[2]《憲章》也重申了全球發展中國家加強互助合作的重要性。[3]

發展中國家相互之間開展經濟合作，國際上通稱為「南南合作」。這是一種新型的互濟互助、取長補短、互利互惠、共同發展的國際經濟關係。二十世紀七〇年代以來，南南合作越來越受到第三世界的普遍重視，第三世界國家召開的一系列國際會議都把它列為重要議題之一，要求發展這種新型合作關係的呼聲愈來愈高。

一、南南合作與南北合作的聯繫和區別

南南合作與南北合作，都是全球合作的重要組成部分，這是兩者的共同點。但是，南南合作的政治基礎、經濟基礎、內在實質及實踐效應，卻與南北合作有重大的差異。

第一，就其政治基礎而言：目前世界上共有一百九十多個獨

立國家，其中約一百六十多個是發展中國家，屬於第三世界。第三世界各國在經濟模式、政治制度、國內政策、對外關係等方面各行其是，並不相同。但是，它們過去都戴過殖民主義的枷鎖，獨立後都面臨著振興民族經濟、維護國家獨立的共同任務。相似的歷史遭遇，大體相同的國際地位，共同的現實利害，使得它們在一系列重大的世界經濟和政治問題上，有許多共同的語言。這是發展南南合作的牢固政治基礎。

第二，就其經濟基礎而言：第三世界各國在取得獨立以前，由於長期遭受殖民主義、帝國主義的壓迫和剝削，由於受國內前資本主義生產關係的束縛，生產力發展水平很低，人民極其貧困。當時它們的對外經濟關係，主要是向殖民國家、宗主國提供農礦原料和燃料，它們自己相互之間不可能有多少經濟往來。獨立以後，儘管一般說來仍未能擺脫貧困落後，但由於大多數國家採取了一系列政策和措施，大力促進民族經濟的發展，使國家的經濟面貌產生了重大的變化：農業、工業、科技都在原有基礎上取得了較大的進步和發展；國際性商品經濟的發展程度日益提高，增強了互通有無、實行國際交換的必要與可能；加上各國擁有的自然資源豐富多彩，各有自己的特色，使得各國的經濟既分別具有自身的優勢，又與他國經濟具有很大的互補性和互利性。至於全球發展中國家擁有遼闊的土地、眾多的人口和廣大的市場，更是第三世界國家在全球經濟關係中所具備的集體優勢。簡言之，第三世界各國獨立以來經濟結構的變化和經濟力量的增強，乃是發展南南合作的良好經濟基礎。

第三，就其內在實質而言：由於南南合作是在上述政治基礎

和經濟基礎上形成和發展起來的，因此這種合作的內在實質迥然不同於南北合作。南北合作，說到底，是國際經濟關係中剝削者與被剝削者、強者與弱者之間的妥協，也是對弱肉強食規則緩慢的逐步否定；南南合作則是國際經濟關係中被剝削者與被剝削者、弱者與弱者之間的互濟，也是對弱肉強食規則的聯合反抗。

第四，就其實踐效應而言：南南合作的這種實質決定了它在國際社會中的實踐效應，具有重大的特色和深遠的影響，即「這種合作有助於衝破現存不平等的國際關係和建立國際經濟新秩序，具有偉大的戰略意義。」[4]

第二次世界大戰後的歷史實踐證明：上述判斷是言之有據、完全正確的；半個多世紀以來建立國際經濟新秩序鬥爭所取得的步步進展，無一不是第三世界國家團結合作、共同努力的結果。[5]

二、南南合作的戰略意義

眾所周知，國際經濟舊秩序是第三世界國家爭取經濟獨立、鞏固政治獨立的嚴重障礙，是它們發展民族經濟的桎梏。因此，早在二十世紀五〇年代，一系列亞非拉國家陸續爭得政治獨立以後，就在國際經濟關係領域展開了破舊立新的鬥爭。第三世界各國爭取建立國際經濟新秩序的鬥爭，從一開始就是與它們之間的團結合作緊密地聯繫在一起的。一九五五年四月在印尼萬隆召開的亞非會議，高舉團結反帝的旗幟，初步形成了「南南聯合自強」的戰略思想，並且明確宣告一切國際關係（包括國際經濟關

係）必須建立在互相尊重主權和領土完整、平等互利等五項原則基礎上。[6]

在一九六四年召開的第一屆聯合國貿易和發展會議上，第三世界國家組成了「77 國集團」，共同促使聯合國把「貿發會議」確定成為聯合國在經濟方面的一個常設機構，從而使第三世界國家得到了一個可以聯合起來與全球發達國家討論南北經濟關係問題的重要國際講壇。

在廣大第三世界國家的聯合推動下，一九七四年召開的聯合國大會第六屆特別會議和第二十九屆會議相繼通過了《宣言》《綱領》《憲章》等重要法律文獻，把爭取建立國際經濟新秩序的鬥爭推進到一個新階段。七〇年代中期，第三世界的石油輸出國團結一致，拿起石油武器，在第三世界非產油國的大力支持下，同國際石油壟斷資本開展鬥爭，終於奪回了「油價決定權」這一關鍵性權力。之後，廣大第三世界國家又以其他各種原料為武器，向不平等的國際經濟舊秩序展開了猛烈的衝擊。

七〇年代後期至八〇年代，鑒於全球性的南北談判往往陷入僵局，發展中國家日益重視南南合作，並以南南合作來推動南北談判，促進南北合作。一九七九年，第三世界眾多發展中國家聚會於坦桑尼亞，並通過《阿魯沙聯合自強綱領和談判紀要》，突出地強調了發展中國家實行聯合自強的戰略，制定了相應的實施要領。一九八一年的《加拉加斯行動綱領》和一九八二年的《新德里磋商》進一步開拓了發展中國家相互間實行經濟合作的領域和途徑。同時，各類發展中國家又根據互濟互助和聯合鬥爭的需要，先後組建了二十多個區域性的經濟一體化組織，諸如拉丁美

洲自由貿易協會、中美洲共同市場、加勒比共同體、東非共同市場、中非關稅及經濟同盟、西非經濟共同體、阿拉伯共同市場、東南亞國家聯盟等；成立了十幾個地區性財政金融組織，諸如亞洲開發銀行、非洲開發銀行、拉丁美洲開發銀行、阿拉伯貨幣基金、安第斯儲備基金等；建立了二十多個原料生產和輸出國組織，諸如石油輸出國組織、國際鋁土生產國協會、銅礦出口國政府聯合委員會、可可生產者聯盟等。發展中國家通過這些組織，實行聯合自強，並藉以與發達國家的各種無理要求相抗衡。

面對這樣的國際形勢，一些發達國家為了保證自己的能源和原料供應，擴大向第三世界國家的出口，不得不在不同程度上改變過去的傳統方式，從盛氣凌人的「對抗」，逐漸轉向平起平坐的「對話」，並在一些局部問題上向第三世界國家作出了一定的讓步。

由此可見，建立國際經濟新秩序的鬥爭所取得的步步進展，確實無一不是第三世界國家聯合自強、共同奮鬥的結果。

歷史的經驗和嚴峻的現實使第三世界國家進一步認識到：

第一，現存的國際經濟體制，是在經濟實力基礎上形成的。要改變它，首先也要依靠實力。第三世界國家爭取建立國際經濟新秩序的鬥爭，同它們過去爭取政治獨立的鬥爭一樣，不能指望和等待任何人的「恩賜」。國際經濟關係領域破舊立新鬥爭的進程，在很大程度上取決於第三世界國家本身經濟力量的增長和它們相互間團結合作的加強。第三世界國家擁有的經濟實力越大，它們對世界經濟大政的發言權、參與權、決策權就越大，對某些在南北關係問題上堅持僵硬立場和專橫態度的發達強國，也就能

發揮更大的制約作用。因此，發展中國家應當把發展和壯大自己的經濟實力擺在首要位置。

第二，歷史的教訓表明：在經濟上過分依賴發達國家，對第三世界國家民族經濟的發展極為不利。加強南南合作，走弱者聯合自強的道路，建立獨立自主的民族經濟，減少對發達國家的依賴，才是它們爭取經濟繁榮、增強自身經濟實力的可靠途徑。

第三，實行南南合作，把各個分散的、在經濟上相對弱小的第三世界國家聯合起來，凝聚成一股強大的國際力量，就能夠提高這些國家在南北對話、南北談判中的地位，迫使態度僵硬或蠻橫的發達國家對改革不公平的國際經濟關係轉而採取比較現實的態度，從而打破僵局，開闢改革舊國際經濟關係的新局面。

第四，南南合作從一開始就是建立在弱者互助互濟、公平互利的基礎之上的。它是全球合作的一種新興模式和強大趨勢。同時，它本身就是國際經濟新秩序的一種體現。因此，一切發展中國家對已經出現的南南合作這一新興模式和強大趨勢，都應備加珍惜，全力扶持和推進。

由於長期殖民統治遺留下來的問題，某些第三世界國家之間存在著一些矛盾和爭端，有時甚至導致雙方兵戎相見；各國處境不同，內外政策不一，在某些問題上也會產生一些新的分歧。對於這些爭端和分歧，如果處理不當，勢必成為南南合作發展的障礙。但是，由於第三世界國家之間沒有根本的利害衝突，只要有關各方能夠排除超級大國的干擾，以大局為重，互諒互讓，耐心協商，就定能化解矛盾和糾紛，消除爭端和分歧，把南南之間具有巨大潛力的互濟互利合作推進到新的、更高的階段。

第五，南南合作，並非意味著與北方國家割斷關係，更不是為了取代南北經濟合作。南南合作，有助於推動南北談判，改善南北關係，在公平互利的基礎上促進南北經濟合作，以實現全世界各類國家普遍的經濟繁榮。

三、南南合作的初步實踐：「77 國集團」的 初露頭角、一度削弱與重整旗鼓

「77 國集團」是全球眾多發展中國家實行南南合作的重要組織形式，也是它們凝聚分散力量，通過聯合奮鬥，推動國際經濟秩序破舊立新的重要手段。

一九六四年三月至六月，聯合國貿易和發展會議在瑞士日內瓦舉行第一屆會議。會議結束前夕，與會的七十七個發展中國家基於共同的奮鬥目標和共同的利益，發表了《77 國聯合宣言》(Joint Declaration of the Seventy-Seven Developing Countries Made at the Conclusion of the UNCTAD)，形成了「77 國集團」，相約在國際經貿和發展的重大事務和有關的國際會議上，採取統一的立場、步調和行動，以伸張弱小民族共同的正義要求，維護發展中國家集體的合法權益。此後，又有許多發展中國家相繼參加了這個國家集團，迄今為止，其成員國已增至一百三十一個，但仍沿用「77 國集團」這個具有歷史意義的原始名稱。中國一九七一年恢復在聯合國的合法席位和安理會常任理事國的席位之後，雖未直接加入這個集團，成為其正式成員，但一向與這個集團保持密切的協作關係，積極支持其維護弱小民族共同權益、推動國際經濟秩序除舊布

新、破舊立新的正義要求。[7]

　　這個國家集團，作為第三世界在聯合國內部最大的聯合體（as the Largest Third World Coalition in the United Nations），在組建迄今的五十多年中，經歷了曲折的發展道路：它在南北矛盾—南北對話—南北合作的總進程中，通過南南合作，取得了重大的成就，也遭遇到重大的困難，其影響力一度有所削弱。進入世紀之交，它又重整旗鼓，恢復了活力，開始了新的征程。以下簡述其發展概況：

（一）二十世紀六〇年代中期至七〇年代末：「77 國集團」初露頭角

　　「77 國集團」自成立之初，就設定自己的行動宗旨，即（1）旗幟鮮明地為發展中國家表述自己的正義主張，促進發展中國家集體的經濟權益；（2）在聯合國體制內部，在有關國際經濟一切重大問題的南北談判中，增強發展中國家的「集體談判能力」（joint negotiating capacity）；（3）在發展中國家之間，加強經濟合作和技術合作。

　　「77 國集團」的最高決策機構是「77 國集團部長會議」，每年召開一次，時間選定在每屆聯合國大會在紐約舉行之初；同時，在每屆聯合國貿易和發展會議、聯合國工業發展組織、聯合國教科文組織召開大會之際，定期集會，俾便集團成員國的代表們事先及時聚會，共商大計，協調立場，研究共同對策，從而在後續大會上採取聯合行動。[8]「77 國集團」的總部設在美國紐約聯合國總部所在地；另在聯合國各有關專門機構的所

在地日內瓦、羅馬、維也納、巴黎、內羅畢，設立「77 國集團分部」（Chapters of the Group of 77），就近參加各該有關組織的日常活動。此外，還在美國首都華盛頓，組成代表發展中國家權益的「24 國集團」，參與國際貨幣基金組織和世界銀行的活動。[9]

在二十世紀六〇年代中期至七〇年代末，「77 國集團」的聯合奮鬥是卓有成效的。[10]由眾多發展中國家弱小民族凝聚分散力量而形成的綜合實力，在聯合國體系內各種政治、經濟的論壇和舞臺上，發揮了應有的作用：運用第三世界在聯合國內平等表決制形成的多數優勢，促使聯合國的各種機構通過了比較公平合理和有利於發展中國家的決議，其中包括若干具有法律約束力的決定；推動聯合國創設了一些新的機構或機制，實施有助於貧弱國家經濟增長的各種方案通過聯合國各種講壇的論戰或有關的決議，對國際社會中的政治霸權和經濟霸權，加以批判、抵制和約束；敦促聯合國各有關機構就全球性經濟發展嚴重失衡、世界財富的國際分配嚴重不公、南北兩類國家貧富懸殊的鴻溝不斷擴大等重大問題，加強研究評析，採取相應的有效措施，逐步加以解決。

其中，特別值得稱道的是：針對南北兩類國家之間商品貿易中長期存在嚴重失衡和價格「剪刀差」問題提出的改革方針，即對發展中國家實行「非互惠的普惠待遇」

等原則，就是在一九六四年聯合國貿發會議上，由「77 國集團」率先提出倡議，並經多年堅持不懈的努力，終於推動《關貿總協定》不公平、不合理的原有體制進行了局部的改進。針對

國際經濟舊秩序提出鮮明的戰略性變革主張，即聯合國一九七四年通過的《宣言》《憲章》，也是首先在聯合國貿發會議上由「77國集團」醞釀、發動、磋商、論證，統一了認識，再提交聯合國大會，作出了具有重大歷史意義的決議，形成了國際經濟秩序除舊布新的綱領性文獻，比較系統地初步確立了符合時代潮流的國際經濟法的新法理原則。關於這方面的成就和意義，本書第一編第一章第一部分之（三）已經提及，茲不另贅。

（二）二十世紀八〇年代初至九〇年代中期：「77國集團」一度削弱

在這個階段，由於國際形勢的發展變化，「77國集團」所體現的南南合作的整體力量及其在國際舞臺上的影響有所削弱。這主要是由於：[12]

第一，「77國集團」的組織機構和日常聯繫本身比較鬆散，不夠緊密；成員眾多，要求各異，缺乏一個強有力的、比較穩定的核心領導機構，步調往往難以統一，或在採取統一立場過程中，行動遲緩，貽誤時機。相形之下，發達國家卻以「77國集團」為核心，挾其經濟和政治實力上的固有強勢，步步為營地維護其既得利益，步調一致地對付、抵制發展中國家提出的變革要求。

第二，「77國集團」本身缺乏一個常設的高水平研究機構和宣傳機構，未能經常廣泛收集有關的資料信息，針對客觀形勢的變化及其引發的錯綜複雜的問題，及時地進行深入的研究和剖析，作出科學的評估和判斷，進而及時地提出切合實際的對策、

方案和倡議，並加以充分的論證和宣傳，進行必要的輿論準備。因此，在「南北對話」的各種國際論壇和國際談判中，南方談判代表面對經濟強國智囊精心設計的議程、議題、方案、論點和論據，往往處在守勢，陷於被動應付，難以主動出擊、開拓新的局面。

第三，發達國家改變了談判的策略。一方面，發達國家對發展中國家的聯合奮鬥採取了分化瓦解的手法，不斷利用單個發展中國家經濟上的脆弱和財政上的急需，實行「大棒加胡蘿蔔」（club with carrot）的政策，通過雙邊談判，「各個擊破」，使後者偏離「77 國集團」原定的集體奮鬥目標和軌道，從而不斷削弱南方國家整體的凝聚力和戰鬥力。另一方面，發達國家又千方百計地轉移談判的場所和目標，盡力迴避或架空「77 國集團」在其中占有優勢的聯合國貿發會議，把多邊談判的主陣地和主議題轉到和納入原「布雷頓森林體制」機構及原《關貿總協定》所設定的框架之中，以便由少數經濟強國對有關議程、議題、議事規則、進程、結論和結局加以全面主導和全盤控制，從而大大削弱了發展中國家凝聚共識、集體談判和聯合行動的機會和能力。第四，二十世紀九〇年代初，蘇聯瓦解，東歐各社會主義國家也發生政治劇變，致使在各種「南北對話」「南北談判」的場合，原先支持發展中國家的聲援力量和表決票數優勢有所削弱。

由於以上諸因素的綜合作用，在許多國際多邊談判中，特別是在長達八年之久（1986-1994）的 GATT／WTO 烏拉圭回合談判之中，發展中國家往往未能像昔日那樣凝聚共識，集體決策，聯合行動，從而往往在多邊談判中處在弱勢地位。相形之

下，發達國家，特別是其中的經濟大國和強國，卻常能在舊體制之下，憑藉其綜合實力，操縱全局，在制定國際經貿大政方針及其「遊戲規則」方面處在絕對主導的地位。

有鑒於此，發展中國家回顧和總結了這一歷史階段的缺失和教訓，重新認識到「南南聯合」在「南北對話」和更新國際經濟立法中的重要意義，開始著手進行自身力量的重新整合。一九九四年，它們一致達成《建立南方中心協定》（Agreement to Establish the South Centre，以下簡稱《協定》）根據《協定》建立起來的「南方中心」（South Centre），是一個政府間組織（intergovernmental organization），其主要宗旨是：加強南方各國的團結，針對發展中國家在南北矛盾和南北對話過程中面臨的各種問題，以及它們在國際舞臺上應有的共同政策取向和集體聯合行動方針，加強研究，提出建議，供「77 國集團」以及其他所有發展中國家的決策當局參考和採用。其後，「南方中心」逐漸形成專門為眾多發展中國家出謀劃策的一個小型「智囊機構」（a small think tank）。實踐證明：隨著時間的推移，根據《協定》組建的「南方中心」在凝聚發展中國家的意志和力量，強化南南聯合，促進南北平等對話和南北互利合作，更新國際立法等方面，正在發揮著日益重要的「智囊」作用。

（三）二十世紀九〇年代後期至二十一世紀初：「77 國集團」重整旗鼓

「南方中心」組建和成立以來，進行了許多有益的研究、出版和宣傳工作。其中，比較重要的兩份文獻是《七十七國集團的

三十年（1964-1994）》和《77 國集團的未來》。前者著眼於總結過去的經驗教訓，後者著眼於規劃未來的行動指針。

「南方中心」的研究結論強調：在經濟全球化加速發展的條件下，全球經濟大政（macro-economic working of the global economy）及其有關國際經濟立法，實際上由寥寥幾個經濟強國組成的「77 國集團」所把持和操縱，**沒有任何單一的發展中國家的力量能夠改變這種現狀**。因此，今後在針對一系列全球性問題進行討論和決策的國際論壇上和多邊談判中，南方各國比以往任何時候都更加需要採取集體聯合行動，才能贏得公平、公正和合理的成果。為了維護發展中國家共同的根本利益，必須適應形勢的變化，通過精心研究和科學設計，調整和更新「77 國集團」的綱領，重新協調不同的利益，增強共識和內部凝聚力。「南方中心」提出的這些研究結論和鮮明主張，在二〇〇〇年四月間召開的「南方首腦會議」（South Summit）上獲得了更加充分和更加系統的論證，上升到一個新的層次，並且被接受為南方各國政府在今後國際多邊談判中的共同指針。

此次首腦會議在古巴首都哈瓦那舉行。這是「77 國集團」成立三十六年以來召開的層次最高、規模最大的一次會議。當時共一百三十二個發展中國家的元首、政府首腦或其代表聚首一堂，共商全球大計，其中心主題就是：如何應對世界經濟加速全球化給眾多南方國家帶來的嚴峻挑戰和重大風險；如何通過南方國家的團結一致和聯合行動，敦促南北平等對話，力爭南北完全平等地參與世界經濟大政的決策和有關法律規則的制定；如何開展南北互利合作，建立一個公正、公平、合理的國際經濟新秩

序。會議結束時，發表了《南方首腦會議宣言》以及為實現此項宣言而制定的《哈瓦那行動綱領》。[13]

　　鑑於「77 國集團」組織比較鬆散，亟需組建一個比較穩定的核心領導機構，此次首腦會議決定籌組一個「南方協調委員會」（South Coordination Commission），由南方首腦會議主席、不結盟運動主席、東南亞國家聯盟主席、阿拉伯聯盟主席、加勒比共同體主席、非洲統一組織主席等南方國家各大區域性組織的主要領導人共同組成，其主要職能就是統一協調和組織實施此次首腦會議制定的上述《哈瓦那行動綱領》和有關南南合作的各項決定。[14]

　　此次南方首腦會議的上述舉措和行動舉世矚目。它促使第三世界眾多弱小民族重新凝聚，重整旗鼓，煥發出新的團結奮鬥精神。因此，國際輿論認為，它標誌著「77 國集團」發展史上的一個新的重大轉折，也標誌著進一步加強「南南聯合」、更新國際立法、推動國際經濟秩序除舊布新和破舊立新，開始了新的征程。[15] 此時，原先的 GATT 體制已進一步發展成為 WTO 體制。因此，如何在這個號稱「經濟聯合國」的新體制中發揮發展中國家集團的作用，提高自己在全球經貿大政及其法律規則問題上的發言權、參與權、決策權和制定權，就成為「77 國集團」面臨的新課題。

四、南南合作實踐的強化與「多哈發展回合」的曲折進程

二十一世紀伊始，「77 國集團」從發展中國家權益的角度，回顧和總結了一九九五年初至二〇〇一年初 WTO 體制運作六年過程中的利弊得失，在 WTO 第四次部長級會議召開之前十九天，即二〇〇一年十月二十二日，發表了一份宣言[16]用「一分為二」的觀點，既肯定了這一多邊貿易體制在促進全球共同發展進程中的重要作用與積極意義，又指出了其中存在許多亟待認真貫徹實施的鄭重諾言以及亟待糾正更新的先天缺陷，即對待發展中國家的權利與義務的失衡與不公；同時，就貫徹現有的合理協定以及糾正現有的各種缺陷提出了全面的改進建議，強調：「必須全面地和誠信地實施烏拉圭回合協定並且糾正其中存在的各種失衡與不公」[17]。這些改進建議涉及消除或改變發展中國家產品出口到發達國家的市場准入障礙、發達國家的高關稅以及形形色色的非關稅壁壘等諸多方面存在的問題。

這些針對 WTO 體制現狀的不足和缺陷提出的全面的改進建議，體現了發展中國家的共同要求，指出了 WTO 體制進一步改善以及走向公平、公正、透明、公開的方向，符合國際經濟法和國際經濟秩序進一步棄舊圖新的時代潮流。引人注目的是：

這些要求乃是以「77 國集團」當時所實際涵蓋的一百三十二個發展中國家發表共同宣言的方式，正式提交 WTO 最高決策機構第四次部長級會議，顯示出眾多發展中國家在新千年新世紀伊始舉行的此次南北多邊談判中，確實是「**有備而來**」，確實是

國際政治經濟舞臺上不可忽視的有組織、有綱領的集體力量。

（一）「多哈發展回合」的啟動與中國的「入世」

在眾多發展中國家重新凝聚和強烈要求下，二〇〇一年十一月十日，WTO 在卡塔爾首都多哈舉行的第四次部長級會議（通稱「多哈會議」）上通過了《多哈宣言》，決定：

以全球發展中國家普遍面臨的發展問題為中心，全面啟動新一輪的全球性多邊貿易談判（通稱「多哈發展回合」談判，或簡稱「DDR」），以便對現有的 WTO 體制和規則，即有關的國際經濟立法，加以必要的改善和更新。宣言中特別強調：WTO 成員的大多數是發展中國家，我們（部長級會議）尋求把發展中國家的需要和利益擺在本宣言通過的工作方案的中心地位」[18] 並且明確規定：依據本宣言設定各項議題進行新一輪的多邊磋商談判，應當在二〇〇五年一月一日以前結束。[19]

從法律的角度看，WTO 體制及其各項多邊規則乃是國際經濟法的一個重要組成部分。因此，十幾年來舉世矚目的「多哈發展回合」談判，其法律實質或法律定性，乃是針對有關世界貿易的現行國際經濟立法如何進一步除舊布新問題而開展的新一輪全球性磋商，其主旨在於促使 WTO 現行體制及其各項多邊規則——各項國際經濟立法，獲得必要的更新和改善。

會議還通過了《關於中國加入世界貿易組織的決定》，中國自二〇〇一年十二月十一日起正式成為 WTO 成員。這就為眾多發展中國家在 WTO 體制內部開展南南合作和進行聯合鬥爭增添了強大的中堅力量。

在新一輪的全球性多邊貿易談判中，首要的議題和難題是農業問題。長期以來，它一直是南北經濟利害衝突的焦點和核心，也是南北經濟合作的主要領域。

眾所周知，由於歷史的原因，絕大多數發展中國家都是經濟落後、「以農立國」的國家，農產品出口往往是國民經濟的重要命脈。但是，在國際市場競爭中，發展中國家出口的農產品卻處於極大的劣勢和困境，其所以然，除了生產技術落後之外，主要是由於許多發達國家對本國的市場採取一系列保護主義措施，在「市場准入」（market access）方面設置了重重障礙，阻撓發展中國家農產品順暢入境；同時，又對本國的農業生產給予多種「國內資助」（domestic support，又譯「國內扶持」或「國內支持」），並對本國農產品的出口給予各種「出口補貼」（export subsidy）．這三種因素綜合起來，就對正常、公平的國際農產品貿易起了嚴重的扭曲作用，嚴重損害了眾多發展中國家的權益，使它們本來就落後的經濟發展有如「雪上加霜」，更加艱難竭蹶。

針對發達國家採取的這些違反正常市場公平競爭規則的措施，南北兩大類國家經過了長期的論戰和談判。在一九九四年的《農業協定》中，WTO 全體成員在放寬市場准入、削減國內支持和削減出口補貼三方面初步達成共識，並約定於五年後進一步開展談判，達成新的協議，以便在一定的期間內對現行體制逐步實行根本性改革（fundamental reform），糾正和防止對世界農產品市場的限制和扭曲，從而確立公平的、切實遵守市場規則的貿易體制。[20] 但是，事隔六年，發達國家在這方面的承諾仍然是口惠而實不至，遲遲未能兌現。所以，在二○○一年的《多哈宣

言》中，對此再次加以強調和重申[21]，並且規定：應在二〇〇三年三月三十一日以前由參加新一輪農業談判的各方共同擬定一個綜合性的改革草案，以便進一步提交第五次部長級會議（即「坎昆會議」）審議。

（二）「坎昆會議」與「20國集團」的崛起

然而，由於發達國家一直堅持其無理立場，不肯作出實質性讓步，故新一輪的農業談判和其他重大議題的談判一樣，進展十分緩慢，逾期多時，南北兩大類國家之間無法達成共識。有鑒於此，以巴西、印度和中國為首的二十個發展中國家經過磋商協調，形成了共同的談判立場，並於 WTO 第五次部長級會議在墨西哥坎昆召開之前八天，即二〇〇三年九月二日，向 WTO 秘書處總幹事遞交了一份有關全球農業貿易改革的聯合提案：《關於農業問題的框架建議》，[22] 要求作為本屆會議的正式文件，散發給與會的全體成員代表進行討論，待取得共識後，納入本屆會議的宣言。這份建議的主要內容是：（1）削減國內資助：一切發達國家應在規定的時間內按規定的百分比指標，大幅度削減政府給予本國農業的各種優惠資助和補貼。（2）放寬市場准入：發達國家的進口關稅應在規定的時間內按規定的百分比指標，加以削減，降低稅率，擴大課稅進口產品的配額（quota）。（3）削減和取消出口補貼：發達國家應當承諾在規定的年限內取消對本國產品出口的各種補貼，特別是取消對發展中國家十分不利的各種出口補貼。

坎昆會議於二〇〇三年九月十日正式開幕後的五天中，

WTO 各成員之間最主要的分歧集中在農業貿易改革問題上。而會上的所有分歧，歸根結底，最主要的是發展中成員與發達成員之間根本性的利害矛盾和衝突。由於各方立場差距甚大，爭論非常激烈，預定在本次會議結束時發表的「部長宣言」草案几經修訂，各方依然在發達國家放寬市場准入、削減國內資助、削減和取消出口補貼的程度、幅度和期限等方面相持不下，無法打破僵局，形成共識。最終，大會主席墨西哥外長宣布會議結束，草草收場。至此，坎昆會議繼西雅圖會議之後，再次無果而終。[23]

此次會議雖以無果告終，但它在 WTO 體制的發展史上，在南北對話的發展史上，都具有不可忽視的作用，其影響是巨大和深遠的。它突出地顯示了南南聯合自強在南北對話中的地位和作用。

前文提到，自二十世紀四〇年代中期第二次世界大戰結束後數十年來，在全球經貿大政問題的決策上，在世界貿易體制的設計和有關規則的制定過程中，一向都是美國、歐盟等發達國家和地區占有主導地位。而此次會議上，卻出現了新的局面：發展中國家比較緊密地聯合起來形成集團[24]，就全球性的經貿重大議題鮮明地表明自己的共同立場和主張，與發達國家，特別是與其中的經濟強國公開抗衡。這種新局面顯示了眾多發展中國家聯合奮鬥的意志和實力，引起國際輿論的「刮目相看」[25]

事後不久，「77 國集團」和中國的外交部部長在一年一度的集會中總結了坎昆會議的得失，明確表示：此次會議未能就發展中國家所關切的問題達成協議，令人失望。但是，「在坎昆會議上，發展中國家在多項談判中發揮了根本性的作用（fundamental role）。我們鄭重地重申，在今後世貿組織多哈回合進一步開展談判過程中，我們一定會在同等程度上繼續顯示出目標的一致和力量的團結。」[26]

作為「77 國集團」和全球發展中國家共同的「智囊機構」，「南方中心」特地在其機關刊物中轉載了知名教授瓦爾登・貝羅（Walden Bello）論述坎昆會議的專題論文，[7] 其中提出：此次世貿組織部長級會議的無果而終明顯地體現了全世界人民的勝利，絕大多數發展中國家已經看穿了多哈會議之後歐美強國屢屢背棄諾言的慣伎和貪得無厭的本質，故此次前往坎昆與會的大多數代表都採取了團結起來實行自衛的行動，從而使美國和歐盟不再能一如往昔，任意左右多邊談判的全局。貝羅教授強調，此次會上形成的「20 國集團」（Group of 20）是一個具有重大意義的新事物，它可能大大有助於改變全球的力量對比。這個由巴西、中國、印度和南非等大國牽頭的新生集團，其潛力不容輕視，代表著全球一半以上的人口和全球百分之六十三以上的農民，團結在一起。無怪乎美國的代表們認為「20 國集團」的聚合和形成乃是發展中國家力圖重新推動早在二十世紀七〇年代就已提出要建立的「國際經濟新秩序」。貝羅教授滿懷希望地指出：「20 國集團」有可能成為南南合作的引擎，對貿易以外的投資政策、資本流通政策、工業政策、社會政策以及環境政策等，也開展南南合作，加以統一協調，從而力爭改變 WTO 的現狀。[8]

注釋

* 本章的基本內容，原載於筆者參撰和主編的《國際經濟法總論》（法律出版社 1991 年版），此後又經多次修訂或剪裁，分別輯入筆者參撰和主編的《國際經濟法學》（北京大學出版社 1994-2017 年第 1-7 版）《國際經濟法學新論》（高等教育出版社 1994-2017 年第 1-4 版）《國際經濟法學專論》（高等教育出版社 2002-2007 年第 1、2 版）《國際經濟法》（法律出版社 1999-2017 年第 1-4 版）。

〔1〕 參見《宣言》第 4 部分。

〔2〕 參見《綱領》第 7 部分。

〔3〕 參見《憲章》第 21、23 條

〔4〕 胡耀邦：《全面開創社會主義現代化建設的新局面（在中國共產黨第 12 次代表大會上的報告）》，1982 年版，第 43 頁。

〔5〕 參見陳安：《南南聯合自強五十年的國際經濟立法反思——從萬隆、多哈、坎昆到香港》，載《中國法學》2006 年第 2 期。See also An Chen，A Reflection on the South-South Coalition in the Last Half Century from the Perspective of International Economic Law-making: From Bandung，Doha and Cancún to Hong Kong，*The Journal of World Investment & Trade*，Geneva，April 2006，Vol.7，No.2.

〔6〕 參見本書第一編第四章「論國際經濟法的產生和發展」第三部分之（二）創立國際經濟法新規範的鬥爭」

〔7〕 See Clement Robes (Chair for the Group of 77 and China for 1999)，The Group of 77 and China: Current Priorities，NY 12/ 01/99, http:// www. southcentre. org/ southletter/s/33 /.

〔8〕 See What Is the Group of 77，p. 1，http://www. g77. org/geninfo/.

〔9〕 日內瓦是聯合國貿易和發展會議（UNCTAD）秘書處所在地，羅馬是聯合國糧食及農業組織（UNFAO）所在地，維也納是聯合國工業發展組織（UNIDO）所在地，巴黎是聯合國教科文組織（UNESCO）所在地，內羅畢是聯合國環境規劃署（UNEP）所在地，華盛頓是國際貨幣基金組織和世界銀行總部所在地。

〔10〕 See South Centre，Thirty Years of the Group of 77（1964-1994），United for a Global Partnership for Development and Peace，South Centre Publications，1994，pp. 1-8.

〔11〕諸如：推動各有關國家締結各種專項商品協定，實施綜合性商品方案，設立公共基金，以促進發展中國家資源的開發和初級商品的出口；促進召開援助最不發達國家的各種專題會議，減免窮國的官方債務；促進修訂對發展中國家不利的國際運輸規則，控制損害技術落後國家的限制性商業做法；設計和闡明各種南南合作的項目，就弱國經濟發展的重大外部環境和條件問題開展南北對話，促進制訂和實施連續性的「聯合國十年發展規劃」（UN Decades of Development）等等。

〔12〕See Thirty Years of the Group of 77（1964-1994）, United for a Global Partnership for Development and Peace, South Centre Publications, 1994 , pp. 9-16; The Future of the Group of 77, South Centre Background Paper for the MinisterialRound Table of Group of 77, Midrand, South Africa, 1996, South C entre Publications, 1996, pp. 1-5.

〔13〕See Declaration of the South Summit；Havana Programme of Action，http: //www. g77. org/ summit/Declaration;summit/Programme of Action. 中國派出的高級代表團出席參加了這次會議，並作了長篇發言，強調：「南南合作首先是一種團結精神，同時也是發展中國家聯合自強、尋求共同發展的重要途徑……只有團結起來，才能提高發展中國家在南北對話中的地位，才能有效參與國際經濟決策，才能在全球化過程中最大限度地維護自身利益。」參見《人民日報》2000 年4 月 15 日第 1 版。

〔14〕See Martin Klor, Havana Summit, a Defining Moment in G77 History; Coordinating Commission Set Up, Third World Economics, No. 232，Geneva, 2000, pp. 2-3, 12-14.

〔15〕See South Summit in Havana to Mark a "Turning Point" for Developing Countries, http://www. g77. org/summit/pressrelease;see also supra，Havana Summit, a Defining Moment in G77 History.

〔16〕Declaration by the Group of 77 and China on the Fourth WTO Ministerial Conference at Doha, Qatar, 22 October 2001, http: //www.g77.org/Docs/Doha.htm.

〔17〕Ibid., para. 5.

〔18〕Doha WTO Ministerial 2001: Ministerial Declaration (hereinafter "Doha Declaration"). 14 Nov. 2001，http://www. wto. org/english/thewto-e/

miinis-e/miino/e，paras. 5，2，12，45.

〔19〕Ibid.，paras.12，45.

〔20〕參見《農業協定》，序言，第 20 條，載《世界貿易組織烏拉圭回合多邊貿易談判結果法律文本》，法律出版社 2000 年版，第 33、6 頁。

〔21〕See supra，Doha Declaration，paras. 13，14.

〔22〕Agriculture-Framework Proposal，Ministerial Conference，Fifth Session，CancGn，10-14 September 2003，WT/MIN(03)/W/6, 4 Sept. 2003.提交此項聯合倡議的國家是阿根廷、玻利維亞、巴西、智利、中國、哥倫比亞、哥斯達黎加、古巴、厄瓜多爾、薩爾瓦多、危地馬拉、印度、墨西哥、巴基斯坦、巴拉圭、祕魯、菲律賓、南非、泰國以及委內瑞拉，共二十個發展中國家，其後土耳其申請參加此項聯合提案，被合稱為「21 國集團」。接著，埃及和尼日利亞也相繼於 2003 年 9 月 9 日和 9 月 30 日加入，作為共同的倡議國。

〔23〕參見許宏治（人民日報駐墨西哥記者）：《坎昆會議無果而終》，載《人民日報》2003 年 9 月 1S 日第 3 版。

〔24〕據當時媒體報導：此次會議上出現了「發展中國家以三大集團對抗發達國家」的現象。除上述「1 國集團」之外，另外兩個集團是由非加太國家、非洲聯盟國家和孟加拉等最不發達國家聚合組成的聯盟，以及多米尼加、肯尼亞、斯里蘭卡等三十三國結成的聯盟。參見《世貿部長會議發展中國家以三大集團對抗發達國家》，http: // www. people. com. cn/GB/jingji//1037/2091073. html。

〔25〕法新社記者二〇〇三年九月十二日報導：在這次坎昆會議上，美國和歐盟實際上面對的是二十多個發展中國家組成的集團，這些國家主要有巴西、中國和印度等。日本《每日新聞》記者於同年九月十三日報導：貿易人士分析説：「會議上政治色彩比經濟談判色彩更濃。」其背景是，歐美一直主導貿易自由化談判，發展中國家反對這個世貿組織延續多年的框架，可以説是發展中國家向發達國家發起挑戰，想和發達國家「一決雌雄」。英國《經濟學家》週刊在當年九月十五日的一期發表了題為《坎昆會議已成重大事件》的文章，指出：「此次會議高明的政治手段比會議產生的任何單項建議都將具有更加深遠的影響。以中國、印度和巴西為首的發展中國家第一次自我組織起來，形成聯盟，即 21 國集團，表明了它們要與歐

盟和美國較量的意願。就像工會的誕生一樣，發展中國家發現了團結、行為準則和對抗的力量。」「中國的參與對這一進程至關重要。印度和巴西以前曾努力組建一個發展中國家集團，但總是因各種經濟或政治壓力而失敗。中國是一個大國，而且地位重要，所以不能任意擺布。有了中國，這個聯盟才有意義。」「世貿組織是一個發展中國家在其中擁有較大權力的論壇。如果聯合起來，它們就能獲得平等待遇；如果單獨行事，它們就會被當作是乞討者。」日本《朝日新聞》於同年九月十三日報導：在世貿組織的部長會議上，首次出席會議的中國顯示出影響力，發揮了重視實際利益的非凡的外交手腕。應特別指出的是中國在農業談判中的影響，中國同發展中國家站在一起，明確主張：在農業問題上應停止實施以美歐為主導的世界貿易組織體制。參見《坎昆會議：農業問題成為焦點》和《中國在坎昆展現非凡外交手腕》，分別載於《參考消息》2003 年 9 月 14 日第 4 版和 9 月 17 日第 1 版。

〔26〕 Ministerial Declaration, by the Ministers of Foreign Affairs of the Group of 77 and China, New York, 25 Sept. 2003, http://www. g77. org/Docs/Dec/2003. htm.

〔27〕 See Walden Bello, The Meaning of Cancún, in South letter, No. 39, p.18, 2003, http://www. south cent re. org/south letter/ s139.

〔28〕 Ibid.

第二十九章

論南南聯合自強五十年的國際經濟立法反思

——從萬隆、多哈、坎昆到香港*

↳ 內容提要

　　WTO 體制及其各項規則乃是國際經濟法的一個重要組成部分。五年來舉世矚目的多哈發展回合談判，說到底，乃是有關現行國際經貿立法進一步除舊布新的全球性多邊磋商。多哈回合談判於二〇〇一年底啟動，二〇〇三年在 WTO 坎昆會議上因南北矛盾激化不歡而散。事後，各方又於二〇〇五年十二月舉行 WTO 香港會議，就多哈回合重啟新一輪談判，初步打破了僵局，但仍留下關鍵性爭端難題，懸而未決。由於後續談判僵局一直未能化解，二〇〇六年七月底，WTO 總理事會決定全面停止多哈回合所有議題的談判。經過反覆磋商，二〇〇七年二月，WTO 總理事又決定全面恢復所有議題的談判。此後，南北各方經長達十七個月的折衝樽俎，各有讓步，陰霾漸散。但是，又因強權和霸權國家的自私和蠻橫，二〇〇八年七月底，關鍵性談判再度破裂，僵局重現。

　　看來，此後相當長一段時期內，勢必又面臨另一番南北角力，前景難卜。本文根據五十多年來發展中國家在南北矛盾中實

行南南聯合自強、力爭更新國際經濟立法的主要史實，並結合WTO 香港會議以來的最新發展，以史為師，嘗試探索和論證通過南南聯合自強、更新國際立法的歷史軌跡，指出：由於「南弱北強」的實力懸殊，弱小民族要求更新國際經濟立法、改變國際經濟舊秩序的聯合奮鬥，只能在步履維艱中曲折行進，不能急於求成或盲目樂觀，因此「速勝論」是缺乏足夠根據的；另一方面，由於「南北依存」和「南多北寡」得道多助，失道寡助）的時代潮流，WTO 香港會議之後即使談判再度受挫或破裂，WTO 多邊體制也未必就此陷於癱瘓瓦解，無須過於失望悲觀，因此「瓦解論」也是缺乏足夠根據的。弱小民族要求逐步更新國際經濟立法，爭得自身應有權益，舍韌性的南南聯合自強，別無他途可循。

➥目次

七、從五十多年來南南聯合自強的歷史軌跡展望 DDA 和 WTO
　　今後的走向

　　（一）南北矛盾和南南聯合自強的歷史軌跡：「6C 律」及其
　　　　　特點

　　（二）「多哈發展回合」談判的成功：舍韌性的南南聯合自
　　　　　強，別無他途可循

　　二〇〇六年七月下旬，從日內瓦 WTO 總部發布的官方信息
表明：由於以美國為首的寥寥幾個最富國家在取消農產品補貼和
開放市場這一關鍵問題上，始終不肯作出必要的讓步，談判僵局
一直未能化解。WTO 秘書處總幹事拉米於身心交瘁之餘，不得
不在七月二十四日正式宣稱：面對這個長期以來無法打破的僵
局，我能建議的唯一行動方案，便是**全面停止所有議題的談
判**。」七月二十日，WTO 總理事會正式批准了拉米的上述建
議。[1]

　　緊接著，DDR／WTO 多邊體制幾近「徹底失敗」瀕臨「最
終瓦解」之類的悲觀論調又再度上升為國際輿論的主流。[2]

　　多哈回合全球談判和世貿組織多邊體制麵臨歧途岔路，今後
究竟走向何方？這是當前舉世關注的熱點問題和難點問題。

一、多哈回合全球談判的法律實質

　　從法律的角度看，WTO 體制及其各項多邊規則乃是國際經
濟法的一個重要組成部分。五年來舉世矚目的「多哈回合」談

判，〔3〕兌到底，乃是針對有關世界貿易的現行國際經濟立法如何進一步除舊布新問題而開展的全球性磋商，其主旨在於促使 WTO 現行體制及其各項多邊規則——各項國際經濟立法獲得必要的更新和改善。

多哈回合談判於二〇〇一年底啟動後，進展遲緩。二〇〇三年九月十四日，就多哈回合展開談判的「坎昆會議」即 WTO 第五次部長級會議，由於南北兩大類成員之間激烈的利害衝突，導致不歡而散，無果而終。經過兩年多大大小小的折衝樽俎，又於二〇〇五年十二月十三至十八日在香港召開 WTO 第六次部長級會議，繼續多哈回合談判。此次會議初步打破了停滯兩年多的僵局，獲得一些積極進展，但仍留下若干關鍵性爭端難題，懸而未決。鑒於兩年來在主要議題上的南北矛盾迄今未能較好化解，如今又再宣布「全面停止所有議題的談判」，看來，在原定最後期限即二〇〇六年底以前，完成多哈談判的良好願望已經完全落空。今後，勢必繼續面臨另一番劇烈的南北角力，前景殊難預卜。

但是，如果認真回顧坎昆會議和香港會議之前和之後的歷史和現實，似乎也還可以梳理出若干線索，有助於探討香港會議之後多哈回合談判的大體走向。

歷史往往會重演——在不同的歷史條件下，出現大同小異的歷史現象。

回首二〇〇三年十月坎昆會議「失敗」之際，世人基於立場和視角的差異，其「第一反應」就是頗有分歧的。歸納起來，大概有四種看法：

（1）認為「兩敗俱傷」：南北雙方僵持各自的立場，形同冰炭，WTO 前景暗淡，甚至面臨瓦解。

（2）認為「北贏南輸」：北方保住了既得利益；南方要求太苛，「由於拒絕讓步，窮國空手而歸」（by refusing to compromise, poor countries have come away with nothing）。[4]

（3）認為「南贏北輸」：南方顯示了力量，北方嘗到了「苦頭」，從此北方不敢輕慢、小視南方，多哈發展回合的談判以及 WTO 體制可能從此步入坦途。

（4）認為「輸贏未定」：南北兩方尚難分勝負，也未必「兩敗俱傷」，仍有望達到「雙贏」———從南北新衝突走向南北新合作。

對二〇〇五年十二月香港會議的結局，國際輿論的評價又再度見仁見智，褒貶不一：或稱「香港會議圓滿閉幕，獲得圓滿成功，為明年完成多哈議程奠定良好基礎」；或稱香港會議只是「促使多哈回合向前邁進了一小步」；或稱香港會議之後「多哈回合前景依然暗淡」；或稱「與其假裝取勝，不如坦承失敗」；或稱「香港協議沒有兌現多哈承諾，是對窮國的背叛」。

這些看法，都不是全然沒有「根據」，但也未必都很周全。如果站在南方國家———發展中國家的立場和視角，則兩年多以來，在坎昆會議和香港會議上以「20 國集團」等六個南方成員弱勢群體的團結和崛起為主要代表的**南南聯合自強**，其來龍去脈十分值得認真回顧和思考。

二、從萬隆到多哈：五十多年來南南聯合自強始終在曲折中行進

第二次世界大戰結束以來，眾多發展中國家強烈要求徹底改變數百年殖民統治所造成的本民族的積貧積弱，要求徹底改變世界財富國際分配的嚴重不公，要求更新國際經濟立法，徹底改變不公平不合理的國際經濟舊秩序，建立起公平合理的國際經濟新秩序。但是，這些正當訴求卻不斷地遭到在國際社會中為數不多的發達強國即原先殖民主義強國的阻撓和破壞。它們憑藉其長期殖民統治和殖民掠奪積累起來的強大經濟實力，千方百計地維持和擴大既得利益，維護既定的國際經濟立法和國際經濟舊秩序。由於南北實力對比的懸殊，發展中國家共同實現上述正當訴求的進程，可謂步履維艱，進展緩慢。其主要進程大體如下：

（一）南方國家的萬隆會議（即首屆亞非會議）

一九五五年四月，《亞非會議最後公報》向全世界宣告了亞非弱小民族共同的奮鬥目標和行動準則：迅速根除一切殖民主義禍害，維護國家主權和民族獨立，並在互利和主權平等的基礎上，開展國際經濟合作。為此目的，必要時可以「採取集體行動」，「採取一致的態度」，或「制定共同的政策」，或「在國際會談中事先進行磋商，以便盡可能促進它們共同的經濟利益」。[5] 可以說，正是從此時起，眾多發展中國家在全球性南北矛盾十分尖銳和「南弱北強」力量懸殊的形勢下，開始形成明確的戰略思想：**南南聯合自強**。

（二）南方國家的「77 國集團」

一九六四年六月在聯合國貿易和發展會議（UNCTAD）上成立的「77 國集團」,[6] 是全球眾多發展中國家實行「南南聯合自強」的重要組織形式，也是它們凝聚分散力量，通過聯合奮鬥，更新國際經濟立法，推動國際經濟秩序破舊立新的重要手段。

「77 國集團」作為第三世界在聯合國內部最大的聯合體，組建迄今，已經五十多年。它在這段歷史時期，**經歷了曲折的發展道路**：在南北矛盾—南北對話—南北合作的總進程中，通過南南聯合自強，在更新國際立法方面取得了重大的成就，也遭遇到重大的困難，其影響力一度有所削弱。但是，在二十、二十一世紀之交，它又重整旗鼓，恢復了活力，開始了新的征程。

在二十世紀六〇年代中期至七〇年代末這段時間裡，「77 國集團」的聯合奮鬥是卓有成效的，其突出的事例有：（1）一九六四至一九六八年，大力倡導和率先制定了有利於發展中國家的「非互惠的普惠待遇」等改革方針和新的法理原則，推動了當時 GATT 1947 舊法律體制的局部改革;[7] 一九七四年，以壓倒性多數票[8] 催動聯合國大會通過了《建立國際經濟新秩序宣言》以及《各國經濟權利和義務憲章》。這些綱領性、法典性國際文獻所確立的基本法律觀念和基本法理原則,[9] 是新型的國際經濟法基本規範發展的重要里程碑，也是此後進一步建立新型國際經濟法規範體系的重要基石。經過三十多年來的實踐，這些基本法律觀念和基本法理原則已日益深入人心，逐漸成為當代國際社會的法律共識。[10]

在二十世紀八〇年代初至九〇年代中期，由於各種因素的綜合作用，在許多國際多邊談判中，特別是在長達八年（1986-1994）之久的 GATT／WTO 烏拉圭回合談判之中，發展中國家往往未能像昔日那樣凝聚共識，集體決策，聯合行動，從而往往在多邊談判中處在弱勢地位。相形之下，發達國家，特別是其中的經濟大國和強國，卻常能在舊體制之下，憑藉其綜合實力，操縱全局，在制定國際經貿大政方針及其具有法律約束力的各種「遊戲規則」（以下簡稱「法律規則」）方面，處在絕對主導的地位。

有鑒於此，發展中國家回顧和總結了這一歷史階段的缺失和教訓，重新認識到「南南聯合」在「南北對話」和更新國際經濟立法中的重要意義，開始著手進行自身力量的重新整合。一九九四年，它們一致達成《建立南方中心協定》，並且依靠這個由眾多發展中國家共建的政府間組織，積極開展有關南北矛盾、南北談判對策的全面研究。二十世紀九〇年代後期起，「南方中心」的研究結論反覆強調：在經濟全球化加速發展的條件下，全球經濟大政及其有關國際經濟立法，實際上由寥寥幾個經濟強國組成的「七國集團」所把持和操縱，**沒有任何單一的發展中國家的力量能夠改變這種現狀**。

因此，今後在針對一系列全球性問題進行討論和決策的國際論壇上和多邊談判中，[7] 南方各國比以往任何時候都更加需要採取集體行動，才能贏得公平、公正和合理的成果。為了維護發展中國家共同的根本利益，必須適應形勢的變化，通過精心研究和科學設計，調整和更新「77 國集團」的綱領，重新協調不同

的利益，重新增強共識和內部凝聚力。[11] 實踐證明：隨著時間的推移，根據上述《建立南方中心協定》組建的「南方中心」在凝聚發展中國家的意志和力量，強化南南聯合，促進南北平等對話和南北互利合作，更新國際立法等方面，正在發揮著日益重要的「智囊」作用。「南方中心」的組建及其積極開展活動，標誌著「77 國集團」開始重整旗鼓。

（三）南方首腦會議

二〇〇〇年，南方首腦會議在古巴首都哈瓦那舉行，這是「77 國集團」成立三十六年以來召開的層次最高、規模最大的一次會議。當時共一百三十二個發展中國家的元首、政府首腦或其代表聚首一堂，共商全球大計，其中心主題就是：如何應對世界經濟加速全球化給眾多南方國家帶來的嚴峻挑戰和重大風險；如何通過南方國家的團結一致和聯合行動，敦促南北平等對話，力爭南北完全平等地參與世界經濟大政的決策和有關法律規則的制定；如何開展南北互利合作，建立一個公正、公平、合理的國際經濟新秩序。會議結束時，發表了《南方首腦會議宣言》以及為實現此項宣言而制定的《哈瓦那行動綱領》[12]；決定籌組一個「南方協調委員會」，統一協調和組織實施此次首腦會議制定的上述《哈瓦那行動綱領》和有關南南合作的各項決定。[13] 國際輿論認為，這標誌著「77 國集團」發展史上一個新的重大轉折，也標誌著進一步加強「南南聯合」、更新國際立法、推動國際經濟秩序除舊布新和破舊立新，開始了新的征程。[4]

此時，原先的 GATT 體制已進一步發展成為 WTO 體制。

因此，如何在這個號稱「經濟聯合國」的新體制中發揮發展中國家集團的作用，提高自己在全球經貿大政及其法律規則問題上的發言權、參與權、決策權和制定權，就成為「77 國集團」面臨的新課題。

（四）「多哈發展回合」的啟動與中國的「入世」

在眾多發展中國家重新凝聚和強烈要求下，二〇〇一年十一月十日，WTO 在卡塔爾首都多哈舉行的第四次部長級會議（通稱「多哈會議」）上通過了《多哈宣言》，決定：以全球發展中國家普遍面臨的發展問題為中心，全面啟動新一輪的全球性多邊貿易談判，以便對現有的 WTO 體制和規則，即有關的國際經濟立法，加以必要的改善和更新。會議還通過了《關於中國加入世界貿易組織的決定》，中國自二〇〇一年十二月十一日起正式成為 WTO 成員。這就為眾多發展中國家在 WTO 體制內部開展南南合作和進行聯合鬥爭增添了強大的中堅力量。

從以上簡略的歷史回顧中，不難看出：第一，從萬隆到多哈，五十多年來，南南聯合自強、更新國際經濟立法的過程，始終在曲折中行進；第二，由二〇〇一年多哈會議啟動的「多哈發展回合」談判以及其後二〇〇三年坎昆會議和二〇〇五年香港會議上的風雲變幻，實質上乃是五十多年來南北矛盾衝突以及南南聯合自強、更新國際立法的過程在曲折中行進的一個新階段。

三、多哈—坎昆進程中南南聯合自強的新面貌和新曲折

二十一世紀伊始,「77 國集團」從發展中國家權益的角度,回顧和總結了一九九五年初至二〇〇一年初 WTO 體制運作六年過程中的利弊得失,在多哈會議召開之前十九天,即二〇〇一年十月二十二日,發表了一份宣言,即《77 國集團和中國關於 WTO 第四次部長級會議的宣言》[15],就貫徹現有的合理協定以及糾正現有的各種立法缺陷提出了全面的改進建議,強調:「必須全面地和誠信地實施烏拉圭回合協定並且糾正其中存在的各種失衡與不公。」[16]

這些針對 WTO 體制及其現有立法缺陷提出的改進建議,體現了發展中國家的共同要求,符合國際經濟法和國際經濟秩序進一步棄舊圖新的時代潮流。引人注目的是:這些要求乃是以「77 國集團」當時所實際涵蓋的**一百三十二個發展中國家**發表共同宣言的方式,正式提交 WTO 最高決策機構第四次部長級會議,顯示出眾多發展中國家在新千年新世紀伊始舉行的此次南北多邊談判中,確實是「**有備而來**」,確實是國際政治經濟舞臺上不可忽視的有組織、有綱領的集體力量。

在眾多發展中國家的集體努力和共同奮鬥下,上述有關改進 WTO 現狀的許多要求和建議,被多哈會議接受作為重新審議和磋商的議題,並且在《多哈宣言》中特別強調:WTO 成員的大多數是發展中國家,我們(部長級會議)尋求把發展中國家的需要和利益擺在本宣言通過的工作方案的中心地位」;[17] 同時規

定，在下一次即第五次部長級會議（「坎昆會議」）上，應當針對各項磋商談判的進展情況作出評估，作出必要的決定。

坎昆會議於二〇〇三年九月十日正式開幕後的五天中，各成員代表團紛紛闡述自己對新一輪談判（「多哈回合」）各項議題的立場和看法，其中最主要的分歧集中在農業貿易改革問題上。[18] 而會上的所有分歧，歸根結底，最主要的是發展中成員與發達成員之間根本性的利害矛盾和衝突。由於各方立場差距甚大，爭論非常激烈，預定在本次會議結束時發表的「部長宣言」草案幾經修訂，各方依然在發達國家放寬市場准入、削減國內資助、削減和取消出口補貼的程度、幅度和期限等方面相持不下，無法打破僵局，形成共識。最終，大會主席墨西哥外長宣布會議結束，草草收場。至此，坎昆會議繼西雅圖會議之後，再次不歡而散，無果而終。[19]

此次會議雖以無果告終，但它在 WTO 體制的發展史上，在南北對話的發展史上，都具有不可忽視的作用，其影響是巨大和深遠的。它突出地顯示了**南南聯合自強在南北對話和更新國際經濟立法中的地位和作用。**

自二十世紀四〇年代中期第二次世界大戰結束後數十年來，在全球經貿大政問題的決策上，在世界貿易體制的設計和有關法律規則的制定過程中，一向都是美國、歐盟等發達國家和地區占有主導地位。而此次會議上，卻出現了新的局面：發展中國家比較緊密地聯合起來形成各種集團[20]，就全球性的經貿重大議題及其有關法律規則，鮮明地表明自己的共同立場和主張，與發達國家，特別是與其中的經濟強國公開抗衡。這種新局面顯示了眾

多發展中國家聯合奮鬥的意志和實力，引起國際輿論的「刮目相看」。[21]

事後不久，「77 國集團」和中國的外交部部長在一年一度的集會中總結了坎昆會議的得失，明確表示：此次會議未能就發展中國家所關切的問題達成協議，令人失望。但是，「在坎昆會議上，發展中國家在多項談判中發揮了根本性的作用（fundamental role）．我們鄭重地重申，在今後世貿組織多哈回合進一步開展談判過程中，我們一定會在同等程度上繼續顯示出目標的一致和力量的團結。」[22]

四、香港會議前南北矛盾的僵局及其「乍暖還寒」

坎昆會議「失敗」後，自二〇〇三年十月至二〇〇五年十一月，兩年多以來，WTO 體制內關於恢復「多哈發展回合」新一輪談判的南北磋商時冷時熱，「乍暖還寒」；南北兩方雖各有妥協讓步，但對壘、對抗的局面迄未根本改善、改變。二〇〇四年七至八月，談判一度出現轉機，似見「柳暗花明」，從而響起「樂觀」的基調。但是，此後北方的強者、霸者又再「開倒車」，依然口惠而實不至，故談判進展甚微，各方情緒又轉化為「悲觀」。[23] 簡況如下：

坎昆會議後經過長達十個月的僵局，南北各方經過艱難的討價還價，以歐盟、美國為首的發達國家迫於發展中國家南南聯合的強大壓力，終於在農業問題上作了一些讓步。部分地同意發展中國家的主張，相應地，發展中國家也在非農產品市場准入問題

上作了一些讓步，WTO 的一百四十七個成員終於在二〇〇四年八月一日通過了 WTO 總理事會《多哈工作計劃決定》，將多哈回合的談判從完全破裂的邊緣挽救了回來，並把原定**完成談判的期限延至二〇〇五年七月底**。長期的僵局終於被打破，「久雨初晴」，令人一度樂觀，當時的 WTO 總幹事素帕猜甚至認為這是一項「真正的歷史性的成就」（truly historic achievement）；當時的美國談判代表佐立克也稱之為「里程碑」（milestone）但是，上述協定實質上只是一個繼續談判的「框架」僅限於列明主要議題、基本原則、主要方針和抽象「承諾」，而各項十分棘手的具體問題均被留到隨後擬定具體「談判模式」（modality，又譯「談判細節方案」）階段再逐一解決。

隨後開展的具體「模式（細節）」問題的談判，自二〇〇四年八月初到二〇〇五年七月底，經歷了各種層次、各種主題、各種集團和各種規模的會議磋商和討價還價，在少數問題上雖略有進展，但在整體上，特別是在關鍵問題上，又出現了曲折、坎坷和障礙。

WTO 總幹事素帕猜鑒於經過延長之後預定完成談判的新期限（2005 年 7 月底）即將屆滿，而自己的現職任期也將在二〇〇五年八月底屆滿，乃在二〇〇五年七月二十九日向 WTO 總理事會呈交了一份綜合性的報告，其中概述了一年以來諸項議題談判中的若干積極表現，之後，以大量篇幅縷述了談判進展的步履維艱：農業問題的談判進展遲緩，遠遠落後於預期；其他領域的談判，也大同小異。他總結說：「令我遺憾的是，消極面超過了積極面。我的坦率評估是：要達到我們（完成多哈談判）的目

標，還有很長的路要走。」有鑒於此，素帕猜在報告中反覆呼籲和敦促南北各方談判代表加強「密集磋商」（intensive consultations），尋找利益的「交匯點」（convergence），各自盡可能「放棄長期僵持的立場，走向中間地點，實行必要的妥協」。他同時宣告，把完成多哈發展回合多邊談判的最後期限推遲到二○○六年底。

素帕猜這份類似「臨別贈言」的綜合報告，其通篇基調可以說是相當「灰色」、失望的，還夾雜著坦率的焦慮、善良的期待和委婉的無奈。這和一年前即二○○四年八月初「久雨初晴」和似見「柳暗花明」時的樂觀情緒形成相當明顯的對照。

二○○五年九月一日，帕斯科・拉米（Pascal Lamy）走馬上任，接替了離職的素帕猜。拉米在會見媒體時，發表了簡短講話，寥寥三段，措辭低調，聲稱：「大家都知道，我本人也必須時刻銘記：WTO 總幹事手中並沒有魔杖（magic wand）WTO 的事務不可能按此法（揮舞魔杖）辦理。WTO 的成員們才有決策權。」[4]

二○○五年九月十四日，WTO 新任總幹事拉米首次主持「貿易談判委員會」（TNC）會議，他呼籲和敦促各方加緊談判，以便快步跑到（run-up to）預定於同年十二月在香港舉行的WTO 第六次部長級會議。他強調：「只有把有關發展的主題擺在談判的中心位置，多哈回合談判才能取得成功。」他期待：香港會議若能達成重要協議，則二○○六年底結束本輪多邊談判的整體任務就完成了三分之二。但他同時承認，世貿組織各成員必須付出極為艱苦的努力才能完成上述目標。[25]

據新聞報導，[26] 二〇〇五年十一月八日，拉米在日內瓦主持召開了一個「小型部長級會議」旨在為加速香港會議的準備工作獲得新的政治推動（political momentum）。與會者有歐盟、美國、日本、加拿大、瑞士、新西蘭、澳大利亞、韓國、印度、巴西、中國、中國香港、馬來西亞、泰國、巴基斯坦、埃及、南非、贊比亞、阿根廷、墨西哥、牙買加等二十幾個成員的高級代表（部長、副部長或大使）。日內瓦外交界對此舉議論紛紛，稱之為「小型部長綠屋會議」，期待它能挽救香港會議可能的「失敗」。但據有關信息，由於歐盟和美國堅持既得利益和既定立場，拒不在農業談判的主要問題上作出較大讓步，卻掉轉矛頭，無理苛求發展中國家對來自美、歐等發達國家和地區的「非農產品」，大幅度降低進口關稅和開放國內市場。因此，南北各方的關鍵性代表正在緊張地進行「口水戰」（blame game）。印度工商部部長卡莫爾‧納思（Kamal Nath）在接見英國廣播公司記者時，尖銳地批評歐美的苛刻要求是「只肯拿出一英寸，要換回的，不只是一英尺，而是一英里」（giving an inch and asking not just for a foot but a mile）。他強調印度一定要保護本國許多小農戶的權益。巴西以及其他許多發展中國家代表都認為：發達國家是否在農業問題上真正作出必要的讓步，改變其扭曲自由貿易的政策，乃是「多哈發展回合」談判成敗的關鍵問題和檢驗標準。而歐盟與美國兩大強權在此問題上仍然堅持各自的既得利益，並且在談判中互相呼應，互相默契，互相「原諒」，沆瀣一氣。更有甚者，它們正在力圖轉移視線，把香港會議可能受挫或可能失敗的責任轉嫁到發展中國家身上。對歐美代表的此種手腕和圖謀，WTO 日內瓦總

部走廊上的南方成員代表們無不感到忿忿不平。

　　兩天之後，即二○○五年十一月十日，鑒於談判中南北分歧甚大，無法彌合，而時間又十分緊迫，拉米不得不大大降低他在上任之初即九月十四日提出的前述樂觀期待，即在香港會議上能夠達成重要協議，從而使多哈回合談判的整體任務一舉完成三分之二。他在二○○五年十一月十日當天向各成員派駐 WTO 總部的使團團長們通報了一週以來談判進展步履維艱的最新情況，並以委婉的口氣提出：「如果大家都同意：在召開香港會議之前我們無法在全面的談判模式（細節方案）（full modalities）上達成共識，那麼就必須重新調整（recalibrte）我們對香港會議的期望值，仔細考慮我們在香港會議上以及會議之後要求達到什麼，從而不降低整個多哈發展回合宏偉目標的總體水平。」[27]

　　與此同時，拉米也不忘一再敦促各方各作必要的妥協讓步。他強調：在談判中採取「要麼同意接受，要麼拉倒算了」的態度，是無助於各種談判獲得進展的。他強調：「只要有心前進，就會有路可走，我們現在必須找到出路。」

　　拉米的反覆呼籲，可謂苦口婆心，恪盡職守。但國際輿論對他提出的「必須重新調整我們對香港會議的期望值」——降格以求的倡議，卻不無非議和批評。其中，比較典型的是發表於美國《國際先驅論壇報》上的一篇專論，題為《此番貿易談判何以需要失敗？》[28]，它尖銳地指出：

　　有人提倡掩蓋爭議，降低目標，淡化失敗形象。這是錯誤的做法。只有促使此番談判歸於失敗，才能徹底打破當前在農業問

題上和本輪貿易回合談判中的整個僵局。儘管農業在當今全球產業經濟整體中只占微小的份額，但是農業的自由化卻是促使多哈回合談判緊扣其發展主題的關鍵所在。許多貧弱國家在農產品上具有比較優勢，對它們說來，強勁有力的農產品出口乃是經濟增長的必備條件。但是，第三世界的農民們根本無法與富強國家每年享有農業補貼三千億美元的農產品開展競爭。——按理說，各國政府本來可以在本月以內坐在談判桌前達成協議，促使香港會議成功。但是，掩蓋農業問題談判中出現的僵局卻是最最危險不過的做法。企圖通過掩蓋許多爭議來避免在新聞報導中出現談判失敗的大字標題，等於是發出誤導信號。這種做法無異於讓法國的領導人認為他們可以享受例外待遇，繼續嬌慣其許多特殊產品的農業部門，同時卻偽裝成十分關懷貧弱國家的發展目標。這種做法也讓日本的領導人相信他們可以拒絕接受對農產品徵收關稅不得超過百分之百的最高限額，[29] 卻仍然宣稱他們信守諾言，擁護世界貿易體制。這種做法還允許美國每年花費一百九十億美元補貼本國的農場主，卻豎起指頭戳向別人，指責其他國家政府不肯實現農產品貿易自由化。反之，如果此番談判遭到明顯失敗，卻能引起許多國會的院外說客們和廣大公眾的注目關切，他們現在毫不關心那些沒完沒了針對各種貿易公式細微末節進行的冗長談判。應當把一系列的爭議廣泛地公之於眾。此番談判的失敗可以突出地顯示農業自由化與更廣泛的貿易自由化之間的密切聯繫。

上述評論顯然是強調應把當前南北雙方在農業問題上產生嚴

重分歧和陷入僵局的真相，如實地、透明地向全球大眾公告周知，藉以振聾發聵，促進他們明白自身的現實處境，以便進一步開展雖然更加艱巨，但也更加有效的南北談判；反對向公眾掩蓋和隱瞞矛盾衝突的嚴重程度和事實真相，只是輕描淡寫，降格以求，粉飾「太平」，轉移視線，削弱國際弱勢群體的鬥志或使之鬆懈。

五、香港會議的積極成果：「千呼萬喚始出來，猶抱琵琶半遮面」

二〇〇五年十二月十三至十八日，在香港召開 WTO 第六次部長級會議，繼續開展多哈回合的新一輪多邊貿易談判。在這連續六天之中，各方在此前所擬《部長宣言》草稿的基礎上，進行密集談判，夜以繼日，甚至通宵達旦。據 WTO 總幹事拉米統計，一共召開了四百五十次大小會議，進行了兩百多場協調磋商，舉行了六次重大集會，終於在十二月十八日的最後時刻，通過了《部長宣言》的第五稿。拉米在當晚的新聞發布會上，一方面充分肯定本次會議取得的若干實質性進展，指出：「**我們終於促使多哈回合的談判在經歷一段冬眠期之後開始回到了正軌上**」；另一方面又強調：「**今後必須加快談判速度，因為已經沒有歇息停留的時間。**」[30]

本次部長會議主持人、香港工商及科技局局長曾俊華列舉了本次會議取得的主要成果，[31] 即各方商定：（1）發達成員將在

二〇一三年全面取消一切形式的農產品出口補貼；（2）發達成員和部分發展中成員二〇〇八年起向來自最不發達國家的所有產品提供免關稅、免配額的市場准入；（3）發達成員將在二〇〇六年取消棉花的出口補貼，並同意優先磋商在較大幅度上減少對棉花的國內資助；（4）為非農產品市場准入的談判定下具體方向，WTO各成員同意採用「瑞士公式」以達到較高關稅需面對較大減幅的原則，並同意農產品的市場准入與非農產品的市場准入兩者的市場開放幅度應該相稱；（5）為在二〇〇六年底完成多哈回合談判訂立了路線圖，一致同意在二〇〇五年四月三十日以前就農業問題以及非農產品市場准入問題的具體談判細節達成共識，並於同年七月三十一日以前就這兩大議題提交具體減讓承諾建議，二〇〇六年底以前全部完成多哈回合談判等；（6）在服務業方面，已就二〇〇六年進一步開展談判的方向和模式達成共識。時任香港行政長官曾蔭權就此次世貿會議發表聲明，盛讚此次會議「圓滿閉幕，大會發表《香港部長宣言》，為明年完成多哈議程奠定良好基礎」；「香港順利舉辦部長級會議，圓滿成功」。[32]

　　但是，在國際輿論上，對此次香港會議所取得的成果和達成的協議，看法並不一致，非議者並不少見，甚至不妨概括為「褒貶不一，毀譽參半」。[33]這是因為：

　　第一，上述列舉的六項成果中，可分為兩類，即「三實三虛」。其中，（1）（2）（3）三項是具有實質內容和定有時間界限的，設立了具體檢驗其實際效果的尺度和標準，它們在一定程度上糾正了發達成員過去「口惠而實不至」「開空頭支票」的積習

和慣伎。它們雖值得肯定，但仍有若干重大不足和隱患。[34] 就其中（4）（5）（6）三項而言，它們仍然只停留在空洞的意願和抽象的表態上，並不能形成有法律約束力的義務和可操作的規則，也並未定出可檢驗的具體標準。

這些方向性的意願和表態，其基本內容早在四年多以前即二〇〇一年十一月多哈發展回合談判啟動之初，就已大體規定和明確提出；而其中關於本輪談判完成期限之設定為二〇〇六年底，更是多哈宣言原定三年期限（2001 年 11 月至 2004 年 12 月）的一再拖延以及實際效果的連續降格和倒退。故二〇〇五年香港會議上《部長宣言》的這後三項內容，在一定程度上只是二〇〇一年多哈會議上《部長宣言》的「舊話重提」和重新「撥亂反正」，用拉米的話說，即是「經歷一段冬眠期之後開始回到了正軌上」，嚴格說來，並不能算是新的重大成果。

第二，就前述設定具體實現期限的第一項成果而言，也應作進一步的具體分析。此項成果規定：發達國家應於二〇一三年全面取消一切形式的農產品出口補貼。據國際知名的評論家《第三世界網絡》主編馬丁·科爾（Madin Khor）揭示：[35] 老謀深算的歐盟代表始終堅持原議，寸步不讓，旨在作為談判交換籌碼，力圖從發展中國家方面勒索更多的讓步，即以更大幅度的國內市場向歐盟的非農產品和服務貿易業開放准入。直到香港會議最後一天的「綠屋談判」的最後一小時，曼德森恐干犯眾怒，才終於拋出二〇一三年的期限約許。而根據英國「行動援助組織」（Tim Rice of Action Aid）的統計，歐盟拖延至二〇一三年才取消農產品出口補貼，其所可能減少的出口補貼不過十億歐元。相形之

下，歐盟每年給予農業生產的國內資助卻高達五百五十億歐元。前者只相當於歐盟每年給予農業國內資助的 1.8%，後者卻占 98.2%。這是扭曲國際農產品自由貿易、阻礙農產品貿易自由化的最大消極因素，而在香港會議上卻毫未觸及，依然文風不動。因此，對歐盟說來，其談判策略和實際後果只不過是「勉強拋出小恩小惠，頑固死守豪奪巨利」。

　　第三，就前述設定具體實現期限的第二項成果而言，會議一致同意自二〇〇八年起向最不發達國家所有出口產品提供免關稅、免配額的市場准入優惠待遇。這當然是一個值得稱道的積極成果。但是，據拉米透露的信息，此項給予最不發達國家出口產品的「雙免」待遇，其所涉及的貿易額還不到全球貿易總額的 1%，不會對任何其他國家構成「威脅」，因此不難獲得其他成員贊同。[36] 但是，此舉也因其所占比重很小，對占全球貿易總額 99% 的現存的不公平、不平衡、被扭曲的貿易秩序，幾乎沒有什麼觸動或影響。何況，這其中還存有一個例外或漏洞，即按《部長宣言》所定：[37] 為某些發達成員在給予最不發達成員「免關稅、免配額」優惠方面，設下了一條「規避條款」（escapeclause）。該條款規定，在給予「雙免」優惠方面有困難的國家，可以用保護「敏感產品」國內市場作為理由，照舊實行高關稅、低配額。而這些所謂「敏感產品」，卻正是不少最不發達國家具有出口優勢的產品，諸如紡織品、大米、糖、皮革、水產品等等。例如，日本可以根據該條款，繼續對來自最不發達國家的大米徵收高達 778% 的進口關稅，從而把來自最不發達國家的這一「敏感產品」全部拒之門外；美國也明確表示，來自最不發

達國家孟加拉、柬埔寨的紡織品進入美國時不得享受上述「雙免」待遇。因此，所謂「雙免」優惠在相當程度上意味著：最不發達國家根本不能生產或並無比較優勢的產品，「有權」享受「雙免」待遇；而它們具有比較優勢的出口產品，卻全被拒之門外。歸根到底，「它們只能在無力實現權利的領域裡被賜予了權利」[38]這形同牆上畫餅，豈能真正充飢？

第四，就前述設定具體實現期限的第三項成果而言，發達成員承諾在二〇〇六年底以前取消棉花出口補貼。這當然是有積極意義的，但其影響面也很有限，因為：（1）棉花只是幾十種農產品之一，發達國家只在單項棉花出口上限期取消補貼，而在其他多項農產品出口上仍然長期堅持給予巨額補貼，故單項取消棉花出口補貼一舉對於改變國際市場上整體農產品貿易被嚴重扭曲的局面說來，形同「杯水車薪」，實效甚微。（2）單項棉花出口補貼對比發達國家給予棉業巨額國內資助而言，比重微乎其微。以美國為例，它給予本國棉業的國內資助每年高達三十八億美元，占其給予棉業各種補貼總額的百分之八十至九十；歐盟給予其境內棉業的國內資助，也占類似比重。而此次香港會議對於在歐美發達成員棉業各種補貼總額中占八九成比重的國內資助問題，毫未真正觸及和設定取消期限，可謂「撿了芝麻，丟了西瓜」。

第五，最為重要的是，如前文所述，早在一九九四年的《農業協定》中，WTO 全體成員已基本達成共識，約定於一九九九年進一步開展談判，針對發達國家用以扭曲國際農產品貿易的「市場准入」「國內資助」和「出口補貼」三大保護主義措施，

即扣在發展中國家農產品出口業身上的三大「枷鎖」，予以削減和廢除。但時至二〇〇五年，十一年的時光如水流逝了，發達國家從未認真落實兌現。在香港會議上，除了在撤除「出口補貼」這一大枷鎖上開出了令人捉摸不定的八年之後（即 2013 年）才可能兌現的「遠期支票」之外，對於扣在發展中國家農產品出口業身上沉重得多的另外兩大枷鎖，卻始終仍停留在虛情假意和「口惠而實不至」的原有水平上，不予認真放鬆或撤除。

第六，在此前的冗長談判中，以歐盟和美國為首的發達國家堅持要求發展中國家對來自發達國家的非農產品，更大幅度地開放國內市場，作為發展中國家農產品進入發達國家國內市場的交換條件。發達國家對發展中國家弱勢群體提出的此種勒索性要求，在《部長宣言》中並未明確地予以抵制，只在其第二十四條中，對此作出了含糊其詞的規定，說是「對於農產品市場准入和非農產品市場准入的開放幅度應當相稱（Comparably high level of ambition in market access for Agriculture and NAMA）。此種幅度應按特殊與差別待遇原則予以平衡和構成比例」。此種表述實際上是將南北雙方的觀點簡單相加，留下許多爭議隱患。

基於以上各點不足、漏洞和隱患，國際輿論上出現了這樣的總體評價：「香港部長級會議的結局對發展中國家有失公平」；「香港部長會議證實：多哈宣言所規定的發展主題始終被拋在屋角，並一直處在昏睡狀態之中」；「香港會議產生了失衡的效果，這種效果會使發展中國家在今後一年有關服務貿易以及非農產品市場准入問題的談判中，增添更多的困難。」[39]此外，還有一些非政府組織（NGO）負責人對香港會議達成的協議頗有微

詞，指出「這不是協議，是欺詐，是對全球二十四億貧困人口的侮辱」；「這次會議是一個失敗，會議只是對農產品補貼作出了微不足道的削減」；「這個協議沒有兌現幫助發展中國家的承諾，而這正是四年前啟動的多哈貿易談判的中心宗旨」；「這是一個很令人失望的版本，是對發展承諾的一種背叛，富國的利益再次占了上風」。[40]

作為六十二個發展中國家參與的政府間組織和「南方集團思想庫」之「南方中心」派出的代表們對香港會議的評價是：「雖然這個回合號稱為『發展回合』，但發展中國家和最不發達國家卻不得不結成強大的聯合戰線，並通過長期和艱苦的奮鬥，才能獲得一些成果」；「就發展主題而言，今後還有許多懸案有待達成協議」。在這次香港會議上，發展中國家和最不發達國家不得不在非農產品市場准入和服務貿易市場准入等問題上作出重大讓步和接受妥協，以便挽救多邊貿易體制。簡言之，是「發展中國家作出了自我犧牲才挽救了多哈發展回合」，使它「免於完全失敗」。今後，「號稱『發展回合』的本輪談判要繼續行進，可謂路漫漫其修遠！」[41]

參加世貿組織香港會議的中國代表團新聞發言人於會議閉幕後表示：此次會議在農業、非農、棉花以及發展問題上都取得了一些積極的進展。他同時還說：「到目前為止，多哈談判只是取得了部分進展，今後談判還有很艱巨的任務」。[42]中國商務部的有關報導稱：「就整個農業貿易談判來說，這只是邁出了一小步。在農業方面，還有削減扭曲貿易的國內支持和市場准入的兩大難題」；多哈回合期待突破」。[43]

六、香港會議後南北談判的斷而復續與僵局的再現

香港會議後，果如當時國際主流輿論所料，又出現了新的談判僵局，一直未能化解。二〇〇六年七月二十八日，WTO 總理事會正式批准了總幹事拉米的提出的建議：全面停止多哈回合所有議題的談判。

緊接著，多哈回合談判幾近「徹底失敗」WTO 多邊體制瀕臨「最終瓦解」之類的悲觀論調，又再度上升為國際輿論的主流。[44]

但是，就在 WTO 總理事會批准總幹事拉米的建議，同意全面暫停一切議題談判之際，與會成員們又表達了共同的強烈期待：第一，大家一致認為確有必要空出一段時間進行反省、反思，但希望這段中斷的時間是臨時的和短暫的，因為確實有必要盡快把談判拉回到正軌上來。第二，大家都表示應當共同維護迄今為止已經達成的各項談判成果，並在此基礎上鞏固加強，而不是推倒重來。

經過多方溝通，時隔半年，冬盡春來，拉米於二〇〇七年二月七日向 WTO 總理事會正式報告：經過反覆磋商，全世界政壇的領袖們現已取得共識，明確要求全面恢復所有議題的談判。此時，香港會議上原先設定的二〇〇六年底以前全面完成「多哈回合」談判的期待，顯已逾期落空。拉米遂再次敦促南北各方和各利益集團都要作出必要的妥協讓步，尋找新的利益交匯點，並且強調「現在是所有國家都要為達成協議做出貢獻的時候了！」「每個國家都必須做出自己的貢獻，大國、強國應當比小國、弱國做

出更多的貢獻。」看來，半年前一度全面停頓、奄奄一息、瀕臨「徹底失敗」的「多哈回合」談判，此時又逐步「起死回生」了。

然而，在此後歷時十七個月的反覆磋商中，南北雙方雖各有讓步，逐漸走向「利益交匯點」，但在二〇〇八年七月二十九日，又因強權和霸權國家的自私與蠻橫，由南北三十多個代表性國家參加的小型部長級會議的談判再度破裂。拉米在當天舉行的新聞發布會上說：「此次談判已經破裂，與會成員始終無法彌合它們之間的分歧。」他解釋說，談判破裂主要是因為世貿組織重要成員在發展中國家「農產品特殊保障機制」上難以達成一致。所謂「農產品特殊保障機制」，是指發展中成員可在農產品進口激增的情況下，採取提高關稅等特殊保障措施以保護本國農業免受衝擊。以印度為代表的發展中成員要求放寬對本國採取特殊保障措施的限制，以保護本國相對脆弱的農業生產，維護糧食安全，但遭到了美國的反對。

拉米承認，這次再度破裂對延宕七年之久的多哈回合是「沉重的打擊」。但他表示，過去一週多的緊張談判畢竟也取得了一定成果，他將盡力以此為基礎，推動談判重歸正軌。他說，世貿組織一百五十三個成員現在需要一些時間考慮下一步如何行動。另外，有些國際人士則認為：原先曾經預期能在二〇〇八年底完成多哈回合談判的希望顯得更加渺茫，談判進程很可能再耽誤數年。[5]

以上各種褒貶毀譽，立場不一，視角不同。但古有明訓，「兼聽則明」。所有這些評論都值得認真傾聽，仔細分析，科學判斷，藉以「為我所用」，預測和評估今後可能的發展，從而作

出正確的對策定位，並據以採取必要的措施。

七、從五十多年來南南聯合自強的歷史軌跡展望 DDA 和 WTO 今後的走向 [46]

從以上簡略的歷史回顧中，不難看出：第一，從萬隆到多哈直到如今，五十多年來南南聯合自強、更新國際經濟立法的過程，時起時伏，以不同的形式存在，以不同的強度發揮作用，但始終在坎坷的道路上不屈不撓地曲折行進。第二，由二〇〇一年多哈會議啟動的「多哈發展回合」談判，歷經二〇〇三年坎昆會議、二〇〇五年香港會議以及其後的風雲變幻，實質上乃是五十多年來南北矛盾衝突以及南南聯合自強、更新國際立法的過程在曲折中行進的一個新階段。第三，隨著經濟全球化的加快和加深，貧富鴻溝的進一步擴大，以及發展中國家覺醒意識和凝聚力的進一步提高，南南聯合的總趨勢是逐步地和不斷地增強的。在南南聯合自強的情勢下，南北矛盾的發展進程也是有跡可循的：

（一）南北矛盾和南南聯合自強的歷史軌跡：「6C 律」及其特點

前文提到，在國際經濟的發展過程中，在全球經濟的發展過程中，國際社會始終貫穿著強權國家與弱勢群體之間的爭鬥，前者力圖維護既定的國際經濟秩序和國際經濟立法，以保持和擴大既得的經濟利益；後者力爭更新現存的國際經濟秩序和國際經濟

立法，以獲得經濟平權地位和公平經濟權益。五十多年來，這些爭鬥往往以雙方的妥協而告終，妥協之後又因新的矛盾而產生新的爭鬥，如此循環往復不已。

這種歷史進程似可概括地稱為**螺旋式的「6C軌跡」**或「6C律」即 Contadition（矛盾）→Conflict（衝突或交鋒）→Consultation（磋商）→Compromise（妥協）→Cooperation（合作）→Coordination（協調）→Contradiction New（新的矛盾）……但每一次循環往復，都並非簡單的重複，而都是螺旋式的上升，都把國際經濟秩序以及和它相適應的國際經濟法規範推進到一個新的水平或一個新的發展階段，國際社會弱勢群體的經濟地位和經濟權益也獲得相應的改善和保障。

回顧五十多年來南北矛盾與南北合作的史實，以下幾條基本線索一直是貫穿其全程的，今後仍將長期存在，不會輕易改變：

第一，南北之間的矛盾和衝突，勢必在今後相當長的一段歷史時期裡持續存在。因為它的形成，並非一日之寒，至今仍然根深柢固；而且循環往復，不斷衍生。其主要原因就在於國際資本的貪婪痼疾和國際強權的利己頑症，極難根除，更不可能不「藥」而愈。化解三尺冰凍和根治痼疾頑症，顯然不應期待於一朝一夕。面對當代國際社會的此種基本現實，不能不保持清醒的頭腦、足夠的耐心、不撓的韌性。

第二，在南北矛盾與衝突中，南北力量對比上的「南弱北強」，也勢必在今後相當長的一段歷史時期裡持續存在。這是因為，歷史上數百年殘酷的殖民統治和殖民掠奪給眾多弱小民族造成的積貧積弱，積重難返，不可能在短期內獲得根本改變。在改

變世界財富國際分配嚴重不公，更新國際經濟立法，改變國際經濟舊秩序的抗爭過程中，單個弱小民族、單個發展中國家的力量當然是單薄的，只能是「人為刀俎，我為魚肉」；反之，南南聯合的群體凝聚力愈大，就愈有助於改變「南弱北強」的戰術態勢和戰術劣勢，甚至可以轉化為暫時的戰術優勢，這是五十多年來的南北較量史實所反覆證明的。但是，迄今為止，南南聯合自強所發揮的力量和作用，雖能在一時一事上獲得可喜的成果與勝績，卻難以在總體上根本改變「南弱北強」的戰略態勢和戰略劣勢，更不可能在某一次角力中使國際強權對手「一敗塗地」或從此「一蹶不振」。可見，二〇〇三年坎昆會議過程中「20 國集團」等南方群體團結崛起，展示了實力，使國際經濟強權操縱會議的如意算盤落空失敗後，國際輿論上一度出現的「南贏北輸，WTO 從此步入坦途」論，看來就是對上述暫時的戰術優勢估計偏高，對上述長期的戰略劣勢估計不足。

　　第三，基於以上兩點，在南北角力的進程中，南南聯合自強者務必樹立起「持久戰」的戰略思想。南南聯合自強者既不能立足於速戰速決速勝，期待「畢其功於一役」，迅即制服強權對手，也不能因一時一事之小進展和小勝利而沾沾自喜或盲目樂觀，錯估形勢。否則，一旦再度遇到必然會一再遇到的曲折和挫折，就容易迅速轉成悲觀失望，鬆懈鬥志，甚至失去「前途依然光明」的信心。與此同時，也不能低估國際強權對手歷來慣用的而且必然繼續使用的「大棒加胡蘿蔔」「分而治之」「分化瓦解，各個擊破」以連橫制合縱」[47]等伎倆及其可能效果。對此，南南聯合自強者務必隨時保持警惕，密切關注，認真對付，及時破

解。

第四，五十多年來，南北矛盾與南北依存始終是同時存在的。經濟全球化的加速發展和貧富鴻溝的擴大，常常激化或加深了南北之間的矛盾與衝突；與此同時，也強化了南北之間互相依賴的程度。兩者之間的經濟互補性和日益強化的互相依賴性（經濟利益的犬牙交錯和相互交織），使得國際強權者不可能與全球眾多發展中國家堅持對抗到底，斷絕經濟往來。面對占全球百分之八十以上人口、不斷增強其內部凝聚力、並非「一盤散沙」的國際弱勢群體提出的正當要求和強大壓力，國際強權者在權衡利弊的前提下，往往不得不作一定的讓步和妥協。五十多年來不斷出現的南北抗衡僵局，總會通過南北的對話和磋商，找出雙方對抗利益的中間交匯點（convergence）並在適當的「火候」下，達成南北合作，避免兩敗俱傷，實現「雙贏」新局面。儘管這種新局面隨後又常常遭到南北新矛盾和新衝突的削弱甚至破壞，但經濟全球化加速發展的時代潮流和南北必須互相依賴的客觀現實，又賦予南北合作以旺盛的生命力。

從這種意義上說，南北合作會「生病」，甚至會「身患重症」，但不會迅即「無藥可醫，不治而亡」五十多年來反覆出現的前述「6C 軌跡」，就是這方面的歷史記錄和事實明證。可見，二〇〇三年坎昆會議失敗後，國際輿論上一度出現的「北贏南輸」論和「兩敗俱傷，WTO 前景暗淡，面臨瓦解」的悲觀看法，與前述「南贏北輸，WTO 從此步入坦途」的看法一樣，也是缺乏足夠的歷史依據和現實依據的。

（二）「多哈發展回合」談判的成功：舍韌性的南南聯合自強，別無他途可循

筆者認為，多哈回合自二〇〇一年十一月正式啟動至二〇〇六年七月二十七日全面停止多哈回合所有議題的談判，又自二〇〇七年二月七日開始全面恢復談判至二〇〇八年七月二十九日 WTO 小型部長級會議關鍵性談判再度破裂，近七年來出現的時起時伏、忽冷忽熱、乍暖還寒和艱難曲折，充其量只不過是近五十多年來南北矛盾和南北合作進程中多次反覆出現「6C」現象之一，只不過是近五十多年來上述「6C 軌跡」的再次展現，只不過是五十多年來上述「6C 律」螺旋式發展的一個新階段、新環節、新循環。這次「6C」新循環目前仍在進行之中，儘管步履維艱，卻是「合乎常規」實屬「司空見慣」以史為師，就不難看到：儘管 WTO 總理事會二〇〇七年一月一度決定全面停止多哈回合所有議題的談判，儘管二〇〇八年七月底 WTO 小型部長級會議關鍵性談判再度破裂，但是 WTO 多邊體制也未必就此陷於癱瘓、瓦解狀態，到了適當「火候」和一定時機，激烈的南北矛盾勢必再度走向平和的南北合作。其所以然，根本原因就在於前述第四點所闡述的「南北依存」的歷史必然性和「南北合作」的旺盛生命力。

除此之外，WTO 的前身即「GATT 1947」的發展史，也從事實上和實踐上有力地說明了上述「南北依存」的歷史必然性和「南北合作」的旺盛生命力。

一九四七年十月三十日簽訂的《關稅及貿易總協定》，自其

誕生至一九九三年十二月十五日止，在四十六年期間，共經歷了八輪即八個「回合」新的全球性多邊貿易談判，以便對對「GATT 1947」具有法律約束力的各種規則加以「與時俱進」的調整和修訂。其簡況可列表如下：

表 1-29-1　《關稅及貿易總協定》歷次談判回合[8]

年份	參加國家/地區數	地點／名稱	談判主題
1947	23	日內瓦	關稅
1949	13	安納西	關稅
1951	38	托爾圭	關稅
1956	26	日內瓦	關稅
1960-1961	26	日內瓦／狄龍回合	關稅
1964-1967	62	日內瓦／肯尼迪回合	關稅與反傾銷措施
1973-1979	102	日內瓦／東京回合	關稅、非關稅措施、「框架」協議
1986-1994	123	日內瓦／烏拉圭回合	關稅、非關稅措施、各種規則、服務行業、知識產權、爭端解決、紡織品、農業問題、建立世貿組織等

從上表所列有關史實中可以看出：（1）每「回合」的新一輪多邊談判，其參談成員數目愈多，議題愈多，費時也愈多。（2）「東京回合」費時六年，「烏拉圭回合」費時八年，都不算短。（3）以史鑒今，如今「多哈回合」的新一輪多邊談判，參加談判的成員原已多達一百四十八個，後又增加到一百五十三個，其參談成員之多、議題範圍之廣、南北利害矛盾之深以及解決難度之大，均不遜於甚至超過「東京回合」或「烏拉圭回合」。加上如今南南聯合的自覺性與凝聚力也比 WTO 初建之際有頗大提高，面對國際強權對手設定的扭曲規則和不公待遇，當然不甘隨人俯仰，南南聯合自強者不會在強權對手的壓力或利誘下輕易低頭或就

範。因此，自二〇〇一年十一月《多哈宣言》提出和啟動新一輪多邊談判以來，原先預期完成本輪談判的最後期限不得不一延再延，即從二〇〇四年十二月底延至二〇〇五年七月底，又再延至二〇〇六年底，接著又因僵局、停頓而再度逾期。即使從二〇〇一年十一月起算，迄二〇〇八年底，總計費時也只是七年左右，較之歷史上曾經有過的「東京回合」「烏拉圭回合」，也大體相當或不見得更長。何況，「多哈回合」盡管步履維艱，「三起三落」，屢陷僵局，但畢竟落而又起，持續不斷，始終在曲折之中邁步向前。

世人誠然都期待「多哈發展回合」談判能夠早日全面完成，逐步更新國際經濟立法，使南北合作、走向全球共同繁榮的進程，更少曲折，更多平順，更大和諧。但是，此次香港會議的原有「期望值」被迫降低，已經達成的「積極成果」是虛多於實，遺留待決的懸案和難題又均屬事關大局，南北利害衝突頗大，妥協殊為不易。因此，世人的上述善良願望，在可預見的將來，看來難以迅速和順利實現。面對此種現實，似不宜稍有「積極成果」便過於樂觀，忽視前進途程中勢必再現的坎坷；也不宜因重大難題、懸案依然「健在」，前途依然多艱，便過於急躁、失望或悲觀。回顧和總結歷史，以史為師，人們就不難運用慧眼，客觀地正視現實，多一份冷靜、耐心和韌性，少一些脫離實際的樂觀或悲觀。即使香港會議之後，「多哈發展回合」再次「起死回生」，各項重大難題、懸案的談判再次出現「拉鋸」或僵局、再次受挫甚至再次不歡而散，也早在意料之中，早有思想準備。應繼續以南南聯合自強的韌性奮鬥精神，從容應對，力求「多哈發

展回合」的新一輪多邊談判在今後的一定時期裡，得以在公平互利、南北合作的基礎上全面完成。

總之，要逐步更新國際經濟立法，建立起國際經濟新秩序，舍韌性的南南聯合自強，別無他途可循！

值得重視的是，在南南聯合自強和南北對話的歷史途程中，近幾年來出現的一種新的力量組合和對話方式開始漸露頭角，舉世矚目：由最發達強國組成的七國集團或八國集團的首腦與若干主要發展中國家的領導人定期會晤，開展南北對話，磋商「天下大事」，共謀解決全球性熱點難點問題。此種對話方式已實行數次，最近一次就是二○○八年七月在日本舉行的八國集團首腦同中國、印度、巴西、南非和墨西哥五個發展中國家領導人對話會議。

會議期間，中國領導人胡錦濤針對這種南南聯合自強和南北對話的新形式作了精闢的分析。[49] 也指出：當今世界正處在大變革大調整之中。共同分享發展機遇，共同應對各種挑戰，推進人類和平與發展的崇高事業，事關各國人民的根本利益，也是各國人民的共同心願。發展中國家是維護世界和平、促進共同發展的重要力量。

近年來，發展中國家整體力量上升、團結合作加強，在國際事務中的影響和作用日益增長。中國、印度、巴西、南非和墨西哥五國都是重要的發展中國家，人口占世界的百分之四十二，國內生產總值占世界的百分之十二。**加強五國的協調合作，不僅有利於各自國家發展，也有利於加強南南合作、推動南北對話、推進人類和平與發展的崇高事業**。過去的一年裡，五國初步建立起

多個層面的協調機制，圍繞同八國集團舉行對話會議密切溝通、加強協調，取得了積極成果。我們應該以此為基礎，繼續作出努力。當前，五國已成為世界經濟體系的重要組成部分和世界經濟增長的重要推動力量，應該就世界經濟增長中的重大問題加強溝通和協調，開展互惠互利的雙邊和多邊合作，共同應對不利因素，保持經濟較快發展的勢頭和活力，繼續為世界經濟發展做出貢獻。

胡錦濤主席強調：「南南合作是發展中國家取長補短、實現共同發展的重要途徑。我們**應該為促進南南合做作出積極貢獻、起到表率作用**。一方面，我們應該共同促進多邊主義和國際關係民主化，增強發展中國家在國際事務中的參與權和決策權，為發展中國家發展爭取有利外部環境。另一方面，我們應該積極推動國際經濟、金融、貿易、發展體系改革，維護發展中國家正當權益，提高發展中國家應對各種風險和挑戰的能力，促進世界經濟均衡、協調、可持續發展。」

同時，胡錦濤主席指出，五國應該著眼長遠，推進南北對話。我們應該繼續本著積極務實、求同存異的原則，推動南北國家建立平等、互利、合作、共贏的新型夥伴關係。「**總之，我們五國合作潛力很大，在維護世界和平、促進共同發展方面可做的事情很多。加強團結合作不僅符合我們五國人民的利益，也符合世界各國人民的共同利益。**」

胡錦濤主席的這些分析，言簡意賅，既總結了南南聯合自強的過去，又展望了南南聯合自強的未來，還著重強調了上述五個重要發展中國家所承擔的全球性歷史任務及其在南南聯合自強中

應當發揮的**表率作用**和**中流砥柱作用**。這些精闢分析，引起了全球公眾的共同關注，對於中國今後在推動建立國際經濟新秩序歷史進程中的自我「戰略定位」，尤其具有啟迪意義和指導意義。

可以想見，經過近年來坎昆會議以及香港會議前後的歷練，包括中國在內的眾多發展中國家今後在多邊談判中，必將更加自覺地加強南南聯合，以增強在南北對話中的實力地位，擴大自己在全球經貿大政問題上的發言權、參與權與決策權，以維護自己的正當權益。

但是，也不能不看到：面對發展中國家的重新組合和聯合奮鬥，少數經濟強權國家正在重新耍弄其分化瓦解的故伎，力圖通過各種雙邊談判或地區性安排，予以各個擊破。[50]

由此可見，在當代國際社會中，有兩種力量或兩種走向：一方面是加強南南合作，推動國際經濟秩序的全面更新，從而實現公平互利基礎上的南北合作和全球繁榮；另一方面是瓦解南南合作，從而維護少數經濟強權國家在國際經濟舊秩序下的既得利益。這兩種力量、兩種走向之間的國際較量和角力，今後還將長期存在。國際經濟秩序破舊立新、新舊更替的歷程，依然任重而道遠。但南南合作的道路合乎時代需要，定會與時俱進，越走越寬！

注釋

* 本篇專論有中、英兩種文本。隨著「多哈回合」談判形勢的發展，筆者數度應邀增訂或改寫此文，被中國及國際組織機關公報等國內外六種權威學刊相繼採用、轉載、轉譯，並被輯入英文學術專著。中文本最初發

表於《中國法學》2006 年第 2 期；其增訂補充稿，連載於《世界貿易組織動態與研究》2006 年第 9、10 兩期。

英文和韓文的不同版本先後發表於四種學刊：（1）Be Optimistic，or Be Pessimistic? — The Fork Confronting DDR and WTO After Its Hong Kong Ministerial Conference（《樂觀？悲觀？何去？何從？——香港會議後多哈回合與世貿組織面臨岔路口》，發表於國際組織「南方中心」（South Centre）機關刊物《南方公報》（South Bulletin）第 120 期，2006 年 3 月。「南方中心」是六十二個發展中國家締約組建的政府間國際組織，總部設在日內瓦，被稱為眾多發展中國家的共同「智庫」中國是其成員國之一。（2）A Reflections on the South-South Coalition in the Last Half Century from the Perspective of International Economic Law-making: From Bandung, Doha and Cancún to Hong Kong（《南南聯合自強五十年的國際經濟立法反思：從萬隆、多哈、坎昆到香港》，發表於《世界投資與貿易學刊》 The Journal of World Investment & Trade）2006 年第 7 卷第 2 期。（3）Weak Versus Strong at the WTO《《世貿組織中群弱抗衡強權》》，發表於《日內瓦天下大事論壇》季刊（The Geneva Post Quarterly — The Journal of World Affairs），創刊號，2006 年 4 月。（4）被轉譯為韓文後，發表於韓國仁荷大學《法學研究》（The Journal of Inha Law）2006 年第 9 卷第 1 期。新近，英文稿的最新增訂本又被輯入學術專著 Economic Law Through World Trade: A Developing World Prspete（《從發展中國家視角看世界貿易經濟法》），Kluwer Law International，Alphen aan den Rijn，2007。

〔1〕　See lamiy，I'ts Time for Serious Thinking on What's at Stake Here，http:// www. wto. org/englsh/news_ e/news06_e/tnc_chair_report_27july06_e. htm；WTO News. General Council Supports Suspension of Trade Talks，http:// www. wto. org/ english/news_e/ news 06_e/gc_27july06_e.htm.另參見《多哈回合遭受「重大挫折」》，載《參考消息》2006 年 7 月 26 日第 4 版。

〔2〕　諸如：DDR/WTO全球多邊談判「遭受重大挫折」，「談判已經破裂」，「談判已經無限期推遲」，「重啟談判可能需要數月或數年時間」，「無限期中止離徹底失敗不遠了」，等等。在 7 月 24 日當天的各代表團團長全體大會上，多邊談判的主持人拉米十分無奈、語重心長地說：「恕我坦誠相告：在今天大會的與會者中沒有贏家、輸家之分。今天這裡只有輸家。」用中國成語說，就是「兩敗俱傷」！（"Let me be clear: there are no winners and losers in this assembly. Today there are only losers.") 參見《參考消息》同上綜合報道。See also WTO News—DDA June/July 2006 Modalities: Summary 24 July, Talks suspended, "Today there are only losers.", http://www.wto.org/english/news_e/news06_e/mod06_summary_24july_e.htm; http://www.wto.org/english/news-e/news06-e/tnc-dg-stat-24july06-e.htm.

〔3〕 二〇〇一年十一月在卡塔爾首都多哈舉行的 WTO 第四次部長級會議發表了《多哈宣言》，決定：以全球眾多發展中國家普遍面臨的發展問題為中心，全面啟動新一輪的全球性多邊貿易談判，通常簡稱「多哈發展回合」(Doha Development Round)或「多哈回合」談判。

〔4〕 See Cancún's Charming Outcome, *The Economist*, 20 September 2003, p. 13．

〔5〕 參見《亞非會議最後公報》，「甲、經濟合作」http://big5. china. com. cn/chinese/2005/wlhy50/838285. htm。

〔6〕 迄今為止，其成員國已增至一百三十一個，但仍沿用「77 國集團」這個具有歷史意義的原始名稱。中國一九七一年恢復在聯合國的合法席位和安理會常任理事國的席位之後，雖未直接加入這個集團，成為其正式成員，但一向與這個集團保持密切的協作關係，積極支持其維護弱小民族共同權益，更新國際經濟立法和推動國際經濟秩序除舊布新、破舊立新的正義要求。See Clement Robes (Chair for the Group of 77 and China for1999), The Group of 77 and China: Current Priorities, NY12/01/99, http://www.southcentre.org/southletter/s/33/.

〔7〕 參見《關貿總協定》決議：L/3545，L/4093；汪暄：《論關稅及貿易總協定下的貿易自由化》；高燕平：《國際貿易中的普遍優惠制》，載《中國國際法年刊》，中國對外翻譯出版公司 1986 年版，第 44、59、60、63、161-163 頁。

〔8〕 《憲章》草案交付表決時一百二十票贊成（其中絕大多數是發展中國家）六票反對（美國、英國、聯邦德國、丹麥、比利時、盧森堡）；十票棄權（日本、法國、義大利、加拿大、奧地利、荷蘭、挪威、西班牙、愛爾蘭、以色列）。

〔9〕 如果把貫穿於《宣言》和《憲章》中的法理原則加以粗略概括，其最主要之點在於：第一，確認了各國的經濟主權是不可剝奪、不可讓渡、不可侵犯的。各國對本國的自然資源以及境內的一切經濟活

動，享有完整的、永久的主權。各國有權對它們實行切實有效的控制管理，包括必要時對外資企業實行國有化或將其所有權轉移給本國國民。跨國公司的經營活動，必須遵守東道國的政策法令，接受東道國的司法管轄和管理監督；不得強行索取特惠待遇，不得干涉東道國內政。第二，確認應當按照公平合理和真正平等的原則，對世界財富和經濟收益實行國際再分配，以遏制和消除富國愈富、貧國愈貧的危險趨向和惡性循環。為此，必須在國際生產分工、國際貿易、國際技術轉讓、國際稅收、國際貨幣制度、國際資金融通、國際運輸、公海資源開發等領域，全面地逐步變革現行的不合理、不公平的法律體制，並對發展中國家採取各種不要求互惠的優惠措施。第三，確認一切國家，特別是發展中國家，在一切世界性經濟問題上都享有平等的參與權、決策權和受益權。國家不論大小，不命貧富，應該一律平等。國際經濟事務應該由世界各國共同來管，而不應當由一兩個超級大國來壟斷，也不應當由少數幾個富強的發達國家來操縱。為此，必須在有關的國際組織和有關的國際經濟事務上，變革現行的仗富欺貧、恃強凌弱、以大欺小的決策體制。

〔10〕參見陳安：國際經濟法學芻言》（上卷），北京大學出版社 2005 年版，第 61-69 頁。

〔11〕See Thirty Years of the (roup of 77(1964-1994)，United for a Global Partnership for Development and Peace，South Centre Publications，1994，pp. 13-16; The Future of the Group of 77，South Centre Publications，1996，pp. 5-11.

〔12〕See Declaration of the South Summit Havana Programme of Action，http://www. g77. org/summit/ Declaration;summit/ProgrammeofAction．中國派出的高級代表團出席參加了這次會議，並作了長篇發言，強調：「南南合作首先是一種團結精神，同時也是發展中國家聯合自強、尋求共同發展的重要途徑……只有團結起來，才能提高發展中國家在南北對話中的地位，才能有效參與國際經濟決策，才能在全球化過程中最大限度地維護自身利益。」參見《人民日報》2000 年 4 月 15 日第 1 版。

〔13〕See Martin Khor，Havana Summit，a Defining Moment in G77 History；Coordinating Commission Set Up．Third World Economics，No.232，Geneva，2000，pp.2-3，12-14.

〔14〕 See South Summit in Havana to Mark a "Turning Point" for Developing Countries，http: //www. g77. org/summit/pressrelease；Havana Summit，a Defining Moment in G77 History，supra note 12.

〔15〕 Declaration by the Group of 77 and China on the Fourth WTO Ministerial Conference at Doha，Qatar，22 October 2001，http://www.g77.org/Docs/Doha.htm.

〔16〕 Ibid.，para. 5.

〔17〕 Doha WTO Ministerial 2001: Ministerial Declaration（hereinafter "Doha Declaration"），14 November 2001，http: //www. wto. org/english/the wto-e/miinis-e/miino/-e，paras. 5，2，12，45.

〔18〕 本次會議分歧較大的另一類議題是「新加坡議題」其中包括有關投資、競爭、貿易便利化和政府採購透明度等四個方面的新議題。這些議題早在一九九六年在新加坡召開的 WTO 第一次部長級會議上即已提出，但迄未正式啟動多邊談判。此次坎昆會議上，對於是否在近期內正式啟動這些新議題的談判，發達成員與發展中成員也存在重大矛盾，迄難達成共識，陷入僵局。

〔19〕 參見許宏治（人民日報駐墨西哥記者）：《坎昆會議無果而終》，載《人民日報》2003 年 9 月 16 日第 3 版。

〔20〕 據當時媒體報導：此次會議上出現了「發展中國家以三大集團對抗發達國家」的現象。除上述「21 國集團」之外，另外兩個集團是由非加太國家、非洲聯盟國家和孟加拉等最不發達國家聚合組成的聯盟，以及多米尼加、肯尼亞、斯里蘭卡等三十三國結成的聯盟。參見《世貿部長會議發展中國家以三大集團對抗發達國家》http: //www. people. com. cn/GB/jingji/1037/2091073 html。

〔21〕 法新社二〇〇三年九月十二日報導：在這次坎昆會議上，美國和歐盟實際上面對的是二十多個發展中國家組成的集團，這些國家主要有巴西、中國和印度等。它們要求富國大幅削減農產品補貼並完全取消對農業出口商的官方資金援助。日本《每日新聞》同年九月十三日報導，貿易人士分析説：「會議上政治色彩比經濟琰判色彩更濃。」其背景是，歐美一直主導貿易自由化琰判，發展中國家反對這個世貿組織延續多年的框架，可以説是發展中國家向發達國家發起挑戰，想和發達國家「一決雌雄」。英國《經濟學家》週刊在當年九月十五日的一期發表了題為《坎昆會議已成重大事件》的文

章，指出：「此次會議高明的政治手段比會議產生的任何單項建議都將具有更加深遠的影響。以中國、印度和巴西為首的發展中國家第一次自我組織起來，形成聯盟，即 21 國集團，表明了它們要與歐盟和美國較量的意願。就像工會的誕生一樣，發展中國家發現了團結、行為準則和對抗的力量。」「中國的參與對這一進程至關重要。印度和巴西以前曾努力組建一個發展中國家集團，但總是因各種經濟或政治壓力而失敗。中國是一個大國，而且地位重要，所以不能任意擺布。有了中國，這個聯盟才有意義。」「世貿組織是一個發展中國家在其中擁有較大權力的論壇。如果聯合起來，它們就能獲得平等待遇；如果單獨行事，它們就會被當作是乞討者。」日本《朝日新聞》同年九月十三日報道：在世貿組織的部長會議上，首次出席會議的中國顯示出影響力；中國發揮了非凡的外交手腕；中國同發展中國家站在一起，明確主張：在農業補貼問題上應當停止實施以美歐為主導的世界貿易組織體制。參見《坎昆會議：農業問題成為焦點》《中國在坎昆展現非凡外交手腕》，分別載於《參考消息》2003 年 9 月 14 日第 4 版、2003 年 9 月 17 日第 1 版。

〔22〕 Ministerial Declaration, by the Ministers of Foreign Affairs of the Group of 77 and China, New York,25 Sept. 2003, http://www.g77.org/Docs/Dec/2003.htm.

〔23〕 參見陳安：《南南聯合自強五十年的國際經濟立法反思——從萬隆、多哈、坎昆到香港》，載《中國法學》2006年第2期。See also An Chen, A Reflection on the South-South Coalition in the Last Half Century from the Perspective of International Economic Law-making: From Bandung, Doha and Cancún to Hong Kong, *The Journal of World Investment & Trade*, Vol.7, No.2, April 2006。

〔24〕 Statement to the Media by Pascal Lamy upon Taking Office on 1 September 2005，http://www. wto. org/english/news_e/news05_e/dg_lamy_1sept05_e. htm.

〔25〕 See Lamy Opens "New Phase" in Trade Talks，http://www. wto. org/english/news_e/news05_ e/tnc_stat_lamy_14sep05_e. htm.

〔26〕 See Martin Klor，Trade：Mood at WTO Gloomy as "Ministerial Green Room" Convenes，in SUNS# 5911Wednesday，9 November 2005 [Geneva，Email Edition].

〔27〕 Lamy Says Diferences Require "Recalibration" of Hong Kong Expectations，Calls for "Negotiating Spirit" to Advance Trade Talks，http: //www. wto. org/english/news_e/news05_e/stat_lamy_nov05_e. htm.

〔28〕 Christina Davis，Why These Trade Talks Need to Fail? in *Internaional Herald Tribune*，7 December 2005，http://www. iht. com/ articles/ 2005/12 / 07 / opinion/eddavis. php.據談報與編者註：本文作者是美國普林斯頓大學威文遜學院的政治學助理教授，是《糧食對抗自由貿易：國際機構如何促進農業貿易自由化》一書的作者。

〔29〕 據新華社報導，日本為「保護」本國大米市場，目前對進口大米所徵關稅竟高達 778%。參見《農業談判——多哈回合談判的重中之重》，http: //finance. people. com. cn/GB/42773/3943545. html。

〔30〕 See Day 6: Ministers Agree on Declaration that "Puts Round Back on Track", http://www.wto.org/English/thewto_e/minist_e/min05_e/ min05-e18dec_e.另參見《世貿第六次部長級會議閉幕通過〈部長宣言〉》，http://finance.people.com.cn/GB/42773/3652155.html；《世貿組織第六次部長級會議在香港閉幕》，http://world.people.com.cn/ GB/1029/3952117.html。

〔31〕 參見《WTO 香港會議主席曾俊華在記者招待會上的發言要點》，載港府《新聞公報》2002 年 12 月 18 曰，http://sc.info.gov.hk/gb/ www.info.gov.hk/gia/general/200512/18/P20.

〔32〕 參見《香港行政長官就世貿會議發表聲明》，載港府《新聞公報》2002 年 12 月 18 日，http://sc. info. gov. hk/gb/www. info. gov. hk/gia/ general/200512/18/P20.

〔33〕 參見《世貿香港協議毀譽參半》，載《參考消息》2005 年 12 月 20 日第 4 版。

〔34〕 參見陳安：《南南聯合自強五十年的國際經濟立法反思——從萬隆、多哈、坎昆到香港》，載《中國法學》2006年第2期。See also An Chen, A Reflection on the South-South Coalition in the Last Half Century from the Perspective of International Economic Law-making: From Bandung, Doha and Cancún to Hong Kong, *The Journal of World Investment & Trade*, Vol.7, No.2, April 2006。

〔35〕 See Madin Khor，Trade：WTO Ministerial Outcome Imbalanced

Against Developing Countries in SUNS（Email Edition，Geneva），#5941，21 December 2005，http: //www. sunsonline. org/.

〔36〕 See Pascal Lamy's Ministerial Conference Diary，http://www. wto. org/ english/thewto _ e/dg_ e/pl_ visitors_e/min05_blog_e.htm.

〔37〕 See Ministerial Declaration，Sixth Ministerial Conference，adopted on 18 December 2005，Article 47，AnnexF，(36)(a) (i)，(ii) WTO, WT/ MIN (05)/DEC。另參見葛傳紅：《世貿香港峰會成就中國「窮國代言人」形象》，載《國際金融報》2005 年 12 月 23 日第 15 版。

〔38〕 See Madin Klor，Trade：WTO Ministerial Outcomie Imbalanced Against Developing Countries，in SUNS [Email Edition，Geneva]，#5941，21 December 2005，http://www. sunsonline. org/.

〔39〕 See Madin Klor，Trade：WTO Ministerial Outcomie Imbalanced Against Developing Countries，in SUNS [Email Edition, Geneva] . #5941，21 December 2005，http://www. sunsonline. rg/.

〔40〕 參見《世貿香港協議毀譽參半》，載《參考消息》2005 年 12 月 20 日第 4 版。

〔41〕 Developing Countries Sacrifice to Save Doha Negotiations，Press Release，Hong Kong，18 December 2005，http://www.southcentre. org.

〔42〕 參見新華社香港 2005 年 12 月 1 日電：《中國代表團稱香港會議取得的進展是積極的》http://www. people. com, cn/GB/1029/3952111. htm。

〔43〕 參見《多哈回合期待突破》，載《公共商務信息導報》2005 年 12 月 20 日第 1 版。

〔44〕 諸如：DDR/WTO 全球多邊談判「遭受重大挫折」，「談判已經破裂」，「談判已經無限期推遲」，「重啟談判可能需要數月或數年時間」，「無限期中止離徹底失敗不遠了」，等等。在七月二十四日當天的各代表團團長全體大會上，多邊談判的主持人拉米十分無奈、語重心長地説：「恕我坦誠相告：在今天大會的與會者中沒有贏家、輸家之分。今天這裡只有輸家。」用中國成語説，就是「兩敗俱傷」！（"Let me be clear: there are no winners and losers in this assembly. Today there are only losers."）參見《參考消息》同上綜合報道。See also WTO News— DDA June/July 2006 Modalities: Summary 24 July, Talks suspended, "Today there are only losers.", http://www.wto.org/english/news_e/news06_e/mod06_summary_24july_e.htm; http://www.wto.org/english/news-e/news06-e/tnc-dg-stat-24july06-e.htm.

〔45〕中國代表團團長、商務部部長陳德銘在二〇〇七年七月底此次談判破裂後表示，多哈回合談判目前出現嚴重困難的關鍵是美國在自己利益得到保障後漫天要價。印度商業和工業部部長納特也批評美國不顧多哈回合旨在促進發展中成員發展的本意，為了一己私利阻礙談判進程。參見《世貿組織多哈回合談判關鍵一搏宣告失敗》,http://news. 163. com/08/0730/00/412FVT7G0001121M. htm。

〔46〕See An Chen，South-North Conflicts in a Historical Perspective，excerpted from "Be Optimistic，or Be Pessimistic? —The Fork Confronting DDR and WTO After Its Hong Kong Ministerial Conference"（陳安：《樂觀？悲觀？何去？何從？———香港會議後世貿組織與多哈回合面臨岔路口》），in the South Bulettin，No. 120，March 2006; also be posted on the website of the intergovernmental organization, South Centre, http://www.southcentre. org.See also An Chen，Weak Versus Strongatthe WTO :The South-South Coalition from Bandung to Hong Kong（陳安：《世貿組織中群弱抗衡強權》），*The Geneva Post Quarterly—The Journal of World Affairs*，April 2006.

〔47〕春秋戰國後期，秦國最強大且十分霸道，齊、楚、燕、趙、韓、魏六國均相對弱小而受欺。南北為縱，六國地連南北，故六國聯合抗秦謂之「合縱」。東西為橫，秦地居西，六國居東，故六國共同服從秦國謂之「連橫」。「合縱」是當時六國的政治戰略家蘇秦的主張，「連橫」是當時秦國的政治戰略家張儀的主張。參見《辭海》（縮印本），「合縱連橫」詞目，上海辭書出版社 1979 年版，第 319 頁。

〔48〕See Understanding the WTO，3rd edition. Previously published as "Trading into the Future" September 2003，revised October 2005，http://www. wto. org/english/thewto_e/whatis_e/whatis_e. htm.

〔49〕參見《胡錦濤在發展中五國領導人集體會晤時的講話》，http://news. xinhuanet. com/newscenter/2008- 07/08/content_8512384. htmi。

〔50〕據媒體報導：坎昆會議期間，美國面對發展中國家的「集團作戰」就曾竭力採取分化政策。美國對參加「21 國集團」的中美洲國家表

示：如果它們脫離「21 國集團」美國將增加從這些國家進口產品的配額。美國參議院財政委員會主席格拉斯利（Charles Gassley）在二〇〇三年九月十二日則警告說，他對那些正在與美國進行自由貿易區談判但又加入「21 國集團」的拉丁美洲國家表示「失望」，拉丁美洲國家在坎昆的行為「會影響美國將來的決策」，語含恫嚇，並產生了一定的「效果」。例如，「20 國集團」在坎昆會議期間原先有二十二個成員國，其後不久，祕魯和哥倫比亞就因受到美國的壓力而退出了。See Balakrishnan Rajagopal, A New Opportunity in Cancún's Failure, *Yale Global* , 3 December 2003 , http:// yaleglobal. yale. edu/display. article? id= 2937.當時與會的美國貿易副代表一面堅持強硬的態度，他公開懷疑「同床異夢的發展中國家是否能真正團結起來」；另一面「想用經濟援助等手段，拚命離間發展中國家的團結。」在此次坎昆會議開幕之前，美國總統小布什還曾親自打電話與牽頭提出二十一國聯合提案的巴西總統盧拉協商，希望巴西作出妥協。但據說盧拉反駁：「不能損害國家利益。」（參見前引《三大集團對抗發達國家》和《坎昆會議：農業問題成關注焦點》。）隨後，美國又憑仗其實力，刻意冷落多邊，「移情」雙邊。美國首席談判代表佐立克（Zoellick）撰文鼓吹：「美國不能無所事事，坐等那些『不幹』的國家」並且積極行動，去和那些「願幹」的國家（"will- do" countries）在雙邊基礎上尋求「合作」。See Robert Zoellick, America Will not Wait for the Wont-Do Countries , *Financial Times* , 22 September 2003。許多信息表明，近年來美國一直在按此行事，已經陸續與一些國家簽訂了雙邊自由貿易協定，並正在與另一些國家談判簽訂同類協定。

第三十章

南南聯合自強：年屆「知命」，路在何方？

——國際經濟秩序破舊立新的中國之聲

↘內容提要

　　全球南南聯合自強事業如果從一九六四年「77 國集團」創建起算，於今（2014 年）正好步入「知天命」的「人生階段」。半個世紀以來，為了實現國際經濟秩序和國際經濟法的破舊立新，從而爭取更加公平公正的國際發展環境，全球南方國家通力合作，集體行動，在諸如國際貿易、國際投資和國際金融各領域均取得了可觀成就，也遭遇了不少困難；有過高潮迭起，也有過持續低迷。中國儒家傳統智慧提倡每十年即進行一次全面的人生反思，總結經驗，以為未來改善自我、不息自強之借鑑。個人如此，群體亦然。全球南方國家在年屆「知命」這個歷史節點，顯有必要回顧、梳理南南聯合事業過往的成就和困難，用戰略眼光重新審視曾經的高潮和低迷，並結合當前的國際經濟新形勢，避免戰略短視，重新堅定理念自信和道路自信，在「知天命」之後，整裝重新出發，邁步走上新的征程，爭取新的成就。中國學人身處和平崛起之鄉，在這個歷史節點，將中國在南南聯合事業中的傳統自我定位實踐加以梳理總結，獻予世人共享，互相策勵，更是應盡

的時代天職。值得重視的是，二〇〇八年以來，中國率先積極參與和推動金磚國家為國際經濟秩序破舊立新鼓與呼。此種創舉，正在不斷走向新高度。二〇一四年，中國又在國際金融體制方面獲得引人注目的實質性突破，成功組建「金磚開發銀行」，獨樹一幟，挑戰世界銀行，猶如「風起於青萍之末」，其可能的「蝴蝶效應」確實不容小覷，並為南南聯合自強之光明前途平添了新的有力佐證。

↘目次

一、引言：南南聯合步入「知天命」之年

　　中國儒家先賢孔子在總結他的人生歷程時稱：「吾十有五而志於學，三十而立，四十而不惑，五十而知天命，六十而耳順，七十而從心所欲，不踰矩。」[1]不論是群體組織還是個體自身，都必須不斷學習和實踐才能持續進步和提升。以此觀之，全球南南聯合自強事業如果從一九六四年「77 國集團」創成起算，於今（2014 年）正好步入「知天命」的「人生階段」，也理應科學總結過去，大步邁向未來。

　　儒者一般認為，所謂「知天命」即「領悟自己負有使命，必須設法去完成」[2]。在這一點上，個人和群體之間既有大同又有小異：個人自身大多需要經過生活閱歷的累積和眼界的不斷開闊，才能夠逐步思考清楚其所負有的使命；而群體組織則通常生來就具有目的性，並因而「負有既定使命」。根據「77 國集團」在《阿爾及爾憲章》（Charter of Algiers）中的說明，南南合做事業主要包括以下幾個範疇的既定「使命」一是在政治上實現和鞏

固南方國家的平等獨立，二是在經濟上在貿易、投資、金融和發展援助等各方面展開協同合作，三是在技術上進行互通和交換，從而推動南方國家經濟社會整體全面發展。[3] 為完成此種既定「使命」必經的主要途徑是，通過變革不公正、不合理的國際經濟舊秩序，以及建立更公平、更合理的國際經濟新秩序，[4] 以創造一個更公平、更公正的國際發展環境，從而使南方國家能夠擁有更公平、更公正的發展機會。[5]

然而，在國際經濟秩序和國際經濟法的發展過程中，始終貫穿著強權國家保持和擴大既得經濟利益、維護國際經濟舊秩序與貧弱國家爭取和確保經濟平權地位、建立國際經濟新秩序的矛盾和鬥爭，簡稱「南北矛盾」。南北矛盾衝突的焦點和實質，是全球財富的國際再分配。而新、舊國際經濟秩序的根本分野，則在於全球財富國際再分配之公平與否。國際經濟舊秩序是廣大南方國家爭取經濟獨立、鞏固政治獨立的嚴重障礙，是它們發展民族經濟的桎梏。質言之，針對二戰後由北方國家陣營主導制定的一整套國際經貿規則，由於其中含有各種不公平、不公正的內容，故南南聯合事業一直致力於逐步加以改善和變革，致力於「棄舊圖新」和「推陳出新」，建立起一種更加公平、公正的國際經濟新秩序以及相應的國際經貿規則。簡言之，南南聯合事業的奮鬥目標，始終聚焦於國際經濟秩序和國際經濟法的「破舊立新」。

中國學界普遍認為，國際經濟法可以進一步細分為國際貿易法（包括貨物、服務、技術等）、國際投資法、國際金融法等若干主要分支，而國際公法中諸如國家獨立、主權平等、和平共處等若干基本問題，又對國際經濟法理論和實踐有直接的影響。因

此，理應從這些主要分支領域切入，以國際經濟法法理的視角檢視：半個多世紀以來，全球南南聯合事業「所負使命」的執行情況如何？其在國際經濟各類事務中的立法、釋法、執法、守法與變法的實踐進程如何？它們在國際經濟秩序破舊立新的總進程中發揮了哪些正面的促進作用？遇到了哪些重大障礙和阻力？今後應當如何群策群力，排除這些障礙和阻力？此外，作為中國學人，還理應回答：中國作為發展中大國和新興崛起的大國，在南南合作事業中的自我定位和歷來實踐如何？今後應當如何在國際經濟秩序破舊立新的總進程中進一步發揮其責無旁貸的歷史作用？……

以上各種問題，都有待我們去認真反思，去科學總結。換言之，全球南方國家在年屆「知命」這個歷史節點，顯然很有必要回顧、梳理南南聯合事業過往的成就和困難，用戰略眼光重新審視曾經的高潮和低迷，並結合當前的國際經濟新形勢，避免戰略短視，重新堅定理念自信、理論自信和道路自信；在「知天命」之後，整裝重新出發，邁步走上新的征程，爭取新的更大成就。至於中國學人，身處和平崛起之鄉，在這個歷史節點，把中國在南南聯合事業中的傳統自我定位實踐加以總結梳理，獻與世人共享，互相策勵，更是應盡的時代天職。

基於以上立意，本章擬按如下順序進行回顧和展望：第一，按照大約每隔十年為一單元的歷史跨度，簡要回顧半個多世紀以來南南聯合事業的曲折起伏進程；第二，分別考察國際經濟法各主要分支領域中，南南聯合所推動的代表性立法、變法措施及其嗣後實踐的實際情況，以及由此帶來的經驗和啟發；第三，對中

國在南南聯合事業中的自我定位和歷來實踐進行簡要梳理；第四，綴以「餘論」，對全章作扼要總結。

二、從萬隆到福塔萊薩：南南聯合的曲折發展

第二次世界大戰結束以來，眾多發展中國家強烈要求徹底改變數百年殖民統治所造成的本民族的積貧積弱，要求徹底改變世界財富國際分配的嚴重不公，要求更新國際經濟立法，徹底改變不公平不合理的國際經濟舊秩序，建立起公平合理的國際經濟新秩序。但是，這些正當訴求卻不斷地遭到國際社會中為數不多的發達強國即原先殖民主義強國的阻撓和破壞。它們憑藉其長期殖民統治和殖民掠奪積累起來的強大經濟實力，千方百計地維持和擴大既得利益，維護既定的國際經濟立法和國際經濟舊秩序。由於南北實力對比懸殊，發展中國家共同實現上述正當訴求的進程，可謂步履維艱，進展緩慢。在一九五五年四月的萬隆會議（即首屆亞非會議）上，《亞非會議最後公報》向全世界宣告了亞非弱小民族共同的奮鬥目標和行動準則：迅速根除一切殖民主義禍害，維護國家主權和民族獨立，並在互利和主權平等的基礎上，開展國際經濟合作。為此目的，必要時可以「採取集體行動」，「採取一致的態度」，或「制定共同的政策」，或「在國際會談中事先進行磋商，以便儘可能促進它們共同的經濟利益」。[6] 可以說，正是從此時起，眾多發展中國家在全球性南北矛盾十分尖銳和「南弱北強」力量懸殊的形勢下，開始形成明確的戰略思想：**南南聯合自強**。

其後，南南聯合自強事業雖然步履艱難，但其持續發展的進程，卻也未曾中斷。

試略述其簡要進程如下。

（一）南方國家的「77國集團」

一九六四年六月在聯合國貿易和發展會議（UNCTAD）上成立的「77國集團」，[7] 是全球眾多發展中國家實行「南南聯合自強」的重要組織形式，也是它們凝聚分散力量，通過聯合奮鬥，更新國際經濟立法，推動國際經濟秩序破舊立新的重要手段。

「77國集團」作為第三世界在聯合國內部最大的聯合體，組建迄今，已經五十多年。在這段歷史時期中，它經歷了曲折的發展道路：在南北矛盾—南北對話—南北合作的總進程中，通過南南聯合自強，在更新國際立法方面取得了重大的成就，也遭遇到重大的困難，其影響力一度有所削弱。但是，進入二十、二十一世紀之交，它又重整旗鼓，恢復了活力，開始了新的征程。

在二十世紀六〇年代中期至七〇年代末這段時間裡，「77國集團」的聯合奮鬥是卓有成效的，其突出的事例有（1）一九六四至一九六八年，大力倡導和率先制定了有利於發展中國家的「非互惠的普惠制待遇」等改革方針和新的法理原則，推動了當時「GATT 1947」舊法律體制的局部改革；[8]（2）一九七四年，聯合國大會通過了《建立國際經濟新秩序宣言》，[9] 隨後又以壓倒性多數票推動通過了《各國經濟權利和義務憲章》。[10]

在二十世紀八〇年代初至九〇年代中期，西方的新自由主義

理念逐漸達至鼎盛，加上其他因素的綜合作用，在許多國際多邊談判中，特別是在長達八年（1986-1994）之久的 GATT 烏拉圭回合談判之中，發展中國家往往未能像昔日那樣達成共識，集體決策，聯合行動，從而往往在多邊談判中處於弱勢地位。相形之下，發達國家，特別是其中的經濟大國和強國，卻常能在舊體制之下，憑藉其綜合實力，操縱全局，在制定國際經貿大政方針及具有法律約束力的各種「遊戲規則」（以下簡稱「法律規則」）方面，處在絕對主導的地位。也正是在這樣的背景下，烏拉圭回合談判的最終成果——《世界貿易組織協定》得以繼續拓展貿易自由化的範圍，強化貿易自由化的紀律。

（二）「南方中心」

有鑒於此，發展中國家回顧和總結了這一歷史階段的缺失和教訓，重新認識到「南南聯合」在「南北對話」和更新國際經濟立法中的重要意義，開始著手進行自身力量的重新整合。一九九四年，它們一致達成《建立南方中心協定》，並且依靠這個由眾多發展中國家共建的政府間組織，積極開展有關南北矛盾、南北談判對策的全面研究。

二十世紀九〇年代後期起，「南方中心」的研究結論反覆強調：在經濟全球化加速發展的條件下，全球經濟大政及其有關國際經濟立法，實際上由寥寥幾個經濟強國組成的「七國集團」所把持和操縱，**沒有任何單一的發展中國家的力量能夠改變這種現狀。**

因此，今後在針對一系列全球性問題進行討論和決策的國際

論壇上和多邊談判中，南方各國比以往任何時候都更加需要採取集體行動，才能贏得公平、公正和合理的結果。為了維護發展中國家共同的根本利益，必須適應形勢的變化，通過精心研究和科學設計，調整和更新「77 國集團」的綱領，重新協調不同的利益，重新增強共識和內部凝聚力。[1]實踐證明：隨著時間的推移，根據《建立南方中心協定》組建的「南方中心」在凝聚發展中國家的意志和力量，強化南南聯合，促進南北平等對話和南北互利合作，更新國際立法等方面，正在發揮著日益重要的「智囊」作用。「南方中心」的組建及其積極開展活動，標誌著「77 國集團」開始重整旗鼓。

（三）南方首腦會議

二〇〇〇年，南方首腦會議在古巴首都哈瓦那舉行，這是「77 國集團」成立三十六年以來召開的層次最高、規模最大的一次會議。當時共一百三十二個發展中國家的元首、政府首腦或其代表聚首一堂，共商全球大計，其中心主題就是：如何應對世界經濟加速全球化給眾多南方國家帶來的嚴峻挑戰和重大風險；如何通過南方國家的團結一致和聯合行動，敦促南北平等對話，力爭南北完全平等地參與世界經濟大政的決策和有關法律規則的制定；如何開展南北互利合作，建立一個公正、公平、合理的國際經濟新秩序。會議結束時，發表了《南方首腦會議宣言》以及為實現此項宣言而制定的《哈瓦那行動綱領》；[12]決定籌組一個「南方協調委員會」，統一協調和組織實施此次首腦會議制定的上述《哈瓦那行動綱領》和有關南南合作的各項決定。[13]國際

興論認為，這標誌著「77 國集團」發展史上一個新的重大轉折，也標誌著進一步加強「南南聯合」、更新國際立法、推動國際經濟秩序除舊布新和破舊立新，開始了新的征程。[4]

此時，原先的 GATT 體制已進一步發展成為 WTO 體制。因此，如何在這個號稱「經濟聯合國」的新體制中發揮發展中國家集團的作用，提高自己在全球經貿大政及其法律規則問題上的發言權、參與權、決策權和制定權，就成為「77 國集團」面臨的新課題。

（四）「多哈發展回合」的啟動與中國的「入世」

在眾多發展中國家重新凝聚和強烈要求下，二〇〇一年十一月十日，WTO 在卡塔爾首都多哈舉行的第四次部長級會議（通稱「多哈會議」）上通過了《多哈宣言》，決定：

以全球發展中國家普遍面臨的發展問題為中心，全面啟動新一輪的全球性多邊貿易談判（這也是 WTO 成立之後啟動的首輪多邊談判），以便對現有的 WTO 體制和規則，即有關的國際經濟立法，加以必要的改善和更新。此輪多邊貿易談判又稱「多哈發展回合」談判，或「多哈回合」談判，寓意是要為發展中國家帶來切實的利益。因此，取消阻礙發展中成員發展的措施是多哈回合的一個核心目標。會議還通過了《關於中國加入世界貿易組織的決定》，中國自二〇〇一年十二月十一日起正式成為 WTO 成員。這就為眾多發展中國家在 WTO 體制內部開展南南合作和進行聯合鬥爭增添了強大的中堅力量。

從法律的角度看，WTO 體制及其各項多邊規則乃是國際經

濟法的一個重要組成部分。舉世矚目的「多哈回合」談判，說到底，乃是針對有關世界貿易的現行國際經濟立法如何進一步除舊布新問題而開展的新一輪全球性磋商，其主旨在於促使 WTO 現行體制及其各項多邊規則——各項國際經濟立法，獲得必要的更新和改善。

「多哈回合」談判所涉議題遠遠超過 GATT 時期的歷次談判，不僅包括農業等傳統領域，還涉及服務業、知識產權、市場透明度、外國投資、貧窮國家以低廉價格獲得藥品等眾多新的領域。議題的廣泛也導致眾多談判方集結形成形形色色的利益集團，這使得其自二〇〇一年底啟動後進展遲緩。二〇〇三年九月十四日，就多哈回合展開談判的「坎昆會議」即 WTO 第五次部長級會議，由於南北兩大類成員之間激烈的利害衝突，導致不歡而散，無果而終。經過兩年多大大小小的折衝樽俎，各方又於二〇〇五年十二月十三至十八日在香港召開 WTO 第六次部長級會議，繼續多哈回合談判。此次會議初步打破了停滯兩年多的僵局，獲得一些積極進展，但仍留下若干關鍵性爭端難題，懸而未決。自二〇〇八年以來，金融危機使得各國更關注自己的貿易政策，貿易保護主義傾向抬頭，談判更難以取得實質性的進展。在二〇一三年十二月 WTO 第九次部長級會議上，久拖不決的多哈回合談判，在延期的十二月七日最後一刻，出人意外地有了早期收穫，這些收穫被稱為「峇里島一攬子協議」（Bali Package）。中國在其中扮演了促談、促和與促成的角色。[5]

（五）金磚國家領導人會晤

作為南方國家集團中不可忽視的一股力量，包括巴西、俄羅斯、印度、中國和南非在內的金磚國家，自二〇〇九年以來，已經成功舉行六屆領導人會晤，每屆會晤都取得豐碩的階段性成果，在推動和引導南南聯合事業上做出了長足的貢獻。在二〇一四年於巴西舉行的第六屆領導人會晤上，更是發表了《福塔萊薩宣言》，[16] 商妥並公布了建立金磚國家開發銀行的框架協議，實質上即為對現有的西方發達國家主導的國際金融秩序和規則體系構成突破性的競爭和旗幟鮮明的公開挑戰。對於眾多南方國家而言，自二〇〇八年以來金磚國家不斷深化的合作，無疑是一個鼓舞人心、提升鬥志的重大利好消息。

（六）小結

從以上簡略的歷史回顧中，不難看出：

第一，從萬隆到福塔萊薩，近六十年來南南聯合自強、更新國際經濟立法的過程，始終在曲折中行進。事實上，二戰結束以來，在全球經濟的發展過程中，始終貫穿著強權國家與弱勢群體之間的爭鬥，前者力圖維護既定的國際經濟秩序和國際經濟立法，以保持和擴大既得的經濟利益；後者力爭更新現存的國際經濟秩序和國際經濟立法，以獲得經濟平權地位和公平經濟權益。這些爭鬥往往以雙方的妥協而告終，妥協之後又因新的矛盾而產生新的爭鬥，如此循環往復不已。這種歷史進程似可概括地稱為螺旋式的「6C 軌跡」或「6C 律」即 Contradiction（矛盾）→Conflict（衝突或交鋒）→Consultation（磋商）→Compromise

（妥協）→Cooperation（合作）→Coordination（協調）→Contradiction New（新的矛盾）但每一次循環往復，都並非簡單的重複，而都是螺旋式的上升，都把國際經濟秩序以及和它相適應的國際經濟法規範推進到一個新的水平或一個新的發展階段，國際社會弱勢群體的經濟地位和經濟權益也獲得相應的改善和保障。

第二，由二○○一年多哈會議啟動的「多哈發展回合」談判以及其後二○○三年坎昆會議和二○○五年香港會議上的風雲變幻，直至二○一三年底「峇里島一攬子協議」的達成，實質上乃是近六十年來南北矛盾衝突以及南南聯合自強、更新國際立法的過程在曲折中行進的一個新階段，也是前述「6C 律」在新時代的再次展示。

第三，自二○○八年金融危機以來，金磚國家集團的幾個「身材魁梧」體量重磅」的發展中國家持續開展深入合作，不僅本身是一個南南合作的成功示範，同時對世界範圍內的全球南南聯合事業（Global South Coalition），也必將產生積極的推動作用。

第四，以史為鑑，也容易看出，到目前為止，在國際經濟法律領域內，南南合做事業的關注點偏重於立法和變法，而較少地涉及司法和執法。雖然沒有人會否認建立公平合理的國際經濟法律規則、變革當前不公平合理的國際經濟法律規則的重要性，但是「法律的生命在於實踐」這句法理格言同樣適用於國際經濟法。換言之，南南合作的「使命」，似乎不能止步於或者滿足於法律規則的建立，而應當也涵蓋甚至更加重視這些規則的實踐。

下文將分別在 UN 框架下、GATT 框架下以及國際投資法和國際金融法領域內，考察南南聯合下推動的立法、變法歷程，以及這些規則面臨的嗣後質疑或者其嗣後實踐情況。

三、國際經濟法律實踐中的南南聯合

（一）UN 框架下的南南聯合型立法及其嗣後質疑

聯合國一向是南方國家聯合表達立場，並推動更加公平公正的新規則訂立的重要場所。這種南南聯合立法的活動，在二十世紀七〇年代達到了高潮。在「77 國集團」及 UNCTAD 的推動促成下，一九七四年的聯合國大會以壓倒性多數票通過了《建立國際經濟新秩序宣言》（以下簡稱《宣言》）以及《各國經濟權利和義務憲章》（以下簡稱《憲章》），這是聯合國框架內南南聯合成功推動的最具代表性的立法運動。

如果把貫穿於《宣言》和《憲章》的法理原則加以粗略概括，其最主要之點在於：第一，確認了各國的經濟主權是不可剝奪、不可讓渡、不可侵犯的。各國對本國的自然資源以及境內的一切經濟活動，享有完整的、永久的主權。各國有權對它們實行切實有效的控制管理，包括必要時對外資企業實行國有化或將其所有權轉移給本國國民。跨國公司的經營活動，必須遵守東道國的政策法令，接受東道國的司法管轄和管理監督；不得強行索取特惠待遇，不得干涉東道國內政。第二，確認應當按照公平合理和真正平等的原則，對世界財富和經濟收益實行國際再分配，以遏制和消除富國愈富、貧國愈貧的危險趨向和惡性循環。為此，

必須在國際生產分工、國際貿易、國際技術轉讓、國際稅收、國際貨幣制度、國際資金融通、國際運輸、公海資源開發等領域，全面地逐步變革現行的不合理、不公平的法律體制，並對發展中國家採取各種不要求互惠的優惠措施。第三，確認一切國家，特別是發展中國家，在一切世界性經濟問題上都享有平等的參與權、決策權和受益權。國家不論大小，不論貧富，應該一律平等。國際經濟事務應該由世界各國共同來管，而不應當由一兩個超級大國壟斷，也不應當由少數幾個富強的發達國家操縱。為此，必須在有關的國際組織中和有關的國際經濟事務上，變革現行的仗富欺貧、恃強凌弱、以大欺小的決策體制。

與此同時，眾多發展中國家弱小民族凝聚分散力量，形成綜合實力，運用第三世界在聯合國內憑平等表決制形成的多數優勢，促使聯合國的各種機構通過了比較公平合理和有利於發展中國家的決議，其中包括若干具有法律約束力的決定。它們還推動聯合國創設了一些新的機構或機制，實施有助於貧弱國家經濟增長的各種方案，諸如：推動各有關國家締結各種專項商品協定，實施綜合性商品方案，設立公共基金，以促進發展中國家資源的開發和初級商品的出口；促進召開援助最不發達國家的各種專題會議，減免窮國的官方債務；促進修訂對發展中國家不利的國際運輸規則，控制損害技術落後國家的限制性商業做法；設計和闡明各種南南合作的項目，就弱國經濟發展的重大外部環境和條件問題開展南北對話，促進制訂和實施連續性的「聯合國十年發展規劃」（UN Decades of Development）等等。[7] 此外，它們通過聯合國各種講壇的論戰或有關的決議，對國際社會中的政治霸權和經

濟霸權加以批判、抵制和約束；敦促聯合國各有關機構就全球性
經濟發展嚴重失衡、世界財富的國際分配嚴重不公、南北兩類國
家貧富懸殊的鴻溝不斷擴大等重大問題，加強研究評析，採取相
應的有效措施，逐步加以解決。

前述綱領性、法典性國際文獻所確立的基本法律觀念和基本
法理原則，是新型國際經濟法基本規範發展的重要里程碑，也是
此後進一步建立新型國際經濟法規範體系的重要基石。經過幾十
年來的實踐，這些基本法律觀念和基本法理原則已日益深入人
心，逐漸成為當代國際社會的法律共識。[8]

儘管如此，這種南南聯合型立法在實踐中遭到了不小的阻
力。作為《憲章》中的核心規定之一，東道國對於外國投資者的
徵收權利和補償標準問題，[9] 發達國家持續表示反對。這就導
致了形成國際習慣法的關鍵因素持續欠缺，並使得《憲章》和
《宣言》停留在寬泛原則的層面。[10] 這也招致了許多來自學理上
的質疑。傳統上認為，對國家行為之認定，聯大決議構成了一種
非常強有力的證據，從而有助於國際習慣法規則的創制。[11] 但
是，不少學者仍然認為，諸如《宣言》和《憲章》等規範文件，
完全不具有國際法上的約束力。例如，洛文費爾德教授在其二
〇〇二年推出、二〇〇八年修訂再版、流行全球的《國際經濟
法》教材中，對於占全球人口百分之七十的發展中國家的正義主
張和法學見解，對於改革國際經濟舊秩序，建立國際經濟新秩
序，確立國際經濟法新準則，維護和尊重各弱小民族國家的經濟
主權和經濟立法，他仍然秉持和堅守其一貫的「美國立場」，加
以漠視、貶低和否定。其言曰：

時隔四分之一世紀多之後，回首看看，如今《各國經濟權利和義務憲章》與它在當年的表現相比，已經顯得不那麼重要了。如果當初確實存在把國際投資從國際法中分離出來的努力，則那種努力並沒有得逞，儘管在二十世紀六〇至七〇年代論戰中提出的有關「主權」的各種訴求及其各種共鳴呼聲，仍然不斷地在聯合國以及其他各種國際論壇中不絕於耳（continued to be heard）……有一些《憲章》支持者的言論雖然力圖賦予「國際經濟新秩序」以法律的性質，並且把有關決議等同於立法，但這些挑戰性見解看來基本上都屬於政治性質。

　　美國和其他跨國公司的母國都反對發展中國家提出的這些挑戰，不同意在各種傳統原則中作出任何改變，否認通過國家實踐（與聯合國的決議相比較）已經在習慣法中對這些傳統原則作出了替換或者修改。資本輸出國的立場是：這些傳統要求既堅實地建立在財產擁有者的道義權利上，也建立在一個有效國際體制的需求之上。此外，他們還爭辯說，對於殖民時代所確立的適用於投資的各種傳統準則，無論可以提出什麼反對理由，這些傳統準則顯然應該適用於投資者和獨立政府在商業基礎上通過協商所作出的各種安排。[22]

　　對於這種質疑，如細加揣摩，至少可以提出以下幾個問題：

　　（1）在一九七四年聯合國大會上以壓倒性多數贊成票通過的《憲章》，體現了當代國際社會絕大多數成員共同的國家意志和法律理念，它應當最符合少數服從多數的民主原則，也最能體現維護國際社會幾十億弱勢人群的人權（主權和發展權）原則。

美國素以「全球民主典範」自詡，素以「全球人權衛士」自許，可謂滿口「仁義道德」，何以在涉及國際社會的民主、國際弱勢群體的人權（主權和發展權）的關鍵問題上，如此言行不一，完全背離和拋棄其一貫奉為至高圭臬的民主原則、人權原則？

（2）《憲章》通過之後，「時隔四分之一世紀多」對於歷經國際社會多年實踐早已形成的國際性的「法律確信」和法律理念，何以竟可閉目塞聽，熟視無睹，仍然只定性為「屬於政治性質」？何以始終不能定性為屬於法律性質，成為具有法律拘束力的行為規範？

（3）自二十世紀六〇年代以來，即四十多年以來，在聯合國及其他各種國際論壇上來自全球弱勢群體的**主權訴求及其各種正義呼聲**，既然始終不斷，一直「**不絕於耳**」，那麼以「領導世界」和指引全球走向為己任的世界頭號大國，何以竟可「充耳不聞」或「置若罔聞」？

（4）以「時代先驅」自命的美國，何以對於殖民主義時代確立的、陳舊的、「傳統的」國際法準則和殖民主義者的「道義信念」，如此念念不忘和戀戀不捨，而對於體現二十一世紀新時代精神的國際法新生規範，卻又如此格格不入，視如敝屣，甚至視若寇仇？

以上這些問題，對於一切襟懷坦蕩、不抱偏見的法律學人說來，看來都是值得深思、質疑和對照的，也都是不難逐一剖析、明辨是非和知所取捨的。

（二）GATT 框架下的南南聯合型變法及其嗣後實踐

一九四七年十月，二十三個國家在日內瓦簽訂了《關稅及貿易總協定》（以下簡稱「GATT 1947」），並隨即成立了相應的組織機構。此項協定的主旨是，要在世界範圍內促進關稅和貿易方面的國際合作，從而促使國際貿易自由化。當時，參加和主持締約會議的國家主要是西方發達國家；協定的有關條款內容，也主要反映了以美國為首的西方發達國家的利益和要求。而絕大多數第三世界國家還處在殖民地或半殖民地地位，沒有代表出席，因此它們的利益和願望在這些協定中未能獲得應有的反映和尊重。GLATT 1947 的一項基本要求是，各締約國在國際貿易中**無條件**地實行互惠，完全對等地大幅度削減關稅，逐步實行國際貿易自由化。[23]

此項原則適用於經濟發展水平相當的發達國家之間，基本上是公平的；而無條件地推行於經濟發展水平懸殊的發達國家與發展中國家之間，則顯失公平。[24] 發達國家的生產技術水平高，資金實力雄厚，商品競爭能力強，出口總額大，因而可以在發展中國家削減進口關稅的條件下攫取厚利；反之，發展中國家的商品在國際市場上的競爭能力弱，出口總額小，因而從發達國家進口關稅的對等減讓中所取得的實惠就要小得多。另外，在經濟實力懸殊的國家之間無差別地對等削減關稅，往往導致發展中國家國內市場的丟失、民族工業的受害和對外貿易的萎縮。

二十世紀四〇年代中期至六〇年代，全世界眾多弱小民族先後擺脫了外國統治，爭得獨立，開始自主地參與國際經貿交往。它們在實踐中日益覺察 GATT 1947 原先所體現的國際經濟法原

則及其有關規範，被深深地打上了國際經濟舊秩序的烙印。它們和其他領域的國際經濟法舊原則、舊規範一起，都面臨著不斷改造和根本變革的歷史課題。在一九六四年 UNCTAD 的首屆大會上，與會的七十七個發展中國家共同呼籲改變 GATT 1947 中不合理、不公平的規定，要求發達國家排除不利於發展中國家出口的障礙，針對來自發展中國家的商品給予普遍的、非互惠的和非歧視的關稅優惠待遇，並把這種要求與建立國際經濟新秩序的總要求緊密聯繫起來，加以強調。此議最初於一九六四年由當時擔任 UNCTAD 秘書長的勞爾·普雷畢施（Raul Pebich）提出交付討論，繼而一九六八年在新德里經 UNCTAD 第二屆大會基本通過。其大體框架是：「發達國家應當給予全體發展中國家減讓，把發達國家之間相互給予的一切減讓，推廣給予發展中國家；在給予這些減讓時，不應要求發展中國家以任何減讓作為回報。……應當把所有發展中國家作為一個整體，給予新的優惠減讓；這種優惠，不應推廣給予發達國家。」[25] 這一原則初步描繪了非互惠的普惠待遇的基本輪廓。

　　經過眾多發展中國家多年的聯合鬥爭，GATT 1947 先後在一九六四年十一月、一九七一年六月以及一九七八年十一月對十分僵硬的、無條件的「互惠、最惠國、無差別」的原有體制，作了三次**局部的修訂和變更**，逐步地認可和肯定了專門給予發展中國家出口產品的「非互惠的普惠待遇」以及「非互惠的關稅普惠制」。[26] 具體進程如下：

　　第一步：一九六四年十一月，GATT 各成員同意在 GATT 1947 中專門增加第三六至三八條，列為協定的第四部分，題為

「貿易與發展」，作出專門有利於發展中國家的新規定。其中，第三六條第一款明文強調了本部分的基本原則和目標，即「……**在削減或取消針對欠發達締約方貿易的關稅和其他壁壘的談判中，發達締約方不期望因其做出的承諾而獲得互惠。**」於是，對國際弱勢群體有利的、**不要求互惠**的、較為公平的國際貿易原則，開始正式被載入 GATT 1947 這個全球性的國際商務條約。

第二步：一九七一年六月，GATT 各成員正式通過了針對 GATT 1947 第一條普遍最惠國待遇的「豁免條款」，決定在**十年期限之內**，授權發達國家可以背離普遍的最惠國原則，對發展中國家給予普遍的、非互惠的關稅優惠待遇（generally preferential tariff treatment）。[27] 於是，對國際弱勢群體有利的、不要求互惠的、較為公平的國際貿易原則，具體應用於**關稅領域**，並正式定名為「普遍優惠關稅制」，簡稱「普惠制」（GSP），但是其有效期只以十年為限。

第三步：一九七九年十一月，GATT 各成員正式通過一項新的「授權條款」（enabling clause），題為「給予發展中國家有差別的、更有利的優惠待遇、互惠以及更充分參與權」，針對 GATT 1947 第 1 條普遍最惠國待遇的規定，創設了一項「永久性的豁免」，允許各給惠國分別根據各自的「普惠制」規定，對發展中國家給予優惠關稅待遇。[28]

嗣後，上述「授權條款」中的這一長段文字被簡化並被正式吸收於 GATT 1947，納入 GᴛATT 1947 的「附件 I 註釋和補充規定」（Annex I，Ad Article XXXVI，Paragraph 8），專門列為一款。[9]

至此，國際弱勢群體針對 GATT 1947 第 1 條「普遍最惠國

待遇」實行必要變法的正當要求終於如願以償，即從原定的發達國家與發展中國家之間「無條件地實行互惠待遇」，最終變革為「發達國家不期望獲得互惠」。這個過程，如果從一九六四年第一次初步變法起算，迄一九七九年「塵埃落定」，正式地、成熟地實行重大變法，前後長達十五年之久。在這個相對漫長的歷史進程中，發展中國家在 GATT 締約國中的數量比例，也從一九四八年最初的「10 個發展中國家／23 個締約國」增長到一九七〇年的「52 個發展中國家／77 個締約國」。[30] 此外，就在同一時期，南方國家在聯合國框架下推動成立了專司貿易與發展的國際協調機構 UNCTAD，構成了對發達國家主導的 GATT 體制的潛在競爭，從而為發展中國家的變法要求增添了談判籌碼。國際弱勢群體從這一關鍵性的歷史事例和實踐歷練中獲得了重大的啟迪：它們針對不公平的「遊戲規則」尋求變法的道路，從來就是崎嶇不平的；但是，只要它們堅持不懈，群策群力，集體奮鬥，就一定能夠贏得光明的前景。

然而，前述變法在其嗣後實踐中，卻也「多有折扣」，致使預期效果並不理想。二十世紀七〇年代開始，GATT 相關締約方開始逐步實施「普惠制」。[31] 儘管它們普遍遵守約定，給予發展中國家貿易夥伴一定的關稅減讓，但在如食品、紡織品以及石油產品等關鍵性的貿易項下，卻又設置重重限制。美國還採取了一種所謂「競爭需求」的標準，以隨時檢驗某項貿易產品。如果相關發展中國家的此類貿易產品已經對美國形成競爭，那麼美國將終止針對該項貿易產品的優惠關稅。

在一九七九年啟動的東京回合談判中，以美國和歐共體為主

導的發達國家陣營發動了一場針對發展中國家變法要求的反擊，具體體現為：第一，「畢業條款」要求發展中國家在其自身國家實力和財富提升後，能夠相應承擔更多的 GATT 義務，並將被發達國家從它們各自的「普惠制」體系中排除出去；[32] 第二，「有條件最惠國待遇」的談判策略，強迫發展中國家簽訂「配套」的東京回合協定，否則發達國家將無視作為 GATT 體制基石的「無條件最惠國待遇」原則，拒絕給予未簽字國以任何與協定相關的優惠。以上種種因素，導致「普惠制」給發展中國家帶來的最終經濟收益遠遠小於預期。例如，UNCTAD 相關數據表明，一九八三年全年，「普惠制」給施惠國從接收國的進口貿易中只帶來了大約百分之二的增幅。[3]

　　在純粹法律規則解釋和適用的層面，這種變法帶來的效果也甚為有限。由於在前述 GATT 1947 第三十六至三十八條的措辭中多使用「給予積極考慮」盡可能」等模糊用語來「要求」發達國家，一般認為，這些條款難以直接轉化為確定的法律義務以及在實際爭端中轉化為合理的法律責任。GATT 爭端實踐表明，發展中國家事實上也曾在相關爭端中援引這些條款主張應該獲得優惠待遇，但當時的專家組在最終責任的認定上採取了極為謹慎、能不解釋盡量不解釋的態度。例如，在一九八九年歐共體甜蘋果案中，專家組報告認為，由於已經認定歐共體的舉措違反了GATT 前三部分的規定，因此沒有必要再對其是否違反第四部分進行考察，因為「締約方在第四部分所作的承諾，適用於那些原本在前三部分被允許的措施」[34]。這種解釋邏輯在一九八四年美國食糖案的專家組報告中也得到了重申。[35] 顯然，這些規則

解釋的進路，與之前發達國家將普惠制等優惠舉措定位為偏離GATT 原則的立場是一致的。

（三）國際投資法領域內的南南合作

　　早在第二次世界大戰後關於建立國際貿易組織（以下簡稱「ITO」）的談判中，就已經有與投資相關的安排，但是它隨著ITO 一起「胎死腹中」其後，與由一個過渡性的多邊 GATT 機制規範的國際貿易不同，國際投資領域主要由國際習慣法調整。而對於具體適用何種國際習慣法的問題，在以資本輸出為主要特點的北方國家與以資本輸入為主要特點的南方國家之間存在嚴重分歧。二十世紀六七〇年代，國際上有關建立國際經濟新秩序（以下簡稱「NIEO」）的呼聲高漲，而且在第三世界國家以數量取得「控制權」的聯合國大會上也取得了相應的成就。這不僅使得北方國家訂立多邊投資規則的設想落空，而且還否定了它們將最低待遇標準、赫爾規則等有關國際投資保護的準則作為國際習慣法準則的一貫期望。

　　這些多邊努力的失敗導致北方國家借鑑德國的做法，[36] 開始締結雙邊的投資協定，以期對南方國家「各個擊破」事實上，這種戰略也的確被成功推行。美國在二十世紀七〇年代末期（1977 年）推出了它的第一代 BIT 計劃，其目標為：第一，通過建立一個包含赫爾規則的條約網絡，以證明其作為國際習慣法準則的地位；第二，保護既有的以及未來的海外投資不受東道國政府行為的危害；第三，提供一種解決投資者與東道國之間爭端，既不倚賴東道國法院也不需要美國政府直接參與的機制。[37] 其

後，在九〇年代中期，又出現了兩次訂立多邊投資規則的努力，即多邊投資協定（以下簡稱 MAI）的擬制以及在 WTO 框架內的相關談判，但均以失敗告終。[38]

上述這些歷史事實導致截至目前，投資條約的談判和締結形式仍然以雙邊為主。這種締約範式帶來兩個層次的後果：第一，南方國家在投資規則擬制領域的聯合行動事實上不再可能，[39]甚至有觀點進一步認為，它們之間還形成了事實上的互相「競次」（原文為「Race-tothe-Bottom」，又譯「爭相降格以求」）的不良效應；[40]第二，南方國家之間的雙邊投資締約可以形成另一種意義上的「雙邊南南合作」形式。

對於上述第一種看法，即認為國際投資領域中的「南南聯合」變成了事實上的「南南競次」這種觀點，筆者認為，其說服性有限。首先，有學者通過實證分析已經指出：現實中，投資條約提供的制度環境對於吸引外資的作用並不明顯，因為尤其是在投資的法制環境並非極端惡劣的時候，投資者首先考慮的是潛在投資國國內的經濟商業因素，[41]而欠發達國家在談判制定投資條約的時候應該不會對此沒有認識。其次，大部分 BIT 的談判都是由北方國家發起的，例如：「在與潛在的締約國開始 BIT 談判之前，美國就已經作了充分準備。根據其 BIT 計劃的目標，美國準備了一份 BIT 範本作為談判的基礎。」[42]最後，談判過程中欠發達國家表達的可能不是其真實的意思表示。正如原美國國務院 BIT 談判小組成員阿爾瓦雷茨（José Alvarez）坦言：「對許多國家來說，締結 BIT 幾乎都不是自願的、毫無強制的交易。它們覺得它們必須簽署協定，或者覺得不這麼做就是愚蠢

的……事實情況是，迄今美國 BIT 範本普遍被認為是一種『要麼接受，要麼走開』的建議，……BIT 談判不是平等主權國家間的談判。它更像是一場由美國根據其規矩開設的強化培訓班。」[43] 此外，應該注意到，並非所有第三世界的國家在有關投資條約的談判中都很少作為。事實上，有不少談判力強的發展中國家如中國、巴西、印度等，可以不完全屈從於發達國家的安排。例如，在中國早期簽訂的 BIT 中，對於投資爭端的管轄權讓渡程度便極為有限。[44]

質言之，在雙邊談判的締約範式中，面對強勢的談判對方，欠發達國家幾乎沒有或者無法利用任何談判籌碼，而且南方國家的集體合作也無法成形，難以匯聚集體力量提高談判地位，從而提出類似前述聯合國或者 GATT 框架下的立法和變法要求。這與其說是南方國家之間的「競次」博弈，不如將其歸為南北國家之間的雙邊非對稱博弈。

在這樣的現實情勢下，南方國家之間締結雙邊或者小範圍區域型投資條約，成為它們在國際投資規則領域內進行可能的合作的主要方式。事實上，與南北型投資條約相比，南南型投資條約雖然大致相似，卻也在一定程度上呈現出不同的傾向。[45] 例如，南南型投資條約一般都會在前言裡明確提及「發展和互惠」，[46] 並且條約框架相對較具彈性，便於發展中國家締約方能夠作出對其本國有利的保留和調整，有的還作出有關「特殊及差別待遇」的規定。[47] 在此類條約的實體規定中，也可以發現部分特殊之處。例如，若干南南型投資條約就對「投資」的定義採取了較為克制的規定；[48] 還有研究曾對南南型 BIT 中的國民待

遇條款作過準定量的分析，發現此類條款在南南型 BIT 中通常規定得更為嚴格或者乾脆就沒有這條規定。[49]

（四）國際金融法領域內的南南合作

眾所周知，作為戰後美國及其西方同盟主導的布雷頓森林體系下國際金融秩序的支柱，國際貨幣基金組織（International Monetary Fund，以下簡稱「MF」和世界銀行（World Bank，以下簡稱「WB」主要由北方國家把持，服務於北方國家的利益。其鮮明特徵之一是，該機構內的表決權在成員國中的不公分配，如 IMF 前五個成員國（美國、日本、德國、英國和法國）就占據了其約百分之四十的總表決權；而另一個不公規矩是，IMF 和 WB 默認分別由歐洲人和美國人輪流執掌主席大權。對此，主流的解釋是：金融體系中，話語權應該由貸方而非借方掌握。發達國家憑藉它們在 IMF 和 WB 中的主導地位，致使這兩個國際金融機構在向發展中國家進行援助或審批借貸時，常常又會夾帶「政治要求」的「私貨」，對當事國的經濟體制甚至政治傾向作出種種苛刻規定，以為「條件」。因此，國際上要求改革現行國際金融制度的呼聲一直沒有停息。

二〇〇八年，肇始於美國的次貸危機引發世界範圍的全球金融危機，要求改革全球金融治理體系的呼聲更是一度高漲。人們發覺，原來在金融領域內對借款國或被援助國經常「指點迷津」的 IMF 和 WB，對這次全球性金融危機的事前預警能力和事後應對能力低得驚人。

有鑒於此，中國領導人胡錦濤率先在二〇〇八年七月在日本

舉行的八國集團首腦與中國、印度、巴西、南非和墨西哥五個主要發展中國家領導人的對話會議中，針對這種南南聯合和南北對話的新形式作了精闢的分析。[50] 他指出：當今世界正處在大變革、大調整之中。近年來，五國已成為世界經濟體系的重要組成部分和世界經濟增長的重要推動力量，應該為促進南南合做作出積極貢獻，起到表率作用。一方面，我們應該共同促進多邊主義和國際關係民主化，增強發展中國家在國際事務中的參與權和決策權，為發展中國家發展爭取有利外部環境。另一方面，我們應該積極推動國際經濟、金融、貿易、發展體系改革，維護發展中國家的正當權益，促進世界經濟均衡、協調、可持續發展。

二〇〇九年六月中旬，中國、俄羅斯、印度、巴西四國在俄羅斯舉行金磚國家首次正式峰會，公開發表聯合聲明，鄭重表示：「我們承諾推動國際金融機構改革，使其體現世界經濟形勢的變化。應提高新興市場和發展中國家在國際金融機構中的發言權和代表性。國際金融機構負責人和高級領導層選舉應遵循公開、透明、擇優原則。

我們強烈認為應建立一個穩定的、可預期的、更加多元化的國際貨幣體系。」[51] 英國《泰晤士報》首先敏感地驚呼：此舉「標誌著一個挑戰美國全球主導地位的新的集團誕生」[52] 鑒於南南聯合力量之新崛起與不可侮，為藉助新興經濟體的力量來應對此次金融危機，二〇〇九年九月下旬，美國倡議召開了二十國集團（G20）匹茲堡峰會，發達經濟體與發展中經濟體第一次以平等身分共同參與全球經濟金融治理，G20 正式取代七國集團（G7）成為國際經濟金融治理的最重要平臺。G20 領導人系列峰

會明確了國際金融監管的目標和時間表，定期審議國際金融監管改革進展。隨後，二〇一〇年，在 G20 首爾峰會上，發達經濟體歷史性地承諾向發展中國家轉移百分之六的 IMF 份額和百分之三的世界銀行投票權，被天真的人們讚譽為「自布雷頓森林體系建立以來最大的一次話語權轉讓」。

然而，令人遺憾的是，儘管發達國家作出了改革的承諾，新興經濟體也多次對 IMF 和 WB 進行了增資，[53] 且隨著世界經濟形勢的變化，發達經濟體逐步走出了金融危機最困難的階段，開始「食言以自肥」，以各種藉口和「理由」拖延改革方案的落實，導致數年來改革國際金融機構的承諾一直停留在紙面上。[54] 在此種背景之下，作為負責任的發展中大國，中國選擇另闢蹊徑，積極推動促成或參與領導了若干不同層面的國際或區域金融機構的創設，力圖團結全球南方國家，對國際金融舊秩序發起挑戰。

最新典例之一：二〇一四年七月十五日，中國、俄羅斯、印度、巴西和南非五個金磚國家首腦在巴西聚首，並簽署了《福塔萊薩宣言》，醞釀達兩年之久的金磚國家開發銀行（BRICS Development Bank，又稱 the New Development Bank，以下簡稱「NDB」和應急基金（Contingent Reserve Arrangement，以下簡稱「CRA」正式宣告成立。這是二戰以來，第一次有國家在國際金融秩序上，對美國主導的布雷頓森林體系提出**實質性的**公開挑戰。挑戰這一秩序的五個國家全部是「重磅」級的發展中國家，它們的人口占全球的 42.6%，國土面積占 29.6%，經濟總量約占 21%，外匯儲備約占一半，彼此間貿易額約占 15%，對全球經濟增長貢獻率高達

50%。按現在的增速計算，預計十年後，金磚國家經濟總量將占全球的 40%，超過 G7。在這五個國家中，有兩個聯合國常任理事國，兩個軍事強國（核大國），兩個人口超過十億的大國，任何一個國家在所在區域都舉足輕重，對周邊都有重要的政治、經濟影響力。

NDB 設立的初始目的，主要是為了解決成員國以及其他廣大發展中國家基礎設施建設資金短缺，並為它們的可持續發展的經濟規劃提供資金支持。根據 WB 的數據，每年發展中國家在基礎設施投資方面的資金需求約在一萬億美元左右。但是，在目前的國際金融秩序下，各種資金相加都尚不能滿足這方面的需求。此前，發達國家對發展中國家的投資主要集中在能源、製造業、服務業等領域，發展中國家基礎設施投資一直存在資金缺口，NDB 的設立能解決這一問題。

在表決權的分配上，NDB 採取了成員國平權的設計方案，即不論成員國本身的經濟體量大小，均只平等享有一票。相比 IMF 和 WB 的「財大氣粗、加權表決」體制，NDB 的表決體制避免了「仗富欺貧、恃強凌弱」的不公。此外，相比 IMF 和 WB 通常附加政治條件的貸款而言，NDB 的放款條件就顯得寬鬆許多，並沒有那麼強烈的政治意味。NDB 的最終目標只有一個，就是幫助各發展中國家獨立自主地發展民族經濟，建立平等互惠的合作關係。[55]

最新典例之二：二〇一三年十月，中國國家主席習近平在出訪印尼時首次提出建立「亞洲基礎設施投資銀行」（Asian Infrastructure Investment Bank，以下簡稱「AIIB」或「亞投行」）

的倡議，旨在為「一帶一路」經濟帶沿線亞洲國家的基礎建設提供融資支持。此後，AIIB 的談判和籌建工作進展迅速，包括中國、印度、新加坡等在內的二十一個首批意向創始成員國已於二〇一四年十月二十四日正式簽署《籌建亞投行備忘錄》。

亞投行的初期資本達到五百億美元，成立後預計資本很快增至一千億美元，這相當於由日本主導的亞洲開發銀行（以下簡稱「亞行」）資本（1750 億美元）的三分之二。按照目前的約定，各意向創始成員國同意將以國內生產總值（GDP）衡量的經濟權重作為各國股份分配的基礎，因此中國將持有最大股份。但代表中國簽約的中國財政部部長樓繼偉強調，中國在亞投行並不刻意尋求「一股獨大」，也不一定非要占到百分之五十的股份。隨著亞投行成員的增多，中國的占股比例會相應下降。當然，按照經濟權重計算，中國仍將持有最大股份，但這只是為了表示推動亞投行的決心和誠意，並非中國想要對它「絕對控股」。他還表示，「亞投行不搞政治化，不應變成國家之間博弈的機構」[56]。

最新典例之三：二〇一四年十一月八日，北京 APEC 峰會期間，習近平主席在加強互聯互通夥伴關係對話會上宣布，中國將出資四百億美元成立「絲路基金」習近平提出，要以交通基礎設施為突破，實現亞洲互聯互通的早期收穫，優先部署中國同鄰國的鐵路、公路項目。設立絲路基金是要利用中國資金實力直接支持「一帶一路」建設，但同時，「絲路基金是開放的，可以根據地區、行業或者項目類型設立子基金，歡迎亞洲域內外的投資者積極參與。」[57]

以上所列國際金融領域內的最新發展，都明確昭示著，在南

方國家整體綜合實力得以提升的新時代背景下，南方國家的合作呈現出新的活力，這種活力首先就體現在 NDB 對國際金融舊秩序的衝擊上。面對這樣一種變化，世界輿論可謂心態各異，毀譽參半。國際上不乏仁人志士，對 NDB 和 CRA 的建成表示了由衷的歡迎。例如，現任世行行長金墉（Jim Yong Kim）在二〇一四年七月訪問印度，會晤印度總理莫迪時稱：「我們唯一的競爭對手是貧困。……任何致力於為基礎建設提供金融支持、消除貧困的銀行或組織，我們都表示歡迎。……WB 已經作好準備，將為 NDB 提供有關技術支持和指導。」[58] 對於亞投行，金墉也曾公開表示：「自從有了在基礎設施投資方面沒有足夠資金的亞洲建立亞投行的想法之後，中國政府馬上就開始與我們展開商討。……我的感覺是，我們可以很好地與之（中國政府）展開合作。」[59] 亞行行長中尾武彥也評論：「考慮到亞洲龐大的基礎設施需求，為增加基礎設施投資途徑而成立亞投行是可以理解的。亞行有意與亞投行保持密切合作。」[60]

但是，另一種聲音也不絕於耳，「唱衰」和「貶低」之詞不斷，甚至有評論將其與「中國威脅」論聯繫，鼓吹這個新機構不過是中國實現其一己私利的「棋子」。[61]

「唱衰者」認為，NDB 儘管來勢不小，但實際上基礎不牢。其五個合作國雖然有著力求共同發展的寬泛目標，但本質上卻差異巨大。例如，中國的經濟體量是南非的二十八倍之多；印度的人均收入僅為俄羅斯的十分之一；各國還存在民主制度和集權制度的政體差異；等等。這些價值訴求上的分歧，將在未來直接轉化為治理上的實際困難，NDB 的前景並不樂觀。[62] 對於亞

投行，質疑者主要認為其在管理和透明度方面能否達到國際標準令人擔憂。[63]

「貶低者」認為，NDB 初始認繳資本僅有五百億美元，而即使以其全部法定資本一千億美元來算，這個數字都顯得缺乏分量。例如，WB 二〇一三財政年度支出的資金就達到約三百一十五億美元，[64] 一些國家和區域性金融機構的配發額度更為驚人，巴西國家開發銀行的二〇一三財政年度支出達到了一九〇四億美元。[65] 另外，金磚國家和其他發展中國家在基建方面的資金需求也遠遠大於這個數字。例如，WB 預計，僅僅是南非一個國家，在未來十年中這方面的資金需求大約就在二點五萬億美元左右！

「中國威脅」論者也抓住機會，鼓吹 NDB 是一個新的「中國陰謀」，[66] 中國利用這個平臺，可以獲取多重政治利益，包括：繞過 IMF 和 WB 進展緩慢的改革，另立國際金融門戶，並占據主導地位；使得中國企業在外投資可能處於一個多邊的金融支持框架下，並借用此類機構強調「可持續發展」的價值倡議，增強其投資合法性；通過多邊機構來開展對外投資和援助，其國家外交政策的政治意味比雙邊方式要淡化，有利於中國在全球範圍內的資本布局；等等。[67]

對於以上各種戴著「有色眼鏡」看問題的論調，本文所持的觀點是：

第一，NDB 的設立，固然不意味著一種新的國際金融秩序已經完全建成，已經能夠與 IMF 和 WB「平起平坐、相互抗衡」甚至取代了它們在國際金融領域的傳統主導地位。但是，歷史地

看，它又確實意味著南南聯合自強事業在國際金融領域的一個小高潮、新突破和新起點。可以設想，在將來，不管是對於全新的、南方國家主導的金融秩序的建設，還是對於傳統的國際金融秩序改革進程的推進，這個新機構都將發揮重要作用。正如中國俗語所云：「星星之火，可以燎原。」

中國古籍《尚書‧盤庚上》首先記載：「若火之燎於原，不可向邇，其猶可撲滅？」其中，「燎原之火」原本用以比喻來勢猛烈，人們不可靠近，更難以撲滅。後世此種比喻最為著名的創新用法，見於毛澤東同志早年答覆林彪而散發的一封有關紅軍前途的信函。信中，毛主席以其慣常的精準和深刻洞見，批評了當時林彪以及黨內一些同志對時局估量的一種悲觀思想，指明當時的中國革命事業雖然處於初期，但有如小小火星可以引發燎原之火，其前途也勢必一片光明。[68]

戰國時期著名辭賦家宋玉也曾在其名篇《風賦》中借風婉言勸諫：「夫風生於地，起於青萍之末。侵淫溪谷，盛怒於土囊之口；緣太山之阿，舞於松柏之下；飄忽淜滂，激颺熛怒；耾耾雷聲，回穴錯迕；蹶石伐木，梢殺林莽。」原意指風從地上產生出來，開始時只先在青萍草頭上輕輕飛旋，但會越刮越大，最後會成為猛烈狂暴的颶風，能夠滾石拔木，摧枯拉朽，即是說大風是從貌似微不足道的小風發展而來的。後來，「風起於青萍之末」一語常被用以喻指大影響、大思潮、新體制、新秩序之初生階段，它們最初往往從微細之處源發，不易察覺，不被重視。然而，一切新生事物，因其符合社會發展規律，符合時代歷史潮流，儘管初期貌似微不足道，卻具有強大的生命力；一切舊事

物、舊體制、舊政權，因其逆歷史潮流而動，儘管它們貌似十分強大，但在猛烈狂暴的颶風威力之下，往往難免土崩瓦解，徹底消亡。

中國民主革命先行者孫中山先生在領導中國人民推翻清朝封建帝制、建立民主共和體制的數十年革命進程中，儘管屢遭挫折和失敗，革命隊伍中許多人因此灰心失望，但他卻越挫越勇，仍然信心滿滿，力排「眾」議，斷言「世界潮流，浩浩蕩蕩，順之則昌，逆之則亡」。[69]

西方科學也曾從數理的高度證實民諺「蝴蝶效應」，不容小覷。這些名言和民諺，其主要寓意也是大同小異、互相融通的。簡言之，都是主張在革命或改革正義事業遭遇挫折，處於逆境低潮之際，不應目光短淺，喪失鬥志，應當高瞻遠矚，看到未來美好前景，堅定信心，堅持奮鬥，不渝不懈，排除萬難，才能最後實現奮鬥目標。

毫無疑義，前輩哲人和革命家們的智慧理念及其實踐經驗已經歷史進程反覆檢驗，被證明為確屬顛撲不破的行動真理和必勝戰略。這些智慧理念及其實踐經驗對於當代投身於國際經濟秩序破舊立新正義事業的全球志士仁人說來，也無疑具有極其重要的參考價值。特別是在這一正義事業困難重重、進展緩慢之際，在革命變革處於低潮低谷之際，在突破性的新生事物剛剛破土而出、庸人毀多譽少之際，尤其具有極其重要的參考價值和啟迪意義。

第二，就 NDB 與 IMF 和 WB 的關係而言，我們認為可以用「互補」和「競爭」兩個關鍵詞來加以概括。NDB 所補充的，

不僅是金磚國家和廣大發展中國家在金融資本上的需求，它更重要的意義在於，滿足了南方國家長期以來在金融制度上的需求，因為 NDB 提供了一個不論國家大小平等議事決策的平臺，而且金融援助將不再附加各種苛刻「條件」在這個意義上，NDB 將大有作為。另一方面，需要指出，NDB 構成的競爭，並非針對自由主義金融秩序本身，因為過往的發展經驗表明，金磚國家以及其他廣大發展中國家的確能夠從自由主義的經濟金融體系中獲得一定利益。相反，NDB 給 IMF 和 WB 帶來的，是關於國際金融機構自身公平和效率的競爭。對於這種競爭所可能帶來的積極效果，如果憶及歷史，我們不難發現：在二十世紀六〇年代，由於南方國家集體在聯合國框架下成功構建了它們的議事和發聲平臺 UNCTAD，並且使得當時的發展中國家陣營獲得了一個在 GATT 體制之外的潛在競爭性制度，從而在一定程度上對 GATT 體制下最終的南南聯合變法產生了積極的推動作用。[70] 因此，我們不妨預測：國際金融規則體系內這種競爭性體制的引入，也將有利於促進形成一種更加公平公正的金融秩序。

（五）小結

上文簡要梳理了南南合做事業在國際經濟法不同分支的實踐情況，通過比較分析，不難發現：

第一，在規範跨境投資的法律規則制定中，北方國家曾成功使用「分而治之」的戰術，通過雙邊談判締約模式，推行了當時它們認為對其有利的條文——儘管如今反觀，這類規定後來大有引火燒身的架式。不論如何，全球南方國家應該對這種戰術保

持警醒，因為南方國家只有通過聯合、匯聚共同力量，才可能在制定或變革國際經濟法律規則的過程中與北方國家相對平等地抗衡。

第二，UNCTAD 當年推動實現 GATT 框架下南南聯合型變法，以及當前 NDB 對 IMF 既得利益集團施加壓力，推動傳統國際金融秩序變革，均表明：在適當的時機以適當的方式引入現存體制以外的創新競爭機制，有助於南南合做事業逐步實現其預定目標。這種「鬥而不破」的鬥爭哲學和智慧，[71] 對於南南合做事業的推進將極為實用。

四、中國對南南聯合事業的自我定位

任何對中國近現代史略有了解的人都不會否認，如同眾多第三世界國家一樣，近代中國通過自己的頑強抗爭，在做出重大犧牲之後，才贏得獨立自主的地位，並因而懂得：要從廢墟和貧困中重新站立，只有通過自強不息、相互合作，才是最根本的出路。

在世界舞臺上，中國外交的自我定位歷來極為清晰。例如，早在一九一六年，中國近代民主革命的領袖人物孫中山先生的遺囑就昭示後人：「余致力於國民革命凡四十年，其目的在求中國之自由平等。積四十年之經驗，深知欲達此目的，必須喚起民眾及聯合世界上以平等待我之民族，共同奮鬥。」中華人民共和國成立之後，數十年來，連續幾代領導人吸收了孫中山先生「聯合……共同奮鬥」的戰略思想，與時俱進地加以創新，提出了「三個世界」的理論與「和平共處五項原則」，為中國的基本外

交政策指明了長期的戰略方向和策略方針。

（一）新中國第一代領導人的主要觀點

　　早在一九四九年九月下旬，即中華人民共和國成立前夕，毛澤東主席就一再強調：「在國際上，我們必須和一切愛好和平自由的國家和人民團結在一起」，必須「團結國際友人」，共同「反對帝國主義的侵略政策和戰爭政策」。這一戰略思想隨即被具體化並載入起著「臨時憲法」作用的《共同綱領》，列為第七章「外交政策」[72] 毛澤東同志在一九七四年會見贊比亞總統時，首次提出按三個部分或類型劃分世界的觀點：我看美國、蘇聯是第一世界。中間派，日本、歐洲、加拿大，是第二世界。———第三世界人口很多，亞洲除了日本都是第三世界。整個非洲都是第三世界，拉丁美洲是第三世界。」

　　在談話中，毛澤東同志並沒有繼續指明劃分三個世界的含義、作用和目的，亦未明確表示三個世界是對世界政治力量和國際關係格局的劃分。雖然三個世界劃分已被奉為中國對外戰略和政策的理論基礎，但官方並未提供具體論證和解說，直到一九七七年十一月一日，才以《人民日報》編輯部名義發表了題為《毛主席關於三個世界劃分的理論是對馬克思列寧主義的重大貢獻》的長篇文章，這是目前所能看到的對三個世界劃分理論唯一權威的闡述。[73]

　　對毛澤東同志關於世界局勢的這種基本判斷和提法，有人曾經質疑，認為「三個世界」的劃分只不過是「以『窮』『富』為標準的，是對世界各國經濟發展、經濟實力狀況的大致分類，並

沒有將其作為世界政治力量的劃分」[74]。

這種論斷顯然沒有認識到三個世界理論背後蘊藏的豐富哲學內涵及其對於實踐的指導作用。毛澤東根據第二次世界大戰後國際關係的新格局，創造性地提出把世界劃分為三個部分的理論。他的這一思想萌芽於二十世紀四〇年代的中間地帶論思想，六〇年代的中間地帶論外交戰略的雛形，形成於七〇年代。[35] 其後，在一九七四年四月十日聯合國大會第六屆特別會議上，鄧小平同志全面闡述了毛澤東關於三個世界劃分的理論，並說明了中國的對外政策。發言明確指出：中國是一個社會主義國家，也是一個發展中國家，中國屬於第三世界。中國同大多數第三世界國家具有相似的苦難經歷，面臨共同的問題和任務。中國把堅決同第三世界其他國家一起為反對帝國主義、霸權主義、殖民主義而鬥爭看作自己神聖的國際義務。可以說，這種自我定位明確表明，中國將自己的身分認同為發展中國家、第三世界國家，其後中國與南方國家的合作、互助，對南南聯合自強事業的大力支持，也都係根源於此。

如果說三個世界的劃分明確了中國在世界舞臺上的自我身分定位，那麼「和平共處五項原則」則為中國的外交策略提供了根本性指導。此五項原則係由周恩來總理一九五四年出訪印度和緬甸時首次提出，具體意涵包括：互相尊重主權和領土完整、互不侵犯、互不干涉內政、平等互利、和平共處」其後，在一九五五年四月十八日至二十四日期間舉辦的萬隆會議上，發表了著名的《關於促進世界和平與合作的宣言》，其中就完全吸收了「和平共處五項原則」，並擴充為該宣言提出的十項國際關係原則。也

正是在該屆亞非會議上，首次提出了「南南聯合自強」的戰略思想。[76]

（二）新中國第二代領導人的主要觀點

自一九六六年，十年「文革」國內動盪，新中國舊傷未癒，復又大傷元氣。以鄧小平為首的新中國第二代領導人，撥亂反正，確立了以經濟發展為中心的方針，並推行了持續至今的「改革開放」基本國策。以此為基礎，在對外事務方面，鄧小平提出「二十八字方針」，即「冷靜觀察，穩住陣腳，沉著應付，善於守拙，決不當頭，韜光養晦，有所作為。」這些內容並不是一次性提出來的，而是學界對鄧小平在各個場合談話內容的歸納。[77]

有一種見解認為，鄧小平「二十八字方針」中的「善於守拙，決不當頭，韜光養晦」，就是告誡中國的領導人和廣大群眾應當明哲保身，只管本國內部事務，不管全球大是大非。這是因為，鄧小平說過：「第三世界有一些國家希望中國當頭。但是我們千萬不要當頭，這是一個根本國策。這個頭我們當不起，自己力量也不夠。當了絕無好處，許多主動都失掉了……中國永遠不稱霸，中國也永遠不當頭。」如今全球建立國際經濟新秩序的努力，困難重重，步履維艱，國際弱勢群體即第三世界的實力不足，前景頗不樂觀。在此種宏觀環境下，中國人對於鄧小平的上述對外戰略思維和「處世之道」，應當認真重溫和切實遵循。因此，中國人今後不宜再堅持建立國際經濟新秩序這一第三世界的共同奮鬥目標。

但是，這種見解和看法至少忽略了以下基本事實：

第一，鄧小平本人正是建立國際經濟新秩序最早的倡議者之一。一九七四年，在聯合國大會特別會議上，鄧小平鄭重宣布：中國是一個社會主義國家，也是一個發展中國家，中國屬於第三世界。中國同大多數第三世界國家一樣具有相似的苦難經歷，面臨共同的問題和任務。中國把堅決同第三世界國家一起為反對帝國主義、霸權主義、殖民主義而鬥爭，看作自己神聖的國際義務。中國堅決站在第三世界國家一邊，而且永遠不稱霸。

正是在鄧小平親自參加的這一次聯大特別會議上，他代表中國政府向國際社會提出了建立國際經濟新秩序的基本主張。他說，國家之間的政治和經濟關係，都應該建立在和平共處五項原則的基礎上；國際經濟事務應該由世界各國共同來管，而不應該由少數國家來壟斷。占世界人口絕大多數的發展中國家應該參與決定國際貿易、貨幣、航運等方面的大事；發展中國家對自己的自然資源應該享有和行使永久主權；對發展中國家的經濟援助應該嚴格尊重受援國家的主權，不附帶任何條件，不要求任何特權。鄧小平還強調：各國的事務應當由各國人民自己來管，發展中國家人民有權自行選擇和決定他們自己的社會、經濟制度。

正是在鄧小平親自參加的這一次聯大特別會議上，大會通過了《建立國際經濟新秩序宣言》和《建立國際經濟新秩序行動綱領》，促使建立新的國際經濟秩序成為全球發展中國家數十億人口弱勢群體的共同奮鬥目標。作為具有「言行一致」「言必信，行必果」優良民族傳統的大國的英明領導人，他在世界莊嚴論壇上公開闡述的全球性戰略思維以及中國在建立國際經濟新秩序中

的自我戰略定位，理應是經過深思熟慮和一以貫之的。[79]

第二，正是鄧小平本人在反覆強調要「韜光養晦」，「千萬不要當頭」的同時，也一再強調「要有所作為」，「要積**極推動建立國際政治經濟新秩序**」。鄧小平提出，像中國這樣的一個大國，「在國際問題上無所作為不可能，還是要有所作為。作什麼？我看要積極推動建立國際政治經濟新秩序」。[80] 換言之，鄧小平關於中國「決不當頭」的戰略思維，絕不意味著在全球性南北矛盾等大是大非問題上，在國際經濟秩序的新舊更替，棄舊圖新、破舊立新的奮鬥進程中，不再高舉甚至悄悄丟棄了 NIEO 這一面鮮明亮麗的大纛和義旗，轉而偃旗息鼓，提倡含糊曖昧，模棱兩可，明哲保身，消極迴避；恰恰相反，像中國這樣一個大國在重大國際問題上理所當然地還是要有所作為，要旗幟鮮明地「積極推動建立國際政治經濟新秩序」。

第三，鄧小平本人早在一九七七年就明確提出應當完整地、準確地理解毛澤東思想，切忌割裂、歪曲、損害毛澤東思想。他十分強調：「要對毛澤東思想有一個完整的準確的認識，要善於學習、掌握和運用毛澤東思想的體系來指導我們各項工作。只有這樣，才不至於割裂、歪曲毛澤東思想，損害毛澤東思想。」[81] 眾所周知，鄧小平理論乃是毛澤東思想的繼承與發展，鄧小平理論本身也是一個完整的體系，鄧小平的對外「二十八字方針」本身則是一個辯證的、全球戰略思維的整體，任何時候都應加以完整、準確地理解，不能斷章取義，取其一點，不及其餘，以免割裂、歪曲、損害鄧小平理論及其辯證的全球戰略思維。

第四，作為鄧小平理論的繼承人，中國領導人一直致力於

「南南聯合」事業和「積極推動建立國際政治經濟新秩序」。其典型事例之一是，自從二〇〇一年多哈大會上中國獲准加入WTO十幾年以來，中國一直在WTO內外全力以赴，積極參與處理南北矛盾和南北合作有關事宜。隨著綜合國力和國際影響不斷增強，中國與金磚各國一起，多次挫敗了霸權強權國家隨心所欲操縱國際會議的如意算盤，為弱勢群體國家爭得較多的發言權和參與權。[82]

（三）新中國第三代、第四代領導人的主要觀點

以江澤民為首的新中國第三代領導人在對外事務方面，努力貫徹執行鄧小平提出的「二十八字方針」，做出了重要的貢獻，取得了新的重大成就，經過多年艱苦的談判，終於排除了強權發達國家設置的重重障礙，參加了號稱「經濟聯合國」的WTO，並在WTO內外，與全球南方弱勢群體共同開展抗衡國際強權的不懈鬥爭。

作為鄧小平理論及其全球戰略思維的繼承者和接班人，以胡錦濤為首的新中國第四代領導人也一以貫之地積極倡導「南南聯合」，積極推動建立國際政治經濟新秩序。新中國第四代領導人在這方面的重要實踐，是中國在二〇〇一年「多哈發展回合」談判啟動後這十幾年來，在WTO內外圍繞著南北矛盾與南北合作而積極參與國際活動。眾所周知，由於中國等發展中大國的綜合國力和國際影響力的逐步提高，在WTO多哈會議、坎昆會議、香港會議的全過程中，中國與印度、巴西、南非和墨西哥等BRICSM（Brazil，India，China，South Africa，and Mexico）成員

曾多次通力協作，折衝樽俎，使得國際霸權與強權不能隨心所欲，操縱全局，從而為國際弱勢群體爭得較大的發言權。[83]

除此之外，前文提到，二〇〇八年七月，在日本舉行八國集團首腦與中國、印度、巴西、南非和墨西哥五個主要發展中國家領導人會議期間，中國領導人胡錦濤針對這種南南聯合自強和南北對話的新形式作了精闢的分析。[84]他強調，這五個發展中大國應當為促進南南合做作出積極貢獻，起到表率作用：一方面，應該共同促進多邊主義和國際關係民主化，增強發展中國家在國際事務中的參與權和決策權；另一方面，應該積極推動國際經濟、金融、貿易、發展體系改革，維護發展中國家正當權益，推動南北國家建立平等、互利、合作、共贏的新型夥伴關係。

這些精闢分析，引起了全球公眾的共同關注，對於中國此後在推動建立國際經濟新秩序歷史進程中的自我戰略定位，尤其具有啟迪意義和指導意義。

此種表率作用和中流砥柱作用在二〇〇八年十一月華盛頓金融峰會的南北對話中再一次獲得實踐的驗證。

當時，全球正在經歷著嚴重的國際金融危機。全球的主要發達國家和主要發展中國家的首腦於八〇〇八年十一月中旬在美國華盛頓舉行二十國峰會，共商應對之策。包括中國、巴西、阿根廷、印度、印尼、墨西哥、南非在內的主要發展中國家，旗幟鮮明地提出：國際社會應該認真總結這場世界性金融危機的教訓，在所有利益攸關方充分協商的基礎上，對國際金融體系進行必要的改革。國際金融體系改革應該堅持建立公平、公正、包容、有序的國際金融新秩序的方向，應該堅持全面性、均衡性、漸進

性、實效性的原則。要統籌兼顧，平衡體現各方利益，形成各方更廣泛有效參與的決策和管理機制，尤其要體現新興市場國家和發展中國家利益。同時，特別強調：應該推動國際金融組織改革，改革國際金融組織決策層產生機制，提高發展中國家在國際金融組織中的代表性和發言權。[85]

此種旗幟鮮明的主張由來已久，但在全球經歷著嚴重的世界性金融危機之際重新提出，可謂意義非凡，舉世矚目翹首，抱有強烈的期待，具有強大的張力。不妨說，這是針對現有的國際金融組織機制（布雷頓森林體系）及其中體現的國際經濟舊秩序，再次吹響了變革圖新的號角，發達強權國家實在難以再「一如既往」地置若罔聞。

二〇〇九年四月在英國倫敦以及同年九月在美國匹茲堡相繼舉行的 G20 第二次、第三次金融峰會上，中國領導人關於主要發展中國家在承擔全球性歷史任務以及在南南聯合自強中應當積極地有所作為，應當發揮表率作用和中流砥柱作用的主張，關於應當積極推進國際金融秩序破舊立新，進而積極推進國際經濟秩序逐步地全面棄舊圖新的主張，又再一次獲得更加有力的實踐的驗證，[86]而且獲得了南北共同指定「匹茲堡發軔之路」的重要突破。二〇〇九年九月二十五日匹茲堡峰會閉幕前正式公布的《領導人聲明》，洋洋萬言，在其最後結論中以「匹茲堡發軔之路」（The Path from Pittsburgh）為題正式宣布：現在，我們共同指定（we designate）『20 峰會』作為我們今後開展國際經濟合作的主要平臺。」[87]至此，發達強權國家終於不得不放下「居高臨下」、一向傲慢的架子，開始以「平起平坐」的姿態，與南方

弱勢群體的主要代表國家展開南北平等對話。[88]

二〇〇八年至二〇〇九年的以上這些事態一再表明：第一，南南聯合自強的戰略思想，正在全球範圍內日益深入人心，成為國際弱勢群體力爭獲得和維護國際平權地位的主要手段之一；第二，南南聯合自強的戰略目標，始終不渝地聚焦於力爭在全球性經貿大政問題上享有公平合理的發言權、參與權和決策權；[89]第三，南南聯合自強的根本宗旨，始終不渝地瞄準於推動國際經濟秩序逐步實行棄舊圖新的全面改革，改變當代全球財富國際分配嚴重不公的現狀，逐步實現全球財富公平合理的國際再分配，實現全球經濟的共同繁榮。

（四）新中國第五代領導人的主要觀點

一九四九年以來中國共產黨多年的持續執政，為新中國領導層參與國際治理思路的聯貫性、穩定性提供了制度基礎。在對外事務方面，尤其在南南聯合自強、在國際經濟法和國際經濟秩序破舊立新的問題上，以習近平為首的新一代領導人仍然保持了一貫的傳統自我定位，「既一脈相承，又與時俱進」，在「接班」後多次對中國傳統的自我定位作出創新的闡析。就在二〇一六年舉行的和平共處五項原則發表六十週年紀念大會上，習近平的講話就數次重申和強調中國立場。他指出：

和平共處五項原則已經成為國際關係基本準則和國際法基本原則；有力維護了廣大發展中國家權益；為推動建立更加公正合理的國際政治經濟秩序發揮了積極作用……新形勢下，和平共處五項原

則的精神不是過時了，而是歷久彌新；和平共處五項原則的意義不是淡化了，而是歷久彌深；和平共處五項原則的作用不是削弱了，而是歷久彌堅。……中國將堅定不移走和平發展道路。……中國將堅定不移在和平共處五項原則基礎上發展同世界各國的友好合作。……中國將堅定不移奉行互利共贏的開放戰略。[90]

　　習近平在接任中國國家主席後，於二〇一三年至二〇一四年相繼前往非洲和拉美參加了第五次和第六次金磚國家領導人會晤，也分別印證了「中非」和「中拉」兩種南南合作關係的重要地位。隨著二十一世紀初中國進一步深入推行「走出去」戰略，大量中國企業以及個人湧入非洲、拉美，世界輿論和學界也不可避免地出現了一些對中國的新看法。對於中非、中拉經貿合作的迅速發展和擴大，[91]一些西方媒體表現出某種「酸葡萄式」的「心理失衡」，並且以「小人之心度君子之腹」，又一次戴上「有色眼鏡」，張冠李戴，信口雌黃，硬給中國貼上了「新殖民主義」的標籤。

　　這種指責邏輯，對於任何明辨是非的正直人士而言，都是不值一駁的。所謂「新殖民主義」，本意是指二戰後西方強權發達國家對發展中國家實施的一種改頭換面的侵略政策和手段。它們被迫改變了直接進行殖民統治的陳舊方式，而採取比較隱蔽的、間接的殖民侵略手段，充分利用其經濟優勢，對非西方國家進行政治、經濟、文化侵略（必要時也使用軍事手段），把已取得政治獨立的發展中國家置於它們的控制之下，以使這些國家繼續充當其商品市場、原料產地和投資場所，繼續最大限度地榨取財

富。[92] 較之於此類不義之舉，中國則反其道而行之，胸懷坦蕩，行動透明，言行一致地貫徹「互利、互惠、合作、共贏」的基本方針。習近平主席在多種場合均強調：「中國永遠不稱霸，永遠不搞擴張」[93]；中國不認同『國強必霸論』中國人的血脈中沒有稱王稱霸、窮兵黷武的基因」[94] 中國會「堅持正確義利觀，義利並舉，以義為先，促進南北對話和南南合作，特別是幫助發展中國家實現自主和可持續發展」[95]。

二〇一四年十一月，借 G2O 布里斯班峰會之便，金磚國家領導人預先在澳大利亞舉行非正式會晤，就合作以及重大國際和地區問題深入交換意見，取得高度共識。習近平強調指出，金磚國家合作要做到**政治和經濟「雙輪」驅動**，既做世界經濟動力引擎，又做國際和平之盾，深化在國際政治和安全領域協調和合作，捍衛國際公平正義。金磚國家要積極參與國際多邊合作，提高在全球經濟治理中的話語權；要在即將舉行的 G20 布里斯班峰會上加強協調合作，推動會議取得積極成果，致力於建設開放型世界經濟，落實國際貨幣基金組織改革方案，推動解決全球發展問題。金磚國家要加強全方位合作，落實好巴西福塔萊薩會晤成果，加快推進金磚國家開發銀行和應急儲備安排有關建設進程，密切溝通和協調，確保 G20 布里斯班峰會取得成功，維護共同利益。[96]

金磚國家之間的這種協調立場、統一行動，與前述「77 國集團與中國」在聯合國大會論壇發聲之前協調立場的南南聯合之精神高度契合，或可視為南南聯合之最新實踐例證。

五、餘論：「知命之年」，再度出發

在「知天命」之年，從國際經濟法的視角回顧南南合作的歷史進程以及種種具體表現，人們不難得出以下幾點結論：

第一，在國際經濟法的不同分支內，南南合作呈現出不同的表現形式。在聯合國以及 GATT 框架下的國際貿易法領域內，南方國家通過多邊合作，凝聚力量，共同爭取變法的努力取得一定成效；在國際投資法領域內，雖然以雙邊條約為主的締結範式使得多邊聯合難以實施，但是南方國家之間的雙邊或多邊合作形成的南南型投資協定，也呈現出與南北型投資協定不同的特徵；在國際金融法領域內，長期要求變法而進展緩慢的南方集團形成了以金磚國家為主體的南南金融合作，並必將給世界範圍內的眾多南方國家帶來新的發展契機。

第二，歷史表明，在發達強權國家把持一切的國際經濟秩序下，潛在和實在的競爭性國際制度一旦出現，勢必有助於南南合作逐步推動變革舊秩序。國際貿易領域內南南合作變法的經驗告訴我們，當年 UNCTAD 的成立以及發展中國家陣營通過 UNCTAD 框架進行國際貿易的現實威脅，對北方國家在 GATT 體制下被迫接受「非互惠制」和「普惠制」的變革產生了積極推動作用；如今，國際金融領域內，正在構建的、能夠對傳統布雷頓森林體系構成競爭的南南金融合作，也必將迫使北方國家主導的金融制度加速變革，或者至少搭建一個對南方國家更公平、公正的金融秩序框架。可以預見，隨著南方國家陣營綜合實力的不斷增強，其合作構建競爭性的制度和秩序的能力也將不斷增強，

其用來與北方國家陣營對話談判的籌碼也將不斷添加。

第三，我們必須清楚認識到，變法自強僅僅是南南合作的第一步。法律規則的生命在於實踐，那些南方國家集體爭取得到的、比國際經濟舊秩序更為公平公正的法律規則，必須在實踐運行中才能發揮它們的真正價值。

第四，自「77 國集團」組建半個多世紀以來，國際經濟領域內的全球南南合作雖然道路崎嶇坎坷，聲勢時起時伏，其主流卻始終矢志不渝、伏而又起，從未中斷，始終致力於一點一滴地去實現其「天賦使命」。如果說當年南方群體組建「77 國集團」的初衷主要在於集中弱國小國的分散力量，在戰後既定的、以北方國家為主導的國際經濟秩序下進行集體抗爭，要求「破舊立新」，訂立和實行更公平公正的國際經濟規則，那麼在半個多世紀後的當今，隨著南方國家整體實力的持續增強，這種合作將更多體現在南方國家內部，展現出更多的主動性，並從側面構成對南北抗爭和南北合作雙重關係的一種競爭推力。質言之，南南合作為實現其「天命」，途徑多樣，不僅存在「南北抗爭」的戰鬥性的一面，也存在「南北合作」、共建全球繁榮的建設性的一面。

附錄　加利先生約稿邀請函（原函及中譯）

Boutros Boutros-Ghali
President
ECPD Honorary Council

European Center
for Peace and Development

University for Peace established by the United Nations

30 March 2014

Mr An Chen
China

Dear Mr Chen,

I am writing to you in my current capacity as I am writing to you in my current capacity as the Chairman of the Honorary Council of the European Centre for Peace and Development (ECPD) of the UN University for Peace, and also as the former UN Secretary-General, Secretary General of the Francophonie, and Chairman of the South Centre Board, my three successive posts that were concerned with the problématique of development and the role of the developing countries in the multilateral arena.

At the conference held on the occasion of its 30th anniversary, 11-12 October 2013, the ECPD organized a round table on the topic "Whither the Global South in the 21st century?". The proceedings showed that this issue merits a broader discussion, especially so as the Group of 77 is marking its 50th anniversary in 2014, an opportunity to pause and reflect on the meaning of the Global South, its future in the international arena and its roles in shaping globalization processes and the world economic and political order.

With this in mind, ECPD decided, in collaboration with the Group of 77, to invite a number of distinguished personalities and institutions, to contribute, a succinct written comment on the topic: "Global South: at 50 and beyond?" Contributions that we expect to receive will offer a spectrum of views at a time when developing countries face many common challenges in a changed and rapidly evolving global political and economic environment, and when the traditional rationale of the South is being questioned and even doubted by some.

Contributions that are received by 1 June 2014 will be made available at the Commemorative Summit on the 50th Anniversary of the Group of 77, 14-15 June 2014 in Santa Cruz, Bolivia, while the complete set of contributions received by 1 September 2014, will be presented at the Thirty-Eighth Annual Meeting of Ministers for Foreign Affairs of the Group of 77 in September 2014 in New York. To extend and widen reflexion and debate on this topic, ECPD plans to establish a website where future contributions will be accessible. In due course, the comments and opinions will be published in a single volume.

I hope that you will find it possible to accept this invitation and present your valuable views on this important issue.

Please accept my kind personal regards and appreciation,

Sincerely,

Boutros Boutros-Ghali

Phone: +381 11 3246-041, 3246-042, 3246-043, 3246-044, 3246-045 Fax: 3240-673, 3234-082
E-mail: office@ecpd.org.rs, ecpd@EUnet.rs

第一編・國際經濟法基本理論（一）

親愛的陳安先生：

我現以原聯合國秘書長、南方中心主席、現任聯合國和平大學歐洲和平與發展中心（ECPD）榮譽委員會主席、法語區聯合體秘書長的多重身分向您致信。我先後就任的這些職位，都與發展問題以及發展中國家在多邊舞臺上的角色問題相關。

二〇一三年十月十一日至十二日，在 ECPD 成立三十週年會議上，就「二十一世紀的全球南方向何處去？」這一話題曾組織一次圓桌論壇。當時的會議議程綜述表明，此話題值得更深入的探討，尤其是二〇一四年恰值「77 國集團」成立五十週年。這個歷史節點，也是一次停步反思的機會，讓我們深入思考全球南方群體存在的意義，它在國際舞臺上的未來前途，以及它在構建全球化進程和世界經濟政治秩序中應當發揮的作用。

有鑒於此，ECPD 決定，聯合「77 國集團」以雙重名義邀請若干傑出的個人和機構，以「全球南方：年屆半百，路在何方？（Global South: at 50 and beyond?）」為主題，撰寫簡明評論。當前，全球政治經濟環境已經改變並且仍在快速變遷，發展中國家正面臨眾多共同的挑戰，導致有人質問甚至懷疑南南聯合事業的傳統理念（traditional rationale of the South），際此時刻，我們尤其期望投稿能夠提供多方位的視角，以供集思廣益。

二〇一四年六月一日之前收到的投稿，將提交於二〇一四年七月十四日至十五日在玻利維亞聖克魯斯召開的「77 國集團成立 50 週年紀念峰會」探討；二〇一四年九月一日之前收到的投稿，將提交於二〇一四年九月在紐約召開的「77 國集團第三十八屆外交部長年會」探討。為了擴大和深化有關這一話題的學理

爭鳴，ECPD 計劃專設網站，供今後刊載相關投稿之用。時機成
熟之際，相關評論和觀點將結集出版。

我希望您能夠撥冗應約，並就此重要話題闡述您的寶貴見
解。

請接受我個人的誠摯問候和致謝。

布特羅斯·布特羅斯加利

二〇一四年三月三十日

（編輯：韓秀麗）

注釋

* 「77 國集團」組建於一九六四年，截至二〇一四年，其正式成員已增至
  一百三十四個國家，但仍沿用「77 國集團」這個原始名稱。中國雖未正
  式加入該組織，但一直與它保持密切關係和採取聯合行動。二〇一四年
  「77 國集團」組建五十週年之際，原聯合國秘書長、南方中心主席，現
  任聯合國和平大學歐洲和平與發展中心（ECPD）榮譽委員會主席加利先
  生，以 ECPD 和 77 國集團的雙重名義，致函中國陳安教授，邀請他就
  「全球南方：年屆半百，路在何方？」為主題，撰寫論文並參加專題系
  列研討會。

  加利先生來函（詳見本文附錄）中特別提及，在當前快速變遷的全球政
  治經濟環境下，發展中國家面臨眾多共同挑戰，導致有人質問甚至懷疑
  南南聯合事業的奮鬥目標和傳統理念（traditional rationale）。對此，本
  文「有的放矢」依據史實，強調指出：過往各國（包括中國）的革命和
  改革經驗都表明，任何正義的事業都有潮起潮落的發展歷程。在事業處
  於低谷的時候，人們尤應保持頭腦清醒，堅定信念，重拾信心，才能排
  除萬難，爭得成功。可以斷言：南南聯合事業因符合時代歷史潮流而必
  有無限光明前途。

本文初稿發表於《國際經濟法學刊》2014 年第 3 期，由陳安和楊帆合作撰寫。楊帆是國家重點學科廈門大學國際法學科 2016 屆博士，現為廈門大學法學院國際法專業助理教授。本文初稿的英文版，發表於 *Joarnal of East Asia and International Law*（《東亞與國際法學刊》）2015 年第 1 期。

〔1〕　參見張燕嬰譯註：《論語》，中華書局 2007 年版，第 13 頁。

〔2〕　知天命：領悟自己負有使命，必須設法去完成。這種使命的來源是天，所以稱為「天命」孔子説的「天命」包括三項內容：一、從事政教活動，使天下回歸正道；二、努力擇善固執，使自己走向至善；三、了解命運無奈，只能盡力而為。參見傅佩榮：《解速論語》，http: //blog. sina. com.cn/s/blog_4a57bcc9010004zi. html。

〔3〕　當然，全球廣大發展中國家乃至整個國際社會的全面發展，除了有賴於南南合作的開展，也必須依靠南北合作。南南合作與南北合作，都是全球合作的重要組成部分，這是兩者的共同點。但南南合作的政治基礎、經濟基礎、內在實質及實踐效應，卻與南北合作有重大的差異。詳細內容可參見陳安：《陳安論國際經濟法學》（第一卷），復旦大學出版社 2008 年版，第 455-462 頁。

〔4〕　國際經濟交往中所發生的國際經濟關係，在特定歷史階段往往形成某種相對穩定的格局、結構或模式，通常稱為「國際經濟秩序」。國際經濟秩序的建立和變遷，取決於國際社會各類成員間的經濟、政治和軍事的實力對比。與此同時，在各國統治階級相互合作、鬥爭和妥協的基礎上，也逐步形成了維護這些秩序的、具有一定約束力或強制性的國際經濟行為規範，即國際經濟法。國際經濟法是鞏固現存國際經濟秩序的重要工具，也是促進變革國際經濟舊秩序、建立國際經濟新秩序的重要手段。參見陳安：《陳安論國際經濟法學》（第一卷），復旦大學出版社 2008 年版，第 110 頁。英文版本的相關論述，參見 *The Voice from China: An CHEN on International Economic Law*，Springer，2014，p.168。

〔5〕　See also What Is South-South Cooperation，http://ssc. undp. org/content/ssc/aboi_it/what_is_ssc. html.

〔6〕　參見《亞非會議最後公報》，http: //news. china. com/zh_cn/domestic/945/20050419/12253346. html。

　〔7〕　迄今為止，其成員國已增至一百三十四個，但仍沿用「77 國集團」

這個具有歷史意義的原始名稱。中國一九七一年恢復在聯合國的合法席位和安理會常任理事國的席位之後，雖未直接加入這個集團，成為其正式成員，但一向與這個集團保持密切的協作關係，積極支持其維護弱小民族的共同權益，更新國際經濟立法和推動國際經濟秩序除舊布新、破舊立新的正義要求，在經社領域一般以「7 國集團加中國」的模式表達共同立場。See Clement Robes (Chair for the Group of 77 and China for 1999), The Group of 77 and China: Current Priorities, NY12/01/99, http://www.southcentre.org/southletter/s/33/.

〔8〕 See GATT, Generalized System of Preferences, Decision of 25 June1971 ,L/3545, L/3545,and Decision of 28 November 1979, L/4093. 另參見汪暄：《論關稅及貿易總協定下的貿易自由化》；高燕平：《國際貿易中的普遍優惠制》，均載於《中國國際法年刊》，中國對外翻譯出版公司 1986 年版，第 44、59、60、63、161-163 頁。

〔9〕 See Declaration for the Establishment of a New International Economic Order，United Nations General Assembly document A/RES/S-6/3201 of 1 May 1974，http://www. un-documents. net/s6r3201. htm.

〔10〕 See Charter of Economic Rights and Duties of States，United Nations General Assembly Document A/RES/29/3281 of 12 December 1974，http://www. un-documents. net/a29r3281. htm.憲章草案交付表決時，一百二十票贊成，其中絕大多數是發展中國家；六票反對（美國、英國、聯邦德國、丹麥、比利時、盧森堡）；十票棄權（日本、法國、義大利、加拿大、奧地利、荷蘭、挪威、西班牙、愛爾蘭、以色列）。

〔11〕 See Thirty Years of the Group of 77（1964-1994），United for a Global Partnership for Development and Peace，South Centre Publications，1994，pp. 13-16; The Future of the Group of 77，South Centre Publications，1996，pp. 5-11.

〔12〕 See Declaration of the South Summit; Havana Programme of Action，http://www. g77. org/summit/Declaration;summit/Programme of Action．
中國派出的高級代表團出席參加了這次會議，並作了長篇發言，強調：「南南合作首先是一種團結精神，同時也是發展中國家聯合自強、尋求共同發展的重要途徑……只有團結起來，才能提高發展中

國家在南北對話中的地位，才能有效參與國際經濟決策，才能在全球化過程中最大限度地維護自身利益。」參見《人民日報》2000年4月15日第1版。

〔13〕See Martin Khor，Havana Summit，a Defining Moment in G77 History；Coordinating Commission Set Up．Third World Economics，No．232，Geneva，2000，pp.2-3，12-14.

〔14〕See Southi Summit in Havana o Mark a "Turning Point" for Developing Countries，http://www. g77. org/summit/pressrelease；Martin Khor，Havana Summit，a Defining Momentin G77 History；Coordinating Commission Set Up，Third World Economics，No.232，Geneva，2000．

〔15〕由於印度未能在糧食安全上與WTO達成共識，「峇里島一攬子協議」中最為關鍵的《貿易便利化協議》未能在二〇一四年七月三十一日的最後期限內通過。WTO總幹事阿澤維多（Roberto Azevedo）認為，多邊貿易前景堪憂，WTO正在進入一個「令人震驚的、充滿不確定因素的階段」。See Azevedo. Members Unable to Bridge the Gap on Trade Facilitation，http://www.wto.org/english/news_e/news14_e/tnc_infstat_31jul14_e.htm.

〔16〕See Sixth Summit: Fortaleza Declaration and Action Plan，http://brics6. itamiaraty. gov. br/category- english/21-documents/223-sixth-summit-declaration-and-action-plan.

〔17〕See Southi Centre，Thirty Years of the Group of 77 (1964-1994)，United for a Global Partnership for Development and Peace，South Centre Publications，1994，pp.1-8.

〔18〕參見陳安：《國際經濟法學芻言》（上卷），北京大學出版社2005年版，第61-69頁。

〔19〕See Charter of Economic Rights and Duties of States, Art.2 (c).

〔20〕See A. Cassese, *International Law* ,2nd ed., Oxford University Press, 2005, pp.507-509.

〔21〕See M. Shaw, *International Law* ,Cambridge University Press, 1991, p.550；I. Brownlie, Principles of Public *International Law*, Oxford University Press, 1966, p14.；R. Y. Jennings, The Discipline of International Law, Lord McNair Memorial Lecture, ILA57 Conference, Madrid, offprint, p.11.

〔22〕Andreas F. Lowenfeld, *International Economic Law* ,Oxford University Press, 2002 ,pp.412-414；Andreas F. Lowenfeld, *International Economic Law* ,2nd ed., Oxford University Press, 2008, pp.492-493.

〔23〕具體規定詳見 GATT 1947 第 1 條第 1 款。參見世界貿易組織：《世界貿易組織烏拉圭回合多邊貿易談判結果法律文本》，對外貿易經濟合作部國際經貿關係司譯，法律出版社 2000 年版，第 424 頁。

〔24〕在當代發達國家與發展中國家的經濟交往中，儘管以不平等條約為基礎的公開的不平等，一般說來，已經大為削弱或已不復存在，但是發達國家仍然憑藉其經濟實力上的絕對優勢，對歷史上積貧積弱，因而經濟上處於絕對劣勢的發展中國家，進行貌似平等實則極不平等的交往。其常用的主要手段，就是對於經濟實力懸殊、差距極大的國家，「平等」地用同一尺度去衡量，用同一標準去要求，實行絕對的、無差別的「平等待遇」。其實際效果，有如要求先天不足、大病初癒的弱女與體魄強健、訓練有素的壯漢，在同一起跑線上「平等」地賽跑，從而以「平等」的假象掩蓋不平等的實質。為了糾正形式平等或虛假平等關係，創設新的實質平等關係，就應當積極採取各種措施，讓經濟上貧弱落後的發展中國家有權單方面享受非對等性的、不要求直接互惠回報的特殊優惠待遇，並且通過給予這些貌似「不平等」的特惠待遇，補償歷史上的殖民主義過錯和糾正現實中的顯失公平弊病，以實現真正的、實質上的平等，達到真正的公平。這種新的平等觀，是切合客觀實際需要的，是科學的，也是符合馬克思主義基本觀點的。早在百餘年前，馬克思在剖析平等權利時，就曾經指出：用同一尺度去衡量和要求先天稟賦各異、後天負擔不同的勞動者，勢必造成各種不平等的弊病，並且斷言：「要避免所有這些弊病，權利就不應當是平等的，而應當是不平等的。」（見馬克思：《哥達綱領批判》，載《馬克思恩格斯選集》第 3 卷，人民出版社 1995 年版，第 305 頁。）馬克思的這種精闢見解，對於我們深入理解當代發展中國家提出的關於貫徹公平互利原則、實行非互惠普惠制等正義要求，具有現實的指導意義。參見陳安：《論國際經濟法中的公平互利原則是平等互利原則的重大發展》，載陳安：《陳安論國際經濟法學》，復旦大學出版社 2008 年版，第 444-454 頁。

〔25〕See UNCTAD, Proceedings of the United Nations Conference on Trade and Development, Vol.I (Sales No.：64. II. B. 11), United Nations, 1964, pp.18、25-26；United Nations, About GSP, http://www.unctad.org/templates/Page.asp? intItemID＝2309&lang＝1；United Nations, The History of UNCTAD1964-1984 ,http://www.unctad.org/templates/webflyer.asp? docid＝13749&intItemID＝3358&lang＝1&mode＝downloads.

〔26〕參見《關稅及貿易總協定》決議：GATT, Generalized System of Preferences, Decision of 25 June 1971，L/3545，and Decision of 28 November 1979，L/4093。另參見汪瑄：《論關稅及貿易總協定下的貿易自由化》；高燕平：《國際貿易中的普遍優惠制》，載《中國國際法年刊》，中國對外翻譯出版公司 1986 年版，第 44、59、60、63、161-163 頁。

〔27〕See GATT，Generalized System of Preferences，Decision of 25 June 1971，L/3545, BISD18S/24，http:// www.lexisnexis.com/.

〔28〕See GATT，Differential and More Favourable Treatment Reciprocity and Fuller Participation of Developing Countries，Decision of 28 November 1979，L/4903，BISD26S/203-205，http://www. wto. org/english/ docs_e/legal_e/enabling1979_e. htm.

〔20〕參見 GATT 1947 附件 I 第 36 條第 8 款。參見世界貿易組織：《世界貿易組織烏拉圭回合多邊貿易談判結果法律文本》，對外貿易經濟合作部國際經貿關係司譯，法律出版社 2000 年版，第 492 頁。

〔30〕數據來源：GATT/WTO 官網有關 GATT 締約國的公開信息，http://www. wto. org/english/thewto_e/gatmem_e. htm。

〔31〕例如，自一九七一年起，歐共體就開始對發展中國家給予普惠制項下的優惠待遇（主要形式為關稅優惠待遇）；而自一九七六年起，美國才開始依據其《1974 年貿易法》實施其普惠制安排。

〔32〕例如，美國和歐共體相繼在一九八七年和一九八八年將韓國排除在它們各自的「普惠制」體系之外。此後，中國香港地區、新加坡、臺灣地區和泰國等國家和地區也被美國相繼排除出該體系。

〔33〕See Karsenty and Laird，The Generalized System of Preferences: A Quantitative Assessment of the Direct Trade Effects and of Policy Options · UNCTAD Discussion Paper18，1987 UNCTAD，Geneva.

〔34〕See Panel Report of EEC—Restrictions on Imports of Dessert Apples—

Complaint by Chile, L/6491, adopted on 22 June 1989, 36S/93, 134, para. 12. 32.

〔35〕See Panel Report of United States—Imports of Sugar from Nicaragua，L/5607，adopted on 13 March 1984，31S/67, 74, para. 4. 6.

〔36〕繼與巴基斯坦在一九五九年簽訂第一個學界公認的現代意義上的 BIT 之後，德國在一九六二年至一九七二年締結了四十六個此類協定。See Kenneth J. Vandervelde, The BIT Program：A Fifeen-Year Appraisal, in The Development and Expansion of Bilateral Investment Treaties, *American Society of International Law*, Proceedings Vol. 86, 1992, p. 534.

〔37〕See Kenneth J. Vandervelde, The BIT Program: A Fifteen-Year Appraisal, in The Development and Expansion of Bilateral Investment Treaties, *American Society of International Law*, Proceedings Vol. 86, 1992, pp 534-535．

〔38〕前者失敗的原因可能是它設置的「從上到下」的談判方式，其要求超前於時代，難以獲得普遍認同，甚至在發達國家內部也有分歧。參見徐崇利：《經濟全球化與國際經濟條約談判方式的創新》，載《比較法研究》2001 年第 3 期，第 62-71 頁。後者的失敗則可能由於來自南方國家陣營的集體抵制。參見陳安主編：《國際經濟法學新論》，高等教育出版社 2007 年版，第 286 頁。

〔39〕只有在多邊的談判締約環境下，欠發達成員才可能形成集體意識。See Ruber E. Hudec, GATT and the Developing Countries, *Columbia Business Law Review*, Vol.67, 1992, p 68.

〔40〕例如，Andrew T. Guzmán在其文中即注意到：欠發達國家作為一個集體在二十世紀六七〇年代在聯大等國際舞臺上發出的價值訴求，通過聯大決議的形式對北方國家當時力圖推行的國際習慣法標準予以否認；但是，在它們作為個體與北方國家進行雙邊談判時卻總是簽訂比談推翻的國際習慣法標準要求更高的條約。Guzmán 認為，在面對存量缺乏太大彈性的潛在投資資本時，欠發達國家之間展開了規制競爭（regulatory competition），以各種承諾吸引外資。這樣，便導致了一種競次（race-to-the-boom）的效應，使得它們爭相制定對於投資者提供高保護標準的投資條約，從而使欠發達國家本來可能得到的利益轉移到投資者身上。See Andrew T. Guzmán, Explaining the Popularity of Bilateral Investment Treaties: Why LDCs

Sign Treaties That Hurt Them, *Va. J. International Law*, Vol.38, 1997, p3659.

〔41〕如對中國的實證分析，參見陳安：中外雙邊投資協定中的四大「安全閥」不宜貿然拆除——美、加型 BITs 談判範本關鍵性「爭端解決」條款剖析》，以及《區分兩類國家，實行差別互惠：再論 ICSID 體制賦予中國的四大「安全閥」不宜貿然全面拆除》，載陳安：《陳安論國際經濟法學》（第三卷），復旦大學出版社 2008 年版，第 1079-1146 頁。See *An CHEN*, *The Voice from China : An CHEN on International Economic Law*，Springer，2014，pp. 273-335.

〔42〕See Andrew T. Guzmán，Explaining the Popularity of Bilateral Investment Treaties: Why LDCs Sign Treaties That Hurt Them，*Va. J. International Law*，Vol. 38，1997，p. 659.

〔43〕See Gennady Pilch，The Development and Expansion of Bilateral Investment Treaties，*American Society of International Law*，Proceedings Vol. 86，1992，pp. 552-553.

〔44〕參見季燁：《中國雙邊投資條約政策與定位的實證分析》，載陳安主編：《國際經濟法學刊》2009 年第 16 卷第 3 期，第 172-203 頁。

〔45〕See UNCTAD，South-South Cooperation in International Investment Arrangements，2005.

〔46〕See e. g.，China-ASEAN Framework Agreement，Preamble.

〔47〕See e. g.，Treaty Establishing the Caribbean Community，Chapter VII，Art. 59(1).

〔48〕See e.g.，Framework Agreement on the ASEAN Investment Area，Art. 2.

〔49〕See Lauge Skovgaard Poulsen，The Significance of South-South BITs for the International Investment Regime：A Quantitative Analysis，*Northwestern Journal of International Law & Business*，Vol. 30，Issue 1，2010, pp.101-130.

〔50〕參見《胡錦濤在發展中五國領導人集體會晤時的講話》. http://news. xinhuanet. com/newscenter/2008-07/ 08/ content_8512384. htm。

〔51〕《金磚四國首次峰會》，http://finance.sina.com.cn/focus/bric_2009fh/。

〔52〕《泰晤士報：金磚四國挑戰美國權威》，http://finance.sina.com.cn/ money/forex/20090617/16196362783.shtml.

〔53〕例如，二〇一二年，在 G20 墨西哥峰會期間，中國對 IMF 增資四百三十億美元，俄羅斯、印度、巴西各增資一百億美元，南非增資二十億美元。

〔54〕金磚國家領導人對此特別表示遺憾，參見《福塔萊薩宣言》第 18 段。

〔55〕《福塔萊薩宣言》多次提到「平等」例如第 2、21、26、28 等各段。

〔56〕參見樓繼偉：《設立亞投行是多贏之舉》，http://news.xinhuanet.com/2014-07/09/c_1111448768.htm.

〔57〕《習近平在「加強互聯互通夥伴關係」東道主夥伴對話會上的講話》，http://news.xinhuanet.com/world/2014-11/08/c_1113170919.htm.

〔58〕Reuters, World Bank Chief Welcomes New BRICS Development Bank, July 23, 2014, http://in.reuters.com/article/2014/07/23/worldbank-india-idINKBN0FS1MV20140723.

〔59〕李大明等：《世行行長公開支持中國籌建亞投行》，http://world.huanqiu.com/exclusive/2014-10/5181201.html? qq-pf-to＝pcqq.c2c.

〔60〕《中國領銜成立亞投行，美日質疑亞投行「遠明度」》，http://www.guancha.cn/economy/2014_10_26_279778.shtml.

〔61〕See e. g., Matt Schiavenza, How the BRICS New Development Bank Serves China's Interest, July 18 ,2014, http://www.ibtimes.com/how-brics-new-development-bank-serves-chinas-interest-1631664.

〔62〕See relating reports, e. g., what-the-new-bank-of-BRICS-is-all-about, http://www.washingtonpost. com/blogs/monkey-cage/wp/2014/07/17/what-the-new-bank-of-brics-is-all-about/.

〔63〕參見周小苑：《「亞投行」是填空白不是打擂臺》，http://finance.people. com. cn/stock/n/2014/1027/ c57815-25913120.html。

〔64〕以世界銀行集團下國際復興開發銀行、國際開發協會的支出為準。See The World Bank Annual Report 2013，p55.

〔65〕See The Evolution of the BNDES' Disbursements, http://www.bnde.gov.br/SiteBNDES/bndes/bndes_en/Institucional/The_BNDES_in_Numbers/＃The_Evolution_of_the_BNDES__Disbursements.

〔66〕對「中國威脅」論及其前身「黃禍」論的梳理和駁斥，參見陳安：《「黃禍」論的本源、本質及其最新霸權「變種」：「中國威脅」

論——中國對外經濟交往史的主流及其法理原則的視角》，載《現代法學》，2011 年第 5 期，第 10-35 頁；相關英文版論述，參見 *The Voice from China：An CHEN on International Economic Law*，Springer，2014，pp. 44-100。

〔67〕 See e.g., Matt Schiavenza, How the BRICS New Development Bank Serves China's Interest, http://www.ibtimes.com/how-brics-new-development-bank-serves-chinas-interest-1631664.

〔68〕 參見《星星之火可以燎原》，載《毛澤東選集》第 1 卷，人民出版社 1951 年版。

〔69〕 一九一六年九月，孫中山到海寧鹽官觀看錢江大潮，回上海後寫下了名言「世界潮流，浩浩蕩蕩，順之則昌，逆之則亡」。

〔70〕 See Adeoye Akinsanya and Arthur Davies, Third World Quest for a New International Economic Order: An Overview, *International and Comparative Law Quarterly*, Vol.33, 1984, p.210.

〔71〕 「鬥而不破」實質上就是唯物辯證法的哲學思想在政治、軍事或經濟領域的靈活運用。當代中國領導人曾多次以這種哲學思想指導鬥爭實踐，包括一九六二年的中印邊境自衛反擊戰、一九七九年的中越邊境自衛反擊戰、一九八九年的南中國海中美「撞機」事件談判等等。中國一直堅持為正義事業而鬥爭，但同時留意毛澤東所倡導的「有理、有利、有節」三原則，在堅決抗擊強權橫逆，並取得壓倒性優勢或必要成果後，又主動保持克制，適可而止，維護和平，造福黎庶。此種鬥爭策略通稱「斗而不破」。參見《目前抗日統一戰線中的策略問題》，載《毛澤東選集》第 2 卷，人民出版社 1991 年版，第 749 頁；周文重（前中國駐美國大使）：《鬥而不破：中美博弈與世界再平衡》，中信出版社 2016 年版。

〔72〕 參見毛澤東：《中國人民站起來了（1949 年 9 月在第一屆全國政協會議上的講話），載《毛澤東選集》第 5 卷，重慶出版集團圖書發行有限公司 2006 年版，第 5-7 頁。《中國人民政治協商會議共同綱領》第 54、56、57 條。

〔73〕 參見《毛主席關於三個世界劃分的理論是對馬克思列寧主義的重大貢獻》，載《人民日報》1977 年 11 月 1 日第 1 版。See also Robert Seltzer and Irwin Silber，Chairman Mao's（or Deng Xiaoping's）Theory of the Three Worlds Is a Major Deviation from Marxism-leninism，*Line of March*，July-August，1980，Vol. I，No. 2.

〔74〕 例見吳敏：《對「三個世界」劃分理論的疑問》，http://www. aisixiang. com/data/24537. html。

〔75〕 See http://baike. baidu. com/view/109269. htm? fr= aladdin #1。

〔76〕 參見本章第一部分。

〔77〕 參見《改革開放政策穩定，中國大有希望》（1989 年 9 月 4 日），《善於利用時機解決發展問題》（1990 年 12 月 24 日），載《鄧小平文選》第 3 卷，人民出版社 1993 年版，第 321、363 頁；李琪珍：《論鄧小平的外交戰略思想》，載《廣東社會科學》2000 年第 6 期，第 75-76 頁；陳向陽：《解讀韜光養晦政策：仍是中國對外戰略自覺選擇》http://news. sina. com. cn/c/2005-09-07/16467705377. shtml；許少民：《「韜光養晦，有所作為」芻議》，http://www. chinathinktank.cn/。

〔78〕 鄧小平：《善於利用時機解決發展問題》（1990 年 12 月 24 日），載《鄧小平文選》第 3 卷，人民出版社 1993 年版，第 363 頁。

〔79〕 參見鄧小平：《在聯大特別會議上的發言》，載《人民日報》1994 年 4 月 11 日第 1 版。

〔80〕 參見鄧小平：《善於利用時機解決發展問題》（1990 年 12 月 24 日），載《鄧小平文選》第 3 卷，人民出版社 1993 年版，第 363 頁。

〔81〕 鄧小平：《完整地準確地理解毛澤東思想》（1977 年 7 月 21 日），載《鄧小平文選》第 2 卷，人民出版社 1994 年版，第 42 頁。

〔82〕 See An Chen，*The Voice from China : An CHEN on International Economic Law*，Springer，2014, pp. 207-239.

〔83〕 See An Chen，A Reflection on he South-South Coalition in the Last Half Century from he Perspective of International Economic Law-making: From Bandung，Doha and CancQn to Hong Kong，*Chinese Legal Science*，Vol. 2, 2006.

〔84〕 參見《胡錦濤在發展中五國領導人集體會晤時的講話》，http://news. xinhuanet.com/newscenter/2008-07/08/content_8512384.htm.

〔85〕 參見《胡錦濤在金融市場和世界經濟峰會上的講話：通力合作、共度時艱》，http://news.xinhuanet.com/newscenter/2008-11/16/content_10364070.htm；《胡錦濤 G20 峰會發表講話：攜手合作同舟共濟》，http://www.chinanews.com/gn/news/2009/04-03/1630688.shtml；《中國影響力引關注，美媒稱 G20 首腦應北京會晤》，http://news.

xinhuanet.com/world/2009-03/30/content_11099256.htm；《G20 倫敦金融峰會催生國際新秩序》，http://news.xinhuanet.com/world/2009-04/04/content_11129541.htm.

〔86〕參見《胡錦濤 G20 峰會發表講話：攜手合作同舟共濟》，http://www.chinanews.com/gn/news/2009/04-03/1630688.shtml.

〔87〕G20 Leaders' Statement: The Pittsburgh Summit, September24-25, 2009, The Path from Pittsburgh: 50. Today, we designated the G-20 as the premier forum for our international economic cooperation"，http://www. g20. Utoronto.ca/2009/2009communique0925.html。 參見《G20 峰會閉幕，發表〈領導人聲明〉》http://news.sina.com.cn/c/2009-09-27/072916365840s.shtml.

〔88〕參見陳安：三論中國在構建 NIEO 中的戰略定位：匹茲堡發軔之路」走向何方——G20 南北合作新平臺的待解之謎以及「守法」與「變法」等理念碰撞》，載《國際經濟法學刊》2009 年第 16 卷第 4 期。

〔89〕參見陳安：論中國在建立國際經濟新秩序中的戰略定位》以及《南南聯合自強五十年的國際經濟立法反思：從萬隆、多哈、坎昆到香港（2008 年增訂本）》，分別收輯於陳安：《陳安論國際經濟法學》，復旦大學出版社 2008 年版，第一卷第一編之 VI、XIV。See also *The Voice from China: An Chen on International Economic Law* ,Springer-verlag Press, 2013,Chapters6&7。

〔90〕參見《習近平在和平共處五項原則發表 60 週年紀念大會上的講話》，http://www.xinhuanet.com/politics/2014-06/28/c_1111364206_2.htm.

〔91〕中非經貿合作的實證數據：一九九二年中非貿易額 8. 33 億美元，二〇〇〇年 106 億美元，增加了超過十倍；二〇〇八年中非貿易額首次突破 1000 億美元，二〇〇九年中國成為非洲的第一大貿易夥伴；二〇一〇年中非貿易額 1269 億美元，是二〇〇〇年的十多倍。二〇一二年，中非貿易額接近 2000 億美元，中非人員往來超過 150 萬人次。截至二〇一二年，中國對非洲的直接投資累計超過 150 億美元。參見《習近平：像愛護眼睛一樣珍惜中非友誼》，http://style.sina. com. cn/ news/p/2013-04-06/0927119654. shtml。

中拉經貿合作的實證數據：二〇一三年，中國、巴西雙邊貿易額突破九百億美元，中國保持巴西第一大貿易夥伴地位，巴西成為中國第九大貿易夥伴；中國、阿根廷雙邊貿易額達一百四十八億美元，

是建交之初的二千四百多倍，中國已經成為阿根廷第二大貿易夥伴和主要投資來源國，阿根廷成為中國在拉美的第五大貿易夥伴；中國、委內瑞拉雙邊貿易額從建交初期的僅一百四十萬美元增至一百九十二億美元，中國已經成為委內瑞拉第二大貿易夥伴，委內瑞拉成為中國在拉美的第四大貿易夥伴、重要能源合作夥伴和工程承包市場。

〔92〕列寧最早提出並論證「新殖民主義」的特徵，指出帝國主義發展到它的國家壟斷資本主義階段，現代帝國主義國家的資本對外擴張出現了一些新情況、新特點，集中到一點就是「新殖民主義」代替了「老殖民主義」。列寧在一九一五年《關於帝國主義的筆記》中摘引了古斯塔夫‧斯特芬的話：的確，現在不去直接占領其他洲的土地(這種占領我們稱之為『殖民』，在一定程度上也能實行經濟帝國主義和帝國主義的擴張。……不用直接去奪取土地或者實行政治侵略就可以在其他各洲獲得經濟利益的勢力範圍或統治範圍。」參見列寧：《列寧全集》第 39 卷，人民出版社1959 年版，第 280 頁。

〔93〕《習近平：中國歡迎周邊國家「搭便車」》，http: .//news. sohu. c()ni/20140823/n4：03698395. shtnil。

〔94〕《習近平在和平共處五項原則發表 60 週年紀念大會上的講話》，htp://www‧xinhuanet‧c(n/w(rld/politics2014-06/28/c_126683735. htm。

〔95〕參見《習近平接受拉美四國媒體聯合採訪》，http：//news, xinhuanet. coni/w()rld/2014-07/15/c_126752272.htn。

〔96〕《習近平出席金磚國家領導人非正式會晤》. http：//finance, people, com. cn/n/2014/1J.16/c1004-26032998.

第三十一章

論「有約必守」原則在國際經濟法中的正確運用·

↘內容提要

　　「有約必守」這一源於民商法的基本原則，被援引運用於國際經濟法領域，成為國際經濟法的基本原則之一。在國際經濟法中，「有約必守」原則具有雙重含義，分別指「國際條約必須遵守」和「跨國合同（契約）必須遵守」。然而，任何原則的適用都有一定的前提條件和例外情況。「有約必守」原則的適用前提是「約」的合法。如果訂立條約或契約時存在暴力脅迫、欺詐等違法因素，受害的當事國或當事人就沒有遵守的法律義務，反而具有依法予以廢除或撤銷的法定權利。因此，「約」與「法」二者並不屬於同一層次。總的說來，「法」（的合法性）高於「約」。合法的「約」具有法律約束力，這是法所賦予的，並且由此產生了「有約必守」的法律原則。反之，違法的「約」沒有法律約束力，依法自始無效，或者可以依法撤銷、廢除。因此，對於違法的「約」，毫無「必守」可言。據此，基於脅迫或欺詐而締結，用以維護國際經濟舊秩序的各種不平等條約，不屬「必守」範圍，反而在「可廢」之列。此外，「有約必守」原則還可因「情勢變遷」而不予適用。但「情勢變遷」規定應嚴防被曲解濫用，

第一編・國際經濟法基本理論（二）

1475

既要防止殖民主義、帝國主義、霸權主義勢力藉口「情勢變遷」任意毀約，侵害弱國和弱小民族；又要防止這些勢力濫用《維也納條約法公約》關於適用「情勢變遷」的限制性規定，綁住發展中國家的手腳，阻礙它們實行廢除各種不平等條約、變革現存國際經濟舊秩序的正義鬥爭。可見，國際經濟法中的「有約必守」原則以及作為其例外的「情勢變遷」規定，都不是孤立存在的。只有緊密地結合前述經濟主權原則和公平互利原則，才能對「有約必守」原則、「情勢變遷」規定及其適用限制，作出全面的理解和正確的運用。

↘目次

「有約必守」（pacta sunt servanda）又譯「約定必須遵守」或「約定必須信守」。這是一條很古老的民商法基本原則。就這條原則的原有意義而言，指的是民事關係當事人或商事關係當事人之間一旦依法訂立了合同（又稱「契約」），對於約定的條款，必須認真遵守和履行。後來，這條原則被援引運用於國家與國家之間的政治、經濟等方面的外交關係，成為國際公法上的一條基本原則。由於它主要是通過國際條約這一形式來體現的，所以通常又稱「條約必須遵守」或「條約必須信守」。

如前所述，本書立論，對於國際經濟關係和國際經濟法，均採用廣義說，即舉凡超越一國國境的經濟交往，都屬於國際經濟關係；其主體包括國家、國際組織以及分屬於不同國家的自然人和法人；國際經濟法是用以調整上述國際（跨國）經濟關係的國際法規範和各種國內法規範的總稱。因此，這裡所闡述的「有約必守」原則，就包括「條約必須遵守」與「合同（契約）必須遵守」這兩重含義。

一、有約必守原則的基本內容

有約必守原則成為國際經濟法的基本原則之一，這是由國際經濟關係本身的基本要求所決定的。國家之間、不同國籍的當事人之間簽訂的各種經濟條約、經濟合同，只有在締約各方或立約各方都誠信遵守和切實履行的條件下，才能產生預期的經濟效果，才能維持和發展正常的國際經濟交往和國際經濟關係。從這個意義上說，有約必守原則乃是國際經濟法必不可少的主要基石之一。

就國家間的條約而言，「有約必守」指的是當事國一旦參加簽訂雙邊經濟條約或多邊經濟條約，就在享受該項條約賦予的國際經濟權利的同時，也受到該條約和國際法的約束，即必須信守條約的規定，實踐自己作為締約國的諾言，履行自己的國際經濟義務。否則，不履行條約所賦予自己一方的國際義務，就意味著侵害了他方締約國的國際權利，構成了國際侵權行為或國際不法行為（international delinquency），就要承擔由此引起的國家責任

state responsibility）。

有約必守原則已被正式載入國際公約。一九六九年五月開放供各國簽署並於一九八〇年一月開始正式生效的《維也納條約法公約》，在序言中，開宗明義地強調「條約必須遵守原則乃舉世所公認」第二十六條規定：「凡有效之條約對其各當事國有拘束力，必須由各該國善意履行。」第二十七條又進一步指出國際條約與締約國國內法之間的關係，明文規定：「一當事國不得援引其國內法規定為理由而不履行條約」。

一九七四年十二月，聯合國大會第二十九屆會議通過《各國經濟權利和義務憲章》。在這份當代國際經濟法的基本文獻中，列舉了用以調整國際經濟關係的十五條基本準則，其中之一就是要求各國都「真誠地履行各種國際義務」。[1] 這顯然是重申和再次強調「有約必守」的精神，因為各種國際義務首先和主要來自各種國際條約。履行國際義務，主要就是履行有關國際條約的具體表現。

就自然人、法人相互間或他們與國家之間的合同（契約）而言，「有約必守」指的是有關各方當事人一旦達成協議，依法訂立合同，就具有法律上的約束力，非依法律或當事人重新協議，不得單方擅自改變。任何一方無合法原因不履行合同義務或者履行合同義務不符合約定條件的，對方有權請求履行或解除合同，並有權就不履行或履行不符合約定條件所造成的損失要求賠償。在近現代各國民商立法中，普遍都有這一類基本條款規定。[2]

一般說來，第三世界眾多發展中國家在其涉外民商立法和經濟立法中，都十分重視貫徹上述雙重含義上的有約必守原則。

試以中國為例。中華人民共和國成立以來，在其對外經濟交往中一貫堅持「言必信，行必果」的民族優良傳統，認真實踐「重合同，守信用」的行動準則，並且在有關的各種國內法中作出了明確的規定。

針對中國自願參加締訂的國際條約與中國國內法的優先適用問題，《中華人民共和國民法通則》第一四二條第二款明文規定：「中華人民共和國締結或者參加的國際條約同中華人民共和國的民事法律有不同規定的，適用國際條約的規定，但中華人民共和國聲明保留的條款除外。」

《中華人民共和國民事訴訟法》第二六〇條針對涉外民事訴訟程序問題，明文規定：「中華人民共和國締結或者參加的國際條約同本法有不同規定的，適用該國際條約的規定，但中華人民共和國聲明保留的條款除外。」

這類規定充分說明：中國在依法調整涉外經濟關係、處斷涉外經濟法律問題時，不論在實體法方面，還是在程序法方面，對於本國參加締訂的國際條約中的有關規定，都嚴格遵循有約必守原則，予以優先適用。

對於涉外經濟合同，中國曾在一九八五年制定了專門的法律規範，即《中華人民共和國涉外經濟合同法》，其中也有多處鮮明地體現著有約必守的基本原則，諸如：

第一，強調合同的法律約束力。第十六條規定：合同依法成立，即具有法律約束力。當事人應當履行合同約定的義務，任何一方不得擅自變更或者解除合同。」

第二，強調違約的法律責任。第十八條規定：「當事人一方

不履行合同或者履行合同義務不符合約定條件，即違反合同的，另一方有權要求賠償損失或者採取其他合理的補救措施。採取其他補救措施後，尚不能完全彌補另一方受到的損失的，另一方仍然有權要求賠償損失。」

第三，強調瑕疵合同中的合法條款仍有法律約束力。第九條第二款規定：合同中的條款違反中華人民共和國法律或者社會公共利益的，經當事人協商同意予以取消或者改正後，不影響合同的效力。」換言之，在取消或改正合同中的違法條款之後，當事人各方對於合同中的一切合法條款，仍有義務按照有約必守原則，切實予以履行。任何一方仍然不得擅自變更或解除合同中的合法條款，否則，就應承擔因違約而引起的損害賠償責任。

第四，強調三類合同具有特強的法律約束力。第四十條規定：在中華人民共和國境內履行、經國家批準成立的中外合資經營企業合同、中外合作經營企業合同、中外合作勘探開發自然資源合同，在法律有新的規定時，可以仍然按照合同的規定執行。」換言之，以上三類涉外經濟合同一經依法訂立，中外雙方都負有法定義務，按照有約必守原則，誠信履行；在履行過程中，即使有關的法律規定發生變更，合同中的原有規定仍然可以保持原有的法律約束力，並不因法律規定變更而削弱或消失。在合同的有效期限內，如遇法律規定發生變更，合同當事人（在實踐中主要是外方當事人）有權斟酌利弊和權衡得失，既可以選擇適用新的法律規定，也可以選擇適用原有的法律規定，按照原有合同有關條款的原有規定，繼續執行。對上述三類涉外經濟合同賦予特別強的、排他性的法律約束力，可以說是中國政府根據本

國國情給予來華投資外商的一種特惠待遇，旨在加強保護外來投資者的合法權益，以吸收更多外資，促進中國的社會主義建設。這種規定充分體現了中國在對外經濟交往中一貫「重合同，守信用」和「有約必守」的傳統，也有力地表明中國實行對外開放、吸收外資和保護外商合法權益的政策，確實是誠意的、長期的基本國策。

一九九九年三月，適應形勢發展的需要，中國立法機構把先後分別制定和頒行的三種合同法，即《中華人民共和國經濟合同法》《中華人民共和國涉外經濟合同法》以及《中華人民共和國技術合同法》，融為一體，並加以修訂增補，制定和頒行了《中華人民共和國合同法》，統一適用於一切內國合同和涉外合同。在這部新頒的法律中，吸收和保留了原《涉外經濟合同法》關於有約必守原則的上述各項規定。[3]

二、對有約必守原則的限制

任何無可爭辯的真理，都附有一定的條件、一定的限度，否則，「只要再多走一小步，彷彿是向同一方向邁的一小步，真理便會變成錯誤」[4]。這一至理名言也適用於有約必守原則。換言之，對於有約必守原則，也不能過分誇大其重要性，加以絕對化。它必須受到其他法律原則的制約，受到一定的限制，否則，勢必導致極不公正的法律後果。

對有約必守原則的限制，主要有以下兩個方面：

（一）合同或條約必須是合法、有效的

1. 就合同而言

就合同而言就合同而言，違法合同和缺乏其他必備條件的合同，都是自始無效的（void ab initio）。

在各國的民商立法中，普遍都有此項基本規定。對於違法的因而是無效的合同（契約），當然談不上「有約必守」。對於缺乏其他必備條件的合同，當然也不適用有約必守原則。

以現行的《法國民法典》為例，它一方面強調依法訂立的契約對於締約當事人雙方具有相當於法律的效力；另一方面，同樣強調契約的有效成立必須同時具備四項主要條件，即承擔義務的當事人的同意、上述當事人的締約能力、構成義務客體的確定標的、債的合法原因，[5]四者缺一，都會導致契約無效。

合同（契約）內容必須合法，這是《法國民法典》所反覆強調的。該法典第一一三三條規定：如果訂立契約的原因為法律所禁止，或原因違反善良風俗或公共秩序時，此種原因為不法原因；而第一一三一條則強調基於不法原因的債，不發生任何效力。該法典「總則」第六條中，把上述各點概括為「不得以特別約定違反有關公共秩序和善良風俗的法律」。

在英美法系諸國，不論在以判例法形式出現的普通法中，還是在以制定法形式出現的成文法中，也都貫穿著同樣的基本原則。

如前所述，《中華人民共和國涉外經濟合同法》鮮明地體現著有約必守原則。與此同時，它也同樣鮮明地強調「違法合同自始無效」原則。其中，第四條、第九條、第十條分別明文規定：

訂立合同，必須遵守中華人民共和國法律，並不得損害中華人民共和國的社會公共利益」；「違反中華人民共和國法律或者社會公共利益的合同無效」；「採取欺詐或者脅迫手段訂立的合同無效」。這些法理原則已被吸收進一九九九年三月十五日公布、自同年十月一日起施行的《中華人民共和國合同法》第七條和第五十二條之中。

由此可見，「違法合同自始無效」原則是與有約必守原則同樣古老、同樣普遍的一種法理共識，同樣是舉世公認的一條基本法理原則。二者相反相成，成為維護和發展正常經濟交往和契約關係的兩個必備前提。

但是，當人們把「違法合同自始無效」這一舉世公認的法理原則適用於國際經濟交往的實踐時，由於各國社會、經濟制度的不同，政治、法律體制的差異，法學觀點的分歧，以及當事人利害的衝突，往往產生種種矛盾和爭端。這些矛盾和爭端集中到一點，就在於對什麼是合法的合同、什麼是違法的合同看法不同；或者說，合同之合法與違法，其根本界限和判斷標準往往因國而異，因時而異。

在此種場合，就必須依據國際私法或法律衝突規範來認定準據法。除了法律許可當事人按照意思自治（autonomy of will）原則，自行選定準據法（lex voluntatis）外，一般應適用與合同有最密切聯繫的國家的法律（the law of the country which has the closest connection to the contract）。具體說來，又要依照合同爭端的主要癥結所在，分別選定合同締結地法（lex loci contractus）、合同履行地法（lex loci solutionis）或物之所在地法（lex loci situs）等，作為準據法。

　　在通常情況下，除當事人依法自選準據法外，根據上述諸項衝突規範，判斷國際經濟合同之合法與否，一般應以東道國法律作為準據和標準，因為東道國的法律往往與國際經濟合同具有最密切的聯繫。

　　但是，在國際經濟交往的實踐中，發達國家往往以東道國法制「不健全」「不完備」「不符合文明國家公認的一般法律原則」「不夠西方文明國家的法律水準」之類的藉口和遁詞，力圖排除東道國法律的適用，而代之以發達國家所鍾意的所謂「國際法標準」或「文明國家公認的法律原則」。

　　關於這方面的意見分歧和激烈論戰，由來已久，其概況已略見於本章第一節。這裡應當重新提起的是：一九七四年聯合國大會先後通過的《建立國際經濟新秩序宣言》（以下簡稱《宣言》）、《建立國際經濟新秩序行動綱領》以及《各國經濟權利和義務憲章》（以下簡稱《憲章》），反覆強調東道國對於本國境內的一切經濟活動享有完整的、永久的主權，可以依據本國的法律，對境內一切涉外經貿活動實行管理和監督，這是各國經濟主權的主要體現之一。根據上述國際經濟法基本文獻中所明文記載的這一基本法理原則，結合法律衝突規範的一般準則，在一般情況下，選定東道國的國內法作為判斷國際經濟合同是否合法的準據和標準，從而決定是否應當在該合同上貫徹有約必守原則，這應當是毋庸置疑的。

　　由此可見，在國際經濟法中，有約必守原則不是孤立存在的。只有緊密地結合經濟主權原則和公平互利原則，才能對有約必守原則作出正確的理解和運用。

2. 就條約而言

就條約而言，要貫徹有約必守原則，其前提條件也在於條約本身必須是合法、有效的。

《維也納條約法公約》第五編第二節專門針對條約的違法和失效問題，列舉了八種情況。[6] 對於國際經貿條約和國際經濟法來說，其中所列關於錯誤、詐欺、強迫和違反國際強行法[7] 諸條款，尤其值得注意。

第一，錯誤：締約時對於作為立約根據之事實的認定有錯誤，以致條約內容具有非文字性的實質錯誤，締約國可據此撤銷其承受條約拘束的同意。

第二，詐欺：一國因另一談判國的詐欺行為而締結條約，前者可援引詐欺為理由，撤銷其承受條約拘束的同意。

第三，強迫：違反《聯合國憲章》所包含的國際法原則，通過威脅或使用武力而締結的條約，無效。

第四，違反國際強行法：違反一般國際法強制規範而締結的條約，無效。任何新產生的條約，如與現存的一般國際法強制規範相牴觸，即歸於無效，應予終止。就《維也納條約法公約》而言，「一般國際法強制規範」指的是某些最基本的國際法原則，它們已被國際社會全體成員共同接受，公認為不許觸犯，只有日後產生具有同等性質的國際法基本原則，才能加以更改。

根據上述標準，可以認定：國家主權平等原則、經濟主權原則、公平互利原則等，都應屬於國際強行法範疇。

由此可見，歷史上和現實中一切以詐欺或強迫手段簽訂的不平等條約，一切背離主權平等原則、侵害他國經濟主權的國際經

貿條約，都是自始無效的或可以撤銷的，它們都絕對不在「有約必守」之列，相反，應當把它們絕對排除在「有約必守」的範圍以外。據此，發展中國家對於殖民統治時期列強強加於它們的不平等條約，對於獨立初期因國力貧弱而被迫接受的新殖民主義條約，都有權在恢復國家主權平等、維護國家經濟主權的正義旗幟下，依據國際社會公認的國際強行法規範，通過國際談判，予以廢除，從而改變弱肉強食的國際經濟舊秩序，建立公平互利的國際經濟新秩序。這樣做，不但不違反有約必守原則，而且由於建立在經濟主權原則和公平互利原則的基礎之上，因此具有更大的權威性和更強的生命力。

發展中國家有權根據國際條約法和國際強行法的基本規定，廢除弱肉強食的新、老殖民主義條約。其基本精神已被載入《憲章》等國際經濟法基本文獻。《憲章》強調：一切國家都有權利和義務個別地或集體地採取行動，消除殖民主義和新殖民主義；消除各種形式的外國侵略、占領和統治；消除由此而產生的各種經濟後果和社會後果，從而為發展提供先決條件。[8]

總之，國際經濟法上所稱的「約」，包括具體的條約和契約。「約」與「法」二者並不屬於同一層次。總的說來，「法」（合法性）高於「約」。合法的「約」具有法律約束力，這是法所賦予的，並且由此產生了「有約必守」的法律原則。反之，違法的「約」毫無法律約束力，依法自始無效，或者可以依法撤銷、廢除。因此，對於違法的「約」，毫無「必守」可言。

（二）合同或條約往往受「情勢變遷」的制約

「情勢變遷」原是民商法上的一種概念，指的是：在合同（或契約）依法訂立並且發生法律效力以後，履行完畢以前，當初作為合同訂立之基礎或前提的有關事實和情勢，由於不能歸責於當事人的原因，發生了無法預見的根本變化。在這種情況下，如果仍然堅持合同一切條款原有的法律約束力，要求全盤履行原有的約定內容，勢必顯失公平。因此，允許當事人要求或請求對合同中原有的約定內容加以相應的變更，而不必承擔相應的違約責任。

在這方面，最常見的例子是由於通貨膨脹而引起的債務清償糾紛。借貸合同中規定的款額貸出之後，到期清償以前，或買賣合同規定的貨物交割以後，貨款付清以前，發生了大規模的戰爭、災荒或嚴重的經濟危機，導致通貨膨脹和貨幣嚴重貶值，還債期限或付款期限屆滿時，如仍按原定金額償還本息或付清貨款，勢必使貸方或賣方遭受嚴重損失，借方或買方則坐享不義之財或不當得利，這顯然是不符合公平互利這一法理原則的。因此，貸方或賣方可援引情勢發生根本變化為理由，要求或請求借方或買方按貸款或貨物原有的實際價值，還清本息或付清貨款。

從民商法學理論上說，這意味著合同當事人在立約當時是以某些基本情勢或基本事態的繼續存在為前提的，因此應當推定：在一切合同中都暗含著一項默示的條款，即規定「情勢不變」或「事態如恆」的條款（clausula rebus sic stantibus）[9]一旦情勢或事態發生根本變化（vital, essential or fundamental change of circumstances），當事人就有權根據這一默示條款，要求變更、解

除或終止原有的合同。

許多國際法學者把當代各國立法中原來適用於合同（契約）的上述民商法法理原則引進國際法領域，認為國際條約也適用同一法理，即：如果由於不可預見的情勢變遷或事態變化而使國際條約中所規定的某項義務，危及締約國一方的生存或重大發展，該締約國一方應當有權要求解除這項義務。[10]

把這一法理原則適用於國際條約，其合理之處在於，某一締約國與另一締約國簽訂條約之後，由於發生了締約當時完全不能預料到的根本性情勢變化，使前者在條約原有規定的事項上已蒙受或將蒙受嚴重損害，以致與後者在權利義務的利害關繫上出現嚴重的不對等、不平衡、不公正，則前者可以援引情勢變遷原則，要求解除有關義務，以保護本國的正當權益。

但是，困難在於，如何客觀地判斷立約當初的基本事態或基本情勢究竟是否已經發生了根本變化。在國際社會尚未確立某種特定的程序或體制以前，單憑各締約當事國自行判定，便有造成條約缺乏應有約束力和極不穩定的危險。特別是歷史和實踐已經證明，霸權主義和帝國主義國家曾經多次歪曲和濫用情勢變遷原則，作為背信棄義、片面撕毀國際條約的藉口，為其侵略擴張政策服務。因此，對於此項原則，國際法學界見解不一，有的強調其理論上的合理性，有的強調其實踐中的不確定性和危害性，有的則兼贊其理論上的公平合理和實踐中的有益無害，各執一端，長期聚訟紛紜。

一九六九年五月通過的《維也納條約法公約》對於上述爭論作出了重要的初步結論，承認可以援引「情勢之根本改變」作為

終止條約或退出條約的根據，從而使情勢變遷原則正式成為國際上的實體法規範。但是，它在條文措辭上，採取極為審慎的態度，使此項原則的適用受到相當嚴格的限制。該公約第六十二條是這樣表述的：

一、條約締結當時存在的情況發生根本改變而非當事國所預料者，不得援引作為終止或退出條約的理由，除非：

（甲）此等情況的存在構成當事國同意承受條約拘束的必要基礎；及

（乙）此項改變之影響將根本變動依條約尚待履行的義務之範圍。

二、情況的根本改變不得援引為終止或退出條約的理由：

（甲）倘若該條約確定一條邊界；或

（乙）倘若情況的根本改變系援引此項理由的當事國違反條約義務之結果，或該當事國違反對條約其他當事國所負其他國際義務之結果。

一九八六年三月通過的《關於國家和國際組織間或國際組織相互間條約法的維也納公約》，在第六十二條中也作了類似的規定。

一般認為，對上述條文可作如下解釋：

第一，條文以否定式、消極性的措辭，規定了適用情勢變遷原則的狹小範圍，即在一般情況下「不得」援引它作為理由要求廢約或退約，「除非」在特殊情況下才可以援引這個理由。前者

是原則，後者是例外；前者是本文，後者是但書。在這裡，顯然是把情勢變遷原則視為有約必守原則的一種例外。

第二，實現這種例外，必須同時具備許多要件，即：

（1）發生情勢變遷的時間必須是在締約之後。反之，如果某種事實或情勢在締約以前即已客觀存在，只是當事國在簽約當時尚不知情或尚未認識，因而誤斷誤簽，則不在「情勢變遷」之列。但是，可考慮是否屬於《維也納條約法公約》第四十八條規定的「錯誤」或第四十九條規定的「詐欺」。

（2）情勢變遷的程度必須是根本性的改變。

（3）情勢變遷的實況必須是當事國所未預見的。

（4）情勢變遷的結果必須是喪失了當事國當初同意接受該條約拘束的必要基礎或基本前提。

（5）情勢變遷的影響必須是情勢將根本改變依據該條約尚待履行的義務的範圍。

（6）情勢變遷的原因必須不是出於該當事國本身的違約行為。

（7）情勢變遷原則適用的對象必須不是邊界條約或邊界條款。

《維也納條約法公約》的上述規定，對情勢變遷原則的適用加以嚴格限制，有助於阻遏殖民主義、帝國主義和霸權主義國家歪曲和濫用這一原則，背信棄義，任意毀約，以達到弱肉強食的目的。因此，這些規定是合理的、有益的。但是，在國際實踐中，也必須注意防止殖民主義、帝國主義和霸權主義勢力歪曲和濫用該公約對情勢變遷原則的限制性規定，綁住第三世界國家的

手腳，限制和破壞它們求解放、爭生存、圖發展的正當要求和正義行動，以繼續維持弱肉強食的國際經濟舊秩序。

在國際經濟秩序破舊立新的鬥爭中，在廢除極不公平的舊日殖民主義「特許協議」「特惠條約」和恢復國家經濟主權的鬥爭中，情勢變遷原則一向是發展中國家有權掌握和正當使用的法理利器之一。

由此可見，在國際經濟法中作為有約必守原則之例外的情勢變遷原則，也不是孤立存在的。只有緊密地結合前述經濟主權原則和公平互利原則，才能對情勢變遷原則及其限製作出全面的理解和正確的運用。

注釋

* 本章的基本內容，原載於筆者參撰和主編的《國際經濟法總論》（法律出版社 1991 年版），其後又經多次修訂或剪裁，分別輯入筆者參撰和主編的《國際經濟法學》（北京大學出版社 1994-2017 年第 1-7 版）、《國際經濟法學新論》（高等教育出版社 1994-2017 年第 1-4 版）、《國際經濟法學專論》（高等教育出版社 2002-2007 年第 1、版）、《國際經濟法》（法律出版社 1999-2017 年第 1-4 版）.

〔1〕 參見《憲章》第一章，第 10 點。

〔2〕 例如，在全世界大陸法系各國立法史上具有重大影響的一八〇四年《法國民法典》（即「拿破崙法典」，至今仍在施行，其中第一一三四條第一款規定：依法訂立的契約，對於締約當事人具有相當於法律的效力。」同條第三款規定：「前款契約應以善意履行。」第 1136-1155 條則詳細規定了因各種違約行為即不履行契約而必須承擔的損害賠償責任。參見《法國民法典》，馬育民譯，北京大學出版社 1982 年版，第 226-229 頁；《中華人民共和國民法通則》，第 111 條；《中華人民共和國合同法》，第 94、107-122 條。

〔3〕　分別參見 1999 年《中華人民共和國合同法》第 8、107-112、52、56 條。

〔4〕　列寧：共產主義運動中的「左派」幼稚病》，載《列寧選集》第 4 卷，人民出版社 1995 年版，第 257 頁

〔5〕　參見《法國民法典》，馬育民譯，北京大學出版社 1982 年版，第 222 頁，第 1108 條。

〔6〕　參見《維也納條約法公約》第 46-53、64 條。中譯文參見王鐵崖、田如萱編：國際法資料選編》，法律出版社 1982 年版，第 714-716、719 頁；關於國家和國際組織間或國際組織相互間條約法的維也納公約》（1986 年通過），第 46-53、64 條，聯合國大會 A/CONF，129/15 號文件，1986 年中文版單行本，第 27-29、4 頁。

〔7〕　強行法（jus cogens）又稱「強制法」「絕對法」指必須絕對執行的法律規範，不允許法律關係參與者一方或雙方任意予以伸縮或變更。其相對名稱為「任意法」（jus dispasitivum）又稱「相對法」指可以隨意選擇取捨的法律規範，允許法律關係參與者在法定範圍內自行確定相互間的權利義務關係。

〔8〕　參見《憲章》第 16 條；《宣言》第 4 部分，第 1、5-9 點

〔10〕參見〔德〕奧本海原著，〔英〕勞特派特修訂：奧本海國際法》，王鐵崖、陳體強譯，商務印書館 1981 年版（譯自 1955 年英文版），上卷，第 2 分冊，第 354-356 頁；中國大百科全書出版社 1998 年版（譯自 1992 年英文修訂版），第 1 卷，第 2 分冊，第 680-681 頁；周鯁生：國際法》（下冊），商務印書館 1983 年版，第 673-675 頁。

社科文庫・國際財金研究叢刊 AA101012

中國特色話語：陳安論國際經濟法學 第一卷（修訂版） 下冊

作　　　者	陳　安
版權策畫	李煥芹
責任編輯	林以邠
發 行 人	陳滿銘
總 經 理	梁錦興
總 編 輯	陳滿銘
副總編輯	張晏瑞
編 輯 所	萬卷樓圖書股份有限公司
排　　版	菩薩蠻數位文化有限公司
印　　刷	百通科技股份有限公司
封面設計	菩薩蠻數位文化有限公司

出　　版 昌明文化有限公司

桃園市龜山區中原街 32 號

電話 (02)23216565

發　　行 萬卷樓圖書股份有限公司

臺北市羅斯福路二段 41 號 6 樓之 3

電話 (02)23216565

傳真 (02)23218698

電郵 SERVICE@WANJUAN.COM.TW

大陸經銷

廈門外圖臺灣書店有限公司

　電郵 JKB188@188.COM

ISBN 978-986-496-149-8

2019 年 8 月再版

定價：新臺幣 980 元

如何購買本書：

1. 轉帳購書，請透過以下帳戶

　合作金庫銀行 古亭分行

　戶名：萬卷樓圖書股份有限公司

　帳號：0877717092596

2. 網路購書，請透過萬卷樓網站

　網址 WWW.WANJUAN.COM.TW

大量購書，請直接聯繫我們，將有專人為您

服務。客服：(02)23216565 分機 610

如有缺頁、破損或裝訂錯誤，請寄回更換

國家圖書館出版品預行編目資料

中國特色話語：陳安論國際經濟法學. 第一
卷 / 陳安著. -- 再版. -- 桃園市：昌明文化
出版；臺北市：萬卷樓發行, 2019.08
　冊；　公分
ISBN 978-986-496-149-8(下冊: 平裝)

1.經濟法學

553.4　　　　　　　　　　108010188